AF426200

UP NHM

स्टाफ नर्स परीक्षा

नवीनतम संस्करण

अभ्यास किट

10 टेस्ट्स

02 गतवर्षीय प्रश्न पत्र

08 मॉक टेस्ट्स

वास्तविक परीक्षा प्रारूप पर आधारित टेस्ट

✓ पूर्णतः संशोधित और अद्यतन

✓ सभी बहुविकल्पीय प्रश्नो का विस्तृत विश्लेषण

शीर्षक	: **UP NHM स्टाफ नर्स परीक्षा**
लेखक का नाम	: **Mr. Rohit Manglik**
प्रकाशक	: **EduGorilla Community Pvt. Ltd.**
प्रकाशक का पता	: 12/651 प्रथम तल, अरविन्दो पार्क के सामने, निकट जामा मस्जिद, इंदिरा नगर लखनऊ, उत्तर प्रदेश, 226016, भारत।

कॉपीराइट EduGorilla

ISBN : 978-93-55565-35-8

प्रथम संस्करण

इस पुस्तक के किसी भी भाग की प्रतिलिपि बनाना, वितरण करना अथवा किसी भी माध्यम में लेनदेन, प्रकाशक की लिखित अनुमति के बगैर नहीं किया जाएगा।

सभी अधिकार सुरक्षित

© by EduGorilla Community Pvt. Ltd

अस्वीकरण EduGorilla

यद्यपि लेखक और प्रकाशक ने इस पुस्तक में जानकारी की सटीकता सुनिश्चित करने के लिए हर संभव प्रयास किया है, लेखक और प्रकाशक त्रुटियों के लिए जिम्मेदार नहीं हैं और इस त्रुटि या चूक के कारण किसी भी पार्टी को हुए किसी भी नुकसान, क्षति, या व्यवधान के लिए के लिए किसी भी दायित्व को अस्वीकार करते हैं।

Compiled and created by EduGorilla Community Pvt. Ltd

रोहित मांगलिक
सीईओ, EduGorilla

प्रिय छात्रों,

एक बहुत ही प्रचलित कहावत है कि "सफलता उन्हीं को मिलती है जो उसके लिए कड़ी मेहनत करते हैं।" लेकिन मैंने लोगों को उनकी परीक्षाओं के लिए दिन-रात एक करके मेहनत करते हुए देखा है, पर फिर भी वे सफल नहीं हो पाते। तो वहीं दूसरी ओर, कुछ लोग बस आधी मेहनत करके परीक्षा में सफलता प्राप्त करते हैं। तो, क्या वे किस्मत वाले हैं? नहीं मेरा मानना है, कि ऐसा इसलिए है क्योंकि वे सिर्फ कड़ी नहीं बल्कि कुशल तरीके से अपनी तैयारी करते हैं। इसी तरह आपको भी अपनी परीक्षाओं की तैयारी के लिए अपनी योजना बनानी चाहिए, ताकि आपकी भी सफलता की संभावना बढ़ सके। तो तैयार हो जाइये EduGorilla के साथ अपनी परीक्षा में चयन होने की संभावना को 16 गुना बढ़ाने के लिए।

EduGorilla आपको न केवल कड़ी मेहनत करने में मदद करता है, बल्कि एक स्मार्ट और योजनाबद्ध तरीके से तैयारी करने में भी सहायता प्रदान करता है। EduGorilla की तैयारी पैकेज के साथ आप अपने परीक्षा में चयन होने के रास्ते को सहज और मनोरंजक बना सकते हैं। अपनी तैयारी के लिए सही रास्ता खोजना मुश्किल हो सकता है, यदि आप ये नहीं जानते कि आपको किस दिशा में जाना है। चिंता न करें हम आपके साथ खड़े हैं! EduGorilla आपकी सफलता में आपका मार्गदर्शक बनेगा। हमारे तैयारी पैकेज के साथ आप रणनीतिक रूप से तैयारी कर, अपनी परीक्षा में सिर्फ एक ही प्रयास में सफल हो सकते हैं।

EduGorilla के तैयारी पैकेज में शामिल हैं-

• टेस्ट सीरीज़   • किताबें

हमारे तैयारी पैकेज को सभी तरह के नये बदलवों, विशेषज्ञों की राय एवं छात्रों के प्रतिक्रिया के अनुसार तैयार किया गया है। जो आपको परीक्षा के प्रत्येक चरण की चयन प्रक्रिया को पार करने के योग्य बनाता है।

हमारी किताबें शिक्षकों और विशेषज्ञों द्वारा आपकी परीक्षा के लिए तैयार की गई हैं, 150+ वर्षों के अनुभव के साथ; ताकि आपको आसान, कुशल और प्रभावी शिक्षण प्रदान किया जा सके। हमारी स्मार्ट किताबें न सिर्फ आपको प्रश्नों के उत्तर देने की समझ देती हैं, अपितु आपके अभ्यास के लिए समान रूप के प्रश्न भी प्रदान करती हैं।

EduGorilla की सक्षम टेस्ट सीरीज आपको वास्तविक अनुभव और आत्मविश्वास प्रदान करती हैं, जिसके माध्यम से आप केवल एक प्रयास में अपनी ऑफलाइन अथवा ऑनलाइन परीक्षा पास कर सकते हैं। वर्तमान में हम 83,000+ मॉक टेस्ट्स और 1,440+ प्रतियोगी एवं शैक्षणिक परीक्षाओं की तैयारी कराते हैं।

अर्थात, EduGorilla आपकी तैयारी में आपकी सहायता करने का कोई भी मौका नहीं छोड़ता है और परीक्षा के सभी चरणों को कवर करता है, ताकि परीक्षा की तैयारी के लिए आपको कहीं और भटकना ना पड़े।

हम आपको डिफेन्स, बैंकिंग, टीचिंग और अन्य राष्ट्रीय एवं राज्य स्तरीय परीक्षाओं के लिए सम्पूर्ण तैयारी पैकेज प्रदान करते हैं। अत: इससे कोई फर्क नहीं पड़ता कि आप किस परीक्षा के लिए तैयारी कर रहे हैं, क्योंकि आप सफलता हासिल करेंगे।

आपको परीक्षा की शुभकामनाएं!

रोहित मांगलिक,
संस्थापक और मुख्य कार्यकारी अधिकारी, EduGorilla

प्रस्तावना

EduGorilla छात्रों को उनकी परीक्षा में सफल होने के लिए मार्गदर्शन प्रदान करता है। जिसको ध्यान में रखते हुए हमारे कुल 150+ वर्षों का अनुभव रखने वाले प्रतिष्ठित विशेषज्ञों ने कड़े प्रयासों के द्वारा "UP NHM : स्टाफ नर्स परीक्षा" को तैयार किया है। इस किताब के प्रश्नों को हाल ही में परीक्षा के पाठ्यक्रम और पैटर्न में हुए सभी बदलावों को ध्यान में रखकर बनाया गया है। वो प्रश्न जिनकी UP NHM स्टाफ नर्स पुस्तक परीक्षा में आने कि संभवना काफी प्रबल है, उनको इस किताब मे रखा गया है। आप EduGorilla की "UP NHM : स्टाफ नर्स परीक्षा" के माध्यम से अपनी सफलता की संभावना को 16 गुना बढ़ा सकते हैं।

EduGorilla ये अपनी संपूर्ण तैयारी पैकेज के माध्यम से साकार करता है। इस किट में आपको प्रश्न अच्छी तरह अवधारित एवं संरचित रूप मे मिलेंगे जिन्हे आपकी जरूरतों के अनुसार बनाया गया है। इसके माध्यम से आपको स्मार्ट तरीके से परीक्षा के लिए अभ्यास करने में मदद मिलेगी। साथ ही आपको सहायक, समाधान और स्मार्ट उत्तर पत्रिका भी प्रदान की जायेंगी। जिससे आप अपना मूल्यांकन स्वयं कर सकते हैं। आप स्वयं की समीक्षा कर, उन सभी बिन्दुओं पर खुद को बेहतर तरीके से तैयार कर सकते हैं।

EduGorilla आपको अपनी परीक्षा में सफ़लता दिलाने और आपके लक्ष्य को हासिल करने में आपकी सहायता करने का वादा करता हैं। हम अपने प्रतिभागियों पर पूरा भरोसा करते हैं और उन्हें मेरिट सूची के शीर्ष पर देखते हैं। शीर्ष स्थान की ओर आपका पहला कदम है हमारे साथ तैयारी शुरू करना। EduGorilla की "UP NHM : स्टाफ नर्स परीक्षा" की विशेषताएं कुछ इस प्रकार हैं।

➤ अच्छी तरह से शोध किया हुआ पाठ्यक्रम

➤ उच्च गुणवत्ता

➤ विस्तृत उत्तर और विश्लेषण

➤ स्मार्ट उत्तर पत्रिका

➤ परीक्षा सुसंगत प्रश्न

इस प्रकार EduGorilla आपकी तैयारी को मजबूत और आपको परीक्षा में सफल होने के योग्य बनाता है।

UP NHM स्टाफ नर्स पुस्तक
परीक्षा की योग्यता, परीक्षा पैटर्न, विषय को जानने
के लिए **QR** कोड को स्कैन करें।

Book ID: 1200

विषय-सूची

Discipline

Q.1 एक गर्भवती महिला की फंडल हाइट __________ से मापी जाती है।

A. जघन की हड्डी के बीच में गर्भाशय के शीर्ष तक

B. जघन की हड्डी के ऊपर गर्भाशय के मध्य तक

C. जघन की हड्डी के नीचे गर्भाशय के ऊपर तक

D. जघन की हड्डी के ऊपर से गर्भाशय के ऊपर तक

Q.2 सारा एक सत्रह वर्षीय महिला है जिसे पहली माहवारी नहीं हुई है और वह एक परीक्षा के लिए अपने डॉक्टर के पास जा रही है। उसने कई माध्यमिक यौन विशेषताओं की सामान्य वृद्धि और विकास को प्रदर्शित किया है। नर्स डॉक्टर को बताएगी कि सारा __________ के लक्षण दिखा रही है।

A. ओलिगोमेनोरिया

B. माध्यमिक एमेनोरिया

C. प्राथमिक एमेनोरिया

D. माध्यमिक कष्टार्तव

Q.3 हैना एक 21 वर्षीय महिला है जो गंभीर योनि रक्तस्राव के लिए आपातकालीन कक्ष में पेश कर रही है। वह 32 सप्ताह की गर्भवती है। आगे की जांच में, वह एबट्रियो प्लेसेंटा से पीड़ित पाई गई। निम्नलिखित में से कौन सा मूल्यांकन निष्कर्ष नर्स के लिए कम से कम चिंता का विषय होगा?

A. साँसों की कमी

B. मौखिक श्लेष्मा से रक्तस्राव

C. त्वचा पर छोटे लाल बिंदु

D. एक निविदा गर्भाशय

Q.4 निम्नलिखित में से कौन गर्भकालीन मधुमेह के लिए जोखिम कारक नहीं है?

A. उच्च रक्त चाप

B. एशियाई जातीयता

C. उन्नत मातृ आयु

D. जन्मजात विकार वाले बच्चे का पूर्व जन्म

Q.5 एंड्रिया प्रसवपूर्व यात्रा के लिए कार्यालय आती है। वह उल्लेख करती है कि हाल ही में, वह अत्यधिक भूखी, प्यासी और बहुत थकी हुई है। नर्स को निम्नलिखित में से किस पर संदेह होगा?

A. रक्ताल्पता

B. परवोवायरस बी19

C. पूर्व प्रसवाक्षेप

D. गर्भकालीन मधुमेह

Q.6 आपका रोगी 24 घंटे भ्रूण अवलोकन और निगरानी में है। भ्रूण की निगरानी पट्टी संकुचन के चरम के बाद शुरू होकर और देर से ठीक होने के बाद मंदी दिखाना शुरू कर देती है। निम्नलिखित में से कौन सा हस्तक्षेप नर्स को करने का अनुमान है?

A. ऑक्सीटोसिन की बढ़ती दर

B. दवा देना

C. ऑक्सीजन सप्लीमेंट को हटाना

D. माँ का स्थान बदलना

Q.7 नर्स 37 सप्ताह के भ्रूण की भ्रूण निगरानी पट्टी देख रही है। उन्होंने भ्रूण की हृदय गति एफएचआर में 140 की आधार रेखा से 159 की चोटी तक एक स्पष्ट रूप से स्पष्ट और अचानक वृद्धि देखी। एफएचआर 20 सेकंड के बाद बेसलाइन पर लौटता है। किस प्रकार की भ्रूण की हृदय गति विशेषता हुई है?

A. आवर्तक त्वरण

B. सुस्त होना

C. त्वरण

D. लंबे समय तक त्वरण

Q.8 नर्स एक इलेक्ट्रॉनिक भ्रूण निगरानी पट्टी देखती है। समीक्षा करने पर, भ्रूण की हृदय गति (FHR) 140bpm से 160bpm तक कम हो जाती है और 35 मिनट की अवधि में लगातार चक्र में 140bpm तक वापस आ जाती है। इस इलेक्ट्रॉनिक भ्रूण निगरानी पट्टी पर किस प्रकार की भ्रूण की हृदय गति विशेषता हो रही है?

A. परिवर्तनीय

B. मंदस्पंदन

C. आवर्तक

D. साइनसॉइडल

Q.9 प्रीक्लेम्पसिया किस बिंदु पर एक्लम्पसिया में विकसित होता है?

A. गुर्दे की विफलता की शुरुआत में

B. जब संवहनी विकृति का प्रमाण होता है

C. जब रक्तचाप 160/95 mmHg से अधिक हो जाता है

D. दौरे की शुरुआत में

Q.10 पर्टुसिस की मुख्य जटिलता __________ है।

A. ब्रोंकाइटिस

B. ब्रोन्कोपमोनिया

C. ब्रोन्किएक्टेसिस

D. उपरोक्त सभी

Q.11 गर्भावस्था के 27वें सप्ताह में 23 वर्षीय एक मरीज को 6 दिनों के लिए पूर्ण बेड रेस्ट पर अस्पताल में भर्ती कराया गया है। उसे सीने में दर्द के साथ अचानक सांस लेने में तकलीफ होती है। निम्नलिखित में से कौन सी स्थिति उसके लक्षणों का सबसे संभावित कारण है?

A. एथेरोस्क्लेरोसिस के इतिहास के कारण मायोकार्डियल रोधगलन

B. गहरी शिरा घनास्त्रता (DVT) के कारण फुफ्फुसीय अन्त: शल्यता

C. अपने बच्चे के स्वास्थ्य की चिंता के कारण चिंता का दौरा पड़ना

D. द्रव अधिभार के कारण हृदयाघात

Q.12 थ्रोम्बोलाइटिक थेरेपी का उपयोग अक्सर संदिग्ध स्ट्रोक के उपचार में किया जाता है। निम्नलिखित में से कौन थ्रोम्बोलाइटिक थेरेपी से जुड़ी एक महत्वपूर्ण जटिलता है?

A. एयर एम्बोलस

B. मस्तिष्कीय रक्तस्राव

C. थक्के का विस्तार

D. थक्के का संकल्प

Q.13 गंभीर रूप से मानसिक रूप से बीमार रोगी के अनैच्छिक अस्पताल में भर्ती होने का प्राथमिक कारण __________ है।

A. वास्तविकता के लिए पुन: अभिविन्यास

B. लक्षणों का उन्मूलन

C. आत्म-नुकसान और दूसरों की नुकसान से सुरक्षा

D. स्वतंत्र कार्यप्रणाली पर लौटना

Q.14 नर्स कूल्हे के विकासात्मक डिसप्लेसिया वाले शिशु का आकलन कर रही है। नर्स क्या अनुमान लगाएगी?

A. पैर की असमान लंबाई

B. सीमित जोड़

C. घटी हुई ऊरु

D. सममित ग्लूटियल फोल्ड

Q.15 मनोरोग इकाई में प्रवेश पर, रोगी कांप रहा है और भयभीत दिखाई दे रहा है। नर्स की प्रारंभिक प्रतिक्रिया __________ होनी चाहिए।

A. रोगी अभिविन्यास सामग्री प्रदान करें और इकाई नियमों और विनियमों की समीक्षा करें।

B. उसका परिचय कराएं और रोगी के साथ रोगी के कमरे में जाएं।

C. रोगी को दिन के कमरे में ले जाएँ और अन्य रोगियों से उसका परिचय कराएँ।

D. नर्सिंग सहायक से रोगी के महत्वपूर्ण लक्षण प्राप्त करने और प्रक्रिया

को पूरा करने के लिए कहें।

Q.16 नर्स एक लंबे पैर वाले व्यक्ति की देखभाल कर रही है। प्रभावित अंग के लिए उपयुक्त व्यायाम के बारे में शिक्षण के दौरान, नर्स को __________ व्यायाम पर निर्देश देना चाहिए।

A. आइसोमेट्रिक
B. गति की सीमा
C. एरोबिक
D. आइसोटोनिक

Q.17 10 साल के बच्चे को बीमारी समझाते समय नर्स को इस उम्र में संज्ञानात्मक विकास के बारे में क्या ध्यान रखना चाहिए?

A. वे विचारों का सरल जुड़ाव बनाने में सक्षम हैं।
B. वे तथ्यों को व्यवस्थित करने में तार्किक रूप से सोचने में सक्षम हैं।
C. घटनाओं की व्याख्या अपने स्वयं के दृष्टिकोण से उत्पन्न होती है।
D. निष्कर्ष पिछले अनुभवों पर आधारित हैं।

Q.18 गंभीर अवसाद वाले व्यक्ति में नर्सिंग के निदान के लिए नर्स को क्या ध्यान देना चाहिए?

A. पोषण
B. उन्मूलन
C. गतिविधि
D. सुरक्षा

Q.19 एब्लेटिव सर्जरी से तात्पर्य है:

A. दर्द को दूर करने या किसी बीमारी के कारण होने वाले लक्षणों को कम करने के उद्देश्य से की जाने वाली सर्जरी
B. सर्जरी जो खराब संरचनाओं को बदल देती है
C. संरचना या कार्य को बहाल करने के लिए इस्तेमाल की जाने वाली सर्जरी
D. बीमारी वाले शरीर के अंगों को निकालने के लिए की गई सर्जरी

Q.20 एक एंजायलिटिक है:

A. स्राव को सुखाने के लिए इस्तेमाल की जाने वाली दवा
B. एक प्रकार की संवेदनाहारी
C. एक दवा या कोई अन्य हस्तक्षेप जो चिंता से राहत देता है
D. एक नियंत्रित दवा

Q.21 पूर्व-संचालन जांच करने का व्यापक उद्देश्य है:

A. विश्वास नीति का पालन करें
B. रॉयल कॉलेज ऑफ नर्सिंग की आचार संहिता का पालन करें
C. होने वाली त्रुटियों के जोखिम को कम करें
D. इनमें से कोई भी नहीं

Q.22 वेज रिसेक्शन में :

A. पूरा फेफड़ा निकाल दिया जाता है
B. फेफड़े के ऊतकों का एक पहलू हटा दिया जाता है
C. बायोप्सी ली जाती है
D. इनमें से कोई नहीं

Q.23 मीडियास्टिनम में शामिल हैं:

A. हृदय और जिगर
B. हृदय, फेफड़े, श्वासनली, बड़ी वाहिकाएँ, घेघा
C. गुर्दे, फेफड़े, महान वाहिकाएं
D. हृदय, पेट, घेघा

Q.24 हीमोथोरैक्स है:

A. फुप्फुस स्थान में हवा का संग्रह
B. फुप्फुस स्थान में मवाद का संग्रह
C. फुप्फुस स्थान में रक्त का संग्रह
D. फुप्फुस स्थान में श्लेष द्रव का संग्रह

Q.25 स्टेम सेल प्रत्यारोपण में _____________ के इलाज के लिए एंटीबायोटिक्स, इम्यूनोसप्रेसेन्ट दवाएं और स्टेरॉयड दिए जा सकते हैं।

A. सदमा
B. रक्तस्राव

C. ग्राफ्ट-बनाम-होस्ट रोग
D. संक्रमण

Q.26 पोस्टऑपरेटिव कोरोनरी धमनी बाईपास ग्राफ्ट में, व्यक्ति को निम्न के लिए प्रोत्साहित किया जाना चाहिए:

A. गतिशीलता कम करें
B. जितनी जल्दी हो सके 3 लीटर तरल पिएं
C. खांसते और हिलते समय चीरा लगाएं
D. खांसते समय आंखें बंद कर लें

Q.27 सबसे अधिक मरम्मत की जाने वाली वाल्व है:

A. पल्मोनरी वाल्व
B. माइट्रल वाल्व
C. महाधमनी वाल्व
D. हाइड्रोसेफेलिक वाल्व

Q.28 स्वास्थ्य शिक्षा की __________ पद्धति में लोग अपने विचारों और अनुभवों का आदान-प्रदान करके सीखते हैं।

A. संगोष्ठी
B. उद्योगशाला
C. रोल प्ले
D. समूह चर्चा

Q.29 कहानी सुनाना स्वास्थ्य शिक्षा की एक __________ पद्धति है।

A. आधुनिक
B. परंपरागत
C. एक तरफ़ा रास्ता
D. इनमें से कोई नहीं

Q.30 फोन और ई-मेल द्वारा रोगी संचार में देयता को सीमित करने में मदद करने के लिए सुरक्षा उपायों में शामिल हैं:

A. सुविधा के भीतर किसी भी स्टाफ सदस्य को समूह ई-मेल द्वारा प्रोटोकॉल को आधिकारिक रूप से बदलने की अनुमति दें
B. रोगियों को सभी प्रोटोकॉल पर हस्ताक्षर करने की आवश्यकता है
C. सालाना प्रोटोकॉल की समीक्षा करें और बंद किए गए लोगों को बनाए रखें
D. प्रोटोकॉल के लिए चेकलिस्ट प्रारूप का उपयोग करें

Q.31 इस नर्स-मरीज बातचीत में किस संचार तकनीक का इस्तेमाल किया जा रहा है?

मरीज : "जब मुझे गुस्सा आता है, तो मैं अपनी पत्नी के साथ लड़ाई में पड़ जाता हूं, या मैं इसे बच्चों से निकाल देता हूं।"

नर्स: "मैंने देखा कि आप इस शारीरिक हिंसा के बारे में बात करते हुए मुस्कुरा रहे हैं।"

A. तुलना को प्रोत्साहित करना
B. तलाश
C. कार्ययोजना तैयार करना
D. अवलोकन करना

Q.32 इस नर्स-क्लाइंट बातचीत में किस चिकित्सीय संचार तकनीक का उपयोग किया जा रहा है?

ग्राहक: "मेरे पिता ने मुझे अक्सर पीटा।"

नर्स: "आपके पिता एक कठोर अनुशासक थे।"

A. रिस्टेटमेंट
B. सामान्य लीड की पेशकश
C. ध्यान केंद्रित
D. स्वीकार करना

Q.33 मतिभ्रम की उपस्थिति के लिए एक नर्स सिज़ोफ्रेनिया से पीड़ित एक रोगी का आकलन कर रही है। नर्स द्वारा उपयोग की जाने वाली कौन सी संचार तकनीक अवलोकन करने का एक उदाहरण है?

A. "ऐसा लगता है कि आप किसी ऐसे व्यक्ति से बात कर रहे हैं जिसे मैं नहीं देखता।"
B. "कृपया वर्णन करें कि आप क्या देख रहे हैं।"
C. "तुम इस कमरे के कोने में बार-बार क्यों देखते हो?"
D. "यदि आप एक धुन गुनगुनाते हैं, तो आवाजें इतनी विचलित करने वाली नहीं हो सकती हैं।"

Q.34 एक प्रशिक्षक एक नर्सिंग छात्र की नैदानिक कार्यपत्रक को ठीक कर रहा है। प्रभावी प्रतिक्रिया का सबसे अच्छा उदाहरण कौन सा प्रशिक्षक कथन है?

A. "आपने अपने नैदानिक कार्यपत्रक पर क्लाइंट के नाम का उपयोग क्यों किया?"

B. "आप अपने क्लाइंट को अपने नैदानिक कार्यपत्रक पर नाम से संदर्भित करने के लिए बहुत लापरवाह थे।"

C. "निश्चित रूप से आपने जानबूझकर ऐसा नहीं किया, लेकिन आपने क्लाइंट के नाम का उपयोग करके गोपनीयता भंग कर दी।"

D. "यह निराशाजनक है कि बताए जाने के बाद भी, आप अभी भी अपने कार्यपत्रक पर क्लाइंट नामों का उपयोग कर रहे हैं।"

Q.35 मुखरता प्रशिक्षण के बाद, एक पूर्व निष्क्रिय ग्राहक समूह चिकित्सा में एक सहकर्मी का उचित रूप से सामना करता है। समूह की प्रमुख नर्स कहती हैं, "वृद्ध होने के लिए मुझे आप पर बहुत गर्व है। आप बहुत अच्छे हैं!" प्रमुख नर्स ने किस संचार तकनीक को नियोजित किया है?

A. अनुमोदन देने की गैर-चिकित्सीय तकनीक

B. व्याख्या करने की गैर-चिकित्सीय तकनीक

C. वास्तविकता पेश करने की चिकित्सीय तकनीक

D. अवलोकन करने की चिकित्सीय तकनीक

Q.36 माइक्रोसाइटिक एनीमिया का मुख्य कारण किस पोषक तत्व की कमी है?

A. फोलिक अम्ल   **B.** अमीनो अम्ल

C. आयरन   **D.** विटामिन सी

Q.37 प्रोटीन की कमी से कौन सा रोग होता है ?

A. पेलाग्रा   **B.** मैरास्मस   **C.** बेरी-बेरी   **D.** सूखा रोग

Q.38 निम्नलिखित में से किसका उपयोग प्रोटीन-ऊर्जा कुपोषण के ग्रेडिंग के लिए किया जाता है?

A. बैलार्ड स्केल   **B.** गोमेज़ स्केल

C. बिशप स्कोरिंग   **D.** क्रेमर का नियम

Q.39 निम्नलिखित में से कौन प्रोटीन की अत्यधिक कमी के कारण होता है?

A. मलेरिया   **B.** टायफ़ायड

C. क्वाशियोरकोर   **D.** इनमें से कोई नहीं

Q.40 निम्नलिखित में से कौन अधिकतर प्रोटीन के प्रथम श्रेणी के हैं?

A. पशु प्रोटीन

B. संयंत्र प्रोटीन

C. दोनों (A) और (B)

D. न तो (A) और न ही (B)

Q.41 पेप्टाइड बंधन बनाने वाले एंजाइम को कहा जाता है:

A. कार्बोनिक अनहाइड्रेज़   **B.** पेप्टिडेज़

C. कार्बोहाइड्रेट   **D.** पेप्टिडाइल ट्रांसफ़ेज़

Q.42 आप एक अकेले प्राथमिक उपचारकर्ता हैं और एक बेहोशी में सांस न लेने वाले वयस्क हैं, तो आपको सबसे पहले क्या करना चाहिए?

A. सीपीआर को 30 चेस्ट कंप्रेशन के साथ शुरू करें।

B. पाँच प्रारंभिक बचाव साँसें दें।

C. एईडी (डिफाइब्रिलेटर) और एम्बुलेंस का अनुरोध करते हुए 911/112 पर कॉल करें।

D. दो प्रारंभिक बचाव साँसें दें।

Q.43 जीवित रहने की श्रृंखला के लिए निम्नलिखित में से कौन सा क्रम सही है?

A. 911/112, सीपीआर, डिफिब्रिलेशन, उन्नत देखभाल

B. सीपीआर, डिफिब्रिलेशन, 911/112, उन्नत देखभाल

C. डिफिब्रिलेशन, सीपीआर, 911/112, उन्नत देखभाल

D. डिफिब्रिलेशन, 911/112, सीपीआर, उन्नत देखभाल

Q.44 निम्नलिखित में से कौन सी प्राथमिक चिकित्सा में प्रयुक्त तकनीकें हैं?

A. ड्रेसिंग   **B.** पट्टी

C. परिवहन तकनीक   **D.** उपरोक्त सभी

Q.45 गंभीर रक्त हानि से कौन सी चिकित्सा स्थिति विकसित होगी?

A. हाइपोवॉल्मिक शॉक   **B.** हाइपोग्लाइकेमिया

C. तीव्रग्राहिता   **D.** अल्पोष्णता

Q.46 नाक से रक्तस्राव को नियंत्रित करने के लिए आप क्या उपाय करेंगे?

A. कैजुअल्टी नीचे बैठें, आगे झुकें और नाक के नरम हिस्से को पिंच करें

B. पीड़ित नीचे बैठें, पीछे की ओर झुकें, और नाक के हिस्से को पिंच करें

C. कैजुअल्टी लेट जाएं और नाक के कोमल हिस्से पर पिंच करें

D. कैजुअल्टी लेट जाएं और नाक के ऊपर पिंच करें

Q.47 एनाफिलेक्टिक सदमे का क्या कारण बनता है?

A. श्वसन मार्ग में अवरोध

B. एक कीट का डंक या मकड़ी का काटना

C. थर्ड डिग्री बर्न

D. दिल का दौरा

Q.48 गंभीर रक्तस्राव के लिए आपको सबसे पहले क्या करना चाहिए?

A. पीड़ित को ठीक होने की स्थिति में रखें

B. खून बहने वाले घाव पर एक साफ कपड़े या हाथ से सीधा दबाव डालें

C. साफ कपड़े से ढक दें

D. ऑक्सीजन दें

Q.49 वृषण द्वारा किस हार्मोन का स्राव होता है?

A. टेस्टोस्टेरॉन   **B.** प्रोजेस्टेरोन

C. T.S.H.   **D.** इंसुलिन

Q.50 पाठ्य 'चरक संहिता' के अनुसार मानव शरीर में कितनी हड्डियाँ होती हैं?

A. 206   **B.** 360   **C.** 370   **D.** 208

Q.51 मानव मेरुदंड में कितनी हड्डियां होती हैं?

A. 33   **B.** 32   **C.** 31   **D.** 30

Q.52 मानव शरीर की फीमर हड्डियों को _____भी कहा जाता है।

A. कलाई की हड्डियाँ   **B.** जांघ की हड्डियां

C. कंधे की हड्डियाँ   **D.** हंसली

Q.53 जोड़ों में घर्षण को कम करने के लिए अंगों के सिरे किससे ढके होते हैं?

A. अस्थिरज्जु   **B.** उपास्थि   **C.** मांसपेशी   **D.** शिरा

Q.54 दांतों और हड्डियों में पाया जाने वाला तत्व है:

A. पोटेशियम और कैल्शियम

B. कैल्शियम और मैग्नीशियम

C. कैल्शियम और फास्फोरस

D. फास्फोरस और सल्फर

Q.55 टारसल की हड्डियां शरीर के किस भाग में पाई जाती हैं?

A. कान   **B.** पैर   **C.** सिर   **D.** हाथ

Q.56 गॉर्डन के अनुसार रोग की रोकथाम के वर्गीकरण में एक को छोड़कर सभी शामिल हैं:

A. प्राथमिक रोकथाम   **B.** सार्वभौमिक रोकथाम

C. चयनात्मक रोकथाम   **D.** संकेतित रोकथाम

Q.57 एक नर्स मैनेजर ने नर्सिंग यूनिट में एक समस्या की पहचान की है और सभी शिफ्टों के लिए यूनिट मीटिंग करता है। नर्स प्रबंधक टीम के सदस्यों को समस्या का विश्लेषण और कार्यों के प्रस्ताव प्रस्तुत करता है और टीम के सदस्यों को टिप्पणी करने और इनपुट प्रदान करने के लिए आमंत्रित करता है। नर्स प्रबंधक विशेष रूप से किस शैली का नेतृत्व कर रहा है?

A. स्थितिजन्य
B. अहस्तक्षेप
C. सहभागी
D. सत्तावादी

Q.58 वार्ड प्रबंधन को प्रभावित करने वाले कारक क्या हैं?

A. कमरे का आकार
B. उपचार कक्ष
C. डर्टी यूटिलिटी कक्ष
D. उपर्युक्त सभी

Q.59 किस प्रकार के महामारी विज्ञान अध्ययन में क्रॉस सेक्शनल अध्ययन शामिल है?

A. विश्लेषणात्मक
B. वर्णनात्मक
C. यादृच्छिक नियंत्रण
D. पारिस्थितिक अध्ययन

Q.60 कोहोर्ट अध्ययन के लाभ सभी को छोड़कर हैं:

A. घटना की गणना नहीं की जा सकती
B. पूर्वग्रह कम से कम
C. सापेक्ष जोखिम का अनुमान लगाया जा सकता है
D. खुराक प्रतिक्रिया अनुपात की गणना की जा सकती है

Q.61 एक नर्स प्रबंधक नर्सिंग यूनिट के लिए प्रलेखन प्रणाली के तरीके में बदलाव को लागू करने की योजना बना रहा है। वर्तमान दस्तावेज़ीकरण प्रणाली के परिणामस्वरूप कई समस्याएं उत्पन्न हुई हैं, और नर्स प्रबंधक यह निर्धारित करता है कि बदलाव की आवश्यकता है। नर्स प्रबंधक के लिए परिवर्तन की प्रक्रिया का प्रारंभिक चरण निम्नलिखित में से कौन सा है?

A. परिवर्तन को लागू करने के लिए रणनीति की योजना बनाएं
B. परिवर्तन प्रक्रिया के संबंध में लक्ष्य और प्राथमिकताएं निर्धारित करें
C. उस अक्षमता की पहचान करें जिसमें सुधार या सुधार की आवश्यकता है
D. परिवर्तन प्रक्रिया के लिए संभावित समाधानों और रणनीतियों की पहचान करें

Q.62 एक महामारी की जांच का पहला चरण है:

A. अस्तित्व की पुष्टि
B. निदान का सत्यापन
C. डेटा का विश्लेषण
D. मामले खोजें

Q.63 अपनेपन की भावना और उद्देश्य को प्रभावी ढंग से प्राप्त करने के लिए मिलकर काम करने की भावना को ____ कहा जाता है।

A. निदेश की एकता
B. दलगत भावना
C. आदेश/समादेश एकता
D. केंद्रीकरण

Q.64 जो एक प्रकार की स्क्रीनिंग नहीं है:

A. मास स्क्रीनिंग
B. एकाधिक स्क्रीनिंग
C. कम जोखिम वाली स्क्रीनिंग
D. उच्च जोखिम स्क्रीनिंग

Q.65 त्वचा के रूखेपन को ठीक करने के लिए सबसे महत्वपूर्ण नर्सिंग हस्तक्षेप क्या है?

A. रोगी की चर्बी बढ़ाने के बारे में आहार विशेषज्ञ से परामर्श लें और संक्रमण से बचाव के लिए आवश्यक उपाय करें।
B. चिकित्सक से रोगी को त्वचा विशेषज्ञ के पास रेफर करने के लिए कहें, और सुझाव दें कि रोगी होम-लॉन्ड्रेड नाइटवियर पहनें।
C. रोगी को अपने तरल पदार्थ का सेवन बढ़ाने के लिए प्रोत्साहित करें, रोगी को नहलाते समय गैर-परेशान करने वाले साबुन का उपयोग करें और संबंधित क्षेत्रों पर लोशन लगाएं।
D. जब तक स्थिति ठीक न हो जाए तब तक रोगी को न नहलाएं और चिकित्सक को सूचित करें।

Q.66 रोगी के हाथ-पैरों को नहलाते समय, नर्स को दूरस्थ से समीपस्थ क्षेत्रों तक लंबे, दृढ़ स्ट्रोक का उपयोग करना चाहिए। यह तकनीक ____________।

A. त्वचा मूल्यांकन के लिए एक अवसर प्रदान करता है
B. नर्स पर अनुचित दबाव से बचा जाता है
C. शिरापरक रक्त वापसी को बढ़ाता है
D. वाहिकासंकीर्णन का कारण बनता है और परिसंचरण में वृद्धि करता है

Q.67 भिन्न सांस्कृतिक पृष्ठभूमि वाले रोगी के लिए नर्सिंग देखभाल की योजना बनाते समय नर्स को क्या करना चाहिए?

A. परिवार को अस्पताल में रहने के दौरान देखभाल प्रदान करने की अनुमति दें ताकि कोई भी रीति-रिवाज या रीति-रिवाज न टूटे
B. पहचानें कि ये सांस्कृतिक चर स्वास्थ्य समस्या को कैसे प्रभावित करते हैं
C. धीरे-धीरे बोलें और यह सुनिश्चित करने के लिए चित्र दिखाएं कि रोगी हमेशा समझे
D. समझाएं कि अस्पताल में रहते हुए प्रभावी ढंग से देखभाल करने के लिए रोगी को अस्पताल की दिनचर्या के अनुकूल कैसे होना चाहिए

Q.68 नर्स एक नए भर्ती हुए मानसिक रोगी का साक्षात्कार कर रही है। कौन सा नर्सिंग स्टेटमेंट जनरल लीड देने का उदाहरण है?

A. "क्या आप जानते हैं कि आप यहाँ क्यों हैं?"
B. "क्या आप उदास या चिंतित महसूस कर रहे हैं?"
C. "क्या आप कालानुक्रमिक रूप से उन घटनाओं को क्रमबद्ध कर सकते हैं जिनके कारण आपका प्रवेश हुआ?"
D. "हाँ, मैं देखता हूँ। जाओ।"

Q.69 नर्सिंग हस्तक्षेप जो रोगी को आराम करने और आराम से सोने में मदद कर सकते हैं, उनमें ______ को छोड़कर निम्नलिखित सभी शामिल हैं।

A. रोगी को दोपहर में 30- से 60 मिनट की झपकी लेने
B. रोगी के कमरे में टेलीविजन चालू करने
C. शांत संगीत और रोचक पठन सामग्री प्रदान करने
D. रोगी की पीठ की लंबी-लंबी मालिश करने

Q.70 संयम का उपयोग ____ को छोड़कर निम्नलिखित सभी उद्देश्यों के लिए किया जा सकता है।

A. एक भ्रमित रोगी को फीडिंग ट्यूब I.V. लाइन और यूरिनरी कैथेटर जैसी ट्यूब को निकालने से बचाने के लिए।
B. रोगी को बिस्तर या कुर्सी से गिरने से बचाने के लिए।
C. जब रोगी को अपनी सुरक्षा के लिए सहायता की आवश्यकता हो, तो उसे अकेले चलने का प्रयास करने से हतोत्साहित करने के लिए।
D. रोगी को भ्रमित या विचलित होने से बचाने के लिए।

Q.71 प्रतिबंध लगाते समय नर्स की कानूनी जिम्मेदारी निम्नलिखित में से कौन सी है?

A. रोगी के व्यवहार का दस्तावेजीकरण करना
B. इस्तेमाल किए गए संयम के प्रकार का दस्तावेजीकरण करना
C. आपातकालीन स्थिति को छोड़कर जब रोगी को खुद को या दूसरों को चोट से बचाया जाना चाहिए, तो चिकित्सक से लिखित आदेश प्राप्त करना
D. उपरोक्त सभी

Q.72 कौन सा नर्सिंग स्टेटमेंट स्वयं को पेश करने की चिकित्सीय संचार तकनीक का एक अच्छा उदाहरण है?

A. "मुझे लगता है कि यह बहुत अच्छा होगा यदि आप हमारे अगले समूह सत्र के दौरान उस समस्या के बारे में बात करें।"
B. "क्या आप चाहते हैं कि मैं आपके इलेक्ट्रोकोनवल्सी थेरेपी उपचार में आपका साथ दूं?"
C. "मैंने देखा है कि आप परिवेश में अन्य साथियों को मदद की पेशकश

D. "डिस्चार्ज के बाद, क्या आप अपने आउट पेशेंट की प्रगति की समीक्षा करने के लिए मुझसे दोपहर के भोजन पर मिलना चाहेंगे?"

Q.73 एक मानसिक रूप से बीमार रोगी आमतौर पर ________ को छोड़कर क्रोध की अवस्था के दौरान निम्नलिखित सभी भावनाओं का अनुभव करता है।

A. गुस्सा   **B.** ईर्ष्या   **C.** सुन्नता   **D.** नाराज़गी

Q.74 30 मिनट पहले अज्ञात संख्या में एस्पिरिन की गोलियां खाने के बाद 2 साल की एक बच्ची को आपातकालीन विभाग में लाया जाता है। परीक्षा कक्ष में प्रवेश करते ही बच्चा रो रहा है और मां से लिपट रहा है। नर्स को पहले कौन सा डेटा प्राप्त करना चाहिए?

A. हृदय गति, श्वसन दर और रक्तचाप
B. संचारी रोगों के लिए हाल ही में जोखिम
C. प्राप्त टीकाकरणों की संख्या
D. लम्बाई और वजन

Q.75 बच्चे की सांस्कृतिक पृष्ठभूमि का आकलन करते समय, प्रभारी नर्स को यह ध्यान रखना चाहिए कि:

A. सांस्कृतिक पृष्ठभूमि का आमतौर पर परिवार की स्वास्थ्य प्रथाओं पर बहुत कम प्रभाव पड़ता है
B. शारीरिक विशेषताएं बच्चे को एक विशेष संस्कृति के हिस्से के रूप में चिह्नित करती हैं
C. विरासत एक समूह के साझा मूल्यों को निर्धारित करती है
D. व्यवहार के पैटर्न एक पीढ़ी से दूसरी पीढ़ी में स्थानांतरित हो जाते हैं

Q.76 नर्स ग्लोरिया व्यवहार के नियमों को स्थापित करने में प्रत्येक माता-पिता की भूमिकाओं के बारे में विपक्षी अवज्ञा विकार वाले बच्चे के माता-पिता से सवाल करती है। इस प्रकार की पूछताछ का उद्देश्य परिवार व्यवस्था के किस तत्व का आकलन करना है?

A. चिंता का स्तर
B. पीढ़ीगत सीमाएं
C. वृद्धि और विकास का ज्ञान
D. संचार की गुणवत्ता

Q.77 आचरण विकार के निदान के साथ बच्चे में कौन सा व्यवहार मूल्यांकन सबसे अधिक संगत है?

A. वयस्कों के साथ बहस करना
B. संचार में सकल हानि
C. दूसरों के प्रति शारीरिक आक्रामकता
D. कार्यवाहक से अलग होने से इंकार

Q.78 मार्टिन सांचेज़ एक नौ (9) साल का बच्चा है, जिसे मिस्टर और मिसेज सांचेज़ के साथ एक मनोरोग उपचार इकाई में भर्ती कराया गया है। विश्वास और तटस्थता की स्थिति स्थापित करने के लिए नर्स कौन सी कार्रवाई करेगी?

A. मिस्टर और मिसेज सांचेज को मार्टिन के साक्षात्कार के दौरान जाने के लिए प्रोत्साहित करें।
B. उनकी बातचीत को देखते हुए, अपने माता-पिता के साथ मार्टिन का साक्षात्कार करें।
C. मार्टिन के लिए डायवर्जन प्रदान करें, और अकेले श्रीमान और श्रीमती सांचेज़ का साक्षात्कार करें।
D. श्रीमान और श्रीमती सांचेज़ का साक्षात्कार लेने से पहले नैदानिक रिकॉर्ड की समीक्षा करें।

Q.79 12 साल की कैरोलिन को आवर्ती नेफ्रोटिक सिंड्रोम है। चल रहे नर्सिंग देखभाल की योजना बनाते समय संभावित गड़बड़ी के निम्नलिखित क्षेत्रों में से कौन सा मुख्य विचार होना चाहिए?

A. शरीर की छवि   **B.** यौन परिपक्वता

C. मांसपेशी समन्वय   **D.** बौद्धिक विकास

Q.80 श्रीमती जॉनसन नर्स से कहती हैं कि वह बहुत चिंतित हैं क्योंकि उनका 2 साल का बच्चा अपना खाना खत्म नहीं करता है। नर्स को माँ को क्या सलाह देनी चाहिए?

A. भोजन समाप्त होने तक बच्चे को परिवार के साथ भोजन कक्ष में बैठाएं
B. भोजन से पहले बच्चे को शांत वातावरण प्रदान करें
C. भोजन से पहले बच्चे को नाश्ता न दें
D. बच्चे को कुर्सी पर बिठाकर खिलाएं

General Aptitude / Reasoning / General Awareness / Basic Computer knowledge

Q.81 एक ट्रेन एक स्टेशन से निकलती है और 40 किमी/घंटा चलती है। 2 घंटे के बाद, दूसरी ट्रेन उसी स्टेशन से निकलती है और एक निश्चित चाल से एक ही दिशा में चलती है। यदि दूसरी ट्रेन 4 घंटे में पहली ट्रेन के समीप आती है, तो दूसरी ट्रेन की चाल क्या है?

A. 55 किमी/घंटा   **B.** 50 किमी/घंटा
C. 60 किमी/घंटा   **D.** 65 किमी/घंटा

Q.82 तीन निष्पक्ष सिक्के उछाले जाते हैं। कम से कम 2 चित आने की प्रायिकता क्या है?

A. $\frac{1}{4}$ **B.** $\frac{1}{2}$ **C.** $\frac{1}{3}$ **D.** $\frac{1}{8}$

Q.83 पाँच क्रमागत विषम संख्याओं का औसत 51 है। सबसे बड़ी और सबसे छोटी संख्या में क्या अंतर है?

A. 3   **B.** 7   **C.** 8   **D.** 11

Q.84 एक त्रिभुजाकार मैदान का आधार इसकी ऊंचाई का तीन गुना है। यदि मैदान की जुताई की लागत 36.72 रु/हेक्टेयर की दर से 495.72 रु है, तो उस त्रिभुजाकार मैदान की ऊंचाई और आधार ज्ञात कीजिए: (1 हेक्टेयर = 10000 वर्ग मी)

A. 480 मी, 1120 मी   **B.** 400 मी, 1200 मी
C. 300 मी, 900 मी   **D.** 250 मी, 650 मी

Q.85 एक कांच का विक्रय मूल्य 1965 रुपये है और हानि 25% है। यदि विक्रय मूल्य 3013 रुपये है तो लाभ प्रतिशत कितना है?

A. 13%   **B.** 10.4%   **C.** 15%   **D.** 20%

Q.86 प्रसन्ना मेरे घर से पश्चिम की ओर 15 मी दूर गया, फिर बाएं मुड़ गया और 20 मी चला गया। वह फिर पूर्व की ओर मुड़ गया और 25 मी दूर गया और अंत में बायीं ओर मुड़ गया और 20 मी चला गया। वह अपने घर से कितनी दूर था?

A. 10 मी   **B.** 20 मी   **C.** 30 मी   **D.** 40 मी

Q.87 एक पूर्ण वर्ग के रूप में सबसे नजदीकी में आने वाला वर्ष है:

[Uttarakhand Public Service Commission (UKPSC), 2016]

A. 2027   **B.** 2030   **C.** 2025   **D.** 2032

Q.88 एक कार्यात्मक घड़ी सुबह 10 बजे दिखाती है। उसी दिन शाम 6 बजे दिखाने के लिए इसकी घंटे की सुई कितनी डिग्री घूमेगी?

A. 120°   **B.** 240°   **C.** 360°   **D.** 550°

Q.89 निर्देश: दिए गए प्रश्न का उत्तर देने के लिए निम्नलिखित जानकारी का ध्यानपूर्वक अध्ययन कीजिये।

M 1 E & D 2 G 9 $ F @ 4 N Z W © 8 C Y A * 6

यदि उपरोक्त क्रम में सभी संख्याओं को छोड़ दिया जाता है, तो निम्नलिखित में से कौन दायें ओर से दसवां होगा?

A. $ **B.** D   **C.** F   **D.** Z

Q.90 दीपक राजू का परिचय कराते हुए कहता है, "वह मेरे पिता के पिता की पौती का पति है" राजू दीपक के साथ कैसे संबंधित है?

[RRB (NTPC), 2017]

A. दामाद   **B.** जीजा   **C.** बेटा   **D.** भाई

Q.91 उत्तर प्रदेश सरकार ने राज्य में सभी प्रकार की जमीनों को चिह्नित करने के लिए एक अद्वितीय __-अंकों का यूनिकोड जारी करने की एक प्रणाली शुरू की है।

A. 12   **B.** 14   **C.** 16   **D.** 18

Q.92 भारत का सर्वोच्च न्यायालय कानून या तथ्य ______ के मामलों पर भारत के राष्ट्रपति को सलाह देता है।

A. अपनी पहल पर (व्यापक जनहित के किसी भी मामले में)
B. अगर वह इस तरह की सलाह चाहता है
C. नागरिकों के मामलों में ही
D. उपरोक्त में से कोई नहीं

Q.93 खिज़्र खान निम्नलिखित में से किस वंश का था?

[UPSSSC Forest Guard, 2018]

A. गुलाम वंश   **B.** खिलजी वंश
C. सैय्यद वंश   **D.** शाह वंश

Q.94 जो भू-आकृतियाँ उभरी और चपटी हैं, उन्हें वर्गीकृत किया गया है
A. पहाड़ी   **B.** पठार   **C.** मैदान   **D.** घाटी

Q.95 उच्च शिक्षण संस्थानों के मूल्यांकन और मान्यता को मजबूत करने के लिए गठित पैनल के प्रमुख के रूप में किसे नियुक्त किया गया है?
A. के. राधाकृष्णन   **B.** कस्तूरी रंगन
C. अमिताभ कांत   **D.** वी. के. पॉल

Q.96 लॉगिन नाम और पासवर्ड के सत्यापन को निम्न के रूप में जाना जाता है:
A. विन्यास   **B.** सरल उपयोग
C. प्रमाणीकरण   **D.** लॉगिन

Q.97 इन्टरनेट ब्राउजर विंडो को फुल-स्क्रीन पर करने के लिए __________ की (Key) उपयोग की जाती है।

[Rajasthan Police Constable, 2020]

A. F8   **B.** F9   **C.** F10   **D.** F11

Q.98 एप्लीकेशन सॉफ्टवेयर का एक उदाहरण कौन-सा है?
A. डाटा प्रॉसेसिंग   **B.** प्रॉसेसिंग यूनिट
C. कंट्रोल यूनिट   **D.** एमएस वर्ड

Q.99 निम्नलिखित में से कौन-सा एमएस एक्सेल (MS Excel) में वैध फंक्शन नहीं है?
A. SUM()   **B.** COUNT()
C. SUBTRACT()   **D.** COUNTA()

Q.100 माइक्रोसॉफ्ट पावरपॉइंट में नयी प्रेजेंटेशन बनाने के लिए निम्न में से कौन सा शॉर्टकट है?

[Allahabad High Court ARO, 2020]

A. Alt + W   **B.** Ctrl + Q   **C.** Alt + H   **D.** Ctrl + N

// स्मार्ट उत्तर पुस्तिका //

सही उत्तर — उन छात्रों के प्रतिशत को इंगित करता है जिन्होंने प्रश्नों का सही उत्तर दिया था।

छोड़ दिया — उन छात्रों के प्रतिशत को इंगित करता है जिन्होंने प्रश्नों को छोड़ दिया था।

प्रश्न संख्या	उत्तर	सही उत्तर / छोड़ दिया	प्रश्न संख्या	उत्तर	सही उत्तर / छोड़ दिया	प्रश्न संख्या	उत्तर	सही उत्तर / छोड़ दिया	प्रश्न संख्या	उत्तर	सही उत्तर / छोड़ दिया	प्रश्न संख्या	उत्तर	सही उत्तर / छोड़ दिया
1	D	62.22 % / 1.88 %	17	B	69.25 % / 1.84 %	33	A	57.37 % / 1.77 %	49	A	63.21 % / 1.57 %	65	C	69.74 % / 1.46 %
2	C	20.79 % / 3.29 %	18	D	49.13 % / 1.04 %	34	C	89.08 % / 0.0 %	50	B	64.01 % / 1.38 %	66	C	59.05 % / 1.41 %
3	D	54.16 % / 1.34 %	19	D	87.91 % / 0.0 %	35	A	11.14 % / 4.4 %	51	A	62.72 % / 1.24 %	67	B	28.04 % / 3.17 %
4	B	55.79 % / 1.82 %	20	C	79.34 % / 0.0 %	36	C	68.24 % / 1.74 %	52	B	43.78 % / 1.89 %	68	D	61.38 % / 1.99 %
5	D	57.81 % / 1.18 %	21	C	69.14 % / 1.71 %	37	B	48.56 % / 1.52 %	53	B	18.12 % / 3.98 %	69	A	81.71 % / 0.0 %
6	D	19.0 % / 4.28 %	22	B	76.23 % / 0.0 %	38	B	43.43 % / 1.85 %	54	C	60.21 % / 1.7 %	70	D	48.6 % / 1.91 %
7	C	27.56 % / 4.07 %	23	B	67.24 % / 1.2 %	39	C	45.81 % / 1.16 %	55	B	62.43 % / 1.03 %	71	D	20.07 % / 4.71 %
8	D	31.57 % / 3.47 %	24	C	82.79 % / 0.0 %	40	A	48.11 % / 1.8 %	56	A	28.69 % / 4.09 %	72	B	13.7 % / 4.5 %
9	D	58.49 % / 1.49 %	25	C	29.2 % / 3.29 %	41	D	66.26 % / 1.82 %	57	C	83.24 % / 0.0 %	73	C	45.98 % / 1.35 %
10	D	47.75 % / 1.89 %	26	C	65.56 % / 1.18 %	42	C	55.36 % / 1.18 %	58	D	52.29 % / 1.46 %	74	A	14.4 % / 4.47 %
11	B	16.81 % / 4.91 %	27	B	68.92 % / 1.7 %	43	A	54.27 % / 1.55 %	59	A	53.21 % / 1.2 %	75	D	61.47 % / 1.85 %
12	B	53.53 % / 1.88 %	28	D	81.97 % / 0.0 %	44	D	80.93 % / 0.0 %	60	A	47.43 % / 1.32 %	76	B	67.53 % / 1.89 %
13	C	83.17 % / 0.0 %	29	B	50.95 % / 1.36 %	45	A	87.84 % / 0.0 %	61	C	50.46 % / 1.33 %	77	C	60.06 % / 1.03 %
14	A	30.88 % / 4.98 %	30	D	42.77 % / 1.23 %	46	A	56.91 % / 1.88 %	62	B	78.64 % / 0.0 %	78	B	24.94 % / 4.5 %
15	B	54.41 % / 1.73 %	31	D	76.33 % / 0.0 %	47	B	57.29 % / 1.58 %	63	B	57.32 % / 1.42 %	79	A	64.1 % / 1.47 %
16	A	59.87 % / 1.92 %	32	A	45.1 % / 1.2 %	48	B	42.45 % / 1.85 %	64	C	77.74 % / 0.0 %	80	C	60.44 % / 1.92 %

प्रश्न संख्या	उत्तर	सही उत्तर / छोड़ दिया
81	C	86.94 % / 0.0 %
82	B	83.92 % / 0.0 %
83	C	79.47 % / 0.0 %
84	C	86.85 % / 0.0 %

प्रश्न संख्या	उत्तर	सही उत्तर / छोड़ दिया
85	C	78.94 % / 0.0 %
86	A	83.77 % / 0.0 %
87	C	88.84 % / 0.0 %
88	B	80.89 % / 0.0 %

प्रश्न संख्या	उत्तर	सही उत्तर / छोड़ दिया
89	C	79.36 % / 0.0 %
90	B	89.45 % / 0.0 %
91	C	68.23 % / 1.07 %
92	B	19.75 % / 3.07 %

प्रश्न संख्या	उत्तर	सही उत्तर / छोड़ दिया
93	C	59.35 % / 1.9 %
94	B	45.13 % / 1.73 %
95	A	48.33 % / 1.46 %
96	C	17.62 % / 4.38 %

प्रश्न संख्या	उत्तर	सही उत्तर / छोड़ दिया
97	D	85.85 % / 0.0 %
98	D	63.07 % / 1.71 %
99	C	66.78 % / 1.64 %
100	D	45.06 % / 1.84 %

कार्य विश्लेषण

औसत अंक (%)	32.0%
टॉपर्स स्कोर (%)	62.0%
आपका स्कोर	

//संकेत और समाधान//

1. एक गर्भवती महिला की फंडल हाइट को जघन की हड्डी के ऊपर से लेकर गर्भाशय के ऊपर तक मापा जाता है।

फंडल हाइट (कभी-कभी मैकडॉनल्ड्स नियम के रूप में संदर्भित) को जघन हड्डी के शीर्ष से गर्भाशय के शीर्ष तक सेंटीमीटर में मापा जाता है। गर्भाशय के शीर्ष को गर्भाशय का कोष भी कहा जा सकता है। इसका उपयोग गर्भ के अंदर भ्रूण की वृद्धि और विकास का आकलन करने के लिए किया जाता है।

अत: विकल्प (D) सही है।

2. नर्स डॉक्टर को बताएगी कि सारा प्राथमिक एमेनोरिया के लक्षण दिखा रही है।

प्राथमिक एमेनोरिया तब होता है जब एक महिला चौदह वर्ष की होती है और उसे अपनी पहली अवधि नहीं मिली है और उसने माध्यमिक यौन विशेषताओं को विकसित नहीं किया है। प्राथमिक एमेनोरिया तब भी होता है जब सोलह वर्ष या उससे अधिक उम्र की महिला ने अपनी पहली अवधि प्राप्त नहीं की है, लेकिन माध्यमिक यौन विशेषताओं को विकसित किया है। प्राथमिक कष्टार्तव दर्दनाक माहवारी को संदर्भित करता है जो एक शारीरिक विकार से जुड़ा नहीं है। माध्यमिक कष्टार्तव एंडोमेट्रियोसिस जैसे अंतर्निहित कारण के कारण दर्दनाक माहवारी को संदर्भित करता है। ओलिगोमेनोरिया एक अवधि की अनुपस्थिति को संदर्भित करता है, आमतौर पर कम से कम 35 दिनों के लिए।

अत: विकल्प (C) सही है।

3. एक निविदा गर्भाशय मूल्यांकन निष्कर्ष नर्स के लिए कम से कम चिंता का विषय होगा।

अब्रप्टियो प्लेसेंटा एक गंभीर स्थिति है जहां प्लेसेंटा अनुपयुक्त और समय से पहले गर्भाशय से अलग हो जाता है। प्रसूति संबंधी जटिलताओं वाली महिलाएं जैसे एबप्टियो प्लेसेंटा जल्दी से प्रसारित इंट्रावास्कुलर कोगुलेशन (डीआईसी) विकसित कर सकती हैं। डीआईसी एक क्लॉटिंग डिसऑर्डर है जिसमें रक्त अनुपयुक्त रूप से क्लॉट करता है। क्लॉटिंग प्रोटीन कम होने के कारण गंभीर रक्तस्राव भी हो सकता है। डीआईसी के लक्षणों में रक्त के थक्के, और त्वचा और मौखिक श्लेष्मा जैसे ऊतकों में रक्तस्राव शामिल हैं। डीआईसी और एबप्टियो प्लेसेंटा के संयोजन के कारण होने वाले गंभीर रक्तस्राव के कारण रक्तचाप में कमी आ रही है। सांस की तकलीफ रक्त के थक्के की उपस्थिति का संकेत दे सकती है। हालांकि गर्भाशय की निविदा चिंता का विषय है, यह एबप्टियो प्लेसेंटा के साथ आम है और यह तुरंत जीवन-हानि की स्थिति का संकेत नहीं देता है।

अत: विकल्प (D) सही है।

4. एशियाई जातीयता गर्भविधि मधुमेह के लिए जोखिम कारक नहीं है।

एशियाई जातीयता को जोखिम कारक नहीं माना जाता है। हिस्पैनिक, मूल अमेरिकी और अफ्रीकी अमेरिकी जातियों को गर्भविधि मधुमेह के लिए जोखिम कारक माना जाता है। अन्य में मातृ मोटापा, गर्भकालीन मधुमेह के साथ पिछली गर्भधारण, एक बहुत बड़े बच्चे की डिलीवरी और मधुमेह का पारिवारिक इतिहास शामिल हैं।

अत: विकल्प (B) सही है।

5. गर्भकालीन मधुमेह नर्स को संदेह होगा।

गर्भकालीन मधुमेह एक प्रकार का मधुमेह है जो पहली बार एक गर्भवती महिला में देखा जाता है जिसे गर्भवती होने से पहले मधुमेह नहीं था। कुछ महिलाओं में गर्भविधि मधुमेह से प्रभावित एक से अधिक गर्भावस्था होती है। गर्भकालीन मधुमेह आमतौर पर गर्भावस्था के बीच में दिखाई देता है।

अत: विकल्प (D) सही है।

6. नर्स माँ का स्थान बदलने का अनुमान लगाती है।

देर से मंदी गर्भाशय अपरा अपर्याप्तता के कारण होती है। नर्स को गर्भाशय के रक्त प्रवाह को बढ़ावा देने के लिए कई हस्तक्षेपों का अनुमान लगाना चाहिए। प्रारंभ में, नर्स को ऑक्सीजन पूरकता लागू करनी चाहिए, ऑक्सीटोसिन जलसेक को रोकना चाहिए, माँ को बाईं ओर स्थानांतरित करना चाहिए, और लैक्टेटेड रिंगर सॉल्यूशन (LR) का एक द्रव बोल्ट देना चाहिए।

अत: विकल्प (D) सही है।

7. भ्रूण की हृदय गति विशेषता का त्वरण प्रकार हुआ है।

भ्रूण की हृदय गति में एक त्वरण को एफएचआर में एक स्पष्ट रूप से स्पष्ट और अचानक वृद्धि के रूप में परिभाषित किया गया है, जहां एफएचआर त्वरण की शुरुआत से 30 सेकंड से कम समय में चरम तक बढ़ जाता है। 32 सप्ताह से कम समय में, त्वरण बेसलाइन से कम से कम 10 बीपीएम ऊपर और कम से कम 10 सेकंड तक चलना चाहिए। 32 सप्ताह से अधिक समय में, त्वरण बेसलाइन से कम से कम 15 बीपीएम ऊपर होना चाहिए और कम से कम 15 सेकंड तक चलना चाहिए। एक लंबा त्वरण त्वरण के समान दिशानिर्देशों का पालन करता है, लेकिन 2 मिनट से अधिक समय तक रहता है और अवधि में 10 मिनट से अधिक नहीं होता है; 10 मिनट के बाद, यह बेसलाइन FHR में बदलाव है। डिसेलेरेशन, बेसलाइन से एफएचआर में एक स्पष्ट रूप से स्पष्ट कमी है, धीरे-धीरे या अचानक, जो मूल बेसलाइन पर लौटता है। किसी भी 20-मिनट की विंडो में 50% से अधिक अनुबंधों के साथ आवर्तक त्वरण होते हैं। तचीकार्डिया 160 बीपीएम से अधिक का आधारभूत एफएचआर है।

अत: विकल्प (C) सही है।

8. इस इलेक्ट्रॉनिक भ्रूण निगरानी पट्टी पर एक साइनसॉइडल प्रकार की भ्रूण की हृदय गति विशेषता हो रही है।

एक साइनसॉइडल पैटर्न भ्रूण की हृदय गति बेसलाइन में एक नेत्रहीन स्पष्ट, चिकनी, साइन वेव जैसी लहरदार पैटर्न है जिसमें कम से कम 3-5 / मिनट की चक्र आवृत्ति होती है जो 20 मिनट से अधिक समय तक बनी रहती है। वैरिएबल 30 सेकंड से कम समय तक चलने वाले बेसलाइन से भ्रूण की हृदय गति (FHR) में नेत्रहीन स्पष्ट कमी और वापसी में अचानक गिरावट का वर्णन करता है। ब्रेडीकार्डिया तब होता है जब बेसलाइन एफएचआर 110 बीपीएम से कम होता है। आंतरायिक किसी भी 20 मिनट की खिड़की में 50% से कम संकुचन के साथ होने वाले त्वरण या मंदी का वर्णन करता है। आवर्तक किसी भी 20 मिनट की खिड़की में 50% से अधिक संकुचन के साथ होने वाले त्वरण या मंदी का वर्णन करता है।

अत: विकल्प (D) सही है।

9. प्रीक्लेम्पसिया दौरे की शुरुआत में एक्लम्पसिया में विकसित होता है। दौरे टॉनिक-क्लोनिक होते हैं और गर्भावस्था के दौरान, प्रसव के दौरान या प्रसवोत्तर के दौरान प्रकट हो सकते हैं। यह अपेक्षाकृत दुर्लभ है, केवल लगभग 1.2-1.8% गर्भधारण को प्रभावित करता है।

अत: विकल्प (D) सही है।

10. पर्टुसिस की मुख्य जटिलता ब्रोंकाइटिस, ब्रोन्कोपमोनिया और ब्रोन्किइक्टेसिस सभी हैं।

पर्टुसिस, जिसे काली खांसी के रूप में भी जाना जाता है, एक अत्यधिक संक्रामक श्वसन रोग है। यह जीवाणु बोर्डेटेला पर्टुसिस के कारण होता है। पर्टुसिस को अनियंत्रित, तेज़ खांसी के लिए जाना जाता है जिससे अक्सर सांस लेने में कठिनाई होती है।

अतः सही विकल्प (D) है।

11. लंबे समय तक बिस्तर पर आराम करने वाले एक अस्पताल में भर्ती रोगी में, अचानक शुरू होने वाली सांस की तकलीफ और सीने में दर्द का सबसे संभावित कारण फुप्फुसीय अन्त:शल्यता है। गर्भावस्था और लंबे समय तक निष्क्रियता दोनों ही पैरों की गहरी नसों में थक्का बनने के जोखिम को बढ़ाते हैं। ये थक्के फिर ढीले हो सकते हैं और फेफड़ों तक जा सकते हैं।

अत: विकल्प (B) सही है।

12. एक संदिग्ध स्ट्रोक के उपचार के लिए थ्रोम्बोलाइटिक थेरेपी के साथ स्ट्रोक पीड़ित का इलाज करते समय, मस्तिष्क रक्तस्राव एक महत्वपूर्ण जोखिम है। उपचार की सफलता इस बात पर निर्भर करती है कि स्ट्रोक का कारण निर्धारित होने से पहले इसे जल्द से जल्द शुरू किया जाए।

अतः विकल्प (B) सही है।

13. गंभीर रूप से मानसिक रूप से बीमार रोगी के अनैच्छिक अस्पताल में भर्ती होने का प्राथमिक कारण स्वयं को नुकसान पहुंचाने और दूसरों को नुकसान पहुंचाने से सुरक्षा है।स्वयं या दूसरों के लिए खतरनाक माने जाने वाले व्यक्तियों या गंभीर रूप से विकलांग माने जाने वाले व्यक्तियों के लिए अनैच्छिक अस्पताल में भर्ती होने का प्राथमिक कारण आत्म-नुकसान और दूसरों की नुकसान से सुरक्षा है।

अतः विकल्प (C) सही है।

14. पैर की असमान लंबाई होना कूल्हे के विकासात्मक डिसप्लेसिया का संकेत है। हिप एक "बॉल-एंड-सॉकेट" जोड़ है। एक सामान्य कूल्हे में, जांघ की हड्डी (फीमर) के ऊपरी सिरे पर "बॉल-एंड-सॉकेट" में मजबूती से फिट हो जाती है, जो कि बड़े श्रोणि की हड्डी का हिस्सा होता है। हिप (डीडीएच) के विकासात्मक डिसप्लेसिया (अव्यवस्था) वाले शिशुओं और बच्चों में, कूल्हे का जोड़ सामान्य रूप से नहीं बनता है।

अतः विकल्प (A) सही है।

15. मनोरोग इकाई में प्रवेश पर, रोगी कांप रहा है और भयभीत दिखाई दे रहा है। नर्स की प्रारंभिक प्रतिक्रिया अपना परिचय देने और रोगी के साथ रोगी के कमरे में जाने की होनी चाहिए।

चिंता उस परिवर्तन से उत्पन्न होती है जो व्यक्ति की सुरक्षा की भावना को खतरे में डालती है। मरीजों में चिंता के जवाब में, नर्स को शांत रहना चाहिए, उत्तेजनाओं को कम करना चाहिए, और रोगी का परिचय कराना चाहिए और रोगी के साथ रोगी के कमरे में जाना चाहिए।

अतः विकल्प (B) सही है।

16. नर्स को प्रभावित अंग की मांसपेशियों के लिए आइसोमेट्रिक व्यायाम पर व्यक्ति को निर्देश देना चाहिए कि वह प्रभावित हिस्से को हिलाए बिना वैकल्पिक रूप से मांसपेशियों को सिकोड़ें और आराम करें।

आइसोमेट्रिक व्यायाम एक विशेष मांसपेशी या मांसपेशियों के समूह के संकुचन होते हैं। आइसोमेट्रिक अभ्यास के दौरान, मांसपेशियों की लंबाई में कोई खास बदलाव नहीं होता है और प्रभावित जोड़ हिलता नहीं है। आइसोमेट्रिक व्यायाम ताकत बनाए रखने में मदद करते हैं।

अतः विकल्प (A) सही है।

17. 10 साल के बच्चे को बीमारी की व्याख्या करते समय नर्स को इस उम्र में संज्ञानात्मक विकास के बारे में ध्यान रखना चाहिए कि वे तथ्यों को व्यवस्थित करने में तार्किक रूप से सोचने में सक्षम हैं। 10 साल के बच्चे को बीमारी की व्याख्या करते समय नर्स को इस उम्र में संज्ञानात्मक विकास के बारे में ध्यान रखना चाहिए कि वे तथ्यों को व्यवस्थित करने में तार्किक रूप से सोचने में सक्षम हैं। संज्ञानात्मक विकास का अर्थ बच्चे की सोचने और तर्क करने की क्षमता का विकास है। यह वृद्धि 6 से 12 साल की उम्र में और 12 से 18 साल की उम्र में अलग-अलग होती है। 6 से 12 साल की उम्र के बच्चों में ठोस तरीके से सोचने की क्षमता विकसित होती है। इन चीजों को कंक्रीट कहा जाता है क्योंकि ये वस्तुओं और घटनाओं के आसपास की जाती हैं।

अतः विकल्प (B) सही है।

18. गंभीर अवसाद वाले व्यक्ति में नर्सिंग के निदान के लिए नर्स को सुरक्षा का ध्यान देना चाहिए।

डिप्रेशन वाले व्यक्ति की सुरक्षा, देखभाल की प्राथमिकता है। साक्ष्य-आधारित सहयोगी दृष्टिकोण का उपयोग करके प्राथमिक देखभाल की स्थिति में अवसाद का प्रभावी ढंग से इलाज किया जा सकता है जिसमें प्राथमिक देखभाल

प्रदाताओं को रोगियों की स्थिति की देखभाल में मानसिक स्वास्थ्य प्रदाताओं द्वारा व्यवस्थित रूप से समर्थित किया जाता है।

अतः विकल्प (D) सही है।

19. एब्लेटिव सर्जरी शरीर के रोग अंगों को हटाने के लिए की जाने वाली सर्जरी को संदर्भित करती है। एब्लेटिव सर्जरी शरीर में क्षतिग्रस्त या हस्तक्षेप करने वाले ऊतक को हटाने या पुनः प्रोग्राम करने की एक प्रकार की प्रक्रिया है। उदाहरण के लिए, एक डॉक्टर दिल के ऊतकों की एक छोटी मात्रा को नष्ट करने के लिए एक पृथक प्रक्रिया का उपयोग कर सकता है जो असामान्य हृदय ताल पैदा कर रहा है या फेफड़े, स्तन, थायरॉयड, यकृत या शरीर के अन्य क्षेत्रों में ट्यूमर का इलाज करने के लिए उपयोग कर सकता है।

अतः विकल्प (D) सही है।

20. एक एंजायलिटिक एक दवा या कोई अन्य हस्तक्षेप है जो चिंता से राहत देता है। एंजायलिटिक, या चिंता-विरोधी दवाएं, चिंता को रोकने और कई चिंता विकारों से संबंधित चिंता का इलाज करने के लिए उपयोग की जाने वाली दवाओं की एक श्रेणी है।

इसमे शामिल है:

- अल्प्राजोलम (ज़ानाक्स)
- क्लोर्डियाज़ेपॉक्साइड (लिब्रियम)
- क्लोनाज़ेपम (क्लोनोपिन)
- डायजेपाम (वैलियम)
- लोराज़ेपम (एटिवन)

अतः विकल्प (C) सही है।

21. पूर्व-संचालन जांच करने का व्यापक उद्देश्य त्रुटियों के होने के जोखिम को कम करना है। प्रीऑपरेटिव मेडिकल असेसमेंट का अंतिम लक्ष्य रोगी की सर्जिकल और एनेस्थेटिक पेरीऑपरेटिव रुग्णता या मृत्यु दर को कम करना है, और उसे जल्द से जल्द वांछनीय कार्य करने के लिए वापस करना है।

अतः विकल्प (C) सही है।

22. वेज रिसेक्शन में, फेफड़े के ऊतकों का एक पहलू हटा दिया जाता है। वेज रिसेक्शन एक या दोनों, फेफड़ों से ऊतक के पच्चर के आकार के हिस्से का शल्य चिकित्सा हटाने है। आमतौर पर छोटे फेफड़े के पिंड के निदान या उपचार के लिए वेज रिसेक्शन किया जाता है। फेफड़े की बायोप्सी एक ऐसी प्रक्रिया है जिसमें पसलियों के बीच एक छोटे से चीरे के माध्यम से फेफड़े के ऊतकों का एक छोटा सा नमूना निकाला जाता है।

अतः विकल्प (B) सही है।

23. मीडियास्टिनम में हृदय, फेफड़े, श्वासनली, बड़ी वाहिकाएँ, अन्नप्रणाली होती है। मीडियास्टिनम वक्ष में एक स्थान है जिसमें अंगों, वाहिकाओं, नसों, लसीका और उनके आसपास के संयोजी ऊतक का एक समूह होता है। यह प्रत्येक फेफड़े के फुफ्फुस के बीच छाती की मध्य रेखा में स्थित है और उरोस्थि से कशेरुक स्तंभ तक फैली हुई है।

अतः विकल्प (B) सही है।

24. हेमोथोरैक्स फुफ्फुस स्थान में रक्त का एक संग्रह है। हेमोथोरैक्स का अब तक का सबसे आम कारण आघात है। फेफड़े, हृदय, बड़ी वाहिकाओं, या छाती की दीवार की मर्मज चोटें हीमोथोरैक्स के स्पष्ट कारण हैं; वे मूल रूप से आकस्मिक, जानबूझकर या आईट्रोजेनिक हो सकते हैं।

अतः विकल्प (C) सही है।

25. स्टेम सेल प्रत्यारोपण में ग्राफ्ट-बनाम-होस्ट रोग (GvHD) के इलाज के लिए एंटीबायोटिक्स, इम्यूनोसप्रेसेन्ट दवाएं और स्टेरॉयड दिए जा सकते हैं। GvHD तब होता है जब दान की गई स्टेम कोशिकाओं या अस्थि मज्जा में विशेष प्रकार की श्वेत रक्त कोशिका (T कोशिकाएं) आपके शरीर की कोशिकाओं पर हमला करती हैं। ऐसा इसलिए है क्योंकि दान की गई

कोशिकाएं (ग्राफ्ट) आपके शरीर की कोशिकाओं (मेजबान) को विदेशी के रूप में देखती हैं और उन पर हमला करती हैं।

अत: विकल्प (C) सही है।

26. पोस्टऑपरेटिव कोरोनरी आर्टरी बाईपास ग्राफ्ट (CABG) में, व्यक्ति को खांसते और हिलते समय चीरा लगाने के लिए प्रोत्साहित किया जाना चाहिए। पोस्टऑपरेटिव देखभाल के निम्नलिखित पहलू उन सभी रोगियों पर लागू होते हैं जिनकी CABG सर्जरी हुई है:

- वायुमार्ग की धैर्य बनाए रखें।
- महत्वपूर्ण संकेतों की निगरानी करें और प्रति घंटा सेवन और आउटपुट रिकॉर्ड करें।
- रोगी के हेमोडायनामिक और हृदय की स्थिति का आकलन करें।
- पहले 8 घंटों के लिए प्रति घंटा परिधीय और न्यूरोवास्कुलर आकलन करें।

अत: विकल्प (C) सही है।

27. सबसे अधिक मरम्मत की जाने वाली वाल्व माइट्रल वाल्व है। माइट्रल वाल्व हृदय के चार वाल्वों में से एक है। यह ऊपरी बाएं कक्ष (बाएं आलिंद) से निचले बाएं कक्ष (बाएं वेंट्रिकल) में रक्त के प्रवाह को नियंत्रित करता है। बायां निलय हृदय का मुख्य पंपिंग कक्ष है। एक सामान्य माइट्रल वाल्व में दो फ्लैप या लीफलेट होते हैं।

अत: विकल्प (B) सही है।

28. स्वास्थ्य शिक्षा की समूह चर्चा पद्धति में लोग अपने विचारों और अनुभवों का आदान-प्रदान करके सीखते हैं।

समूह चर्चा में एक सूत्रधार और दो या दो से अधिक प्रतिभागियों के बीच संचार का मुक्त प्रवाह शामिल होता है। अधिकांश समूह चर्चाओं में चर्चा का विषय लिया जा सकता है और समूह के सभी सदस्यों द्वारा समान रूप से साझा किया जा सकता है।

अत: विकल्प (D) सही है।

29. कहानी सुनाना स्वास्थ्य शिक्षा का एक पारंपरिक तरीका है।

कहानी सुनाना, किसी कहानी को पढ़ने के बजाय स्मृति से सुनाने की कला, प्रागैतिहासिक काल तक पहुँचने वाली सभी कलाओं में सबसे पुरानी है। कहानी सुनाना शिक्षण का मूल रूप है और इसमें भावनात्मक बुद्धिमत्ता को बढ़ावा देने और बच्चे को मानव व्यवहार में अंतर्दृष्टि प्राप्त करने में मदद करने की क्षमता है।

अत: विकल्प (B) सही है।

30. फोन और ई-मेल द्वारा रोगी संचार में देयता को सीमित करने में मदद करने के लिए सुरक्षा उपायों में प्रोटोकॉल के लिए एक चेकलिस्ट प्रारूप का उपयोग करना शामिल है।

चेकलिस्ट का उद्देश्य प्रोटोकॉल लिखने के लिए एक प्रारूप का सुझाव देने और उन मुद्दों की पहचान करने में सहायता के रूप में है, जिन पर वैज्ञानिकों को विचार करना चाहिए क्योंकि वे एक अध्ययन या निगरानी प्रणाली तैयार करते हैं। चेकलिस्ट का उपयोग करते समय, जांचकर्ताओं को उन वस्तुओं का चयन करना चाहिए जो उनकी विशिष्ट परियोजना पर लागू होती हैं। यह अपेक्षा नहीं की जाती है कि जाँच सूची की प्रत्येक वस्तु अध्ययन या निगरानी प्रणाली के प्रत्येक प्रोटोकॉल पर लागू हो।

अत: विकल्प (D) सही है।

31. इस नर्स-मरीज बातचीत में अवलोकन करना संचार तकनीक का उपयोग किया जा रहा है।

नर्स यह देखते हुए अवलोकन करने की संचार तकनीक का उपयोग कर रही है कि मरीज शारीरिक हिंसा के बारे में बात करते समय मुस्कुराता है। अवलोकन

करने की तकनीक मरीज को नर्स की व्यक्तिगत धारणाओं के साथ तुलना करने के लिए प्रोत्साहित करती है।

अत: विकल्प (D) सही है।

32. इस नर्स-क्लाइंट बातचीत में रिस्टेटमेंट संचार तकनीक का इस्तेमाल किया जा रहा है।

नर्स रिस्टेटमेंट की चिकित्सीय संचार तकनीक का उपयोग कर रही है। पुनर्कथन में ग्राहक ने जो कहा है उसके मुख्य विचार को दोहराना शामिल है। नर्स इस तकनीक का उपयोग यह बताने के लिए करती है कि क्लाइंट के बयान को सुना और समझा गया है।

अत: विकल्प (A) सही है।

33. "ऐसा लगता है कि आप किसी ऐसे व्यक्ति से बात कर रहे हैं जिसे मैं नहीं देखता।" नर्स द्वारा उपयोग की जाने वाली संचार तकनीक अवलोकन करने का एक उदाहरण है।

अवलोकन करने में जो देखा या माना जाता है उसे मौखिक रूप देना शामिल है। यह रोगी को विशिष्ट व्यवहारों को पहचानने और नर्स की धारणाओं के साथ तुलना करने के लिए प्रोत्साहित करता है।

अत: विकल्प (A) सही है।

34. प्रशिक्षक का बयान, "निश्चित रूप से आपने जानबूझकर ऐसा नहीं किया, लेकिन आपने क्लाइंट के नाम का उपयोग करके गोपनीयता भंग कर दी।"प्रभावी प्रतिक्रिया का एक उदाहरण है।

प्रतिक्रिया संचार का एक तरीका है जिससे दूसरों को व्यवहार में बदलाव पर विचार करने में मदद मिलती है। प्रतिक्रिया वर्णनात्मक, विशिष्ट और व्यवहार की ओर निर्देशित होनी चाहिए जिसे व्यक्ति संशोधित करने की क्षमता रखता है और उसे सलाह देने या व्यक्ति की आलोचना करने के बजाय जानकारी प्रदान करनी चाहिए।

अत: विकल्प (C) सही है।

35. अनुमोदन संचार तकनीक देने की गैर-चिकित्सीय तकनीक में प्रमुख नर्स कार्यरत है।

अनुमोदन देने का तात्पर्य है कि प्रमुख नर्स को यह निर्णय करने का अधिकार है कि ग्राहक के विचार या व्यवहार "अच्छे" हैं या "बुरे" हैं। यह ग्राहक की सशर्त स्वीकृति बनाता है।

अत: विकल्प (A) सही है।

36. माइक्रोसाइटिक एनीमिया उन स्थितियों के कारण होता है जो आपके शरीर को पर्याप्त हीमोग्लोबिन का उत्पादन करने से रोकती हैं। हीमोग्लोबिन आपके रक्त का एक घटक है। यह आपके ऊतकों तक ऑक्सीजन पहुंचाने में मदद करता है और आपकी लाल रक्त कोशिकाओं को उनका लाल रंग देता है। आयरन की कमी से माइक्रोसाइटिक एनीमिया होती है।

अतः विकल्प (C) सही है।

37. मैरास्मस प्रोटीन की कमी से होता है। पोषक तत्वों की कमी मरास्मस का मुख्य कारण है। यह उन बच्चों में होता है जो पर्याप्त प्रोटीन, कैलोरी, कार्बोहाइड्रेट और अन्य महत्वपूर्ण पोषक तत्वों का सेवन नहीं करते हैं। यह आमतौर पर गरीबी और भोजन की कमी के कारण होता है। कुपोषण कई प्रकार का होता है।

अतः विकल्प (B) सही है।

38. गोमेज़ स्केल का उपयोग प्रोटीन-ऊर्जा कुपोषण के ग्रेडिंग के लिए किया जाता है। गोमेज़ स्केल बच्चों में प्रोटीन-ऊर्जा कुपोषण को वर्गीकृत करने के लिए सबसे शुरुआती प्रणालियों में से एक है, जो उम्र के लिए अपेक्षित वजन के प्रतिशत के आधार पर है:

- 90% से अधिक सामान्य है।

- 76-90% हल्का (प्रथम डिग्री) कुपोषण है।
- 61-75% मध्यम (सेकंड डिग्री) कुपोषण है।
- 60% से कम गंभीर (थर्ड डिग्री) है।

अतः विकल्प (B) सही है।

39. क्वाशियोरकोर प्रोटीन की अत्यधिक कमी के कारण होता है। क्वाशियोरकोर कुपोषण का एक गंभीर रूप है। यह कुछ विकासशील क्षेत्रों में सबसे आम है जहां शिशुओं और बच्चों को उनके आहार में पर्याप्त प्रोटीन या अन्य आवश्यक पोषक तत्व नहीं मिलते हैं। क्वाशियोरकोर का मुख्य लक्षण शरीर के ऊतकों में बहुत अधिक तरल पदार्थ है, जो त्वचा के नीचे सूजन (एडिमा) का कारण बनता है।

अतः विकल्प (C) सही है।

40. जिन प्रोटीनों में अधिकांश आवश्यक अमीनो एसिड होते हैं उन्हें प्रथम श्रेणी प्रोटीन कहा जाता है, जबकि वे जिन्हें द्वितीय श्रेणी प्रोटीन नहीं कहा जाता है। पशु प्रोटीन प्रथम श्रेणी के प्रोटीन होते हैं और पादप प्रोटीन द्वितीय श्रेणी के प्रोटीन होते हैं।

अतः विकल्प (A) सही है।

41. पेप्टाइड बंधन बनाने वाले एंजाइम को पेप्टिडाइल ट्रांसफरेज़ के रूप में जाना जाता है। पेप्टिडाइल ट्रांसफरेज़ एक एंजाइम है जो प्रोटीन संश्लेषण में पॉलीपेप्टाइड श्रृंखला को विकसित करने के लिए अमीनो एसिड अवशेषों को जोड़ने के लिए उत्प्रेरित करता है। यह बड़े राइबोसोमल सबयूनिट में स्थित होता है, जहां यह पेप्टाइड बॉन्ड गठन को उत्प्रेरित करता है।

अतः विकल्प (D) सही है।

42. अगर आप अकेले प्राथमिक उपचारकर्ता हैं और बेहोशी में सांस न लेने वाले वयस्क हैं, तो आपको एईडी (डिफाइब्रिलेटर) और एम्बुलेंस का अनुरोध करने के लिए 911/112 पर कॉल करना चाहिए।

एईडी, या स्वचालित बाहरी डिफाइब्रिलेटर, का उपयोग अचानक कार्डियक अरेस्ट का अनुभव करने वालों की मदद के लिए किया जाता है। यह एक परिष्कृत, अभी तक उपयोग में आसान, चिकित्सा उपकरण है जो हृदय की लय का विश्लेषण कर सकता है और यदि आवश्यक हो, तो दिल को एक प्रभावी लय को फिर से स्थापित करने में मदद करने के लिए एक बिजली का झटका, या डिफिब्रिलेशन प्रदान करता है।

अतः विकल्प (C) सही है।

43. जीवित रहने की श्रृंखला के लिए सही क्रम 911/112, सीपीआर, डिफिब्रिलेशन, उन्नत देखभाल है।

अंतर्राष्ट्रीय दूरसंचार संघ ने भविष्य में देशों के उपयोग के लिए आधिकारिक तौर पर 911/112 दो मानक आपातकालीन फोन नंबर निर्धारित किए हैं। 911 वर्तमान में उत्तरी अमेरिका में उपयोग किया जाता है, जबकि 112 यूरोपीय संघ और दुनिया भर के कई अन्य देशों में मानक है।

कार्डियोपल्मोनरी रिससिटेशन (सीपीआर) एक जीवन रक्षक तकनीक है जो कई आपात स्थितियों में उपयोगी है, जैसे कि दिल का दौरा या डूबने के करीब, जिसमें किसी की सांस या दिल की धड़कन बंद हो गई हो।

डिफाइब्रिलेटर ऐसे उपकरण हैं जो दिल को इलेक्ट्रिक पल्स या शॉक भेजकर सामान्य दिल की धड़कन को बहाल करते हैं।

अतः विकल्प (A) सही है।

44. प्राथमिक चिकित्सा में उपयोग की जाने वाली तकनीकें निम्नलिखित हैं:

- ड्रेसिंग
- पट्टी
- तेजी से निकासी तकनीक (एकल-बचावकर्ता)
- परिवहन तकनीक

ड्रेसिंग:

एक ड्रेसिंग एक सुरक्षात्मक आवरण है जिसे घाव पर लगाया जाता है:

- संक्रमण से बचाव के लिए,
- निर्वहन को अवशोषित होने के लिए,
- रक्तस्राव को नियंत्रित होने के लिए,
- आगे की चोट से बचाव के लिए, और
- दर्द कम करने के लिए।

पट्टी:

- एक पट्टी सामग्री की एक काफी लंबी पट्टी जैसे कि घाव या घायल शरीर के हिस्से की रक्षा करने, स्थिर करने, संपीड़ित करने या समर्थन करने के लिए उपयोग की जाने वाली धुंध होती है।

तेजी से निकासी तकनीक:

- यदि पीड़ित खतरनाक स्थिति में है, तो एक-बचावकर्ता निकासी तकनीक के लिए यह संभव है कि वह एक बेहोश पीड़ित को थोड़ी दूरी तक ले जाए ताकि उसे सुरक्षा के लिए लाया जा सके।

परिवहन तकनीक:

- उपयुक्त प्राथमिक उपचार दिए जाने के बाद, पीड़ित को ले जाने की आवश्यकता हो सकती है।

अतः विकल्प (D) सही है।

45. हाइपोवॉल्मिक शॉक गंभीर रक्त हानि से विकसित होगा।

हाइपोवॉल्मिक शॉक एक आपातकालीन स्थिति है जिसमें गंभीर रक्त या अन्य तरल पदार्थ की कमी से हृदय शरीर को पर्याप्त रक्त पंप करने में असमर्थ हो जाता है। इस तरह के झटके से कई अंग काम करना बंद कर सकते हैं।

अतः विकल्प (A) सही है।

46. नकसीर से रक्तस्राव को नियंत्रित करने के लिए कैज़ुअल्टी नीचे बैठें, आगे की ओर झुकें और नाक के नरम हिस्से को पिंच करें

बैठ जाओ और अपनी नाक के नरम हिस्से को अपने नथुने के ठीक ऊपर, कम से कम 10-15 मिनट के लिए मजबूती से पकड़ें।

आगे झुकें और अपने मुंह से सांस लें - इससे खून आपके गले के पिछले हिस्से के बजाय आपकी नाक में जाएगा।

अतः विकल्प (A) सही है।

47. कीट के डंक या मकड़ी के काटने से एनाफिलेक्टिक शॉक होता है।

कीट के डंक और काटने से गंभीर एलर्जी हो सकती है। डॉक्टर इसे "एनाफिलेक्सिस" कहते हैं। मकड़ी के काटने से एलर्जी की प्रतिक्रिया हो सकती है जिसे डॉक्टर "एनाफिलेक्टिक शॉक" कहते हैं। यह घातक हो सकता है। 911 पर कॉल करें यदि आपको इनमें से कोई भी लक्षण हैं: होंठ, जीभ, गले या आंखों के आसपास की तीव्र सूजन।

अतः विकल्प (B) सही है।

48. गंभीर रक्तस्राव के लिए आपको सबसे पहले एक साफ कपड़े या हाथ से खून बहने वाले घाव पर सीधा दबाव डालना चाहिए।

रक्तस्राव बंद होने तक एक साफ कपड़े, रुमाल या रेशमी कपड़े के टुकड़े के साथ कट या घाव पर सीधा दबाव डालें। यदि सामग्री में रक्त भीग जाता है, तो उसे न निकालें। इसके ऊपर और कपड़ा या जीवाणुरहित पट्टी रखें और दबाव डालना जारी रखें। यदि घाव हाथ या पैर पर है, तो धीमी रक्तस्राव में मदद करने के लिए, यदि संभव हो तो अंग को हृदय से ऊपर उठाएं। प्राथमिक उपचार देने के बाद और घाव को साफ करने और ड्रेसिंग करने से पहले अपने हाथ फिर से धो लें। जब तक रक्तस्राव गंभीर न हो और जलन को रोकने के लिए रोका न जाए, तब तक टूर्निकेट न लगाएं। संक्रमण के जोखिम को कम

करने के लिए एंटीबायोटिक क्रीम लगाएं और एक जीवाणुरहित पट्टी के साथ कवर करें।

अत: विकल्प (B) सही है।

49. वृषण पुरुषों में प्राथमिक जनन अंग है। वृषण उदर गुहिका के बाहर एक थैली के भीतर स्थित होता है जिसे वृषणकोश कहा जाता है। वृषणकोश, वृषण में शुक्राणुजनन के लिए आवश्यक कम तापमान (सामान्य आंतरिक शरीर के तापमान की तुलना में 2–2.5°C कम) को बनाए रखने में मदद करता है।

वृषण एक प्राथमिक लिंग अंग के साथ-साथ एक अंतःस्रावी ग्रंथि के रूप में दोहरे कार्य करता है। वृषण शुक्रजनक नलिकाओं और पीठिकाय या अंतराली ऊतक से बना है। लेयडिंग कोशिकाएं या अंतराली कोशिकाएं, जो अंतरालीय क्षेत्र में मौजूद होती हैं, जो ऐन्ड्रोजन नामक हॉर्मोन का एक समूह बनाती हैं, मुख्य रूप से टेस्टोस्टेरॉन होती हैं।

टेस्टोस्टेरोन पुरुष जनन ऊतकों के विकास में एक महत्वपूर्ण भूमिका निभाता है जैसे कि वृषण और प्रोस्टेट, साथ ही पेशियों और हड्डी के द्रव्यमान और शरीर के बालों की वृद्धि जैसे माध्यमिक लिंग विशेषताओं को बढ़ावा देती हैं।

अत: विकल्प (A) सही है।

50. पाठ्य 'चरक संहिता' के अनुसार मानव शरीर में 360 हड्डियाँ होती हैं।

- इसका लेखन महर्षि चरक ने किया था।
- चरक संहिता में उल्लेख किया गया है कि पुस्तक की सामग्री सबसे पहले आत्रेय पुणरवासु ने सिखाई थी।
- यह प्राचीन भारत से अस्तित्व में बचे चिकित्सा के मूलभूत हिंदू ग्रंथों में से एक है।
- पाठ्य 'चरक संहिता' के अनुसार मानव शरीर में 360 हड्डियां होती हैं।
- चरक ने मानव शरीर की शारीरिक रचना का अध्ययन किया और निष्कर्ष निकाला कि मानव शरीर में दांतों सहित 360 हड्डियां मौजूद होती हैं।
- चरक संहिता के अनुसार, चिकित्सा पद्धति के चार महत्वपूर्ण अंग हैं:
1. रोगी
2. चिकित्सक
3. नर्स
4. दवाएं
- मानव शरीर जन्म से लगभग 270 हड्डियों से बना है।
- कुछ हड्डियों के आपस में मिल जाने के बाद वयस्कता तक हड्डियों की संख्या घटकर लगभग 206 हो जाएगी।

अत: विकल्प (B) सही है।

51. मानव मेरुदंड में 33 हड्डियां होती हैं। कशेरुकाओं को अंतरामेरूदंडीय डिस्क द्वारा अलग किया जाता है।

प्रत्येक कशेरुका को उसके स्थान के अनुसार एक नाम दिया जाता है।

क्षेत्र	कशेरुकाओं की संख्या
ग्रीवा क्षेत्र	7
वक्षीय क्षेत्र	12
काठ का क्षेत्र	5
त्रिक क्षेत्र	5
कोक्सीक्स क्षेत्र	4

सूत्र - C7 T12 L5 S5 C4

पहला कशेरुक स्तंभ एटलस है जो खोपड़ी के साथ जुड़ा हुआ है।

अत: विकल्प (A) सही है।

52. मानव शरीर की फीमर हड्डियों को जांघ की हड्डियां भी कहा जाता है।

- फीमर मानव जांघ के भीतर स्थित एकमात्र हड्डी है।
- यह मानव शरीर की सबसे लंबी और सबसे मजबूत हड्डी है।
- फीमर आर्टिकुलेट के सिर को हिप जॉइंट बनाने वाले श्रोणि की हड्डी में एसिटाबुलम के साथ जोड़ा जाता है।
- जबकि फीमर का बाहर का हिस्सा टिबिया और नाइकेप के साथ जुड़ता है, जिससे घुटने का जोड़ बनता है।

अत: विकल्प (B) सही है।

53. जोड़ों में घर्षण को कम करने के लिए अंगों के सिरे उपास्थि से ढके होते हैं।

- काचाभ उपास्थि: यह उपास्थि का सबसे सुव्यवस्थित रूप है। उपास्थि जोड़ों (सन्धायक उपास्थि) में हड्डियों को अस्तर करते हुए पाया जाता है। यह हड्डियों के भीतर अतिरिक्त रूप से दिया जाता है, अस्थिभवन या हड्डी के विकास के केंद्र के रूप में कार्य करता है। इसके अलावा, उपास्थि भ्रूण के कंकाल का निर्माण करती है।
- प्रत्यास्थ उपास्थि: प्रत्यास्थ पशु उत्तर कान की पिनना और कई अन्य नलियों के भीतर पाया जाता है, जैसे कि मोडेलिटी और इस्टाचियन नलियों और मुखर अंग की भित्तियों। प्रत्यास्थ पशु ऊतक उपास्थि के बराबर होता है, हालांकि पूरे मैट्रिक्स में लोचदार बंडल (इलास्टिन) होता है। यह एक ऊतक प्रदान करता है जो कठोर होता है।
- तंतुपास्थि: उपास्थि पशुओं के ऊतकों का एक विशिष्ट रूप हो सकता है, जो हड्डियों के डिस्क और अलग-अलग सिम्फिस और हड्डियों के लिए शिराओं या स्नायुबंधन को जोड़ने वाले स्थानों के बीच मजबूत समर्थन या अच्छा स्थायित्व की आवश्यकता वाले क्षेत्रों में पाया जाता है।

अत: विकल्प (B) सही है।

54.

- दांतों और हड्डियों में पाया जाने वाला तत्व कैल्शियम और फॉस्फोरस है।

हड्डी:

- यह एक प्रकार का संयोजी ऊतक है।
- यह शरीर को सुरक्षा और आंदोलन प्रदान करता है।
- यह RBC और WBC बनाने का काम करता है।
- यह अपने अंदर बहुत सारे खनिजों को संग्रहीत करता है।
- इसमें कैल्शियम और फास्फोरस की मात्रा सबसे अधिक होती है।
- इसमें मौजूद कोशिकाओं को ऑस्टियोसाइट कहा जाता है जिसे परिपक्व हड्डी भी कहा जाता है।

दांत: ये जीवित ऊतक नहीं हैं।

वे चार अलग-अलग प्रकार के ऊतक से युक्त होते हैं:

- डेंटिन
- इनेमल
- दन्त
- गूदा

डेंटिन दांत का वह हिस्सा होता है जो इनेमल और सीमेंटम के नीचे होता है।

इनेमल शरीर में सबसे कठोर पदार्थ है। इसमें कोई तंत्रिका नहीं है। हालांकि तामचीनी का कुछ पुनर्खनिजीकरण संभव है, यदि महत्वपूर्ण क्षति हो तो यह स्वयं को पुन: उत्पन्न या मरम्मत नहीं कर सकता है। यही कारण है कि दांतों की सड़न और कैविटी का जल्द से जल्द इलाज करना महत्वपूर्ण है।

सीमेंटम मसूड़े की रेखा के नीचे जड़ को ढकता है, और दांत को जगह पर रहने में मदद करता है। दांतों में अन्य खनिज भी होते हैं, लेकिन उनमें कोई कोलेजन नहीं होता है। चूंकि दांत जीवित ऊतक नहीं होते हैं, इसलिए अच्छी मौखिक स्वच्छता बनाए रखना महत्वपूर्ण है, क्योंकि दांतों की शुरुआती क्षति को स्वाभाविक रूप से ठीक नहीं किया जा सकता है।

गूदा दांत का सबसे भीतरी भाग होता है। इसमें रक्त वाहिकाएं, तंत्रिकाएं और संयोजी ऊतक होते हैं। गूदा डेंटिन से घिरा होता है, जो इनेमल से ढका होता है।

अतः विकल्प (C) सही है।

55. पैर में टारसल हड्डियां पाई जाती हैं।

टारसल हड्डियों में टखने वाले क्षेत्र में पैर के समीपस्थ क्षेत्र में स्थित सात छोटी हड्डियां होती हैं। वे समीपस्थ और बाहर की पंक्तियों में व्यवस्थित होते हैं। मेटाटार्सल्स फालैंग्स को टार्सल्स से जोड़ते हैं। पैर की हड्डियां नरम ऊतकों के लिए यांत्रिक सहायता प्रदान करती हैं।

अतः विकल्प (B) सही है।

56. गॉर्डन के अनुसार रोग की रोकथाम के वर्गीकरण में एक प्राथमिक रोकथाम को छोड़कर सभी शामिल हैं।

प्राथमिक रोकथाम अपने आप को एक बीमारी होने से रोकने की कोशिश कर रहा है। उदाहरणों में शामिल हैं: खतरनाक उत्पादों (जैसे एस्बेस्टस) के उपयोग पर प्रतिबंध लगाने या नियंत्रित करने के लिए कानून और प्रवर्तन या सुरक्षित और स्वस्थ प्रथाओं (जैसे सीटबेल्ट और बाइक हेलमेट का उपयोग) को स्वस्थ और सुरक्षित आदतों के बारे में शिक्षा (जैसे अच्छा खाना, नियमित रूप से व्यायाम करना, नहीं धूम्रपान)।

अतः विकल्प (A) सही है।

57. नर्स प्रबंधक विशेष रूप से सहभागी शैली का नेतृत्व कर रहा है।

सहभागी नेतृत्व एक प्रबंधकीय शैली है जो सभी संगठनात्मक निर्णयों पर कर्मचारियों से इनपुट आमंत्रित करती है। नर्सिंग अभ्यास में अक्सर उपयोग की जाने वाली दो अन्य नेतृत्व शैली स्थितिजन्य नेतृत्व और निरंकुश नेतृत्व हैं।

अतः विकल्प (C) सही है।

58. उपर्युक्त सभी वार्ड प्रबंधन को प्रभावित करने वाले कारक हैं।

FGI दिशानिर्देश एक रोगी/परिवार केंद्रित रोगी कक्ष के लिए निम्नलिखित स्थान का सुझाव देते हैं: 250 वर्ग फुट न्यूनतम और अतिरिक्त 30 वर्ग फुट प्रति परिवार सदस्य।

उपचार कक्ष अस्पताल में वह स्थान है जहां आपके बच्चे को चिकित्सा देखभाल प्राप्त होती है। स्वास्थ्य सेवा प्रदाता आपके बच्चे के रक्त का परीक्षण कर सकते हैं, एक IV (छोटी ट्यूब जो शिरा में जाती है) डाल सकते हैं, एक फीडिंग ट्यूब रख सकते हैं, या एक उपचार कक्ष में एक पट्टी बदल सकते हैं।

डर्टी यूटिलिटी कक्ष बेडपैन, यूरिनल और कटोरे के परिशोधन और भंडारण, रोगी के नमूनों के परीक्षण और निपटान, नैदानिक और अन्य कचरे के निपटान के लिए एक जगह प्रदान करता है।

अत: विकल्प (D) सही है।

59. विश्लेषणात्मक प्रकार के महामारी विज्ञान अध्ययन में एक क्रॉस-अनुभागीय अध्ययन शामिल है।

महामारी विज्ञान में एक विश्लेषणात्मक अध्ययन का उद्देश्य एक जोखिम और एक स्वास्थ्य परिणाम के बीच संबंधों की पहचान और मात्रा निर्धारित करना है। इस तरह के एक अध्ययन की पहचान कम से कम दो समूहों की उपस्थिति है, जिनमें से एक तुलना समूह के रूप में कार्य करता है।

अत: विकल्प (A) सही है।

60. कोहोर्ट अध्ययन के सभी लाभ हैं सिवाय घटना की गणना के नहीं की जा सकती।

कोहोर्ट अध्ययन एक प्रकार का अनुदैर्घ्य अध्ययन है जो एक दृष्टिकोण है जो समय की अवधि (अक्सर कई वर्षों) में अनुसंधान प्रतिभागियों का अनुसरण करता है।

अत: विकल्प (A) सही है।

61. नर्स प्रबंधक के लिए परिवर्तन की प्रक्रिया में प्रारंभिक चरण उस अक्षमता की पहचान करना है जिसमें सुधार की आवश्यकता है। पहले समस्या की पहचान करने से सुधार की प्रक्रिया आसान हो जाएगी।

नर्सिंग प्रलेखन का एक मूल उद्देश्य एक डेटा बेस का निर्माण है जिसमें रोगियों की फाइलें शामिल हैं। फ़ाइल में निहित जानकारी अनुसंधान के लिए तत्वों का एक मूल्यवान स्रोत बन सकती है। देखभाल योजना कई रोगियों की देखभाल के बारे में उपयोगी जानकारी ला सकती है।

अत: विकल्प (C) सही है।

62. महामारी की जांच का पहला चरण निदान का सत्यापन है।

निदान को सत्यापित करना महत्वपूर्ण है: (a) यह सुनिश्चित करने के लिए कि रोग की ठीक से पहचान की गई है, क्योंकि नियंत्रण के उपाय अक्सर रोग-विशिष्ट होते हैं; और (b) रिपोर्ट किए गए मामलों में वृद्धि के आधार के रूप में प्रयोगशाला त्रुटि को रद्द करने के लिए। सबसे पहले, नैदानिक निष्कर्षों और प्रयोगशाला परिणामों की समीक्षा करें।

अत: विकल्प (B) सही है।

63. अपनेपन की भावना और उद्देश्य को प्रभावी ढंग से प्राप्त करने के लिए मिलकर काम करने की भावना को दलगत भावना कहा जाता है।

- दलगत भावना कर्मचारियों के बीच एकता, विश्वास और संगठन से संबंधित होने की भावना है।

- यह संगठनात्मक लक्ष्यों को प्राप्त करने के लिए एक दूसरे को एक साथ लाने का अभ्यास है।

- यह एक कला है जो कर्मचारियों को विश्वास दिलाती है कि वे एक संगठन हैं।

अत: विकल्प (B) सही है।

64. कम जोखिम वाली स्क्रीनिंग स्क्रीनिंग का एक प्रकार नहीं है।

स्क्रीनिंग के चार मुख्य उद्देश्य प्रतीत होते हैं, हालांकि उनका वर्णन करने के लिए सात शब्दों का उपयोग किया जाता है: केस-फाइंडिंग, मास स्क्रीनिंग, एकाधिक स्क्रीनिंग, अवसरवादी स्क्रीनिंग, उच्च जोखिम स्क्रीनिंग, समय-समय पर स्वास्थ्य परीक्षा, प्रिस्क्रिप्टिव स्क्रीनिंग और लक्षित स्क्रीनिंग।

अत: विकल्प (C) सही है।

65. त्वचा के रूखेपन को ठीक करने के लिए सबसे महत्वपूर्ण नर्सिंग हस्तक्षेप रोगी को अपने तरल पदार्थ का सेवन बढ़ाने के लिए प्रोत्साहित करना है, रोगी को नहलाते समय गैर-परेशान करने वाले साबुन का उपयोग करना और शामिल क्षेत्रों पर लोशन लगाना है।

सूखी त्वचा अंततः फट जाएगी, जिससे रोगी को संक्रमण होने का अधिक खतरा होगा। इसे रोकने के लिए, नर्स को तरल पदार्थ के सेवन के माध्यम से पर्याप्त जलयोजन प्रदान करना चाहिए, रोगी को नहलाते समय गैर-परेशान करने वाले साबुन या बिना साबुन का उपयोग करना चाहिए, और रोगी की त्वचा को लोशन से चिकना करना चाहिए। ज्यादातर मामलों में, शुष्क त्वचा जीवन शैली के उपायों के लिए अच्छी प्रतिक्रिया देती है, जैसे कि मॉइस्चराइज़र का उपयोग करना और लंबे, गर्म स्नान और स्नान से बचना। पानी को निकलने से रोकने के लिए मॉइस्चराइज़र त्वचा पर एक सील प्रदान करते हैं। दिन में कई बार और नहाने के बाद मॉइस्चराइजर लगाएं।

अत: विकल्प (C) सही है।

66. रोगी के हाथ-पैरों को नहलाते समय, नर्स को दूरस्थ से समीपस्थ क्षेत्रों तक लंबे, दृढ़ स्ट्रोक का उपयोग करना चाहिए। यह तकनीक शिरापरक रक्त वापसी को बढ़ाती है।

दूरस्थ से समीपस्थ क्षेत्रों में धोने से शिरापरक रक्त प्रवाह उत्तेजित होता है, जिससे शिरापरक ठहराव को रोका जा सकता है। त्वचा के स्वास्थ्य के लिए अच्छी व्यक्तिगत स्वच्छता आवश्यक है, लेकिन आत्म-सम्मान और जीवन की गुणवत्ता को बनाए रखने में भी इसकी महत्वपूर्ण भूमिका है। व्यक्तिगत स्वच्छता बनाए रखने के लिए रोगियों की सहायता करना नर्सिंग देखभाल का एक मूलभूत पहलू है।

अत: विकल्प (C) सही है।

67. नर्स को यह पहचानना चाहिए कि ये सांस्कृतिक चर स्वास्थ्य समस्या को कैसे प्रभावित करते हैं।

सांस्कृतिक आवश्यकताओं के मूल्यांकन और पहचान के बिना, नर्स यह समझना शुरू नहीं कर सकती कि ये स्वास्थ्य समस्या या स्वास्थ्य देखभाल प्रबंधन को कैसे प्रभावित कर सकती हैं। स्वास्थ्य में कई स्तरों पर संस्कृति प्रभावशाली है, नए नैदानिक समूहों के गठन से लेकर रोग के निदान तक, जिसे रोग कहा जाता है।

अत: विकल्प (B) सही है।

68. नर्स का बयान, "हाँ, मैं देखती हूँ। जारी रखें।" एक सामान्य सीसा की चिकित्सीय संचार तकनीक का एक उदाहरण है। सामान्य लीड देने से रोगी को जानकारी साझा करना जारी रखने के लिए प्रोत्साहित किया जाता है। यह इंगित करता है कि बातचीत के लिए पहल किए बिना नर्स सुन रही है और रोगी जो कह रही है उसका पालन कर रही है।

अत: विकल्प (D) सही है।

69. नर्सिंग हस्तक्षेप जो रोगी को आराम करने और आराम से सोने में मदद कर सकते हैं, उनमें रोगी को दोपहर में 30 से 60 मिनट की झपकी लेने को छोड़कर निम्नलिखित सभी शामिल हैं।

दोपहर में झपकी लेना रात को सोने के लिए अनुकूल नहीं है। झपकी के बारे में कुछ विचार हैं। उदाहरण के लिए, 15-30 मिनट की एक छोटी दिन की झपकी बड़ों के लिए आरामदेह हो सकती है और रात की नींद में बाधा नहीं डालेगी। दूसरी ओर, अनिद्रा के रोगियों को झपकी लेने से बचने की चेतावनी दी जाती है। शांत संगीत, टीवी देखना, पढ़ना और मालिश करना आमतौर पर रोगी को आराम देगा, जिससे उसे सो जाने में मदद मिलेगी।

अत: विकल्प (A) सही है।

70. संयम का उपयोग रोगी को भ्रमित या विचलित होने से बचाने को छोड़कर दिए गए सभी उद्देश्यों के लिए किया जा सकता है।

रोगी की गतिविधियों को प्रतिबंधित करके, संयम तनाव को बढ़ा सकता है और इसे रोकने के बजाय भ्रम पैदा कर सकता है। एक चिकित्सा सेटिंग में प्रतिबंध ऐसे उपकरण हैं जो रोगी के आंदोलन को सीमित करते हैं। संयम किसी व्यक्ति को चोटिल होने या उनकी देखभाल करने वालों सहित दूसरों को नुकसान पहुंचाने से रोकने में मदद कर सकता है। उनका उपयोग अंतिम उपाय के रूप में किया जाता है। अन्य विकल्प प्रतिबंधों का उपयोग करने के वैध कारण हैं।

अत: विकल्प (D) सही है।

71. प्रतिबंध लागू करते समय उपरोक्त सभी नर्स की कानूनी जिम्मेदारी है।

प्रतिबंधों को लागू करते समय, नर्स को व्यवहार के प्रकार का दस्तावेजीकरण करना चाहिए जिसने उसे उनका उपयोग करने के लिए प्रेरित किया, उपयोग किए गए प्रतिबंधों के प्रकार का दस्तावेजीकरण किया, और प्रतिबंधों के लिए एक चिकित्सक का लिखित आदेश प्राप्त किया। नर्सों को सर्वोत्तम संभव रोगी देखभाल प्रदान करने, सुविधा प्रदान करने, वकालत करने और बढ़ावा देने के लिए जवाबदेह हैं और जब रोगी की सुरक्षा और भलाई से समझौता किया जाता है, जिसमें प्रतिबंध लगाने का निर्णय लेना भी शामिल है।

स्वास्थ्य देखभाल टीम द्वारा संयम के उपयोग का लगातार मूल्यांकन किया जाना चाहिए और जितनी जल्दी हो सके इसे कम या बंद कर दिया जाना चाहिए। प्रतिबंधों को बंद करने के बाद, इंटरप्रोफेशनल टीमों को हस्तक्षेप, पिछले हस्तक्षेपों और प्रतिबंधों के विकल्पों पर चर्चा करने के लिए रोगी, रोगी के परिवार या स्थानापन्न निर्णय निर्माता के साथ चर्चा करनी चाहिए।

तीन प्रकार के प्रतिबंध हैं: भौतिक, रासायनिक और पर्यावरण। शारीरिक संयम रोगी की गति को सीमित कर देता है। रासायनिक प्रतिबंध किसी भी प्रकार की मनो-सक्रिय दवा है जिसका उपयोग बीमारी के इलाज के लिए नहीं, बल्कि जानबूझकर किसी विशेष व्यवहार या गति को बाधित करने के लिए किया जाता है। पर्यावरणीय प्रतिबंध रोगी की गतिशीलता को नियंत्रित करते हैं।

संयम के उपयोग जैसे किसी भी हस्तक्षेप के साथ, नर्सों को यह सुनिश्चित करने की आवश्यकता है कि वे रोगी, रोगी के परिवार, स्थानापन्न निर्णय लेने वालों और व्यापक स्वास्थ्य देखभाल टीम को सक्रिय रूप से शामिल करें। मूल्यांकन, योजना, हस्तक्षेप और मूल्यांकन सहित प्रदान की गई नर्सिंग देखभाल के दस्तावेजीकरण के लिए नर्सें भी जवाबदेह हैं। आपातकालीन स्थितियों में, नर्सें बिना सहमति के प्रतिबंध लगा सकती हैं जब रोगी या अन्य को नुकसान का गंभीर खतरा मौजूद हो।

अत: विकल्प (D) सही है।

72. "क्या आप चाहते हैं कि मैं आपके इलेक्ट्रोकोनवल्सी थेरेपी उपचार में आपका साथ दूं?" स्वयं को अर्पित करने की चिकित्सीय संचार तकनीक का एक अच्छा उदाहरण है।

यह स्वयं को अर्पित करने की चिकित्सीय संचार तकनीक का एक उदाहरण है। स्वयं की पेशकश करने से नर्स बिना शर्त आधार पर उपलब्ध हो जाती है, जिससे रोगी की आत्म-मूल्य की भावना बढ़ जाती है। स्वयं को अर्पित करने की तकनीक का उपयोग करते समय व्यावसायिक सीमाओं को बनाए रखा जाना चाहिए।

अत: विकल्प (B) सही है।

73. एक मानसिक रूप से बीमार रोगी आमतौर पर सुन्नता को छोड़कर क्रोध के चरण के दौरान निम्नलिखित सभी भावनाओं का अनुभव करता है।

सुन्न हो जाना अवसाद के चरण की विशेषता है जब रोगी को नुकसान का एक बड़ा एहसास होता है। कुबलर-रॉस के चरणों में अवसाद शायद सबसे तुरंत समझ में आता है और रोगी इसे उदासी, थकान और एनाडोनिया जैसे आश्चर्यजनक लक्षणों के साथ अनुभव करते हैं। पहले तीन चरणों में समय बिताना संभावित रूप से इस भावनात्मक दर्द से खुद को बचाने के लिए एक अचेतन प्रयास है, और, जबकि रोगी के कार्यों को संभवतः समझना आसान हो सकता है, वे पहले तीन चरणों से उत्पन्न होने वाले व्यवहारों के लिए अधिक परेशान हो सकते हैं।

अत: विकल्प (D) सही है।

74. नर्स को पहले हृदय गति, श्वसन दर और रक्तचाप डेटा प्राप्त करना चाहिए।

आपातकालीन विभाग में बच्चे के आगमन पर प्राप्त करने के लिए सबसे महत्वपूर्ण डेटा महत्वपूर्ण संकेत माप हैं। सैलिसिलेट विषाक्तता एक चिकित्सा आपात स्थिति है। जानबूझकर अंतर्ग्रहण या आकस्मिक ओवरडोज से गंभीर चयापचय संबंधी विकार हो सकते हैं, जिससे उपचार मुश्किल हो जाता है। एक तीव्र सैलिसिलेट ओवरडोज में, लक्षणों की शुरुआत 3 से 8 घंटों के भीतर होगी। लक्षणों की गंभीरता अंतर्ग्रहण की मात्रा पर निर्भर करती है।

अत: विकल्प (A) सही है।

75. बच्चे की सांस्कृतिक पृष्ठभूमि का आकलन करते समय, प्रभारी नर्स को यह ध्यान रखना चाहिए कि व्यवहार के पैटर्न एक पीढ़ी से दूसरी पीढ़ी में स्थानांतरित हो जाते हैं।

एक परिवार के व्यवहार पैटर्न और मूल्य एक पीढ़ी से दूसरी पीढ़ी को हस्तांतरित होते हैं। बाल चिकित्सा स्वास्थ्य देखभाल प्रदाताओं को

जनसांख्यिकीय प्रवृत्तियों के बारे में पता होना चाहिए और व्यापक रूप से भिन्न समूहों के बच्चों को सबसे सुरक्षित, उच्चतम गुणवत्ता देखभाल प्रदान करने के लिए सांस्कृतिक रूप से सक्षम होना चाहिए।

अत: विकल्प (D) सही है।

76. इस प्रकार की पूछताछ का उद्देश्य परिवार व्यवस्था के पीढ़ीगत सीमाएं तत्व का आकलन करना है।

परिवार प्रणाली का आकलन करने में एक महत्वपूर्ण तत्व यह निर्धारित करता है कि क्या माता-पिता अपनी भूमिका के हिस्से के रूप में स्पष्ट नियमों और अपेक्षाओं को स्थापित करते हुए उचित पीढ़ीगत सीमाओं को स्थापित और बनाए रखते हैं। विघटनकारी और जोड़ तोड़ व्यवहार के परिणामों सहित स्पष्ट व्यवहार संबंधी दिशानिर्देश प्रदान करें।

अत: विकल्प (B) सही है।

77. आचरण विकार के निदान के अनुरूप दूसरों के प्रति शारीरिक आक्रामकता एक महत्वपूर्ण मानदंड है। आचरण विकार (CD) विघटनकारी व्यवहार संबंधी विकारों के एक स्पेक्ट्रम पर स्थित है, जिसमें विपक्षी अवज्ञा विकार (ODD) भी शामिल है। कुछ मामलों में, ODD CD का अग्रदूत है। CD व्यवहार के एक पैटर्न की विशेषता है जो आक्रामकता और दूसरों के अधिकारों के उल्लंघन को प्रदर्शित करता है और समय के साथ विकसित होता है।

अत: विकल्प (C) सही है।

78. नर्स को एक तटस्थ व्यक्ति के रूप में देखा जाना महत्वपूर्ण है जो परिवार में एक अनुकूली कार्य इकाई के रूप में रुचि रखता है। माता-पिता और बच्चे के साथ एक साथ प्रवेश साक्षात्कार आयोजित करके, नर्स शुरू से ही इस तटस्थ भूमिका को स्थापित करती है। बच्चे और किशोर रोगियों के साथ संबंध वयस्क रोगियों से भिन्न होते हैं और नर्सें वयस्कों के साथ अलग तरीके से संबंध बनाती हैं।

अत: विकल्प (B) सही है।

79. नेफ्रोटिक सिंड्रोम से जुड़े एडिमा के कारण, संभावित आत्म-अवधारणा, उपस्थिति और सामाजिक अलगाव में परिवर्तन से संबंधित शरीर की छवि की गड़बड़ी पर विचार किया जाना चाहिए। नेफ्रोटिक सिंड्रोम एक ऐसी स्थिति है जिसमें किडनी मूत्र में बड़ी मात्रा में प्रोटीन का रिसाव करती है। इससे शरीर के ऊतकों की सूजन और संक्रमण को पकड़ने की अधिक संभावना सहित कई समस्याएं हो सकती हैं।

अत: विकल्प (A) सही है।

80. यदि बच्चा भूखा है तो उसके भोजन समाप्त करने की संभावना अधिक होती है। इसलिए मां को सलाह दी जानी चाहिए कि बच्चे को नाश्ता न दें। भोजन और नाश्ते के लिए समय निर्धारित करें और उन पर टिके रहने की कोशिश करें।

अत: विकल्प (C) सही है।

81. 2 घंटे में पहली ट्रेन द्वारा तय की गई दूरी = 40 × 2 = 80 किमी

मान लीजिए कि दूसरी ट्रेन की चाल x किमी/घंटा है

प्रश्नानुसार

चाल = दूरी / समय

$$\Rightarrow (x - 40) = \frac{80}{4}$$

$$\Rightarrow x - 40 = 20$$

$$\Rightarrow x = 20 + 40$$

$$\therefore x = 60 \text{ किमी/घंटा}$$

अत: विकल्प (C) सही है।

82. यहाँ,

$$S = \{TTT, TTH, THT, HTT, THH, HTH, HHT, HHH\}$$

माना $E = $ कम से कम दो चित प्राप्त करने की घटना

$$= \{THH, HTH, HHT, HHH\}$$

$$\therefore P(E) = \frac{n(E)}{n(S)} = \frac{4}{8} = \frac{1}{2}$$

अत: विकल्प (B) सही है।

83. माना संख्याएँ $x, x + 2, x + 4, x + 6$ और $x + 8$ हैं।

प्रश्न के अनुसार,

$$\frac{[x + (x+2) + (x+4) + (x+6) + (x+8)]}{5} = 51$$

$$\Rightarrow 5x + 20 = 255$$

$$\Rightarrow x = 47$$

इसलिए, आवश्यक अंतर $= (47 + 8) - 47 = 8$

अत: विकल्प (C) सही है।

84. मैदान का क्षेत्रफल $= \frac{495.72}{36.72} = 13.5$ हेक्टेयर

$$= 135000 \text{ मी}^2$$

$$h = x, b = 3x$$

$$\frac{1}{2} \times b \times h = 135000$$

$$\frac{1}{2} \times x \times 3x = 135000$$

$$x = 300 \text{ मी}$$

और आधार $= 3x = 900$ मी

अत: विकल्प (C) सही है।

85. प्रश्नानुसार,

कांच का विक्रय मूल्य = 1965 रुपये

और हानि = 25%

$$\therefore CP = \frac{1965}{75} \times 100 = 2620 \text{ रुपये}$$

यदि विक्रय मूल्य = 3013 रुपये

$$\therefore \text{लाभ} \% = \frac{(3013 - 2620)}{2620} \times 100$$

$$= \frac{3930}{262} = 15\%$$

अत: विकल्प (C) सही है।

86.

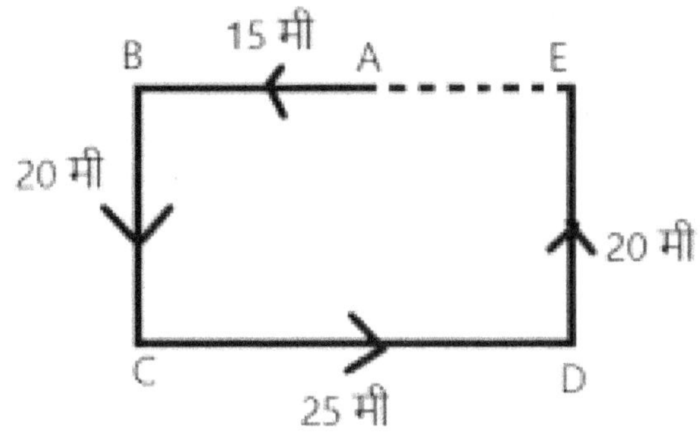

प्रसन्ना की गति को चित्र में दिखाया गया है।

इसलिए, प्रसन्ना की उसके घर A से दूरी,

$$= AE = (BE - BA)$$

$$= (CD - BA) \quad (\because BE = CD)$$

$$= (25 - 15) \text{ मी}$$

$$= 10 \text{ मी}$$

अतः विकल्प (A) सही है।

87. पूर्ण वर्ग - एक दी गई संख्या जिसे समान संख्या प्रणाली से किसी संख्या के वर्ग के रूप में व्यक्त किया जा सकता है।

इसलिए, निकटतम आने वाला वर्ष जो पूर्ण वर्ग होगा $= 2025$

जिसकी वर्ग संख्या 45 है।

$\therefore$ अगला आने वाला वर्ष 2025 है।

अतः विकल्प (C) सही है।

88. घंटे की सुई 12 घंटे में $360°$ चक्कर लगाती है।

रात 10 से 6 बजे तक 8 घंटे हैं।

तो यह डिग्री को कवर करता है: $\frac{360}{12} \times 8 = 240°$

अतः विकल्प (B) सही है।

89. दी गई श्रृंखला:

बायीं ओर M 1 E & D 2 G 9 $ F @ 4 N Z W © 8 C Y A * 6 दांयी ओर

यदि सभी संख्याओं को छोड़ दिया जाता है:

M E & D G $ F @ N Z W © C Y A *

दायें ओर से दसवां अक्षर F है।

अतः विकल्प (C) सही है।

90. निम्नलिखित प्रतीकों का उपयोग करके वंश वृक्ष तैयार कर सकते हैं:

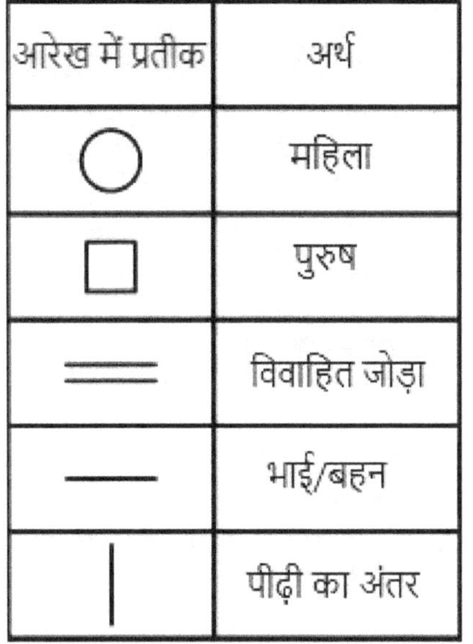

आरेख में प्रतीक	अर्थ
◯	महिला
☐	पुरुष
=	विवाहित जोड़ा
—	भाई/बहन
|	पीढ़ी का अंतर

दीपक अपने पिता की बेटी के विषय में बात कर रहा है, जो उसकी बहन होगी। इसलिए राजू उसकी बहन का पति है, दीपक, राजू का जीजा है।

तो, संभावित वृक्ष आरेख है:

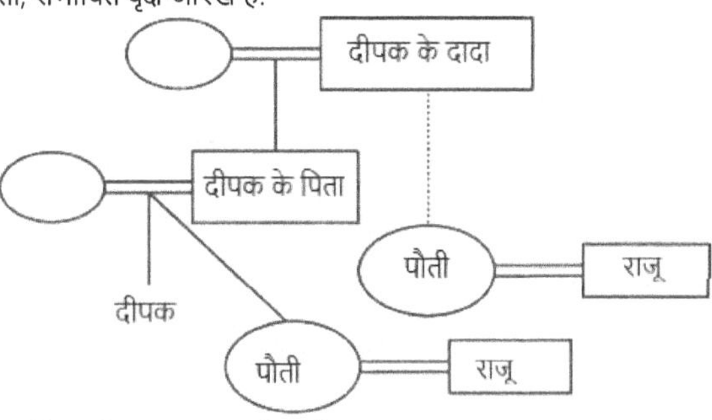

इसलिए, दीपक, राजू का जीजा है।

अतः विकल्प (B) सही है।

91. उत्तर प्रदेश सरकार ने राज्य में सभी प्रकार की भूमि को चिह्नित करने के लिए अद्वितीय 16 अंकीय यूनिकोड की एक प्रणाली शुरू की है।

सभी प्रकार की आवासीय, कृषि और व्यावसायिक भूमि को चिन्हित करने के लिए राजस्व विभाग द्वारा यूनिकोड उपलब्ध कराया जाएगा। पहले छह अंक भूमि की जनसंख्या पर आधारित होंगे जबकि अगले चार अंक भूमि की विशिष्ट पहचान का निर्धारण करेंगे। यूनिकोड में 11 से 14 तक के अंक राज्य में भूमि के विभाजन की संख्या होगी।

यूनिकोड के अंतिम दो अंकों में उस श्रेणी का विवरण होगा, जिसके माध्यम से आवासीय, कृषि और वाणिज्यिक भूमि की पहचान की जाएगी।

अतः विकल्प (C) सही है।

92. भारत का सर्वोच्च न्यायालय कानून या तथ्य अगर वह इस तरह की सलाह चाहता है के मामलों पर भारत के राष्ट्रपति को सलाह देता है।

भारतीय संविधान का अनुच्छेद 143 सर्वोच्च न्यायालय के सलाहकार क्षेत्राधिकार को प्रदान करता है। भारतीय संविधान के अनुच्छेद 143 के अनुसार, राष्ट्रपति कानून के किसी भी प्रश्न या सार्वजनिक महत्व के तथ्य पर सर्वोच्च न्यायालय की राय ले सकता है, जिस पर वह इस तरह की राय प्राप्त करना समीचीन समझता है।

अतः विकल्प (B) सही है।

93. खिज्र खान सैय्यद वंश का था।

सैय्यद वंश दिल्ली सल्तनत का चौथा राजवंश था, जिसके चार शासक थे जिन्होंने 1414 से 1451 तक शासन किया था। यह तैमूर के आक्रमण और तुगलक वंश के पतन के बाद उत्तरी भारत में दिल्ली सल्तनत का शासक वंश था। वह तुगलक शासक, फिरोज शाह तुगलक के अधीन मुल्तान का सूबेदार था।

अत: विकल्प (C) सही है।

94. एक पठार एक समतल, ऊंचा भूभाग है जो कम से कम एक तरफ के आसपास के क्षेत्र में तेजी से ऊपर उठता है। पठार हर महाद्वीप पर पाए जाते हैं और पृथ्वी की भूमि का एक तिहाई हिस्सा लेते हैं। वे पहाड़ों, मैदानों और पहाड़ियों के साथ चार प्रमुख लैंडफॉर्म में से एक हैं।

अतः विकल्प (B) सही है।

95. केंद्र सरकार ने उच्च शिक्षण संस्थानों के मूल्यांकन और मान्यता को मजबूत करने के लिए एक उच्च स्तरीय पैनल का गठन किया है। समिति का गठन आईआईटी कानपुर के बोर्ड ऑफ गवर्नर्स के अध्यक्ष के राधाकृष्णन की अध्यक्षता में किया गया है। वह आईआईटी काउंसिल की स्थायी समिति के अध्यक्ष भी हैं।

अतः विकल्प (A) सही है।

96. लॉगिन नाम और पासवर्ड के सत्यापन को प्रमाणीकरण के रूप में जाना जाता है। उपयोगकर्ता प्रमाणीकरण एक ऐसी प्रक्रिया है जो किसी डिवाइस को किसी नेटवर्क संसाधन से जुड़ने वाले व्यक्ति की पहचान को सत्यापित करने की अनुमति देती है।

अत: विकल्प (C) सही है।

97. इन्टरनेट ब्राउजर विंडो को फुल-स्क्रीन पर करने के लिए F11 की (Key) उपयोग की जाती है। F11 की (Key) को Shift, Ctrl, Alt कीज (Keys) के साथ जोड़कर उपयोग किया जा सकता है।

एमएस वर्ड में F11 कीज (Keys) के कुछ उपयोग:

- SHIFT + F11 = पिछले स्थान पर जाना
- CTRL + F11 = स्थान लॉक करना
- CTRL + SHIFT + F11 = स्थान को अनलॉक करना
- ALT + F11 = माइक्रोसॉफ्ट विजुअल बेसिक कोड को दिखाना
- ALT + SHIFT + F11 = माइक्रोसॉफ्ट विजुअल स्टूडियो कोड को दिखाना

अतः विकल्प (D) सही है।

98. एप्लीकेशन सॉफ्टवेयर का एक उदाहरण एमएस वर्ड है।

एप्लिकेशन सॉफ्टवेयर एक प्रकार का सॉफ्टवेयर या प्रोग्राम है जिसे किसी विशिष्ट कार्य को पूरा करने के लिए डिज़ाइन किया गया है। पहला यूजर सिस्टम सॉफ्टवेयर के साथ डील करता है उसके बाद वह एप्लीकेशन सॉफ्टवेयर से डील करता है। इसे एंड-यूज़र प्रोग्राम या प्रोडक्टिविटी प्रोग्राम के रूप में भी जाना जाता है।

एप्लीकेशन सॉफ्टवेयर के उदाहरण - वर्ड प्रोसेसिंग सॉफ्टवेयर, स्प्रेडशीट सॉफ्टवेयर, प्रेजेंटेशन, ग्राफिक्स, सीएडी/सीएम, ईमेल भेजना आदि।

अत: विकल्प (D) सही है।

99. SUBTRACT() एमएस एक्सेल (MS Excel) में वैध फंक्शन नहीं है।

एक सेल में दो या दो से अधिक संख्या घटाना:

1. किसी भी रिक्त सेल पर क्लिक करें, और फिर सूत्र प्रारंभ करने के लिए एक समान चिह्न (=) टाइप करें।
2. बराबर चिह्न के बाद, कुछ संख्याएँ टाइप करें जो ऋण चिह्न (-) से पृथक होती हैं। उदाहरण के लिए, 100-50-30
3. रिटर्न बटन दबाएं, परिणाम 20 प्राप्त होता है।

अत: विकल्प (C) सही है।

100. माइक्रोसॉफ्ट पावरपॉइंट में एक नयी प्रेजेंटेशन बनाने के लिए शॉर्टकट Ctrl + N है।

माइक्रोसॉफ्ट पावरपॉइंट एक सॉफ्टवेयर एप्लीकेशन है जो विशेष रूप से स्लाइड के रूप में टेक्स्ट, एनिमेशन के साथ डायग्राम, इमेज और ट्रांजिशनल इफेक्ट आदि का उपयोग करके डेटा और जानकारी प्रस्तुत करने के लिए उपयोग किया जाता है। इसका उपयोग व्यक्तिगत और व्यावसायिक उद्देश्यों के लिए प्रेजेंटेशन्स करने के लिए किया जाता है।

अत: विकल्प (D) सही है।

Discipline

Q.1 निम्नलिखित में से कौन सी दवा को आमतौर पर घाव के कीटाणुनाशक के रूप में प्रयोग किया जाता है?

A. नेओस्पोरिन **B.** प्रेड्रिसोलोने
C. पोवीडोन आयोडीन **D.** बाकीट्रासिन पाउडर

Q.2 सिस्टोलिक व डायस्टोलिक रक्तचाप के अंतर को कहते हैं:
[UPPSC Staff Nurse, 2017]

A. रक्तचाप **B.** पल्स प्रेशर
C. एपिकल प्रेशर **D.** लेटरल प्रेशर

Q.3 इपिडेमिक ड्राप्सी की वजह है:
[UPPSC Staff Nurse, 2017]

A. सैनगुनरिन **B.** बी.ओ.ए.ए.
C. दवा जनित **D.** इरगॉट

Q.4 इंट्राडर्मल इंजेक्शन कितने कोण पर दिया जाता है?
[UPPSC Staff Nurse, 2017]

A. 15° कोण **B.** 30° कोण **C.** 45° कोण **D.** 90° कोण

Q.5 जब एक व्यक्ति पर सी.पी.आर. किया जाता है, तो छातीपर दबाव कितनी गहरी होगी?
[UPPSC Staff Nurse, 2017]

A. $1\frac{1}{2}$ इंच **B.** 2 इंच **C.** $2\frac{1}{2}$ इंच **D.** 3 इंच

Q.6 क्रोन की बीमारी के लिए एक रोगी के लिए, चिकित्सासर्जिकल नर्स आहार की सलाह देती है:
[UPPSC Staff Nurse, 2017]

A. फाइबर में उच्च और प्रोटीन एवं कैलोरी में कम
B. पोटैशियम में उच्च
C. फाइबर में कम और प्रोटीन एवं कैलोरी में उच्च
D. पोटैशियम में कम

Q.7 टी. एन.एम. वर्गीकरण प्रणाली का इस्तेमाल किसकी क्लीनिकल स्टेजिंग में होता है?
[UPPSC Staff Nurse, 2017]

A. पेन **B.** डिप्रेशन **C.** कैंसर **D.** मोटापा

Q.8 सूची-I को सूची-II से सुमेलित कीजिए तथा नीचे दिए गए कूट से सही उत्तर चुनिए।

सूची-I	सूची-I
A. मूत्र प्रणाली में रुकावट	1. लेज़र लिथोट्रिप्सी
B. गुर्दे की पथरी का इलाज	2. इलियल कांड्यूट
C. पेशाब न रोक पाना	3. हाइड्रोनेफ्रोसिस
D. मूत्र के बहाव का रास्ता बदलने का तरीका	4. केगल एक्सरसाइज

[UPPSC Staff Nurse, 2017]

A. A - 1, B - 3, C - 4, D - 2
B. A - 2, B - 4, C - 1, D - 3
C. A - 4, B - 1, C - 3, D - 2
D. A - 3, B - 1, C - 4, D - 2

Q.9 एचआईवी के ऊर्ध्वधर संचरण के लिए जोखिम अधिक होता है:
[UPPSC Staff Nurse, 2017]

A. पूर्वकाल अवधि **B.** इंट्रानेटल अवधि
C. प्रसव उपरांत अवधि **D.** स्तनपान

Q.10 स्वास्थ्य शिक्षा के लिए _______ दृष्टिकोण इस धारणा पर आधारित है कि मनुष्य तर्कसंगत निर्णय लेने वाले हैं, यह दृष्टिकोण कुछ व्यवहारों के जोखिमों और लाभों के बारे में जानकारी के प्रावधान पर बहुत अधिक निर्भर करता है।

A. व्यवहार परिवर्तन **B.** सामुदायिक विकास
C. जैव चिकित्सा **D.** इनमें से कोई नहीं

Q.11 निम्नलिखित में से कौन स्वास्थ्य शिक्षा के लिए सामुदायिक विकास उपागम की विशेषता है?

A. सफल स्वास्थ्य शिक्षा के लिए व्यक्तिगत दृष्टिकोण और विश्वासों में सुधार करना महत्वपूर्ण है।
B. व्यक्तिगत स्वास्थ्य और उसके सामाजिक और भौतिक संदर्भों के बीच घनिष्ठ संबंध है, इसलिए परिवर्तन के लिए पहल विकसित करते समय प्रासंगिक हैं।
C. व्यक्तियों को स्वास्थ्य को बढ़ावा देने के लिए पर्यावरण को बदलने के बजाय व्यक्तिगत व्यवहार को बदलने की जरूरत है।
D. ये सभी

Q.12 गंभीर अवसाद के निदान के साथ एक रोगी जिसने आत्महत्या करने का प्रयास किया है, नर्स से कहता है, 'मुझे मर जाना चाहिए था! मैं हमेशा असफल रहा हूं। मेरे लिए कभी भी कुछ भी ठीक नहीं होता है।' कौन सी प्रतिक्रिया चिकित्सीय संचार को प्रदर्शित करती है?

A. "आपके पास जीने के लिए सब कुछ है।"
B. "आप खुद को असफल क्यों देखते हैं?"
C. "ऐसा महसूस करना उदास होने का एक हिस्सा है।"
D. "आप कुछ समय से असफल महसूस कर रहे हैं?"

Q.13 जब सामुदायिक स्वास्थ्य नर्स घर पर किसी मरीज से मिलने जाती है, तो रोगी कहता है, 'मैं पिछली कुछ रातों से सोया नहीं हूँ।' नर्स द्वारा कौन सी प्रतिक्रिया इस रोगी के लिए चिकित्सीय संचार प्रतिक्रिया को दर्शाती है?

A. "समझा!"
B. "सचमुच?"
C. "आपको सोने में कठिनाई हो रही है?"
D. "कभी-कभी, मुझे सोने में भी परेशानी होती है।"

Q.14 निम्नलिखित में से कौन नर्सिंग के दृष्टिकोण से संचार के बारे में सही नहीं है?

A. इसमें सूचनाओं, विचारों या विचारों का आदान-प्रदान शामिल है
B. रोगी की सुरक्षा और प्रदान की जाने वाली देखभाल की गुणवत्ता को प्रभावित नहीं करता है
C. यह इंटरैक्टिव है
D. उपर्युक्त सभी

Q.15 स्वास्थ्य देखभाल संचार में संलग्न होने पर गैर मौखिक व्यवहार में शामिल हैं:

A. आसन **B.** आवाज़ का लहज़ा
C. चेहरे की अभिव्यक्ति **D.** उपर्युक्त सभी

Q.16 प्रभावी संचार बढ़ाने के लिए कार्य करने से निम्नलिखित हो सकते हैं:

A. देखभाल की बेहतर गुणवत्ता

B. रोगी सुरक्षा में कमी

C. टीम एकजुटता की कमी

D. नर्स की संतुष्टि में कमी

Q.17 उचित प्रतिक्रिया देने वाली नर्स का उद्देश्य क्या है?

A. ग्राहक को अच्छी सलाह देना

B. ग्राहक को उचित व्यवहार के बारे में सलाह देना

C. ग्राहक के व्यवहार का मूल्यांकन करना

D. ग्राहक को महत्वपूर्ण जानकारी देना

Q.18 एक बेघर रोगी को कई स्वास्थ्य देखभाल समस्याओं के साथ अस्पताल में भर्ती कराया गया है। रोगी की देखभाल के लिए नर्सिंग केस मैनेजर, चिकित्सक, सामाजिक कार्यकर्ता और नैदानिक आहार विशेषज्ञ मिलकर काम करते हैं। इस इंटरप्रोफेशनल इंटरैक्शन को कहा जाता है:

A. सहकार्यता   **B.** परामर्श   **C.** निरंतरता   **D.** समन्वय

Q.19 एक संक्रमित पैर का इलाज करने के लिए, मेडिकेयर पार्ट ए वाले रोगी को गतिशीलता प्रशिक्षण के लिए ।V एंटीबायोटिक्स, घाव की देखभाल और भौतिक चिकित्सा का दो सप्ताह का कोर्स निर्धारित किया जाता है। नर्सिंग केस मैनेजर डिस्चार्ज की सिफारिश करता है:

A. एक कुशल नर्सिंग सुविधा।

B. एक तीव्र देखभाल अस्पताल।

C. एक तीव्र पुनर्वास सुविधा।

D. घरेलू स्वास्थ्य सेवाएं।

Q.20 नर्सिंग केस मैनेजर अस्थमा के रोगियों की संख्या के बारे में जानकारी की समीक्षा करता है, जिन्हें किसी विशेषज्ञ द्वारा देखभाल मिली है, जिन्होंने नहीं किया है, और दोनों समूहों के लिए आपातकालीन विभाग के दौरे और इनपेशेंट अस्पताल में भर्ती हैं। हस्तक्षेप विकसित करने के लिए डेटा की तुलना करते समय, नर्स इसमें संलग्न होती है:

A. समग्र डेटा विश्लेषण   **B.** बेंचमार्किंग

C. सहयोग   **D.** एकीकृत डेटा समाधान

Q.21 टिकाऊ चिकित्सा उपकरणों की लागत को कवर करने के लिए, मेडिकेयर में नामांकित रोगी के लिए आवश्यक है:

A. कवरेज के लिए अपील

B. कवरेज का अनुरोध करें

C. पूरक बीमा की तलाश करें

D. लागत में हिस्सेदारी

Q.22 एक डॉक्टर एक ब्रांड-नाम फ़िब्रोमाइल्जी दवा का आदेश देना चाहता है जो रोगी के बीमा प्रदाता द्वारा कवर नहीं किया जाता है। चूंकि रोगी ने इस नुस्खे से पहले कई एजेंटों को विफल कर दिया है, नर्सिंग केस मैनेजर:

A. डॉक्टर को सलाह देता है कि दवा को कवर नहीं किया गया है और कुछ दवाओं को फिर से देखने का सुझाव दिया गया है जिन्हें पहले ऑर्डर किया गया था।

B. वैकल्पिक दवाओं के लिए रोगी को दवा कंपनी के रोगी सहायता कार्यक्रम की वेबसाइट पर निर्देशित करता है।

C. फ़ार्मेसी के साथ ब्रांड-नाम की दवा के लिए स्व-भुगतान लागत पर बातचीत करता है।

D. चिकित्सा औचित्य के साथ बीमा कंपनी को पूर्व प्राधिकरण के लिए अनुरोध प्रस्तुत करता है।

Q.23 एक रोग प्रबंधन कार्यक्रम के लिए डेटा को संश्लेषित करने में, नर्सिंग केस मैनेजर किसी निष्कर्ष को मान्य करने के लिए डेटा त्रिभुज के किस स्रोत का उपयोग करता है?

A. लागत, रोकथाम और ठहरने की अवधि।

B. विधि, कारण और प्रतिक्रिया।

C. तर्क, तर्क और संकल्प।

D. समय, स्थान और व्यक्ति।

Q.24 रोगी वर्गीकरण प्रणाली (पीसीएस) के बारे में क्या सत्य है?

A. यह नर्सिंग देखभाल की लंबाई या अवधि के अनुसार रोगियों को समूहबद्ध करने की एक विधि है

B. यह एक मापने वाला उपकरण है जिसका उपयोग रोगी की स्थिति की प्रगति का वर्णन करने के लिए किया जाता है

C. यह रोगी की नर्सिंग देखभाल आवश्यकताओं की जटिलता पर निर्भर करता है

D. उपर्युक्त सभी

Q.25 अस्पताल में, आपका विभाग रोगी देखभाल पद्धति की कार्यात्मक पद्धति का उपयोग कर रहा है। यह सब किस बारे मे है?

A. एक नर्स बेडसाइड देखभाल देने के लिए जिम्मेदार है, दूसरी दवा देने के लिए और दूसरी उपचार के लिए, और इसी तरह

B. यह समय की अवधि के लिए एक निरंतर रोगी देखभाल है।

C. भर्ती से लेकर डिस्चार्ज होने तक क्लाइंट को नर्सिंग देखभाल देने की जिम्मेदारी नर्स की होती है।

D. एक टीम लीडर के पास रोगियों के एक समूह की संपूर्ण देखभाल का समन्वय करने का कार्य होता है।

Q.26 नर्सिंग पेशेवर विकास विशेषज्ञ निर्णय लेने की तकनीक का उपयोग करके चयन की सुविधा प्रदान करता है:

A. बुद्धिशीलता   **B.** अभिसारी सोच

C. सर्वसम्मति   **D.** समूह विचार

Q.27 नर्सों और अन्य स्वास्थ्य सेवा प्रदाताओं को अक्सर मृत्यु की स्वीकृति के लिए आवश्यक चरणों के माध्यम से एक गंभीर रूप से बीमार रोगी की मदद करने में कठिनाई होती है। निम्नलिखित में से कौन सी रणनीति इस लक्ष्य को प्राप्त करने में नर्स के लिए सबसे अधिक सहायक है?

A. जेरोन्टोलॉजी से संबंधित मनोविज्ञान पाठ्यक्रम लेना।

B. थनैटोलॉजी के विषय पर किताबें और अन्य साहित्य पढ़ना।

C. मृत्यु के महत्व पर चिंतन।

D. मृत्यु से संबंधित विभिन्न सांस्कृतिक मान्यताओं और प्रथाओं की समीक्षा करना।

Q.28 एक नर्स पैरेंट्रल न्यूट्रिशन (पीएन) सॉल्यूशन बैग और ट्यूबिंग को बदलने की तैयारी कर रही है। रोगी की केंद्रीय शिरापरक रेखा दाहिनी उपक्लावियन नस में स्थित होती है। नर्स क्लाइंट से ट्यूब बदलने के दौरान कौन सी आवश्यक कार्रवाई करने के लिए कहती है?

A. सिर को दायीं ओर मोड़ें

B. गहरी सांस लें, इसे पकड़ें और नीचे झुकें

C. सामान्य रूप से सांस लें

D. धीरे-धीरे और समान रूप से साँस छोड़ें

Q.29 एक संक्रामक रोग के रोगी की देखभाल करने वाली नर्स जिसे अलगाव की आवश्यकता होती है, को __________ द्वारा प्रकाशित दिशानिर्देशों को संदर्भित करना चाहिए।

A. नर्सिंग के लिए राष्ट्रीय लीग (एनएलएन)

B. रोग नियंत्रण केंद्र (सीडीसी)

C. अमेरिकी चिकित्सा एसोसिएशन (एएमए)

D. अमेरिकन नर्सेज एसोसिएशन (एएनए)

Q.30 उचित अलगाव सावधानियों को स्थापित करने के लिए, नर्स को पहले __________ जानना चाहिए।

A. जीव के संचरण का तरीका

B. जीव की ग्राम-धुंधला विशेषताएं

C. एंटीबायोटिक दवाओं के लिए जीव की संवेदनशीलता

D. जीव के लिए रोगी की संवेदनशीलता

Q.31 कल्चर और संवेदनशीलता परीक्षण के लिए थूक के नमूने को इकट्ठा करने की सही प्रक्रिया कौन सी है?

A. रोगी ने नमूना को एक कंटेनर में रखा है और कंटेनर को प्लास्टिक की थैली में बंद कर देना

B. जब नर्स कंटेनर रखती है तो रोगी को थूक निकालने के लिए कहना

C. रोगी को थूक को एक बाँझ कंटेनर में निकालने के लिए कहना

D. थूक निकालने से ठीक पहले रोगी को एंटीसेप्टिक माउथवॉश देना

Q.32 एक आटोक्लेव का उपयोग अस्पताल की आपूर्ति को निष्फल करने के लिए किया जाता है क्योंकि:

A. एक बार में अधिक लेखों को निष्फल किया जा सकता है।

B. भाप सामग्री को कम नुकसान पहुंचाती है।

C. कम तापमान प्राप्त किया जा सकता है।

D. दबावयुक्त भाप आपूर्ति में बेहतर तरीके से प्रवेश करती है।

Q.33 दूषित दस्तानों को हटाते समय रोगी को रोगजनकों के संक्रमण के जोखिम को कम करने का सबसे अच्छा तरीका क्या है?

A. दस्ताने हटाने से पहले उन्हें धो लें।

B. दस्ताने को हटाते समय उनकी उंगलियों को धीरे से खींचे।

C. कफ के ठीक नीचे धीरे से खींचें और दस्ताने को हटाते समय उन्हें उल्टा कर दें।

D. दस्ताने हटा दें और फिर उन्हें अंदर बाहर कर दें।

Q.34 72 घंटे तक आई.वी. लाइन लगाने के बाद मरीज को कोमलता, जलन और सूजन की शिकायत होती है। आई.वी. के आकलन साइट से पता चलता है कि यह गर्म और एरिथेमेटस है। यह आमतौर पर _________ को इंगित करता है।

A. संक्रमण

B. अंतःस्यंदन

C. फ़्लेबिटिस

D. खून बहना

Q.35 एक शीशी में पाउडर दवा को पतला करते समय एक नर्स को होमोजेनाइजेशन सुनिश्चित करने के लिए क्या करना चाहिए?

A. शीशी को जोर से हिलाएं।

B. हथेलियों के बीच शीशी को धीरे से रोल करें।

C. शीशी को उल्टा करके 1 मिनट तक खड़े रहने दें।

D. शीशी में घोल डालने के बाद कुछ न करें।

Q.36 प्रोटीन बने होते हैं:

A. लिपिड

B. अमीनो अम्ल

C. वसायुक्त अम्ल

D. ग्लाइकोजन

Q.37 अमीनो एसिड द्वारा जुड़ते हैं:

A. हाइड्रोजन बंध

B. पेप्टाइड बंधन

C. आयोनिक बंध

D. ग्लाइकोसिडिक बंध

Q.38 प्रोटीन के निर्माण खंड बहुलक हैं:

A. शर्करा

B. विटामिन

C. अमीनो अम्ल

D. स्टार्च

Q.39 प्रोटीन में घुलनशील हैं:

A. बेंजीन

B. निर्जल एसीटोन

C. जलीय शराब

D. निर्जल अल्कोहल

Q.40 वयस्कों में अस्थिमृदुता और बच्चों में रिकेट्स किस विटामिन की कमी के कारण होता है?

A. विटामिन C

B. विटामिन D

C. विटामिन A

D. विटामिन E

Q.41 काशिओरकोर में निम्नलिखित में से क्या शामिल नहीं होता है?

A. शोफ (एडिमा)

B. वजन घटना

C. वसीय यकृत

D. त्वचा में परिवर्तन

Q.42 मवेशियों के लिए एक पूरक भोजन के रूप में इस्तेमाल किया जाने वाला जैव-उर्वरक, विशेष रूप से गोजातीय दोहन के लिए _________ है।

A. एजोटोबैक्टर

B. एज़ोस्पिरिलम

C. राइजोबियम

D. एजोला

Q.43 प्रकाश संश्लेषण प्रक्रिया में शामिल गैस _________ है।

A. ओजोन

B. ऑक्सीजन

C. हाइड्रोजन

D. कार्बन डाइऑक्साइड

Q.44 फ्लोराइड की कमी के संकेत और लक्षणों में क्या शामिल है?

A. कमज़ोर हड्डियाँ

B. दांतों का पीला-भूरा दाग

C. डर्मेटाइटिस (त्वचाशोथ)

D. जोड़ो में अकड़न

Q.45 गर्मी की थकावट से कौन से लक्षण हैं?

A. ठंडी, नम, पीली, या दमकती त्वचा

B. तेजी से कमजोर नाड़ी

C. तेज, उथली श्वास

D. उपरोक्त सभी

Q.46 एक आदमी को दिल का दौरा पड़ रहा है, उसके पास दवा है, आपको क्या करना चाहिए?

A. जीभ के नीचे रखकर उसे दवा दें, 108 पर कॉल करें

B. दवा के साथ उसकी सहायता करें, 108 पर कॉल करें, सहायता आने तक उसे आश्वस्त करें

C. 108 पर कॉल करें, मुंह में दवा डालें और सीपीआर शुरू करें

D. क्या पीड़ित को लेटा दिया गया है, 108 पर कॉल करें

Q.47 एक पीड़ित के पैर में गहरी चोट लगने से काफी खून बह गया है। वह तेजी से सांस ले रहा है और नीरस और बेचैन महसूस कर रहा है। उसको शायद _____ है।

A. दौरा पड़ रहा

B. दिल का दौरा पड़ रहा

C. सदमे में

D. श्वसन मार्ग में अवरोध महसूस हो रहा

Q.48 आप उस पीड़ित के लिए क्या करते हैं जिसके मुंह से खून बह रहा है और आप सुनिश्चित हैं कि सिर, गर्दन या रीढ़ की हड्डी में कोई चोट नहीं है?

A. पीड़ित को बैठाकर सिर को थोड़ा आगे की ओर झुकाकर रखें

B. पीड़ित को बैठाकर सिर को थोड़ा पीछे की ओर झुकाकर रखें

C. या पीड़ित को उनकी तरफ लेटा दिया गया है

D. या तो (A) या (C)

Q.49 सामान्य तौर पर, एक स्प्लिंट को _________ होना चाहिए।

A. ढीला, ताकि पीड़ित अभी भी घायल अंग को हिला सके

B. आरामदायक, लेकिन इतना टाइट नहीं कि यह सर्कुलेशन को धीमा कर दे

C. घायल क्षेत्र पर क्रैवेट्स से बंधे

D. इनमे से कोई भी नहीं

Q.50 एक लड़के की ऊँगली कट गई है, कौन सी क्रिया सबसे अच्छी होगी?

A. उंगली के कटे हुए सिरे को वापस जगह पर रखें, पूरी उंगली को साफ धुंध में लपेटें और उसे तुरंत अस्पताल पहुँचाएं।

B. कटी हुई उंगली को साफ धुंध में लपेटें, इसे प्लास्टिक की थैली में रखें, बैग को दोनों उंगली और पीड़ित को अस्पताल ले जाने के लिए बर्फ परिवहन पर रखें।

C. कटी हुई उंगली को प्लास्टिक की थैली में रखें, लड़के को बैग को अपने बगल के नीचे रखें, तुरंत अस्पताल पहुंचाएं।

D. अस्पताल में रक्तस्राव परिवहन को नियंत्रित करने के लिए स्टब पर

एक टूर्निकेट रखें जहां उंगली को काट दिया गया था।

Q.51 ड्रेसिंग और पट्टियों का उपयोग निम्न के लिए किया जाता है:

A. पीड़ित का दर्द कम करें

B. आंतरिक रक्तस्राव कम करें

C. रक्तस्राव को नियंत्रित करने और संक्रमण को रोकने में मदद करें

D. पीड़ित को अस्पताल ले जाना आसान बनाएं

Q.52 एक जब्ती पीड़ित की देखभाल करते समय आप क्या करेंगे?

A. आस-पास की वस्तुओं को हटा दें जिससे चोट लग सकती है

B. पीड़ित के दांतों के बीच एक छोटी सी वस्तु, जैसे लुढ़का हुआ कपड़ा, रखें

C. व्यक्ति को स्थिर रखने की कोशिश करें

D. ऊपर के सभी

Q.53 एक लड़का आपकी बस में प्रवेश करता है, आपको शराब की गंध आती है, वह आपके बस स्टॉप पर पहुंचने से पहले ही निकल जाता है, आपको क्या करना चाहिए?

A. लड़के को वापस स्कूल ले जाओ

B. बस रोकें, श्वास और नाड़ी की जांच करें, 911 पर कॉल करें

C. लड़के को सोने दो और उसे घर ले चलो

D. लड़के को नजदीकी फायर स्टेशन या अस्पताल ले जाएं

Q.54 मनुष्य का सामान्य गर्भ काल क्या है?

A. 400 दिन   **B.** 120 दिन   **C.** 200 दिन   **D.** 270 दिन

Q.55 निषेचित कोशिका को कहा जाता है-

A. भ्रूण

B. गर्भाशय

C. युग्मनज

D. इनमे से कोई भी नहीं

Q.56 टी कोशिकाएं ____ में परिपक्व होती हैं।

A. अवटु ग्रंथि

B. थाइमस ग्रंथि

C. प्लीहा

D. अस्थि मज्जा

Q.57 सूची-I का सूची-II के साथ मिलान कीजिए और नीचे दिए कूटों में से सही उत्तर का चयन कीजिए:

सूची - I (हॉर्मोन)	सूची – II (कार्य)
A. एल्डोस्टेरोन	1. महिला द्वितीयक लिंग विशेषताओं को बनाए रखता है
B. एस्ट्रोजेन	2. सर्कैडियन लय को नियंत्रित करता है
C. मेलाटोनिन	3. लवण प्रतिधारण हार्मोन
D. प्रोजेस्टेरोन	4. गर्भावस्था को बनाए रखता है

A. A-4, B-2, C-1, D-3

B. A-4, B-1, C-2, D-3

C. A-3, B-2, C-1, D-4

D. A-3, B-1, C-2, D-4

Q.58 कौन सी ग्रंथि अन्य अंतःस्रावी ग्रंथियों के कामकाज को नियंत्रित करती है?

A. थाइरॉयड ग्रंथि

B. पीनियल ग्रंथि

C. अधिवृक्क ग्रंथि

D. पीयूष ग्रंथि

Q.59 निम्नलिखित में से कौन एक पूर्व स्राव है?

A. ऑक्सीटोसिन

B. लार

C. थाइरॉक्सिन

D. वैसोप्रेसिन

Q.60 जक्स्ट्रा ग्लोमेरुलर एप्रैटस स्तनधारियों में निम्नलिखित में से किस कोशिका का एक हिस्सा है?

A. ऊसाइट   **B.** मायोसाइट   **C.** न्यूरॉन्स   **D.** नेफ्रॉन

Q.61 मानव में उत्सर्जन प्रणाली के निस्पंदन इकाइयों का नाम बताइए।

A. यूरेटर   **B.** नेफ्रॉन   **C.** न्यूरॉन   **D.** यूरेथ्रा

Q.62 पक्षियों और सरीसृपों में मुख्य मलमूत्र उत्पाद क्या है?

A. यूरिया

B. यूरिक अम्ल

C. अमोनिया

D. गुआनिन

Q.63 एक नर्स एक 18 वर्षीय महिला का आकलन कर रही है जो द्विपक्षीय पेट दर्द के लिए आपातकालीन विभाग में आई है। निम्नलिखित में से किसे अस्थानिक गर्भावस्था के लिए नर्स को जोखिम कारक नहीं मानना चाहिए?

A. एंडोमेट्रियोसिस

B. क्लैमाइडिया ट्रैकोमैटिस

C. गर्भाशय फाइब्रॉएड

D. यीस्ट संक्रमण

Q.64 प्रसव केंद्र पर मूल्यांकन के लिए पहुंची महिला। वह सोचती है कि वह श्रम में हो सकती है। वह बहुपत्ती है और हर 3 मिनट में संकुचन का अनुभव कर रही है। जांच करने पर, नर्स ने नोट किया कि वह 5 सेमी फैली हुई है और 50% मिट चुकी है। महिला श्रम के किस चरण और अवस्था का अनुभव कर रही है?

A. चरण 2, अवस्था 1

B. चरण 2, अवस्था 2

C. चरण 1, अवस्था 3

D. चरण 1, अवस्था 2

Q.65 एक श्रमिक रोगी द्वारा नर्स को एक कमरे में बुलाया जाता है। रोगी पीठ दर्द की शिकायत करता है और बेचैन दिखाई देता है। उसकी उंगलियां कांप रही हैं और माथे से पसीने की बूंदें गिर रही हैं। नर्स को संदेह है कि वह प्रसव के किस चरण का अनुभव कर रही होगी?

A. चरण 3, अवस्था 1

B. चरण 1, अवस्था 3

C. चरण 2, अवस्था 2

D. चरण 1, अवस्था 2

Q.66 निम्नलिखित में से कौन श्रेणी II भ्रूण की हृदय गति (FHR) अनुरेखण का वर्णन करता है?

A. बेसलाइन FHR 90bpm; चिह्नित परिवर्तनशीलता; शून्य त्वरण; देर से मंदी

B. बेसलाइन FHR145 बीपीएम; मध्यम परिवर्तनशीलता; दो त्वरण; शून्य मंदी

C. बेसलाइन FHR170 बीपीएम; मध्यम परिवर्तनशीलता; दो त्वरण; शून्य मंदी

D. बेसलाइन FHR 100bpm; न्यूनतम परिवर्तनशीलता; शून्य त्वरण; परिवर्तनशील मंदी

Q.67 लेफ्ट ओसीसीपुट एंटीरियर (एलओए) में स्थित भ्रूण में, नर्स को भ्रूण की हृदय गति (एफएचआर) का आकलन कहां करना चाहिए?

A. नाभि के नीचे माँ की बाईं ओर

B. नाभि के ऊपर माँ की बाईं ओर

C. माँ के दाहिनी ओर नाभि के ऊपर

D. नाभि के नीचे माँ की दाहिनी ओर

Q.68 एंडोमेट्रियोसिस के साथ लक्षण पेश करने का त्रय क्या है?

A. हिर्सुटिज्म, बांझपन, और ओलिगोमेनोरिया

B. डिसमेनोरिया, बांझपन, और डिस्पेर्यूनिया

C. डिसमेनोरिया, मेट्रोरहागिया, और डिसुरिया

D. मेनोरेजिया, बांझपन, और डिस्प्रयूनिय।

Q.69 एक योग्य दंपत्ति को गर्भनिरोधक तरीके अपनाने के लिए प्रेरित करने के लिए स्वास्थ्य संचार की सबसे अच्छी विधि कौन सी है?

A. समूह चर्चा

B. इंटरनेट का प्रयोग

C. आमने-सामने संचार

D. इनमें से कोई नहीं

Q.70 एक नर्स स्वास्थ्य एजेंसी के पास पड़ोस का जायजा ले रही थी। नर्स ने आसपास की इमारतों, फुटपाथों और समुदाय के लोगों की स्थिति को देखा। निम्नलिखित में से कौन नर्स के कार्यों का सबसे अच्छा वर्णन करता है?

A. एक ड्राइव-थ्रू

B. एक पड़ोस अवलोकन

C. एक त्वरित अवलोकन

D. एक विंडशील्ड सर्वेक्षण

Q.71 कोलेसिस्टिटिस के रोगी के लिए पोषण परामर्श देने वाली नर्स द्वारा निम्नलिखित में से कौन सी जानकारी बताना महत्वपूर्ण है?

A. रोगी को कम कैलोरी वाला आहार लेना चाहिए।

B. रोगी को उच्च प्रोटीन/कम कार्बोहाइड्रेट वाला आहार लेना चाहिए।

C. रोगी को मिठाई और शर्करा युक्त पेय सीमित मात्रा में लेना चाहिए।

D. रोगी को वसायुक्त भोजन सीमित मात्रा में लेना चाहिए।

Q.72 मायोकार्डियल रोधगलन के साथ अस्पताल में भर्ती एक मरीज को गंभीर फुफ्फुसीय एडिमा होती है। रोगी में नर्स निम्नलिखित में से किस लक्षण की अपेक्षा करेगी?

A. धीमी और गहरी सांसें

B. स्ट्राइडर (सांस लेने के दौरान शोर या तेज आवाज)

C. मंदनाड़ी

D. सांस फूलना

Q.73 एक नर्स पल्मोनरी एम्बोलिज्म से पीड़ित एक मरीज की देखभाल कर रही है। रोगी में नर्स निम्नलिखित में से कौन से लक्षण देखेगी?

A. परिवार के प्रति रोगी की प्रतिक्रिया में कमी

B. रोगी को अचानक सीने में दर्द और सांस लेने में तकलीफ की शिकायत होती है।

C. रोगी को गीली खाँसी हो गई है और नर्स फेफड़ों के गुदाभ्रंश पर चटकने की आवाज सुनती है।

D. रोगी को बुखार होता है, ठंड लगती है और भूख कम लगती है।

Q.74 आपातकालीन विभाग की एक नर्स 4 साल के बच्चे को साइकिल से गिरने के बाद बढ़े हुए इंट्राक्रैनील दबाव के संकेत देख रही है, जिसके परिणामस्वरूप सिर में चोट लगी है। निम्नलिखित में से कौन सा संकेत या लक्षण चिंता का कारण होगा?

A. उभरा हुआ अग्रवर्ती फॉन्टानेल

B. बार-बार उल्टी होना

C. जल्दी सो जाने के लक्षण

D. छोटे शब्दों को पढ़ने में असमर्थता

Q.75 छह महीने की उम्र के बाद:

A. ब्रेस्ट फीडिंग बंद कर देनी चाहिए और पूरक आहार देना शुरू कर देना चाहिए

B. ब्रेस्ट फीडिंग जारी रखें और पूरक आहार न दें

C. ब्रेस्ट फीडिंग जारी रखें और पूरक आहार देना शुरू करें

D. ब्रेस्ट फीडिंग बंद कर दें

Q.76 हेपेटाइटिस बी का टीका कितने वजन से कम बच्चे को देने की सलाह नहीं दी जाती है?

A. 1 किग्रा **B.** 2 किग्रा **C.** 2.5 किग्रा **D.** 3 किग्रा

Q.77 शिशुओं में __________ पूर्वकाल फॉन्टेनेल का अस्थिभंग होता है।

A. जन्म के एक महीने बाद **B.** जन्म के 6 महीने बाद

C. जन्म के 18 महीने बाद **D.** जन्म के 25 महीने बाद

Q.78 नवजात मृत्यु दर की गणना __________ के भीतर नवजात मृत्यु की संख्या का अनुमान लगाकर की जाती है।

A. 24 घंटे **B.** 28 दिनों **C.** एक सप्ताह **D.** एक वर्ष

Q.79 जन्म के बाद गर्भनाल __________ में परिवर्तित हो जाती है।

A. अंडाकार रंध्र **B.** लिगामेंटम वेनोसुसम

C. लिगामेंटम आर्टेरियोसस **D.** लिगामेंटम टेरेस

Q.80 मरास्मस शिशुओं में प्रमुख अभाव कारक कौन-सा है ?

A. प्रोटीन **B.** ऊर्जा **C.** विटामिन **D.** कैल्शियम

General Aptitude / Reasoning / General Awareness / Basic Computer knowledge

Q.81 एक टैंक को पाइप A द्वारा 2 घंटे और पाइप B द्वारा 6 घंटे में भरा जा सकता है। सुबह 10 बजे पाइप A खोला गया था। यदि पाइप B को सुबह 11 खोला जाता है, तो टैंक को कितने समय में भरा जाएगा?

A. 12.45 A.M. **B.** 5 P.M.

C. 11.45 A.M. **D.** 12 P.M.

Q.82 यदि साधारण ब्याज पर एक निश्चित राशि 3 वर्षों में 690 रुपए और 5 वर्षों में 750 रुपए हो जाती है, तो मूलधन क्या है?

A. 500 रुपए **B.** 550 रुपए **C.** 600 रुपए **D.** 650 रुपए

Q.83 एक नाव की गति 20 किमी प्रति घंटा है, और धारा की गति 2 किमी प्रति घंटा है। नाव कितने घंटे में 198 किमी धारा की दिशा में तय करेगी?

A. 11 घंटे **B.** 6 घंटे **C.** 9 घंटे **D.** 15 घंटे

Q.84 निम्नलिखित प्रश्न में प्रश्नवाचक चिन्ह '?' के स्थान पर क्या आयेगा?

$$\sqrt{400} \times 2 - 30 = \sqrt{256} - 12 + ?$$

A. 4 **B.** 6 **C.** 8 **D.** 3

Q.85 दोनों संख्याओं का महत्तम समापवर्तक 7 है। निम्नलिखित में से कौन-सा इन दोनों संख्याओं का लघुत्तम समापवर्त्य हो सकता है।

A. 161 **B.** 872 **C.** 587 **D.** 697

Q.86 यदि TOUR को 1234, CLEAR को 56784 और SPARE को 90847 लिखा जाता है, तो CARE का कूट ज्ञात कीजिए।

[Intelligence Bureau Security Assistant, 2017]

A. 1247 **B.** 4847 **C.** 5247 **D.** 5847

Q.87 निर्देश: दिए गए कथन (कथनों) और निष्कर्षों को ध्यानपूर्वक पढ़िये और चयन कीजिए कि कौन से निष्कर्ष दिए गये कथनों का तार्किक रूप से अनुसरण करता है।

कथन:

I. सभी बोतल प्लास्टिक हैं

II. कुछ बैग प्लास्टिक हैं

निष्कर्ष:

I. कुछ बैग बोतल नहीं हैं

II. कुछ प्लास्टिक बैग नहीं हैं

A. केवल निष्कर्ष I अनुसरण करता है

B. केवल निष्कर्ष II अनुसरण करता है

C. कोई भी अनुसरण नहीं करता है

D. सभी अनुसरण करते हैं

Q.88 निर्देश: निम्नलिखित प्रश्न में, शब्दों के उस जोड़े की पहचान करें जिसका संबंध प्रश्न में जोड़े के समान है।

पंखा : गर्मी

A. पानी : पीना **B.** प्रकाश : दिन

C. पढ़ाना : छात्र **D.** भोजन : भूख

Q.89 निर्देश: निम्नलिखित प्रश्न में, एक कथन और उसके बाद I और II से अंकित दो निष्कर्ष दिए गये हैं। आपको दिए गये कथनों को सत्य मानना है, भले ही वे ज्ञात तथ्यों से अलग प्रतीत होते हों। निर्णय कीजिए कि दिये गये निष्कर्षों में से कौन-सा निष्कर्ष कथन का तार्किक रूप से अनुसरण करता है।

कथन: पिछले साल, भारत में कुल दुर्घटनाओं की संख्या 464,674 थी, जिसमें 148,707 यातायात से संबंधित मौतें हुईं।

C. पैरामीटर इंजेक्शन   **D.** इंजेक्टिंग शैल कोड

निष्कर्ष:

I. कुछ यातायात दुर्घटनाएँ घातक थीं।

II. इतनी अधिक संख्या के लिए सड़क की खराब हालत भी जिम्मेदार थी।

A. यदि केवल निष्कर्ष I. अनुसरण करता है।

B. यदि केवल निष्कर्ष II. अनुसरण करता है।

C. यदि न तो I. और न ही II. अनुसरण करता है।

D. यदि I. और II. दोनों अनुसरण करते हैं।

Q.90 निर्देश: निम्नलिखित चार संख्या युग्मों में से तीन एक निश्चित तरीके से एक समान हैं, और एक भिन्न है। दिए गए विकल्पों में से विषम का चयन कीजिए।

A. 9 : 90   **B.** 7 : 56   **C.** 5 : 30   **D.** 8 : 66

Q.91 उत्तर प्रदेश का राज्य वृक्ष _______ है।

A. बरगद का पेड़   **B.** अशोक का पेड़

C. आम का पेड़   **D.** उपरोक्त में से कोई नहीं

Q.92 2022 में केलिफोर्निया में आयोजित स्क्रीन एक्टर गिल्ड अवार्ड्स में किसने आउटस्टेंडिंग परफॉर्मेंस बाय अ फीमेल एक्टर इन अ लीडिंग रोल का पुरस्कार जीता?

A. जेसिका चैस्टेन   **B.** ब्राइस डलास हॉवर्ड

C. डायने क्रूगर   **D.** मैकेंजी फॉय

Q.93 किस राज्य ने "रणजी ट्रॉफी 2022" का खिताब जीता है?

A. बिहार   **B.** मध्य प्रदेश   **C.** महाराष्ट्र   **D.** ओडिशा

Q.94 कौन सा देश 2022 में अंतर्राष्ट्रीय सौर गठबंधन की पांचवीं सभा का मेजबान है?

A. बांग्लादेश   **B.** भारत   **C.** नेपाल   **D.** थाईलैंड

Q.95 तीज एक हिंदू त्योहार किस देवी को समर्पित है?

A. लक्ष्मी   **B.** सरस्वती   **C.** पार्वती   **D.** दुर्गा

Q.96 WORM का अर्थ है:

[Allahabad High Court Review Officer (RO), 2019]

A. राइट वन्स, रीड मेनी

B. राइट रीड मेमोरी

C. वाइप ओनली रीड मेमोरी

D. रीड राइट मेमोरी

Q.97 निम्नलिखित में से कौन निर्देश चक्र का एक भाग संचालन नहीं है?

[Allahabad High Court Review Officer (RO), 2019]

A. फेच   **B.** इनडायरेक्ट

C. निष्पादन   **D.** मेमोरी (स्मृति)

Q.98 निम्नलिखित में से कौन सा वेब ब्राउज़र नहीं है?

A. गूगल क्रोम   **B.** मोज़िला फ़ायरफ़ॉक्स

C. इंटरनेट एक्सप्लोरर   **D.** फाइल एक्सप्लोरर

Q.99 इनमें से कौन सा शब्द/व्यंजक कंप्यूटर के कीबोर्ड से संबंधित नहीं है?

[Rajasthan Police Constable, 2020]

A. QWERTY   **B.** फंक्शन कुंजियां

C. न्यूमेरिक कीपैड   **D.** मास्टर कुंजी

Q.100 निम्नलिखित में से कौन-सा आक्रमण-आधारित जाँच वेबइंस्पेक्ट नहीं कर सकता है?

A. क्रॉस साइट स्क्रिप्टिंग   **B.** डायरेक्टरी ट्रैवर्सल

// स्मार्ट उत्तर पुस्तिका //

सही उत्तर उन छात्रों के प्रतिशत को इंगित करता है जिन्होंने प्रश्नों का सही उत्तर दिया था।

छोड़ दिया उन छात्रों के प्रतिशत को इंगित करता है जिन्होंने प्रश्नों को छोड़ दिया था।

प्रश्न संख्या	उत्तर	सही उत्तर / छोड़ दिया	प्रश्न संख्या	उत्तर	सही उत्तर / छोड़ दिया	प्रश्न संख्या	उत्तर	सही उत्तर / छोड़ दिया	प्रश्न संख्या	उत्तर	सही उत्तर / छोड़ दिया	प्रश्न संख्या	उत्तर	सही उत्तर / छोड़ दिया
1	C	89.62 % / 0.0 %	17	D	66.12 % / 1.29 %	33	C	82.79 % / 0.0 %	49	B	45.6 % / 1.41 %	65	B	65.44 % / 1.87 %
2	B	48.31 % / 1.3 %	18	A	63.79 % / 1.05 %	34	C	29.18 % / 3.0 %	50	B	50.17 % / 1.61 %	66	D	30.45 % / 4.09 %
3	A	44.21 % / 1.35 %	19	A	49.22 % / 1.47 %	35	B	50.59 % / 1.71 %	51	C	79.53 % / 0.0 %	67	D	17.99 % / 3.59 %
4	A	65.64 % / 1.25 %	20	A	47.44 % / 1.5 %	36	B	63.06 % / 1.05 %	52	A	62.2 % / 1.7 %	68	B	67.97 % / 1.84 %
5	B	50.06 % / 1.08 %	21	D	52.48 % / 1.59 %	37	B	76.45 % / 0.0 %	53	B	53.27 % / 1.96 %	69	C	55.66 % / 1.57 %
6	C	20.82 % / 3.69 %	22	D	48.16 % / 1.71 %	38	C	55.09 % / 1.9 %	54	D	58.91 % / 1.37 %	70	D	67.99 % / 1.59 %
7	C	69.72 % / 1.14 %	23	D	61.58 % / 1.49 %	39	C	57.68 % / 1.35 %	55	C	57.23 % / 1.66 %	71	D	60.04 % / 1.25 %
8	D	15.19 % / 3.64 %	24	C	56.0 % / 1.5 %	40	B	54.88 % / 1.23 %	56	B	58.17 % / 1.75 %	72	D	17.83 % / 3.43 %
9	B	12.47 % / 4.6 %	25	A	31.73 % / 4.12 %	41	B	67.81 % / 1.27 %	57	D	48.86 % / 1.33 %	73	B	60.07 % / 1.7 %
10	A	62.61 % / 1.51 %	26	C	61.72 % / 1.73 %	42	D	42.84 % / 1.94 %	58	D	59.58 % / 1.46 %	74	B	67.35 % / 1.42 %
11	B	40.79 % / 1.14 %	27	C	48.67 % / 1.36 %	43	D	40.15 % / 1.89 %	59	B	51.54 % / 1.64 %	75	C	49.52 % / 1.47 %
12	D	65.37 % / 1.53 %	28	B	87.19 % / 0.0 %	44	A	55.9 % / 1.73 %	60	D	55.3 % / 1.73 %	76	B	81.29 % / 0.0 %
13	C	83.63 % / 0.0 %	29	B	67.45 % / 1.38 %	45	A	45.08 % / 1.33 %	61	B	42.03 % / 1.06 %	77	C	49.82 % / 1.59 %
14	D	48.68 % / 1.93 %	30	A	45.92 % / 1.51 %	46	B	44.23 % / 1.42 %	62	B	48.4 % / 1.23 %	78	B	53.78 % / 1.18 %
15	D	47.08 % / 1.94 %	31	C	83.32 % / 0.0 %	47	D	50.09 % / 1.31 %	63	D	26.85 % / 4.67 %	79	D	67.63 % / 1.06 %
16	A	42.93 % / 1.9 %	32	D	13.81 % / 4.18 %	48	D	10.04 % / 3.46 %	64	D	61.97 % / 1.01 %	80	B	77.63 % / 0.0 %

प्रश्न संख्या	उत्तर	सही उत्तर / छोड़ दिया
81	C	84.35 % / 0.0 %
82	C	86.76 % / 0.0 %
83	C	82.22 % / 0.0 %
84	B	79.88 % / 0.0 %

प्रश्न संख्या	उत्तर	सही उत्तर / छोड़ दिया
85	A	87.03 % / 0.0 %
86	D	81.02 % / 0.0 %
87	C	89.06 % / 0.0 %
88	D	80.74 % / 0.0 %

प्रश्न संख्या	उत्तर	सही उत्तर / छोड़ दिया
89	A	78.72 % / 0.0 %
90	D	26.67 % / 4.21 %
91	B	40.65 % / 1.45 %
92	A	56.1 % / 1.56 %

प्रश्न संख्या	उत्तर	सही उत्तर / छोड़ दिया
93	B	81.32 % / 0.0 %
94	B	69.68 % / 1.1 %
95	C	20.3 % / 4.71 %
96	A	69.62 % / 1.08 %

प्रश्न संख्या	उत्तर	सही उत्तर / छोड़ दिया
97	D	51.95 % / 1.42 %
98	D	65.36 % / 1.48 %
99	D	62.94 % / 1.25 %
100	D	83.98 % / 0.0 %

कार्य विश्लेषण	
औसत अंक (%)	51.0%
टॉपर्स स्कोर (%)	56.0%
आपका स्कोर	

//संकेत और समाधान//

1. पोवीडोन आयोडीन:

- यह टोपिकल सोल्यूशन, सर्जिकल स्क्रब, माउथ वॉश, मलहम और वेजाइनल पेसरी के रूप में उपलब्ध है।
- यह कीटाणुनाशक विषाणु, जीवाणु, प्रोटोजोआ, यीस्ट और कवक के विरुद्ध अत्यंत प्रभावी होता है।
- इसकी अघुलनशीलता, अस्थिरता और इसके अभिरंजक और उत्तेजक गुणों के कारण इसका बार-बार उपयोग निषेधात्मक है।
- पोवीडोन आयोडीन तीव्र और दीर्घकालिक घावों की एक श्रृंखला के उपचार में सहायता करता है।
- पोवीडोन आयोडीन ग्राम-धनात्मक और ग्राम-ऋणात्मक जीवों के विरुद्ध जीवाणुनाशक है।
- पोवीडोन आयोडीन में कई गुण हैं जो इसे घाव भरने वाले औषधियों के समूह में असाधारण रूप से अच्छे स्थान पर रखती हैं, जिसमें इसके व्यापक रोगाणुरोधी स्पेक्ट्रम, प्रतिरोध की कमी, बायोफिल्म के विरुद्ध प्रभावकारिता, अच्छी सहनशीलता और अत्यधिक सूजन पर इसका प्रभाव शामिल है।

इसीलिए पोवीडोन आयोडीन दवा को आमतौर पर घाव के कीटाणुनाशक के रूप में प्रयोग किया जाता है।

अत: विकल्प (C) सही है।

2. सिस्टोलिक व डायस्टोलिक रक्तचाप के अंतर को पल्स प्रेशर कहते हैं।

- पल्स प्रेशर सिस्टोलिक बीपी और डायस्टोलिक बीपी के बीच का अंतर है।
- सामान्य रक्तचाप 120/80 mmHg है।
- तो सामान्य पल्स प्रेशर 40 mmHg है।

अत: विकल्प (B) सही है।

3. इपिडेमिक ड्राप्सी की वजह सैनगुनरिन है।

- सैनगुनरिन आर्गेमोन तेल का एक प्रमुख क्षार है।
- एपिडेमिक ड्रॉप्सी तब होती है जब खाद्य तेलों में आर्गेमोन तेल मिला दिया जाता है।
- सैनगुनरिन केशिकाओं पर कार्य करता है। केशिका फैलाव, प्रसार, और केशिका पारगम्यता में वृद्धि हुई है। यह एडिमा और हाइपोवोल्मिया की ओर जाता है।
- एपिडेमिक ड्रॉप्सी को गैस्ट्रोएंटेरिक लक्षणों की विशेषता होती है, इसके बाद त्वचीय एरिथमा और रंजकता होती है।
- श्वसन और हृदय संबंधी लक्षण भी मौजूद हो सकते हैं।

अत: विकल्प (A) सही है।

4. इंट्राडर्मल इंजेक्शन 15° कोण पर दिया जाता है।

- इंट्राडर्मल इंजेक्शन डर्मिस, या एपिडर्मिस (जो ऊपरी त्वचा परत है) के नीचे की त्वचा की परत में लगाए जाते हैं।
- आईडी इंजेक्शन 5 से 15 डिग्री के कोण पर पर दिया जाता है।

अत: विकल्प (A) सही है।

5. जब एक व्यक्ति पर सी.पी.आर. किया जाता है, तो छाती पर दबाव 2 इंच गहरी होगी।

- सी.पी.आर आपातकालीन देखभाल है जो जीवन के लिए खतरनाक स्थितयों में शरीर के महत्वपूर्ण कार्य को बहाल करने के लिए आवश्यक है।
- छाती को कम से कम 2 इंच (5 सेमी) नीचे दबाएं (संपीड़ित करें) लेकिन 2.4 इंच (6 सेमी) से अधिक नहीं।

चरण:

- A- एयरवे
- B- ब्रिथिंग
- C- सी सर्कुलेशन
- D- डिफिब्रिलेशन

अत: विकल्प (B) सही है।

6. क्रोन की बीमारी के लिए एक रोगी के लिए, चिकित्सा सर्जिकल नर्स आहार की फाइबर में कम और प्रोटीन एवं कैलोरी में उच्च सलाह देती है।

- क्रोन रोग एक प्रकार का आंत्र रोग सूजन (IBD) है।
- यह आपके पाचन तंत्र की सूजन का कारण बनता है, जिससे पेट में दर्द, गंभीर दस्त, थकान, वजन कम होना और कुपोषण हो सकता है।
- क्रोहन रोग से पीड़ित लोगों में कुपोषण और पोषक तत्वों की कमी का खतरा बढ़ जाता है। खराब पोषण आपके शरीर के लिए संक्रमण को ठीक करना और उससे लड़ना अधिक कठिन बना देता है।
- इसलिए, क्रोहन रोग वाले लोगों को संतुलित आहार का पालन करना चाहिए और पर्याप्त कैलोरी, प्रोटीन, विटामिन, खनिज और तरल पदार्थ प्राप्त करना सुनिश्चित करना चाहिए।
- निम्न-फाइबर सहित निम्न अवशेष वाले आहार पेट दर्द, ऐंठन और दस्त को कम करने में मदद कर सकते हैं।

अत: विकल्प (C) सही है।

7. टी.एन.एम. वर्गीकरण प्रणाली का इस्तेमाल कैंसर की क्लीनिकल स्टेजिंग में होता है।

- टीएनएम स्टेजिंग सिस्टम (आधिकारिक तौर पर घातक ट्यूमर के टीएनएम वर्गीकरण प्रणाली के रूप में जाना जाता है) एक कैंसर स्टेजिंग सिस्टम है जिसे यूनियन फॉर इंटरनेशनल कैंसर कंट्रोल (यूआईसीसी) द्वारा देखा और प्रकाशित किया गया है।
- टीएनएम स्टेजिंग मुख्य रूप से कैंसर का वर्णन करने के लिए प्रयोग किया जाता है जो स्तन, कोलन और फेफड़ों के कैंसर जैसे ठोस ट्यूमर बनाते हैं।

टीएनएम प्रणाली का उपयोग करके रोगी के शरीर में कैंसर की सीमा और प्रसार का पता लगाया जाता है।

- टी ट्यूमर के आकार और आस-पास के ऊतक में कैंसर के किसी भी प्रसार को संदर्भित करता है।
- एन कैंसर के प्रसार को पास के लिम्फ नोड्स में संदर्भित करता है।
- एम मेटास्टेसिस (शरीर के अन्य भागों में कैंसर का प्रसार) को संदर्भित करता है।

अत: विकल्प (C) सही है।

8.

सूची-I	सूची-I
A. मूत्र प्रणाली में रुकावट	हाइड्रोनेफ्रोसिस
B. गुर्दे की पथरी का इलाज	लेज़र लिथोट्रिप्सी
C. पेशाब न रोक पाना	केगल एक्सरसाइज
D. मूत्र के बहाव का रास्ता बदलने का तरीका	इलियल कांड्यूट

- लेज़र लिथोट्रिप्सी मूत्र मार्ग में वृक्क की पथरी को अलग करने की एक प्रक्रिया है। यह एक दोलन दर्शी द्वारा किया जाता है जिसे मूत्र मार्ग के नलियों में डाला जा सकता है।

- एक इलियल कांड्यूट यूरिनरी डाइवर्जन मूत्र बहाव का रास्ता बदलने के लिए विभिन्न शल्य चिकित्सा तकनीकों में से एक है।

- हाइड्रोनफ्रोसिस वृक्क में अतिरिक्त मूत्र संचय की स्थिति है जो वृक्क की सूजन का कारण बनती है। यह पेशाब के दौरान दर्द, मतली और उल्टी का कारण बनता है।

- केगल एक्सरसाइज, जिसे श्रोणि तल एक्सरसाइज के रूप में भी जाना जाता है, में उन मांसपेशियों को बार-बार संकुचन और विराम देना शामिल होता है जो श्रोणि तल का हिस्सा बनते हैं, और जिन्हें कभी-कभी "केगल पेशियां" कहा जाता है।

अतः विकल्प (D) सही है।

9. एचआईवी के ऊर्ध्वधर संचरण के लिए इंट्रानेटल अवधि जोखिम अधिक होता है।

- एचआईवी (ह्यूमन इम्युनोडेफिशिएंसी वायरस) एक ऐसा विषाणु है जो शरीर की प्रतिरक्षा प्रणाली पर हमला करता है। यदि एचआईवी का इलाज नहीं किया जाता है, तो यह एक्वायर्ड इम्युनोडेफिशिएंसी सिंड्रोम को जन्म दे सकता है।

- एक्वायर्ड इम्युनोडेफिशिएंसी सिंड्रोम एक पुरानी, जीवन को संभावित रूप से खतरा पहुँचाने वाली स्थिति है जो ह्यूमन इम्युनोडेफिशिएंसी वायरस (एचआईवी) के कारण होती है। आपकी प्रतिरक्षा प्रणाली को नुकसान पहुंचाकर, एचआईवी आपके शरीर की संक्रमण और बीमारी से लड़ने की क्षमता में हस्तक्षेप करता है।

- ऊर्ध्वधार संचरण से तात्पर्य माता-पिता से उनकी संतानों में इस विषाणु के पीढ़ीगत संचरण से है।

- एचआईवी संक्रमित लोगों से शरीर के विभिन्न तरल पदार्थों, जैसे कि रक्त, स्तन का दूध, वीर्य और योनि स्राव के आदान-प्रदान के माध्यम से प्रेषित हो सकता है।

- गर्भावस्था और प्रसव के दौरान एक माता से उसके बच्चे में एचआईवी का भी संक्रमण हो सकता है।

हालांकि, प्रसवकालीन अवधि में ऊर्ध्वधार संचरण का उच्च जोखिम होता है क्योंकि संचरण गर्भनाल के साथ हो सकता है।

अतः विकल्प (B) सही है।

10. स्वास्थ्य शिक्षा के लिए व्यवहार परिवर्तन दृष्टिकोण इस धारणा पर आधारित है कि मनुष्य तर्कसंगत निर्णय लेने वाले हैं, यह दृष्टिकोण कुछ व्यवहारों के जोखिमों और लाभों के बारे में जानकारी के प्रावधान पर बहुत अधिक निर्भर करता है।

व्यवहार परिवर्तन दृष्टिकोण जीवन शैली में व्यक्तिगत परिवर्तनों के माध्यम से स्वास्थ्य को बढ़ावा देता है जो लोगों की सेटिंग के लिए उपयुक्त हैं। सरल तर्क यह है कि कुछ व्यवहार खराब स्वास्थ्य की ओर ले जाते हैं, और इसलिए लोगों को सीधे अपने व्यवहार को बदलने के लिए राजी करना बीमारी को कम करने का सबसे कुशल और प्रभावी तरीका होना चाहिए।

अतः विकल्प (A) सही है।

11. व्यक्तिगत स्वास्थ्य और उसके सामाजिक और भौतिक संदर्भों के बीच एक घनिष्ठ संबंध है, इस प्रकार प्रासंगिक हैं जब निम्नलिखित में परिवर्तन के लिए पहल विकसित करना स्वास्थ्य शिक्षा के लिए सामुदायिक विकास दृष्टिकोण की विशेषता है।

वयस्क जो सामाजिक रूप से सक्रिय हैं वे अपने अधिक अलग-थलग साथियों की तुलना में अधिक समय तक जीवित रहते हैं और स्वस्थ होते हैं। अच्छे स्वास्थ्य को बनाए रखने के लिए सामाजिक संबंध महत्वपूर्ण हैं। इसके विपरीत, सामाजिक अलगाव स्वास्थ्य जोखिम पैदा करता है। अध्ययनों से पता चला है

कि कोरोनरी धमनी की बीमारी वाले रोगियों के लिए, सामाजिक अलगाव मृत्यु का अतिरिक्त जोखिम पैदा करता है। भूमिकाओं, सामाजिक नेटवर्क और स्थिति के माध्यम से कार्य करना, सामाजिक संरचना स्वास्थ्य, मूल्यों, व्यावसायिक प्राप्ति और समाज में अपनेपन की भावना को प्रभावित कर सकती है। कई अध्ययनों से पता चलता है कि जो लोग सामाजिक नेटवर्क का हिस्सा हैं, उनके तनावपूर्ण जीवन की घटनाओं से नकारात्मक रूप से प्रभावित होने की संभावना कम होती है और उनके बीमार होने की संभावना कम होती है।

अतः विकल्प (B) सही है।

12. "आप कुछ समय से असफल महसूस कर रहे हैं?" प्रतिक्रिया चिकित्सीय संचार को प्रदर्शित करती है। एक रोगी द्वारा व्यक्त की गई भावनाओं का जवाब देना एक प्रभावी चिकित्सीय संचार तकनीक है। सही विकल्प रीस्टेटिंग के उपयोग का एक उदाहरण है। नर्सों के लिए यह अक्सर उपयोगी होता है कि इस तथ्य के बाद रोगियों ने क्या कहा। यह रोगियों को प्रदर्शित करता है कि नर्स सुन रही थी और नर्स को बातचीत का दस्तावेजीकरण करने की अनुमति देती है। 'क्या यह सही लगता है?' जैसे वाक्यांश के साथ सारांश समाप्त करना यदि आवश्यक हो तो रोगियों को सुधार करने की स्पष्ट अनुमति देता है।

अतः विकल्प (D) सही है।

13. "आपको सोने में कठिनाई हो रही है?" नर्स द्वारा प्रतिक्रिया इस रोगी के लिए एक चिकित्सीय संचार प्रतिक्रिया को दर्शाती है।

सही विकल्प पुनर्कथन की चिकित्सीय संचार तकनीक का उपयोग करता है। यद्यपि पुनर्कथन एक ऐसी तकनीक है जिसमें एक प्रेरक घटक होता है, यह रोगी के प्रमुख विषय को दोहराता है, जो रोगी से समस्या की अधिक विशिष्ट धारणा प्राप्त करने में नर्स की सहायता करता है।

अतः विकल्प (C) सही है।

14. उपर्युक्त सभी एक नर्सिंग दृष्टिकोण से संचार के लिए सही नहीं हैं।

नर्सें संचार के केंद्र के रूप में कार्य करती हैं, चिकित्सकों, देखभाल करने वालों, परिवार के सदस्यों और रोगियों के बीच सूचना को रिले और व्याख्या करती हैं। नर्सिंग में प्रभावी संचार स्थापित करने की क्षमता सर्वोत्तम देखभाल और रोगी परिणाम संभव प्रदान करने के लिए अनिवार्य है।

अतः विकल्प (D) सही है।

15. स्वास्थ्य देखभाल संचार में संलग्न होने पर गैर मौखिक व्यवहार में आसन, आवाज का लहज़ा और चेहरे की अभिव्यक्ति शामिल है।

मनुष्यों में, संचार के साधनों में से एक शरीर की मुद्रा है, चेहरे के भाव, व्यक्तिगत दूरियां, हावभाव और शरीर की गतिविधियों के अलावा। आसन के बारे में जानकारी देता है: पारस्परिक संबंध। व्यक्तित्व लक्षण जैसे आत्मविश्वास, विनम्रता और खुलापन।

संचार में आवाज के स्वर को 'जिस तरह से व्यक्ति किसी से बात करता है' के रूप में परिभाषित किया जाता है। इस तरह आप अपनी बात मनवाने के लिए अपनी आवाज का इस्तेमाल करते हैं।

मानव चेहरा बेहद अभिव्यंजक है, बिना एक शब्द कहे अनागनत भावनाओं को व्यक्त करने में सक्षम है। और गैर मौखिक संचार के कुछ रूपों के विपरीत, चेहरे के भाव सार्वभौमिक होते हैं। खुशी, उदासी, क्रोध, आश्चर्य, भय और घृणा के चेहरे के भाव सभी संस्कृतियों में समान हैं।

अतः विकल्प (D) सही है।

16. प्रभावी संचार बढ़ाने के लिए कार्य करने से देखभाल की गुणवत्ता में सुधार हो सकता है।

गुणवत्ता रणनीति में सुधार के लिए प्रभावी संचार रोगियों, परिवारों और चिकित्सकों के लिए प्रभावी संचार व्यवहार की पहचान करता है जो पूरे अस्पताल में रहने के लिए साझेदारी की नींव हैं। रणनीति व्यक्तिगत उपकरणों के माध्यम से व्यवहार परिवर्तन का समर्थन करती है।

अत: विकल्प (A) सही है।

17. उचित प्रतिक्रिया प्रदान करने का उद्देश्य ग्राहक को महत्वपूर्ण जानकारी देना है। अच्छी तरह से दी गई, प्रतिक्रिया प्राप्तकर्ता को प्रदर्शन में सुधार करने और वांछित परिणाम प्राप्त करने के लिए प्रेरित कर सकता है। कठोर रूप से दिया गया, यह विपरीत प्रभाव पैदा कर सकता है और क्रोध, आहत भावनाओं और आक्रोश को प्रेरित कर सकता है।

अत: विकल्प (D) सही है।

18. इस इंटरप्रोफेशनल इंटरैक्शन को सहकार्यता के रूप में जाना जाता है।

सहकार्यता का अर्थ है 'कुछ हासिल करने या करने के लिए किसी अन्य व्यक्ति या समूह के साथ काम करना'। कार्यस्थल सहकार्यता के लिए पारस्परिक कौशल, संचार कौशल, ज्ञान साझाकरण और रणनीति की आवश्यकता होती है, और यह एक पारंपरिक कार्यालय में या एक आभासी टीम के सदस्यों के बीच हो सकता है।

अत: विकल्प (A) सही है।

19. एक संक्रमित पैर का इलाज करने के लिए, मेडिकेयर पार्ट ए वाले रोगी को गतिशीलता प्रशिक्षण के लिए।V एंटीबायोटिक्स, घाव की देखभाल और भौतिक चिकित्सा का दो सप्ताह का कोर्स निर्धारित किया जाता है। नर्सिंग केस मैनेजर एक कुशल नर्सिंग सुविधा के लिए छुट्टी की सिफारिश करता है।

एक कुशल नर्सिंग सुविधा (एसएनएफ) एक संस्था (या एक संस्थान का एक अलग हिस्सा) है जो लागू राज्य कानूनों के तहत लाइसेंस प्राप्त है और मुख्य रूप से उन निवासियों के लिए कुशल नर्सिंग देखभाल और संबंधित सेवाएं प्रदान करने में लगी हुई है जिन्हें चिकित्सा या नर्सिंग देखभाल की; या घायलों के पुनर्वास के लिए पुनर्वास सेवाओं की आवश्यकता होती है।

अत: विकल्प (A) सही है।

20. हस्तक्षेप विकसित करने के लिए डेटा की तुलना करते समय, नर्स समग्र डेटा विश्लेषण में संलग्न होती है।

समग्र डेटा विश्लेषण या गैर-संख्यात्मक जानकारी को संदर्भित करता है जिसे कई स्रोतों और/या कई उपायों, चर, या व्यक्तियों से एकत्र किया जाता है और डेटा सारांश या सारांश रिपोर्ट में संकलित किया जाता है, आमतौर पर सार्वजनिक रिपोर्टिंग या सांख्यिकीय विश्लेषण के उद्देश्यों के लिए- यानी। प्रवृत्तियों की जांच करना।

अत: विकल्प (A) सही है।

21. टिकाऊ चिकित्सा उपकरणों की लागत को कवर करने के लिए, मेडिकेयर में नामांकित एक मरीज को लागत में हिस्सा लेने की आवश्यकता होती है।

यदि आप एक कुशल नर्सिंग सुविधा (एसएनएफ) में हैं या अस्पताल में रोगी हैं, तो डीएमई भाग ए द्वारा कवर किया जाता है। चाहे आपके पास मूल मेडिकेयर हो या मेडिकेयर एडवांटेज प्लान, मेडिकेयर-कवर उपकरण के प्रकार समान होने चाहिए। डीएमई के उदाहरणों में शामिल हैं: व्हीलचेयर।

अत: विकल्प (D) सही है।

22. चूंकि रोगी ने इस नुस्खे से पहले कई एजेंटों को विफल कर दिया है, नर्सिंग केस मैनेजर चिकित्सा औचित्य के साथ बीमा कंपनी को पूर्व प्राधिकरण के लिए अनुरोध प्रस्तुत करता है।

स्वीकृत चिकित्सा पद्धतियां चिकित्सा आवश्यकता को किसी भी उचित सेवा, प्रक्रिया, या उपचार के रूप में परिभाषित करती हैं जो किसी स्थिति की शुरुआत को रोकने, बीमारी या स्थिति के प्रभाव को कम करने, या किसी व्यक्ति को अधिकतम कार्यात्मक क्षमता तक पहुंचने और बनाए रखने में मदद करेगी।

अत: विकल्प (D) सही है।

23. एक रोग प्रबंधन कार्यक्रम के लिए डेटा को संश्लेषित करने में, नर्सिंग केस मैनेजर एक निष्कर्ष को मान्य करने के लिए डेटा त्रिकोण के समय, स्थान और व्यक्ति स्रोत का उपयोग करता है। एक रोग प्रबंधन कार्यक्रम के लिए डेटा को संश्लेषित करने में, नर्सिंग केस मैनेजर एक निष्कर्ष को मान्य करने के लिए डेटा त्रिकोण के समय, स्थान और व्यक्ति स्रोत का उपयोग करता है। रोग प्रबंधन कार्यक्रम लक्षित रोग के प्राकृतिक पाठ्यक्रम पर पुराने आधारभूत डेटा वाले व्यक्तियों के स्वास्थ्य में सुधार के लिए डिज़ाइन किए गए हैं।

अत: विकल्प (D) सही है।

24. "यह रोगी की नर्सिंग देखभाल आवश्यकताओं की जटिलता पर निर्भर करता है।" कथन रोगी वर्गीकरण प्रणाली (पीसीएस) के बारे में सत्य है।

रोगी वर्गीकरण प्रणाली (पीसीएस), जिसे रोगी तीक्ष्णता प्रणाली के रूप में भी जाना जाता है, नर्सिंग देखभाल की जरूरतों के अनुसार नर्सिंग स्टाफ के आवंटन के प्रबंधन और योजना बनाने के लिए उपयोग किया जाने वाला एक उपकरण है। इस प्रकार, पीसीएस का उपयोग नर्स प्रमुख को कार्यभार की आवश्यकताओं और स्टाफ की जरूरतों को निर्धारित करने में सहायता के लिए किया जाता है।

अत: विकल्प (C) सही है।

25. अस्पताल में, आपका विभाग रोगी देखभाल पद्धति की कार्यात्मक पद्धति का उपयोग कर रहा है। यह सब के बारे में है एक नर्स बेडसाइड देखभाल देने के लिए जिम्मेदार है, दूसरी दवा देने के लिए और दूसरी उपचार के लिए।

नर्सिंग में देखभाल के तौर-तरीकों को व्यवस्थित किया जाता है और रोगियों को स्टाफ सदस्यों की व्यवस्था करने और रोगियों को सौंपने के साथ वितरित किया जाता है। देखभाल वितरण विधियों में रोगियों की कुल संख्या और कार्यों को पूरा करने के साथ-साथ कितनी नर्सों की आवश्यकता होती है, को ध्यान में रखा जाता है।

अत: विकल्प (A) सही है।

26. नर्सिंग पेशेवर विकास विशेषज्ञ सर्वसम्मति की निर्णय लेने की तकनीक का उपयोग करके चयन की सुविधा प्रदान करता है। मेडिकल सर्वसम्मति चिकित्सा ज्ञान के एक विशेष पहलू पर एक सार्वजनिक बयान है जब यह बयान दिया जाता है कि विशेषज्ञों का एक प्रतिनिधि समूह साक्ष्य-आधारित और अत्याधुनिक (अत्याधुनिक) ज्ञान होने के लिए सहमत है। .

अत: विकल्प (C) सही है।

27. मृत्यु के महत्व पर विचार करते हुए यह रणनीति इस लक्ष्य को प्राप्त करने में नर्स के लिए सबसे अधिक सहायक है।

थैनेटोलॉजिस्ट के अनुसार, मृत्यु के महत्व पर विचार करने से मृत्यु के भय को कम करने में मदद मिलती है और स्वास्थ्य देखभाल प्रदाता को गंभीर रूप से बीमार रोगी की भावनाओं को बेहतर ढंग से समझने में मदद मिलती है। यह इस विश्वास को दूर करने में भी मदद करता है कि चिकित्सा और नर्सिंग उपाय विफल हो गए हैं, जब एक मरीज को ठीक नहीं किया जा सकता है। थानाटोलॉजी चिकित्सा, शारीरिक, मनोवैज्ञानिक, आध्यात्मिक, नैतिक, और कई दृष्टिकोणों से मृत्यु और मृत्यु का विज्ञान और अध्ययन है।

अत: विकल्प (C) सही है।

28. ट्यूबिंग परिवर्तन के दौरान रोगी को वलसाल्वा पैंतरेबाज़ी करने के लिए कहा जाना चाहिए। यह ट्यूब परिवर्तन के दौरान एयर एम्बोलिज्म से बचने में मदद करता है। नर्स रोगी को एक गहरी सांस लेने, उसे थामे रखने और सहन करने के लिए कहती है। सुनिश्चित करें कि सभी कनेक्शन क्लैंप और बंद हैं। क्लैंप कैथेटर, बाएं ट्रेंडेलनबर्ग स्थिति में रोगी की स्थिति, स्वास्थ्य देखभाल प्रदाता को कॉल करें, और आवश्यकतानुसार ऑक्सीजन का प्रबंध करें।

अत: विकल्प (B) सही है।

29. एक संक्रामक रोग के रोगी की देखभाल करने वाली नर्स जिसे अलगाव की आवश्यकता होती है, उसे रोग नियंत्रण केंद्र (सीडीसी) द्वारा प्रकाशित दिशानिर्देशों का उल्लेख करना चाहिए।

रोग नियंत्रण केंद्र (सीडीसी) उन रोगियों की देखभाल के लिए दिशानिर्देश प्रकाशित करता है और अक्सर अद्यतन करता है जिन्हें अलगाव की आवश्यकता होती है। सीडीसी संक्रामक रोगों की शुरूआत और प्रसार को नियंत्रित करने के लिए जिम्मेदार है, और अन्य देशों और अंतरराष्ट्रीय एजेंसियों को उनकी बीमारी की रोकथाम और नियंत्रण, पर्यावरणीय स्वास्थ्य और स्वास्थ्य संवर्धन गतिविधियों में सुधार करने में सहायता के लिए परामर्श और सहायता प्रदान करता है।

अत: विकल्प (B) सही है।

30. उचित अलगाव सावधानियों को स्थापित करने के लिए, नर्स को पहले जीव के संचरण के तरीके को जानना चाहिए।

आइसोलेशन एहतियात शुरू करने से पहले, नर्स को पहले जीव के संचरण के तरीके का निर्धारण करना चाहिए। उदाहरण के लिए, नाक के स्राव के माध्यम से प्रेषित एक जीव के लिए आवश्यक है कि रोगी को श्वसन अलगाव में रखा जाए, जिसमें रोगी को एक निजी कमरे में दरवाजा बंद करके रखना और रोगी के सीधे संपर्क में आने पर मास्क, गाउन और दस्ताने पहनना शामिल है।

अत: विकल्प (A) सही है।

31. रोगी को थूक को एक बाँझ कंटेनर में निकालने के लिए कल्चर और संवेदनशीलता परीक्षण के लिए एक थूक नमूना एकत्र करने की सही प्रक्रिया है।

नमूने को एक बाँझ कंटेनर में रखने से यह सुनिश्चित होता है कि यह दूषित नहीं होगा। फेफड़ों के संक्रमण के लिए जिम्मेदार सूक्ष्मजीव की पहचान करने के लिए एक थूक का नमूना प्राप्त किया जाता है; फेफड़ों के ट्यूमर द्वारा बहाए गए कैंसर कोशिकाओं की पहचान करना; या व्यावसायिक फेफड़ों के रोगों के निदान और प्रबंधन में सहायता यह सभी थूक के नमूने से पता चलता है। अन्य उत्तर गलत हैं क्योंकि वे बाँझपन का उल्लेख नहीं करते हैं और क्योंकि एंटीसेप्टिक माउथवॉश सुसंस्कृत होने वाले जीव को नष्ट कर सकता है (थूक संग्रह से पहले, रोगी मुंह की देखभाल के लिए केवल नल के पानी का उपयोग कर सकता है)।

अत: विकल्प (C) सही है।

32. एक आटोक्लेव का उपयोग अस्पताल की आपूर्ति को निष्फल करने के लिए किया जाता है क्योंकि दबाव वाली भाप आपूर्ति में बेहतर प्रवेश करती है।

एक आटोक्लेव, एक उपकरण जो उच्च तापमान दबाव वाली भाप के माध्यम से उपकरण को निर्जलित करता है, का उपयोग किया जाता है क्योंकि यह बीजाणुओं सहित सभी प्रकार के सूक्ष्मजीवों को नष्ट कर सकता है। सूक्ष्मजीवों और बीजाणुओं को मारने के लिए आटोक्लेव उच्च तापमान और दबाव पर काम करते हैं। उनका उपयोग कुछ जैविक कचरे को निर्जलित करने और मीडिया, उपकरणों और लैबवेयर को निष्फल करने के लिए किया जाता है।

अत: विकल्प (D) सही है।

33. दूषित दस्तानों को हटाते समय रोगी में रोगजनकों के संक्रमण के जोखिम को कम करने का सबसे अच्छा तरीका है कि कफ के ठीक नीचे धीरे से खींचे और उन्हें हटाते समय दस्ताने को उल्टा कर दें।

दस्ताने को हटाते समय उन्हें अंदर बाहर करना दस्ताने के अंदर सभी दूषित पदार्थों को रखता है। फिर उन्हें एक प्लास्टिक बैग में गंदे ड्रेसिंग के साथ रखा जाना चाहिए और एक गंदे उपयोगिता कक्ष कचरा बाल्टी (डबल बैग) में त्याग दिया जाना चाहिए। अन्य विकल्प पर्यावरण के भीतर रोगजनकों को फैला सकते हैं।

अत: विकल्प (C) सही है।

34. 72 घंटे तक आई.वी. लाइन लगाने के बाद मरीज को कोमलता, जलन और सूजन की शिकायत होती है। आई.वी. के आकलन साइट से पता चलता है कि यह गर्म और एरिथेमेटस है। यह आमतौर पर फ्लेबिटिस को इंगित करता है।

कोमलता, गर्मी, सूजन, और, कुछ मामलों में, जलन फ्लेबिटिस के लक्षण और लक्षण हैं। सतही फ्लेबिटिस त्वचा की सतह पर नसों को प्रभावित करता है।

स्थिति शायद ही कभी गंभीर होती है और उचित देखभाल के साथ, आमतौर पर तेजी से हल हो जाती है। कभी-कभी सतही फ्लेबिटिस वाले लोगों को भी गहरी शिरा थ्रोम्बोफ्लिबिटिस हो जाता है, इसलिए एक चिकित्सा मूल्यांकन आवश्यक है।

अत: विकल्प (C) सही है।

35. एक शीशी में पाउडर दवा को पतला करते समय होमोजेनाइजेशन सुनिश्चित करने के लिए, नर्स को शीशी को हथेलियों के बीच धीरे से रोल करना चाहिए।

हथेलियों के बीच एक सीलबंद शीशी को धीरे से घुमाने से पाउडर दवा के विघटन को बढ़ाने के लिए पर्याप्त गर्मी पैदा होती है।

अत: विकल्प (B) सही है।

36. प्रोटीन सैकड़ों या हजारों छोटी इकाइयों से बने होते हैं जिन्हें अमीनो एसिड कहा जाता है, जो लंबी श्रृंखलाओं में एक दूसरे से जुड़े होते हैं। प्रोटीन बनाने के लिए 20 विभिन्न प्रकार के अमीनो एसिड को मिलाया जा सकता है। प्रोटीन अणुओं के भीतर बंधन उनकी संरचना को स्थिर करने में मदद करता है, और प्रोटीन के अंतिम मुड़े हुए रूप उनके कार्यों के लिए अच्छी तरह से अनुकूलित होते हैं।

अतः विकल्प (B) सही है।

37. अमीनो एसिड पेप्टाइड बॉन्ड से जुड़ते हैं। एक प्रोटीन के भीतर, कई अमीनो एसिड पेप्टाइड बॉन्ड द्वारा एक साथ जुड़े होते हैं, जिससे एक लंबी श्रृंखला बनती है। पेप्टाइड बांड एक जैव रासायनिक प्रतिक्रिया से बनते हैं जो एक पानी के अणु को निकालता है क्योंकि यह एक अमीनो एसिड के अमीनो समूह को एक पड़ोसी अमीनो एसिड के कार्बोक्सिल समूह से जोड़ता है।

अतः विकल्प (B) सही है।

38. प्रोटीन के निर्माण खंड अमीनो एसिड के पॉलिमर हैं। प्रत्येक अमीनो एसिड में एक केंद्रीय कार्बन होता है जो एक एमिनो समूह, एक कार्बोक्सिल समूह, एक हाइड्रोजन परमाणु और एक आर समूह या साइड चेन से जुड़ा होता है। प्रत्येक अमीनो एसिड एक पेप्टाइड बॉन्ड द्वारा अपने पड़ोसियों से जुड़ा होता है। अमीनो एसिड की एक लंबी श्रृंखला को पॉलीपेप्टाइड के रूप में जाना जाता है।

अतः विकल्प (C) सही है।

39. प्रोटीन जलीय अल्कोहल में घुलनशील होते हैं। अब तक जांचे गए अनाज के सभी बीजों में से चावल ही एकमात्र ऐसा है जिसमें से अल्कोहल में घुलनशील प्रोटीन या प्रोलामाइन को पर्याप्त मात्रा में अलग नहीं किया गया है। अधिकांश प्रोलामाइन कमरे के तापमान पर 60 से 70 प्रतिशत अल्कोहल में आसानी से घुलनशील होते हैं।

अत: विकल्प (C) सही है।

40. वयस्कों में अस्थिमृदुता और बच्चों में रिकेट्स विटामिन D की कमी के कारण होता है।

अस्थिमृदुता (ओस्टीयोमलेशिया) वह स्थिति है जिसमें अपर्याप्त कैल्शियम, फॉस्फेट और विटामिन-D, दोषपूर्ण अस्थि खनिजकरण, या कैल्शियम के पुनः अवशोषण के कारण अस्थियां मृदु होती हैं। बच्चों में, इसे रिकेट्स के रूप में जाना जाता है। संकेतों और लक्षणों में व्याप्त जोड़ों का दर्द और अस्थि में दर्द, पॉजिटिव च्वोस्टेक संकेत (हाइपोकैल्सीमिया), श्रोणि का चपटा होना आदि शामिल हो सकते हैं। इसे विटामिन D और कैल्शियम पूरकता और सूर्य प्रकाश के संपर्क में आने से प्रबंधित किया जा सकता है।

अत: विकल्प (B) सही है।

41. काशिओरकोर प्रोटीन अंतर्ग्रहण की न्यूनता से होने वाला एक रोग है। काशिओरकोर में वजन नहीं घटता है। इससे शरीर में पानी इकट्ठा होने से सूजन आ जाती है। बालों का रंग हल्का पड़ जाता है। और बाल आसानी से टूटने लगते हैं। पेशियों के विकास और समस्थापन (होमोस्टैसिस) की अन्य

क्रियाविधि के लिए प्रोटीन की आवश्यकता होती है। एक बच्चे की स्वस्थ वृद्धि और विकास के लिए प्रोटीन आवश्यक होते हैं।

अत: विकल्प (B) सही है।

42. मवेशियों के लिए एक पूरक भोजन के रूप में इस्तेमाल किया जाने वाला जैव-उर्वरक, विशेष रूप से गोजातीय दोहन के लिए एजोला। एजोला को मच्छर फर्न जलीय फर्न के रूप में भी जाना जाता है। एजोला विशेष रूप से आकार में छोटे होते हैं, विशिष्ट फ़र्न की तरह बिलकुल भी नहीं दिखते हैं, लेकिन डबवेड या कुछ कुछ मॉस जैसा दिखता है। इसका उपयोग पशु आहार, मानव भोजन, दवा, और जल शोधक के रूप में किया जा सकता है।

अत: विकल्प (D) सही है।

43. प्रकाश संश्लेषण प्रक्रिया में शामिल गैस कार्बन डाइऑक्साइड है। प्रकाश संश्लेषण वह प्रक्रिया है, जिसका उपयोग पौधों द्वारा अपने खाद्य पदार्थों को बनाने के लिए किया जाता है। इसमें खाद्य पदार्थ बनाने की प्रक्रिया में आमतौर पर जल, धूप और कार्बन डाइऑक्साइड शामिल होते हैं। सूर्य का प्रकाश, जड़ों से जल, और हवा से कार्बन डाइऑक्साइड को अवशोषित करके, पौधे ग्लूकोज और ऑक्सीजन बनाने के लिए प्रकाश संश्लेषण प्रक्रिया करते हैं।

अत: विकल्प (D) सही है।

44. फ्लोराइड की अधिकतम मात्रा हड्डियों और दांतों में जमा होती है। फ्लोराइड के उच्च स्तरों के कारण दांतों का विवर्णन और खराब खनिजन होता है। फ्लोराइड के निम्न स्तरों के कारण कैविटी और हड्डियाँ कमज़ोर हो जाती हैं। प्राकृतिक जल फ्लोराइड का मुख्य स्रोत है, इसके अलावा पालक, आलू, अंगूर, किशमिश, काली चाय और वाइन में भी फ्लोराइड होता है।

अत: विकल्प (A) सही है।

45. ठंडी, नम, पीली, या दमकती त्वचा ऐसे लक्षण हैं जो गर्मी की थकावट से जुड़े हैं। गर्मी की थकावट हीट स्ट्रोक की तुलना में कम गंभीर स्थिति है। लक्षणों में शामिल हो सकते हैं: सामान्य या केवल थोड़ा ऊंचा शरीर का तापमान, ठंडा, नम (चिपचिपा), पीली त्वचा।

अत: विकल्प (A) सही है।

46. एक आदमी को दिल का दौरा पड़ रहा है, उसके पास दवा है, आपको दवा के साथ उसकी सहायता करनी चाहिए, 108 पर कॉल करें, मदद आने तक उसे आश्वस्त करें। व्यक्ति को बैठने के लिए कहें, आराम करें और शांत रहने की कोशिश करें। किसी भी तंग कपड़े को ढीला करें। पूछें कि क्या व्यक्ति सीने में दर्द की कोई दवा लेता है, जैसे कि नाइट्रोग्लिसरीन, हृदय की किसी ज्ञात स्थिति के लिए, और उसे लेने में उनकी मदद करें।

108 आपातकाल तब होता है जब किसी को चोट लगने या तत्काल खतरे के कारण तुरंत सहायता की आवश्यकता होती है।

अत: विकल्प (B) सही है।

47. एक पीड़ित के पैर में गहरी चोट लगने से काफी खून बह गया है। वह तेजी से सांस ले रहा है और नीरस और बेचैन महसूस कर रहा है। उसको शायद श्वसन मार्ग में अवरोध महसूस हो रहा है। यदि आप देखते हैं कि किसी व्यक्ति को सांस लेने में कठिनाई हो रही है, तो वह घुट सकता है। अन्य लक्षणों में गैगिंग, घरघराहट और खांसी शामिल हैं। यदि वस्तु उनके वायुमार्ग को पूरी तरह से अवरुद्ध कर रही है, तो वे बात करने या सांस लेने में सक्षम नहीं हो सकते हैं।

अत: विकल्प (D) सही है।

48. एक ऐसे पीड़ित के लिए जिसके मुंह से खून बह रहा हो और आपको यकीन हो कि सिर, गर्दन या रीढ़ की हड्डी में कोई चोट नहीं है, आपको या तो पीड़ित को बैठकर सिर को थोड़ा आगे की ओर झुकाकर रखना चाहिए या पीड़ित को उनकी तरफ लेटना चाहिए।

व्यक्ति के सिर या गर्दन को हिलाए बिना यथासंभव प्राथमिक उपचार दें। यदि व्यक्ति परिसंचरण (श्वास, खाँसी या गति) के कोई लक्षण नहीं दिखाता है, तो

सीपीआर शुरू करें, लेकिन वायुमार्ग को खोलने के लिए सिर को पीछे न झुकाएं। जबड़े को धीरे से पकड़ने के लिए अपनी उंगलियों का प्रयोग करें और इसे आगे उठाएं।

अत: विकल्प (D) सही है।

49. सामान्य तौर पर, एक स्प्लिंट को आरामदायक, लेकिन इतना टाइट नहीं कि यह सर्कुलेशन को धीमा कर दे।

टूटे अंग को स्थिर करने के लिए स्प्लिंट को मजबूती से बांधना चाहिए, फिर रक्त परिसंचरण की जांच करें ताकि यह सुनिश्चित हो सके कि स्प्लिंट बहुत तंग नहीं है। सही स्प्लिंटिंग से दर्द से राहत मिलती है। यदि खंडित अंग त्वचा के माध्यम से एक तेज हड्डी के अंत के साथ मुड़ा हुआ है, तो इसे गतिहीन रखें।

अत: विकल्प (B) सही है।

50. एक लड़के की उंगली अलग हो गई है, आपको कटी हुई उंगली को बाँझ धुंध में लपेटना चाहिए, प्लास्टिक की थैली में रखना चाहिए, बैग को बर्फ पर रखना चाहिए ताकि दोनों उंगली और पीड़ित को अस्पताल ले जाया जा सके।

कटे हुए हिस्से को एक नम कागज़ के तौलिये में लपेटें और इसे एक सीलबंद, जलरोधी बैग या कंटेनर में रखें। सीलबंद बैग को बर्फ पर दूसरे सीलबंद कंटेनर में रखें। उंगली के कटे हुए हिस्से को सीधे बर्फ को छूने न दें, क्योंकि इससे इसे और नुकसान हो सकता है।

अत: विकल्प (B) सही है।

51. रक्तस्राव को नियंत्रित करने और संक्रमण को रोकने में मदद करने के लिए ड्रेसिंग और पट्टियों का उपयोग किया जाता है। ड्रेसिंग धुंध या कपड़े के पैड होते हैं जिन्हें रक्त और अन्य तरल पदार्थों को अवशोषित करने के लिए सीधे घाव के खिलाफ रखा जा सकता है। कपड़े की पट्टियाँ ड्रेसिंग को कवर करती हैं और उन्हें जगह पर रखती हैं।

अत: विकल्प (C) सही है।

52. जब आप एक जब्ती पीड़ित की देखभाल करते हैं तो आपको आस-पास की वस्तुओं को हटा देना चाहिए जिससे चोट लग सकती है। व्यक्ति से दूर कठोर या नुकीली वस्तुओं को साफ करें। उन्हें दबाए रखने या गति को रोकने की कोशिश न करें। वायुमार्ग को साफ रखने में मदद करने के लिए उन्हें अपनी तरफ रखें। जब्ती की शुरुआत में अपनी घड़ी को उसकी लंबाई के समय तक देखें।

अत: विकल्प (A) सही है।

53. एक लड़का आपकी बस में प्रवेश करता है, आपको शराब की गंध आती है, वह अपने बस स्टॉप पर पहुंचने से पहले ही निकल जाता है, आपको बस को रोकना चाहिए, सांस और नाड़ी की जांच करनी चाहिए, 911 पर कॉल करें। मदद आने तक लड़के की देखभाल करें

अत: विकल्प (B) सही है।

54. मनुष्य की गर्भ अवधि 266 दिन और 16 दिनों का मानक विचलन है। इसे मोटे तौर पर 270 दिनों का माना जा सकता है।

गर्भधारण (गर्भधारण) को भ्रूण के गर्भाधान और जन्म (प्रसव) के बीच की अवधि के रूप में परिभाषित किया जा सकता है। इसमें गर्भाशय में भ्रूण का विकास शामिल है। गर्भकाल की अवधि विभिन्न प्रजातियों में परिवर्तनशील होती है।

अतः विकल्प (D) सही है।

55. निषेचित कोशिका को युग्मनज कहा जाता है। युग्मनज निषेचन का एक उत्पाद है। युग्मनज बार-बार विभाजित होता है और निषेचन के तुरंत बाद डिंबवाहिनी में चला जाता है।

यौन प्रजनन में नर और मादा युग्मकों का निर्माण होता है। युग्मकों के संलयन से युग्मनज बनता है। जीव के शरीर के अंदर एक युग्मनज बनता है।

अतः विकल्प (C) सही है।

56. टी कोशिकाएं थाइमस ग्रंथि में परिपक्व होती हैं।

1. टी कोशिकाएं अस्थि मज्जा से निकलती हैं और थाइमस ग्रंथि में परिपक्व होती हैं।

2. टी कोशिकाओं को टी लिम्फोएटिट्स भी कहा जाता है और यह अनुकूली प्रतिरक्षा प्रणाली के प्रमुख घटकों में से एक हैं।

3. टी कोशिकाएं हेमटोपोइएटिक स्टेम कोशिकाओं से उत्पन्न होती हैं जो अस्थि मज्जा में उत्पन्न होती हैं।

4. थाइमस ग्रंथि उरोस्थि के पीछे और फेफड़ों के बीच स्थित होती है और केवल यौवनारम्भ तक सक्रिय होती है।

5. थायोसिन थाइमस द्वारा निर्मित हार्मोन है और यह रोग से लड़ने वाली टी कोशिकाओं के विकास को उत्तेजित करता है।

अतः विकल्प (B) सही है।

57. एल्डोस्टेरोन:

- एल्डोस्टेरोन (लवण प्रतिधारण हार्मोन), मुख्य मिनरलोकॉर्टिकॉइड हार्मोन, एक स्टेरॉयड हार्मोन है जो अधिवृक्क ग्रंथि में अधिवृक्क प्रांतस्था के ज़ोना ग्लोमेरुलोसा द्वारा निर्मित होता है।

- यह वृक्क, लार ग्रंथियों, पसीने की ग्रंथियों और बृहदान्त्र में सोडियम संरक्षण के लिए आवश्यक है।

एस्ट्रोजेन:

- एस्ट्रोजेन मुख्य महिला लिंग हार्मोन में से एक है।

- जबकि महिला और पुरुष दोनों एस्ट्रोजन का उत्पादन करते हैं, यह महिलाओं के शरीर में एक बड़ी भूमिका निभाता है।

- एस्ट्रोजन आपके हार्मोनल (अंतःस्रावी) प्रणाली द्वारा निर्मित होता है और पूरे रक्तप्रवाह से गुजरता है।

मेलाटोनिन:

- पीयूष ग्रंथि मेलाटोनिन नामक हार्मोन को स्रावित करता है।

- मेलाटोनिन हमारे शरीर के 24-घंटे (डाइयूरनल) की लय के विनियमन में बहुत महत्वपूर्ण भूमिका निभाता है।

- उदाहरण के लिए, यह सोने-जागने के चक्र, शरीर के तापमान की सामान्य लय को बनाए रखने में सहायता करता है।

- एक सर्कैडियन लय एक प्राकृतिक, आंतरिक प्रक्रिया है जो सोने-जागने के चक्र को नियंत्रित करती है और पृथ्वी के प्रत्येक घुमाव पर लगभग 24 घंटों में पुनरावृत्ति करती है।

प्रोजेस्टेरोन:

- महिलाओं के पेट में स्थित अंडाशय की एक जोड़ी होती है। अंडाशय प्राथमिक महिला लैंगिक अंग है जो प्रत्येक मासिक धर्म के दौरान एक डिंब का उत्पादन करता है। इसके अलावा, अंडाशय एस्ट्रोजन और प्रोजेस्टेरोन नामक स्टेरॉयड हार्मोन के दो समूह भी बनाता है।

अतः विकल्प (D) सही है।

58. पीयूष ग्रंथि अन्य अंतःस्रावी ग्रंथियों के कामकाज को नियंत्रित करती है। पीयूष को अक्सर मास्टर ग्रंथि कहा जाता है क्योंकि इसके हार्मोन थायराॅयड ग्रंथियों, अंडाशय और वृषण जैसे अंतःस्रावी तंत्र के एक अन्य भाग को नियंत्रित करते हैं।

पीयूष ग्रंथि के दो भाग होते हैं जो अग्र लोब और पश्च लोब होते हैं। दोनों भागों के अलग-अलग कार्य हैं। यह ग्रंथि मस्तिष्क के आधार पर स्थित है और यह एक इंच व्यास का एक तिहाई है।

अतः विकल्प (D) सही है।

59. लार ग्रंथियों की लार का स्राव होता है। स्तनधारियों में लार ग्रंथियों के 4 जोड़े होते हैं:

- इन्फ्रा-ऑर्बिटल ग्रंथियां: आंख की कक्षा के नीचे स्थित। इन ग्रंथियों के नलिकाएं ऊपरी दाढ़ के 2 मोलर दांतों के पास खुलती हैं।

- पैरोटिड-ग्रंथियाँ: ये सबसे बड़ी लार ग्रंथियाँ हैं। श्रवण-कैप्सूल (कान) के नीचे स्थित। उनके नलिकाएं पैरोटिड वाहिनी / स्टेंसन की वाहिनी कहलाती हैं जो बुकेल-वेस्टिब्यूल में खुलती हैं।

- सबमैक्सिलरी ग्रंथियां: ऊपरी और निचले जबड़े के जंक्शन पर स्थित हैं। उनके वाहिनी को व्हार्टन की वाहिनी कहा जाता है जो निचले दांत में जबड़े के दांतों के ठीक पीछे खुली होती है।

- सुबलिंगुअल ग्लैंड: ये निचले जबड़े में स्थित सबसे छोटी लार ग्रंथियां होती हैं। उनकी नलिकाएं जिसे रिक्टिनस की नलिकाएं कहती हैं, जीभ के उदर पक्ष में बुकोफेरीजियल कैविटी में खुलती हैं।

अतः विकल्प (B) सही है।

60. स्तनधारी गुर्दे की कार्यात्मक इकाइयों को नेफ्रॉन कहा जाता है।

ये नेफ्रॉन रक्त के निस्पंदन और एकत्रित नलिका में मूत्र के निक्षेपण का कार्य करते हैं।

इस मूत्र को बाद में मूत्रमार्ग के छिद्र के माध्यम से शरीर से बाहर निकाल दिया जाता है।

एक नेफ्रॉन के तीन मुख्य भाग होते हैं:

1. समीपस्थ नेफ्रॉन

2. हेनले का फंदा

3. डिस्टल नेफ्रॉन

अतः विकल्प (D) सही है।

61. नेफ्रॉन वह हिस्सा है जिसे एक्सट्रेटरी यूनिट की निस्यंदन इकाई कहा जाता है।

मानव उत्सर्जन प्रणाली: उस अंग की प्रणाली जो शरीर से अपशिष्ट उत्पाद को निकालने के लिए उपयोग की जाती है, मानव उत्सर्जन प्रणाली कहलाती है। मानव शरीर में उत्पन्न होने वाला प्रमुख अपशिष्ट उत्पाद यूरिया है, जिसके साथ कुछ अन्य विष भी उत्पन्न होते हैं। पेशाब की प्रक्रिया से किडनी द्वारा यूरिया को खत्म किया जाता है और आंतों द्वारा ठोस अपशिष्ट को शरीर से बाहर निकाल दिया जाता है।

- गुर्दे में, नेफ्रॉन एक कार्यात्मक इकाई है, प्रत्येक गुर्दे में प्रत्येक मानव गुर्दे में 1 मिलियन नेफ्रॉन होते हैं।

- नेफ्रॉन के मूल कार्य स्राव को बाहर निकालने के साथ-साथ उत्सर्जन की प्रक्रिया भी करते हैं और इसे मानव उत्सर्जन प्रणाली की निस्यंदन इकाई भी कहा जाता है।

- प्रत्येक नेफ्रॉन एक वृक्क कणिका से बना होता है।

- नेफ्रॉन दो प्रकार के होते हैं जो कॉर्टिकल नेफ्रॉन और ज़ूक्सटामेडुलरी नेफ्रॉन होते हैं।

अतः विकल्प (B) सही है।

62. पक्षी और सरीसृप यूरिक अम्ल को उनके मुख्य उत्सर्जन उत्पाद के रूप में स्रावित करते हैं क्योंकि यूरिक अम्ल एक बहुत कम विषाक्त अपशिष्ट होता है और इसके निष्कर्षण के लिए बहुत अधिक पानी की आवश्यकता नहीं होती है। यूरिक अम्ल को अर्धवृत्ताकार मल के रूप में उत्सर्जित किया जाता है।

अतः विकल्प (B) सही है।

63. नर्स को यीस्ट संक्रमण को अस्थानिक गर्भावस्था के लिए जोखिम कारक नहीं मानना चाहिए।

एंडोमेट्रियोसिस और गर्भाशय फाइब्रॉएड जैसी गर्भाशय की स्थिति एक्टोपिक गर्भावस्था के जोखिम को बढ़ाती है। एंडोमेट्रियोसिस गर्भाशय के बाहर गर्भाशय के ऊतकों की अनुचित वृद्धि है। गर्भाशय फाइब्रॉएड गर्भाशय के भीतर सौम्य

ट्यूमर हैं। यौन संचारित संक्रमणों से पेल्विक इंफ्लेमेटरी डिजीज नामक स्थिति पैदा हो सकती है, जिसके परिणामस्वरूप निशान पड़ सकते हैं। प्रजनन प्रणाली पर निशान पड़ने से अस्थानिक गर्भावस्था और बांझपन का खतरा बहुत बढ़ जाता है। एंटीबायोटिक चिकित्सा के बाद यीस्ट संक्रमण आम हैं और ओवर-द-काउंटर दवा के साथ इलाज किया जाता है। वे आम तौर पर शरीर को स्थायी नुकसान नहीं पहुंचाते हैं।

अत: विकल्प (D) सही है।

64. महिला श्रम के 1 चरण और 2 अवस्था का अनुभव कर रही है। प्रसव का 1 चरण तब होता है जब महिला का गर्भाशय ग्रीवा 0-10 सेमी तक फैल रहा होता है। 1 चरण का 2 चरण 4-7 सेमी से फैलाव के दौरान होता है और जब गर्भाशय ग्रीवा 40-80% मिट जाती है। प्रसव का 2 चरण तब होता है जब बच्चे के जन्म तक गर्भाशय ग्रीवा 10 सेमी तक फैल जाती है। प्रसव का 3 चरण प्लेसेंटा की डिलीवरी। श्रम का 1 चरण श्रम की शुरुआत है जब तक कि गर्भाशय ग्रीवा 3 सेमी तक फैल न जाए। श्रम का 3 चरण तब होता है जब गर्भाशय ग्रीवा पूरी तरह से 7 सेमी से 10 सेमी तक फैल जाती है।

अत: विकल्प (D) सही है।

65. नर्स को संदेह है कि वह श्रम के चरण 1, अवस्था 3 का अनुभव कर रही होगी।

श्रम के पहले चरण के तीसरे चरण के दौरान, गर्भाशय ग्रीवा 8-10 सेमी तक फैल जाती है और मलत्याग 80-100% तक पहुंच जाता है। महिला अन्य चीजों पर ध्यान केंद्रित करने में कम सक्षम होगी और सहायक व्यक्तियों से अधिक समर्थन की आवश्यकता हो सकती है। श्रम तेजी से आगे बढ़ सकता है और नर्स को श्रम के दूसरे चरण की तैयारी करनी चाहिए, जिसमें गर्भाशय ग्रीवा पूरी तरह से 10 सेमी तक फैली हुई है।

अत: विकल्प (B) सही है।

66. बेसलाइन FHR 100bpm; न्यूनतम परिवर्तनशीलता; शून्य त्वरण; चर मंदी एक श्रेणी II भ्रूण हृदय गति (FHR) अनुरेखण का वर्णन करती है।

एक श्रेणी II भ्रूण हृदय गति अनुरेखण में सभी FHR अनुरेखण शामिल हैं जो श्रेणी I या श्रेणी III नहीं हैं। श्रेणी I FHR ट्रेसिंग इस प्रकार हैं: बेसलाइन 110-160bpm, मध्यम परिवर्तनशीलता, अनुपस्थित देर से या परिवर्तनशील मंदी, वर्तमान या अनुपस्थित प्रारंभिक मंदी, और वर्तमान या अनुपस्थित त्वरण। श्रेणी III FHR अनुरेखण इस प्रकार हैं: अनुपस्थित बेसलाइन FHR परिवर्तनशीलता, आवर्तक देर से मंदी, आवर्तक चर मंदी, ब्रैडीकार्डिया और साइनसोइडल पैटर्न।

अत: सही विकल्प (D) है।

67. लेफ्ट ओसीसीपुट एंटिरियर (एलओए) में स्थित भ्रूण में, नर्स को मां के दाहिने तरफ नाभि के नीचे भ्रूण की हृदय गति (एफएचआर) का आकलन करना चाहिए।

यह विचार करते समय कि भ्रूण की हृदय गति को सबसे अच्छा कहाँ सुना जाए, नर्स को भ्रूण के पीछे के स्थान पर विचार करना चाहिए। सप्ताह का गर्भ या आकार भ्रूण की हृदय गति का आकलन करने के लिए सर्वोत्तम स्थान के स्थान को भी प्रभावित कर सकता है। एलओए या बाएं पश्चकपाल पूर्वकाल सबसे आम भ्रूण विषयक झूठ है। एलओए में एक भ्रूण शीर्ष प्रस्तुति में होता है, जिसमें भ्रूण उसके श्रोणि के सामने की ओर माँ के बाईं ओर होता है।एलओए में, एफएचआर को मां के बाईं ओर नाभि के नीचे सबसे अच्छी तरह से सुना जाता है।

एलओपी (बाएं पश्चकपाल) में, एफएचआर को नाभि के स्तर पर मां के बाईं ओर सबसे अच्छी तरह से सुना जाता है। आरओए (दाहिने पश्चकपाल पूर्वकाल) में: नाभि के नीचे मां का दाहिना भाग। आरओपी (दाहिने पश्चकपाल पश्च) में: नाभि के स्तर पर मां का दाहिना भाग। एलएसए में (बाएं त्रिकास्थि पूर्वकाल): नाभि के ऊपर मां की बाईं ओर। आरएसए (दायां त्रिकास्थि पूर्वकाल) में: नाभि के ऊपर मां का दाहिना भाग।

अतः सही विकल्प (D) है।

68. डिसमेनोरिया, बांझपन और डिस्पेर्यूनिया एंडोमेट्रियोसिस के साथ लक्षण पेश करने का त्रय है।

एंडोमेट्रियोसिस के लक्षणों को प्रस्तुत करने की त्रय है डिसमेनोरिया (दर्दनाक मासिक धर्म), बांझपन और डिस्पेर्यूनिया (संभोग पर दर्द)। सबसे आम पेश करने वाला लक्षण अत्यधिक, तीव्र गर्भाशय ऐंठन है जो जांघों के पीछे या नीचे तक फैल सकता है। एंडोमेट्रियोसिस भी स्थानीय पैरासरीन प्रभाव के कारण बांझपन का एक सामान्य कारण है। संभोग पर दर्द योनि या गर्भाशय ग्रीवा के आसपास के क्षेत्र में एंडोमेट्रियल कोशिकाओं के आरोपण के कारण हो सकता है। एंडोमेट्रियोसिस जरूरी नहीं कि मेनोरेजिया या अत्यधिक भारी रक्तस्राव हो। हिर्सुटिज्म, इनफर्टिलिटी और ऑलिगोमेनोरिया एंडोमेट्रियोसिस के बजाय आमतौर पर पॉलीसिस्टिक ओवेरियन सिंड्रोम (पीसीओएस) में देखे जाने वाले लक्षण हैं।

अत: विकल्प (B) सही है।

69. एक योग्य दंपत्ति को गर्भनिरोधक अभ्यास अपनाने के लिए प्रेरित करने के लिए आमने-सामने संचार, स्वास्थ्य संचार का सबसे अच्छा तरीका है।

आमने-सामने संचार को व्यक्तिगत संचार के रूप में भी जाना जाता है क्योंकि इस प्रकार की संचार प्रक्रिया के माध्यम से लोग एक-एक करके महत्वपूर्ण जानकारी दे सकते है और प्राप्त कर सकते हैं।

अत: सही विकल्प (C) है।

70. विंडशील्ड सर्वेक्षण एक अनौपचारिक सर्वेक्षण है जहां स्वास्थ्य पेशेवर उस समुदाय/क्षेत्र के चारों ओर भ्रमण करते हैं जिस पर वे शोध कर रहे हैं, और अपनी टिप्पणियों को रिकॉर्ड करते हैं। यह डेटा समुदाय में काम करने या सामुदायिक मूल्यांकन करने के लिए पृष्ठभूमि और संदर्भ प्रदान करता है। यह एक तरीका है जिससे नर्स समुदाय के लिए एक ऐसा अनुभव प्राप्त कर सकती है जिसे केवल इसके बारे में पढ़ने से प्राप्त नहीं किया जा सकता है।

अत: विकल्प (D) सही है।

71. कोलेसिस्टिटिस के रोगी के लिए पोषण परामर्श देने वाली नर्स रोगी को वसायुक्त भोजन सीमित मात्रा में लेने का परामर्श देगी।

कोलेसिस्टिटिस, पित्ताशय की थैली की सूजन, आमतौर पर पित्त पथरी की उपस्थिति के कारण होती है, जो पित्त (वसा के अवशोषण के लिए आवश्यक) को आंतों में प्रवेश करने से रोक सकती है। पित्ताशय की थैली की जलन से बचने के लिए मरीजों को वसायुक्त मांस, तले हुए खाद्य पदार्थ और मलाईदार डेसर्ट जैसे खाद्य पदार्थों को सीमित करके आहार वसा कम करना चाहिए।

अत: विकल्प (D) सही है।

72. फुफ्फुसीय एडिमा के रोगियों को सांस फूलना, चिंता और अशांति का अनुभव होता है। लक्षणों में खांसी से खून आना या खूनी झाग भी शामिल हो सकते हैं। लेटते समय उन्हें सांस लेने में कठिनाई होती है। वे "डूबते हुए" भी महसूस करते हैं (इस भावना को "पैरॉक्सिस्मल नोक्टर्नल डिस्पेनिया" कहा जाता है यदि यह आपको सोने के 1 से 2 घंटे बाद जगाती है)।

अत: विकल्प (D) सही है।

73. नर्स देखेगी कि मरीज को अचानक सीने में दर्द और सांस लेने में तकलीफ है।

रोगी को अचानक सीने में दर्द और सांस लेने में तकलिफ की शिकायत पल्मोनरी एम्बोलिज्म का लक्षण है। फुफ्फुसीय अन्त: शल्यता के विशिष्ट लक्षणों में सीने में दर्द, सांस की तकलीफ और चिंता शामिल हैं।

अत: विकल्प (B) सही है।

74. चिंता का एक कारण बार-बार उल्टी होना होगा। रक्तस्राव या खोपड़ी के भीतर सूजन के कारण बढ़ता दबाव नाजुक मस्तिष्क के ऊतकों को नुकसान पहुंचा सकता है और जीवन के लिए खतरा बन सकता है। बार-बार उल्टी होना

दबाव का शुरुआती संकेत हो सकता है क्योंकि मज्जा के भीतर उल्टी केंद्र उत्तेजित होता है।

अतः विकल्प (B) सही है।

75. विश्व स्वास्थ्य संगठन की सलाह है कि शिशुओं को जीवन के पहले छह महीनों के लिए विशेष रूप से ब्रेस्ट फीडिंग कराया जाना चाहिए, इसके बाद पोषक तत्वों की दृष्टि से पर्याप्त और सुरक्षित पूरक आहार देना चाहिए, और दो साल या उससे अधिक उम्र तक ब्रेस्ट फीडिंग जारी रखना चाहिए। ब्रेस्ट फीडिंग कराने वाले शिशुओं में ब्रेस्ट फीडिंग न कराने वालों की तुलना में एसआईडीएस से मरने की संभावना 60 प्रतिशत कम होती है। विशेष रूप से ब्रेस्ट फीडिंग करने वाले शिशुओं के लिए प्रभाव और भी अधिक है। इस प्रकार छह महीने की उम्र के बाद ब्रेस्ट फीडिंग जारी रखें और पूरक आहार देना शुरू करें।

अतः विकल्प (C) सही है।

76. हेपेटाइटिस बी के टीके को 2 किग्रा वजन से कम बच्चे को देने की सलाह नहीं दी जाती है। बच्चे को हेपेटाइटिस बी के टीके की पहली खुराक 1 महीने की उम्र में या बच्चे को अस्पताल से छुट्टी मिलने पर दी जाएगी। यदि आपका बच्चा वर्तमान में बीमार है तो टीके की सलाह नहीं दी जाती है, हालांकि साधारण सर्दी या अन्य छोटी बीमारियों से टीकाकरण में बाधा नहीं आनी चाहिए।

अतः विकल्प (B) सही है।

77. शिशुओं में जन्म के 18 महीने बाद पूर्वकाल फॉन्टेनेल का अस्थिभंग होता है।

एक नवजात शिशु के छह फॉन्टेनेल होते हैं: पूर्वकाल और पश्च, दो पोस्टेरोलैटरल, और दो एंटेरोलेटरल। पूर्वकाल फॉन्टानेल सबसे प्रमुख, आकार में सबसे अधिक परिवर्तनशील और चिकित्सकीय रूप से महत्वपूर्ण है। यह हीरे के आकार का है और दो पार्श्विका और दो ललाट हड्डियों के जंक्शन पर स्थित है।

अतः विकल्प (C) सही है।

78. नवजात मृत्यु दर की गणना 28 दिनों के भीतर नवजात मृत्यु की संख्या का अनुमान लगाकर की जाती है।

नवजात अवधि को जन्म से लेकर 28 दिनों तक की अवधि के रूप में परिभाषित किया गया है। नवजात मृत्यु दर का अंश इसलिए एक निश्चित समय अवधि के दौरान 28 दिनों से कम उम्र के बच्चों में होने वाली मौतों की संख्या है। नवजात मृत्यु दर का भाजक, शिशु मृत्यु दर की तरह, एक ही समय अवधि के दौरान रिपोर्ट किए गए जीवित जन्मों की संख्या है।

एनएमआर आमतौर पर प्रति 1,000 जीवित जन्मों पर व्यक्त किया जाता है।

एनएमआर = (28 दिनों से कम उम्र की मौतों की संख्या/उसी अवधि के दौरान जीवित जन्मों की संख्या) × 1000

अतः विकल्प (B) सही है।

79. जन्म के बाद गर्भनाल लिगामेंटम टेरेस में परिवर्तित हो जाती है। गर्भनाल शिरा भ्रूण के विकास के दौरान मौजूद एक शिरा है जो गर्भनाल से ऑक्सीजन युक्त रक्त को बढ़ते भ्रूण में ले जाती है। गर्भनाल रक्त की मात्रा की बहाली और ग्लूकोज और दवाओं के प्रशासन के लिए एक नवजात शिशु के केंद्रीय परिसंचरण तक सुविधाजनक पहुंच प्रदान करती है।

अतः विकल्प (D) सही है।

80. मरास्मस शिशुओं में ऊर्जा की कमी प्रमुख कारक है। मैरास्मस मुख्य रूप से कैलोरी और ऊर्जा की कमी के कारण होने वाली स्थिति है, जबकि काशियोरकर एक संबद्ध प्रोटीन की कमी को इंगित करता है, जिसके परिणामस्वरूप सूजन दिखाई देती है।

अतः विकल्प (B) सही है।

81. A द्वारा 1 घंटे में भरा गया भाग (अर्थात 11 A.M.) तक $= \frac{1}{2}$

A और B द्वारा भरा हुआ भाग 1 घंटे (60 मिनट) में $= \frac{1}{2} + \frac{1}{6} = \frac{3+1}{6} = \frac{2}{3}$

A और B द्वारा $\frac{1}{2}$ भाग भरने में लगने वाला समय

$= \frac{60 \times 3}{2} \times \frac{1}{2}$

$= 45$ मिनट

∴ टैंक 11.45 A.M. में भर जाएगा।

अतः विकल्प (C) सही है।

82. दिया हुआ,

राशि 3 वर्षों में 690 रुपए है।

राशि 5 वर्षों में 750 रुपए है।

यदि 3 वर्ष की राशि को 5 वर्ष की राशि से घटाया जाता है, तो 2 वर्ष का साधारण ब्याज प्राप्त होगा।

2 वर्षों का साधारण ब्याज $= 750 - 690 = 60$ रुपए

1 वर्ष का साधारण ब्याज $= \frac{60}{2} = 30$ रुपए

3 वर्षों का साधारण ब्याज $= 30 \times 3 = 90$ रुपए

मूलधन $= 3$ वर्षों की राशि $- 3$ वर्षों के लिए साधारण ब्याज

मूलधन $= 690 - 90 = 600$

अतः विकल्प (C) सही है।

83. दिया है:

नाव की गति $= 20$ किमी/घंटा

धारा की गति $= 2$ किमी/घंटा

हम जानते हैं:

दूरी = गति × समय

धारा की दिशा में गति = नाव की गति + धारा की गति

धारा की दिशा में गति = $20 + 2 = 22$ किमी/घंटा

∴ आवश्यक समय $= \frac{198}{22} = 9$ घंटे

अतः विकल्प (C) सही है।

84. हम जानते हैं:

नीचे दी गई तालिका के अनुसार BODMAS नियम का पालन कीजिये:

B	Brackets in order ( ) , { } , [ ]	ब्रैकेट ( ) , { } , [ ] क्रम में
O	of	का
D	Division (÷)	विभाजन (÷)
M	Multiplication (x)	गुणा (x)
A	Addition (+)	जोड़ (+)
S	Subtraction (-)	घटाव (−)

दिया गया है:

$$\sqrt{400} \times 2 - 30 = \sqrt{256} - 12 + ?$$
$$\Rightarrow 20 \times 2 - 30 = 16 - 12 + ?$$
$$\Rightarrow 40 - 30 = 4 + ?$$
$$\Rightarrow 10 - 4 = ?$$
$$\Rightarrow ? = 6$$

∴ प्रश्नवाचक चिन्ह (?) के स्थान पर 6 आयेगा।

अत: विकल्प (B) सही है।

85. दिया गया है,

दोनों संख्याओं का महत्तम समापवर्तक = 7

जैसा कि हम जानते हैं,

लघुत्तम समापवर्त्य = महत्तम समापवर्तक × सह-अभाज्य संख्या

लघुत्तम समापवर्त्य हमेशा महत्तम समापवर्तक से विभाज्य होगा।

विकल्प (A):

$$161 \div 7$$

भागफल = 23

शेषफल = 0

विकल्प (B):

$$872 \div 7$$

भागफल = 124

शेषफल = 4

विकल्प (C):

$$587 \div 7$$

भागफल = 83

शेषफल = 6

विकल्प (D):

$$697 \div 7$$

भागफल = 99

शेषफल = 6

∴ इन दोनों संख्याओं का लघुत्तम समापवर्त्य 161 है।

अत: विकल्प (A) सही है।

86. TOUR के लिए कोड है:

T	O	U	R
1	2	3	4

CLEAR के लिए कोड है:

C	L	E	A	R
5	6	7	8	4

SPARE के लिए कोड है:

S	P	A	R	E
9	0	8	4	7

इसी तरह,

CARE के लिए कोड है:

C	A	R	E
5	8	4	7

इसलिए, '5847' सही उत्तर है।

अत: विकल्प (D) सही हैं।

87. दिए गए कथनों के लिए न्यूनतम संभावित वेन आरेख इस प्रकार होगा:

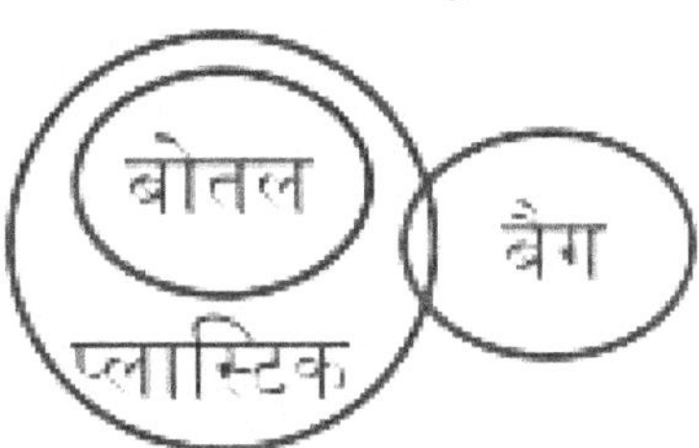

I. कुछ बैग बोतल नहीं हैं → असत्य (बोतल और बैग के बीच कोई सीधा संबंध नहीं है इसलिए यह संभव हो सकता है लेकिन निश्चित नहीं है, इसलिए, गलत))

II. कुछ प्लास्टिक बैग नहीं हैं → असत्य (जैसा कि "कुछ बैग प्लास्टिक हैं" इसलिए कुछ प्लास्टिक बैग हो सकते हैं जो संभव हो सकते हैं लेकिन कुछ प्लास्टिक बैग नहीं हैं यह निश्चित नहीं है, इसलिए, गलत)

इसलिए, कोई भी अनुसरण नहीं करता है।

अत: विकल्प (C) सही है।

88. जब गर्मी होती है तो पंखा हमें ठंडा रखने के लिए हवा का संचार करता है। इसी तरह हम अपनी भूख मिटाने के लिए खाना खाते हैं।

अत: विकल्प (D) सही है।

89. कथन में, यह स्पष्ट रूप से उल्लेख किया गया है कि यातायात से संबंधित मौतें थीं और सड़क की खराब स्थिति के बारे में कोई जानकारी नहीं दी गई है, इसलिए, केवल निष्कर्ष I अनुसरण करता है।

अत: विकल्प (A) सही है।

90. यहाँ तर्क है:

पहली संख्या × (पहली संख्या + 1) = दूसरी संख्या

विकल्प (A): $9 : 90$

अब, तर्क का अनुसरण करने पर:

$$9 \times (9 + 1) = 9 \times 10 = 90 = \text{दूसरी संख्या}$$

यह विकल्प स्वरूप का अनुसरण करता है।

विकल्प (B): $7 : 56$

$$7 \times (7 + 1) = 7 \times 8 = 56 = \text{दूसरी संख्या}$$

यह विकल्प स्वरूप का अनुसरण करता है।

विकल्प (C): $5 : 30$

$$5 \times (5 + 1) = 5 \times 6 = 30 = \text{दूसरी संख्या}$$

यह विकल्प स्वरूप का अनुसरण करता है।

विकल्प (D): $8 : 66$

$$8 \times (8 + 1) = 8 \times 9 = 72 \neq \text{दूसरी संख्या}$$

यह विकल्प स्वरूप का अनुसरण नहीं करता है।

इसलिए, युग्म " 8 : 66" विषम है।

अत: विकल्प (D) सही है।

91. उत्तर प्रदेश का राज्य वृक्ष अशोक का पेड़ है। उत्तर प्रदेश दिवस 24 जनवरी को मनाया जाता है। 24 जनवरी 1950 को, संयुक्त प्रांत का नाम बदलकर उत्तर प्रदेश रखा गया। इसका गठन 1 अप्रैल 1937 को संयुक्त प्रांत के रूप में किया गया था। उत्तर प्रदेश का क्षेत्रफल 2,40,928 वर्ग किमी है। उत्तर प्रदेश की जनसंख्या 19,9,812,341 है।

अत: विकल्प (B) सही है।

92. 2022 में केलिफोर्निया में आयोजित स्क्रीन एक्टर गिल्ड अवार्ड्स में जेसिका चैस्टेन आउटस्टेंडिंग परफॉरमेंस बाय अ फीमेल एक्टर इन अ लीडिंग रोल का पुरस्कार जीता।

कैलिफोर्निया में स्क्रीन एक्टर गिल्ड अवार्ड्स का आयोजन किया गया। जेसिका चैस्टेन (द आइज ऑफ टैमी फेय) ने आउटस्टेंडिंग परफॉरमेंस बाय अ फीमेल एक्टर इन अ लीडिंग रोल का पुरस्कार जीता। विल स्मिथ (किंग रिचर्ड) ने आउटस्टेंडिंग परफॉरमेंस बाय अ मेल एक्टर इन अ लीडिंग रोल का पुरस्कार जीता। CODA ने आउटस्टैंडिंग परफॉरमेंस बाय अ कास्ट इन अ मोशन पिक्चर का पुरस्कार जीता, जिसमें यूजेनियो डर्बेज, डैनियल दुराण्ट, एमिलिया जोन्स आदि शामिल थे।

अत: विकल्प (A) सही है।

93. मध्य प्रदेश ने बेंगलुरु के एम चिन्नास्वामी स्टेडियम में फाइनल में मुंबई को छह विकेट से हराकर "रणजी ट्रॉफी 2022" का खिताब जीत लिया। मुंबई और उत्तर प्रदेश ने दूसरा सेमीफाइनल खेला जो एक ड्रॉ था और इसने अपनी पहली पारी की बढ़त के कारण फाइनल में मुंबई को आगे बढ़ाया।

अत: विकल्प (B) सही है।

94. अंतर्राष्ट्रीय सौर गठबंधन की पांचवीं सभा की मेजबानी 17-20 अक्टूबर, 2022 को नई दिल्ली में भारत द्वारा की जानी है।

केंद्रीय बिजली और नवीन और नवीकरणीय ऊर्जा मंत्री आरके सिंह ने आईएसए की पांचवीं विधानसभा के कर्टेन रेज़र का अनावरण किया। भारत आईएसए विधानसभा के अध्यक्ष का पद धारण करता है। पांचवीं विधानसभा तीन महत्वपूर्ण मुद्दों: ऊर्जा पहुंच, ऊर्जा सुरक्षा और ऊर्जा संक्रमण पर आईएसए की प्रमुख पहलों पर विचार-विमर्श करेगी।

अतः विकल्प (C) सही है।

95. तीज त्यौहार विवाहित महिलाओं के लिए एक महत्वपूर्ण त्यौहार और बहुप्रतीक्षित मानसून त्यौहार है। यह मानसून के दौरान भगवान शिव और देवी पार्वती के पवित्र मिलन और प्रकृति के उत्कर्ष को मनाने के लिए समर्पित है। "तीज" का तात्पर्य तीसरे दिन अमावस्या के बाद और तीसरे दिन पूर्णिमा के बाद होता है। तीज त्यौहार व्यापक रूप से उत्तरी और पश्चिमी भारत में मनाया जाता है।

अत: विकल्प (C) सही है।

96. WORM का अर्थ राइट वन्स, रीड मेनी है।

यह एक ऑप्टिकल डिस्क तकनीक है जो यूज़र्स को केवल एक बार डिस्क पर डेटा राइट करने की अनुमति देती है।

- डेटा राइट करने के बाद, यह स्थायी हो जाता है और इसे कितनी भी बार पढ़ा जा सकता है।
- डेटा WORM उपकरणों पर स्टोर किया जाता है।
- यूज़र्स को गलती से संवेदनशील जानकारी को मिटाने या बदलने से रोकने के लिए इन उपकरणों में स्टोर्ड डेटा एक नॉन रीराइटेबल फॉर्मेट में होता है।

अत: विकल्प (A) सही है।

97. मेमोरी निर्देश चक्र का एक भाग संचालन नहीं है।

कंप्यूटर की मेमोरी यूनिट में रहने वाले प्रोग्राम में निर्देशों का एक क्रम होता है एक बुनियादी कंप्यूटर में, प्रत्येक निर्देश चक्र में निम्नलिखित चरण होते हैं:

- स्मृति से निर्देश फेच करना।
- निर्देश को डिकोड करना।
- मेमोरी से प्रभावी पता पढ़ें।
- निर्देश निष्पादित करना।

अत: विकल्प (D) सही है।

98. फाइल एक्स्प्लोरर वेब ब्राउज़र नहीं है। फाइल एक्स्प्लोरर फोल्डर का एक समावेश होता है। वेब ब्राउज़र एक एप्लीकेशन है। हम सूचना के लिए इंटरनेट पर विभिन्न पेजों को जोड़ने के लिए इसका उपयोग करते हैं। इसका उपयोग FTP सर्वर पर डेटा अपलोड या डाउनलोड करने के लिए किया जा सकता है। मोज़िला फ़ायरफ़ॉक्स, गूगल क्रोम, माइक्रोसॉफ्ट इंटरनेट एक्सप्लोरर, ऐप्पल सफारी और ओपेरा ब्राउज़र कई सामन्तया उपयोग किए जाने वाले वेब ब्राउज़र हैं।

अत: विकल्प (D) सही है।

99. मास्टर कुंजी कंप्यूटर के कीबोर्ड से संबंधित नहीं है।

- कीबोर्ड एक इनपुट डिवाइस है जिसका उपयोग कंप्यूटर में किया जाता है।
- इसमें फंक्शन की, न्यूमेरिक कीपैड और QWERTY कीपैड जैसी विभिन्न कुंजियाँ होती हैं।
- कंप्यूटर कीबोर्ड में मास्टर कुंजी जैसी कोई कुंजी नहीं होती है।

अत: विकल्प (D) सही है।

100. वेबइंस्पेक्ट क्रॉस-साइट स्क्रिप्टिंग, डायरेक्टरी ट्रैवर्सल और पैरामीटर इंजेक्शन जैसे सामान्य हमलों का प्रयास करके जांच कर सकता है कि वेब सर्वर ठीक से कॉन्फ़िगर किया गया है या नहीं। लेकिन यह सर्वर में दुर्भावनापूर्ण शेल कोड को इंजेक्ट नहीं कर सकता है।

अत: विकल्प (D) सही है।

Discipline

Q.1 नर्स को बुजुर्गों के दर्द की शिकायतों का सावधानीपूर्वक आकलन करने की जरूरत है क्योंकि बूढ़े लोग-

A. दर्द की थ्रेशहोल्ड करें
B. मानसिक कार्य बदल दिया है
C. पुराने दर्द का अनुभव होने की उम्मीद है
D. कम संवेदी धारणा का अनुभव

Q.2 वलसाल्वा मंदनाड़ी के परिणामस्वरूप ब्रैडीकार्डिया हो सकता है। निम्नलिखित में से कौन सी गतिविधि वलसाल्वा के कौशल को प्रोत्साहित नहीं करेगी?

A. स्टूल सॉफ्टनर का उपयोग
B. एनीमा प्रशासन
C. टूथब्रश करते समय गैगिंग
D. भारी वस्तुओं को उठाना

Q.3 बिलरोथ ‖ सर्जरी के बाद, क्लाइंट ने डंपिंग सिंड्रोम विकसित किया। निम्नलिखित में से किसे देखभाल योजना में नर्स को बाहर रखा जाना चाहिए?

A. भोजन के बाद कम से कम 30 मिनट तक सीधे बैठें
B. ठोस भोजन के टुकड़ों के बीच केवल H_2O की घूंट लें
C. हर 2-3 घंटे में छोटा भोजन करें
D. आहार में सरल कार्बोहाइड्रेट की मात्रा कम करें

Q.4 फुप्फुस स्थान है:

A. एक संभावित स्थान
B. एक जगह संक्रमित
C. दिल के चारों ओर एक गुहा
D. डायाफ्राम के रूप में भी जाना जाता है

Q.5 T4 स्तर से नीचे लकवाग्रस्त रोगी की जाँच करते समय, शल्य-चिकित्सा नर्स क्या ज्ञात होने की अपेक्षा करती है?

A. ऊपरी छोरों की फ्लैक्सीडीटी (शिथिलता)
B. ऊपरी छोरों की हाइपररिफ्लेक्सिया और अतिपेशीतानता
C. दोषपूर्ण मध्यपटीय (डायाफ्रामिक) कार्य जिसमें संवातन समर्थन की आवश्यकता होती है
D. ऊपरी छोरों और कुशल खांसी का स्वतंत्र उपयोग

Q.6 प्लीहा को हटाने से क्या होगा:

A. मृत्यु
B. मनुष्य को बांझ बना देना
C. मूत्र मार्ग में संक्रमण
D. इनमे से कोई भी नहीं

Q.7 कोरोनरी धमनी बाईपास ग्राफ्ट में मुख्य उद्देश्य है:

A. जीवन का विस्तार करना
B. हृदय में रक्त प्रवाह और ऑक्सीजन की आपूर्ति में सुधार करना
C. फेफड़ों में रक्त के प्रवाह और ऑक्सीजन की आपूर्ति में सुधार करना
D. दर्द से छुटकारा पाना

Q.8 कार्डिएक वाल्व इसके लिए अनुमति देते हैं:

A. एकतरफा, कम प्रतिरोध वाला रक्त प्रवाह
B. दोतरफा, कम प्रतिरोध वाला रक्त प्रवाह
C. एकतरफा, उच्च प्रतिरोध रक्त प्रवाह
D. दो-तरफा, उच्च प्रतिरोध रक्त प्रवाह

Q.9 वैरिकाज़ नसें अक्सर होती हैं:

A. लंबी और मोटी
B. छोटी और पतली
C. फैली हुई और टेढ़ी-मेढ़ी
D. संकुचित और टेढ़ी-मेढ़ी

Q.10 स्वास्थ्य शिक्षा के लिए _____ दृष्टिकोण का उद्देश्य समुदाय के भीतर स्वास्थ्य के सामाजिक-आर्थिक और पर्यावरणीय निर्धारकों को संबोधित करते हुए स्वास्थ्य में सुधार करना और उसे बढ़ावा देना है।

A. व्यवहार परिवर्तन दृष्टिकोण
B. सामुदायिक विकास दृष्टिकोण
C. जैव चिकित्सा दृष्टिकोण
D. इनमें से कोई नहीं

Q.11 सम्मेलन का उपयोग स्वास्थ्य शिक्षा के _____ दृष्टिकोण में एक विधि के रूप में किया जा सकता है।

A. व्यक्ति
B. समूह
C. जनसमुदाय
D. इनमें से कोई नहीं

Q.12 _____ स्वास्थ्य शिक्षा कार्यक्रम की योजना बनाने का पहला कदम है।

A. जरूरतों का आकलन
B. सामुदायिक संसाधनों की पहचान
C. सामग्री का चयन
D. पाठ योजना

Q.13 नर्स पैट्रिक एक नव भर्ती मानसिक रोगी का साक्षात्कार कर रही है। कौन सा नर्सिंग बयान, सामान्य लीड देने का एक उदाहरण है?

A. "क्या आप जानते हैं कि आप यहाँ क्यों हैं?"
B. "क्या आप उदास या चिंतित महसूस कर रहे हैं?"
C. "हाँ, मैं देखती हूँ। जारी रखें।"
D. "क्या आप कालानुक्रमिक रूप से उन घटनाओं का आदेश दे सकते हैं जिनके कारण आपका प्रवेश हुआ?"

Q.14 एक नर्स एक क्लाइंट से कहती है, "रात की अच्छी नींद के बाद कल चीजें बेहतर दिखेंगी।" यह किस संचार कुशलता का उदाहरण है?

A. सलाह देने
B. बचाव
C. वास्तविकता प्रस्तुत करने की
D. झूठे आश्वासन देने की

Q.15 समूह शिक्षण की _____ पद्धति में, शिक्षार्थियों की कोई सक्रिय भागीदारी नहीं होती है।

A. व्याख्यान
B. समूह चर्चा
C. परिसंवाद
D. रोल प्ले

Q.16 स्वास्थ्य शिक्षा के उद्देश्य क्या हैं?

A. स्वास्थ्य सेवाओं की प्रभावशीलता बढ़ाएँ
B. उपचारात्मक और साथ ही निवारक
C. व्यावसायिक रोगों को कम करके उत्पादकता में सुधार करना
D. उपर्युक्त सभी

Q.17 एक ग्राहक का साक्षात्कार करते समय, नर्स को कौन सा अशाब्दिक व्यवहार करना चाहिए?

A. ग्राहक के साथ अप्रत्यक्ष नेत्र संपर्क बनाए रखना।
B. ग्राहक से पीछे हटकर स्थान प्रदान करना।
C. वर्गाकार रूप से बैठना, ग्राहक की ओर मुख करना।
D. हाथों और पैरों को क्रॉस करके खुली मुद्रा बनाए रखना।

Q.18 सुश्री कैपुटो को हाल ही में रोगी देखभाल प्रबंधक के पद पर पदोन्नत किया गया है। वह अपनी नई भूमिका में प्रभावी होने के लिए प्रबंधन और नेतृत्व में सिद्धांतों पर अपने ज्ञान को अद्यतन करती है। वह सीखती है कि कुछ प्रबंधकों को सेवाओं के लिए कम और कर्मचारियों के लिए उच्च चिंता है। प्रबंधन की कौन सी शैली इसे संदर्भित करती है?

A. संगठन का प्रबंधन   **B.** गरीब प्रबंधन

C. कंट्री क्लब प्रबंधन   **D.** टीम प्रबंधन

Q.19 महामारी विज्ञान त्रय में शामिल नहीं है:

A. मेजबान   **B.** एजेंट   **C.** जोखिम   **D.** वातावरण

Q.20 निम्नलिखित में से कौन सी नेतृत्व शैली चिकित्सा के क्षेत्र में सबसे प्रभावी है?

A. लाईसेज़-फेयर लीडरशिप

B. निरंकुश नेतृत्व

C. लोकतांत्रिक नेतृत्व

D. नौकरशाही नेतृत्व

Q.21 एक संगठन के रूप में एक अस्पताल की ख़ासियत सभी को छोड़कर है:

A. उत्पादन की मात्रा निर्धारित की जा सकती है

B. दोहरी प्राधिकरण

C. निजीकृत सेवाएं

D. आदेश की पंक्ति में कोई एकता नहीं

Q.22 संगठन की प्रभावशीलता को छोड़कर सभी शामिल हैं:

A. उत्पादकता शक्ति

B. परिवर्तन के लिए अनुकूलता

C. संरचना और रणनीति में लचीलापन

D. संरचना में कठोरता

Q.23 कौन सा अस्पताल के वर्गीकरण का आधार नहीं है?

A. विशेषता   **B.** कार्यात्मक   **C.** आकार   **D.** आकृति

Q.24 निम्नलिखित में से कौन अस्पताल का कार्यात्मक प्रभाग है?

A. बाह्य रोगी विभाग   **B.** शल्य चिकित्सा विभाग

C. नर्सिंग विभाग   **D.** उपरोक्त सभी

Q.25 अस्पताल की भूमिका को इनडोर देखभाल से बाह्य रोगी देखभाल में बदलने के पीछे की अवधारणा को छोड़कर सभी शामिल हैं:

A. अस्पताल देखभाल की बढ़ती लागत

B. अस्पताल के बिस्तर की कमी

C. आर्थिक महत्व

D. अस्पताल के बिस्तरों में वृद्धि

Q.26 कौन सी सेवा निवारक देखभाल का हिस्सा नहीं है?

A. प्रहरी निगरानी

B. पोषण परामर्श

C. गैर संचारी रोग की रोकथाम

D. ओपीडी सेवाएं

Q.27 नर्स एक मरीज को स्व-इंजेक्शन के लिए U-100 NPH इंसुलिन की 40 इकाइयों के साथ एक सिरिंज तैयार करना सिखा रही है। इस स्थिति में स्व-इंजेक्शन से संबंधित रोगी की पहली प्राथमिकता है:

A. इंजेक्शन साइट का आकलन करें।

B. उपयुक्त इंजेक्शन साइट का चयन करें।

C. यह सत्यापित करने के लिए सिरिंज की जाँच करें कि नर्स ने निर्धारित इंसुलिन खुराक को हटा दिया है।

D. इंजेक्शन साइट को अल्कोहल स्पंज से गोलाकार तरीके से साफ करें।

Q.28 एक मरीज को हमुलिन नियमित इंसुलिन की 50 यूनिट प्राप्त करनी चाहिए। लेबल पर 100 यूनिट = 1 मिली लिखा है। नर्स को कितने मिलीलीटर प्रशासित करना चाहिए?

A. 0.5 मिली   **B.** 0.75 मिली

C. 1 मिली   **D.** 2 मिली

Q.29 नियमित और एनपीएच दोनों इंसुलिन लेने वाले रोगी के लिए नर्स को इंजेक्शन कैसे तैयार करना चाहिए?

A. उसी सिरिंज में एनपीएच इंसुलिन, फिर नियमित इंसुलिन बनाएं।

B. उसी सिरिंज में नियमित इंसुलिन, फिर एनपीएच इंसुलिन बनाएं।

C. दो अलग सीरिंज का प्रयोग करें।

D. चिकित्सक से जांच कराएं।

Q.30 एक मरीज को दर्द के लिए मुंह से सिर्फ 30 मिलीग्राम कोडीन मिला है। पांच मिनट बाद उसे उल्टी हुई। नर्स को पहले क्या करना चाहिए?

A. चिकित्सक को बुलाओ

B. रोगी का उपचार करें

C. उत्सर्जन का निरीक्षण करें

D. रोगी को समझाएं कि वह उसकी मदद के लिए कुछ नहीं कर सकती

Q.31 एक मरीज को #16 में रहने वाले यूरिनरी (फोले) कैथेटर से कैथीटेराइज किया जाता है ताकि यह पता लगाया जा सके कि:

A. आघात हुआ है।

B. उनका 24 घंटे का आउटपुट पर्याप्त है।

C. उसे यूरिनरी ट्रैक्ट इन्फेक्शन है।

D. पेशाब के बाद अवशिष्ट यूरिनरी में रहता है।

Q.32 एक स्टाफ नर्स जिसे सहायक नर्स प्रबंधक के रूप में पदोन्नत किया गया है, वह अपने पूर्व साथियों की देखरेख करते समय शुरू में असहज महसूस कर सकती है। वह इस बेचैनी को कैसे कम कर सकती है?

A. सभी असाइनमेंट को लिखना।

B. स्थिति का मूल्यांकन करने और कर्मचारियों के साथ चर्चा करने के बाद परिवर्तन करना।

C. स्टाफ नर्सों को बताना कि वह उनके प्रदर्शन को लाभ पहुंचाने के लिए बदलाव कर रही हैं।

D. एक निजी सम्मेलन में प्रत्येक स्टाफ नर्स के नैदानिक प्रदर्शन का मूल्यांकन करना।

Q.33 एक जराचिकित्सा रोगी को निर्धारित दवाओं के बारे में ज्ञान बनाए रखने में क्या कठिनाई हो सकती है?

A. प्लाज्मा दवा के स्तर में कमी

B. संवेदी कमी

C. परिवार के समर्थन की कमी

D. टॉरेट सिंड्रोम का इतिहास

Q.34 पेट दर्द वाले रोगी की जांच करते समय प्रभारी नर्स को _______ का आकलन करना चाहिए।

A. पहले कोई चतुर्थांश

B. रोगसूचक चतुर्थांश पहले

C. रोगसूचक चतुर्थांश अंतिम

D. रोगसूचक चतुर्थांश या तो दूसरा या तीसरा

Q.35 नर्स एक पोस्टऑपरेटिव वयस्क रोगी का आकलन कर रही है। निम्नलिखित में से कौन सा नर्स को व्यक्तिपरक डेटा के रूप में दस्तावेज करना चाहिए?

A. महत्वपूर्ण संकेत

B. प्रयोगशाला परीक्षण परिणाम

C. रोगी के दर्द का वर्णन

D. इलेक्ट्रोकार्डियोग्राफिक (ईसीजी) तरंग

Q.36 हमारे शरीर में कितने अमीनो एसिड बनते हैं?

A. 20　　　B. 30　　　C. 40　　　D. 10

Q.37 निम्नलिखित में से कौन सा रासायनिक समूह खाद्य पोषक नहीं है?

A. कार्बोहाइड्रेट　　　　　B. विटामिन
C. प्रोटीन　　　　　　　D. एंजाइम

Q.38 जल निकाय का सुपोषण ______ से होता है।

A. ऑक्सीजन की कमी
B. शैवाल बनने में वृद्धि
C. उच्च मात्रा में नाइट्रोजन पोषक तत्व और ऑर्थोफोस्फेट
D. जल निकाय में बुत को डुबोना

Q.39 निम्नलिखित में से कौन सा पौधा हार्मोन वृद्धि को रोकता है?

A. साइटोकिनिन　　　　　B. अब्सिसिक अम्ल
C. गिबेरेलिन　　　　　　D. औक्सिन

Q.40 निम्नलिखित में से किस स्तनपायी के दूध में वसा की मात्रा सर्वाधिक होती है?

A. भैंस　　　B. इंसान　　　C. बकरी　　　D. गाय

Q.41 संक्रमित दूध के कारण रोग हो सकता है:

A. एन्थ्रेक्स　　　　　　B. जठरशोथ
C. वातज्वर　　　　　　D. तुण्डिका-शोथ

Q.42 खाद्य पदार्थों में तनु आयोडीन जोड़ना किसके लिए पुष्टिकरण परीक्षण है:

A. स्टार्च　　　　　　　B. प्रोटीन
C. कार्बोहाइड्रेट　　　　　D. वसा

Q.43 ग्लाइकोजन किस प्रकार के कार्बोहाइड्रेट का उदाहरण है?

A. मोनोसैक्राइड　　　　　B. डायसैक्राइड
C. पोलीसैक्राइड　　　　　D. (B) और (C) दोनों

Q.44 निम्नलिखित में से किसकी कमी के कारण दूध को अब संतुलित आहार नहीं कहा जाता है?

A. आयरन और विटामिन सी
B. कैल्शियम और विटामिन सी
C. मैग्नीशियम और विटामिन डी
D. आयरन और विटामिन ए

Q.45 आप कितने समय तक जांच करेंगे कि कोई बेहोश व्यक्ति सामान्य रूप से सांस ले रहा है या नहीं?

A. 10 सेकंड से अधिक नहीं
B. लगभग 10 सेकंड
C. ठीक 10 सेकंड
D. कम से कम 10 सेकंड

Q.46 यदि आपको संदेह है कि किसी व्यक्ति को स्ट्रोक हुआ है तो आपको कौन सा परीक्षण करना चाहिए?

A. चेहरा, हाथ, वाणी परीक्षण
B. चेतावनी, आवाज, दर्द, अनुत्तरदायी
C. प्रतिक्रिया, वायुमार्ग, श्वास, परिसंचरण
D. नाड़ी, श्वसन दर, तापमान

Q.47 थर्ड डिग्री बर्न के लक्षण क्या हैं?

A. जली हुई त्वचा, कोई दर्द नहीं
B. जली हुई त्वचा, दर्द
C. छाले और दर्द
D. लाल और दर्द

Q.48 किसी यात्री को उपचार प्रदान करते समय "रूट" आपातकालीन परिवहन तकनीक का मुख्य उद्देश्य क्या है?

A. यात्री को स्थानांतरित करने के लिए
B. बचाव श्वास को प्रशासित करने के लिए
C. पीड़ित के वायुमार्ग में रुकावट को दूर करने के लिए
D. पीड़ित के वायुमार्ग में रुकावट को दूर करने के लिए

Q.49 आप धमनी रक्तस्राव को कैसे पहचान सकते हैं?

A. घाव से खून बराबर बहता है।
B. घाव से धीरे-धीरे खून बहता है।
C. उच्च नाड़ी के साथ घाव से रक्त का प्रवाह होता है।
D. इनमें से कोई नहीं

Q.50 एक व्यक्ति को पीनट बटर से एलर्जी है और वह एनाफिलेक्टिक शॉक में जा रहा है। इसके बाद आप क्या करेंगे?

A. उन्हें अपने घुटनों के बीच अपना सिर रखकर बैठाएं और उन्हें गहरी सांस लेने के लिए कहें
B. चिकित्सा ध्यान की व्यवस्था करें
C. उन्हें तुरंत एस्पिरिन दें
D. B और C दोनों

Q.51 स्काल्ड क्या है?

A. तरल या गैस से जलना　　　B. आग से जलना
C. आपके पैर में एक ब्रेक　　　D. डंडे से पीटा जा रहा है

Q.52 जब किसी का हाथ टूट जाए तो आप क्या करते हैं?

A. चिल्लाओ और भागो
B. इस पर प्लास्टर करें
C. एंटीसेप्टिक वाइप का इस्तेमाल करें
D. हाथ में स्लिंग पहनने की आवश्यकता

Q.53 गर्मी में ऐंठन से पीड़ित छात्र की देखभाल करते समय:

A. ठंडा पैक लगाएं
B. ठंडा पानी या स्पोर्ट्स ड्रिंक दें
C. छात्र ऐंठन को दूर करने के लिए धीरे-धीरे चलते रहें
D. परिसंचरण बढ़ाने के लिए मांसपेशियों की जोरदार मालिश करें

Q.54 एड्स रोग से प्रभावित प्रणाली ______ है।

A. पाचन तंत्र　　　　　　B. श्वसन तंत्र
C. केंद्रीय स्नायुतंत्र　　　　D. प्रतिरक्षा तंत्र

Q.55 निम्नलिखित में से किस हार्मोन को फाइट-ओर-फ्लाइट हार्मोन कहा जाता है?

A. एड्रीनेलिन　　　　　　B. थाइरॉक्सिन
C. ग्लूकागोन　　　　　　D. डोपामाइन

Q.56 निम्नलिखित में से कौन सा महिला लिंग हार्मोन है?

A. एंड्रोजन　　　　　　B. प्रोजेस्टेरोन
C. एस्ट्राडिऑल　　　　　D. उपरोक्त सभी

Q.57 बोमन कैप्सूल निम्नलिखित में से किस अंग प्रणाली से संबंधित है?

A. रक्तवह-तंत्र　　　　　B. पाचन तंत्र
C. उत्सर्जन तंत्र　　　　　D. प्रजनन तंत्र

Q.58 एक लड़का ______ ग्रंथि से हार्मोन के कम स्राव के कारण बौना रहता है।

A. पीयूष　　B. अवटु　　C. अग्न्याशय　　D. अधिवृक्क

Q.59 निम्नलिखित में से कौन मस्तिष्क के साथ केंद्रीय तंत्रिका तंत्र का निर्माण करता है?

| A. न्यूरॉन | B. दिमाग |
| C. मेरुदण्ड | D. इनमें से कोई नहीं |

Q.60 पेट और ग्रहणी के संगम पर पाई जाने वाली गोलाकार मांसपेशी है:

A. अवरोधिनी गुदा

B. दिल दबानेवाला यंत्र

C. मीस्नर का जाल

D. पाइलोरिक स्फिंक्टर पेशी

Q.61 निम्नलिखित में से कौन सा अंग सुई से चुभने पर कोई दर्द महसूस नहीं करेगा?

A. त्वचा   B. मस्तिष्क   C. हृदय   D. आंख

Q.62 ग्लियाल कोशिकाएं सबसे प्रचुर मात्रा में कोशिकाएं हैं:

A. फेफड़ो

B. वृक्क

C. पित्ताशय

D. तंत्रिका तंत्र

Q.63 निम्नलिखित में से कौन एक्टोपिक गर्भावस्था के खतरे को बढ़ाता है?

A. पैल्विक सूजन की बीमारी का इतिहास

B. एंडोमेट्रियोसिस

C. पोस्ट-ट्यूबल बंधन

D. उपर्युक्त सभी

Q.64 निम्नलिखित में से कौन सी स्थिति माँ और भ्रूण के बीच Rh असंगतता के कारण उत्पन्न हो सकती है?

A. हाइपरमेसिस ग्रेविडारु

B. प्राक्गर्भाक्षेपक

C. प्रसवोत्तर रक्तस्राव

D. नवजात शिशु के हेमोलिटिक रोग

Q.65 एक महिला को संदिग्ध प्लेसेंटा प्रिविया के साथ भर्ती कराया गया है। निदान की पुष्टि के लिए नर्स किस परीक्षण की अपेक्षा करती है?

A. आंतरिक परीक्षा

B. गैर-तनाव परीक्षण

C. ऑक्सीटोसिन चुनौती परीक्षण

D. अल्ट्रासाउंड टेस्ट

Q.66 एक श्रमिक रोगी की देखभाल करते समय, नर्स को कमरे में बुलाया जाता है क्योंकि उसके रोगी को तरल पदार्थ का एक "झटका" महसूस होता है। निम्नलिखित में से कौन सी नर्स की अगली कार्रवाई होनी चाहिए?

A. माँ को दाहिनी ओर घुमाएँ

B. भ्रूण की हृदय गति का आकलन करें

C. चिकित्सक को सचेत करें

D. शीट को बदलना

Q.67 एक्टोपिक गर्भावस्था के लक्षण और लक्षण क्या हैं?

A. मतली और डिप्लोपिया

B. पेट दर्द और योनि से खून बह रहा है

C. मौलिक कोमलता और चक्कर

D. ऐंठन और पेट का द्रव्यमान

Q.68 नर्स हल्के प्री-एक्लेमप्सिया वाली महिला को _________ को छोड़कर निम्नलिखित सभी करने की सलाह देती है।

A. खुद को रोजाना तौलना

B. भ्रूण की गति पर नज़र रखें

C. उसके मूत्र में प्रोटीन को मापें

D. पानी का सेवन सीमित करें

Q.69 एक नर्स जानती है कि सक्रिय क्षय रोग का सबसे सकारात्मक प्रमाण _________ है।

A. सकारात्मक त्वचा परीक्षण परिणाम

B. कुल ल्यूकोसाइट की गिनती में वृद्धि

C. छाती का सकारात्मक एक्स-रे निष्कर्ष

D. बलगम जीवाणुओं की वृद्धि

Q.70 किसी समुदाय में 'जांच परीक्षण' की उपयोगिता _________ पर निर्भर करती है।

| A. विश्वसनीयता | B. संवेदनशीलता |
| C. विशेषता | D. साख |

Q.71 एक नर्स 30 दिन के शिशु को विटामिन K की एक गोली दे रही है। निम्नलिखित में से कौन सा लक्षित क्षेत्र सबसे उपयुक्त है?

| A. ग्लूटस मैक्सिमस | B. ग्लूटस मिनिमस |
| C. वैस्टस लेटरलिस | D. वैस्टस मेडियालिस |

Q.72 जठरशोथ के रोगी की देखभाल करने वाली एक नर्स इस रोगी के लिए निम्नलिखित में से कौन सी दवा की सिफारिश नहीं करेगी?

| A. नेपरोक्सन सोडियम | B. कैल्शियम कार्बोनेट |
| C. क्लैरिथ्रोमाइसिन | D. फ्यूरोसेमाइड |

Q.73 एक नर्स परिधीय संवहनी रोग (पीवीडी) के रोगी की देखभाल कर रही है। रोगी को हाथ-पैर में जलन और झुनझुनी की शिकायत होती है और वह किसी भी प्रकार का स्पर्श बर्दाश्त नहीं कर सकता। निम्नलिखित में से कौन इन लक्षणों के लिए सबसे अधिक संभावित स्पष्टीकरण है?

A. अपर्याप्त ऊतक संलयन जिससे तंत्रिका क्षति होती है।

B. द्रव अधिभार के कारण तंत्रिका ऊतक का संपीड़न होता है।

C. मानसिक अशांति के कारण संवेदना विकृति

D. हाथ और पैर की त्वचा में सूजन

Q.74 कार्डियक यूनिट का एक मरीज एथेरोस्क्लेरोसिस से जुड़े जोखिम कारकों के बारे में चिंतित है। निम्नलिखित में से कौन से एथेरोस्क्लेरोसिस के विकास के लिए वंशानुगत जोखिम कारक हैं?

| A. वंशानुगत हृदय रोग | B. अधिक वजन |
| C. धूम्रपान | D. आयु |

Q.75 अतिसार से पीड़ित बच्चों की मृत्यु का सबसे आम कारण क्या है?

| A. निर्जलीकरण | B. पेट दर्द |
| C. उल्टी | D. सुस्ती |

Q.76 ग्रोथ चार्ट को के रूप में भी जाना जाता है?

| A. न्यू बैलार्ड स्केल | B. रोड टू हेल्थ चार्ट |
| C. अपगार स्कोर | D. GCS स्कोर |

Q.77 हथेली का स्पर्श किस उम्र में होता है जब एक बच्चा उंगलियां पकड़ता है?

A. 4 महीने   B. 6 महीने   C. 9 महीने   D. 3 महीने

Q.78 बच्चों में आमवाती बुखार की घटना के लिए पूर्वगामी स्थिति कौन सी है?

| A. ग्रसनीशोथ | B. नासाशोथ |
| C. राइनाइटिस | D. उपास्थिशोथ |

Q.79 फांक (कटे) तालु की मरम्मत के लिए शल्य-क्रिया के दूसरे दिन बाद दूध पिलाने की उपयुक्त विधि कौन-सी है?

| A. प्याले | B. स्ट्रॉ |
| C. रबड़ टिप सिरिंज | D. बड़े छेद वाले निप्पल |

Q.80 नवजात शिशु में फेफड़ों की कुल क्षमता कितनी होती है?

| A. 100 मिलीलीटर | B. 350 मिलीलीटर |
| C. 500 मिलीलीटर | D. 150 मिलीलीटर |

General Aptitude / Reasoning / General Awareness / Basic Computer knowledge

Q.81 तीन पाइप A, B, और C एक टैंक को 6 घंटे में भर सकते हैं। 2 घंटे के लिए एक साथ काम करने के बाद, C बंद है और A और B शेष भाग को 7 घंटों में भर सकते हैं। अकेले टैंक को भरने के लिए C द्वारा घंटे लगते हैं

A. 10 **B.** 12 **C.** 14 **D.** 16

Q.82 1000 रुपये की राशि कितने समय में 20% की वार्षिक दर से अर्ध वार्षिक संयोजित होने पर 1331 रुपये के बराबर हो जाएगी?

A. $\frac{3}{2}$ वर्ष **B.** 2 वर्ष **C.** 1 वर्ष **D.** $2\frac{1}{2}$ वर्ष

Q.83 एक नाव स्थिर पानी में 13 किमी / घंटे की गति से यात्रा कर सकती है। यदि धारा की गति 4 किमी / घंटे है, तो नाव से 68 किमी धारा की दिशा जाने का समय निकालें।

A. 2 घंटे **B.** 3 घंटे **C.** 4 घंटे **D.** 5 घंटे

Q.84 निम्नलिखित प्रश्न में, प्रश्न चिन्ह '?' के स्थान पर क्या आएगा?

$$240 \div 6 + \sqrt{529} \times 17 = ? + 80 \text{ का } 150\%$$

A. 311 **B.** 310 **C.** 309 **D.** 312

Q.85 36, 54 और 72 का महत्तम समापवर्तक ज्ञात कीजिए।

A. 18 **B.** 3 **C.** 6 **D.** 12

Q.86 एक विशिष्ट कूट में, "LIFE" को "3965" लिखा जाता है, तब "FUN" को किस प्रकार लिखा जाना चाहिए?

A. 635 **B.** 634 **C.** 633 **D.** 629

Q.87 निर्देश: दिए गए कथन (कथनों) और निष्कर्षों को ध्यानपूर्वक पढ़िये और चयन कीजिए कि कौन से निष्कर्ष दिए गये कथनों का तार्किक रूप से अनुसरण करता है।

कथन:
सभी अंधेरा रात हैं।
कुछ अंधेरा काला हैं।

निष्कर्ष:
I. सभी काला रात हैं।
II. कुछ काला रात नहीं हैं।

A. केवल I अनुसरण करता है
B. केवल II अनुसरण करता है
C. या तो I या II अनुसरण करता है
D. न तो I और न ही II अनुसरण करता है

Q.88 निर्देश: निम्नलिखित प्रश्न में, शब्दों के उस जोड़े की चयन करें जिसका संबंध प्रश्न में जोड़े के समान है।

चाप: वृत्त

A. संख्या : गणना **B.** भिन्न : प्रतिशत
C. पाई : टुकड़ा **D.** खण्ड : रेखा

Q.89 निर्देश: निम्नलिखित प्रश्न में, एक कथन और उसके बाद I और II से अंकित दो निष्कर्ष दिये गये हैं। आपको दिए गये कथनों को सत्य मानना है, भले ही वे ज्ञात तथ्यों से अलग प्रतीत होते हों। निर्णय कीजिए कि दिये गये निष्कर्षों में से कौन-सा निष्कर्ष कथन का तार्किक रूप से अनुसरण करता है।

कथन: प्रतिकूलता मनुष्य को बुद्धिमान बनाती है।

निष्कर्ष:
I. गरीब बुद्धिमान होते हैं।
II. व्यक्ति बुरे अनुभवों से सीखता है।
A. केवल निष्कर्ष I अनुसरण करता है।
B. या तो निष्कर्ष I या II अनुसरण करता है।
C. केवल निष्कर्ष II अनुसरण करता है।
D. न तो निष्कर्ष I और न ही II अनुसरण करता है।

Q.90 निर्देश: दी गई श्रृंखला की आकृतियों में से विषम आकृति को चुनिए।

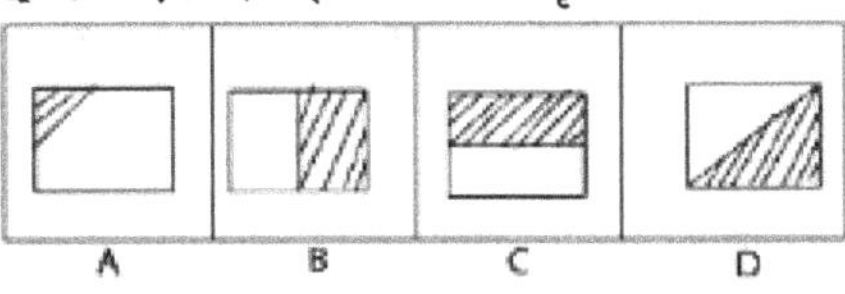

A. D **B.** B **C.** A **D.** C

Q.91 उत्तर प्रदेश के राज्यपाल की नियुक्ति कौन करता है?
A. मुख्यमंत्री **B.** संसद
C. राष्ट्रपति **D.** इनमें से कोई भी नहीं

Q.92 अपने अंग्रेजी उपन्यास 'द ब्लैक हिल' के लिए 2017 साहित्य अकादमी पुरस्कार से किसे सम्मानित किया गया था?

[RRB/RRC Group D, 2018]

A. विक्रम सेठ **B.** चेतन भगत
C. अमिताव घोष **D.** ममंग दाई

Q.93 निम्नलिखित में से कौन टेनिस में सबसे अधिक ओलंपिक पदक के लिए सर्वकालिक रिकॉर्ड धारक हैं?
A. कैथलीन मैककेन गॉडफ्री और वीनस विलियम्स
B. कैथलीन मैककेन गॉडफ्री और सेरेना विलियम्स
C. वीनस विलियम्स और सेरेना विलियम्स
D. गिगी फर्नांडीज और मैरी जो फर्नांडीस

Q.94 नवंबर 2022 तक पृथ्वी से प्रक्षेपित सबसे शक्तिशाली रॉकेट कौन सा है?
A. मिनटमैन हेवी **B.** फॉल्कन हेवी
C. लॉन्ग मार्च 5बी **D.** पीएसएलवी 52

Q.95 उजली या अनेरी होली संबंधित है:
A. जौनसारी जनजाति **B.** भोटिया जनजाति
C. थारू जनजाति **D.** राजी जनजाति

Q.96 यूआरएल का अर्थ __________ है।

[Army Public School (PRT), 2019]

A. यूनिवर्सल रिसोर्स लोकेटर
B. यूनिफ़ॉर्म रिसोर्स लोकेटर
C. यूनिफ़ॉर्म रिसोर्स लेबल
D. यूनिवर्सल रिसर्च लोकेटर

Q.97 डिबगिंग की प्रक्रिया के लिए दिए गए विकल्पों में से सही उत्तर चुनिये।
A. एक सॉफ्टवेयर प्रोग्राम को प्रदान करना
B. एक सॉफ्टवेयर प्रोग्राम को संशोधित करना
C. एक सॉफ्टवेयर प्रोग्राम में त्रुटियों की जाँच करना
D. एक कार्यक्रम की डिजाइन संरचना को बदलना

Q.98 वेबसाइट का पहला वेबपेज क्या कहलाता है?
A. प्रथम पेज **B.** मुख्य पेज
C. होम पेज **D.** इनमें से कोई नहीं

Q.99 कंप्यूटर जॉयस्टिक _____ ।

[Rajasthan Police Constable, 2020]

A. एक इनपुट डिवाइस है
B. एक प्रोसेसिंग डिवाइस है
C. एक आउटपुट डिवाइस है
D. एक मेमोरी डिवाइस है

Q.100 निम्न में से कौन-सा कमांड इंटरफेस आमतौर पर विंडोज़ ऑपरेटिंग सिस्टम के लिए उपयोग किया जाता है ?

[HTET PGT - Computer Science, 2020]

A. मेनू संचालित इंटरफेस
B. कमांड लाइन इंटरफेस
C. ग्राफिकल यूज़र इंटरफेस
D. आइकन इंटरफेस

// स्मार्ट उत्तर पुस्तिका //

सही उत्तर — उन छात्रों के प्रतिशत को इंगित करता है जिन्होंने प्रश्नों का सही उत्तर दिया था।

छोड़ दिया — उन छात्रों के प्रतिशत को इंगित करता है जिन्होंने प्रश्नों को छोड़ दिया था।

प्रश्न संख्या	उत्तर	सही उत्तर / छोड़ दिया	प्रश्न संख्या	उत्तर	सही उत्तर / छोड़ दिया	प्रश्न संख्या	उत्तर	सही उत्तर / छोड़ दिया	प्रश्न संख्या	उत्तर	सही उत्तर / छोड़ दिया	प्रश्न संख्या	उत्तर	सही उत्तर / छोड़ दिया
1	D	64.75 % / 1.19 %	17	C	42.06 % / 1.25 %	33	B	66.98 % / 1.25 %	49	C	56.38 % / 1.5 %	65	D	49.65 % / 1.9 %
2	A	14.3 % / 3.04 %	18	C	45.88 % / 1.35 %	34	C	42.37 % / 1.45 %	50	D	55.06 % / 1.82 %	66	B	66.78 % / 1.73 %
3	A	30.15 % / 3.6 %	19	C	47.6 % / 1.88 %	35	C	78.83 % / 0.0 %	51	A	10.6 % / 3.65 %	67	B	67.05 % / 1.55 %
4	A	87.87 % / 0.0 %	20	C	88.4 % / 0.0 %	36	D	40.99 % / 1.13 %	52	D	44.33 % / 1.87 %	68	D	23.16 % / 3.46 %
5	D	60.64 % / 1.2 %	21	C	40.68 % / 1.6 %	37	D	67.03 % / 1.17 %	53	B	52.47 % / 1.96 %	69	C	82.06 % / 0.0 %
6	D	84.43 % / 0.0 %	22	C	40.48 % / 1.18 %	38	C	82.81 % / 0.0 %	54	D	66.93 % / 1.09 %	70	B	66.06 % / 1.83 %
7	B	58.86 % / 1.93 %	23	D	85.69 % / 0.0 %	39	B	42.91 % / 1.92 %	55	A	60.12 % / 1.38 %	71	C	87.54 % / 0.0 %
8	A	85.95 % / 0.0 %	24	D	53.47 % / 1.73 %	40	A	49.1 % / 1.05 %	56	B	64.85 % / 2.0 %	72	A	64.15 % / 1.47 %
9	C	59.65 % / 1.22 %	25	C	42.59 % / 1.02 %	41	A	59.1 % / 1.6 %	57	C	55.11 % / 1.05 %	73	A	88.82 % / 0.0 %
10	B	60.18 % / 1.42 %	26	D	78.08 % / 0.0 %	42	A	51.24 % / 1.74 %	58	A	59.95 % / 1.72 %	74	A	84.96 % / 0.0 %
11	B	53.84 % / 1.1 %	27	C	85.05 % / 0.0 %	43	C	64.86 % / 1.15 %	59	C	61.22 % / 1.32 %	75	A	61.44 % / 1.47 %
12	A	66.66 % / 1.46 %	28	A	18.41 % / 4.1 %	44	A	43.09 % / 1.41 %	60	D	59.33 % / 1.2 %	76	B	81.1 % / 0.0 %
13	C	78.96 % / 0.0 %	29	B	64.28 % / 1.31 %	45	A	88.84 % / 0.0 %	61	B	55.96 % / 1.21 %	77	D	57.33 % / 1.26 %
14	D	64.54 % / 1.75 %	30	C	87.09 % / 0.0 %	46	A	52.71 % / 1.02 %	62	D	59.28 % / 1.89 %	78	A	55.16 % / 1.82 %
15	D	41.12 % / 1.57 %	31	B	25.04 % / 3.95 %	47	A	62.31 % / 1.75 %	63	D	43.06 % / 1.4 %	79	A	81.37 % / 0.0 %
16	C	44.58 % / 1.09 %	32	B	80.74 % / 0.0 %	48	A	44.59 % / 1.01 %	64	D	30.33 % / 4.98 %	80	D	51.48 % / 1.16 %

प्रश्न संख्या	उत्तर	सही उत्तर / छोड़ दिया
81	C	85.95 % / 0.0 %
82	A	82.91 % / 0.0 %
83	C	81.08 % / 0.0 %
84	A	78.5 % / 0.0 %

प्रश्न संख्या	उत्तर	सही उत्तर / छोड़ दिया
85	A	81.16 % / 0.0 %
86	A	78.84 % / 0.0 %
87	C	77.72 % / 0.0 %
88	D	82.29 % / 0.0 %

प्रश्न संख्या	उत्तर	सही उत्तर / छोड़ दिया
89	C	86.01 % / 0.0 %
90	C	87.03 % / 0.0 %
91	C	40.35 % / 1.24 %
92	D	64.9 % / 1.74 %

प्रश्न संख्या	उत्तर	सही उत्तर / छोड़ दिया
93	A	16.29 % / 3.57 %
94	B	58.18 % / 1.9 %
95	C	86.15 % / 0.0 %
96	B	49.1 % / 1.95 %

प्रश्न संख्या	उत्तर	सही उत्तर / छोड़ दिया
97	C	64.2 % / 1.26 %
98	C	88.23 % / 0.0 %
99	A	85.5 % / 0.0 %
100	C	67.18 % / 1.13 %

कार्य विश्लेषण

औसत अंक (%)	53.0%
टॉपर्स स्कोर (%)	69.0%
आपका स्कोर	

//संकेत और समाधान//

1. नर्स को बुजुर्गों के दर्द की शिकायतों का सावधानीपूर्वक आकलन करने की आवश्यकता है क्योंकि वृद्ध लोग कम संवेदी धारणा का अनुभव करते हैं।

वृद्धावस्था में अपक्षयी परिवर्तन होते हैं। स्पर्श की कम तीक्ष्णता, तंत्रिका मार्गों के विकल्प, और संवेदी डेटा की कम प्रक्रिया के कारण वृद्धों में दर्द की प्रतिक्रिया कम हो सकती है।

अत: विकल्प (D) सही है।

2. वलसाल्वा मंदनाड़ी के परिणामस्वरूप ब्रैडीकार्डिया हो सकता है। स्टूल सॉफ्टनर का उपयोग वलसाल्वा के कौशल को प्रोत्साहित नहीं करेगी।

तनाव और गतिविधियों को कम करने से वेगस तंत्रिका उत्तेजना हो सकती है जो ब्रैडीकार्डिया की ओर ले जाती है। स्टूल सॉफ्टनर का उपयोग आसान आंत्र निकासी को बढ़ावा देता है जो तनाव या वलसाल्वा मंदनाड़ी को रोकता है।

अत: विकल्प (A) सही है।

3. बिलरोथ ॥ सर्जरी के बाद, क्लाइंट ने डंपिंग सिंड्रोम विकसित किया। भोजन के बाद कम से कम 30 मिनट तक सीधे बैठना नर्स को देखभाल योजना से बाहर रखा जाना चाहिए।

पेप्टिक अल्सर के कारणों में से H एक पाइलोरी संक्रमण है। यह एक विष छोड़ता है जो गैस्ट्रिक और डुओडनल म्यूकोसा को नष्ट कर देता है जो गैस्ट्रिक एपिथेलियम के एसिड पाचन के प्रतिरोध को कम कर देता है। एंटीबायोटिक्स देने से संक्रमण नियंत्रित होगा और रैनिटिडिन जो हिस्टामाइन-2 ब्लॉकर है, अल्सर पैदा करने वाले एसिड के स्राव को कम करेगा।

अत: विकल्प (A) सही है।

4. फुफ्फुस स्थान एक संभावित स्थान है। यह फुस्फुस से घिरा हुआ स्थान है, जो ऊतक की एक पतली परत है जो फेफड़ों को कवर करती है और छाती गुहा की आंतरिक दीवार को रेखाबद्ध करती है। फुफ्फुस गुहा, इसके संबंधित फुफ्फुस के साथ, सांस लेने के दौरान फेफड़ों के इष्टतम कामकाज में सहायता करता है। फुफ्फुस गुहा में फुफ्फुस द्रव भी होता है, जो स्नेहक के रूप में कार्य करता है और श्वसन गतिविधियों के दौरान फुफ्फुस को एक दूसरे के खिलाफ आसानी से स्लाइड करने की अनुमति देता है।

अत: विकल्प (A) सही है।

5. T4 स्तर से नीचे लकवाग्रस्त रोगी की जाँच करते समय, शल्य चिकित्सा नर्स ऊपरी छोरों की फ्लैक्सीडीटी (शिथिलता) ज्ञात होने की अपेक्षा करती है। उदाहरण के लिए, T4 हड्डी में रीढ़ की हड्डी की नसों में पूरी तरह से चोट लगने को T4 पैरापलेजिया के रूप में जाना जाता है। वही इसके नीचे काठ के क्षेत्र में लागू होता है जहां पहले कशेरुका को L1 कहा जाता है जो नीचे की ओर L5 तक जाता है और फिर इसके नीचे फिर से त्रिक क्षेत्र में होता है।

अत: विकल्प (D) सही है।

6. प्लीहा को हटाने से उपरोक्त में से कोई भी लक्षण/बीमारी नहीं होगी। स्प्लेनेक्टोमी प्लीहा को हटाने के लिए एक शल्य प्रक्रिया है। प्लीहा एक अंग है जो मनुष्य के पेट के ऊपरी बाईं ओर पंजर के नीचे पाया जाता है। यह संक्रमण से लड़ने में मदद करता है और रक्त से अनावश्यक सामग्री, जैसे पुरानी या क्षतिग्रस्त रक्त कोशिकाओं को निस्पंदन करता है।

अत: विकल्प (D) सही है।

7. कोरोनरी धमनी बाईपास ग्राफ्ट में मुख्य उद्देश्य हृदय में रक्त प्रवाह और ऑक्सीजन की आपूर्ति में सुधार करना है। कोरोनरी धमनी बाईपास ग्राफ्ट में शरीर के दूसरे भाग (आमतौर पर छाती, पैर या हाथ) से रक्त वाहिका को लेना और इसे संकुचित क्षेत्र या रुकावट के ऊपर और नीचे कोरोनरी धमनी से जोड़ना शामिल है। इस नई रक्त वाहिका को ग्राफ्ट के रूप में जाना जाता है।

अत: विकल्प (B) सही है।

8. कार्डिएक वाल्व एकतरफा, कम प्रतिरोध वाले रक्त प्रवाह की अनुमति देते हैं। ये वाल्व रक्त के पिछड़े प्रवाह को रोकते हैं। ये वाल्व वास्तविक फ्लैप होते हैं जो दो निलय (हृदय के निचले कक्ष) के प्रत्येक छोर पर स्थित होते हैं। वे वेंट्रिकल के एक तरफ रक्त के एकतरफा प्रवेश के रूप में कार्य करते हैं और एक वेंट्रिकल के दूसरी तरफ रक्त के एकतरफा आउटलेट के रूप में कार्य करते हैं।

अत: विकल्प (A) सही है।

9. वैरिकाज़ नसें अक्सर फैली हुई और टेढ़ी-मेढ़ी होती हैं।

वैरिकाज़ नसों के कारण:

- उम्र बढ़ने के साथ-साथ नसों में वाल्व समय के साथ कमजोर होने लगते हैं।
- वैरिकाज़ नसों वाले परिवार के सदस्यों का आनुवंशिक इतिहास।
- गर्भावस्था, जैसे-जैसे बढ़ता हुआ गर्भाशय किसी व्यक्ति की नसों पर अतिरिक्त दबाव डालता है।
- वजन ज़्यादा होना।
- लंबे समय तक बैठे रहना।

अत: विकल्प (C) सही है।

10. स्वास्थ्य शिक्षा के लिए सामुदायिक विकास दृष्टिकोण का उद्देश्य समुदाय के भीतर स्वास्थ्य के सामाजिक-आर्थिक और पर्यावरणीय निर्धारकों को संबोधित करते हुए स्वास्थ्य में सुधार करना और उसे बढ़ावा देना है।

सामुदायिक विकास दृष्टिकोण समुदायों और लोगों के साथ एजेंडा निर्धारित करने और व्यवस्थित करने के लिए काम करने का एक तरीका है। सामुदायिक विकास एक दीर्घकालिक मूल्य आधारित प्रक्रिया है जिसका उद्देश्य सत्ता में असंतुलन को दूर करना और सामाजिक न्याय, समानता और समावेश पर आधारित परिवर्तन लाना है। सामाजिक न्याय और मानवाधिकार।

अत: विकल्प (B) सही है।

11. सम्मेलन का उपयोग स्वास्थ्य शिक्षा के समूह दृष्टिकोण में एक विधि के रूप में किया जा सकता है।

समूह कई हैं - माताएं, स्कूली बच्चे, रोगी, औद्योगिक श्रमिक - जिनके लिए हम स्वास्थ्य शिक्षण को निर्देशित कर सकते हैं। समूह स्वास्थ्य शिक्षण में विषय का चुनाव बहुत महत्वपूर्ण है; यह सीधे समूह के हित से संबंधित होना चाहिए। उदाहरण के लिए, माताओं को शिशु देखभाल के बारे में सिखाया जा सकता है; मौखिक स्वच्छता के बारे में स्कूली बच्चे; तपेदिक के बारे में टीबी रोगियों का एक समूह, और दुर्घटनाओं के बारे में औद्योगिक श्रमिकों का समूह।

अत: विकल्प (B) सही है।

12. स्वास्थ्य शिक्षा कार्यक्रम की योजना बनाने में पहला कदम जरूरतों का आकलन करना है।

जरूरतों का आकलन एक व्यवस्थित प्रक्रिया है जो इस बात की जांच करती है कि वांछित परिणाम तक पहुंचने के लिए किन मानदंडों को पूरा किया जाना चाहिए। उदाहरण के लिए, कंपनी द्वारा प्रत्यक्ष ईमेल अभियानों के संचालन के लिए उपयोग किए जाने वाले सॉफ्टवेयर को बदलने के लिए एक व्यावसायिक मामले के निर्माण के लिए मार्केटिंग की आवश्यकता के आकलन का उपयोग किया जा सकता है।

अत: विकल्प (A) सही है।

13. नर्स का बयान, ''हाँ, मैं देखती हूँ। जारी रखें।'' एक सामान्य लीड की संचार कुशलता का एक उदाहरण है। एक सामान्य नेतृत्व की पेशकश से रोगी को जानकारी साझा करना जारी रखने के लिए प्रोत्साहित किया जाता है।

सामान्य लीड इंगित करते हैं कि नर्स बातचीत के लिए पहल किए बिना रोगी जो कह रही है उसे सुन रही है और उसका पालन कर रही है।

अत: विकल्प (C) सही है।

14. यह झूठा आश्वासन संचार कुशलता देने का एक उदाहरण है।

नर्स का बयान, "रात की अच्छी नींद के बाद कल चीजें बेहतर दिखेंगी।" झूठा आश्वासन देने की गैर-चिकित्सीय तकनीक का एक उदाहरण है। झूठा आश्वासन देना क्लाइंट को इंगित करता है कि चिंता का कोई कारण नहीं है, जिससे क्लाइंट की भावनाओं का अवमूल्यन होता है।

अत: विकल्प (D) सही है।

15. समूह शिक्षण की व्याख्यान पद्धति में शिक्षार्थियों की कोई सक्रिय भागीदारी नहीं होती है।

व्याख्यान स्वास्थ्य शिक्षण का सबसे लोकप्रिय तरीका है। इसमें संचार ज्यादातर एकतरफा होता है, यानी लोग केवल निष्क्रिय श्रोता होते हैं 'सीखने में उनकी ओर से कोई सक्रिय भागीदारी नहीं होती है।

व्याख्यान विधि शिक्षण की सबसे पुरानी विधि है। यह आदर्शवाद के दर्शन पर आधारित है। यह विधि छात्रों को विषय की व्याख्या करने के लिए संदर्भित करती है। सामग्री की प्रस्तुति पर जोर दिया गया है।

अत: विकल्प (A) सही है।

16. उपर्युक्त सभी स्वास्थ्य शिक्षा के उद्देश्य हैं।

स्वास्थ्य शिक्षा विकास के कारकों में से एक है क्योंकि यह योगदान देता है: स्वास्थ्य सेवाओं की प्रभावकारिता में वृद्धि, उपचारात्मक और साथ ही निवारक; व्यावसायिक रोगों और दुर्घटनाओं को कम करके उत्पादकता में सुधार करना; लोगों को भाग लेने के लिए प्राप्त करके समुदायों के सामाजिक माहौल को बदलने के लिए। स्वास्थ्य शिक्षा का अंतिम लक्ष्य है: व्यक्तिगत और सामुदायिक स्तर के स्वास्थ्य में सुधार। रोग की घटनाओं को कम करना। विकलांगता और मृत्यु में कमी।

अतः सही विकल्प (D) है।

17. एक ग्राहक का साक्षात्कार करते समय, नर्स को ग्राहक के सामने बैठने के अशाब्दिक व्यवहार को नियोजित करना चाहिए। सक्रिय रूप से सुनने के लिए सुविधात्मक कौशल को संक्षिप्त रूप से सोलर द्वारा पहचाना जा सकता है। सोलर में ग्राहक (एस) के सामने बैठना, क्लाइंट (ओ) के साथ बातचीत करते समय खुली मुद्रा, क्लाइंट (एल) की तरफ झुकाव, आंखों से संपर्क (ई), और आराम (आर) स्थापित करना शामिल है।

अत: विकल्प (C) सही है।

18. कंट्री क्लब प्रबंधन शैली इसे संदर्भित करती है।

कंट्री क्लब प्रबंधन शैली सेवाओं के वितरण की कीमत पर कर्मचारियों के लिए नंबर एक प्राथमिकता के रूप में चिंता करती है। वह विभाग को एक कंट्री क्लब की तरह चलाता है जहाँ प्रबंधक सहित सभी खुश रहते हैं। यह नेतृत्व शैली मानती है कि यदि लोग अपने काम से खुश हैं, तो वे स्वाभाविक रूप से अधिक मेहनत करेंगे।

अत: विकल्प (C) सही है।

19. महामारी विज्ञान त्रय में जोखिम कारक शामिल नहीं हैं।

स्वास्थ्य जोखिम कारक विशेषताएँ, विशेषताएँ या जोखिम हैं जो किसी व्यक्ति की बीमारी या स्वास्थ्य विकार विकसित करने की संभावना को बढ़ाते हैं।

अत: विकल्प (C) सही है।

20. लोकतांत्रिक नेतृत्व शैली चिकित्सा के क्षेत्र में सबसे प्रभावी है।

लोकतांत्रिक नेतृत्व सबसे प्रभावी नेतृत्व शैलियों में से एक है क्योंकि यह निचले स्तर के कर्मचारियों को अधिकार का प्रयोग करने की अनुमति देता है, उन्हें भविष्य में उनके द्वारा धारण किए जाने वाले पदों में बुद्धिमानी से उपयोग करने की आवश्यकता होगी।

अत: विकल्प (C) सही है।

21. व्यक्तिगत सेवाओं को छोड़कर एक संगठन के रूप में एक अस्पताल की खासियत सभी है।

व्यक्तिगत स्वास्थ्य सेवाएं (पीएचएस) देखभाल के लिए एक व्यापक ढांचा है जो स्वास्थ्य को बढ़ावा देने और बीमारी को रोकने के प्राथमिक उद्देश्य के साथ देखभाल के समन्वय के लिए एक लगे हुए रोगी के साथ भविष्य कहनेवाला प्रौद्योगिकियों को एकीकृत करता है।

अत: विकल्प (C) सही है।

22. संगठन की प्रभावशीलता में संरचना और रणनीति में लचीलेपन को छोड़कर सभी शामिल हैं।

रणनीति में लचीलापन संगठनात्मक लक्ष्यों की क्षमता और बाहरी और आंतरिक वातावरण के प्रबंधन की क्षमता से बना है।

संगठनात्मक प्रभावशीलता एक शब्द है जिसका उपयोग अक्सर किसी संगठन की दक्षता और प्रभावी ढंग से परिणाम प्राप्त करने की क्षमता का वर्णन करने के लिए किया जाता है।

अत: विकल्प (C) सही है।

23. आकृति अस्पतालों के वर्गीकरण का आधार नहीं है।

अस्पताल ऐसे संस्थान हैं जो घायल और बीमार लोगों को चिकित्सा सहायता प्रदान करते हैं। यह सभी अस्पतालों के पीछे सामान्य अवधारणा है।

अस्पतालों के मानदंड-आधारित वर्गीकरण में शामिल हैं:

- कार्यक्षमता
- आकार
- स्थान
- स्वामित्व
- विशेषज्ञता

अत: विकल्प (D) सही है।

24. उपरोक्त सभी अस्पताल के कार्यात्मक प्रभाग हैं।

अस्पताल, एक संस्था जो बीमारी के निदान के लिए निर्मित, कर्मचारी और सुसज्जित है; बीमार और घायलों के चिकित्सा और शल्य चिकित्सा दोनों के उपचार के लिए; और इस प्रक्रिया के दौरान उनके आवास के लिए।

बाह्य रोगी विभाग (ओपीडी), शल्य चिकित्सा विभाग, इनपेशेंट सर्विस (आईपी), नर्सिंग, फिजिकल मेडिसिन, पैरामेडिकल विभाग और रिहैबिलिटेशन विभाग, डायटरी विभाग, फार्मेसी विभाग, ऑपरेशन थिएटर कॉम्प्लेक्स (ओटी), रेडियोलॉजी विभाग (एक्स-रे), और गैर-पेशेवर सेवाएं अस्पताल के कुछ कार्यात्मक प्रभाग हैं।

अत: विकल्प (D) सही है।

25. आंतरिक देखभाल से बाह्य रोगी देखभाल में अस्पतालों की भूमिका को बदलने के पीछे की अवधारणा में आर्थिक महत्व को छोड़कर सभी शामिल हैं।

रोगी की देखभाल चिकित्सा उपचार के लिए अस्पताल में प्रवेश के साथ शुरू होती है। अधिकांश रोगी अस्पताल आपातकालीन कक्ष (ईआर) से या पहले से बुक की गई सर्जरी या उपचार के माध्यम से इनपेशेंट देखभाल में प्रवेश करते हैं। ज्यादातर मामलों में, उपचार गंभीर होना चाहिए और गहन अवलोकन और निगरानी की आवश्यकता होती है। एक बार डॉक्टर द्वारा अस्पताल से छुट्टी मिलने के बाद, रोगी एक बाह्य रोगी बन जाता है।

बाह्य रोगी देखभाल में अस्पताल में प्रवेश के बिना प्रदान की जाने वाली किसी भी प्रकार की देखभाल शामिल है। एक बाह्य रोगी क्लिनिक के भीतर प्रक्रियाओं में परामर्श, पुनर्वास, परीक्षण आदि शामिल हैं। ये सभी अस्पताल की सेटिंग के बाहर-पारंपरिक रूप से क्लीनिक या अन्य सुविधाओं में किए जाते हैं। देखभाल में अस्पताल में प्रवेश के बिना प्रदान की जाने वाली किसी भी प्रकार की देखभाल शामिल है। एक बाह्य रोगी क्लिनिक के भीतर प्रक्रियाओं में

परामर्श, पुनर्वास, परीक्षण आदि शामिल हैं। ये सभी अस्पताल की सेटिंग के बाहर-पारंपरिक रूप से क्लीनिक या अन्य सुविधाओं में किए जाते हैं।

अत: विकल्प (C) सही है।

26. ओपीडी सेवाएं निवारक देखभाल का हिस्सा नहीं हैं।

ओपीडी सेवाएं: इसे बाह्य रोगी विभाग के रूप में जाना जाता है जिसमें हम निदान की सुविधा प्रदान करते हैं और उन रोगियों की देखभाल करते हैं जो रात भर नहीं रह सकते हैं। इसमें इन-पेशेंट सेवाएं और चिकित्सक और सर्जन भी शामिल हैं जो वार्ड में इन-पेशेंट की देखभाल करते हैं और ओपीडी में सलाहकार हैं।

अत: विकल्प (D) सही है।

27. इस स्थिति में स्व-इंजेक्शन से संबंधित रोगी की पहली प्राथमिकता यह सत्यापित करने के लिए सिरिंज की जांच करना है कि नर्स ने निर्धारित इंसुलिन खुराक को हटा दिया है।

जब नर्स रोगी को इंसुलिन इंजेक्शन तैयार करना सिखाती है, तो रोगी की पहली प्राथमिकता खुराक की सटीकता को सत्यापित करना होता है। अगले चरण में साइट का चयन करना, साइट का आकलन करना और इंसुलिन का इंजेक्शन लगाने से पहले साइट को अल्कोहल से साफ करना है।

अत: विकल्प (C) सही है।

28. एक मरीज को हमुलिन नियमित इंसुलिन की 50 यूनिट प्राप्त करनी चाहिए। लेबल पर 100 यूनिट = 1 मिली लिखा है। नर्स को 0.5 मिली का प्रशासन करना चाहिए।

दवा की खुराक की गणना के लिए 3 प्राथमिक तरीके हैं; आयामी विश्लेषण, अनुपात अनुपात, और फॉर्मूला या वांछित ओवर है विधि। डिजार्ड ओवर हैव या फॉर्मूला विधि किसी अज्ञात मात्रा (x) के अनुपात अनुपात को हल करने के लिए एक सूत्र या समीकरण का उपयोग करती है। दवा की गणना के लिए रूपांतरण कारकों के उपयोग की आवश्यकता होती है, उदाहरण के लिए, जब पाउंड से किलोग्राम या लीटर से मिलीलीटर में परिवर्तित किया जाता है। डिजाइन में सरलीकृत, यह विधि चिकित्सकों को माप की विभिन्न इकाइयों के साथ काम करने की अनुमति देती है, कारकों को उत्तर खोजने के लिए परिवर्तित करती है।

अत: विकल्प (A) सही है।

29. नर्स को नियमित इंसुलिन, फिर एनपीएच इंसुलिन, उसी सिरिंज में लेना चाहिए।

संगत दवाओं को एक सिरिंज में एक साथ मिलाया जा सकता है। इंसुलिन के मामले में, सटीक माप सुनिश्चित करने के लिए कम-अभिनय, स्पष्ट इंसुलिन (नियमित) को लंबे समय तक अभिनय करने वाले, बादल वाले इंसुलिन (एनपीएच) से पहले तैयार किया जाना चाहिए।

अत: विकल्प (B) सही है।

30. एक मरीज को दर्द के लिए मुंह से सिर्फ 30 मिलीग्राम कोडीन मिला है। पांच मिनट बाद उसे उल्टी हुई। नर्स को पहले उत्सर्जन का निरीक्षण करना चाहिए।

एक मरीज के उल्टी होने के बाद, नर्स को रंग, स्थिरता और मात्रा का दस्तावेजीकरण करने के लिए उत्सर्जन का निरीक्षण करना चाहिए। मतली या उल्टी एक और आम तौर पर देखा जाने वाला प्रतिकूल प्रभाव है जो अगले कुछ दिनों में निरंतर कोडीन एक्सपोजर के हफ्तों तक कम होने की उम्मीद है। मतली या उल्टी के उपचार के लिए मौखिक और मलाशय के योगों में एंटीमैटिक उपचार उपलब्ध है।

अत: विकल्प (C) सही है।

31. एक मरीज को #16 रहने वाले यूरिनरी (फोली) कैथेटर के साथ कैथीटेराइज किया जाता है ताकि यह निर्धारित किया जा सके कि उसका 24 घंटे का आउटपुट पर्याप्त है या नहीं।

एक वयस्क में 500 मिलीलीटर से कम के 24 घंटे के मूत्र उत्पादन को अपर्याप्त माना जाता है और यह गुर्दे की विफलता का संकेत दे सकता है। रोगी के तीव्र अवस्था में होने पर इसे ठीक किया जाना चाहिए ताकि उचित तरल पदार्थ, इलेक्ट्रोलाइट्स और दवाएं प्रशासित और उत्सर्जित की जा सकें। आघात, यूरिनरी के संक्रमण, या अवशिष्ट मूत्र के निदान के लिए स्थायी कैथीटेराइजेशन की आवश्यकता नहीं है।

अत: विकल्प (B) सही है।

32. एक स्टाफ नर्स जिसे सहायक नर्स प्रबंधक के रूप में पदोन्नत किया गया है, वह अपने पूर्व साथियों की देखरेख करते समय शुरू में असहज महसूस कर सकती है। वह स्थिति का मूल्यांकन करने और कर्मचारियों के साथ चर्चा करने के बाद बदलाव करके इस परेशानी को कम कर सकती है।

एक नई सहायक नर्स प्रबंधक को तब तक बदलाव नहीं करना चाहिए जब तक कि उसे स्टाफ सदस्यों, रोगियों और चिकित्सकों का मूल्यांकन करने का मौका न मिले। परिवर्तनों की योजना पूरी तरह से बनाई जानी चाहिए और यह केवल परिवर्तन के लिए नहीं, बल्कि परिस्थितियों में सुधार की आवश्यकता पर आधारित होनी चाहिए।

अत: विकल्प (B) सही है।

33. संवेदी कमी के कारण वृद्धावस्था के रोगी को निर्धारित दवाओं के बारे में ज्ञान बनाए रखने में कठिनाई हो सकती है।

पांच शास्त्रीय इंद्रियों (दृष्टि, गंध, श्रवण, स्पर्श और स्वाद) की उम्र से संबंधित गिरावट बड़े वयस्कों पर महत्वपूर्ण बोझ डालती है। वृद्ध वयस्कों में कई संवेदी कमियों की सह-घटना अच्छी तरह से विशेषता नहीं है और यह एक सामान्य तंत्र को प्रतिबिंबित कर सकती है जिसके परिणामस्वरूप वैश्विक संवेदी हानि होती है।

अत: विकल्प (B) सही है।

34. पेट दर्द वाले रोगी की जांच करते समय प्रभारी नर्स को रोगसूचक चतुर्थांश का अंतिम आकलन करना चाहिए।

नर्स को पेट के सभी क्षेत्रों का व्यवस्थित रूप से आकलन करना चाहिए, यदि समय और रोगी की स्थिति अनुमति देती है, तो रोगसूचक क्षेत्र के साथ समाप्त होता है। अन्यथा, नर्स को रोगसूचक क्षेत्र में दर्द हो सकता है, जिससे अन्य क्षेत्रों में मांसपेशियां कसने लगती हैं। यह आगे के आकलन में हस्तक्षेप करेगा।

अत: विकल्प (C) सही है।

35. नर्स एक पोस्टऑपरेटिव वयस्क रोगी का आकलन कर रही है। नर्स को रोगी के दर्द के विवरण को व्यक्तिपरक डेटा के रूप में दस्तावेज करना चाहिए।

व्यक्तिपरक डेटा सीधे रोगी से आता है और आमतौर पर प्रत्यक्ष उद्धरण के रूप में दर्ज किया जाता है जो किसी स्थिति के बारे में रोगी की राय या भावनाओं को दर्शाता है। विषयपरक डेटा संभावित शारीरिक, मनोवैज्ञानिक और सामाजिक समस्याओं का सुराग प्रदान करते हैं। वे नर्स को ऐसी जानकारी भी प्रदान करते हैं जो किसी समस्या के लिए क्लाइंट के जोखिम के साथ-साथ क्लाइंट के लिए ताकत के क्षेत्रों को प्रकट कर सकती है। जानकारी साक्षात्कार के माध्यम से प्राप्त की जाती है। महत्वपूर्ण संकेत, प्रयोगशाला परीक्षण के परिणाम और ईसीजी तरंग वस्तुनिष्ठ डेटा के उदाहरण हैं।

अत: विकल्प (C) सही है।

36. मनुष्य 20 में से 10 अमीनो एसिड का उत्पादन कर सकता है। दूसरों को भोजन में आपूर्ति की जानी चाहिए। 10 आवश्यक अमीनो एसिड में से 1 को भी पर्याप्त रूप से प्राप्त करने में विफलता, जिन्हें हम नहीं बना सकते हैं, जिसके परिणामस्वरूप शरीर की प्रोटीन-मांसपेशियों का क्षरण होता है और इसके लिए आवश्यक एक अमीनो एसिड प्राप्त होता है।

अत: विकल्प (D) सही है।

37. रसायनों के एंजाइम समूह खाद्य पोषक तत्व नहीं हैं। पोषक तत्व जीवन और स्वास्थ्य के लिए आवश्यक खाद्य पदार्थों में यौगिक हैं, जो हमें ऊर्जा प्रदान करते हैं, मरम्मत और विकास के लिए बिल्डिंग ब्लॉक और रासायनिक प्रक्रियाओं को विनियमित करने के लिए आवश्यक पदार्थ। छह प्रमुख पोषक तत्व हैं: कार्बोहाइड्रेट (CHO), लिपिड (वसा), प्रोटीन, विटामिन, खनिज, पानी।

अत: विकल्प (D) सही है।

38. जल निकाय का सुपोषण उच्च मात्रा में नाइट्रोजन पोषक तत्व और ऑर्थोफोस्फेट से होता है। अकार्बनिक पौधों के पोषक तत्वों द्वारा पानी के संवर्धन को सुपोषण कहा जाता है। यह घटना विभिन्न स्रोतों के कारण हो सकती है, कृत्रिम और प्राकृतिक दोनों। सुपोषण का जल निकायों पर प्रासंगिक प्रभाव पड़ता है: मुख्य है शैवाल खिलना, अत्यधिक जलीय मैक्रोफाइट विकास, और ऑक्सीजन की कमी। जब शैवाल घने होते हैं, तो वे दृश्यमान हरे या पीले-भूरे रंग के आवरण बनाते हैं जो पानी की सतह पर तैरते दिखाई देते हैं। यह सूर्य के प्रकाश को अवरुद्ध करता है जो पानी में जीवों द्वारा आवश्यक होता है और आगे ऑक्सीजन को कम करता है।

अत: विकल्प (C) सही है।

39. अब्सिसिक अम्ल हार्मोन वृद्धि को रोकता है। औक्सिन, गिबेरेलिन और साइटोकिनिन पौधे के विकास को बढ़ावा देते हैं। अब्सिसिक अम्ल स्टोमेटा, बीजों की सुस्ती को बंद करने और अन्य हार्मोनल क्रियाओं को बाधित करने में शामिल है। यह बीज परिपक्वता में एक महत्वपूर्ण भूमिका निभाता है। प्रोटीन और संगत ऑस्मोलिटिस के संश्लेषण में भी इसकी महत्वपूर्ण भूमिका है, जो पौधों को पर्यावरण या जैविक कारकों के कारण तनाव को सहन करने में सक्षम बनाते हैं।

अत: विकल्प (B) सही है।

40. गाय, भेड़ और बकरी के दूध की तुलना में भैंस के दूध में वसा की मात्रा सबसे अधिक होती है। गाय के दूध के बाद भैंस का दूध दूसरा सबसे ज्यादा सेवन किया जाने वाला दूध है। वसा के अलावा, भैंस का दूध एसएनएफ, कैल्शियम, मैग्नीशियम और फास्फोरस सामग्री से भी भरपूर होता है।

भैंस का दूध	
कैलोरी	237
पानी	83 %
कार्बन	12 ग्राम
प्रोटीन	9 ग्राम
फैट	17 ग्राम
लैक्टोज	13 ग्राम
कैल्शियम	दैनिक मूल्य का 32%

अत: विकल्प (A) सही है।

41. एन्थ्रेक्स रोग एक गंभीर बीमारी है जो बैसिलिस एनथ्रासीस नामक बैक्टीरिया के द्वारा होता है। एन्थ्रेक्स रोग के कारण न्यूमोनिया, रक्त संक्रमण यहाँ तक मृत्यु भी हो सकती है। संक्रमित दूध के कारण एन्थ्रेक्स रोग हो सकता है। एन्थ्रेक्स से संक्रमित पशु के दूध से अधिक खतरा उसके आस-पास व उसके मल-मूत्र, दूध व अन्य खाद्य पदार्थों का संपर्क में आना है।

अत: विकल्प (A) सही है।

42. खाद्य पदार्थों में तनु आयोडीन जोड़ना स्टार्च के लिए पुष्टिकरण परीक्षण है।

स्टार्च के लिए परिक्षण:

1. थोड़ी मात्रा में कोई खाद्य पदार्थ या कच्चा पदार्थ लें। इस पर तनु आयोडीन घोल की 2-3 बूंदें डालें।
2. यदि खाद्य पदार्थ के रंग में कोई परिवर्तन हो तो देखें।
3. एक नीला-काला रंग इंगित करता है कि इसमें स्टार्च है।

अत: विकल्प (A) सही है।

43. ग्लाइकोजन पोलीसैक्राइड कार्बोहाइड्रेट का उदाहरण है। कार्बोहाइड्रेट कुछ अपवादों के साथ 1: 2: 1 के अनुपात में आमतौर पर C, H और O से बना पॉलीहाइड्रॉक्सी एल्डिहाइड या केटोन होते हैं। कार्बोहाइड्रेट का सामान्य सूत्र $C_n (H_2O)_n$। 1 ग्राम कार्बोहाइड्रेट 17 KJ ऊर्जा बनाता है। ये हमारे शरीर के वजन का लगभग 1% हैं और शरीर में ऊर्जा के स्रोत के रूप में कार्य करने के लिए ऑक्सीकृत हो सकते हैं। कार्बोहाइड्रेट के मुख्य स्रोत आलू, फल, अनाज, चीनी, शहद, रोटी, दूध, आदि हैं।

अत: विकल्प (C) सही है।

44. आयरन और विटामिन सी की कमी के कारण दूध को अब संतुलित आहार नहीं कहा जाता है। दूध में आयरन और विटामिन सी अच्छी मात्रा में नहीं पाए जाते हैं। कैल्शियम के लिए शीर्ष खाद्य स्रोत दूध है। कैल्शियम, पोटेशियम और विटामिन डी का शीर्ष स्रोत दूध है। पूर्ण वसा वाले दूध में अधिकतम 0.35 मिलीग्राम/डेसिलेटर की विटामिन सी पाई जाती है। दूध में फॉस्फोरस, विटामिन A, B12, राइबोफ्लेविन पाया जाता है। दूध का प्राकृतिक रूप से अच्छा स्रोत गाय का दूध है। गाय के दूध में पर्याप्त मात्रा में विटामिन सी नहीं होता है।

अत: विकल्प (A) सही है।

45. यह देखने के लिए कि क्या कोई बेहोश व्यक्ति सामान्य रूप से सांस ले रहा है, आपको 10 सेकंड से अधिक समय नहीं लेना चाहिए।

यह जांचने के लिए कि क्या कोई व्यक्ति अभी भी सांस ले रहा है: देखें कि क्या उनकी छाती उठ रही है और गिर रही है। सांस लेने की आवाज़ के लिए उनके मुंह और नाक पर सुनें। 10 सेकंड के लिए उसकी सांस को अपने गाल पर महसूस करें।

अत: विकल्प (A) सही है।

46. यदि आपको संदेह है कि किसी व्यक्ति को स्ट्रोक हुआ है, तो आपको चेहरा, हाथ, वाणी परीक्षण का उपयोग करना चाहिए।

यदि आपको लगता है कि किसी को स्ट्रोक हो रहा है, तो कोई भी त्वरित परीक्षण कर सकता है। इसे FAST टेस्ट कहा जाता है।

- F = चेहरा (व्यक्ति को मुस्कुराने के लिए कहें। क्या मुस्कान असमान है?)
- A = भुजा (व्यक्ति को अपनी दोनों भुजाओं को ऊपर उठाने के लिए कहें। क्या एक हाथ दूसरे से कमजोर है?)
- S = वाणी (व्यक्ति से कुछ कहने के लिए कहें। क्या यह धीमा या मजाकिया लगता है?)
- T = समय (अगर व्यक्ति इनमें से कोई भी काम नहीं कर सकता है, तो मदद के लिए 911 पर कॉल करें।)

अत: विकल्प (A) सही है।

47. जली हुई त्वचा, कोई दर्द नहीं होना थर्ड डिग्री बर्न के लक्षण हैं।

थर्ड डिग्री बर्न में निम्नलिखित लक्षण होते हैं:

- सूखी और चमड़े की त्वचा।
- काली, सफेद, भूरी या पीली त्वचा।
- सूजन
- दर्द की कमी क्योंकि तंत्रिका अंत नष्ट हो गए हैं।

अत: विकल्प (A) सही है।

48. यात्री को उपचार प्रदान करते समय यात्री को स्थानांतरित करना 'रूट' आपातकालीन परिवहन तकनीक का मुख्य उद्देश्य है।

क्षेत्रीय ईटीआर को एक आपात स्थिति के दौरान तेजी से नुकसान के आकलन और मलबे की निकासी के लिए लक्षित प्राथमिकता वाले मार्गों के रूप में परिभाषित किया गया है और पहले उत्तरदाताओं के परिवहन (जैसे, पुलिस, आग और आपातकालीन चिकित्सा सेवाओं, ईंधन) सहित जीवन-बचत और

जीवन-निर्वाह प्रतिक्रिया गतिविधियों को सुविधाजनक बनाने के लिए उपयोग किया जाता है।

अत: विकल्प (A) सही है।

49. धमनी रक्तस्राव में उच्च नाड़ी के साथ घाव से रक्त का प्रवाह होता है।

धमनी से खून बहना तेजी से स्पंदन की विशेषता है, कभी-कभी कई मीटर ऊंचा होता है, और इसे शरीर से 18 फीट दूर तक पहुंचने के रूप में दर्ज किया गया है। क्योंकि यह भारी ऑक्सीजन युक्त है, धमनी रक्त को चमकदार लाल कहा जाता है।

अत: विकल्प (C) सही है।

50. एक व्यक्ति को पीनट बटर से एलर्जी है और वह एनाफिलेक्टिक शॉक में जा रहा है। उन्हें तुरंत एस्पिरिन दें और चिकित्सा की व्यवस्था करें, जो आपको आगे करना चाहिए।

एंटीहिस्टामाइन हिस्टामाइन को रोकते हैं, एक लक्षण पैदा करने वाला रसायन जो आपकी प्रतिरक्षा प्रणाली द्वारा एलर्जी की प्रतिक्रिया के दौरान जारी किया जाता है।

अत: विकल्प (D) सही है।

51. तरल या गैस से जलने को स्काल्ड कहा जाता है।

जलन और स्काल्ड आमतौर पर गर्मी के कारण त्वचा को नुकसान पहुंचाती है। दोनों के साथ एक जैसा व्यवहार किया जाता है। एक जलन सूखी गर्मी के कारण होती है - उदाहरण के लिए, लोहे या आग से। स्काल्ड किसी गीली चीज के कारण होती है, जैसे गर्म पानी या भाप।

अत: विकल्प (A) सही है।

52. जब किसी का हाथ टूट जाए तो हाथ में स्लिंग पहनने की आवश्यकता है।

कंधे के फ्रैक्चर, कोहनी के फ्रैक्चर या कलाई के फ्रैक्चर के लिए आपको स्लिंग पहनने की आवश्यकता हो सकती है। 1 फ्रैक्चर के बाद अपने हाथ को स्थिर करना महत्वपूर्ण है ताकि यह सुनिश्चित हो सके कि हड्डियां ठीक से ठीक हो जाएं। स्लिंग आपके हाथ को स्थिर रखता है और यह सुनिश्चित करने के लिए कि ऐसा होता है।

अत: विकल्प (D) सही है।

53. गर्मी में ऐंठन से पीड़ित छात्र को ठंडा पानी या स्पोर्ट्स ड्रिंक पिलाएं। गर्मी की ऐंठन आमतौर पर अपने आप दूर हो जाती है, लेकिन आप इनमें से किसी एक घरेलू उपचार को आजमा सकते हैं: ठंडी जगह पर आराम करें और एक स्पोर्ट्स ड्रिंक पीएं, जिसमें इलेक्ट्रोलाइट्स और नमक हो, या ठंडा पानी पीएं।

अत: विकल्प (B) सही है।

54.

एक्वायर्ड इम्युनोडेफिशिएंसी सिंड्रोम (एड्स) एक घातक वायरल संक्रमण है जो प्रतिरक्षा प्रणाली को नष्ट कर देता है।	
कारक पदार्थ	मानव इम्यूनोडिफिशिएंसी वायरस (एचआईवी)
ग्रहण करने का तरीका	यौन संपर्क के माध्यम से
प्रभाव	प्रतिरक्षा प्रणाली
लक्षण	प्राथमिक अवस्था • बुखार, ठंड लगना • मांसपेशियों में दर्द, जोड़ों में दर्द, कमजोरी, और वजन कम होना • लाल चकत्ते • बढ़ी हुई ग्रंथियाँ बाद की अवस्था • धुंधली दृष्टि
	• रात को पसीना • दस्त • जीभ पर सफेद धब्बे • व्यक्ति को अन्य संक्रमणों और तपेदिक, निमोनिया, कैंसर आदि जैसे रोगों की चपेट में ले आता है।

अत: विकल्प (D) सही है।

55. एड्रीनेलिन हार्मोन को फाइट-ओर-फ्लाइट हार्मोन कहा जाता है।एड्रीनेलिन को अधिवृक्क ग्रंथि द्वारा स्रावित किया जाता है। अधिवृक्क ग्रंथि के दो ऊतक होते हैं, उन्हें एड्रिनल मेडुला और एड्रिनल कोर्टेक्स कहा जाता है। एड्रिनल मेडुला किसी भी तरह के तनाव या आपातकालीन स्थिति की प्रतिक्रिया में एड्रीनेलिन और नॉरएड्रीनेलिन नामक दो हार्मोन स्रावित करता है। इसलिए उसे आपातकालीन हार्मोन या तनाव हार्मोन कहा जाता है।

हार्मोन	ग्रंथि
थाइरॉक्सिन	थायराइड ग्रंथि
ग्लूकागोन	अग्न्याशय
डोपामाइन	तंत्रिका कोशिका

अत: विकल्प (A) सही है।

56. प्रोजेस्टेरोन:

• अधिवृक्क ग्रंथियां, अंडाशय और अपरा प्रोजेस्टेरोन हॉर्मोन का उत्पादन करते हैं।

• गर्भावस्था के दौरान अंडोत्सर्जन और दलपुट के दौरान प्रोजेस्टेरोन का स्तर बढ़ जाता है।

• यह आर्तव चक्र (मासिक धर्म चक्र) को स्थिर करने में मदद करता है।

• यह गर्भावस्था के लिए शरीर को तैयार करता है।

• इसका निचला स्तर अनियमित रजोधर्म का कारण बनता है और गर्भावस्था के दौरान जटिलताओं को बढ़ाता है।

इस प्रकार प्रोजेस्टेरोन महिला सेक्स हॉर्मोन है।

अत: विकल्प (B) सही है।

57. बोमन कैप्सूल उत्सर्जन प्रणाली से सम्बंधित है।यह स्तनधारी गुर्दे की कार्यात्मक इकाई यानी नेफ्रॉन में एक कप जैसी संरचना होती है।

मूत्र के निर्माण के लिए रक्त निस्पंदन का पहला चरण यहां शुरू होता है। रक्तवह-तंत्र में हृदय और रक्त वाहिकाएं होती हैं।

पाचन तंत्र मुंह से शुरू होता है और गुदा तक जारी रहता है। इसमें अन्नप्रणाली, पेट का अग्न्याशय, पित्ताशय और आंत शामिल हैं।प्रजनन प्रणाली में गोनाड, नलिकाएं आदि शामिल हैं। यह पुरुषों और महिलाओं में भिन्न होता है।

अत: विकल्प (C) सही है।

58. व्यक्ति की वृद्धि पीयूष ग्रंथि द्वारा स्रावित वृद्धि हॉर्मोन पर निर्भर करती है।

पीयूष ग्रंथि अन्य अंतःस्रावी ग्रंथियों के कामकाज को नियंत्रित करती है।

ग्रंथियां	स्थान	हॉर्मोन	कार्य
पीयूष ग्रंथि	मस्तिष्क के आधार पर	वृद्धि हॉर्मोन एड्रेनोकॉर्टिकोट्रॉपिक हॉर्मोन	-हड्डियों के विकास को उत्तेजित करता है। -अधिवृक्क ग्रंथि को उत्तेजित करता है।
अधिवृक्क ग्रंथि	प्रत्येक वृक्क के अग्र अंत पर	अधिवृक्क और गैर-अधिवृक्क	संकट और भावनात्मक स्थितियों के दौरान व्यवहार को नियंत्रित करता है।

थाइमस	वक्ष पंजर में, हृदय के पास	थायमोसिन	उन कोशिकाओं को नियंत्रित करता है जो प्रतिरक्षा को जन्म देती हैं।

अतः विकल्प (A) सही है।

59. केंद्रीय तंत्रिका तंत्र को शरीर की केंद्रीय प्रसंस्करण इकाई के रूप में भी जाना जाता है। केंद्रीय तंत्रिका तंत्र में मस्तिष्क और मेरुरज्जु शामिल होती हैं और सूचना प्रसंस्करण और नियंत्रण का स्थल है।

मस्तिष्क एक अंग है जो तंत्रिका ऊतक के बड़े समूह से बना है जो खोपड़ी के भीतर सुरक्षित है। इसके कुछ मुख्य कार्यों में शामिल हैं - संवेदी सूचना का संसाधन करना, रक्तचाप को नियंत्रित करना और सांस लेना, हार्मोन उत्सर्जित करना आदि।

अतः विकल्प (C) सही है।

60. पेट और ग्रहणी के जंक्शन पर पाई जाने वाली गोलाकार पेशी पाइलोरिक स्फिंक्टर। पाइलोरिक स्फिंक्टर पेट के पाइलोरस और छोटी आंत के ग्रहणी के बीच के जंक्शन पर चिकनी पेशी का एक बैंड है। यह पाचन में एक महत्वपूर्ण भूमिका निभाता है, जहां यह पेट से छोटी आंत में आंशिक रूप से पचने वाले भोजन के प्रवाह को नियंत्रित करने के लिए एक वाल्व के रूप में कार्य करता है।

अतः विकल्प (D) सही है।

61. मस्तिष्क के अंगों को सुई से चुभने पर कोई दर्द महसूस नहीं होगा।

मस्तिष्क एक दर्द रहित अंग है।

- तो मस्तिष्क के एक हिस्से को चुभाना या हटाना भी, जबकि एक व्यक्ति सचेत होता है, कोई दर्द नहीं करता है।

एक सचेत अवस्था में मस्तिष्क का संचालन एक सामान्य प्रक्रिया है जिसे "सजग क्रानियोटॉमी" के रूप में जाना जाता है।

- मस्तिष्क के चारों ओर एक आवरण एक दर्दनाक संरचना है। इसे चुभने से तेज दर्द हो सकता है।

मस्तिष्क में ही किसी भी प्रकार के दर्द या स्पर्श (स्पर्श) रिसेप्टर्स नहीं हैं।

- इसलिए, एक सुई या उससे भी अधिक नुकीली मस्तिष्क सर्जरी रोगी में मस्तिष्क की किसी भी संवेदना से जुड़ी नहीं है।।

अतः विकल्प (B) सही है।

62. तंत्रिका तंत्र मुख्य रूप से दो प्रकार की कोशिकाओं, न्यूरॉन्स और ग्लियल कोशिकाओं से बना है।

1. **न्यूरॉन्स:** ये तंत्रिका तंत्र की संरचनात्मक और कार्यात्मक इकाइयाँ हैं। न्यूरॉन्स सूक्ष्म संरचनाएं हैं जो विद्युत आवेगों के प्रवाहकत्त्व का कार्य सूचनाओं को वहन करती हैं।

2. **ग्लियल कोशिकाएँ:** इन्हें न्यूरोग्लिया कोशिकाएँ भी कहा जाता है। वे प्रमुख रूप से मस्तिष्क और रीढ़ की हड्डी में पाए जाते हैं। वे विद्युत आवेगों का संचालन नहीं करते हैं।

- उनका प्राथमिक कार्य न्यूरॉन्स को सहायता प्रदान करना है।
- मस्तिष्क की कुल कोशिकाओं का लगभग 50% तंत्रिका कोशिकाएं हैं।
- सीएनएस और पीएनएस में क्रमशः विभिन्न प्रकार के न्यूरोलॉजिकल कोशिकाएं मौजूद हैं।

सीएनएस की तंत्रिका कोशिकाएं:

एस्ट्रोसाइट्स / मैक्रोग्लिया	•	ये कई प्रक्रियाओं के साथ मध्यम बड़ी कोशिकाएं हैं। ये दो प्रकार के होते हैं अर्थात श्वेत पदार्थ के रेशेदार एस्ट्रोसाइट और ग्रे पदार्थ के प्रोटोप्लाज्मिक एस्ट्रोसाइट्स।
	•	वे एक मरम्मत तंत्र प्रदान करते हैं और खोए हुए ऊतकों को प्रतिस्थापित करते हैं।
ऑलिगोडेंड्रोसाइट्स	•	एस्ट्रोसाइट्स की तुलना में छोटे, वे सीएनएस के तंत्रिका तंतुओं में माइलिन कोश के निर्माण और संरक्षण में एक चयापचय भूमिका निभाते हैं
माइक्रोग्लियल कोशिकाएं	•	ये भूरे और सफेद दोनों पदार्थों के माध्यम से विसरित अवस्थाओं में पाए जाते हैं।
	•	ये विशेष मैक्रोफेज और तंत्रिका तंत्र के स्थानांतरित करते हैं।
एपेंडिमल कोशिकाएं	•	ये उपकला का निर्माण करते हैं जो रीढ़ की हड्डी के निलय और केंद्रीय नलिका को दर्शाती है।

पीएनएस की तंत्रिका कोशिकाएं:

श्वान कोशिकाएं	•	ये कोशिकाएँ पीएनएस अक्षतंतुओं को घेरे रहती हैं। वे अक्षतंतु के चारों ओर माइलिन कोश बनाते हैं
सैटेलाइट कोशिकाएं	•	ये फ्लैट कोशिकाएं हैं जो पीएनएस गैन्ग्लिया के न्यूरॉन्स के कोशिका निकायों को घेरती हैं।

अतः विकल्प (D) सही है।

63. उपर्युक्त सभी एक्टोपिक गर्भावस्था के खतरे को बढ़ाते हैं।

एक्टोपिक गर्भावस्था एक गंभीर स्थिति है जिसमें एक भ्रूण गर्भाशय के बाहर ऊतक में प्रत्यारोपित होता है। जोखिम कारकों में श्रोणि सूजन की बीमारी, ट्यूबल बंधन, एंडोमेट्रोसिस, तंबाकू धूम्रपान, बांझपन का इतिहास, और सहायक प्रजनन तकनीक का उपयोग शामिल है।

एंडोमेट्रियोसिस अक्सर एक दर्दनाक विकार होता है जिसमें ऊतक ऊतक के समान होता है जो सामान्य रूप से आपके गर्भाशय के अंदर की रेखा बनाता है।

यदि आप ट्यूबल लिगेशन के बाद गर्भधारण करती हैं, तो अस्थानिक गर्भावस्था होने का खतरा होता है। इसका मतलब है कि निषेचित अंडा गर्भाशय के बाहर प्रत्यारोपित होता है, आमतौर पर फैलोपियन ट्यूब में।

पेल्विक सूजन की बीमारी (पीआईडी) महिला प्रजनन अंगों का संक्रमण है। यह अक्सर तब होता है जब यौन संचारित बैक्टीरिया आपकी योनि से आपके गर्भाशय, फैलोपियन ट्यूब या अंडाशय में फैल जाते हैं।

अत: विकल्प (D) सही है।

64. नवजात शिशु की हेमोलिटिक रोग मां और भ्रूण के बीच Rh की असंगति से शुरू हो सकती है।

सूचीबद्ध शर्तों में से, केवल एक जो मां और भ्रूण के बीच Rh असंगतता से जुड़ा है, वह नवजात शिशु की हेमोलिटिक बीमारी है (अन्यथा भ्रूण और नवजात शिशु के हेमोलिटिक रोग के रूप में जाना जाता है)। इस स्थिति में, मां के रक्त से एंटीबॉडी भ्रूण के रक्त पर हमला करते हैं। यह भ्रूण और नवजात मृत्यु दर और रुग्णता का एक प्रमुख कारण है।

अत: विकल्प (D) सही है।

65. निदान की पुष्टि के लिए नर्स को अल्ट्रासाउंड टेस्ट की उम्मीद है।

प्लेसेंटा प्रीविया एक ऐसी स्थिति है जिसमें प्लेसेंटा गर्भाशय में बहुत नीचे होता है और गर्भाशय ग्रीवा के सभी या हिस्से को कवर करता है।

अल्ट्रासाउंड स्कैन किसी व्यक्ति की आंतरिक शरीर संरचनाओं की एक छवि बनाने के लिए उच्च आवृत्ति वाली ध्वनि तरंगों का उपयोग करता है। डॉक्टर आमतौर पर एक विकासशील भ्रूण (अजन्मे बच्चे), एक व्यक्ति के पेट और

श्रोणि अंगों, मांसपेशियों और टेंडन, या उनके दिल और रक्त वाहिकाओं का अध्ययन करने के लिए अल्ट्रासाउंड का उपयोग करते हैं।

अत: विकल्प (D) सही है।

66. भ्रूण की हृदय गति का आकलन नर्स की अगली कार्रवाई होनी चाहिए।

नर्स को झिल्लियों (एमनियोटिक थैली) के फटने का संदेह होना चाहिए। यदि झिल्ली का टूटना हो सकता है तो भ्रूण की हृदय गति का आकलन करें। टूटने के साथ कॉर्ड प्रोलैप्स की संभावना आती है। आधारभूत परिवर्तनशीलता के लिए भ्रूण की हृदय गति का आकलन करें। चिह्नित परिवर्तनशीलता चिंता का कारण हो सकती है और नर्स को संक्रमण के लक्षणों के लिए रोगी की निगरानी करनी चाहिए।

अत: विकल्प (B) सही है।

67. एक्टोपिक गर्भावस्था के सबसे आम लक्षण मध्यम से गंभीर पेट दर्द और योनि से खून बहना है।

पेट दर्द दर्द है जो छाती और श्रोणि क्षेत्रों के बीच होता है। पेट में दर्द ऐंठन, दर्द, सुस्त, रुक-रुक कर या तेज हो सकता है।

योनि से रक्तस्राव के ऐसे कारण हो सकते हैं जो अंतर्निहित बीमारी की वजह से नहीं हों. उदाहरणों में मासिक धर्म, शरीर में वस्तुएं (जैसे आईयूडी), दवा के दुष्प्रभाव या प्रसव शामिल हैं।

अत: विकल्प (B) सही है।

68. नर्स हल्के प्री-एक्लेम्पसिया वाली महिला को पानी की सीमित मात्रा को छोड़कर निम्नलिखित सभी करने की सलाह देती है।

प्री-एक्लेम्पसिया वाली महिलाओं में पानी का सेवन सीमित करना आवश्यक नहीं है। यह महत्वपूर्ण है कि प्री-एक्लेम्पसिया से पीड़ित महिलाएं प्रतिदिन कम से कम 8 गिलास पानी पीएं। पानी का अंतर्ग्रहण सूजन को कम करने में भी मदद कर सकता है। द्रव के स्तर पर नज़र रखने के लिए अक्सर रक्तचाप और शरीर के वजन की जाँच करना महत्वपूर्ण है। भ्रूण की गति पर नज़र रखना और आंदोलन में कमी होने पर तुरंत एक प्रदाता को सूचित करना भी महत्वपूर्ण है। जो महिलाएं प्रीक्लेम्पटिक हैं, वे गुर्दे की खराबी के परिणामस्वरूप अपने मूत्र में प्रोटीन फैला सकती हैं।

अत: विकल्प (D) सही है।

69. एक नर्स जानती है कि सक्रिय क्षय रोग का सबसे सकारात्मक प्रमाण सकारात्मक छाती का एक्स-रे निष्कर्ष है। क्षय रोग (टीबी) माइकोबैक्टीरियम ट्यूबरकुलोसिस नामक जीवाणु के कारण होता है। क्षय रोग (टीबी) एक संभावित गंभीर संक्रामक रोग है जो मुख्य रूप से फेफड़ों को प्रभावित करता है।

जब कोई संक्रमित व्यक्ति खांसता या छींकता है तो टीबी पैदा करने वाले बैक्टीरिया फैलते हैं। क्षय रोग पैदा करने वाले जीवाणु से संक्रमित अधिकांश लोगों में लक्षण नहीं होते हैं। जब लक्षण होते हैं, तो उनमें आमतौर पर खांसी, वजन कम होना, रात को पसीना और बुखार शामिल होते हैं।

अत: सही विकल्प (C) है।

70. किसी समुदाय में 'जांच परीक्षण' की उपयोगिता उसकी संवेदनशीलता पर निर्भर करती है। उन लोगों में संभावित स्वास्थ्य विकारों या बीमारियों का पता लगाने के लिए एक स्क्रीनिंग टेस्ट किया जाता है, जिनमें बीमारी के कोई लक्षण होते हैं। स्क्रीनिंग टेस्ट के उदाहरण हैं पैप स्मीयर, मैमोग्राम, क्लिनिकल ब्रेस्ट टेस्ट, ब्लड प्रेशर निर्धारण, कोलेस्ट्रॉल स्तर, आंखों की जांच/दृष्टि परीक्षण और यूरिन एनालिसिस ।

अत: सही विकल्प (B) है।

71. एक नर्स 30 दिन के शिशु को विटामिन K की एक गोली दे रही है। लक्षित क्षेत्र वैस्टस लेटरलिस सबसे उपयुक्त होगा। दवाओं को विशाल पार्श्व जांघ की मांसपेशी के सबसे बड़े हिस्से में इंजेक्ट किया जाता है, पेशी जांघ के पार्श्व भाग पर स्थित होती है।

विटामिन K रक्त के थक्के जमने में मदद करता है और गंभीर रक्तस्राव को रोकता है। नवजात शिशुओं में, विटामिन के इंजेक्शन दुर्लभ, लेकिन संभावित रूप से घातक, रक्तस्राव विकार को रोक सकता है जिसे 'विटामिन K की कमी से रक्तस्राव' (वीकेडीबी) कहा जाता है, जिसे 'नवजात शिशु में रक्तस्रावी रोग' (एचडीएन) भी कहा जाता है।

अत: विकल्प (C) सही है।

72. गैस्ट्रिटिस रोगी की देखभाल करने वाली एक नर्स, इस रोगी के लिए नेप्रोक्सिन सोडियम दवाओं की सिफारिश नहीं करेगी।

नेप्रोक्सिन सोडियम एक नॉनस्टेरॉइडल एंटी-इंफ्लेमेटरी दवा है जो ऊपरी जीआई पथ की सूजन का कारण बन सकती है। इस कारण से, गैस्ट्रिटिस वाले रोगी में यह निषेधात्मक है। नेप्रोक्सन का उपयोग विभिन्न स्थितियों जैसे सिरदर्द, मांसपेशियों में दर्द, टेंडोनाइटिस, दांतों में दर्द और मासिक धर्म में ऐंठन से दर्द को दूर करने के लिए किया जाता है।

अत: विकल्प (A) सही है।

73. अपर्याप्त ऊतक संलयन के परिणामस्वरूप परिधीय संवहनी रोग वाले मरीजों में अक्सर तंत्रिका क्षति होती है। इस्केमिक दर्द ज्यादा चिंताजनक होता है। यह अत्यधिक दर्द को संदर्भित करता है जो पीवीडी और अपर्याप्त संलयन के संयोजन के कारण होता है। इस्केमिक दर्द अक्सर खराब कार्डियक आउटपुट के कारण तेज होता है।

अत: विकल्प (A) सही है।

74. हृदय रोग का पारिवारिक इतिहास एक विरासत में मिला जोखिम कारक है जो जीवन शैली में परिवर्तन के अधीन नहीं है। हृदय रोग एथेरोस्क्लेरोसिस के विकास के लिए वंशानुगत जोखिम कारक हैं।

एथेरोस्क्लेरोसिस एक धमनी की अंदरूनी परत में पट्टिका के निर्माण के कारण धमनियों का मोटा या सख्त हो जाना है। जोखिम कारकों में उच्च कोलेस्ट्रॉल और ट्राइग्लिसराइड का स्तर, उच्च रक्तचाप, धूम्रपान, मधुमेह, मोटापा, शारीरिक गतिविधि, और संतृप्त वसा खाने शामिल हो सकते हैं।

अत: विकल्प (A) सही है।

75. अतिसार से पीड़ित बच्चों में मौत का सबसे आम कारण निर्जलीकरण है।

अतिसार एक ऐसी स्थिति है जिसमें मल तरल रूप में आँतों से बार-बार निकलता है, और एक दिन में 3 या अधिक तरल मल या सामान्य से अधिक बार होना अतिसार का सामान्य लक्षण है।

अतः विकल्प (A) सही है।

76. रोड टू हेल्थ को ग्रोथ चार्ट के के रूप में भी जाना जाता है।

रोड टू हेल्थ चार्ट: इसे एक ग्रोथ चार्ट के रूप में भी जाना जाता है। तैयार किया गया: डेविड मॉरेल द्वारा संशोधित किया गया: विश्व स्वास्थ्य संगठन (WHO) द्वारा। एक बच्चे के विकास का पालन करने के लिए बाल रोग विशेषजों और अन्य स्वास्थ्य देखभाल पेशेवरों द्वारा उपयोग किया जाने वाला रोड टू हेल्थ चार्ट।

अत: विकल्प (B) सही है।

77. हथेली का स्पर्श 3 महीने में होता है जब एक बच्चा उंगलियां पकड़ता है।

शिशुओं में प्रेरक विकास: यह लगभग 3 महीने की उम्र में गायब हो जाता है। अर्थात शिशु के हाथ की हथेली का स्पर्श और आकुंचन होता है। परिग्रहण: यह लगभग 5-6 महीने की उम्र में होता है। इसका अर्थ है उंगलियों और अंगूठे के बीच वस्तुओं को पकड़ना। जैसे: पीने का प्याला पकड़ सकते हैं। पैराशूट प्रतिवर्त: यह लगभग 7 से 9 महीनों में एक सुरक्षात्मक भुजा प्रक्रिया के रूप में प्रकट होता है। इसका अर्थ है कि जब शिशु प्रवण होने पर अचानक नीचे की ओर धकेला जाता है। पिंसर मुष्टि: यह 1 वर्ष की आयु तक अच्छी तरह से विकसित हो जाता है। इसका अर्थ तर्जनी और अंगूठे का समन्वय है।

अतः विकल्प (D) सही है।

78. आमवाती बुखार एक सूजन संबंधी बीमारी है जो गले में खराश या स्कार्लेट ज्वर होने पर विकसित हो सकती है ग्रुप ए स्ट्रेप्टोकोकस (ग्रुप ए स्ट्रेप) नामक बैक्टीरिया इन संक्रमणों का कारण बनता है।

ग्रसनीशोथ ग्रसनी की सूजन है जिसे गले में खराश भी कहा जाता है। ग्रसनीशोथ भी गले में खरोंच और निगलने में कठिनाई पैदा कर सकता है। यह आमतौर पर वायरल संक्रमण जैसे सामान्य सर्दी, इन्फ्लूएंजा या मोनोन्यूक्लिओसिस के कारण होता है। कुछ मामलों में बैक्टीरियल इंफेकशन भी होता है। ऊष्मायन अवधि आमतौर पर 2 से 5 दिनों की होती है। सामान्य लक्षणों और लक्षणों में छींकना, नाक बहना, सिरदर्द, खांसी, थकान, शरीर में दर्द, ठंड लगना, बुखार आदि शामिल हैं।

अतः विकल्प (A) सही है।

79. एक फांक (कटा) तालु बच्चे के मुंह के शीर्ष में एक विभाजन या उद्घाटन होता है। इसमें उनके मुंह के नरम पिछले हिस्से का हड़ी वाला हिस्सा शामिल हो सकता है। फांक एक जन्मजात विकार है जो खाने, पीने और बोलने में समस्या उत्पन्न करता है। कटे होंठ या तालू आमतौर पर अलग-अलग जन्म दोषों के रूप में होते हैं, लेकिन कई वंशागत रूप से प्राप्त आनुवंशिक स्थितियों या संलक्षण से भी जुड़े होते हैं। फांक तालु की शल्य-चिकित्सा आमतौर परं तब होती है जब बच्चा लगभग 12 महीने (जब बच्चा बोलना सीखता है उससे पहले) का होता है। फांक तालु की मरम्मत के लिए शल्य-क्रिया के दूसरे दिन बाद एक प्याले के साथ भोजन कराना उचित होता है।

अतः विकल्प (A) सही है।

80. नवजात शिशु में फेफड़ों की कुल क्षमता 150 मिलीलीटर होती है।

फेफड़ों की कुल क्षमता पूरे अंतःश्रसन के बाद छाती में मौजूद वायु का आयतन है। नवजात शिशुओं में प्लेसेंटा में रक्त के माध्यम से ऑक्सीजन और कार्बन डाइऑक्साइड का प्रवाह होता है। इसका अधिकांश भाग हृदय में जाता है और शिशु के शरीर में प्रवाहित होता है। जन्म के समय, बच्चे के फेफड़े तरल पदार्थ से भरे होते हैं, इसलिए वह पूरी तरह से फूले नहीं होते हैं, इसलिए नवजात शिशुओं में फेफड़ों की क्षमता लगभग 120-150 मिलीलीटर होती है।

81. दिया है,

$$2 \text{ घंटे में भरा भाग} = \frac{2}{6} = \frac{1}{3}$$

$$\text{शेष भाग} = \left(1 - \frac{1}{3}\right) = \frac{2}{3}$$

$$\therefore (A+B) \text{ का } 7 \text{ घंटे का काम} = \frac{2}{3}$$

$$(A+B) \text{ का } 1 \text{ घंटे का काम} = \frac{2}{21}$$

$\therefore$ C का 1 घंटे का काम = {(A+B+C) का 1 घंटे का काम} − {(A+B) का 1 घंटे का काम}

$$= \left(\frac{1}{6} - \frac{2}{21}\right) = \frac{1}{14}$$

$\therefore$ C अकेले टैंक को 14 घंटे में भर सकता है।

अतः विकल्प (C) सही है।

82. माना अभीष्ट समय$= t$ वर्ष

ब्याज की गणना अर्द्धवार्षिक होगी।

$\therefore t$ समय $= 2t$ अर्ध-वर्ष और दर $= \frac{20}{2} = 10\%$

हम जानते है:

$$\because A = P\left(1 + \frac{r}{100}\right)^t$$

$$\therefore 1000\left(1 + \frac{10}{100}\right)^{2t} = 1331$$

$$\Rightarrow \left(\frac{11}{10}\right)^{2t} = \frac{1331}{1000}$$

$$\Rightarrow \left(\frac{11}{10}\right)^{2t} = \left(\frac{11}{10}\right)^3$$

$$\Rightarrow 2t = 3$$

$$\therefore t = \frac{3}{2} \text{ वर्ष}$$

अतः विकल्प (A) सही है।

83. हम जानते है:

स्थिर पानी में नाव की गति $= 13$ किमी / घंटे

धारा की गति $= 4$ किमी / घंटे

हमें दिया गया है कि नाव धारा के साथ जाती है, इसलिए नाव की नई गति होती है,

$$13 + 4 = 17 \text{ किमी / घंटे}$$

इस गति के साथ 68 किमी यात्रा में लगा समय

जैसा कि हम जानते है:

चाल = दुरी / समय

$$T = \frac{68}{17}$$

$$= 4 \text{ घंटे}$$

अतः विकल्प (C) सही है।

84. दिया है:

$$240 \div 6 + \sqrt{529} \times 17 = ? + 80 \text{ का } 150\%$$

$$\Rightarrow 40 + 23 \times 17 = ? + 120$$

$$\Rightarrow 40 + 391 = ? + 120$$

$$\Rightarrow 431 - 120 = ?$$

$$\Rightarrow ? = 311$$

$\therefore$? का मान 311 है।

अत: विकल्प (A) सही है।

85. दिया गया है:

संख्या 36,54 और 72 प्रयोग हैं।

उपयोग की गई अवधारणा:

महत्तम समापवर्तक (उच्चतम उभयनिष्ठ गुणक): यह सबसे बड़ा धनात्मक पूर्णांक है जो प्रत्येक पूर्णांक को विभाजित करता है। इसे कभी-कभी महत्तम सामान्य भाजक कहा जाता है।

$$36 \text{ के गुणक} = 1 \times 2 \times 2 \times 3 \times 3$$

54 के गुणक $= 1 \times 2 \times 3 \times 3 \times 3$

72 के गुणक $= 1 \times 2 \times 2 \times 2 \times 3 \times 3$

इसलिए हम कह सकते हैं कि उच्चतम सामान्य पूर्णांक $= 3 \times 3 \times 2 = 18$

$\therefore$ 36,54 और 72 का महत्तम समापवर्तक 18 है।

अतः विकल्प (A) सही है।

86. दी गयी कूट भाषा के अनुसार,

A	B	C	D	E	F	G	H	I	J	K	L	M
1	2	3	4	5	6	7	8	9	10	11	12	13
Z	Y	X	W	V	U	T	S	R	Q	P	O	N
26	25	24	23	22	21	20	19	18	17	16	15	14

L = 12 (1 + 2) = 3
I = 9
F = 6
E = 5
इसी प्रकार,
F = 6
U = 21 (2 + 1) = 3
N = 14 (1 + 4) = 5
इसलिए, FUN, 635 से संबंधित है।

अतः विकल्प (A) सही है।

87. दिए गए कथनों के लिए न्यूनतम संभावित वेन आरेख इस प्रकार होगा:

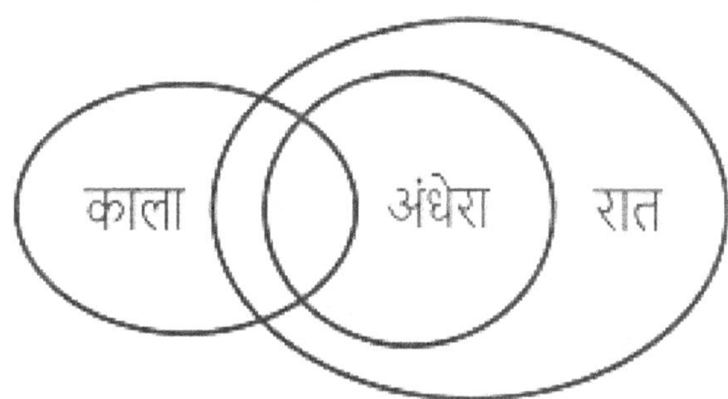

I. सभी काला रात हैं→ असत्य (यह संभव है लेकिन निश्चित नहीं है)

II. कुछ काला रात नहीं हैं→ असत्य (यह संभव है लेकिन निश्चित नहीं है)

इसलिए, या तो I या II अनुसरण करता है।

अतः विकल्प (C) सही है।

88. जिस प्रकार चाप, वृत्त का एक भाग है, उसी प्रकार खण्ड, रेखा का एक भाग है।

अतः विकल्प (D) सही है।

89. दिए गए कथन के अनुसार, प्रतिकूलता मनुष्य को बुद्धिमान बनाती है।

निष्कर्ष:

I. गरीब बुद्धिमान होते हैं। यह निष्कर्ष गलत है क्योंकि दिए गए कथन से कोई संबंध नहीं है।

II. व्यक्ति बुरे अनुभवों से सीखता है। यह निष्कर्ष सही है क्योंकि प्रतिकूलता का अर्थ है मुश्किल/अप्रिय स्थिति जो व्यक्ति को बुद्धिमान बनाती है।

इसलिए, केवल निष्कर्ष II अनुसरण करता है।

अतः विकल्प (C) सही है।

90.

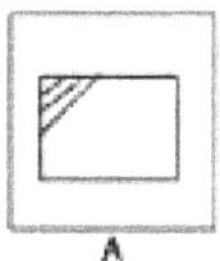

आकृति A को छोड़कर सभी आकृतियों में, प्रत्येक आकृति का आधा भाग छायांकित है।

अतः विकल्प (C) सही है।

91. राष्ट्रपति उत्तर प्रदेश के राज्यपाल की नियुक्ति करता है। राष्ट्रपति द्वारा राज्यपाल की नियुक्ति अनुच्छेद 155 के तहत दी गई है। अनुच्छेद 153 बताता है कि प्रत्येक राज्य के लिए एक राज्यपाल होगा। एक व्यक्ति को दो या अधिक राज्यों के लिए राज्यपाल के रूप में नियुक्त किया जा सकता है। अनुच्छेद 156 राज्यपाल के पद की व्याख्या करता है। राष्ट्रपति के प्रसाद पर्यन्त राज्यपाल पद पर रहेंगे। राज्यपाल पद के लिए व्यक्ति को पैंतीस वर्ष की आयु पूरी करनी होती है। श्रीमती आनंदीबेन पटेल उत्तर प्रदेश की वर्तमान राज्यपाल हैं।

अतः विकल्प (C) सही है।

92. उपरोक्त में से ममंग दाई साहित्य अकादमी पुरस्कार 2017 के विजेता थे।

- उन्होंने अपने अंग्रेजी उपन्यास द ब्लैक हिल के लिए पुरस्कार जीता।

- रमेश कुंतल मेघ ने हिंदी में साहित्यिक आलोचना के लिए 2017 साहित्य अकादमी पुरस्कार भी जीता।

- साहित्य अकादमी ने 24 भाषाओं में अपने वार्षिक साहित्य अकादमी पुरस्कारों की घोषणा की। पुरस्कार एक कास्केट के रूप में होता है जिसमें एक उत्कीर्ण कॉपर-प्लाक, एक शॉल और 1 लाख रुपये का चेक होता है।

- अनीस सलीम ने अपने उपन्यास 'द ब्लाइंड लेडीज डिसेन्डेंट' के लिए अंग्रेजी भाषा में 2018 साहित्य अकादमी पुरस्कार जीता।

अतः विकल्प (D) सही है।

93. वीनस विलियम्स (चार स्वर्ण, एक रजत) और कैथलीन मैककेन गॉडफ्री (एक स्वर्ण, दो रजत और दो कांस्य) पांच-पांच के साथ सबसे अधिक ओलंपिक टेनिस पदक के लिए सर्वकालिक रिकॉर्ड धारक हैं। सेरेना विलियम्स और वीनस विलियम्स ने रिकॉर्ड चार स्वर्ण पदक जीते।

अतः विकल्प (A) सही है।

94. फॉल्कन हेवी नवंबर 2022 तक पृथ्वी से लॉन्च किया गया सबसे शक्तिशाली रॉकेट है।

स्पेसएक्स ने कई अमेरिकी सैन्य उपग्रहों को कक्षा में भेजकर अपना फॉल्कन हेवी रॉकेट लॉन्च किया। यह पृथ्वी से अब तक का सबसे शक्तिशाली प्रक्षेपण है।

यह स्पेसएक्स का 2022 का 50 वां लॉन्च था क्योंकि स्पेसएक्स के वर्कहॉर्स फाल्कन 9 रॉकेट ने इस साल अब तक 49 मिशन लॉन्च किए हैं। अंतरिक्ष कंपनी की वर्तमान गति हर 6.10 दिनों में एक प्रक्षेपण है।

अतः विकल्प (B) सही है।

95. उजली या अनेरी होली त्योहार थारू जनजाति से जुड़े हुए हैं। यह समुदाय निचले हिमालय के शिवालिकों के बीच तराई क्षेत्र से संबंधित है। उनमें से अधिकांश निवासी हैं और कुछ कृषि का अभ्यास करते हैं। माना जाता है कि

थारू शब्द स्थवीर से लिया गया है, जिसका अर्थ थेरवाद बौद्ध धर्म के अनुयायी है। थारू भारत और नेपाल दोनों में रहते हैं।

अत: विकल्प (C) सही है।

96. यूआरएल का अर्थ यूनिफ़ॉर्म रिसोर्स लोकेटर है और इसका उपयोग वर्ल्ड वाइड वेब पर एड्रेस निर्दिष्ट करने के लिए किया जाता है। एक यूनिफ़ॉर्म रिसोर्स लोकेटर (यूआरएल), जिसे बोलचाल की भाषा में वेब एड्रेस कहा जाता है, एक वेब संसाधन का संदर्भ है जो कंप्यूटर नेटवर्क पर इसके स्थान और इसे पुनर्प्राप्त करने के लिए एक तंत्र को निर्दिष्ट करता है।

अत: विकल्प (B) सही है।

97. डिबगिंग: यह एक सॉफ्टवेयर प्रोग्राम में मौजूदा और संभावित त्रुटियों (जिन्हें 'बग' भी कहा जाता है) का पता लगाने और हटाने की प्रक्रिया है, जो इसे अप्रत्याशित या दुर्घटना का कारण बन सकती है।

किसी सॉफ़्टवेयर या सिस्टम के गलत संचालन को रोकने के लिए, बग्स या दोषों को खोजने और हल करने के लिए डिबगिंग का उपयोग किया जाता है।

अत: विकल्प (C) सही है।

98. जब भी वेब ब्राउज़र को लांच किया जाता है यह कम से कम एक वेबपेज को स्वयं खोलता है। यह पेज ही ब्राउज़र का होमपेज है जिसे स्टार्ट पेज भी कहते हैं।

अत: विकल्प (C) सही है।

99. कंप्यूटर जॉयस्टिक एक इनपुट डिवाइस है।

- जॉयस्टिक एक इनपुट डिवाइस है जिसमें एक स्टिक होती है जो आधार पर घूमती है और अपने कोण या दिशा को उस डिवाइस को रिपोर्ट करती है जिसे वह नियंत्रित कर रहा है।
- इसका उपयोग अक्सर गेमिंग में किया जाता है।

अत: विकल्प (A) सही है।

100. ग्राफिकल यूजर इंटरफेस कमांड इंटरफेस आमतौर पर विंडोज़ ऑपरेटिंग सिस्टम के लिए उपयोग किया जाता है।

ग्राफिकल यूजर इंटरफेस (जीयूआई): सीएलआई इनपुट कमांड के रूप में स्वीकार करते हैं जो कीबोर्ड द्वारा दर्ज किए जाते हैं; कमांड प्रॉम्प्ट पर इनवॉइस किए गए कमांड तब कंप्यूटर द्वारा चलाए जाते हैं। आज, अधिकांश विक्रेता ग्राफिकल यूजर इंटरफेस (जीयूआई) को ऑपरेटिंग सिस्टम (ओएस) जैसे विंडोज, लिनक्स और मैकओएस के लिए डिफ़ॉल्ट के रूप में पेश करते हैं।

अत: विकल्प (C) सही है।

Discipline

Q.1 43 सप्ताह के गर्भ में एक गर्भवती महिला को ऑक्सीटोसिन जलसेक के साथ श्रम में वृद्धि हो रही है। निम्नलिखित में से कौन इस विशेष दवा को सर्वश्रेष्ठ श्रेणी में रखता है?

A. एरिथ्रोपोइटीन
B. वृद्धि हार्मोन
C. एन्टिडाययूरेटिक हार्मोन
D. प्रोलैक्टिन

Q.2 बेसल शरीर का तापमान _________ द्वारा निर्धारित किया जाता है।

A. सोने से पहले तापमान लेना
B. दोपहर में तापमान लेना
C. मध्य सुबह तापमान लेना
D. बढ़ने से पहले तापमान लेना

Q.3 निम्नलिखित में से कौन सा लक्षण गर्भावस्था का खतरनाक संकेत नहीं है?

A. बुखार या ठंड लगना
B. चेहरे या उंगलियों में सूजन
C. योनि से खून बहना
D. पेशाब में वृद्धि

Q.4 एक 25 वर्षीय महिला प्रिमिग्रेविडा प्रसवपूर्व यात्रा के लिए क्लिनिक में प्रस्तुत करती है और हाल ही में देखे गए नए-शुरूआत त्वचा परिवर्तनों से चिंतित है। इस क्लाइंट की देखभाल करने वाली नर्स इस बात से अवगत है कि गर्भावस्था से जुड़े कई त्वचा परिवर्तन होते हैं।

निम्नलिखित में से _________ को छोड़कर गर्भावस्था से जुड़े सभी त्वचा परिवर्तन हैं।

A. लिनिया निग्रा
B. क्लोस्मा ग्रेविडेरियम
C. हेगर का संकेत
D. उपनैदानिक पीलिया

Q.5 माँ द्वारा महसूस की जाने वाली शिशु की पहली गतिविधियों को क्या कहा जाता है?

A. बिजली चमकना
B. सगाई
C. क्विकिंग
D. बललॉटमेंट

Q.6 प्री-एक्लेम्पसिया में बेड रेस्ट क्यों जरूरी है?

A. एक्लम्पसिया को रोकता है
B. ऊतक द्रव परिसंचरण को गतिशील बनाता है और शोफ को कम करता है
C. समय से पहले प्रसव को रोकता है
D. यह रक्त परिसंचरण में सुधार करता है और एडिमा को कम करता है

Q.7 प्रसूति चक्र के दौरान मधुमेह को नियंत्रित करने के लिए सबसे कठिन समय कौन सा है?

A. पहली तिमाही
B. अंतिम तिमाही
C. श्रम और प्रसव
D. प्रसवोत्तरकाल

Q.8 गर्भावस्था के किस बिंदु पर प्रीक्लेम्पसिया विकसित होने की सबसे अधिक संभावना है?

A. 32 सप्ताह के बाद
B. 12-24 सप्ताह
C. 0-12 सप्ताह
D. 20-32 सप्ताह

Q.9 एलडीआरपी क्या है?

A. लेबर, डिलीवरी, रिकवरी और पोस्टपार्टम
B. लेबर, डिलीवरी, रिकवरी और पेशेंट
C. लेबर, डिलीवरी, रेट और पेशेंट
D. लेबर, डिलीवरी, रेस्ट और पीरियड

Q.10 रोड टू हेल्थ कार्ड का उपयोग _____________ के लिए किया जाता है।

A. सड़क के आकार को मापना
B. बच्चों में वृद्धि निगरानी
C. वयस्कों में विकास की निगरानी
D. ये सभी

Q.11 किसी समुदाय के स्वास्थ्य का निर्धारण करने का सबसे अच्छा तरीका निम्नलिखित में से कौन सा होगा?

A. किसी अग्निशामक से पूछें कि किन मोहल्लों में सबसे कम आग लगती है।
B. एक खुदरा विक्रेता से पूछें कि किस पड़ोस में सबसे महंगे घर हैं।
C. आस-पड़ोस में रहने वाले लोगों से पूछें कि क्या वे अपने निवास स्थान से खुश हैं।
D. पुलिस विभाग से पूछें कि किन मोहल्लों में अपराध दर सबसे कम है।

Q.12 वैसोस्पास्टिक डिसऑर्डर (रेनॉड डिजीज) से पीड़ित एक मरीज को उंगलियों में ठंड और जकड़न की शिकायत होती है। इस विवरण में निम्नलिखित में से किस रोगी के होने की सबसे अधिक संभावना है?

A. एक किशोर पुरुष
B. एक बुजुर्ग महिला
C. एक युवती
D. एक बुजुर्ग आदमी

Q.13 सी.ई. विंसलो के अनुसार, निम्नलिखित में से कौन-सा सार्वजनिक स्वास्थ्य का लक्ष्य है?

A. लोगों को स्वास्थ्य और दीर्घायु के अपने जन्मसिद्ध अधिकार प्राप्त करने के लिए
B. स्वास्थ्य को बढ़ावा देने और बीमारी की रोकथाम के लिए
C. लोगों को बुनियादी स्वास्थ्य सेवाएं उपलब्ध कराने के लिए
D. लोगों को उनके स्वास्थ्य प्रयासों में संगठित होने के लिए

Q.14 एक क्लाइंट एक पर्क्यूटिनियस ट्रांसल्यूमिनल कोरोनरी एंजियोप्लास्टी (पीटीसीए) के लिए निर्धारित है। नर्स जानती है कि एक पीटीसीए _________ है।

A. रोगग्रस्त कोरोनरी धमनी की सर्जिकल मरम्मत
B. एक स्वचालित आंतरिक कार्डियक डिफाइब्रिलेटर की नियुक्ति
C. रक्त प्रवाह में सुधार के लिए रोगग्रस्त कोरोनरी धमनी की दीवार के खिलाफ पट्टिका को संपीड़ित करने वाली प्रक्रिया
D. हृदय की गैर-आक्रामक रेडियोग्राफिक परीक्षा

Q.15 7 वर्षीय अस्पताल में भर्ती बच्चों के एक छोटे समूह के लिए नर्स को कौन सी खेलकूद गतिविधियों का आयोजन करना चाहिए?

A. खेल नियमों के साथ
B. फिंगर पेंट्स और वाटर प्ले
C. "ड्रेस-अप" कपड़े और प्रॉप्स
D. शतरंज और टेलीविजन कार्यक्रम

Q.16 ईडी में C3-4 के स्तर पर रीढ़ की हड्डी की चोट वाले एक मरीज की देखभाल की जा रही है। प्राथमिक मूल्यांकन क्या है?

A. उस स्तर का निर्धारण करें जिस पर रोगी को असहनीय दर्द होता है।
B. उस स्तर का आकलन करें जिस पर रोगी ने गतिशीलता को बरकरार रखा है।
C. स्पाइनल शॉक के संकेतों के लिए रक्तचाप और नाड़ी की जाँच करें।

D. श्वसन प्रयास और ऑक्सीजन संतृप्ति स्तर की निगरानी करें।

Q.17 मल्टीपल स्क्लेरोसिस से पीड़ित रोगी नर्सिंग सहायक को बताती है कि शारीरिक उपचार के बाद वह बहुत थकी हुई हैऔर नहाने में असमर्थ है। इस समय नर्स का प्राथमिक नर्सिंग निदान क्या है?

A. रोग अवस्था से संबंधित थकान

B. गतिविधि असहिष्णुता सामान्यीकृत कमजोरी के कारण

C. न्यूरोमस्कुलर दुर्बलता से संबंधित बिगड़ी हुई शारीरिक गतिशीलता

D. थकान और स्नायुपेशीय कमजोरी से संबंधित स्व-देखभाल की कमी

Q.18 निम्नलिखित लक्षणों में से कौन सा समूह एक टूटे हुए उदर महाधमनी धमनीविस्फार को इंगित करता है?

A. पीठ के निचले हिस्से में दर्द, रक्तचाप में वृद्धि, लाल रक्त कोशिका (आरबीसी) की संख्या में कमी, सफेद रक्त (डब्ल्यूबीसी) की संख्या में वृद्धि

B. पीठ के निचले हिस्से में गंभीर दर्द, रक्तचाप में कमी, आरबीसी की संख्या में कमी, डब्ल्यूबीसी की संख्या में वृद्धि

C. पीठ के निचले हिस्से में गंभीर दर्द, रक्तचाप में कमी, आरबीसी की संख्या में कमी, आरबीसी की संख्या में कमी, डब्ल्यूबीसी की संख्या में कमी

D. आंतरायिक पीठ के निचले हिस्से में दर्द, रक्तचाप में कमी, आरबीसी की संख्या में कमी, डब्ल्यूबीसी की संख्या में वृद्धि

Q.19 35 वर्ष की आयु के श्री बिकास को गुर्दे की पथरी है। माना जाता है कि उनके गुर्दे में एक छोटी पथरी है जो अनायास निकल जाएगी। गुर्दे की पथरी के ठीक हो जाने की संभावना को बढ़ाने के लिए, नर्स क्लाइंट को तरल पदार्थ देने और ____ करने का निर्देश देगी।

A. एंबुलेट

B. बेड रेस्ट पर रहें

C. सभी मूत्र तनाव

D. उसे आराम देने के लिए दवाएं मांगें

Q.20 रोगी को मलाशय से गंभीर रक्तस्राव होता है, एक दिन में 16 बार दस्त होते हैं, पेट में तेज दर्द होता है, निर्जलीकरण होता है और टेनेसमस होता है। इन लक्षणों के कारण नर्स को किस रोग से जुड़ी अन्य समस्याओं के प्रति सतर्क रहना चाहिए?

A. विपुटीप्रदाह   **B.** क्रोन्स रोग

C. अल्सरेटिव कोलाइटिस   **D.** पेरिटोनिटिस

Q.21 पैरासेन्टेसिस से गुजरने से पहले क्लाइंट को क्या निर्देश दिया जाना चाहिए?

A. प्रक्रिया से 12 घंटे पहले एनपीओ

B. प्रक्रिया से पहले खाली मूत्राशय

C. प्रक्रिया के बाद सख्त बिस्तर पर आराम

D. प्रक्रिया से पहले खाली आंत

Q.22 स्टेम सेल प्रत्यारोपण का दूसरा नाम है:

A. बोन मैरो ट्रांसप्लांट   **B.** तिल्ली प्रतिरोपण

C. बीओप्सी   **D.** रसायन चिकित्सा

Q.23 वैरिकोसिटीज की आमतौर पर जांच की जाती है:

A. रोगी के खड़े होने के साथ

B. रोगी के साथ फ्लैट

C. बाएं पार्श्व स्थिति में रोगी के साथ

D. रोगी के गर्म स्नान करने के बाद

Q.24 न्यूमोसेफालस तब होता है जब:

A. कपाल में प्रवेश करती है हवा

B. रोगी को निमोनिया भी है

C. सिर दिल के स्तर से नीचे झुका हुआ है

D. बढ़ा हुआ इंट्राकैनायल दबाव है

Q.25 क्रैनियोटॉमी के कारणों में शामिल हैं:

A. ऊतक की बायोप्सी   **B.** हेमेटोमा की निकासी

C. एन्यूरिज्म की कतरन   **D.** उपरोक्त सभी

Q.26 धमनीविस्फार एक ____________ की कमजोर दीवार में उभार है।

A. धमनी   **B.** नस

C. हृदय   **D.** फुफ्फुस गुहा

Q.27 बढ़े हुए इंट्राकैनायल दबाव के संकेतों और लक्षणों में शामिल हैं:

A. हाइपोटेंशन और क्षिप्रहृदयता

B. उच्च रक्तचाप और क्षिप्रहृदयता

C. उच्च रक्तचाप और हृदय मंदता

D. हाइपोटेंशन और हृदय मंदता

Q.28 ________ एक शिक्षण सहायता है जिसमें एक श्रृंखला कार्ड होते हैं।

A. फलालैन ग्राफ   **B.** फ्लैश कार्ड

C. पुस्तिका   **D.** इनमें से कोई नहीं

Q.29 ________ समूह शिक्षण की उपदेशात्मक विधि है।

A. संगोष्ठी   **B.** उद्योगशाला

C. रोल प्ले   **D.** फलालैन ग्राफ

Q.30 निम्नलिखित में से किस एक वर्ष में शारीरिक शिक्षा और मनोरंजन के केंद्रीय सलाहकार बोर्ड की स्थापना की गई थी?

A. 1959   **B.** 1939   **C.** 1950   **D.** 1954

Q.31 ________ विशेषज्ञों द्वारा चयनित विषय पर भाषणों की एक श्रृंखला है।

A. पैनल चर्चा   **B.** संगोष्ठी

C. अध्ययन   **D.** इनमें से कोई नहीं

Q.32 ________ एक प्रकार का संचार है जो स्वीकृत रूप, नियम या प्रथा का उपयोग करता है।

A. औपचारिक संचार   **B.** अनौपचारिक संचार

C. अनकहा संचार   **D.** इनमें से कोई नहीं

Q.33 निम्नलिखित में से कौन-सा/से स्वास्थ्य संचार की उपचारात्मक पद्धति है/हैं?

A. सामूहिक चर्चा   **B.** कार्यशाला

C. प्रदर्शन   **D.** व्याख्यान

Q.34 एक प्रकार का संचार जिसमें प्राप्तकर्ता के पास प्रश्न पूछने और संदेहों को दूर करने का अवसर होता है-

A. एकतरफा संचार   **B.** द्विमार्गीय संदेशवाहन

C. अनकहा संचार   **D.** इनमें से कोई नहीं

Q.35 ____________ संचार दो या तीन लोगों के बीच या परिवार जैसे छोटे समूहों में होता है।

A. आमने - सामने   **B.** द्रव्यमान

C. दोनों   **D.** इनमें से कोई नहीं

Q.36 प्रोटीन में सामान्यतः कितने प्रकार के अमीनो अम्ल पाए जाते हैं?

A. 25   **B.** 20   **C.** 15   **D.** 30

Q.37 प्रोटीन ____ पोषक तत्वों में से एक है जो कैलोरी प्रदान करता है।

A. चार   **B.** तीन   **C.** दो   **D.** पांच

Q.38 लंबे समय तक भोजन में पोषक तत्वों की कमी के कारण कौन सा रोग होता है?

A. हीनताजन्य रोग
B. रतौंधी
C. स्कर्वी (शिताद)
D. एनीमिया (अरक्तता)

Q.39 सबसे प्रचुर मात्रा में प्रोटीन पाया जाता है:
A. कोशिका द्रव्य
B. यकृत
C. माइटोकॉन्ड्रिया
D. मस्तिष्क

Q.40 निम्नलिखित में से कौन सा पाचक एंजाइम है जो पेट में भोजन को तोड़ने का काम करता है?
A. लैक्टेज
B. पेप्सिन
C. केरातिन
D. कोलेजन

Q.41 दूध में पाए जाने वाले शर्करा लैक्टोज को कौन से एंजाइम तोड़ते हैं?
A. केरातिन
B. कोलेजन
C. लैक्टेज
D. पेप्सिन

Q.42 इसमें से कौनसा हार्ट अटैक का लक्षण नहीं है?
A. छाती में दर्द
B. लाल, गर्म या शुष्क त्वचा
C. रंग में पीला या नीला
D. विपुल पसीना

Q.43 आपको बचाव सांस कब देनी चाहिए?
A. होश में घुटन का शिकार
B. बेहोश घुटन का शिकार
C. बेहोश, नाड़ी नहीं, सांस नहीं लेना
D. बेहोश, सांस नहीं ले रहा है, लेकिन नाड़ी है

Q.44 मधुमक्खी के डंक से एलर्जी की प्रतिक्रिया के संकेत हैं:
A. छाती और गले में जकड़न महसूस होना
B. चेहरे की गर्दन और जीभ की सूजन
C. दाने, चक्कर आना, या भ्रम
D. ऊपर के सभी

Q.45 किसी ऐसे छात्र की देखभाल करते समय जिसे मधुमक्खियों से एलर्जी है और जिसे अभी-अभी काटा गया है, आपको यह करना चाहिए:
A. उन्हें उनके एपि-पेन के साथ एक इंजेक्शन दें
B. दर्द कम करने के लिए हीट पैक लगाएं
C. ठंडा पैक लगाएं
D. दोनों (A) और (C)

Q.46 नरम ऊतक घावों की देखभाल निम्न द्वारा की जानी चाहिए:
A. गर्मी और लोचदार पट्टियां
B. बर्फ और ऊंचाई
C. त्वचा के नीचे रक्तस्राव को कम करने के लिए क्षेत्र पर सीधा दबाव डालें
D. दोनों (B) और (C)

Q.47 आंतरिक रक्तस्राव के कारण हो सकते हैं:
A. चोट
B. बीमारी
C. दवा
D. उपरोक्त सभी

Q.48 प्राथमिक उपचार प्रत्युत्तरकर्ता को पीड़ित को तब स्थानांतरित करना चाहिए जब:
A. इससे प्राथमिक उपचार करना आसान हो जाएगा
B. पीड़ित एक खतरनाक स्थिति में है
C. कभी नहीं
D. दोनों (A) और (B)

Q.49 निम्नलिखित में से कौन सा अंग एक प्रोकैरियोटिक कोशिका में समानता दिखाता है?
A. केवल माइटोकॉन्ड्रिया
B. केवल क्लोरोप्लास्ट

C. (A) और (B) दोनों
D. इनमें से कोई नहीं

Q.50 अनुमस्तिष्क (सेरिबैलम) के लिए निम्नलिखित में से कौन सा सही नहीं है?
A. यह मस्तिष्क के पीछे के क्षेत्र में स्थित है
B. यह गति, भाषण, दृष्टि, गंध, स्वाद, सुनवाई, बुद्धि आदि को नियंत्रित करता है
C. यह पश्च मस्तिष्क का एक हिस्सा है
D. यह शरीर के संतुलन को बनाए रखता है

Q.51 _____ खांसी और छींकने जैसी अनैच्छिक गतिविधियों को नियंत्रित करता है।
A. मज्जा
B. मस्तिष्क
C. पोन्स
D. अनुमस्तिष्क

Q.52 मानव मस्तिष्क का सबसे बड़ा हिस्सा क्या होता है?
A. मध्य मस्तिष्क
B. मेरुशीर्ष
C. प्रमस्तिष्क
D. अनुमस्तिष्क

Q.53 मस्तिष्क _____ तंत्र का एक हिस्सा है।
A. परिसंचरण
B. पाचन
C. अंत: स्रावी
D. तंत्रिका

Q.54 रीढ़ की हड्डी _____ से निर्मित होती है।
A. तंत्रिका ऊतक
B. पेशी ऊतक
C. उपकला ऊतक
D. संयोजी ऊतक

Q.55 _____ एक संयोजी ऊतक है जो दो हड्डियों को एक दूसरे से जोड़ता है।
A. टेंडन
B. मांसपेशी
C. उपास्थि
D. अस्थि-बंध

Q.56 आदर्श रूप से, नर्सिंग केस प्रबंधन योजना उन लक्ष्यों की पहचान करती है जो हैं:
A. प्रत्याशित, स्वीकार्य और उपयुक्त।
B. चुनौतीपूर्ण और समय पर।
C. रोगी केंद्रित और लागत प्रभावी।
D. यथार्थवादी, मापने योग्य और विशिष्ट।

Q.57 पुनर्वास सुविधा में कौन सा स्वास्थ्य सेवा प्रदाता संज्ञानात्मक, व्यवहारिक और मनोवैज्ञानिक समस्याओं का समाधान करता है, जिसके परिणामस्वरूप रोगी की दर्दनाक मस्तिष्क की चोट होती है?
A. चिकित्सा सामाजिक कार्यकर्ता
B. न्यूरोसाइकियाट्रिस्ट
C. न्यूरोसर्जन
D. मनोविज्ञानी

Q.58 स्टाफ़ निरीक्षण एकक (SIU) के मानदंडों के अनुसार बाल चिकित्सा वार्ड में नर्स रोगी अनुपात _____ है।
A. 1 : 3
B. 1 : 8
C. 1 : 4
D. 1 : 6

Q.59 कौन सा नैतिक सिद्धांत सत्य पर आधारित है?
A. स्वत अधिकार
B. उपकार
C. निष्पक्षता
D. सत्यता

Q.60 मधुमेह के नए निदान वाले रोगियों के लिए एक कार्यक्रम की पेशकश विकसित करते समय, नर्सिंग केस मैनेजर निम्नलिखित द्वारा सीखने की शैलियों की समझ प्रदर्शित करता है:
A. पूर्व और परीक्षण के बाद के मूल्यांकन का प्रशासन।
B. उपस्थित लोगों को अपनी राय व्यक्त करने का समय देना।
C. कम ग्लाइसेमिक इंडेक्स वाला स्नैक प्रदान करना।
D. विभिन्न प्रकार की शैक्षिक सामग्री का उपयोग करना।

Q.61 कौन सा प्राथमिक संसाधन नर्सिंग केस मैनेजर के अभ्यास का मार्गदर्शन करता है?

A. अमेरिकन केस मैनेजमेंट एसोसिएशन के सदस्य आचार संहिता।

B. केस मैनेजमेंट सोसाइटी ऑफ अमेरिका के स्टैंडर्ड ऑफ प्रैक्टिस।

C. नर्सिंग: कार्यक्षेत्र और अभ्यास के मानक।

D. नर्सिंग की सामाजिक नीति वक्तव्य: पेशे का सार।

Q.62 नर्सिंग केस मैनेजर, जो 67 वर्षीय रोगी को पुनर्वास देखभाल के लिए एक कुशल नर्सिंग सुविधा के लिए संदर्भित करता है, जानता है कि इसे मेडिकेयर के किस घटक के तहत बिल किया जाएगा?

A. मेडिकेयर पार्ट ए **B.** मेडिकेयर पार्ट बी

C. मेडिकेयर पार्ट डी **D.** मेडिगैप

Q.63 दवा की त्रुटियां, अनावश्यक परीक्षणों के आदेश, और मानक परीक्षणों या प्रक्रियाओं की चूक को किस प्रकार के विचरण के रूप में वर्गीकृत किया गया है?

A. समुदाय **B.** संचालन **C.** मरीज़ **D.** व्यवसायी

Q.64 ऐसे कौन से कार्य हैं जो एक गैर-पेशेवर कर्मचारी को नहीं सौंपे जाने चाहिए?

A. महत्वपूर्ण संकेत करना

B. क्लाइंट को हर दो घंटे में बदलना

C. क्लाइंट को संवारना और नहलाना

D. तंत्रिका संबंधी अभाव का आकलन

Q.65 एक पुरुष रोगी के पास एक नरम कलाई-सुरक्षा उपकरण होता है। नर्स को किस आकलन खोज को असामान्य मानना चाहिए?

A. एक स्पष्ट रेडियल पल्स **B.** एक स्पष्ट उलनार नाड़ी

C. ठंडी, पीली उंगलियां **D.** गुलाबी नाखून बिस्तर

Q.66 एक नर्स एक फैट इमल्शन (लिपिड) को टांगने की तैयारी कर रही है और घोल के शीर्ष पर कुछ दृश्यमान वसा ग्लोब्यूल्स देखती है। नर्स निम्नलिखित में से कौन सी क्रिया करना सुनिश्चित करती है?

A. घोल की एक और बोतल लें

B. बोतल के घोल को गर्म पानी के नीचे चलाएं

C. बोतल के घोल को धीरे से रोल करें

D. बोतल के घोल को जोर से हिलाएं

Q.67 लाइलाज बीमारी से ग्रसित एक महिला रोगी इनकार में है। इनकार के संकेतकों में __________ शामिल हैं।

A. सदमे की निराशा **B.** सुन्न होना

C. आत्मसंयम **D.** प्रारंभिक दुःख

Q.68 प्रभारी नर्स एक मरीज को बिस्तर से कुर्सी पर स्थानांतरित कर रही है। इस मरीज के स्थानांतरण के दौरान नर्स कौन सी कार्रवाई करती है?

A. बिस्तर के सिर को सपाट रखें।

B. रोगी को पैर लटकाने में मदद करना।

C. रोगी के पीछे खड़ा हो जाना।

D. कुर्सी को पलंग से दूर मुख करके रखना।

Q.69 एक क्लिनिकल नर्स विशेषज्ञ एक नर्स है जिसके पास:

A. नेशनल लीग फॉर नर्सिंग द्वारा प्रमाणित किया गया।

B. अमेरिकन नर्सेज एसोसिएशन से क्रेडेंशियल्स प्राप्त किया।

C. एक एसोसिएट डिग्री प्रोग्राम से स्नातक और एक पंजीकृत पेशेवर नर्स है।

D. निर्धारित क्लिनिकल क्षेत्र में मास्टर डिग्री पूरी की और एक पंजीकृत पेशेवर नर्स है।

Q.70 निर्धारित दवा की शाम की खुराक देने से पहले, शाम की पाली में नर्स को रोगी की दवा की दराज में एक बिना लेबल वाला, भरा हुआ सिरिंज मिलता है। प्रभारी नर्स को क्या करना चाहिए?

A. दवा त्रुटि से बचने के लिए सिरिंज को त्यागना चाहिए

B. फार्मेसी से सिरिंज के लिए एक लेबल प्राप्त करना चाहिए

C. सिरिंज का प्रयोग करें क्योंकि ऐसा लगता है कि इसमें वही दवा है जिसे नर्स देने के लिए तैयार की गई थी

D. सिरिंज की सामग्री को सत्यापित करने के लिए दिन की नर्स को बुलाएं

Q.71 पुरुष जराचिकित्सा रोगी को ड्रग थेरेपी देते समय, नर्स को प्रतिकूल प्रभावों के लिए विशेष रूप से सतर्क रहना चाहिए। कौन सा कारक वृद्धावस्था के रोगियों पर दवा के प्रतिकूल प्रभाव डालता है?

A. तेजी से दवा निकासी

B. उम्र बढ़ने से संबंधित शारीरिक परिवर्तन

C. न्यूरॉन्स की बढ़ी हुई मात्रा

D. जीआई पथ में बढ़ा हुआ रक्त प्रवाह

Q.72 मोतियाबिंद के ऑपरेशन के बाद एक महिला मरीज को डिस्चार्ज किया जा रहा है। दवा सिखाने के बाद, नर्स रोगी को निर्देश दोहराने के लिए कहती है। नर्स कौन सी पेशेवर भूमिका निभा रही है?

A. प्रबंधक **B.** शिक्षक

C. देखभालकर्ता **D.** रोगी अधिवक्ता

Q.73 एक महिला रोगी बढ़ी हुई चिंता के लक्षण प्रदर्शित करती है। नर्स की कौन सी प्रतिक्रिया रोगी की चिंता को कम करने की सबसे अधिक संभावना है?

A. "सब कुछ ठीक हो जाएगा। चिंता मत करो।"

B. "इस मैनुअल को पढ़ें और फिर मुझसे कोई भी प्रश्न पूछें जो आपके पास हो।"

C. "आप रेडियो क्यों नहीं सुनते?"

D. "चलो इस बारे में बात करते हैं कि आपको क्या परेशान कर रहा है।"

Q.74 निम्नलिखित में से किसे एपीजीएआर स्कोर में नहीं माना जाता है?

A. हृदय गति **B.** श्वसन गति

C. त्वचा का रंग **D.** तापमान

Q.75 ब्रोंज बेबी सिंड्रोम __________ के कारण होता है।

A. गुर्दे की खराबी **B.** यकृत रोग

C. श्वसन रोग **D.** चर्म रोग

Q.76 4 वर्ष से कम उम्र के बच्चों में टॉन्सिलेक्टोमी की सिफारिश नहीं की जाती क्योंकि:

A. यह जीवन के लिए खतरनाक प्रक्रिया है।

B. यह रक्तस्राव का कारण बनता है।

C. टॉन्सिल प्रतिरक्षा प्रणाली का एक हिस्सा हैं।

D. टॉन्सिल पूरी तरह से नहीं बनते हैं।

Q.77 गंभीर डायरिया से पीड़ित 8 महीने के शिशु में निम्नलिखित में से कौन सा अपेक्षित मूल्यांकन परिणाम है?

A. अवसादग्रस्त पोस्टीरियर फॉन्टानेल

B. त्वचा की सामान्य लोच

C. अवसादग्रस्त पूर्वकाल फॉन्टानेल

D. आंतों की आवाज़ का अभाव

Q.78 चार महीने के शिशु को इंट्रामस्क्युलर इंजेक्शन लगाने के लिए निम्नलिखित में से कौन सी जगह सबसे अच्छी होगी?

A. वेंट्रोग्लुटल **B.** लेटरलडेलटॉइड

C. रेक्टसफेमोरिस **D.** वास्तुस्लेटरलिस

Q.79 कूल्हे के विकासात्मक डिस्लेसिया वाले 3 सप्ताह के शिशु में एक नर्स को किस परीक्षण या संकेत की तलाश करनी चाहिए?

A. बेबिन्स्की का लक्षण   B. मोरो रिफ्लेक्स

C. ऑर्टोलानी पैंतरेबाज़ी   D. पाल्मर-प्लांटर ग्रैस्प

Q.80 एक बच्चा जो लगातार उल्टी के साथ अस्पताल में भर्ती होता है, उसे ________ के लिए बारीकी से निगरानी की जानी चाहिए।

A. डायरिया

B. मेटाबोलिक एसिडोसिस

C. मेटाबोलिक अल्कालोसिस

D. ह्यापेरेक्टिव बोवेल साउंड्स

General Aptitude / Reasoning / General Awareness / Basic Computer knowledge

Q.81 इवान अपने घर से उत्तर की ओर 16 किमी की यात्रा करता है। फिर वह 90 अंश बाईं ओर मुड़ता है और 12 किमी की यात्रा करता है। वह फिर से 90 अंश बाईं ओर मुड़ता है और 16 किमी की यात्रा करता है और रुक जाता है। तो इवान अपने निवास से कितनी दूर है?

A. 28 किमी   B. 12 किमी   C. 4 किमी   D. 16 किमी

Q.82 एक थैले में 4 लाल गेंदें, 6 नीली गेंदें और 8 गुलाबी गेंदें हैं। एक गेंद यादृच्छया निकाली जाती है और उसे 3 गुलाबी गेंदों से बदल दिया जाता है। इस बात की प्रायिकता है कि निकाली गई पहली गेंद या तो लाल या नीले रंग की थी और दूसरी निकाली गई गेंद गुलाबी रंग की थी:

A. $\frac{12}{21}$ B. $\frac{13}{17}$

C. $\frac{11}{30}$ D. None of these

Q.83 तीन संख्याएँ $8: 7: 5$ के अनुपात में हैं और उनका औसत 40 है। सबसे बड़ी संख्या है:

A. 28   B. 32   C. 48   D. 42

Q.84 एक त्रिभुज की भुजाएँ 6.5 सेमी, 10 सेमी और x सेमी हैं, जहाँ x एक धनात्मक संख्या है। निम्नलिखित में से x का सबसे छोटा संभव मान क्या है?

[CTET Paper-II (Science & Mathematics), 2015]

A. 4.5   B. 2.8   C. 3.5   D. 4

Q.85 एक व्यक्ति ने कुछ अंडे 5 रुपये मे 3 की दर से खरीदे और उन्हें 12 रुपये में 5 की दर से बेच दिया। यदि उसने 143 रुपये प्राप्त किये है तो अंडो की संख्या क्या थी:

A. 210   B. 200   C. 193   D. 195

Q.86 अपनी गति को 15 किमी/घंटा बढ़ाकर, एक व्यक्ति ने अपनी यात्रा के समय को 10 घंटे से घटाकर 8 घंटे कर दिया। वह अपनी नई गति से 375 किमी की दूरी तय करने में कितना समय लेता है?

A. 4 घंटे   B. 6 घंटे   C. 6.5 घंटे   D. 5 घंटे

Q.87 यदि 30 जनवरी 2003 को गुरुवार था, तो 2 मार्च, 2003 को कौन सा दिन था?

[Sainik School Entrance Class IX, 2020]

A. रविवार   B. सोमवार   C. शनिवार   D. मंगलवार

Q.88 7 से 8 बजे के बीच किस समय घड़ी की सुइयां परस्पर संपाती होंगी?

A. 8 बजकर $38\frac{2}{11}$ मिनट   B. 7 बजकर $32\frac{8}{11}$ मिनट

C. 7 बजकर $38\frac{2}{11}$ मिनट   D. 7 बजकर $11\frac{2}{38}$ मिनट

Q.89 निर्देश: दिए गए प्रश्न का उत्तर देने के लिए निम्नलिखित जानकारी का ध्यानपूर्वक अध्ययन कीजिये।

M 1 E & D 2 G 9 $ F @ 4 N Z W © 8 C Y A * 6

निम्नलिखित पांच में से चार उपरोक्त क्रम में अपनी स्थिति के आधार पर एक निश्चित तरीके से एक जैसे हैं और इसलिए एक समूह बनाते हैं। वह कौन सा है जो उस समूह से संबंधित नहीं है?

A. ME2   B. G$4   C. NWC   D. YA6

Q.90 एक आदमी ने एक औरत से कहा, "तुम्हारे इकलौते भाई का बेटा मेरी पत्नी का भाई है।" महिला का पुरुष से क्या संबंध है?

A. माता   B. बहन

C. ससुर की बहन   D. दादा

Q.91 किस मण्डल को विश्व के उत्कृट कालीन उद्योगों का केन्द्र माना जाता है?

[UPSSSC Rajasva Lekhpal, 2015]

A. देवीपटन   B. अलीगढ़   C. आज़मगढ़   D. मिर्ज़ापुर

Q.92 भारत में राजनीतिक दलों को 'मान्यता' किसके द्वारा दी जाती है?

A. राष्ट्रपति

B. संसद

C. चुनाव आयोग

D. सर्वदलीय संसदीय समिति

Q.93 मेगस्थनीज ने निम्नलिखित में से किस मौर्य नगर के प्रशासन का विवरण दिया है?

A. पाटलिपुत्र   B. प्रयाग   C. तोसली   D. उज्जैनी

Q.94 निम्नलिखित में से कौन-सा ब्लॉक पर्वत नहीं है?

A. ब्लैक फॉरेस्ट माउंटेन रेंज

B. साल्ट रेंज

C. सतपुड़ा रेंज

D. यूराल पर्वत

Q.95 बैडमिंटन खिलाड़ी पीवी सिंधु ने किसको हराकर स्विस ओपन महिला एकल का खिताब 2022 जीता है?

A. पोर्नपावी चोचुवोंग   B. सप्सिरी तरदुटानाचे

C. बुसानन ओंगबामरुंगफा   D. रवींदा प्राजोंगजई

Q.96 माइक्रोसॉफ्ट ने सर्वप्रथम किस वर्ष में विंडोज नामक एक ऑपरेटिंग सिस्टम पेश किया?

A. 1977   B. 1980   C. 1985   D. 1990

Q.97 वेब क्लाइंट द्वारा वेब पेज देखने के लिए किस प्रोग्राम का उपयोग किया जाता है?

A. वेब ब्राउजर   B. प्रोटोकॉल

C. वेब सर्वर   D. सर्च इंजन

Q.98 निम्नलिखित में से किस वेबसाइट का उपयोग कीवर्ड टाइप करके अन्य वेबसाइट को सर्च करने के लिए किया जाता है।

A. सर्च इंजन   B. सोशल नेटवर्क

C. राउटर   D. इनमे से कोई भी नहीं

Q.99 निम्नलिखित में से कौन बड़ी मात्रा में डेटा स्टोर कर सकता है?

A. सीडी   B. हार्ड डिस्क

C. रेम   D. फ्लॉपी डिस्क

Q.100 निम्नलिखित में से कौन सा एक प्रकार का वायरस है जिसमें सेल्फ-रेप्लिकेटिंग सॉफ्टवेयर होता है जो फाइलों और सिस्टम को नुकसान पहुंचाता है?

A. वायरस
C. बॉट
B. ट्रोजन हॉर्स
D. वर्म्स

// स्मार्ट उत्तर पुस्तिका //

सही उत्तर — उन छात्रों के प्रतिशत को इंगित करता है जिन्होंने प्रश्नों का सही उत्तर दिया था।

छोड़ दिया — उन छात्रों के प्रतिशत को इंगित करता है जिन्होंने प्रश्नों को छोड़ दिया था।

प्रश्न संख्या	उत्तर	सही उत्तर / छोड़ दिया	प्रश्न संख्या	उत्तर	सही उत्तर / छोड़ दिया	प्रश्न संख्या	उत्तर	सही उत्तर / छोड़ दिया	प्रश्न संख्या	उत्तर	सही उत्तर / छोड़ दिया	प्रश्न संख्या	उत्तर	सही उत्तर / छोड़ दिया
1	C	44.65 % / 1.86 %	17	D	61.42 % / 1.05 %	33	D	59.44 % / 1.9 %	49	C	58.17 % / 1.14 %	65	C	58.6 % / 1.88 %
2	D	78.38 % / 0.0 %	18	B	43.57 % / 1.15 %	34	B	13.84 % / 3.13 %	50	B	50.39 % / 1.47 %	66	A	79.02 % / 0.0 %
3	D	77.21 % / 0.0 %	19	A	28.45 % / 3.61 %	35	A	60.47 % / 1.64 %	51	A	61.1 % / 1.41 %	67	A	51.3 % / 1.39 %
4	C	48.91 % / 1.61 %	20	C	21.8 % / 3.65 %	36	B	78.03 % / 0.0 %	52	C	42.18 % / 1.97 %	68	B	81.17 % / 0.0 %
5	C	55.54 % / 1.81 %	21	B	46.54 % / 1.28 %	37	A	41.51 % / 1.18 %	53	D	76.82 % / 0.0 %	69	D	60.38 % / 1.26 %
6	D	14.49 % / 4.19 %	22	A	65.04 % / 1.92 %	38	A	48.64 % / 1.04 %	54	A	58.35 % / 1.18 %	70	A	45.93 % / 1.82 %
7	C	42.63 % / 1.4 %	23	A	77.81 % / 0.0 %	39	A	41.84 % / 1.07 %	55	D	65.78 % / 1.95 %	71	B	41.32 % / 1.88 %
8	A	41.84 % / 1.39 %	24	A	80.91 % / 0.0 %	40	B	49.64 % / 1.06 %	56	D	79.18 % / 0.0 %	72	B	68.5 % / 1.07 %
9	A	49.12 % / 1.73 %	25	D	58.37 % / 1.02 %	41	C	40.2 % / 1.98 %	57	B	61.45 % / 1.33 %	73	D	55.74 % / 1.09 %
10	B	44.95 % / 1.33 %	26	A	83.46 % / 0.0 %	42	B	48.52 % / 1.63 %	58	C	57.37 % / 1.75 %	74	D	66.31 % / 1.77 %
11	C	45.95 % / 1.9 %	27	C	64.36 % / 1.3 %	43	D	60.2 % / 1.63 %	59	D	81.32 % / 0.0 %	75	B	64.37 % / 1.41 %
12	C	50.23 % / 1.71 %	28	B	52.92 % / 1.57 %	44	D	82.91 % / 0.0 %	60	D	18.26 % / 3.91 %	76	C	79.92 % / 0.0 %
13	A	83.17 % / 0.0 %	29	D	69.92 % / 1.82 %	45	C	83.25 % / 0.0 %	61	B	78.15 % / 0.0 %	77	C	31.09 % / 4.67 %
14	C	43.93 % / 1.17 %	30	D	63.76 % / 1.57 %	46	D	58.79 % / 1.64 %	62	A	20.65 % / 3.26 %	78	D	53.66 % / 1.48 %
15	A	63.22 % / 1.5 %	31	B	50.76 % / 1.62 %	47	D	53.03 % / 1.72 %	63	D	40.11 % / 1.91 %	79	C	26.55 % / 4.33 %
16	D	43.16 % / 1.49 %	32	A	65.41 % / 1.76 %	48	D	67.16 % / 1.06 %	64	D	57.46 % / 1.76 %	80	C	57.48 % / 1.07 %

प्रश्न संख्या	उत्तर	सही उत्तर / छोड़ दिया
81	B	53.05 % / 1.99 %
82	D	85.27 % / 0.0 %
83	C	79.28 % / 0.0 %
84	D	85.01 % / 0.0 %

प्रश्न संख्या	उत्तर	सही उत्तर / छोड़ दिया
85	D	77.77 % / 0.0 %
86	D	87.41 % / 0.0 %
87	A	79.34 % / 0.0 %
88	C	50.51 % / 1.93 %

प्रश्न संख्या	उत्तर	सही उत्तर / छोड़ दिया
89	D	78.74 % / 0.0 %
90	C	40.07 % / 1.55 %
91	D	77.63 % / 0.0 %
92	C	46.08 % / 1.63 %

प्रश्न संख्या	उत्तर	सही उत्तर / छोड़ दिया
93	A	56.66 % / 1.2 %
94	D	41.16 % / 1.55 %
95	C	57.08 % / 1.64 %
96	C	44.71 % / 1.29 %

प्रश्न संख्या	उत्तर	सही उत्तर / छोड़ दिया
97	A	42.07 % / 1.34 %
98	A	89.53 % / 0.0 %
99	B	83.97 % / 0.0 %
100	D	60.93 % / 1.49 %

कार्य विश्लेषण

औसत अंक (%)	54.0%
टॉपर्स स्कोर (%)	61.0%
आपका स्कोर	

//संकेत और समाधान//

1. एन्टिडायय्यूरेटिक हार्मोन इस विशेष दवा को सबसे अच्छी तरह से वर्गीकृत करता है।

ऑक्सीटोसिन अक्सर संकुचन को प्रेरित करके श्रम को बढ़ाने में मदद करने के लिए प्रयोग किया जाता है। एन्टिडायय्यूरेटिक हार्मोन स्वाभाविक रूप से शरीर में बनता है और एक मूत्रवर्धक हार्मोन के रूप में काम करता है (इस प्रकार पानी के उत्सर्जन को बढ़ावा देता है)। प्रसव में, यह हार्मोन गर्भाशय की सिकुड़न को उत्तेजित करने का भी काम करता है।

अत: विकल्प (C) सही है।

2. बेसल शरीर का तापमान बढ़ने से पहले तापमान लेकर निर्धारित किया जाता है।

बेसल शरीर का तापमान एक ऐसी विधि है जिसका उपयोग कई महिलाएं यह निर्धारित करने के लिए करती हैं कि ओव्यूलेशन कब होता है। बेसल शरीर का तापमान लेने के लिए, किसी को बेसल थर्मामीटर (जो अधिक संवेदनशील होता है) का उपयोग करना चाहिए और प्रत्येक सुबह बिस्तर से बाहर निकलने (या यहां तक कि बैठने) से पहले अपने शरीर का तापमान लेना चाहिए। इस विधि का सबसे अच्छा उपयोग किया जाता है यदि कोई महिला उठती है और प्रतिदिन एक ही समय पर अपना तापमान लेती है।

अत: विकल्प (D) सही है।

3. पेशाब में वृद्धि लक्षण गर्भावस्था के खतरे का संकेत नहीं है।

प्रसूति पंजीकृत नर्स के लिए गर्भावस्था के निम्नलिखित खतरे के संकेतों को पहचानना महत्वपूर्ण है: अत्यधिक योनि से रक्तस्राव, गंभीर सिरदर्द / दृश्य गड़बड़ी / पेट में दर्द, लगातार उल्टी, बुखार, ठंड लगना, या चेहरे या उंगलियों में सूजन। ये अपरा संबंधी असामान्यताओं, गर्भावस्था के उच्च रक्तचाप से ग्रस्त विकारों, मातृ संक्रमण या हाइपरमेसिस के संकेत हो सकते हैं।

पेशाब में वृद्धि कुछ महिलाओं को हो सकती है, लेकिन गर्भावस्था के दौरान, गर्भाशय का बढ़ा हुआ द्रव्यमान मूत्राशय पर दबाव डालता है।

अत: विकल्प (D) सही है।

4. हेगर के संकेत को छोड़कर सभी गर्भावस्था से जुड़े त्वचा परिवर्तन हैं।

हेगर का संकेत गर्भाशय और गर्भाशय ग्रीवा के एक हिस्से के बीच गर्भाशय के हिस्से के नरम होने से संकेत मिलता है। शेष विकल्प आमतौर पर गर्भावस्था से जुड़े विभिन्न त्वचा मलिनकिरण के सभी उदाहरण हैं।

अत: विकल्प (C) सही है।

5. माँ द्वारा महसूस की जाने वाली शिशु की पहली हलचल को क्विकिंग के रूप में जाना जाता है।

क्विकनिंग को गर्भाशय में महसूस किए गए भ्रूण के पहले आंदोलनों के रूप में परिभाषित किया गया है। यह गर्भावस्था के अठारहवें से बीसवें सप्ताह तक होता है। आंदोलनों को दसवें सप्ताह के रूप में महसूस किया गया है और दुर्लभ मामलों में पूरे गर्भावस्था के दौरान महसूस नहीं किया जाता है।

अत: विकल्प (C) सही है।

6. प्री-एक्लेमप्सिया में बिस्तर पर आराम आवश्यक है क्योंकि यह रक्त परिसंचरण में सुधार करता है और एडिमा को कम करता है।

यदि महिला अपनी गर्भावस्था के अंत से दूर है और उसके लक्षण हल्के हैं, तो डॉक्टर उसे बिस्तर पर आराम करने की सलाह दे सकते हैं। आराम करने से रक्तचाप को कम करने में मदद मिलती है, जिससे प्लेसेंटा में रक्त का प्रवाह बढ़ जाता है, जिससे बच्चे को फायदा होता है।

अत: विकल्प (D) सही है।

7. प्रसूति चक्र के दौरान मधुमेह को नियंत्रित करने के लिए श्रम और प्रसव का समय सबसे कठिन है।

32 से 36 सप्ताह के बीच हम गर्भकालीन मधुमेह के लिए सबसे कठिन समय जानते हैं। यह इस बिंदु के आसपास है कि हम आम तौर पर इंसुलिन प्रतिरोध को खराब होते देखते हैं।

अत: विकल्प (C) सही है।

8. गर्भावस्था में 32 सप्ताह के बिंदु के बाद प्रीक्लेम्पसिया विकसित होने की सबसे अधिक संभावना है।

गर्भावस्था लगभग 280 दिन या 40 सप्ताह तक चलती है। प्रीक्लेम्पसिया पिछले 8 सप्ताह में या गर्भावस्था के 32 सप्ताह के बाद होता है। पहले की गर्भकालीन उम्र में एक घटना माँ और भ्रूण दोनों के लिए बढ़ी हुई गंभीरता और खराब परिणामों से जुड़ी होती है।

अत: विकल्प (A) सही है।

9. एलडीआरपी रूम का मतलब लेबर, डिलीवरी, रिकवरी और पोस्टपार्टम रूम है। ये रूम जन्म से पहले, उसके दौरान और बाद में माँ और बच्चे की देखभाल के लिए आवश्यक उपकरण और आपूर्ति से लैस हैं। अधिकांश समय, बच्चे को नर्सरी में ले जाने के बजाय माँ के साथ कमरे में रहने को मिलेगा।

अत: विकल्प (A) सही है।

10. रोड टू हेल्थ कार्ड का उपयोग बच्चों में विकास की निगरानी के लिए किया जाता है। विकास की निगरानी को विकास की पर्याप्तता का आकलन करने और जल्दी लड़खड़ाने की पहचान करने के लिए आवधिक, लगातार मानवशास्त्रीय माप द्वारा एक मानक की तुलना में एक बच्चे की वृद्धि दर का पालन करने की प्रक्रिया के रूप में परिभाषित किया गया है।

अत: सही विकल्प (B) है।

11. एक स्वस्थ समुदाय वह होता है जिसमें निवासी अपनी पसंद के स्थान से खुश होते हैं और उन विशेषताओं का प्रदर्शन करते हैं जो दूसरों को उस स्थान की ओर आकर्षित करती हैं। इस प्रकार, समुदाय के स्वास्थ्य को निर्धारित करने का सबसे अच्छा तरीका इसमें रहने वाले लोगों से बात करना है।

अत: विकल्प (C) सही है।

12. रेनॉड की बीमारी युवा महिलाओं में सबसे आम है और अक्सर रुमेटोलॉजिकल विकारों से जुड़ी होती है, जैसे ल्यूपस और रुमेटीइड गठिया। धमनियों की वेसोस्पास्म उंगलियों और पैर की उंगलियों में रक्त के प्रवाह को कम कर देता है। जिन लोगों को रेनॉड है, उनमें यह विकार आमतौर पर उंगलियों को प्रभावित करता है। लगभग 40 प्रतिशत लोगों में, जिन्हें रेनॉड है, यह पैर की उंगलियों को प्रभावित करता है।

अत: विकल्प (C) सही है।

13. विंसलो के अनुसार, सभी सार्वजनिक स्वास्थ्य प्रयास लोगों के स्वास्थ्य और दीर्घायु के अपने जन्मसिद्ध अधिकार को समझने के लिए हैं। उनके अनुसार सार्वजनिक स्वास्थ्य समाज, संगठनों, सार्वजनिक और निजी समुदायों और व्यक्तियों के संगठित प्रयासों और सूचित विकल्पों के माध्यम से बीमारी को रोकने, जीवन को लम्बा करने और स्वास्थ्य को बढ़ावा देने का विज्ञान और कला है।

अत: विकल्प (A) सही है।

14. एक क्लाइंट को परक्यूटेनियस ट्रांसल्यूमिनल कोरोनरी एंजियोप्लास्टी (पीटीसीए) के लिए निर्धारित किया जाता है। नर्स जानती है कि पीटीसीए वह प्रक्रिया है जो रक्त प्रवाह को बेहतर बनाने के लिए रोगग्रस्त कोरोनरी धमनी की दीवार के खिलाफ पट्टिका को संकुचित करती है।

पीटीसीए एक रोगग्रस्त धमनी में कोरोनरी धमनी रक्त प्रवाह में सुधार करने के लिए किया जाता है। यह कार्डियक कैथीटेराइजेशन के दौरान किया जाता है। महाधमनी कोरोनरी बाईपास ग्राफ्ट एक रोगग्रस्त कोरोनरी धमनी की मरम्मत के लिए शल्य प्रक्रिया है।

अतः विकल्प (C) सही है।

15. 7 वर्षीय अस्पताल में भर्ती बच्चों के एक छोटे समूह के लिए नर्स को खेल नियमों के साथ गतिविधियों का आयोजन करना चाहिए। खेल के माध्यम से तार्किक तर्क और सामाजिक कौशल विकसित होते हैं। विभिन्न खेल अस्पताल में बच्चे के अनुभवों से संबंधित मुद्दों की जांच करने में मदद करते हैं और अस्पताल में भर्ती होने और अस्पताल में भर्ती होने पर नकारात्मक भावनाओं की तीव्रता को कम करते हैं।

अतः विकल्प (A) सही है।

16. ईडी में C3-4 के स्तर पर रीढ़ की हड्डी की चोट वाले एक मरीज की देखभाल की जा रही है। प्राथमिक मूल्यांकन श्वसन प्रयास और ऑक्सीजन संतृप्ति स्तर की निगरानी करना है।

एससीआई वाले रोगी के लिए पहली प्राथमिकता श्वसन पैटर्न का आकलन करना और पर्याप्त वायुमार्ग सुनिश्चित करना है। उच्च ग्रीवा की चोट वाले रोगी को श्वसन संबंधी समस्या होने का खतरा होता है क्योंकि रीढ़ की हड्डी (C3-4) फ्रेनिक तंत्रिका को संक्रमित करती है, जो डायाफ्राम को नियंत्रित करती है।

अतः विकल्प (D) सही है।

17. मल्टीपल स्केलेरोसिस से पीड़ित रोगी नर्सिंग सहायक को बताती है कि शारीरिक उपचार के बाद वह बहुत थकी हुई हैऔर नहाने में असमर्थ है। इस समय, रोगी के कथन के आधार पर, प्राथमिकता शारीरिक उपचार के बाद थकान से संबंधित स्व-देखभाल कमी है। थकान को आलस्य की भावना या शारीरिक या मानसिक ऊर्जा की कमी के रूप में वर्णित किया जाता है जो गतिविधियों में हस्तक्षेप करता है।

अतः विकल्प (D) सही है।

18. पीठ के निचले हिस्से में गंभीर दर्द, रक्तचाप में कमी, आरबीसी की संख्या में कमी, डब्ल्यूबीसी की संख्या में वृद्धि के लक्षणों के समूह एक टूटे हुए उदर महाधमनी धमनीविस्फार का संकेत देते हैं।

पीठ के निचले हिस्से में गंभीर दर्द एक एन्यूरिज्म टूटने का संकेत देता है, जो उदर गुहा के भीतर दबाव डालने के लिए द्वितीयक है। जब टूटना होता है, तो दर्द स्थिर रहता है क्योंकि एन्यूरिज्म की मरम्मत होने तक इसे कम नहीं किया जा सकता है। खून की कमी के कारण रक्तचाप कम हो जाता है। धमनीविस्फार के फटने के बाद, वाहिका बाधित हो जाती है और रक्त की मात्रा कम हो जाती है, इसलिए रक्तचाप नहीं बढ़ेगा। इसी कारण से आरबीसी की संख्या घटी है - बढ़ी नहीं। डब्ल्यूबीसी की संख्या बढ़ जाती है क्योंकि कोशिकाएं चोट वाली जगह पर चली जाती हैं।

अतः विकल्प (B) सही है।

19. 35 वर्ष की आयु के श्री बिकास को गुर्दे की पथरी है। माना जाता है कि उनके गुर्दे में एक छोटी पथरी है जो अनायास निकल जाएगी। गुर्दे की पथरी के ठीक हो जाने की संभावना को बढ़ाने के लिए, नर्स क्लाइंट को तरल पदार्थ देने और एंबुलेट करने का निर्देश देगी।

मूत्र पथ में अनासक्त पत्थरों को पेशाब के साथ बाहर निकाला जा सकता है जो पथरी को गतिमान कर सकता है और तरल पदार्थ का सेवन बढ़ा सकता है जो पेशाब के दौरान पथरी को बाहर निकाल देगा।

अतः विकल्प (A) सही है।

20. रोगी को मलाशय से गंभीर रक्तस्राव होता है, एक दिन में 16 बार दस्त होते हैं, पेट में तेज दर्द होता है, निर्जलीकरण होता है, टेनेसमस होता है। इन लक्षणों के कारण नर्स को अल्सरेटिव कोलाइटिस से जुड़ी अन्य समस्याओं के प्रति सतर्क रहना चाहिए।

लक्षण अल्सरेटिव कोलाइटिस से जुड़े हो सकते हैं। यह सूजन और अल्सर पैदा करने वाली एक पुरानी सूजन की स्थिति है जो पूरे कोलन को प्रभावित कर सकती है। व्रणों के कारण खाँसी आती है जिसके कारण दिन में कम से कम 20 बार मल आता है जो रक्त, श्लेष्मा और मवाद से भर जाता है। समस्या के साथ अन्य लक्षणों का उल्लेख किया गया है।

अतः विकल्प (C) सही है।

21. प्रक्रिया से पहले खाली मूत्राशय को पैरासेन्टेसिस से गुजरने से पहले क्लाइंट को निर्देश दिया जाना चाहिए।

पैरासेन्टेसिस में नाभि के नीचे बने एक पंचर के माध्यम से पेरिटोनियल गुहा से जलोदर द्रव को निकालना शामिल है। प्रक्रिया के दौरान एक विकृत मूत्राशय के आकस्मिक पंचर को रोकने के लिए क्लाइंट को प्रक्रिया से पहले शून्य करने की आवश्यकता होती है।

अतः विकल्प (B) सही है।

22. स्टेम सेल ट्रांसप्लांटेशन का दूसरा नाम बोन मैरो ट्रांसप्लांट है। अस्थि मज्जा प्रत्यारोपण एक चिकित्सा उपचार है जो आपके अस्थि मज्जा को स्वस्थ कोशिकाओं से बदल देता है। प्रतिस्थापन कोशिकाएं या तो आपके अपने शरीर से या किसी दाता से आ सकती हैं। अस्थि मज्जा प्रत्यारोपण को स्टेम सेल ट्रांसप्लांट या, विशेष रूप से, हेमटोपोइएटिक स्टेम सेल ट्रांसप्लांट भी कहा जाता है। प्रत्यारोपण का उपयोग कुछ प्रकार के कैंसर, जैसे ल्यूकेमिया, मायलोमा, और लिम्फोमा, और अन्य रक्त और प्रतिरक्षा प्रणाली की बीमारियों के इलाज के लिए किया जा सकता है जो अस्थि मज्जा को प्रभावित करते हैं।

अतः विकल्प (A) सही है।

23. आमतौर पर रोगी के खड़े होने पर वैरिकोसिटी की जांच की जाती है। वैरिकाज़ या वैरिकाज़ नस एक फैली हुई नस है जो मुख्य रूप से निचले अंगों में विशेष रूप से पैरों में होती है। वैरिकाज़ नसें नसों में बढ़े हुए रक्तचाप के कारण होती हैं। वैरिकाज़ नसें त्वचा की सतह (सतही) के पास की नसों में होती हैं। नसों में एकतरफा वाल्व द्वारा रक्त हृदय की ओर बढ़ता है। जब वाल्व कमजोर या क्षतिग्रस्त हो जाते हैं, तो रक्त नसों में जमा हो सकता है।

अतः विकल्प (A) सही है।

24. न्यूमोसेफालस तब होता है जब हवा कपाल में प्रवेश करती है। कपाल गुहा के भीतर हवा या गैस की उपस्थिति न्यूमोसेफालस है। यह आमतौर पर खोपड़ी के विघटन से जुड़ा होता है: सिर और चेहरे के आघात के बाद, खोपड़ी के आधार के ट्यूमर, न्यूरोसर्जरी या ओटोरहिनोलारिंजोलॉजी के बाद, और शायद ही कभी, अनायास।

अतः विकल्प (A) सही है।

25. क्रैनियोटॉमी के कारणों में उपरोक्त सभी विकल्प शामिल हैं। एक क्रैनियोटॉमी मस्तिष्क को बेनकाब करने के लिए खोपड़ी से हड्डी के हिस्से का शल्य चिकित्सा हटाने है। हड्डी के उस हिस्से को हटाने के लिए विशेष उपकरणों का उपयोग किया जाता है जिसे बोन फ्लैप कहा जाता है। हड्डी के फ्लैप को अस्थायी रूप से हटा दिया जाता है, फिर मस्तिष्क की सर्जरी के बाद बदल दिया जाता है।

अतः विकल्प (D) सही है।

26. धमनीविस्फार एक धमनी की कमजोर दीवार में उभार है। धमनीविस्फार एक रक्त वाहिका में एक उभार है जो रक्त वाहिका की दीवार में कमजोरी के कारण होता है, आमतौर पर जहां इसकी शाखाएं होती हैं। जैसे ही रक्त कमजोर रक्त वाहिका से होकर गुजरता है, रक्तचाप एक छोटे से क्षेत्र को गुब्बारे की तरह बाहर की ओर उभारने का कारण बनता है।

अतः विकल्प (A) सही है।

27. इंट्राक्रैनील दबाव के संकेतों और लक्षणों में उच्च रक्तचाप और हृदय मंदता शामिल हैं। मस्तिष्क में रक्तस्राव, ट्यूमर, स्ट्रोक, धमनीविस्फार, उच्च रक्तचाप या मस्तिष्क संक्रमण के कारण बढ़ा हुआ इंट्राक्रैनायल दबाव हो सकता है। उपचार मस्तिष्क के आसपास बढ़े हुए इंट्राक्रैनायल दबाव को कम करने पर केंद्रित है। बढ़े हुए इंट्राक्रैनील दबाव में गंभीर जटिलताएं होती हैं, जिसमें दीर्घकालिक (स्थायी) मस्तिष्क क्षति और मृत्यु शामिल है।

अतः विकल्प (C) सही है।

28. फ्लैश कार्ड एक शिक्षण सहायता है जिसमें श्रृंखला कार्ड होते हैं।

फ्लैश कार्ड में कार्ड की एक श्रृंखला होती है, लगभग 10 x 12 इंच - प्रत्येक में एक कहानी या बात से संबंधित एक उदाहरण दिया जाता है। प्रत्येक कार्ड "फ्लैश" होता है या समूह के सामने प्रदर्शित होता है क्योंकि बात चल रही है। कार्ड पर संदेश संक्षिप्त और बिंदु तक होना चाहिए।

वे एक क्रम में व्यवस्थित चित्र हैं, जो एक कहानी का चित्रण करते हैं जो छाती के सामने कार्डों को सहारा देते हैं और शिक्षण को प्रभावी बनाने के लिए अभ्यास करते हैं। पॉइंटर का उपयोग करें ताकि चित्र आपके हाथ से न ढके।

अत: विकल्प (B) सही है।

29. फलालैन ग्राफ समूह शिक्षण की उपदेशात्मक विधि है।

फलालैन ग्राफ में एक लकड़ी का बोर्ड होता है जिसके ऊपर खुरदुरे फलालैन कपड़े या खादी का एक टुकड़ा चिपकाया जाता है या तय किया जाता है। यह कट आउट चित्रों और अन्य चित्रों को प्रदर्शित करने के लिए एक उत्कृष्ट पृष्ठभूमि प्रदान करता है। ये चित्र और कटे हुए चित्र सैंड-पेपर, फेल्ट या खुरदरे कपड़े के टुकड़ों को चिपकाकर एक खुरदरी सतह के साथ प्रदान किए जाते हैं, और वे एक ही बार में फलालैन पर रख देते हैं। फलालैन ग्राफ एक बहुत ही प्रमुख माध्यम है, परिवहन के लिए आसान और विचार और आलोचना को बढ़ावा देता है। दिए जाने वाले भाषण के आधार पर चित्रों को उचित क्रम में व्यवस्थित किया जाना चाहिए।

अत: विकल्प (D) सही है।

30. शारीरिक शिक्षा और मनोरंजन के केंद्रीय सलाहकार बोर्ड की स्थापना वर्ष 1954 में हुई थी।

देश में शारीरिक शिक्षा और मनोरंजन के क्षेत्र में सभी कार्यक्रमों और गतिविधियों के समन्वय पर सरकार को सलाह देने के लिए भारत सरकार द्वारा 1954 में केंद्रीय शारीरिक शिक्षा और मनोरंजन सलाहकार बोर्ड की स्थापना की गई थी। इसका उद्देश्य प्रत्येक बच्चे को शारीरिक, मानसिक और संवैधानिक रूप से स्वस्थ बनाना था।

अत: विकल्प (D) सही है।

31. समूह शिक्षण की संगोष्ठी पद्धति पर विशेषज्ञों द्वारा कोई चर्चा नहीं की जाती है।

संगोष्ठी एक चयनित विषय पर भाषणों की एक श्रृंखला है। प्रत्येक विशेषज्ञ विषय के एक पहलू को संक्षेप में प्रस्तुत करता है। पैनल चर्चा के विपरीत विशेषज्ञों के बीच कोई चर्चा नहीं होती है। अंत में, दर्शक सवाल उठा सकते हैं। अध्यक्ष पूरे सत्र के अंत में एक व्यापक सारांश बनाता है।

अत: विकल्प (B) सही है।

32. औपचारिक संचार एक प्रकार का संचार है जो स्वीकृत रूप, नियम या प्रथा का उपयोग करता है।

औपचारिक संचार उचित, पूर्वनिर्धारित चैनलों और मार्गों के माध्यम से आधिकारिक सूचना के प्रवाह को संदर्भित करता है। कर्मचारी अपने कर्तव्यों का पालन करते हुए औपचारिक संचार चैनलों का पालन करने के लिए बाध्य हैं। औपचारिक संचार को प्रभावी माना जाता है क्योंकि यह संचार का एक सामयिक और व्यवस्थित प्रवाह है।

अत: विकल्प (A) सही है।

33. व्याख्यान स्वास्थ्य संचार का एक उपचारात्मक तरीका है। व्याख्यान स्वास्थ्य शिक्षण का सबसे लोकप्रिय तरीका है। इसमें संचार अधिकतर एक तरफा होता है, अर्थात लोग केवल निष्क्रिय श्रोता होते हैं; सीखने में उनकी ओर से कोई सक्रिय भागीदारी नहीं है। प्रभावशाली और प्रभावी व्याख्यान वक्ता के व्यक्तित्व और प्रतिष्ठा पर निर्भर करता है।

अत: विकल्प (D) सही है।

34. द्विमार्गीय संदेशवाहन एक प्रकार का संचार है जिसमें रिसीवर के पास प्रश्न पूछने और संदेह को दूर करने का मौका होता है।

द्विमार्गीय संदेशवाहन में रिसीवर से प्रेषक तक प्रतिक्रिया शामिल होती है। यह प्रेषक को यह जानने की अनुमति देता है कि संदेश प्राप्तकर्ता द्वारा सटीक रूप से प्राप्त किया गया था। संचार पर भी बातचीत की जाती है जिसका अर्थ है कि प्रेषक और रिसीवर एक दूसरे को सुनते हैं, संदेश तब प्रतिक्रिया देने के लिए जानकारी एकत्र करते हैं।

अत: विकल्प (B) सही है।

35. आमने-सामने संचार दो या तीन लोगों के बीच या परिवार जैसे छोटे समूहों में होता है।

आमने-सामने संचार दो या तीन लोगों के बीच की बातचीत को संदर्भित करता है जहां हर कोई एक दूसरे के सीधे संपर्क में होता है। इसे व्यक्तिगत संचार के रूप में भी जाना जाता है क्योंकि इस प्रकार की संचार प्रक्रिया के माध्यम से लोग एक-एक करके महत्वपूर्ण जानकारी भेज और प्राप्त कर सकते हैं।

अत: विकल्प (A) सही है।

36. प्रोटीन सैकड़ों या हजारों छोटी इकाइयों से बने होते हैं जिन्हें अमीनो अम्ल कहा जाता है, जो लंबी श्रृंखलाओं में एक दूसरे से जुड़े होते हैं। प्रोटीन बनाने के लिए 20 विभिन्न प्रकार के अमीनो एसिड को मिलाया जा सकता है।

अत: विकल्प (B) सही है।

37. प्रोटीन चार पोषक तत्वों में से एक है जो कैलोरी प्रदान करता है। प्रोटीन प्रति ग्राम 4 कैलोरी प्रदान करता है। कैलोरी एक इकाई है जिसका उपयोग भोजन के ऊर्जा-उत्पादक मूल्य को मापने के लिए किया जाता है। तकनीकी रूप से, एक कैलोरी को एक ग्राम पानी के तापमान को एक डिग्री सेंटीग्रेड बढ़ाने के लिए आवश्यक ऊष्मा की मात्रा के रूप में परिभाषित किया जाता है।

अत: विकल्प (A) सही है।

38. लंबे समय तक भोजन में पोषक तत्वों की कमी के कारण हीनता रोग होता है। एक या एक से अधिक पोषक तत्वों की कमी से शरीर में रोग या विकार उत्पन्न हो सकते हैं।

उदाहरण के लिए, यदि एक व्यक्ति को अपने भोजन में लंबे समय तक पर्याप्त प्रोटीन नहीं मिलता है, तो उसके विकास में रूकावट, चेहरे की सूजन, बालों का रंग फीका पड़ना, त्वचा रोग और दस्त होने की संभावना है। यदि आहार में लंबे समय तक कार्बोहाइड्रेट और प्रोटीन दोनों की कमी होती है, तो विकास पूरी तरह से रुक सकता है। ऐसा व्यक्ति बहुत दुबला-पतला और इतना कमजोर हो जाता है कि वह हिल भी नहीं पाता है।

अत: विकल्प (A) सही है।

39. सबसे प्रचुर मात्रा में प्रोटीन कोशिका द्रव्य में पाया जाता है। साइटोप्लाज्म में एक्टिन फिलामेंट्स, माइक्रोट्यूबुल्स और मध्यवर्ती फिलामेंट्स की उपस्थिति के कारण एक जालीदार संरचना होती है। ये तंतु एक्टिन- और ट्यूबुलिन-बाध्यकारी प्रोटीन और कई एंजाइमों के साथ मिलकर कोशिका द्रव्य का निर्माण करते हैं और कोशिका संरचना को बनाए रखते हैं।

अत: विकल्प (A) सही है।

40. पेप्सिन एक पाचक एंजाइम है जो पेट में भोजन को तोड़ने का काम करता है। पेप्सिन एक पेट का एंजाइम है जो अंतर्ग्रहण भोजन में पाए जाने वाले प्रोटीन को पचाने का काम करता है। गैस्ट्रिक मुख्य कोशिकाएं पेप्सिन को एक निष्क्रिय ज़ाइमोजेन के रूप में स्रावित करती हैं जिसे पेप्सिनोजेन कहा जाता है। पेट की परत के भीतर पार्श्विका कोशिकाएं हाइड्रोक्लोरिक एसिड का स्राव करती हैं जो पेट के pH को कम करता है। कम pH (1.5 से 2) पेप्सिन को सक्रिय करता है।

अत: विकल्प (B) सही है।

41. लैक्टेज एंजाइम दूध में पाए जाने वाले शर्करा लैक्टोज को तोड़ते हैं। लैक्टोज एक चीनी है जो दूध और दूध उत्पादों में पाई जाती है। लैक्टोज असहिष्णुता तब होती है जब आपकी छोटी आंत लैक्टेज नामक एक पाचक

एंजाइम का पर्याप्त उत्पादन नहीं करती है। लैक्टेज भोजन में लैक्टोज को तोड़ देता है ताकि आपका शरीर इसे अवशोषित कर सके।

अत: विकल्प (C) सही है।

42. लाल, गर्म या शुष्क त्वचा हार्ट अटैक का लक्षण नहीं है। यह किसी भी एलर्जी की स्थिति के लक्षण हो सकते हैं।

हार्ट अटैक के लक्षण:

- सीने में दर्द या बेचैनी
- कमजोर, हल्का-हल्का या बेहोशी महसूस करना
- जबड़े, गर्दन या पीठ में दर्द या बेचैनी
- एक या दोनों बाहों या कंधों में दर्द या बेचैनी
- साँसों की कमी

अत: विकल्प (B) सही है।

43. बेहोश, सांस नहीं ले रहा है, लेकिन नाड़ी है हो तो बचाव श्वास दी जानी चाहिए।

यदि व्यक्ति सांस नहीं ले रहा है, लेकिन उसकी नाड़ी है, तो प्रत्येक 5 से 6 सेकंड में 1 बचाव सांस या प्रति मिनट लगभग 10 से 12 सांस दें। यदि व्यक्ति सांस नहीं ले रहा है और उसकी नाड़ी नहीं है और आप सीपीआर में प्रशिक्षित नहीं हैं, तो बचाव सांसों के बिना केवल हाथों से छाती को सीपीआर दें।

अत: विकल्प (D) सही है।

44. मधुमक्खी के डंक से एलर्जी की प्रतिक्रिया के संकेत छाती और गले में जकड़न, चेहरे की गर्दन और जीभ की सूजन, और दाने, चक्कर आना या भ्रम है।

मधुमक्खी के डंक से एनाफिलेक्टिक प्रतिक्रिया घटना के दो घंटे के भीतर शुरू हो सकती है और तेजी से प्रगति कर सकती है। चेहरे और शरीर पर पित्ती विकसित होगी, इसके बाद सिरदर्द, चक्कर आना, बेहोशी, मतली, उल्टी और सांस लेने और निगलने में कठिनाई जैसे अन्य लक्षण दिखाई देंगे।

अत: विकल्प (D) सही है।

45. ऐसे छात्र की देखभाल करते समय जिसे मधुमक्खियों से एलर्जी है और जिसे अभी-अभी डंक मारा गया है, आपको एक ठंडा पैक लगाना चाहिए।

लालिमा, खुजली या सूजन को कम करने के लिए हाइड्रोकार्टिसोन क्रीम या कैलामाइन लोशन भी लगाएं। कटे क्षेत्र को खरोंचने से बचें। इससे खुजली और सूजन बढ़ जाएगी और आपके संक्रमण का खतरा बढ़ जाएगा।

अत: विकल्प (C) सही है।

46. नरम ऊतक घावों की देखभाल बर्फ और ऊंचाई से की जानी चाहिए, और त्वचा के नीचे रक्तस्राव को कम करने के लिए क्षेत्र पर सीधा दबाव डालना चाहिए।

अत. विकल्प (D) राही है।

47. आंतरिक रक्तस्राव चोट, बीमारी और दवा के कारण हो सकता है। मांसपेशियों के फटने से छोटी रक्त वाहिकाओं को भी नुकसान हो सकता है, जिससे स्थानीय रक्तस्राव या चोट लग सकती है, और क्षेत्र में तंत्रिका अंत की जलन के कारण दर्द हो सकता है।

गैस्ट्रोइंटेस्टाइनल ट्रैक्ट में आंतरिक रक्तस्राव दवाओं (अक्सर गैर-स्टेरायडल विरोधी भड़काऊ दवाओं जैसे कि इबुप्रोफेन और एस्पिरिन से) और शराब के दुष्प्रभाव के कारण हो सकता है।

अत: विकल्प (D) सही है।

48. प्राथमिक उपचार प्रत्युत्तरकर्ता को पीड़ित को तब स्थानांतरित करना चाहिए जब प्राथमिक चिकित्सा देना आसान हो जाए और पीड़ित खतरनाक स्थिति में हो।

दो स्थितियां हम पीड़ित को स्थानांतरित करने की अनुमति देती हैं, इसमें शामिल हो सकते हैं:

- जब उन्हें तत्काल खतरे का सामना करना पड़ता है, जैसे कि एक असुरक्षित दुर्घटना दृश्य या यातायात खतरे, आग, ऑक्सीजन की कमी, विस्फोट का जोखिम, या एक ढहने वाली संरचना।
- जब हम किसी अन्य व्यक्ति के पास जाना होता है जिसे अधिक गंभीर चोट लग सकती है।

अत: विकल्प (D) सही है।

49. माइटोकॉन्ड्रिया और क्लोरोप्लास्ट दोनों एक प्रोकैरियोटिक कोशिका के समान हैं।

प्रोकैरियोटिक कोशिकाएं एकल-कोशिका वाले सूक्ष्मजीव हैं जिन्हें पृथ्वी पर सबसे पहले जाना जाता है। प्रोकैरियोट्स में बैक्टीरिया और आर्किया शामिल हैं।

एक प्रोकैरियोटिक कोशिका में एक झिल्ली होती है और इसलिए, सभी प्रतिक्रियाएं साइटोप्लाज्म के भीतर होती हैं। वे मुक्त-जीवित या परजीवी हो सकते हैं।

अत: विकल्प (C) सही है।

50. अनुमस्तिष्क गति, भाषण, दृष्टि, गंध, स्वाद, सुनवाई, बुद्धि आदि को नियंत्रित नहीं करता है।

- सीधी रेखा में चलना, साइकिल की सवारी करना, पेंसिल उठाना जैसी गतिविधियाँ पश्च मस्तिष्क के एक हिस्से के कारण संभव होती हैं जिन्हें अनुमस्तिष्क कहा जाता है।
- यह स्वैच्छिक कार्यों की सटीकता और शरीर के आसन और संतुलन को बनाए रखने के लिए जिम्मेदार है।
- यह पश्च मस्तिष्क का एक हिस्सा है।

अत: विकल्प (B) सही है।

51. मज्जा मस्तिष्क का सबसे निचला भाग और मस्तिष्क स्तम्भ का सबसे निचला हिस्सा है।

मज्जा पोन्स द्वारा मध्य मस्तिष्क से जुड़ा होता है और रीढ़ की हड्डी के साथ पीछे होता है।

मज्जा रीढ़ की हड्डी और मस्तिष्क के उच्च भागों के बीच संकेतों को प्रसारित करने और स्वायत्त गतिविधियों को नियंत्रित करने में महत्वपूर्ण भूमिका निभाता है, जैसे कि दिल की धड़कन और श्वसन।

अत: विकल्प (A) सही है।

52. प्रमस्तिष्क मानव मस्तिष्क का सबसे बड़ा हिस्सा होता है। मनुष्यों और अन्य कशेरुकाओं में प्रमस्तिष्क मस्तिष्क का मुख्य भाग होता है।

यह कपालीय गुहा के ऊपरी हिस्से में स्थित होता है, जो खोपड़ी के शीर्ष के अंदर एक जगह है।

अत: विकल्प (C) सही है।

53. तंत्रिका तंत्र: मानव शरीर का तंत्रिका तंत्र तीन भागों में विभाजित है:

1. **केंद्रीय तंत्रिका तंत्र:** यह तंत्रिका तंत्र का एक हिस्सा है जो पूरे शरीर और स्वयं तंत्रिका तंत्र पर नियंत्रण रखता है। यह दो भागों से बना है - मस्तिष्क और मेरुदंड।
2. **परिधीय तंत्रिका तंत्र:** यह मस्तिष्क और मेरुदंड से उत्पन्न होने वाली नसों से बना होता है जिसे क्रमशः कपालीय और रीढ़ की हड्डी कहा जाता है।
3. **स्वायत्त तंत्रिका तंत्र:** यह कुछ मस्तिष्क की नसों और कुछ रीढ़ की हड्डी की नसों से बना होता है।

अत: विकल्प (D) सही है।

54. रीढ़ की हड्डी की संरचना लंबी, पतली, किसी नली की तरह होती है, जो तंत्रिका ऊतक से बनी होती है, जो कि मस्तिष्क स्तंभ में मेरु-मज्जा से काठ कशेरुका के क्षेत्र तक फैली होती है।

तंत्रिका तंत्र शरीर के कार्यों और व्यवहार की जाँच और उन पर नियंत्रण करता है, और इसमें दो भाग सम्मिलित हैं:

- **केंद्रीय तंत्रिका तंत्र (CNS)** में मस्तिष्क और रीढ़ की हड्डी सम्मिलित होते हैं।
- **परिधीय तंत्रिका तंत्र (PNS)** में .शाखित परिधीय तंत्रिकाएँ सम्मिलित होता है।

तंत्रिका ऊतक में विभिन्न प्रकार की तंत्रिका कोशिकाएँ होती हैं, सभी में अक्षतंतु होता है।

पेशी ऊतक उन विशिष्कोट रचना वाली कोशिकाओं से बना होता है जिनमें शरीर के अंगों की गति को उत्पन्न करने के हेतु संकुचन करने की विशेष क्षमता होती है।

उपकला ऊतक पूरे शरीर में फैले हुए हैं। वे सभी शरीर की सतहों, रेखा शरीर गुहाओं और खोखले अंगों के आवरण का निर्माण करते हैं, और ग्रंथियों में प्रमुख ऊतक होते हैं। मुक्त सतह के विपरीत, कोशिकाएं एक गैर-सेलुलर बेसमेंट झिल्ली द्वारा अंतर्निहित संयोजी ऊतक से जुड़ी होती हैं।

संयोजी ऊतक, शरीर में ऊतकों का समूह जो शरीर और उसके अंगों के रूप को बनाए रखता है और सामंजस्य और आंतरिक समर्थन प्रदान करता है।

अतः विकल्प (A) सही है।

55. अस्थि-बंध संयोजी ऊतक होते हैं जो दो हड्डियों को एक दूसरे से जोड़ता है।

- अस्थि-बंध कठोर लचीले संयोजी ऊतकों का एक छोटा बैंड होता है जो दो हड्डियों को जोड़ता है।
- अस्थि-बंध हड्डियों को अन्य हड्डियों से जोड़ते हैं।
- कण्डरा कोलेजन से बने होते हैं।
- कण्डरा हड्डियों को मांसपेशियों से जोड़ता है।
- मानव में 11 प्रमुख अंग प्रणालियां हैं।
- उपास्थि शरीर का एक महत्वपूर्ण संरचनात्मक घटक है। यह एक दृढ़ ऊतक होता है लेकिन नरम और हड्डी की तुलना में अधिक लचीला है।

अतः विकल्प (D) सही है।

56. आदर्श रूप से, नर्सिंग केस मैनेजमेंट प्लानिंग उन लक्ष्यों की पहचान करती है जो यथार्थवादी, मापने योग्य और विशिष्ट हैं।

यथार्थवादी का अर्थ है चीजों को वैसे ही देखने में सक्षम होना जैसे वे वास्तव में हैं और उनके साथ व्यावहारिक तरीके से व्यवहार करना।

विशिष्ट शब्दों (आकार, राशि, अवधि, या द्रव्यमान के रूप में) में वर्णित मापने योग्य आमतौर पर मात्रा के रूप में व्यक्त किया जाता है विज्ञान तथ्यों का अध्ययन है वह है, जो मापने योग्य, परीक्षण योग्य, दोहराने योग्य, सत्यापन योग्य हैं।

विशिष्ट का अर्थ है स्पष्ट और सटीक रूप से प्रस्तुत या कहा गया, सटीक या सटीक। किसी विशेष व्यक्ति, स्थिति से संबंधित।

अतः विकल्प (D) सही है।

57. एक पुनर्वास सुविधा में न्यूरोसाइकिएट्रिस्ट संज्ञानात्मक, व्यवहारिक और मनोवैज्ञानिक समस्याओं का समाधान करता है, जिसके परिणामस्वरूप रोगी की दर्दनाक मस्तिष्क की चोट होती है।

न्यूरोसाइकियाट्री मानसिक रोगों या मस्तिष्क संबंधी असामान्यताओं से जुड़े लक्षणों वाले रोगियों का मूल्यांकन और उपचार है।

अतः विकल्प (B) सही है।

58. पीडियाट्रिक जिसे बाल रोग या बालचिकित्सा भी कहा जाता है। पीडियाट्रिक वह शाखा है जिसमें शिशुओं, बच्चों, किशोरों और युवा वयस्कों की चिकित्सा देखभाल शामिल है।

स्टाफ निरीक्षण इकाई द्वारा परिचर्या स्टाफिंग मानदंडों की सिफारिशें:

- सामान्य वार्ड: प्रत्येक 6 बिस्तरों के लिए 1 स्टाफ परिचारिका/परिचर्या सिस्टर
- विशेष वार्ड: प्रत्येक 4 बिस्तरों के लिए 1 स्टाफ परिचारिका/परिचर्या सिस्टर (1 : 4)। वह है,
1. बालचिकित्सा
2. जलना/प्लास्टिक से जलना
3. न्यूरो सर्जरी (तंत्रिका शल्य चिकित्सा)
4. हृदय वक्षीय
5. न्यूरो मेडिसिन (तंत्रिका औषधि)
6. नर्सिंग होम (परिचर्यागृह)
7. टिटनेस
8. मेरु की चोट
9. आकस्मिक से जुड़े आपातकालीन वार्ड

अतः विकल्प (C) सही है।

59. सत्यता नैतिक सिद्धांत रोगियों के साथ सच्चाई पर आधारित है। नर्सों को ग्राहकों से पूरी सच्चाई नहीं छिपानी चाहिए, भले ही इससे रोगी को परेशानी हो। उदाहरण के लिए, यदि कोई मरीज कीमोथेरेपी शुरू कर रहा था और साइड इफेक्ट्स के बारे में पूछता है, तो सत्यता का अभ्यास करने वाली नर्स उन साइड इफेक्ट्स के बारे में ईमानदार होगी जिनकी वे कीमोथेरेपी से उम्मीद कर सकते हैं।

अतः विकल्प (D) सही है।

60. मधुमेह के नए निदान वाले रोगियों के लिए एक कार्यक्रम की पेशकश विकसित करते समय, नर्सिंग केस मैनेजर विभिन्न शैक्षिक सामग्रियों का उपयोग करके सीखने की शैलियों की समझ प्रदर्शित करता है। अपने मधुमेह को नियंत्रित करने का तरीका सीखने से पैसे और समय की बचत होगी, और आपको कम आपातकालीन और अस्पताल का दौरा करने में मदद मिलेगी। अपनी दवा कैसे और कब लेनी है, अपने रक्त शर्करा (ग्लूकोज) की निगरानी कैसे करें, और अपनी देखभाल कैसे करें, यह जानने से आपको अपने मधुमेह को बेहतर ढंग से प्रबंधित करने में मदद मिलती है।

अतः विकल्प (D) सही है।

61. केस मैनेजमेंट सोसाइटी ऑफ अमेरिका के स्टैंडर्ड ऑफ प्रैक्टिस नर्सिंग केस मैनेजर के अभ्यास का मार्गदर्शन करता है।

केस मैनेजमेंट की मूल अवधारणा में सकारात्मक परिणामों को बढ़ावा देने के लिए लागत प्रभावी तरीके से ग्राहक की विशिष्ट जरूरतों को पूरा करने के लिए गुणवत्ता सेवाओं का समय पर समन्वय शामिल है। यह एकल स्वास्थ्य देखभाल सेटिंग में या संपूर्ण देखभाल निरंतरता के दौरान ग्राहक की देखभाल के संक्रमण के दौरान हो सकता है।

अतः विकल्प (B) सही है।

62. नर्सिंग केस मैनेजर, जो 67 वर्षीय रोगी को पुनर्वास देखभाल के लिए एक कुशल नर्सिंग सुविधा के लिए संदर्भित करता है, जानता है कि इसे मेडिकेयर के मेडिकेयर पार्ट ए घटक के तहत बिल किया जाएगा।

मेडिकेयर पार्ट ए अस्पताल बीमा है। भाग ए में आम तौर पर इनपेशेंट अस्पताल में रहने, कुशल नर्सिंग देखभाल, धर्मशाला देखभाल और सीमित घरेलू स्वास्थ्य देखभाल सेवाएं शामिल हैं। हम आम तौर पर एक कटौती योग्य और सहबीमा और/या प्रतिभुगतान का भुगतान करते हैं।

अत: विकल्प (A) सही है।

63. दवा की त्रुटियां, अनावश्यक परीक्षणों के आदेश, और मानक परीक्षणों या प्रक्रियाओं की चूक को व्यवसायी प्रकार के विचरण के रूप में वर्गीकृत किया गया है।

एक स्वास्थ्य देखभाल व्यवसायी, लाइसेंस प्राप्त स्वास्थ्य देखभाल व्यवसायी, लाइसेंस प्राप्त व्यवसायी, या व्यवसायी, जैसा कि इस गाइडबुक में उपयोग किया गया है, को एक ऐसे व्यक्ति के रूप में परिभाषित किया गया है जिसे स्वास्थ्य देखभाल सेवाएं प्रदान करने के लिए राज्य द्वारा लाइसेंस प्राप्त या अन्यथा अधिकृत किया गया है।

अत: विकल्प (D) सही है।

64. तंत्रिका संबंधी अभाव का आकलन को किसी गैर-पेशेवर कर्मचारी को नहीं सौंपा जाना चाहिए।

एक तंत्रिका संबंधी अभाव एक शरीर क्षेत्र के असामान्य कार्य को संदर्भित करता है। यह परिवर्तित कार्य मस्तिष्क, रीढ़ की हड्डी, मांसपेशियों या तंत्रिकाओं की चोट के कारण होता है। उदाहरणों में असामान्य सजगता और बोलने में असमर्थता शामिल हैं।

अत: विकल्प (D) सही है।

65. एक पुरुष रोगी के पास एक नरम कलाई-सुरक्षा उपकरण होता है। शांत, पीला उंगलियों का आकलन नर्स को असामान्य मानना चाहिए।

कलाई पर एक सुरक्षा उपकरण परिसंचरण को खराब कर सकता है और शरीर के ऊतकों को रक्त की आपूर्ति को प्रतिबंधित कर सकता है। इसलिए, नर्स को खराब परिसंचरण के लक्षणों के लिए रोगी का आकलन करना चाहिए, जैसे कि ठंडी, पीली उंगलियां। एक स्पष्ट रेडियल या चंद्र नाड़ी और गुलाबी नाखून बिस्तर सामान्य निष्कर्ष हैं।

अत: विकल्प (C) सही है।

66. नर्स घोल की एक और बोतल लेना सुनिश्चित करती है।

फैट इमल्शन का उपयोग उन रोगियों के लिए आहार पूरक के रूप में किया जाता है जो अपने आहार में पर्याप्त वसा प्राप्त करने में असमर्थ होते हैं, आमतौर पर कुछ बीमारियों या हाल की सर्जरी के कारण। नर्स को इमल्शन को परतों या वसा ग्लोब्यूल्स में अलग करने या झाग के संचय के लिए फैट इमल्शन की बोतल की जांच करनी चाहिए। यदि इनमें से कोई भी पाया जाता है तो नर्स को फैट इमल्शन नहीं लटकाना चाहिए और समाधान को फार्मेसी में वापस कर देना चाहिए।

अत: विकल्प (A) सही है।

67. लाइलाज बीमारी से ग्रसित एक महिला रोगी इनकार कर रही है। इनकार के संकेतकों में सदमे की निराशा शामिल है।

सदमे की निराशा दुःख के पहले चरण के इनकार के शुरुआती संकेत हैं। इनकार एक सामान्य रक्षा तंत्र है जिसका उपयोग खुद को परेशान करने वाली वास्तविकता पर विचार करने की कठिनाई से बचाने के लिए किया जाता है। कुबलर-रॉस ने नोट किया कि टर्मिनल निदान प्राप्त करने के शुरुआती झटके के बाद, मरीज़ अक्सर नई जानकारी की वास्तविकता को अस्वीकार कर देते हैं। अन्य विकल्प अवसाद से जुड़े हैं - दु: ख के बाद का चरण।

अत: विकल्प (A) सही है।

68. प्रभारी नर्स एक मरीज को बिस्तर से कुर्सी पर स्थानांतरित कर रही है। नर्स रोगी को उसके स्थानांतरण के दौरान पैरों को लटकाने में मदद करती है।

रोगी को हाई फाउलर की स्थिति में रखने और रोगी को बिस्तर के किनारे पर ले जाने के बाद, नर्स रोगी को बिस्तर के किनारे पर बैठने और पैरों को लटकाने में मदद करती हैनर्स कुर्सी को रोगी के सिरहाने रख कर बैठती हैं।

अत: विकल्प (B) सही है।

69. एक क्लिनिकल नर्स विशेषज्ञ एक नर्स है जिसने निर्धारित क्लिनिकल क्षेत्र में मास्टर डिग्री पूरी की है और एक पंजीकृत पेशेवर नर्स है।

क्लिनिकल नर्स स्पेशलिस्ट (सीएनएस) एक स्नातक स्तर की पंजीकृत नर्स होती है, जो अपनी पसंद की विशेषता में प्रमाणित होती है। विशिष्ट प्रमाणन प्राप्त करना ज्ञान के एक उन्नत स्तर के साथ-साथ नर्सिंग के एक आला क्षेत्र में उन्नत नैदानिक कौशल को प्रदर्शित करता है। एक नर्स व्यवसायी (एनपी) और सीएनएस के बीच मतभेद हैं।

अत: विकल्प (D) सही है।

70. निर्धारित दवा की शाम की खुराक देने से पहले, नर्स को शाम की पाली में रोगी की दवा की दराज में एक बिना लेबल वाली, भरी हुई सिरिंज मिलती है। दवा की त्रुटि से बचने के लिए प्रभारी नर्स को सिरिंज को त्याग देना चाहिए।

सुरक्षा एहतियात के तौर पर, नर्स को एक बिना लेबल वाली सिरिंज को छोड़ देना चाहिए जिसमें दवा शामिल है। अन्य विकल्पों को असुरक्षित माना जाता है क्योंकि वे त्रुटि को बढ़ावा देते हैं।

अत: विकल्प (A) सही है।

71. पुरुष जराचिकित्सा रोगी को ड्रग थेरेपी देते समय, नर्स को प्रतिकूल प्रभावों के लिए विशेष रूप से सतर्क रहना चाहिए। वृद्धावस्था से संबंधित शारीरिक परिवर्तन वृद्धावस्था के रोगियों पर प्रतिकूल दवा प्रभाव डालते हैं।

वृद्धावस्था से संबंधित शारीरिक परिवर्तन जेरियाट्रिक रोगियों में प्रतिकूल दवा प्रतिक्रियाओं की बढ़ती आवृत्ति के लिए जिम्मेदार हैं। एडीई को तीव्र जराचिकित्सा चिकित्सा प्रवेश के 5% से 28% में इंगित किए जाने का अनुमान है। रोकथाम योग्य एडीई वृद्ध वयस्कों में अनुचित दवा के उपयोग के गंभीर परिणामों में से एक है।

अत: विकल्प (B) सही है।

72. मोतियाबिंद के ऑपरेशन के बाद एक महिला मरीज को डिस्चार्ज किया जा रहा है। दवा सिखाने के बाद, नर्स रोगी को निर्देश दोहराने के लिए कहती है। नर्स शिक्षक की भूमिका निभा रही है।

डिस्चार्ज होने से पहले एक मरीज को दवाओं के बारे में पढ़ाते समय, नर्स एक शिक्षक के रूप में कार्य कर रही है। वे स्थापित स्वास्थ्य देखभाल सेटिंग्स के भीतर विशेष रोगी देखभाल बढ़ाने के लिए रोगियों और देखभाल प्रदाताओं को शैक्षिक नेतृत्व प्रदान करते हैं। देखभाल की निरंतरता में शैक्षिक आवश्यकताओं, समस्या समाधान और स्वास्थ्य प्रबंधन के साथ रोगियों और देखभाल करने वालों की सहायता करता है।

अत: विकल्प (B) सही है।

73. एक महिला रोगी बढ़ी हुई चिंता के लक्षण प्रदर्शित करती है। "चलो इस बारे में बात करते हैं कि आपको क्या परेशान कर रहा है।" नर्स द्वारा प्रतिक्रिया रोगी की चिंता को कम करने की सबसे अधिक संभावना है।

चिंता असहायता, अलगाव या असुरक्षा की भावनाओं के कारण हो सकती है। यह प्रतिक्रिया रोगी को भावनाओं को व्यक्त करने के लिए प्रोत्साहित करके चिंता को कम करने में मदद करती है। रोगी को चिंता-उत्प्रेरण की स्थिति पर कुछ नियंत्रण देने के लिए नर्स को सहायक होना चाहिए और रोगी के साथ मिलकर लक्ष्य विकसित करना चाहिए। क्योंकि अन्य विकल्प रोगी की भावनाओं को अनदेखा करते हैं और संचार को अवरुद्ध करते हैं, वे चिंता को कम नहीं करेंगे।

अत: विकल्प (D) सही है।

74. एपीजीएआर स्कोर शिशु मृत्यु दर के मुकाबले नवजात बच्चों के स्वास्थ्य को जल्दी से सारांशित करने का एक तरीका है। एपीजीएआर का मतलब अपीयरेंस, पल्स, ग्रिमेस, एक्टिविटी और रेस्पिरेशन है। मेडिकल टीमें इस स्कोरिंग प्रणाली का उपयोग यह सुनिश्चित करने के लिए करती हैं कि बच्चे जन्म के ठीक बाद स्वस्थ हैं।

इस प्रकार, तापमान को एपीजीएआर स्कोर में नहीं माना जाता है।

अतः विकल्प (D) सही है।

75. "ब्रोंज बेबी" सिंड्रोम विभिन्न मूल के संशोधित यकृत समारोह, विशेष रूप से कोलेस्टेसिस के कारण होने वाली नवजात पीलिया के लिए फोटोथेरेपी की एक दुर्लभ जटिलता है। यह एक ऐसा मामला है जो एक समय से पहले के शिशु में हुआ था, जिसने फोटोथेरेपी के दौरान भूरे-भूरे रंग का रंग विकसित किया था। मोटे पित्त द्रव के कोलेस्टेसिस से जटिल रीसस असंगति के कारण शिशु को हेमोलाइटिक पीलिया था।

जब हमारा लिवर खराब हो जाता है, तो हम लिवर फेलियर का विकास कर सकते हैं, जिसे यकृत रोग भी कहा जाता है।

अतः विकल्प (B) सही है।

76. टॉन्सिलेक्टोमी एक बार टॉन्सिल (टॉन्सिलिटिस) के संक्रमण और सूजन का इलाज करने के लिए एक सामान्य प्रक्रिया थी। इसलिए, 4 साल से कम उम्र के बच्चों में इसकी सिफारिश नहीं की जाती है क्योंकि टॉन्सिल प्रतिरक्षा प्रणाली का एक हिस्सा हैं। गले और तालु पर उनके स्थान के कारण, वे कीटाणुओं को मुंह या नाक के माध्यम से शरीर में प्रवेश करने से रोक सकते हैं।

अतः विकल्प (C) सही है।

77. अवसादग्रस्त पूर्वकाल फॉन्टानेल गंभीर डायरिया के साथ 8 महीने के शिशु में एक अपेक्षित मूल्यांकन की खोज है। निर्जलीकरण फॉन्टानेल के धँसा होने का प्राथमिक कारण है। निर्जलीकरण तब होता है जब एक शिशु के शरीर में सामान्य कामकाज को बनाए रखने के लिए पर्याप्त तरल पदार्थ नहीं होता है। धँसा हुआ फॉन्टानेल इस बात का संकेत है कि शिशु के शरीर में पर्याप्त द्रव नहीं है।

अतः विकल्प (C) सही है।

78. चार महीने के शिशु को इंट्रामस्क्युलर इंजेक्शन लगाने के लिए वास्तुस्लेटरलि सबसे अच्छी जगह है।

नवजात शिशुओं में इंट्रामस्क्युलर (आईएम) इंजेक्शन की आवश्यकता दवाओं या टीकों को देने के लिए हो सकती है। 12 महीने से कम उम्र के शिशुओं में आईएम इंजेक्शन के लिए अग्रपार्श्विक जांघ पसंदीदा साइट है। दवाओं को विशाल लेटरलिस जांघ की मांसपेशी के सबसे बड़े हिस्से में इंजेक्ट किया जाता है, जो इस मांसपेशी के ऊपरी और मध्य तीसरे हिस्से का जंक्शन है।

अतः विकल्प (D) सही है।

79. ऑर्टोलानी पैंतरेबाज़ी एक अव्यवस्थित कूल्हे की पहचान करती है जिसे कम किया जा सकता है। शिशु को उसी तरह से तैनात किया जाता है जैसे कि बार्लो पैंतरेबाज़ी के लिए, कूल्हे के साथ 90° तक मुड़ी हुई स्थिति में होता है।

बार्लो पैंतरेबाज़ी एक परीक्षण है जिसका उपयोग अस्थिर कूल्हे की पहचान करने के लिए किया जाता है जिसे निष्क्रिय रूप से अव्यवस्थित किया जा सकता है। शिशु को सुपाइन पोजीशन में रखा जाता है, जिसमें कूल्हे 90° तक मुड़े हुए होते हैं और न्यूट्रल रोटेशन में होते हैं।

इस प्रकार, हम यह निष्कर्ष निकाल सकते हैं कि, ऑर्टोलानी का पैंतरेबाज़ी एक परीक्षण या संकेत है जिसे एक नर्स को कूल्हे के विकास संबंधी डिस्प्लेसिया के साथ 3 सप्ताह के शिशु में देखना चाहिए।

अतः विकल्प (C) सही है।

80. एक बच्चा जो लगातार उल्टी के साथ अस्पताल में भर्ती होता है, उसे मेटाबोलिक अल्कालोसिस के लिए बारीकी से निगरानी की जानी चाहिए। यह एक मेटाबोलिक अवस्था है, जिसमें ऊतक का pH सामान्य सीमा (7.35 - 7.45) से ऊपर उठ जाता है। मेटाबोलिक अल्कलोसिस एक ऐसी अवस्था है जो तब होती है जब हमारा रक्त अत्यधिक एल्कलाइन हो जाता है।

अतः विकल्प (C) सही है।

81. शर्तों के अनुसार,

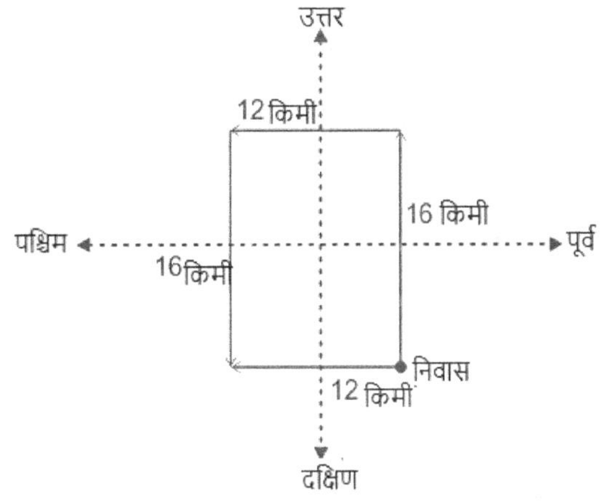

स्पष्ट रूप से, इवान अपने आवास से 12 किमी दूर है।

अतः विकल्प (B) सही है।

82. लाल गेंदों की संख्या $= 4$

नीली गेंदों की संख्या $= 6$

गुलाबी गेंदों की संख्या $= 8$

गेंदों की कुल संख्या $= 4 + 6 + 8 = 18$

आवश्यक प्रायिकता $= \dfrac{4}{18} \times \dfrac{11}{20} + \dfrac{6}{18} \times \dfrac{11}{20}$

$= \dfrac{11}{20}\left[\dfrac{4}{18} + \dfrac{6}{18}\right]$

$= \dfrac{11}{20} \times \dfrac{10}{18}$

$= \dfrac{11}{36}$

अतः विकल्प (D) सही है।

83. माना संख्याएँ $8x, 7x$ और $5x$ हैं।

प्रश्न के अनुसार,

$\dfrac{(8x+7x+5x)}{3} = 40$

$\Rightarrow 20x = 120$

$\Rightarrow x = 6$

सबसे बड़ी संख्या $= 8x = 48$

अतः विकल्प (C) सही है।

84. एक त्रिभुज के लिए किसी भी दो भुजाओं का योग तीसरी भुजा से अधिक होना चाहिए।

यह नियम प्रयुक्त करने पर,

(1) 4.5

$\Rightarrow$ यदि तीसरी भुजा 4.5 सेमी है, तो 6.5 + 4.5 > 10 सही। लेकिन क्या 4.5 सबसे छोटा संभव मान है।

अधिक जांच करते हैं।

(2) 2.8

$\Rightarrow$ 2.8 + 6.5 = 9.3 < 10. एक त्रिभुज नहीं

(3) 3.5

⇒ 6.5 + 3.5 = 10 = 10. एक त्रिभुज नहीं

(4) 4

⇒ 4 + 6.5 = 10.5 >10. सही और चूंकि 4 < 4.5 यह विकल्पों में से सबसे छोटी संख्या है और इसलिए यह सही उत्तर है।

अत: विकल्प (D) सही है।

85. माना अंडों की संख्या x है

3 अंडे की लागत = 5 रु

1 अंडे की लागत = $\frac{5}{3} \times x$

इसलिए, CP = $\frac{5}{3} \times x$

जिस कीमत पर अंडे बेचे जाते हैं = 12 रु

इसलिए, SP = $\frac{12}{5x}$

लाभ = SP - CP

$$143 = \frac{12}{5x} - \frac{5}{3x}$$

(हल करने के लिए, 3 और 5 का LCM लें और उसके माध्यम से हल करें)

x = 195

इस प्रकार, उन्होंने 195 अंडे खरीदे।

अत: विकल्प (D) सही है।

86. मान लीजिए उसकी मूल गति = x किमी/घंटा

∴ वृद्धि के बाद गति = (x + 15) किमी/घंटा

समस्या के मुताबिक,

⇒ x × 10 = (x + 15) × 8

⇒ 10x = 8x + 120

⇒ x = 60

∴ उसकी नई गति = (60 + 15) = 75 किमी/घंटा

∴ 375 किमी की दूरी तय करने में लगा समय = $\frac{375}{75}$ =5 घंटे

अत: विकल्प (D) सही है।

87. दिया है,

30 जनवरी 2003 = गुरुवार

∴ 6, 13, 20 व 27 फरवरी = गुरुवार

∴ 28 फरवरी = शुक्रवार

∴ 1 मार्च = शनिवार

∴ 2 मार्च = रविवार

अत: विकल्प (A) सही है।

88. दिया है,

$H = 7$

कोण = 0°

जैसा कि हम जानते हैं कि घंटे की सुई और मिनट की सुई के बीच का कोण।

$$\theta = \left(30\,H - 11\frac{M}{2}\right)$$

जब मिनट और घंटे की सूइयां संपाती होती हैं, तो $\theta = 0$,

$$\Rightarrow 0 = 30 \times 7 - 11\frac{M}{2}$$

$$\Rightarrow 0 = 210 - 11\frac{M}{2}$$

$$\Rightarrow 210 = 11\frac{M}{2}$$

$$\Rightarrow 420 = 11M$$

$$\Rightarrow M = \frac{420}{11}$$

$$\Rightarrow M = 38\frac{2}{11} \text{ मिनट}$$

अतः विकल्प (C) सही है।

89. दी गई श्रृंखला:

बायी ओर M 1 E & D 2 G 9 $ F @ 4 N Z W © 8 C Y A * 6 दायीं ओर

यहाँ एक समूह का निर्माण होता है जिसमें दूसरा तत्व पहले तत्व से दूसरा है और

तीसरा तत्व दूसरे के निकट में, तीसरा है।

इसलिए, YA6 समूह से संबंधित नहीं है।

अत: विकल्प (D) सही है।

90. चूंकि, महिला के इकलौते भाई का पुत्र महिला का भतीजा है, इसलिए, पुरुष की पत्नी महिला की भतीजी है। इसलिए, महिला पुरुष के ससुर की बहन है।

अतः विकल्प (C) सही है।

91. मिर्ज़ापुर मण्डल को विश्व के उत्कृट कालीन उद्योगों का केन्द्र माना जाता है।

मिर्ज़ापुर मण्डल: दुनिया के बेहतरीन कालीन उद्योगों का केंद्र, अपनी प्राकृतिक सुंदरता के लिए एक बहुत ही लोकप्रिय पर्यटन स्थल और उत्तर प्रदेश के सबसे तेजी से बढ़ते क्षेत्रों में से एक है। इसमें विंध्याचल शक्तिपीठ शामिल है।

अत: विकल्प (D) सही है।

92. भारत में राजनीतिक दलों को 'मान्यता' चुनाव आयोग द्वारा दी जाती है।

- भारत का चुनाव आयोग भारत में संघ और राज्य चुनाव प्रक्रियाओं के प्रशासन के लिए जिम्मेदार एक स्वायत्त संवैधानिक प्राधिकरण है।

- यह निकाय भारत में लोकसभा, राज्य सभा और राज्य विधानसभाओं और देश में राष्ट्रपति और उपराष्ट्रपति के कार्यालयों के चुनावों का संचालन करता है।

- भारतीय संविधान का भाग XV चुनावों से संबंधित है और इन मामलों के लिए एक आयोग की स्थापना करता है।

अत: विकल्प (C) सही है।

93. पाटलिपुत्र के प्रशासन का विवरण ग्रीक शासक सेल्यूकस निकेटर प्रथम द्वारा पाटलिपुत्र में चंद्र गुप्त मौर्य के राजदूत मेगस्थनीज की "इंडिका" पुस्तक में उपलब्ध है।

मेगस्थनीज ने वर्णन किया कि पाटलिपुत्र शहर का प्रशासन 30 सदस्यों वाली एक नगर परिषद द्वारा किया जाता था और इन 30 सदस्यों को प्रत्येक 5 सदस्यों के बोर्ड में विभाजित किया गया था।

अतः विकल्प (A) सही है।

94. यूराल पर्वत कोई ब्लॉक पर्वत नहीं है।

ब्लॉक पर्वत उस प्रकार के पर्वत होते हैं जिनमें पर्वत का मध्य भाग नीचा तथा दोनों ओर के भाग ऊँचे होते हैं। मध्य भाग को भ्रंश घाटी कहते हैं। ब्लैक फॉरेस्ट (जर्मनी), साल्ट रेंज (पाकिस्तान), विंध्य और सतपुड़ा (भारत) ब्लॉक पर्वतों के उदाहरण हैं।

यूराल एक वलित पर्वत है। वलित पर्वतों का निर्माण चट्टानों में पृथ्वी की आन्तरिक हलचलों के कारण होने वाली वलनों के कारण होता है।

अतः विकल्प (D) सही है।

95. बैडमिंटन खिलाड़ी पीवी सिंधु ने बुसानन ओंगबामरुंगफा को हराकर स्विस ओपन महिला एकल का खिताब 2022 जीता है। इस जीत के बाद पीवी सिंधु ने सीजन का दूसरा महिला एकल खिताब अपने नाम किया। सिंधु ने लखनऊ में सैयद मोदी इंटरनेशनल सुपर 300 में 2022 का अपना पहला खिताब जीता था।

अत: विकल्प (C) सही है।

96. माइक्रोसॉफ्ट ने 20 नवंबर, 1985 को विंडोज नाम से एक ऑपरेटिंग सिस्टम पेश किया। यह ग्राफिकल यूजर इंटरफेस (GUI) में बढ़ती दिलचस्पी के जवाब में MS-DOS के लिए एक ग्राफिकल ऑपरेटिंग सिस्टम शेल है। स्टेटकाउंटर के अनुसार, अप्रैल 2022 तक 75% बाजार हिस्सेदारी के साथ विंडोज दुनिया का सबसे लोकप्रिय डेस्कटॉप ऑपरेटिंग सिस्टम है।

अतः विकल्प (C) सही है।

97. एक वेब ब्राउजर, या केवल "ब्राउजर," वेबसाइटों तक पहुँचने और देखने के लिए उपयोग किया जाने वाला एक प्रोग्राम है। वेब ब्राउजर वेब क्लाइंट द्वारा वेब पेज देखने के लिए उपयोग किया जाने वाला प्रोग्राम है।

प्रोटोकॉल: एक प्रोटोकॉल डेटा को स्वरूपित करने और संसाधित करने के लिए नियमों का एक समूह है।

वेब सर्वर: एक वेब सर्वर एक कंप्यूटर है जो वेबसाइट चलाता है।

सर्च इंजन: सर्च इंजन एक वेब आधारित उपकरण है जो उपयोगकर्ताओं को वर्ल्ड वाइड वेब पर जानकारी खोजने में सक्षम बनाता है।

अतः विकल्प (A) सही है।

98. सर्च इंजन का उपयोग कीवर्ड टाइप करके दूसरी वेबसाइट को सर्च करने के लिए किया जाता है। आजकल, अरबों वेबसाइटें ऑनलाइन हैं, इंटरनेट पर बहुत सारी जानकारी है। सर्च इंजन इस जानकारी को ढूंढना आसान बनाते हैं। ऐसे कई अलग-अलग सर्च इंजन हैं जिनका हम उपयोग कर सकते हैं, लेकिन कुछ सबसे लोकप्रिय सर्च इंजन में Google, Yahoo!, और Bing शामिल हैं।

अतः विकल्प (A) सही है।

99. हार्ड डिस्क बड़ी मात्रा में डेटा स्टोर कर सकती है।

- हार्ड डिस्क मैग्नेटिक डिस्क का एक स्पिंडल है, जिसे प्लैटर्स कहा जाता है।
- हार्ड डिस्क का उपयोग सूचनाओं को रिकॉर्ड करने और स्टोर करने के लिए किया जाता है।
- हार्ड डिस्क के अंदर, डेटा चुंबकीय रूप से स्टोर होता है और कंप्यूटर बंद होने के बाद भी जानकारी रिकॉर्ड की जाती है।

- यह हार्ड डिस्क और रैम या मेमोरी के बीच एक महत्वपूर्ण अंतर है, यह कंप्यूटर की बिजली बंद होने पर रीसेट हो जाता है।
- हार्ड डिस्क को हार्ड ड्राइव के अंदर रखा जाता है जिसका उपयोग डिस्क पर डेटा पढ़ने और लिखने के लिए किया जाता है।
- हार्ड ड्राइव सीपीयू और डिस्क के बीच सूचनाओं को इधर-उधर भेजता है।

अतः विकल्प (B) सही है।

100. वर्म एक प्रकार का वायरस है जो अन्य ड्राइव्स, सिस्टम्स और नेटवर्क्स पर खुद की डुप्लीकेट बनाकर आपके कंप्यूटर में फैलता है। कंप्यूटर वर्म्स स्वयं की कार्यात्मक प्रतियों को दोहराते हैं और उसी प्रकार की क्षति का कारण बन सकते हैं। वायरस के विपरीत, जिसके लिए एक संक्रमित होस्ट फ़ाइल के प्रसार की आवश्यकता होती है, वर्म्स स्टैंडअलोन सॉफ्टवेयर होते हैं और उन्हें प्रसारित करने के लिए एक होस्ट प्रोग्राम या (सेल्फ-रेप्लिकेट) मानव सहायता की आवश्यकता नहीं होती है।

अतः विकल्प (D) सही है।

Discipline

Q.1 मिनिमली इनवेसिव सर्जरी को ______ भी कहा जाता है।
A. रचनात्मक सर्जरी
B. कीहोल सर्जरी
C. एब्लेटिव सर्जरी
D. प्रशामक सर्जरी

Q.2 एंटीएम्बोलिक स्टॉकिंग्स कम करने में मदद कर सकते हैं:
A. घनास्त्रअंत: शल्यता
B. दर्द
C. दबाव घाव
D. अवकुंचन

Q.3 सेगमेंटेक्टॉमी से तात्पर्य है:
A. कीमोथेरेपी के प्रकार को संदर्भित करता है
B. प्लीहा की चिंता
C. फेफड़े के किसी एक भाग को निकालना शामिल है
D. द्विपक्षीय न्यूमोनेक्टॉमी शामिल है

Q.4 तचीपनिया शब्द का अर्थ है:
A. श्वास का बंद होना
B. चेयने-स्टोक्स की सांसें
C. श्वसन दर में कमी
D. श्वसन दर में वृद्धि

Q.5 अधिकांश कोरोनरी धमनी बाईपास ग्राफ्ट निम्न पर किए जाते हैं:
A. 60 वर्ष और उससे अधिक आयु की महिलाएं
B. फेफड़े के कैंसर वाले पुरुष
C. फेफड़े के कैंसर से पीड़ित महिलाएं
D. 60 वर्ष और उससे अधिक आयु के पुरुष

Q.6 वैरिकाज़ नसें अधिक प्रचलित हैं:
A. महिलाओं में
B. पुरुषों में
C. सफेद पुरुषों में
D. वृद्ध लोगों में

Q.7 विलिस का चक्र स्थित है:
A. मस्तिष्क के आधार पर
B. स्पाइनल कॉलम में
C. ड्यूरा मेटर के भीतर
D. इनमें से कोई नहीं

Q.8 एन्यूरिज़्म के कारणों में शामिल हो सकते हैं:
A. धमनीकलाकाठिन्य
B. आनुवंशिक स्थितियां
C. रक्त वाहिका सूजन
D. ऊपर के सभी

Q.9 बेरिएट्रिक सर्जरी में, गैस्ट्रिक उत्तेजना में शामिल हैं:
A. बाहरी पेट की मालिश
B. एक इन्फ्लेटेबल गैस्ट्रिक बैलून का सम्मिलन
C. पेसमेकर डिवाइस का सम्मिलन
D. TENS के अनुप्रयोग

Q.10 समूह शिक्षण की ______ पद्धति में, लोगों के स्वास्थ्य अभ्यास को बदलने में विफल हो सकता है।
A. व्याख्यान
B. समूह चर्चा
C. परिसंवाद
D. रोल प्ले

Q.11 स्वास्थ्य शिक्षा कार्यक्रम के दौरान मानव व्यवहार को बदलने में आमतौर पर ______ अधिक प्रभावी होते हैं।
A. समूह चर्चा
B. जनसंचार माध्यम
C. उद्योगशाला
D. इनमें से कोई नहीं

Q.12 ______ के संबंध में स्वास्थ्य प्रदर्शनियां आयोजित की जाती हैं।
A. मेले
B. त्योहारों
C. जन अभियान
D. ये सभी

Q.13 चर्चा समूह संचार के ______ पैटर्न का एक उदाहरण है।
A. पहिया
B. जंजीर
C. ऑल-चैनल
D. इनमें से कोई नहीं

Q.14 स्वास्थ्य देखभाल के लिए डिजिटल सूचना और संचार प्रौद्योगिकी के अनुप्रयोग को संदर्भित करने के लिए निम्नलिखित में से कौन सा सामान्य शब्द है?
A. डिजी-स्वास्थ्य
B. ई-स्वास्थ्य
C. आई-स्वास्थ्य
D. तकनीक-स्वास्थ्य

Q.15 निम्नलिखित में से कौन एक कार्यक्रम को संदर्भित करता है जिसका उद्देश्य रोगियों को स्वास्थ्य और स्वास्थ्य देखभाल के लिए सूचना और संचार प्रौद्योगिकी का बेहतर उपयोग करने में सक्षम बनाना है?
A. रोगी सूचना विज्ञान
B. आईसीटी स्वास्थ्य
C. स्वास्थ्य तकनीक
D. इनमें से कोई नहीं

Q.16 प्रभावी संचार किसे कहते हैं?
A. विचारों, सोच, मतों, ज्ञान और डेटा के आदान-प्रदान की प्रक्रिया ताकि संदेश प्राप्त किया जा सके और लेखन के उद्देश्य से स्पष्टता और उद्देश्य के साथ समझा जा सके।
B. बोलने की एक शैली जिसे अधिकांश लोगों द्वारा समझने के लिए व्यावसायिक रूप से उपयोग किया जाता है और इस तरह से व्यक्त किया जाता है जिसे बहुमत द्वारा स्वीकार्य और सम्मानजनक माना जाता है।
C. विचारों, सोच, मतों, ज्ञान और डेटा के आदान-प्रदान की प्रक्रिया ताकि संदेश को स्पष्टता और उद्देश्य के साथ प्राप्त और समझा जा सके।
D. दोनों (A) और (B)

Q.17 निम्नलिखित में से कौन कार्यस्थल में पीढ़ीगत अंतर के बारे में सही नहीं है?
A. यह अत्यधिक संभावना है कि एक कार्यस्थल में एक साथ मिलकर काम करने वाली 4 अलग-अलग पीढ़ियां हो सकती हैं।
B. पीढ़ीगत मतभेदों के परिणामस्वरूप अक्सर गलतफहमियां और गलतफहमियां पैदा हो सकती हैं
C. पीढ़ीगत परिप्रेक्ष्य में भिन्नता को पहचानना संचार को बेहतर बनाने का एक उपकरण है
D. हालाँकि अलग-अलग पीढ़ियाँ उम्र में भिन्न होती हैं, वे सभी अपने काम को एक ही तरीके से करते हैं

Q.18 एक बाल रोगी जो वेंटिलेटर पर निर्भर है और जिसमें गैस्ट्रोस्टोमी बटन है, उसे घर की स्वास्थ्य नर्स के साथ घर जाने के लिए छुट्टी दी जानी है। डिस्चार्ज करने से पहले, नर्सिंग केस मैनेजर की सबसे महत्वपूर्ण कार्रवाई है:
A. रोगी की दीर्घकालिक घरेलू देखभाल आवश्यकताओं का आकलन करें।
B. आवश्यक घरेलू चिकित्सा उपकरण प्राप्त करें।
C. घरेलू स्वास्थ्य देखभाल के लिए सुरक्षित वित्त पोषण स्रोत।
D. सत्यापित करें कि रोगी को सुरक्षित वातावरण में छुट्टी दी जा रही है।

Q.19 अस्पताल में फिर से भर्ती होने से बचने के लिए, एक रोगी को एक विशेष क्लिनिक में सेवाओं की आवश्यकता होती है। चूंकि सेवाएं रोगी की स्वास्थ्य देखभाल योजना के अंतर्गत शामिल नहीं हैं, इसलिए नर्सिंग केस मैनेजर रोगी की बीमा कंपनी के साथ हस्तक्षेप करता है। इस स्थिति में, नर्स की भूमिका निभा रही है:
A. दलाल
B. सलाहकार
C. वार्ताकार
D. प्रदान करने वाला

Q.20 नर्सिंग केस मैनेजर टाइप 1 मधुमेह वाले 15 वर्षीय रोगी से मिलता है, जिसे हाल ही में 8% का A1C है। रोगी प्रति दिन दो से तीन सिगरेट पीने की रिपोर्ट करता है, शराब का उपयोग करने से इनकार करता है, और कहता है, 'मुझे मधुमेह होने से नफरत है; मैं बस अपने दोस्तों की तरह बनना चाहता हूं।' कौन सा रेफरल इस मरीज की तत्काल जरूरतों को पूरा करेगा?

A. किशोरों के लिए धूम्रपान बंद करने वाला समूह

B. मधुमेह वाले किशोरों के लिए एक सहायता समूह

C. किशोरों के उद्देश्य से इंसुलिन के बारे में एक शिक्षा सत्र

D. परिवार परामर्श

Q.21 आपको क्या लगता है कि सबसे प्रभावी नेतृत्व शैली है जिसका उपयोग आपातकालीन स्थितियों के दौरान किया जा सकता है?

A. लोकतंत्रीय

B. लाईसेज़ - फ़ेयर

C. निरंकुश

D. सहायक

Q.22 संज्ञानात्मक क्षेत्र पर आधारित सीखने के उद्देश्य में प्रतिभागियों से निम्नलिखित के लिए पूछना शामिल है:

A. केंद्रीय रेखा कैथेटर से रक्त खींचना प्रदर्शित करें

B. बताएं कि लाइलाज बीमारी के रोगियों की देखभाल करने के बारे में वे कैसा महसूस करते हैं

C. हृदय रोग के लिए दो जोखिम कारकों की पहचान करें

D. एक कोलोस्टॉमी पाउच को सही तरीके से निकालें

Q.23 निम्नलिखित में से कौन सा नर्सिंग अभ्यास का उद्देश्य नहीं है?

A. स्वास्थ्य को बढ़ावा देना

B. रोग का निवारण

C. रोग प्रक्रिया

D. स्वास्थ्य सुधारें

Q.24 नर्सिंग इतिहास के _______ काल हैं।

A. 3   **B.** 5   **C.** 4   **D.** 6

Q.25 नर्स प्रतिधारण पर शोध ने संकेत दिया है कि कई नर्सें कितने समय के बाद नर्सिंग छोड़ देती हैं?

A. पहले वर्ष के अंत से पहले

B. 5 साल या उससे कम

C. 7 साल या उससे कम

D. 10 साल

Q.26 आपकी पहचान मिलेनियल जेनरेशन नर्स के रूप में हुई है। आप तीन एलवीएन की टीम के साथ काम कर रहे हैं, जिनमें से दो बेबी बूमर्स हैं और एक जेनरेशन एक्स नर्स है। आप दो CNA के साथ भी काम कर रहे हैं जो दोनों ही बेबी बूमर जनरेशन से हैं। अपनी टीम के साथ काम करते समय आपको किन बातों पर ध्यान देना चाहिए?

A. सभी पीढ़ियों के कर्मचारियों के बीच संचार और टीम वर्क एक सकारात्मक कार्य वातावरण सुनिश्चित करने में महत्वपूर्ण है जो सुरक्षित रोगी देखभाल और अच्छे कामकाजी संबंधों को प्रभावित कर सकता है।

B. स्टाफ के सभी सदस्य आपसे नाराज़ होंगे क्योंकि आप उनमें से किसी की तुलना में बहुत छोटे और अधिक शिक्षित हैं

C. आपकी प्रतिष्ठा इस बात पर निर्भर करती है कि क्या टीम के सदस्य आपके अधिकार को स्वीकार करते हैं और आपको सम्मान प्रदान करते हैं, भले ही आप टीम में सबसे कम उम्र के व्यक्ति हों

D. LVN को अतिरिक्त जिम्मेदारियां प्रदान करना और उसके बाद CNA की निगरानी करना जिस भी तरीके से वे चुनते हैं

Q.27 ऑपरेटिंग रूम में एक स्क्रब नर्स की कौन सी जिम्मेदारी होती है?

A. मरीज को पोजिशन करना

B. गाउनिंग और ग्लोविंग में सहायता करना

C. सर्जन को सर्जिकल उपकरण देना

D. सर्जिकल ड्रेप्स लगाना

Q.28 एक मरीज बाथरूम में है जब नर्स निर्धारित दवा देने के लिए प्रवेश करती है। प्रभारी नर्स को क्या करना चाहिए?

A. रोगी के बिस्तर पर दवा छोड़ दें।

B. रोगी को दवा लेने के लिए सुनिश्चित करने के लिए कहें और फिर उसे बिस्तर पर छोड़ दें।

C. रोगी के कमरे में शीघ्र ही लौटें और जब तक रोगी दवा न ले ले तब तक वहीं रहें।

D. रोगी के बिस्तर पर लौटने की प्रतीक्षा करें, और फिर दवा को बिस्तर के पास छोड़ दें।

Q.29 हाइपोक्सिया के लिए एक रोगी का मूल्यांकन करने के लिए, चिकित्सक द्वारा नर्स को कौन सा प्रयोगशाला परीक्षण करने का आदेश देने की सबसे अधिक संभावना है?

A. लाल रक्त कोशिका गिनती

B. स्पुटम कल्चर

C. कुल हीमोग्लोबिन

D. धमनी रक्त गैस (एबीजी) विश्लेषण

Q.30 एक पुरुष रोगी को एक एनाल्जेसिक के लिए एक नुस्खे के साथ छुट्टी दी जानी है जो एक नियंत्रित पदार्थ है। डिस्चार्ज टीचिंग के दौरान, नर्स को यह समझाना चाहिए कि जिस तारीख को यह लिखा गया था, उसके कितने समय बाद मरीज को इस नुस्खे को भरना होगा?

A. 1 महीने के भीतर   **B.** 3 महीने के भीतर

C. 6 महीने के भीतर   **D.** 12 महीने के भीतर

Q.31 मूल्यांकन के दौरान प्रभारी नर्स द्वारा माना गया कौन सा मानवीय तत्व दवा प्रशासन को प्रभावित कर सकता है?

A. रोगी की ठीक होने की क्षमता

B. रोगी के व्यावसायिक खतरे

C. रोगी की सामाजिक आर्थिक स्थिति

D. रोगी की संज्ञानात्मक क्षमता

Q.32 एक नियोक्ता कार्यस्थल में एक शारीरिक व्यायाम क्षेत्र स्थापित करता है और सभी कर्मचारियों को इसका उपयोग करने के लिए प्रोत्साहित करता है। यह किस स्तर के स्वास्थ्य संवर्धन का उदाहरण है?

A. प्राथमिक रोकथाम   **B.** माध्यमिक रोकथाम

C. तृतीयक रोकथाम   **D.** निष्क्रिय रोकथाम

Q.33 दुःख के काम में किसी व्यक्ति की मदद करते समय, नर्स _______ को जानती है।

A. अतीत में प्रभावी मुकाबला करने वाले तंत्र को अक्सर नुकसान के दर्द के जवाब में नजरअंदाज कर दिया जाता

B. एक व्यक्ति के नुकसान की धारणा का शोक प्रक्रिया से बहुत कम लेना-देना

C. दुःख के चरणों का क्रम में हो सकता है, उन्हें छोड़ दिया जा सकता है, या वे पुनरावृत्ति कर सकते हैं

D. अधिकांश ग्राहक अकेले रहना चाहते हैं

Q.34 नर्स मैके बार्बिट्यूरेट थेरेपी के दौरान प्रतिकूल प्रतिक्रिया के लिए एक मरीज की निगरानी कर रही है। बार्बिट्यूरेट उपयोग का प्रमुख नुकसान क्या है?

A. लंबे समय तक आधा जीवन

B. खराब अवशोषण

C. नशीली दवाओं पर निर्भरता की संभावना

D. हेपेटोटॉक्सिसिटी के लिए संभावित

Q.35 निरंतर एंटरल फीडिंग प्रदान करते समय कौन सी नर्सिंग क्रिया आवश्यक है?

A. बिस्तर का सिरा ऊपर उठाना

B. रोगी को बाईं ओर लेटाएं

C. फीडिंग बैग को वर्तमान ट्यूबिंग में संलग्न करना
D. देने से पहले विधि को कठिन करना

Q.36 प्रोटीन में मौजूद तत्व हैं:
A. कार्बन, हाइड्रोजन, नाइट्रोजन और ऑक्सीजन
B. कार्बन, हाइड्रोजन और ऑक्सीजन
C. हाइड्रोजन, नाइट्रोजन और ऑक्सीजन
D. कार्बन और हाइड्रोजन

Q.37 किस विटामिन में एक धातु घटक होता है?
A. विटामिन ई   B. विटामिन ए
C. विटामिन सी   D. विटामिन बी12

Q.38 निम्नलिखित में से कौन सा प्रोटीन शरीर में रासायनिक प्रतिक्रिया की दर को बढ़ाता है?
A. एंजाइम   B. एंटीबॉडी
C. संरचनात्मक प्रोटीन   D. परिवहन प्रोटीन

Q.39 कौन सा प्रोटीन शरीर में संक्रमण, बैक्टीरिया, वायरस, बीमारी और रोगों से रक्षा करने में मदद करता है?
A. एंटीबॉडी   B. एंजाइम
C. भंडारण प्रोटीन   D. परिवहन प्रोटीन

Q.40 किस प्रोटीन को परिवहन प्रोटीन कहा जाता है?
A. ओवलब्यूमिन   B. हीमोग्लोबिन
C. केरातिन   D. एंजाइम

Q.41 कौन सा प्रोटीन परिवहन प्रोटीन में आयरन का भंडारण करता है?
A. फेरिटिन   B. केराटिन्स
C. इलास्टिन   D. इनमें से कोई नहीं

Q.42 प्रोटीन का संश्लेषण शरीर में एक प्रक्रिया के द्वारा होता है जिसे कहा जाता है:
A. ट्रांसलेशन   B. प्रतिलिपि
C. परिवहन   D. इनमें से कोई नहीं

Q.43 फूड हाइजिन कहलाता है:
A. फूड का साफ करना
B. स्वच्छता में सुधार
C. फूड क्लीन चैन को बनाना
D. उपरोक्त सभी

Q.44 मोटापे के लिए बीएमआई या बॉडी मास इंडेक्स कितना स्कोर करना चाहिए?
A. 20 से 25   B. 15 से अधिक
C. 30 से अधिक   D. 18 से कम

Q.45 मेडिटेशन(ध्यान) दर्द प्रबंधन का एक उदाहरण है?
A. NSAIDs
B. औषधीय उपाय
C. ऑपिएड्स (नशीले पदार्थों)
D. गैर-औषधीय उपाय

Q.46 एक कार दुर्घटना के शिकार को अभी-अभी उल्टी हुई है और अब वह खून की खांसी कर रहा है। वह बहुत तेजी से सांस ले रहा है और उसकी नाड़ी कमजोर और तेज है। सबसे अधिक संभावना क्या गलत है?
A. उसे दौरा पड़ रहा है।
B. उसे आंतरिक रक्तस्राव है।
C. उसे दिल का दौरा पड़ रहा है।
D. उन्हें मधुमेह की आपात स्थिति है।

Q.47 गर्मी से संबंधित बीमारी का अनुभव करने वाले व्यक्ति के लिए निम्नलिखित में से क्या किया जाना चाहिए?
A. पीड़ित को गर्म रखें
B. पीड़ित को तरल पदार्थ पीने के लिए मजबूर करें
C. ठंडे गीले कपड़े लगाएं
D. पीड़ित को गर्म पानी में रखें

Q.48 एक लड़के की छाती और पीठ में एक तीर मार दी जाती है, कार्रवाई का सबसे अच्छा तरीका क्या होगा?
A. तीर निकालें और घाव पर रोगाणुहीन धुंध लगाएं
B. तीर को न हटाएं, इसे हिलने से रोकने के लिए तीर के चारों ओर कई ड्रेसिंग रखें, ड्रेसिंग को तीर के चारों ओर जगह दें
C. तीर मत हटाओ; पीठ के बाहर के हिस्से को तोड़ दें, इसे जगह पर रखने के लिए तीर के चारों ओर ड्रेसिंग के साथ पट्टी करें
D. तीर निकालें, क्षेत्र को धो लें, और बाँझ धुंध के साथ पट्टी करें

Q.49 एक लड़के के पैरों में शीतदंश है, आपको क्या करना चाहिए?
A. महसूस होने और रंग वापस आने तक उसके पैरों को जोर से रगड़ें
B. गर्म नम तौलिये को पैरों पर लगाएं और धीरे से मालिश करें
C. पैरों को गर्म पानी में भिगोएँ, 105 डिग्री से अधिक नहीं, एक सूखी बाँझ ड्रेसिंग के साथ पट्टी करें
D. पैरों को गर्म पानी में 90 डिग्री से अधिक नहीं भिगोएँ; महसूस होने और रंग वापस आने तक पैरों को धीरे से रगड़ें, फिर एक बाँझ ड्रेसिंग के साथ लपेटें

Q.50 आपको संदेह है कि एक व्यक्ति को जहर दिया गया है। वह होश में है। आपकी पहली कॉल होनी चाहिए:
A. जहर नियंत्रण केंद्र या आपका स्थानीय आपातकालीन फ़ोन नंबर
B. पीड़िता के चिकित्सक
C. अस्पताल आपातकालीन विभाग
D. स्थानीय फार्मेसी

Q.51 शॉक एक ऐसी स्थिति है जहां:
A. श्वसन तंत्र फेफड़ों तक हवा पहुंचाने में विफल रहता है।
B. कार्डियोवास्कुलर सिस्टम हृदय तक रक्त पहुंचाने में विफल रहता है।
C. परिसंचरण तंत्र शरीर के सभी भागों में रक्त पहुंचाने में विफल रहता है।
D. ऊपर के सभी

Q.52 सर्पदंश बहुत गंभीर हो सकता है। सर्पदंश पीड़ित की देखभाल करते समय आपको क्या नहीं करना चाहिए?
A. घाव धोएं
B. बर्फ लगाएं
C. काटे हुए हिस्से को स्थिर और दिल के नीचे रखें
D. 30 मिनट के भीतर पेशेवर चिकित्सा देखभाल प्राप्त करें

Q.53 मानव अंडाणु में गुणसूत्रों के जोड़े की संख्या कितनी होती है?
A. 47   B. 23
C. 48   D. इनमें से कोई नहीं

Q.54 आर्तव चक्र में, किस हॉर्मोन के कम होने से आर्तव होता है?
A. प्रोजेस्टेरोन   B. थायरोक्सिन
C. एस्ट्रोजन   D. पुटक उद्दीपक हॉर्मोन

Q.55 मानव शरीर में निषेचन की प्रक्रिया कहां होती है?
A. गर्भाशय   B. फैलोपियन ट्यूब
C. अंडाशय   D. योनि

Q.56 फेफड़े की संरचनात्मक और कार्यात्मक इकाई है:
A. एल्वियोली   B. ट्रेकिआ

C. ब्रोन्किओल

D. श्वसनी

A. प्रकोप

B. इनब्रेक

C. रोग संकट

D. ये सभी

Q.57 शुक्राणु अस्थायी रूप से __________ में रखे जाते है।

A. अधिवृषण

B. शुक्रवाहिका

C. मूत्राशय

D. वास एफरेंस

Q.68 भारत में स्वास्थ्य की स्थिति का सर्वाधिक महत्वपूर्ण संकेतक है:

A. एमएमआर

B. आईएमआर

C. एनएमआर

D. पीएमआर

Q.58 उस पेशीय नलिका को क्या कहते हैं जिसके द्वारा संचित मूत्र को शरीर से बाहर निकाला जाता है?

A. वृक्क **B.** मूत्रनली **C.** मूत्राशय **D.** मूत्रमार्ग

Q.69 निम्नलिखित में से कौन जिला स्तर पर ग्रामीण स्वास्थ्य सेवाओं के लिए समग्र रूप से जिम्मेदार है?

A. जिला स्वास्थ्य अधिकारी

B. चिकित्सा स्वास्थ्य अधिकारी

C. मुख्य चिकित्सा अधिकारी

D. उपरोक्त में से कोई नहीं

Q.59 अंतःस्रावी ग्रंथियों के हार्मोन को __________ में स्रावित किया जाता है।

A. रक्त

B. रीड़ द्रव

C. हृदय की धमनियों

D. वाहिनी

Q.70 केयर होम में नर्स की क्या भूमिका होती है?

A. व्यक्ति और उनके परिवार की संक्रमण प्रक्रिया का समर्थन करने में महत्वपूर्ण भूमिका

B. अपने घरों या समुदाय में स्वास्थ्य आवश्यकताओं वाले बच्चों और युवाओं की नर्सिंग देखभाल

C. मानसिक बीमारी को रोकने और लोगों के मानसिक स्वास्थ्य को बढ़ावा देने और बनाए रखने के लिए मनश्चिकित्सीय नर्सिंग ज्ञान का अनुप्रयोग

D. नर्स वयस्कों (18 वर्ष या उससे अधिक आयु) के साथ काम करती हैं, जिनके पास सीखने की अक्षमता और अतिरिक्त स्वास्थ्य आवश्यकताएं हैं, जिन्हें विशेषज्ञ सीखने की अक्षमता नर्स के समर्थन की आवश्यकता होती है

Q.60 एक्राइन ग्रंथियों का प्राथमिक कार्य क्या है?

A. शरीर के बाल उत्पन्न करने के लिए

B. त्वचा का रंग उत्पन्न करने के लिए

C. पसीना उत्पन्न करने के लिए

D. विकास हार्मोन का उत्पादन करने के लिए

Q.61 निम्नलिखित में से कौन एमनियोसेंटेसिस की संभावित जटिलता है?

A. गर्भपात

B. आरएच संवेदीकरण

C. नीडलस्टिक की चोट

D. ये सभी

Q.71 नर्स को सबसे पहले निम्नलिखित में से किस रोगी के पास जाना चाहिए?

A. रोगी, जिसे 95mg/dL के रक्त शर्करा के साथ मधुमेह है।

B. उच्च रक्तचाप के रोगी

C. सीने में दर्द और एनजाइना का इतिहास वाला रोगी

D. रेनॉड रोग का रोगी

Q.62 एक महिला जो 20 सप्ताह की गर्भवती है, क्लिनिक को कॉल करती है क्योंकि उसे पहली बार गुलाबी रंग का स्राव हो रहा है। नर्स को रोगी को __________ को सलाह देनी चाहिए।

A. अगर वह श्रोणि दबाव में वृद्धि का अनुभव करती है तो वापस कॉल करें

B. तुरंत चिकित्सा की तलाश करें

C. उसके गतिविधि स्तर को कम करें

D. 24 घंटे में लक्षण कम नहीं होने पर वापस कॉल करें

Q.72 यदि एक माँ अपने 18 महीने के बच्चे को अस्पताल में ले जाती है जिसका एक भी टीका भी नहीं लगा है। इस समय को छोड़कर कौन-सा टीका दिया जा सकता है?

A. डीपीटी-Ist

B. ओपीवी-Ist

C. खसरा

D. बीसीजी

Q.63 एक श्रमिक रोगी की निगरानी करते समय, नर्स ने देखा कि बेसलाइन पर भ्रूण की हृदय गति 110-145 बीट प्रति मिनट से भिन्न होती है। नर्स की पहली क्रिया निम्नलिखित में से कौन सी होगी?

A. माँ को बायीं ओर घुमाएँ

B. IV तरल पदार्थ घटाएं

C. किसी कार्रवाई की आवश्यकता नहीं है

D. माँ को सहन करो

Q.73 नवजात शिशु के लिए सामान्य विश्राम हृदय दर __________ है।

A. 75 से 115 बीट प्रति मिनट (bpm)

B. 85 से 125 बीट प्रति मिनट (bpm)

C. 110 से 150 बीट प्रति मिनट (bpm)

D. 140 से 200 बीट प्रति मिनट (bpm)

Q.64 निम्नलिखित में से कौन गर्भकालीन मधुमेह के लिए जोखिम कारक नहीं है?

A. मोटापा

B. पिछला मैक्रोसोमिक शिशु

C. अल्प खुराक

D. पिछला मृत जन्म

Q.74 एक शिशु एक मिनट में लगभग ____ सांस लेता है।

A. 26 बार **B.** 52 बार **C.** 72 बार **D.** 13 बार

Q.75 नवजात की ऊंचाई कब दोगुनी हो जाती है?

A. 4 वर्ष **B.** 3 वर्ष **C.** 2 वर्ष **D.** 1 वर्ष

Q.65 डिलीवरी के बाद केगेल व्यायाम किस लिए किया जाता है?

A. मूत्र और मलाशय की मांसपेशियों को मजबूत करना

B. पेट की मांसपेशियों को मजबूत बनाना

C. सबइनवोल्यूशन

D. PPH को रोकना

Q.76 भ्रूण हीमोग्लोबिन (HbF) के संबंध में निम्नलिखित में से कौन सा सही है?

A. HbF दो अल्फा और दो गामा उप-इकाई से बना है।

B. HbF में ऑक्सीजन ले जाने की क्षमता कम है।

C. HbF दो अल्फा और दो बीटा उप-इकाई से बना है।

D. HbF केवल भ्रूण के जीवन में मौजूद होता है।

Q.66 गर्भावधि उच्च रक्तचाप, प्रोटीनूरिया, और यकृत या गुर्दे की शिथिलता के लक्षण वाले गर्भवती व्यक्तियों का मूल्यांकन किस संभावित जीवन-धमकी की स्थिति के लिए किया जाना चाहिए?

A. प्रीक्लेम्पसिया

B. गर्भावस्थाजन्य मधुमेह

C. अस्थानिक गर्भावस्था

D. पिछला प्लेसेंटा

Q.77 नवजात शिशु में कठोर तालू पर बनने वाले उपकला कोशिकाओं के अस्थायी संचय को ____ कहा जाता है।

A. सकिंग कैलोसिटीज़

B. एपस्टीन पर्ल्स

C. अतिरिक्त दांत

D. धारण पुटक

Q.67 __________ को किसी विशेष समय और स्थान में किसी रोग की घटनाओं में अचानक वृद्धि के रूप में जाना जाता है।

Q.78 एक शिशु को प्रतिदिन कितनी विटामिन-C की खुराक मिलनी चाहिए?

A. 10 मिग्रा प्रतिदिन   **B.** 30 मिग्रा प्रतिदिन

C. 50 मिग्रा प्रतिदिन   **D.** 60 मिग्रा प्रतिदिन

Q.79 एक नवजात की स्थिति सामान्य जानी जाती है यदि अपगार स्कोर है:

A. 4-7   **B.** 10 से अधिक

C. 8 से अधिक   **D.** 5-8 के बीच

Q.80 मूल्यांकन द्वारा, कोई भी विकासात्मक क्षेत्र के लिए विकासात्मक भागफल (DQ) निर्दिष्ट कर सकता है। इसकी गणना इस प्रकार की जाती है:

A. प्राप्ति पर औसत आयु / प्राप्ति पर प्राप्त आयु

B. प्राप्ति पर औसत आयु + प्राप्ति पर प्राप्त आयु × 100

C. प्राप्ति पर औसत आयु / प्राप्ति पर प्राप्त आयु × 100

D. प्राप्ति पर औसत आयु - प्राप्ति पर प्राप्त आयु × 100

General Aptitude / Reasoning / General Awareness / Basic Computer knowledge

Q.81 एक कूट भाषा में, यदि 'MOON' को '5229' के रूप में 'FILM' को '6315' के रूप में कोडित किया जाता है, 'ARE' को '487' के रूप में कोडित किया जाता है, तो उसी भाषा में 'INFORMER' को कैसे कोडित किया जाएगा?

A. 39611578   **B.** 39162258

C. 79627578   **D.** 39628578

Q.82 निर्देश: दिए गए कथन (कथनों) और निष्कर्षों को ध्यानपूर्वक पढ़िये और चयन कीजिए कि कौन से निष्कर्ष दिए गये कथनों का तार्किक रूप से अनुसरण करता है।

कथन:

I. कुछ घंटियाँ सुनहरी हैं

II. कुछ घंटियाँ लाल हैं।

निष्कर्ष:

I. कुछ लाल सुनहरी हैं

II. कोई सुनहरी लाल नहीं है

A. केवल निष्कर्ष I अनुसरण करता है

B. I और II दोनों अनुसरण करते हैं

C. केवल II अनुसरण करता है

D. या तो I या II अनुसरण करता है

Q.83 निर्देश: निम्नलिखित प्रश्न में, शब्दों के उस जोड़े की पहचान करें जिसका संबंध प्रश्न में जोड़े के समान है।

वकील : न्यायालय

A. रसायनज्ञ : प्रयोगशाला   **B.** व्यागारी : कार्यालय

C. मजदूर : कारखाना   **D.** एथलीट : ओलंपिक

Q.84 निर्देश: निम्नलिखित प्रश्न में, एक कथन और उसके बाद I और II से अंकित दो निष्कर्ष दिए गये हैं। आपको दिए गये कथनों को सत्य मानना है, भले ही वे ज्ञात तथ्यों से अलग प्रतीत होते हों। निर्णय कीजिए कि दिये गये निष्कर्षों में से कौन-सा निष्कर्ष कथन का तार्किक रूप से अनुसरण करता है।

कथन: वातित पेय स्वास्थ्य के लिए हानिकारक हैं।

निष्कर्ष:

I. वसा की मात्रा में वृद्धि की ओर जाता है।

II. इंसुलिन प्रतिरोध की ओर जाता है।

A. यदि केवल निष्कर्ष I अनुसरण करता है।

B. यदि केवल निष्कर्ष II अनुसरण करता है।

C. यदि या तो I या II अनुसरण करता है।

D. यदि I और II दोनों अनुसरण करते हैं।

Q.85 निम्नलिखित चार शब्दों में से तीन किसी प्रकार एक समान हैं और एक भिन्न है।

A. अकबर   **B.** शाहजहाँ

C. जहांगीर   **D.** चंद्रगुप्त मौर्य-I

Q.86 निम्नलिखित में से कौन OPC का पूर्ण रूप है?

[Allahabad High Court ARO, 2020]

A. ऑप्टिकल कोड रीडिंग

B. ऑप्टिकल प्रोग्राम काउंटर

C. ऑपरेटिंग कंप्यूटर रिसोर्स

D. ओपन प्लेटफॉर्म कम्युनिकेशन

Q.87 GUI आधारित ऑपरेटिंग सिस्टम में फ़ाइलों, फ़ोल्डरों, प्रोग्रामों या अन्य मदों का एक लघु चित्रमय प्रतिनिधित्व कहलाता है:

[Rajasthan Police Constable, 2020]

A. आइकन   **B.** सिम्बल   **C.** टैब्स   **D.** रिबन

Q.88 निम्न में से किस विधि द्वारा हम इंटरनेट से जुड़ सकते हैं?

A. डायल-अप   **B.** स्लिप

C. पी.पी.पी (PPP)   **D.** उपरोक्त सभी

Q.89 आज इस्तेमाल किया जाने वाला सबसे आम 'इनपुट डिवाइस' कौन सा है?

[Uttarakhand Public Service Commission (UKPSC), 2011]

A. मदर बोर्ड   **B.** सेंट्रल प्रोसेसिंग यूनिट

C. कीबोर्ड   **D.** सेमीकण्डकटर

Q.90 एक क्रिटिकल सेक्शन एक प्रोग्राम सेगमेंट है:

A. जो एक निश्चित निर्दिष्ट समय में चलना चाहिए।

B. जो डेडलॉक से बचाती है।

C. जहां शेयर्ड रिसोर्सेस का उपयोग किया जाता है।

D. जिसे सेमाफोर ऑपरेशंस, पी और वी की एक जोड़ी द्वारा संलग्न किया जाना चाहिए।

Q.91 सरकार ने किस शहर में एक इलेक्ट्रॉनिक्स विनिर्माण क्लस्टर (ईएमसी) को मंजूरी दी है?

A. चेन्नई   **B.** पुणे   **C.** नई दिल्ली   **D.** बेंगलुरु

Q.92 'मटकी' निम्नलिखित में से कहाँ का लोकप्रिय लोक नृत्य है?

A. असम   **B.** मध्य प्रदेश   **C.** बिहार   **D.** राजस्थान

Q.93 भारत में निम्नलिखित में से कौन सा संशोधन केवल विशेष बहुमत द्वारा किया जा सकता है?

A. नए राज्य का निर्माण

B. संसद सदस्य के वेतन और भत्ते

C. राष्ट्रपति के भत्ते

D. अनुच्छेद 368 के माध्यम से संविधान में संशोधन

Q.94 निम्नलिखित में से उत्तर प्रदेश का कौन सा जिला राज्य का एक प्रमुख बॉक्साइट रिजर्व है?

A. बाँदा   **B.** इलाहाबाद   **C.** मिर्जापुर   **D.** ललितपुर

Q.95 निम्नलिखित में से किस वंश के शासकों को दक्षिणापथ के स्वामी के रूप में जाना जाता था?

A. पांड्य   **B.** सातवाहन   **C.** चेर   **D.** चोल

Q.96 निकिता को 18 मीटर दौड़ने में उतना ही समय लगता है जितना एक कार को 48 मीटर की दूरी तय करने में लगता है। जिस समय कार 1.6 किमी की दूरी तय करती है, उस समय निकिता द्वारा तय की गई दूरी क्या होगी?

A. 480 मीटर   **B.** 520 मीटर   **C.** 600 मीटर   **D.** 800 मीटर

Q.97 9, 21 और 123 का चतुर्थानुपाती क्या है?

A. 728   **B.** 278   **C.** 287   **D.** 246

Q.98 k का मान ज्ञात कीजिए, यदि 450 का 18% = k का 30%;

A. 270   **B.** 750   **C.** 250   **D.** 320

Q.99 यदि सात व्यक्ति किसी घर को 30 दिन में बना सकते हैं तो तीन व्यक्तियों को उस घर को बनाने में कितने दिन लगेंगे, बशर्ते कि वे सभी समान दर से कार्य करते हैं?

A. 100 दिन   **B.** 70 दिन   **C.** 30 दिन   **D.** 210 दिन

Q.100 यदि $a^3 - b^3 = 253$, $a - b = 7$ है, तब ab का मान क्या है?

A. $-\dfrac{25}{7}$ **B.** -4 **C.** $\dfrac{25}{7}$ **D.** $-\dfrac{30}{7}$

// स्मार्ट उत्तर पुस्तिका //

सही उत्तर — उन छात्रों के प्रतिशत को इंगित करता है जिन्होंने प्रश्नों का सही उत्तर दिया था।

छोड़ दिया — उन छात्रों के प्रतिशत को इंगित करता है जिन्होंने प्रश्नों को छोड़ दिया था।

प्रश्न संख्या	उत्तर	सही उत्तर / छोड़ दिया
1	B	61.14 % / 1.45 %
2	A	62.86 % / 1.77 %
3	C	82.3 % / 0.0 %
4	D	69.65 % / 1.72 %
5	D	46.31 % / 1.2 %
6	D	49.59 % / 1.67 %
7	A	86.39 % / 0.0 %
8	D	88.05 % / 0.0 %
9	C	42.74 % / 1.42 %
10	A	42.64 % / 1.59 %
11	B	32.21 % / 3.91 %
12	D	44.93 % / 1.4 %
13	C	67.33 % / 1.85 %
14	B	19.58 % / 4.02 %
15	A	48.23 % / 1.91 %
16	C	88.18 % / 0.0 %
17	D	47.6 % / 1.6 %
18	D	56.08 % / 1.06 %
19	C	80.21 % / 0.0 %
20	B	67.38 % / 1.76 %
21	C	65.49 % / 1.65 %
22	A	42.22 % / 1.91 %
23	C	86.39 % / 0.0 %
24	C	40.44 % / 1.52 %
25	B	59.56 % / 1.82 %
26	A	18.84 % / 4.59 %
27	C	50.98 % / 1.68 %
28	C	79.76 % / 0.0 %
29	D	20.57 % / 4.83 %
30	C	58.24 % / 1.46 %
31	D	60.68 % / 1.55 %
32	A	54.49 % / 1.33 %
33	C	63.64 % / 1.99 %
34	C	46.78 % / 1.04 %
35	A	52.2 % / 1.64 %
36	A	66.11 % / 1.61 %
37	D	55.6 % / 1.63 %
38	A	14.16 % / 4.97 %
39	A	48.13 % / 1.63 %
40	B	46.43 % / 1.6 %
41	A	60.65 % / 1.52 %
42	A	40.88 % / 1.02 %
43	B	78.38 % / 0.0 %
44	C	59.12 % / 1.72 %
45	D	86.64 % / 0.0 %
46	B	13.52 % / 4.13 %
47	C	50.2 % / 1.31 %
48	B	27.68 % / 4.72 %
49	C	60.01 % / 1.95 %
50	A	79.13 % / 0.0 %
51	C	42.71 % / 1.85 %
52	B	62.72 % / 1.07 %
53	B	67.81 % / 1.12 %
54	A	58.47 % / 1.21 %
55	B	48.88 % / 1.43 %
56	A	48.6 % / 1.54 %
57	A	66.1 % / 1.18 %
58	D	52.91 % / 1.66 %
59	A	69.24 % / 1.01 %
60	C	60.29 % / 1.48 %
61	D	79.04 % / 0.0 %
62	B	51.04 % / 1.76 %
63	A	45.86 % / 1.59 %
64	C	65.11 % / 1.18 %
65	A	59.91 % / 1.51 %
66	A	46.56 % / 1.15 %
67	A	67.03 % / 1.25 %
68	B	43.51 % / 1.48 %
69	C	67.88 % / 1.19 %
70	A	60.26 % / 1.86 %
71	C	63.95 % / 1.98 %
72	D	64.26 % / 1.75 %
73	C	57.84 % / 1.79 %
74	B	76.81 % / 0.0 %
75	A	62.68 % / 1.91 %
76	A	51.75 % / 1.29 %
77	B	60.7 % / 1.23 %
78	B	58.55 % / 1.83 %
79	C	53.9 % / 1.2 %
80	C	68.44 % / 1.6 %

प्रश्न संख्या	उत्तर	सही उत्तर / छोड़ दिया
81	D	83.67 % / 0.0 %
82	D	85.37 % / 0.0 %
83	A	41.16 % / 1.05 %
84	D	62.74 % / 1.5 %

प्रश्न संख्या	उत्तर	सही उत्तर / छोड़ दिया
85	D	86.76 % / 0.0 %
86	D	62.6 % / 1.13 %
87	A	45.61 % / 1.58 %
88	D	47.94 % / 1.82 %

प्रश्न संख्या	उत्तर	सही उत्तर / छोड़ दिया
89	C	84.91 % / 0.0 %
90	C	49.97 % / 1.2 %
91	B	41.69 % / 1.83 %
92	B	83.46 % / 0.0 %

प्रश्न संख्या	उत्तर	सही उत्तर / छोड़ दिया
93	D	53.78 % / 1.69 %
94	A	51.96 % / 1.18 %
95	B	53.5 % / 1.89 %
96	C	48.54 % / 1.7 %

प्रश्न संख्या	उत्तर	सही उत्तर / छोड़ दिया
97	C	43.39 % / 1.06 %
98	A	51.0 % / 1.99 %
99	B	66.89 % / 1.6 %
100	D	48.55 % / 1.33 %

कार्य विश्लेषण	
औसत अंक (%)	33.0%
टॉपर्स स्कोर (%)	63.0%
आपका स्कोर	

//संकेत और समाधान//

1. मिनिमली इनवेसिव सर्जरी को कीहोल सर्जरी भी कहा जाता है। मिनिमली इनवेसिव सर्जरी किसी भी सर्जिकल प्रक्रिया को संदर्भित करती है जो बड़े चीरों के बजाय छोटे चीरों के माध्यम से की जाती है। क्योंकि आपका सर्जन छोटे चीरे लगाएगा, आपको पारंपरिक ओपन सर्जरी की तुलना में जल्दी ठीक होने और कम दर्द होने की संभावना है, लेकिन पारंपरिक सर्जरी के समान लाभ के साथ।

अत: विकल्प (B) सही है।

2. एंटीएम्बोलिक स्टॉकिंग्स थ्रोम्बोएम्बोलिज़्म को कम करने में मदद कर सकते हैं। एंटीएम्बोलिक स्टॉकिंग्स, जिन्हें टेड होज़ के रूप में भी जाना जाता है, विशेष रूप से गैर-मोबाइल रोगियों या बिस्तर तक सीमित लोगों के लिए डिज़ाइन किए गए हैं। वे कम लागत वाले अस्थायी समाधान हैं जो आमतौर पर नर्सिंग होम में रोगियों के लिए और सर्जरी के बाद गहरी शिरा घनास्त्रता (DVT) को रोकने के लिए उपयोग किए जाते हैं।

अत: विकल्प (A) सही है।

3. सेगमेंटेक्टॉमी में फेफड़े के एक लोब के हिस्से को हटाना शामिल है। एक सेगमेंटेक्टॉमी, या सेगमेंट रिसेक्शन, एक शल्य चिकित्सा उपचार है जो प्रारंभिक चरण, गैर-छोटे सेल फेफड़ों के कैंसर (NSCLC) के इलाज का विकल्प हो सकता है। इसमें कैंसरग्रस्त ट्यूमर को पूरी तरह से हटाने के लिए फेफड़े के एक लोब के हिस्से को हटाना शामिल है।

अत: विकल्प (C) सही है।

4. तचीपनिया शब्द श्वसन दर में वृद्धि को दर्शाता है। तचीपनिया एक ऐसी स्थिति है जो तेजी से सांस लेने को संदर्भित करती है। औसत वयस्क के लिए सामान्य श्वास दर 12 से 20 श्वास प्रति मिनट है। बच्चों में, प्रति मिनट सांसों की संख्या वयस्कों की तुलना में अधिक आराम करने की दर हो सकती है।

अत: विकल्प (D) सही है।

5. अधिकांश कोरोनरी धमनी बाईपास ग्राफ्ट 60 वर्ष और उससे अधिक आयु के पुरुषों पर किए जाते हैं। अधिकांश कोरोनरी बाईपास सर्जरी छाती में एक लंबे चीरे के माध्यम से की जाती है, जबकि एक हृदय-फेफड़े की मशीन आपके शरीर में रक्त और ऑक्सीजन का प्रवाह बनाए रखती है। इसे ऑन-पंप कोरोनरी बाईपास सर्जरी कहा जाता है। सर्जन ब्रेस्टबोन के साथ छाती के केंद्र को काटता है और हृदय को उजागर करने के लिए पसली के पिंजरे को खोलता है।

अत: विकल्प (D) सही है।

6. वृद्ध लोगों में वैरिकाज़ नसें अधिक प्रचलित हैं। वैरिकाज़ नसें बढ़े हुए, सूजी हुई, मुड़ी हुई नसें होती हैं जो अक्सर क्षतिग्रस्त या दोषपूर्ण वाल्व के कारण होती हैं जो रक्त को गलत दिशा में जाने देती हैं।

अत: विकल्प (D) सही है।

7. विलिस का चक्र मस्तिष्क के आधार पर स्थित है। विलिस का चक्र मस्तिष्क के नीचे (अवर) तरफ कई धमनियों का जुड़ने वाला क्षेत्र है। विलिस के सर्कल में, आंतरिक कैरोटिड धमनियां छोटी धमनियों में शाखा करती हैं जो 80% से अधिक सेरेब्रम को ऑक्सीजन युक्त रक्त की आपूर्ति करती हैं।

अत: विकल्प (A) सही है।

8. धमनीविस्फार एक रक्त वाहिका की दीवार में एक असामान्य उभार या गुब्बारा है। "इन रोगियों का एक अनुपात टूटना जारी रहेगा। और टूटने के साथ चुनौती यह है कि यह अप्रत्याशित है।"

वक्ष महाधमनी धमनीविस्फार के कारणों में शामिल हो सकते हैं:

धमनियों का सख्त होना (एथेरोस्लेरोसिस): धमनियों की दीवारों पर प्लाक के जमाव के कारण धमनियां कम लचीली हो जाती हैं। अतिरिक्त दबाव के कारण धमनियां कमजोर और चौड़ी (पतला) हो सकती हैं। उच्च रक्तचाप और उच्च कोलेस्ट्रॉल एथेरोस्लेरोसिस के जोखिम को बढ़ाते हैं। वृद्ध लोगों में यह अधिक आम है।

आनुवंशिक स्थितियां: युवा लोगों में महाधमनी धमनीविस्फार का अक्सर एक आनुवंशिक कारण होता है। मार्फन सिंड्रोम, एक आनुवंशिक स्थिति जो शरीर में संयोजी ऊतक को प्रभावित करती है, महाधमनी की दीवार में कमजोरी पैदा कर सकती है।

महाधमनी धमनीविस्फार और विच्छेदन और टूटना से जुड़ी अन्य आनुवंशिक स्थितियों में संवहनी एहलर्स-डैनलोस, लोयस-डाइट्ज़ और टर्नर सिंड्रोम शामिल हैं।

रक्त वाहिका सूजन: ऐसी स्थितियाँ जिनमें रक्त वाहिका की सूजन शामिल होती है, जैसे कि विशाल कोशिका धमनीशोथ और ताकायसु धमनी, वक्ष महाधमनी धमनीविस्फार से जुड़ी होती हैं।

अत: विकल्प (D) सही है।

9. बेरिएट्रिक सर्जरी में, गैस्ट्रिक उत्तेजना में पेसमेकर डिवाइस को शामिल किया जाता है। बेरिएट्रिक सर्जरी में, गैस्ट्रिक उत्तेजना में पेसमेकर डिवाइस को शामिल किया जाता है। इम्प्लांटेबल एंटरो गैस्ट्रिक इलेक्ट्रिकल स्टिमुलेशन डिवाइस पेट की नसों में कम ऊर्जा, उच्च आवृत्ति वाली विद्युत दालों को भेजकर काम करता है जिससे मतली और उल्टी के लक्षण कम हो जाते हैं।

अत: विकल्प (C) सही है।

10. समूह शिक्षण की व्याख्यान पद्धति में, लोगों के स्वास्थ्य अभ्यास को बदलने में विफल हो सकता है।

एक व्याख्यान विषय पर बुनियादी जानकारी प्रदान करता है, लेकिन यह लोगों के स्वास्थ्य व्यवहार को बदलने में विफल हो सकता है। फिर भी छोटे समूहों की स्वास्थ्य शिक्षा में व्याख्यानों का महत्वपूर्ण स्थान है।

शिक्षण की व्याख्यान विधि के चरण:

चरण 1: उद्घाटन- व्याख्यान का उद्देश्य बताएं।

चरण 2: प्रस्तुति- विस्तार मल्टी-मीडिया संसाधन।

चरण 3: शिक्षार्थी-प्रशिक्षक दोतरफा बातचीत। सक्रिय शिक्षण मल्टी-मीडिया स्ट्रीमिंग को प्रोत्साहित करना।

चरण 4: फॉर्मेटिव असेसमेंट।

चरण 5: निष्कर्ष

अत: विकल्प (A) सही है।

11. आम तौर पर जनसंचार माध्यम मानव व्यवहार को बदलने में कम प्रभावी होते हैं।

जनसंचार माध्यम अभियानों का व्यापक रूप से मौजूदा मीडिया, जैसे टेलीविजन, रेडियो और समाचार पत्रों के नियमित उपयोग के माध्यम से संदेशों के लिए बड़ी आबादी के उच्च अनुपात को उजागर करने के लिए उपयोग किया जाता है। इसलिए, ऐसे संदेशों का एक्सपोजर आम तौर पर निष्क्रिय होता है। इस तरह के अभियान अक्सर कारकों के साथ प्रतिस्पर्धा कर रहे हैं, जैसे कि व्यापक उत्पाद विपणन, शक्तिशाली सामाजिक मानदंड और व्यसन या आदत से प्रेरित व्यवहार।

इस समीक्षा में हम विभिन्न स्वास्थ्य-जोखिम वाले व्यवहारों (जैसे, तंबाकू, शराब और अन्य दवाओं का उपयोग, हृदय रोग जोखिम कारक, सेक्स-संबंधी व्यवहार, सड़क सुरक्षा, कैंसर जांच और रोकथाम के संदर्भ में जनसंचार माध्यम अभियानों के परिणामों पर चर्चा करते हैं। , बाल उत्तरजीविता, और अंग या रक्तदान)।

हम यह निष्कर्ष निकालते हैं कि जनसंचार माध्यम अभियान बड़ी आबादी में सकारात्मक बदलाव ला सकते हैं या स्वास्थ्य संबंधी व्यवहारों में नकारात्मक बदलावों को रोक सकते हैं। हम मूल्यांकन करते हैं कि इन परिणामों में क्या योगदान है, जैसे आवश्यक सेवाओं और उत्पादों की समवर्ती उपलब्धता,

समुदाय-आधारित कार्यक्रमों की उपलब्धता, और नीतियां जो व्यवहार परिवर्तन का समर्थन करती हैं।

अत: विकल्प (B) सही है।

12. मेलों, त्योहारों और जन अभियानों के संबंध में स्वास्थ्य प्रदर्शनियों का आयोजन किया जाता है।

स्वास्थ्य मेला एक शैक्षिक और संवादात्मक कार्यक्रम है जिसे आउटरीच के लिए डिज़ाइन किया गया है ताकि समुदाय के लोगों या कार्यस्थल पर कर्मचारियों को कार्यस्थल कल्याण के संयोजन में बुनियादी निवारक दवा और चिकित्सा जांच प्रदान की जा सके।

स्वास्थ्य अभियानों को आम तौर पर स्वास्थ्य खतरों के बारे में जागरूकता बढ़ाने और लक्षित दर्शकों को सार्वजनिक स्वास्थ्य के समर्थन में कार्रवाई करने के लिए दोनों के लिए डिज़ाइन किया गया है। उदाहरण के लिए, सार्वजनिक स्वास्थ्य अभियान अक्सर लक्षित दर्शकों के सदस्यों को स्वस्थ व्यवहार में संलग्न होने के लिए प्रोत्साहित करते हैं जो गंभीर स्वास्थ्य खतरों का प्रतिरोध प्रदान करते हैं।

अत: विकल्प (D) सही है।

13. एक चर्चा समूह संचार के ऑल-चैनल पैटर्न का एक उदाहरण है।

एक ऑल-चैनल नेटवर्क में, समूह के सभी सदस्यों के बीच संचार ऊपर की ओर, नीचे की ओर और बाद में प्रवाहित होता है। संचार का यह पैटर्न एक समतावादी, (समान, अप्रतिबंधित) सहभागी संस्कृति का समर्थन करता है और क्रॉस-फ़ंक्शनल प्रयासों को बढ़ावा देता है (बढ़ावा देता है, खेती करता है)।

अत: विकल्प (C) सही है।

14. ई-स्वास्थ्य एक सामान्य शब्द है जिसका उपयोग स्वास्थ्य देखभाल के लिए डिजिटल सूचना और संचार प्रौद्योगिकी के अनुप्रयोग को संदर्भित करने के लिए किया जाता है।

इलेक्ट्रॉनिक प्रक्रियाओं और संचार द्वारा समर्थित स्वास्थ्य देखभाल अभ्यास के लिए ई-स्वास्थ्य अपेक्षाकृत हाल का शब्द है। इसमें स्वास्थ्य एप्लिकेशन और मोबाइल फोन पर लिंक भी शामिल हो सकते हैं, जिन्हें एम-हेल्थ कहा जाता है।

अत: विकल्प (B) सही है।

15. रोगी सूचना विज्ञान एक ऐसे कार्यक्रम को संदर्भित करता है जिसका उद्देश्य रोगियों को स्वास्थ्य और स्वास्थ्य देखभाल के लिए सूचना और संचार प्रौद्योगिकी का बेहतर उपयोग करने में सक्षम बनाना है।

सहभागी दवा के साथ रोगी सूचना विज्ञान में बहुत कुछ समान हो सकता है, जिसे एक आंदोलन के रूप में परिभाषित किया गया है जिसमें रोगी और स्वास्थ्य पेशेवर सक्रिय रूप से सहयोग करते हैं और देखभाल में पूर्ण भागीदारों के रूप में एक दूसरे को प्रोत्साहित करते हैं।

अत: विकल्प (A) सही है।

16. प्रभावी संचार विचारों, सोच, मतों, ज्ञान और डेटा के आदान-प्रदान की प्रक्रिया है ताकि संदेश को स्पष्टता और उद्देश्य के साथ प्राप्त और समझा जा सके। जब हम प्रभावी ढंग से संवाद करते हैं, तो प्रेषक और प्राप्तकर्ता दोनों संतुष्ट महसूस करते हैं।

प्रभावी संचार का उपयोग इसके लिए किया जाता है:

- देखभाल सेवाओं में सुधार करें।
- रोगी अनुभव बढ़ाएँ।
- अधिक पारदर्शिता और खुलापन बनाएँ।
- शिकायतें कम करें।
- स्वास्थ्य और सामाजिक देखभाल प्रणाली पर विश्वास बनाएँ।
- तनाव कम करना।
- देखभाल करने वालों के लिए बेहतर काम करने का माहौल बनाएं।

- आत्मविश्वास, पेशेवर स्थिति, करियर की संभावनाएं और नौकरी से संतुष्टि बढ़ाएं।

अत: विकल्प (C) सही है।

17. हालाँकि अलग-अलग पीढ़ियाँ उम्र में भिन्न होती हैं, वे सभी अपने काम के लिए जाते हैं, उसी तरह, कार्यस्थल में पीढ़ीगत अंतर के बारे में सच नहीं है।

आज के जानकार स्वास्थ्य सेवा संगठन मानते हैं कि वे एक मजबूत संगठनात्मक संस्कृति बनाने के लिए पीढ़ीगत विविधता को विकसित करके रोगी के परिणामों को बढ़ा सकते हैं, उत्पादकता बढ़ा सकते हैं और देखभाल की लागत को भी कम कर सकते हैं।

प्रत्येक पीढ़ी की अनूठी अपेक्षाएं, अनुभव, पीढ़ीगत इतिहास, जीवन शैली, मूल्य और जनसांख्यिकी हैं जो उनके खरीद व्यवहार को प्रभावित करते हैं। तदनुसार, कई कंपनियां बहु-पीढ़ी के उपभोक्ताओं तक पहुंच रही हैं और इन विविध खरीदारों को समझने और उनका ध्यान आकर्षित करने की कोशिश कर रही हैं।

अत: विकल्प (D) सही है।

18. डिस्चार्ज करने से पहले, नर्सिंग केस मैनेजर की सबसे महत्वपूर्ण कार्रवाई यह सत्यापित करना है कि रोगी को सुरक्षित वातावरण में छुट्टी दी जा रही है।

अनिवार्य रूप से, डिस्चार्ज प्लानिंग नर्स इन-रोगी देखभाल और फॉलो-अप या आउट-रोगी देखभाल के बीच एक संबंध के रूप में कार्य करती है। वे यह सुनिश्चित करने में मदद करते हैं कि रोगी और उनके परिवार को चोट से बचने और उपचार को प्रोत्साहित करने के लिए छुट्टी के बाद वास्तव में क्या करना चाहिए। वे उचित रोगी देखभाल का एक महत्वपूर्ण हिस्सा हैं। वे यह सुनिश्चित करने में मदद करते हैं कि रोगी सुरक्षित वातावरण में जा रहा है।

अत: विकल्प (D) सही है।

19. ऐसे में नर्स वार्ताकार की भूमिका निभा रही है।

एक वार्ताकार वह व्यक्ति होता है जो या तो किसी और के साथ समझौता करता है, या जो अन्य लोगों को इस तरह के समझौते तक पहुंचने में मदद करता है।

अत: विकल्प (C) सही है।

20. मधुमेह रेफरल वाले किशोरों के लिए एक सहायता समूह इस रोगी की तत्काल जरूरतों को लाभान्वित करेगा। सहायता समूह मधुमेह के प्रबंधन को आसान बनाने के तरीकों पर जानकारी और विचारों का खजाना प्रदान कर सकते हैं, जैसे कि मधुमेह के अनुकूल व्यंजनों का पूरा परिवार आनंद ले सकता है, छुट्टी पार्टियों और काम के आयोजनों में सही खाने के लिए सुझाव और मधुमेह वाले लोगों के लिए स्थानीय संसाधन।

अत: विकल्प (B) सही है।

21. निरंकुश सबसे प्रभावी नेतृत्व शैली है जिसका उपयोग आपातकालीन स्थितियों के दौरान किया जा सकता है।

निरंकुश नेतृत्व, अक्सर अतीत में उपयोग किया जाता है लेकिन इन दिनों कम लोकप्रिय है, इसमें नर्स नेता को नर्सिंग यूनिट के बारे में सभी निर्णय लेना शामिल है, आमतौर पर कर्मचारियों से परामर्श नहीं करना। निरंकुश नेतृत्व एक कमांड-एंड-कंट्रोल शैली है, जहां नेता नियमों का अनुपालन सुनिश्चित करने के लिए नकारात्मक सुदृढीकरण और दंड का उपयोग करते हैं।

अत: विकल्प (C) सही है।

22. सीखने के उद्देश्य जो संज्ञानात्मक क्षेत्र पर आधारित है, में प्रतिभागियों को एक केंद्रीय रेखा कैथेटर से रक्त खींचने का प्रदर्शन करने के लिए कहना शामिल है।

केंद्रीय रेखा (या केंद्रीय शिरापरक कैथेटर) एक अंतःशिरा (IV) रेखा की तरह होती है। लेकिन यह एक नियमित IV की तुलना में बहुत लंबा होता है और हृदय के पास या हृदय के अंदर की नस तक जाता है। एक केंद्रीय रेखा के

माध्यम से एक रोगी दवा, तरल पदार्थ, रक्त या पोषण प्राप्त कर सकता है। इसका उपयोग रक्त खींचने के लिए भी किया जा सकता है।

अत: विकल्प (A) सही है।

23. रोग प्रक्रिया नर्सिंग अभ्यास का उद्देश्य नहीं है।

नर्सिंग के सात लक्ष्य तीव्र और पुरानी बीमारियों वाले रोगियों की देखभाल; निर्वहन योजना की सुविधा; उपशामक देखभाल प्रदान करना; और रोगी शिक्षा की पेशकश; बीमारी की रोकथाम सेवाएं, और स्वास्थ्य रखरखाव देखभाल।

अत: विकल्प (C) सही है।

24. नर्सिंग इतिहास के 4 काल हैं।

हालांकि नर्सिंग की उत्पत्ति 19वीं सदी के मध्य से पहले की है, पेशेवर नर्सिंग का इतिहास परंपरागत रूप से फ्लोरेंस नाइटिंगेल के साथ शुरू होता है।

फ्लोरेंस नाइटिंगेल, पहली पेशेवर नर्स ने नर्सिंग इतिहास को चार अवधियों में विभाजित किया: सहजज्ञान संबंधी, प्रशिक्षु, शिक्षाप्रद और समसामयिक, जबकि टॉमी और एलीगूड (2002) ने पेशेवर नर्सिंग के इतिहास को पाठ्यक्रम युग, अनुसंधान युग, स्नातक शिक्षा युग, और सिद्धांत युग में विभाजित किया।

अत: विकल्प (C) सही है।

25. नर्स प्रतिधारण पर शोध ने संकेत दिया है कि कई नर्सें 5 साल या उससे कम समय के बाद नर्सिंग छोड़ देती हैं। नर्स प्रतिधारण दरों ने एनआरपी के उपयोग के साथ नाटकीय वृद्धि दिखाई है, अधिकांश अध्ययनों में किराए के पहले वर्ष के बाद 90% से अधिक की अवधारण दर दिखा रही है।

अत: विकल्प (B) सही है।

26. आपको इस बात पर ध्यान देना चाहिए कि सभी पीढ़ियों के कर्मचारियों के बीच संचार और टीम वर्क एक सकारात्मक कार्य वातावरण सुनिश्चित करने में महत्वपूर्ण है जो आपकी टीम के साथ काम करते समय सुरक्षित रोगी देखभाल और अच्छे कामकाजी संबंधों को प्रभावित कर सकता है।

एक टीम के भीतर प्रभावी संचार टीम के सदस्यों के बीच एक सामान्य उद्देश्य का निर्माण करेगा जो उन्हें अपने लक्ष्यों तक पहुंचने की अनुमति देगा। बार-बार मैत्रीपूर्ण संचार टीम के सदस्यों को अपनेपन की भावना विकसित करने और संबंधों को मजबूत करने में मदद कर सकता है।

अत: विकल्प (A) सही है।

27. ऑपरेटिंग रूम में एक स्क्रब नर्स के पास सर्जन को सर्जिकल उपकरण देने की जिम्मेदारी होती है।

स्क्रब नर्स सर्जन को उचित सर्जिकल उपकरण और आपूर्ति प्रदान करके, सख्त सर्जिकल एसेप्सिस बनाए रखने और सर्कुलेटिंग नर्स के साथ, सभी धुंध, स्पंज, सुइयों और उपकरणों के लिए लेखांकन में सहायता करती है। सर्कुलेटिंग नर्स सर्जन और स्क्रब नर्स की सहायता करती है, रोगी को स्थिति देती है, उपयुक्त उपकरण और सर्जिकल ड्रेप्स लागू करती है, गाउनिंग और ग्लोविंग में सहायता करती है, और सर्जन और स्क्रब नर्स को आपूर्ति प्रदान करती है।

अत: विकल्प (C) सही है।

28. नर्स को जल्द ही रोगी के कमरे में लौटना चाहिए और तब तक वहीं रहना चाहिए जब तक कि रोगी यह सत्यापित करने के लिए दवा नहीं लेता कि यह निर्देशानुसार ली गई थी। अधिकांश बीमारियों के लिए प्राथमिक हस्तक्षेप के रूप में दवा चिकित्सा पर बढ़ती निर्भरता के साथ, दवा हस्तक्षेप प्राप्त करने वाले रोगियों को संभावित नुकसान के साथ-साथ लाभों का भी सामना करना पड़ता है। लाभ बीमारी/बीमारी का प्रभावी प्रबंधन, रोग की धीमी प्रगति, और कुछ त्रुटियों के साथ बेहतर रोगी परिणाम हैं। दवाओं से नुकसान अनपेक्षित परिणामों के साथ-साथ दवा त्रुटियों (गलत दवा, गलत समय, गलत खुराक, आदि) से उत्पन्न हो सकता है।

अत: विकल्प (C) सही है।

29. हाइपोक्सिया के लिए एक रोगी का मूल्यांकन करने के लिए, चिकित्सक नर्स से धमनी रक्त गैस (एबीजी) विश्लेषण परीक्षण का आदेश देने की सबसे अधिक संभावना है।

धमनी रक्त गैस (एबीजी) विश्लेषण एकमात्र परीक्षण है जो फेफड़ों में गैस विनिमय का मूल्यांकन करता है, जिससे रोगी की ऑक्सीजन की स्थिति के बारे में जानकारी मिलती है। हाइपोक्सिया एक ऐसी स्थिति है जिसमें शरीर या शरीर का कोई क्षेत्र ऊतक स्तर पर पर्याप्त ऑक्सीजन की आपूर्ति से वंचित हो जाता है। हाइपोक्सिया को सामान्यीकृत के रूप में वर्गीकृत किया जा सकता है, जो पूरे शरीर को प्रभावित करता है, या स्थानीय, शरीर के एक क्षेत्र को प्रभावित करता है।

अत: विकल्प (D) सही है।

30. डिस्चार्ज टीचिंग के दौरान, नर्स को यह समझाना चाहिए कि जिस तारीख को यह लिखा गया था, उसके 6 महीने के भीतर मरीज को इस नुस्खे को भरना होगा।

ज्यादातर मामलों में, एक आउट पेशेंट को उस तारीख के 6 महीने के भीतर नियंत्रित पदार्थ के लिए एक नुस्खा भरना होगा जिस पर पर्चे लिखा गया था। लोगों द्वारा चिकित्सा पेशेवरों की देखभाल करने का एक सामान्य कारण दर्द से राहत है। जबकि दर्द निवारक दवाओं की कई श्रेणियां उपलब्ध हैं, ओपिओइड एनाल्जेसिक मध्यम से गंभीर दर्द के लिए FDA-अनुमोदित हैं। जैसे, वे तीव्र, कैंसर से संबंधित, तंत्रिका संबंधी, और जीवन के अंत के दर्द वाले रोगियों के लिए एक आम पसंद हैं। पुराने दर्द के लिए ओपिओइड एनाल्जेसिक का निर्धारण विवादास्पद है और अनिर्णायक मानकों से भरा है।

अत: विकल्प (C) सही है।

31. मूल्यांकन के दौरान प्रभारी नर्स द्वारा रोगी की संज्ञानात्मक क्षमताओं पर विचार किया जाता है जो दवा प्रशासन को प्रभावित कर सकता है।

दवा के निर्देशों को समझने के लिए नर्स को रोगी की संज्ञानात्मक क्षमताओं पर विचार करना चाहिए। यदि नहीं, तो नर्स को घर की सेटिंग में दवाओं को प्रशासित करने की जिम्मेदारी लेने के लिए परिवार के किसी सदस्य या महत्वपूर्ण अन्य को ढूंढना होगा। रोगी की ठीक होने की क्षमता, व्यावसायिक खतरे और सामाजिक आर्थिक स्थिति दवा प्रशासन को प्रभावित नहीं करती है।

अत: विकल्प (D) सही है।

32. एक नियोक्ता कार्यस्थल में एक शारीरिक व्यायाम क्षेत्र स्थापित करता है और सभी कर्मचारियों को इसका उपयोग करने के लिए प्रोत्साहित करता है। यह स्वास्थ्य संवर्धन के प्राथमिक रोकथाम स्तर का एक उदाहरण है।

प्राथमिक रोकथाम बीमारी से पहले होती है और स्वस्थ रोगियों पर लागू होती है। प्राथमिक रोकथाम में वे निवारक उपाय शामिल हैं जो बीमारी या चोट की शुरुआत से पहले और रोग प्रक्रिया शुरू होने से पहले आते हैं। उदाहरणों में भविष्य में स्वास्थ्य समस्याओं को विकसित होने से रोकने के लिए टीकाकरण और नियमित व्यायाम करना शामिल है।

अत: विकल्प (A) सही है।

33. दुःख के काम के माध्यम से किसी व्यक्ति की मदद करते समय, नर्स को पता होता है कि दुःख के चरणों का क्रम में हो सकता है, उन्हें छोड़ दिया जा सकता है, या वे पुनरावृत्ति कर सकते हैं।

दुःख विभिन्न तरीकों से प्रकट होता है जो किसी व्यक्ति के लिए अद्वितीय होते हैं और व्यक्तिगत अनुभवों, सांस्कृतिक अपेक्षाओं और आध्यात्मिक विश्वासों पर आधारित होते हैं। दुःख के चरणों या व्यवहारों का क्रम में हो सकता है, उन्हें छोड़ दिया जा सकता है, या वे पुनरावृत्ति कर सकते हैं। दुःख को हल करने का समय भी व्यक्तियों के बीच भिन्न होता है।

अत: विकल्प (C) सही है।

34. नर्स मैके बार्बिट्यूरेट थेरेपी के दौरान प्रतिकूल प्रतिक्रिया के लिए एक मरीज की निगरानी कर रही है। नशीली दवाओं पर निर्भरता की संभावना बार्बिट्यूरेट के उपयोग का प्रमुख नुकसान है।

रोगी विशेष रूप से लंबे समय तक उपयोग के साथ, बार्बिटुरेट्स पर निर्भर हो सकते हैं। बार्बिटुरेट्स की दुरुपयोग क्षमता के कारण, प्रतिबंधित पहुंच संघीय व्यापक नशीली दवाओं के दुरुपयोग और नियंत्रण अधिनियम 1970 के पारित होने के साथ शुरू हुई। बार्बिटुरेट्स अपनी दुरुपयोग क्षमता के आधार पर अनुसूची II-IV के रूप में वर्गीकृत करते हैं।

अत: विकल्प (C) सही है।

35. निरंतर एंटरल फीडिंग प्रदान करते समय बिस्तर का सिरा ऊपर उठाना आवश्यक है।

एंटरल फीडिंग के दौरान बिस्तर के सिर को ऊपर उठाना आकांक्षा के जोखिम को कम करता है और सूत्र को रोगी की आंतों में प्रवाहित करने की अनुमति देता है। दूध पिलाने के दौरान प्रवण/लापरवाही में लेटने से आकांक्षा का खतरा बढ़ जाता है और इसलिए जहां नैदानिक रूप से संभव हो रोगी को सीधी स्थिति में रखा जाना चाहिए। यदि बोलस फीड के लिए बैठने में असमर्थ हों या लगातार फीडिंग प्राप्त कर रहे हों, तो फीडिंग के दौरान और फीडिंग के बाद कम से कम 30 मिनट के लिए बिस्तर के सिर को 30-45 डिग्री ऊपर उठाया जाना चाहिए ताकि आकांक्षा के जोखिम को कम किया जा सके।

अत: विकल्प (A) सही है।

36. प्रोटीन में मौजूद तत्व कार्बन, हाइड्रोजन, नाइट्रोजन और ऑक्सीजन हैं। कार्बन, हाइड्रोजन और ऑक्सीजन परमाणुओं के अलावा, सभी प्रोटीनों में नाइट्रोजन और सल्फर परमाणु होते हैं, और इसमें फॉस्फोरस परमाणु और अन्य तत्वों के अंश भी हो सकते हैं। प्रोटीन जीवित जीवों में विभिन्न प्रकार की भूमिका निभाते हैं और अक्सर इन जैविक भूमिकाओं द्वारा वर्गीकृत होते हैं।

अत: विकल्प (A) सही है।

37. विटामिन बी12 में एक धातु घटक होता है। विटामिन बी 12 को कोबालिन के रूप में भी जाना जाता है। यह स्वाभाविक रूप से पशु खाद्य पदार्थों में पाया जाता है, जिसमें मीट, मछली, पोल्ट्री, अंडे और डेयरी शामिल हैं। यह आरबीसी के गठन और परिपक्वता के लिए आवश्यक है। एनीमिया एक विटामिन बी 12 की कमी की बीमारी है।

अत: विकल्प (D) सही है।

38. एंजाइम प्रोटीन होते हैं जो शरीर में उत्प्रेरक का काम करते हैं और रासायनिक प्रतिक्रियाओं को तेज करते हैं। एंजाइम प्रोटीन होते हैं जिनका एक विशिष्ट कार्य होता है। वे एक सेल में या एक सेल के बाहर रासायनिक प्रतिक्रियाओं की दर को तेज करते हैं। एंजाइम उत्प्रेरक के रूप में कार्य करते हैं; वे रासायनिक प्रतिक्रियाओं में भस्म नहीं होते हैं जो वे तेज करते हैं।

अत: विकल्प (A) सही है।

39. एंटीबॉडी शरीर में संक्रमण, बैक्टीरिया, वायरस, बीमारी और रोगों से रक्षा करने में मदद करता है। ये प्रोटीन हैं जो एंटीजन से शरीर की रक्षा करते हैं। वे रक्तप्रवाह के माध्यम से यात्रा करते हैं। बैक्टीरिया, वायरस और अन्य बाहरी संक्रमणकारी की पहचान और बचाव के लिए एंटीबॉडी का उपयोग प्रतिरक्षा प्रणाली द्वारा किया जाता है।

अत: विकल्प (A) सही है।

40. परिवहन प्रोटीन वाहक प्रोटीन होते हैं जो अणुओं को शरीर के चारों ओर एक स्थान से दूसरे स्थान पर ले जाते हैं।

उदाहरण: हीमोग्लोबिन

हीमोग्लोबिन लाल रक्त कोशिका के माध्यम से रक्त के माध्यम से ऑक्सीजन के परिवहन और शरीर के माध्यम से ऑक्सीजन के परिवहन के लिए जिम्मेदार है।

अत: विकल्प (B) सही है।

41. फेरिटिन प्रोटीन आयरन को ट्रांसपोर्ट प्रोटीन में स्टोर करता है। फेरिटिन एक प्रकार का प्रोटीन है जो यकृत में भंडारण के लिए लोहे के साथ मिलकर बनता है। फेरिटिन में एक खोखले गोले का आकार होता है। गोले के

अंदर, आयरन को Fe (III) ऑक्सीकरण अवस्था में संग्रहित किया जाता है। जब शरीर को इसकी आवश्यकता हो तो आयरन को छोड़ने के लिए, लोहे को Fe (III) से Fe (II) ऑक्सीकरण अवस्था में बदलना चाहिए।

अत: विकल्प (A) सही है।

42. ट्रांसलेशन नामक प्रक्रिया के माध्यम से शरीर में प्रोटीन का संश्लेषण होता है। ट्रांसलेटिंग प्रोटीन संश्लेषण के दौरान एक दूत RNA (mRNA) अणु के अनुक्रम को अमीनो एसिड के अनुक्रम में ट्रांसलेशन करने की प्रक्रिया है। आनुवंशिक कोड एक जीन में आधार जोड़े के अनुक्रम और संबंधित अमीनो एसिड अनुक्रम के बीच संबंध का वर्णन करता है जो इसे एन्कोड करता है।

अत: विकल्प (A) सही है।

43. फूड हाइजिन को स्वच्छता में सुधार कहा जाता है। फूड हाइजिन सभी बीमारियों से पर्यावरण को साफ करने की प्रक्रिया है जो स्वास्थ्य समस्या का कारण बन सकती है। फूड हाइजिन प्रक्रिया में सूक्ष्मजीवों को कम करने के लिए बरती जाने वाली सभी सावधानियां शामिल हैं। इसके तहत भोजन को संक्रमित होने से बचाया जाता है। हर स्तर पर साफ-सफाई का ध्यान रखा जाता है।

अत: विकल्प (B) सही है।

44. मोटापे के लिए 30 से अधिक बीएमआई या बॉडी मास इंडेक्स स्कोर करना चाहिए। बीएमआई जितना अधिक होगा, अतिरिक्त स्वास्थ्य समस्याओं के विकास का जोखिम उतना ही अधिक होगा। एक स्वस्थ वजन को 24 या उससे कम का बीएमआई माना जाता है। 25 से 29.9 के बीएमआई को अधिक वजन माना जाता है। 18.5 से कम बीएमआई का मतलब है कि एक व्यक्ति का वजन कम है। 18.5 और 24.9 के बीच का बीएमआई आदर्श है। 25 और 29.9 के बीच का बीएमआई अधिक वजन वाला होता है। 30 से अधिक बीएमआई मोटापे का संकेत देता है।

अत: विकल्प (C) सही है।

45. दर्द के लिए ध्यान: साक्ष्य मौजूद है कि ध्यान कुछ लोगों को दर्द से मदद करता है। शोध से पता चलता है कि ध्यान तंत्रिका मार्गों का उपयोग करता है जो मस्तिष्क को दर्द के प्रति कम संवेदनशील बनाते हैं। ध्यान मस्तिष्क के स्वयं के दर्द को कम करने वाले ओपिओइड के उपयोग को बढ़ाने में मदद करता है।

दर्द प्रबंधन के लिए अन्य गैर-औषधीय तरीके

गैर-औषधीय दर्द प्रबंधन दवाओं के बिना दर्द का प्रबंधन है। यह विधि दर्द को बेहतर ढंग से प्रबंधित करने और कम करने के लिए विचारों को बदलने और एकाग्रता पर ध्यान केंद्रित करने के तरीकों का उपयोग करती है। वो हैं;

- शिक्षा और मनोवैज्ञानिक कंडीशनिंग
- सम्मोहन
- भाईचारा
- व्यायाम
- गर्मी/ठंडा प्रयोग
- लोशन/मालिश थेरेपी
- ध्यान
- संगीत, कला, या नाटक चिकित्सा
- देहाती परामर्श
- पोजीशनिंग
- एका थेरेपी
- मसाज थैरेपी

अत: विकल्प (D) सही है।

46. एक कार दुर्घटना के शिकार को अभी-अभी उल्टी हुई है और अब वह खून की खांसी कर रहा है। वह बहुत तेजी से सांस ले रहा है और उसकी नाड़ी कमजोर और तेज है। सबसे अधिक संभावना है कि उसे आंतरिक रक्तस्राव है।

आंतरिक रक्तस्राव आघात के सबसे गंभीर परिणामों में से एक है। आंतरिक रक्तस्राव शरीर के कई क्षेत्रों में हो सकता है और महत्वपूर्ण स्थानीय सूजन और दर्द का कारण बन सकता है। यदि पर्याप्त रक्तस्राव होता है, तो व्यक्ति सदमे में जा सकता है।

अत: विकल्प (B) सही है।

47. गर्मी से संबंधित बीमारी का अनुभव करने वाले व्यक्ति के लिए ठंडे गीले कपड़े लगाएं। इससे व्यक्ति को आराम महसूस होगा। साथ ही उसे बिना कैफीन वाला ठंडा पानी या अन्य गैर-मादक पेय पीने के लिए दें।

अत: विकल्प (C) सही है।

48. एक लड़के को छाती के माध्यम से और पीठ के बाहर एक तीर मार दी जाती है, कार्रवाई का सबसे अच्छा तरीका यह होगा कि तीर को न हटाया जाए, इसे आगे बढ़ने से रोकने के लिए तीर के चारों ओर कई ड्रेसिंग रखें, तीर के चारों ओर ड्रेसिंग को पट्टी करें और लड़के को तुरंत नजदीकी अस्पताल ले जाएं।

अत: विकल्प (B) सही है।

49. एक लड़के के पैरों में शीतदंश के साथ, आपको उसके पैरों को गर्म पानी में 105 डिग्री से अधिक नहीं भिगोना चाहिए, एक सूखी बाँझ ड्रेसिंग के साथ पट्टी करना चाहिए।

शीतदंश एक चोट है जो त्वचा और अंतर्निहित ऊतकों के जमने के कारण होती है। पहले आपकी त्वचा बहुत ठंडी और लाल हो जाती है, फिर सुन्न, सख्त और पीली हो जाती है। उंगलियों, पैर की उंगलियों, नाक, कान, गाल और ठुड्डी पर फ्रॉस्टबाइट सबसे आम है। ठंड, हवा के मौसम में खुली त्वचा शीतदंश के लिए सबसे अधिक संवेदनशील होती है।

अत: विकल्प (C) सही है।

50. आपको संदेह है कि एक व्यक्ति को जहर दिया गया है। वह होश में है। आपकी पहली कॉल जहर नियंत्रण केंद्र या आपके स्थानीय आपातकालीन फ़ोन नंबर पर होनी चाहिए।

जहर नियंत्रण केंद्र एक चिकित्सा सेवा है जो जहरीले या खतरनाक पदार्थों के संपर्क में आने की स्थिति में तत्काल, मुफ्त और विशेषज्ञ उपचार सलाह और टेलीफोन पर सहायता प्रदान करने में सक्षम है। ज़हर नियंत्रण केंद्र घरेलू उत्पादों, दवाओं, कीटनाशकों, पौधों, काटने और डंक, खाद्य विषाक्तता और धुएं के बारे में उपचार प्रबंधन सलाह प्रदान करने के अलावा संभावित जहर के बारे में सवालों के जवाब देते हैं।

अत: विकल्प (A) सही है।

51. शॉक एक ऐसी स्थिति है जहां परिसंचरण तंत्र शरीर के सभी हिस्सों में रक्त पहुंचाने में विफल हो जाती है।

परिसंचरण शॉक शब्द का उपयोग तब किया जाता है जब अपर्याप्त रक्त प्रवाह के परिणामस्वरूप शरीर के ऊतकों को नुकसान होता है। बशर्ते कि सहानुभूति संबंधी सजगता बरकरार रहे, लगभग 10% रक्त की मात्रा धमनी दबाव या कार्डियक आउटपुट में थोड़े बदलाव के साथ खो सकती है।

अत: विकल्प (C) सही है।

52. सर्पदंश बहुत गंभीर हो सकता है। सर्पदंश पीड़ित की देखभाल करते समय, आपको बर्फ नहीं लगानी चाहिए।

बर्फ पैक न लगाएं। ठंड का लंबे समय तक उपयोग क्षेत्र में स्वस्थ परिसंचरण को कम करके चोट को और भी खराब कर देता है। यहां तक कि अल्पकालिक जोखिम भी जोखिम भरा हो सकता है: बर्फ जहर को बेअसर नहीं करेगा, लेकिन कुछ विशेषज्ञों का मानना है कि सांप का जहर शीतदंश की चपेट में आ जाता है।

अत: विकल्प (B) सही है।

53. मानव अंडाणु में गुणसूत्रों के जोड़े की संख्या 23 होती है जिसमें 22 जोड़े क्रमांकित गुणसूत्र होते हैं, जिन्हें ऑटोसोम कहा जाता है, और एक जोड़ी सेक्स गुणसूत्र X और Y होते हैं। प्रत्येक माता-पिता प्रत्येक जोड़े में एक गुणसूत्र का योगदान करते हैं ताकि संतानों को उनके आधे गुणसूत्र मिलें अपनी माँ से और आधा अपने पिता से।

अत: विकल्प (B) सही है।

54. अंडोत्सर्जन चरण के दौरान, चक्र के लगभग 14वें दिन, ग्रैफियन पुटक टूटता होता है और डिंब निकलता है ।

टूटे हुए ग्रैफियन पुटक जल्द ही कॉर्पस ल्यूटियम में बदल जाते हैं।

कॉर्पस ल्यूटियम LH के बढ़ते स्तर से उत्तेजित हो जाता है और प्रोजेस्टेरोन हॉर्मोन को स्रावित करना शुरू कर देता है।

प्रोजेस्टेरोन हॉर्मोन गर्भाशय के एंडोमेट्रियम अस्तर के रखरखाव के लिए आवश्यक है।

यदि अंडोत्सर्जन के बाद गर्भावस्था नहीं होती है, तो प्रोजेस्टेरोन का स्तर नीचे गिरना शुरू हो जाता है और इससे एंडोमेट्रियम अस्तर का विघटन होता है जो आर्तव चक्र का कारण बनता है।

इस प्रकार, प्रोजेस्टेरोन हॉर्मोन का कम होना आर्तव चक्र का कारण बनता है, क्योंकि यह एंडोमेट्रियम के अस्तर के रखरखाव के लिए आवश्यक है, और इस कारण से केवल प्रोजेस्टेरोन को गर्भावस्था हॉर्मोन भी कहा जाता है।

अत: विकल्प (A) सही है।

55. निषेचन एक जैविक प्रक्रिया है जिसमें दो अलग-अलग लिंगों, यानी नर और मादा के युग्मकों का संलयन होता है।

मनुष्य में आंतरिक निषेचन होता है। अंडाशय से एक अंडा निकलता है और प्रत्येक ओव्यूलेशन चक्र के दौरान फैलोपियन ट्यूब में स्थानांतरित किया जाता है। शुक्राणु फैलोपियन ट्यूब के माध्यम से अंडे तक जाता है। निषेचन भी फैलोपियन ट्यूब में होता है।

अत: विकल्प (B) सही है।

56. फेफड़े की संरचनात्मक और कार्यात्मक इकाई एल्वियोली है। एल्वियोली वह जगह है जहां फेफड़े और रक्त सांस लेने और सांस छोड़ने की प्रक्रिया के दौरान ऑक्सीजन और कार्बन डाइऑक्साइड का आदान-प्रदान करते हैं। हवा से सांस लेने वाली ऑक्सीजन एल्वियोली और रक्त में जाती है और पूरे शरीर में ऊतकों तक जाती है।

अत: विकल्प (A) सही है।

57. शुक्राणु को अस्थायी रूप से अधिवृषण में रखा जाता है। प्रत्येक शुक्राणु कोशिका को बनने में 65-75 दिन लगते हैं और हर दिन लगभग 300 मिलियन उत्पन्न होते हैं। वृषण के अंदर, शुक्राणुओं को संरचनाओं में बनाया जाता है जिसे अर्धवृत्त नलिकाएं कहा जाता है।शीर्ष पर और प्रत्येक अंडकोष (वृषण) के पीछे अधिवृषण होता है, जो शुक्राणु को संग्रहीत करता है।

अत: विकल्प (A) सही है।

58. उस पेशीय नलिका को मूत्रमार्ग कहते हैं जिसके द्वारा संचित मूत्र को शरीर से बाहर निकाला जाता है।

मूत्रमार्ग एक पतली, तंतुपेशी-ऊतक संबंधी नली है जो मूत्राशय के निचले सिरे से शुरू होती है और श्रोणि और मूत्रजननांगी डायाफ्राम के माध्यम से शरीर के बाहर तक फैली होती है। पुरुषों की तुलना में महिलाओं में मूत्रमार्ग की लंबाई बहुत कम होती है। क्षेत्र में लैंगिक संरचनात्मक अंतर के कारण, पुरुषों में यह लगभग 20 सेमी तक फैलता है क्योंकि इसे लिंग की लंबाई को पार करना होता है, जबकि महिलाओं में इसकी लंबाई केवल 4 सेमी होती है। मूत्रमार्ग, पुरुषों में दोहरा उद्देश्य प्रदान करता है, क्योंकि यह यौन

गतिविधियों में भाग लेते समय स्खलन के दौरान वीर्य के लिए एक मार्ग के रूप में भी कार्य करता है।

अतः विकल्प (D) सही है।

59. अंतःस्रावी ग्रंथियाँ वे ग्रंथियां हैं, जो अपने हार्मोन को सीधे रक्तप्रवाह में स्रावित करती हैं, जबकि बहिःस्रावी ग्रंथियाँ अपने उत्पादों को वाहिनियों में स्रावित करती हैं।

अंतःस्रावी तंत्र में पिट्यूटरी ग्रंथि, पीनियल ग्रंथि, थायरॉयड, पैराथायराइड, अग्न्याशय, अधिवृक्क ग्रंथियां, वृषण और अंडाशय शामिल हैं।

अतः विकल्प (A) सही है।

60. एक्राइन ग्रंथियों का प्राथमिक कार्य पसीना उत्पन्न करना है। ये ग्रंथियां शरीर के तापमान को स्थिर करती हैं और समस्थिति को बनाए रखने में मदद करती हैं।ये ग्रंथियां त्वचा पर, प्रमुख रूप से तलवों और हथेलियों पर पाई जाती हैं।अंतःस्रावी ग्रंथियों में परिवहन के लिए कोई धमनी नहीं होती है और इसलिए यह शरीर में रक्त के साथ मिश्रित होती है।

अतः विकल्प (C) सही है।

61. गर्भपात, आरएच संवेदीकरण, और नीडलस्टिक की चोट ये सभी एमनियोसेंटेसिस की संभावित जटिलता हैं।

एमनियोसेंटेसिस के कई जोखिम हैं, जिनमें गर्भपात, संक्रमण, सुई की चोट और आरएच संवेदीकरण शामिल हैं (लेकिन इन्हीं तक सीमित नहीं है)। एमनियोसेंटेसिस के कारण गर्भपात की दर 300 में 1 और 500 में 1 के बीच है। सूचीबद्ध अन्य जटिलताएं अपेक्षाकृत दुर्लभ हैं।

गर्भपात तब होता है जब गर्भावस्था के 20 सप्ताह से पहले गर्भ में बच्चे की मृत्यु हो जाती है। कुछ महिलाओं का गर्भपात होने से पहले ही उन्हें पता चल जाता है कि वे गर्भवती हैं।

आरएच संवेदीकरण तब हो सकता है जब आरएच-नकारात्मक रक्त वाला व्यक्ति आरएच-पॉजिटिव रक्त के संपर्क में आता है। ज्यादातर महिलाएं जो संवेदनशील हो जाती हैं, वे बच्चे के जन्म के दौरान ऐसा करती हैं, जब उनका रक्त उनके भ्रूण के आरएच-पॉजिटिव रक्त के साथ मिल जाता है।

नीडलस्टिक की चोट नीडल के कारण होने वाले घाव हैं जो गलती से त्वचा को पंचर कर देते हैं।

अतः विकल्प (D) सही है।

62. नर्स को रोगी को तुरंत चिकित्सा सहायता लेने की सलाह देनी चाहिए।

यह महिला प्री-टर्म लेबर का अनुभव कर सकती है। 20 सप्ताह की गर्भावस्था को व्यवहार्य नहीं माना जाता है। गर्भाशय ग्रीवा की कमी (गर्भाशय ग्रीवा का समय से पहले फैलाव) जैसा कोई कारण है या नहीं, यह निर्धारित करने के लिए उसे तुरंत देखा जाना चाहिए।

अतः विकल्प (B) सही है।

63. नर्स की पहली क्रिया मां को बाईं ओर मोड़ना होगा।

25 बीट प्रति मिनट या उससे अधिक की चिह्नित भ्रूण की हृदय गति आधारभूत परिवर्तनशीलता चिंता का कारण हो सकती है। इसी तरह के निष्कर्ष यह संकेत दे सकते हैं कि भ्रूण का खराब ऑक्सीजन है। माँ को बाईं ओर घुमाएँ (छिड़काव बढ़ाने के लिए) और चिकित्सक को सूचित करें। ध्यान दें कि यह अभी भी एक श्रमिक रोगी (लगभग 130 बीट्स प्रति मिनट) के लिए भ्रूण की हृदय गति के लिए सामान्य सीमा में है और इस स्पेक्ट्रम का निचला सिरा थोड़ा अधिक चिंता का विषय है।

अतः विकल्प (A) सही है।

64. गर्भकालीन मधुमेह के लिए खराब आहार जोखिम कारक नहीं है।

गर्भकालीन मधुमेह के जोखिम कारकों में मोटापा, मधुमेह का पारिवारिक इतिहास, गर्भकालीन मधुमेह का इतिहास, उच्च रक्तचाप, प्री-एक्लेम्पसिया /

एक्लम्पसिया, बार-बार मूत्र पथ के संक्रमण, योनिशोथ, पॉलीहाइड्रमनिओस, पिछले बड़े शिशु (9 पाउंड या 4000 ग्राम से अधिक), ग्लाइकोसुरिया या प्रोटीनूरिया शामिल हैं। दो या दो से अधिक अवसर। जबकि खराब आहार मधुमेह संबंधी चिंताओं में योगदान दे सकता है, यह सीधे तौर पर गर्भकालीन मधुमेह के उच्च जोखिम से जुड़ा नहीं है क्योंकि अन्य जोखिम कारक हैं। प्रसवपूर्व अवधि के दौरान, नर्सें अपने रोगियों को इन सभी जोखिम कारकों के साथ-साथ उचित प्रसवपूर्व आहार के बारे में शिक्षित करने के लिए जिम्मेदार होती हैं।

अतः विकल्प (C) सही है।

65. डिलीवरी के बाद केगेल व्यायाम मूत्र और मलाशय की मांसपेशियों को मजबूत करने लिए किया जाता है।

श्रोणि की मांसपेशियों को मजबूत करने वाले व्यायाम मूत्राशय के अंदर मूत्र को रोकने में मदद कर सकते हैं, रिसाव को रोक सकते हैं। इन श्रोणि मांसपेशियों के व्यायाम को आमतौर पर "केगेल" व्यायाम कहा जाता है, जिसका नाम उन्हें विकसित करने वाले डॉक्टर के नाम पर रखा गया है।

अतः विकल्प (A) सही है।

66. प्रीक्लेम्पसिया एक संभावित जीवन-धमकाने वाला विकार है जिसमें आमतौर पर गर्भावधि उच्च रक्तचाप, प्रोटीनमेह, एडिमा, लाल-रक्त-कोशिका की शिथिलता और यकृत या गुर्दे की शिथिलता के लक्षण शामिल होते हैं। यह 32-40 सप्ताह में अधिक आम है और दुनिया भर में 2-8% गर्भधारण में विकसित होता है।

अतः विकल्प (A) सही है।

67. एक प्रकोप एक विशेष अवधि में उस क्षेत्र में उस जनसंख्या में अपेक्षित से अधिक मामलों (HAI) की घटना में वृद्धि। प्रकोप की घटना हमेशा रोगकारक, परपोषी और पर्यावरण के बीच मौजूदा संतुलन में कुछ महत्वपूर्ण बदलाव का संकेत देती है। स्वास्थ्य कर्मियों, प्रयोगशालाओं की आधिकारिक रोग अधिसूचना प्रणाली, समाचार पत्रों और मीडिया ग्राम स्वास्थ्य स्वयंसेवकों के माध्यम से प्रकोप का पता लगाया जा सकता है।

अतः विकल्प (A) सही है।

68. भारत में स्वास्थ्य स्थिति का सबसे महत्वपूर्ण संकेतक आईएमआर (शिशु मृत्यु दर) है। शिशु मृत्यु दर पांच वर्ष से कम आयु की मृत्यु दर का एक महत्वपूर्ण घटक है। पांच साल से कम उम्र की मृत्यु दर की तरह, शिशु मृत्यु दर भी बाल अस्तित्व को मापती है। वे सामाजिक, आर्थिक और पर्यावरणीय परिस्थितियों को भी दर्शाते हैं जिसमें बच्चे (और समाज में अन्य) रहते हैं, जिसमें उनकी स्वास्थ्य देखभाल भी शामिल है।

अतः विकल्प (B) सही है।

69. राज्य स्वास्थ्य मिशन की तर्ज पर जनता के स्वास्थ्य के लिए प्रत्येक जिले में मुख्य चिकित्सा अधिकारी की अध्यक्षता में एक जिला स्वास्थ्य मिशन चलाया जाता है। इसमें मिशन निदेशक के रूप में मुख्य चिकित्सा अधिकारी होते हैं। उस क्षेत्र के स्वास्थ्य के लिए मिशन निदेशक या सीएमओ जिम्मेदार होते हैं। उनकी देखरेख में कई स्वास्थ्य देखभाल कार्यक्रम चलाए जाते हैं।

अतः विकल्प (C) सही है।

70. केयर होम में प्रवेश के दौरान, नर्स व्यक्ति और उनके परिवार के लिए संक्रमण प्रकिया का समर्थन करने में महत्वपूर्ण भूमिका निभाती है। नर्स की भूमिका में व्यावहारिक हस्तक्षेप शामिल होंगे जैसे कि नए निवासी की जरूरतों का आकलन करना, देखभाल की योजना बनाना और दवाओं का प्रबंधन करना।

सामुदायिक नर्सिंग गंभीर अस्पतालों के बाहर नर्सिंग देखभाल है, उदाहरण के लिए घर में, सामान्य अभ्यास सुविधाओं के भीतर, सामुदायिक अस्पतालों में, पुलिस हिरासत में, स्कूल में या देखभाल गृह में। यूके में, एक सामुदायिक नर्स को नर्सिंग और मिडवाइफरी काउंसिल द्वारा अनुमोदित डिग्री और एक योग्य वयस्क नर्स के रूप में 1-2 साल का अनुभव चाहिए।

सामुदायिक स्वास्थ्य नर्सिंग के 4 प्रकार हैं:

- केयर, होम नर्स
- सामुदायिक बच्चों की नर्स
- सामुदायिक मानसिक स्वास्थ्य नर्स (CMHN)
- कम्युनिटी लर्निंग डिसएबिलिटी नर्स

अत: विकल्प (A) सही है।

71. सीने में दर्द वाले रोगी को पहले देखा जाना चाहिए क्योंकि यह रोधगलन का संकेत देता है। समग्र रोग का निदान हृदय की मांसपेशियों की क्षति और इजेक्शन अंश की सीमा पर निर्भर करता है।

एनजाइना एक प्रकार का सीने में दर्द है जो हृदय में रक्त के प्रवाह में कमी के कारण होता है। एनजाइना कोरोनरी धमनी की बीमारी का एक लक्षण है। एनजाइना, जिसे एनजाइना पेक्टोरिस भी कहा जाता है, को अक्सर निचोड़ने, दबाव, भारीपन, जकड़न या सीने में दर्द के रूप में वर्णित किया जाता है।

अत: विकल्प (C) सही है।

72. एक माँ अपने 18 महीने के बच्चे को अस्पताल में ले जाती है, जिसका एक भी टीका तक टीकाकरण नहीं हुआ है। इस समय बच्चे को बीसीजी वैक्सीन को छोड़कर सभी टीके दिए जा सकते हैं।

बीसीजी के टीके का मेनिनजाइटिस और बच्चों में प्रसारित टीबी के खिलाफ एक प्रलेखित सुरक्षात्मक प्रभाव है। यह प्राथमिक संक्रमण को नहीं रोकता है और, इससे भी महत्वपूर्ण बात यह है कि गुप्त फुफ्फुसीय संक्रमण के पुनःसक्रियण को नहीं रोकता है, जो समुदाय में बेसिलरी का प्रमुख स्रोत है।

अत: विकल्प (D) सही है।

73. सोते हुए नवजात शिशु की सामान्य हृदय दर लगभग 100 बीट प्रति मिनट (bpm) होती है। यदि नवजात शिशु जाग रहा है, तो सामान्य हृदय दर 120-160 बीट प्रति मिनट के बीच होगी। नवजात शिशु के लिए 130 से 150 बीट प्रति मिनट की हृदय दर सामान्य है, यदि हृदय दर 80 बीट प्रति मिनट से कम है तो इसे ब्रैडीकार्डिया (मंदनाड़ी) माना जाता है।

अत: विकल्प (C) सही है।

74. एक शिशु एक मिनट में लगभग <u>52 बार</u> सांस लेता है।

एक शिशु की सांस लेने की दर, प्रति मिनट सांसों की संख्या। शिशुओं में सामान्य श्वास दर: 30 - 60/मिनट

विभिन्न आयु समूहों की श्वास दर:

समूह	आयु	श्वास/मिनट
नवजात	नवजात से 6 सप्ताह तक	30 - 60
शिशु	6 सप्ताह से 1 वर्ष	40 to 60
बच्चा	1 से 3 वर्ष	20 - 30
छोटे बच्चे	3 से 6 वर्ष	20 - 25
बड़े बच्चे	10 से 14 वर्ष	15 - 20
वयस्कों	वयस्कों	12 - 20

अत: विकल्प (B) सही है।

75. 4 वर्ष की आयु के बीच ऊंचाई दोगुनी हो जाती है।

- नवजात की ऊंचाई 13 वर्ष की आयु (जन्म के समय ऊंचाई के आधार पर) से तिगुनी हो जाती है।

- पहले 2 वर्षों के दौरान शारीरिक वृद्धि विशेष रूप से बहुत तेज होती है। आमतौर पर, एक शिशु का जन्म वजन 5 महीने में दोगुना हो जाता है और शिशु के पहले जन्मदिन तक तीन गुना हो जाता है।

- साथ ही बच्चे की लंबाई (ऊंचाई) 10 से 12 इंच के बीच होती है, और पहले 2 वर्षों के दौरान बच्चे का अनुपात बदल जाता है।

- एक बच्चे की लंबाई आमतौर पर उसके सिर के ऊपर से उसकी एक एड़ी के नीचे तक मापी जाती है। यह उनकी ऊंचाई के समान है, लेकिन ऊंचाई को खड़े होकर मापा जाता है, जबकि लंबाई तब मापी जाती है जब बच्चा लेटा होता है।

- एक पूर्ण अवधि के बच्चे की जन्म के समय औसत लंबाई 19 से 20 इंच या 50 सेंटी मीटर होती है।

अत: विकल्प (A) सही है।

76. भ्रूण हीमोग्लोबिन या HbF हीमोग्लोबिन का एक रूप है जो भ्रूण के जीवन के दौरान प्रमुख होता है और जन्म के बाद कई हफ्तों तक सांद्रता में भी काफी वृद्धि होती है।

HbF में Hb की तुलना में ऑक्सीजन के लिए अधिक बंधुता होती है क्योंकि भ्रूण का हीमोग्लोबिन मातृ हीमोग्लोबिन की तुलना में अधिक आकर्षण के साथ ऑक्सीजन को बांधने में सक्षम होना चाहिए। अतः यह O_2 को प्लेसेंटल वास्कुलचर से भ्रूण तक पहुंचाता है।

HbF भ्रूण के जीवन में मौजूद होता है, और प्रसव के ठीक बाद की अवधि में इसका उत्पादन बंद हो जाता है। वयस्क Hb की तरह, HbF चार-इकाई से बना है जिसमें दो अल्फा और दो गामा उप-इकाई शामिल हैं।

अत: विकल्प (A) सही है।

77. एपस्टीन पर्ल: एपस्टीन पर्ल कठोर तालु के मध्य-तालु के संधिरेखा के साथ स्थित तालु संलयन के उपकला अवशेष हैं। यह एक छोटा सफेद पुटक होता है जिसमें केराटिन होता है। यह तालु की माध्यिका संधिरेखा के दोनों ओर अक्सर पाया जाता है। यह 1-2 महीने में गल जाता है।

एपस्टीन पर्ल के कारण: विकास प्रक्रिया के दौरान जब बच्चे के मुंह की त्वचा फंस जाती है तो एपस्टीन पर्ल होता है। यह फंसी हुई त्वचा केराटिन नामक प्रोटीन से भर जाती है। जब मुंह विकसित होने लगता है और आकार लेने लगता है।

- सकिंग कैलोसिटीज़: इसे अन्तःकोशिक एडिमा और होठों के अतिकिरेटिनी मोटाई होने के संयोजन के रूप में वर्णित किया गया है।

- अतिरिक्त दांत: यह उस समूह के दांतों से काफी मिलता-जुलता हो सकता है जिससे वह संबंधित होता है, अर्थात् चर्वक, अग्रचर्वक, या अग्रवर्ती संभवतः स्थायी कली के विभाजन से।

- धारण पुटक: यह एक स्राव का एक संचय है जो तब बनता है जब एक स्रावी ग्रंथि का निकास बाधित होता है।

अत: विकल्प (B) सही है।

78. विटामिन-C एक महत्वपूर्ण पोषक तत्व है जो प्रतिरक्षा और कोलेजन उत्पादन का समर्थन करता है। यह एक एंटीऑक्सीडेंट के रूप में भी काम करता है जिसे बच्चों को उनकी उम्र के आधार पर प्रति दिन 30-40 मिलीग्राम विटामिन-C की आवश्यकता होती है।

इसे एस्कॉर्बिक एसिड के रूप में भी जाना जाता है, एक पानी में घुलनशील पोषक तत्व है जो शिशु के अधिकांश शारीरिक कार्यों में महत्वपूर्ण भूमिका निभाता है। एक स्वस्थ प्रतिरक्षा प्रणाली को बनाए रखने के लिए लोहे के अवशोषण को बढ़ाना और कोलेजन का उत्पादन करना आवश्यक है, जो मानव शरीर में सबसे प्रचुर मात्रा में प्रोटीन है। इसे एक आवश्यक पोषक तत्व है, जिसका अर्थ है कि शिशु का शरीर इसे अपने आप नहीं बना सकता है। इसलिए, वे इसे उन खाद्य पदार्थों से प्राप्त करते हैं जो वे प्रतिदिन खाते हैं।

अत: विकल्प (B) सही है।

79. APGAR SCORE एक आकलन उपकरण है जिसका उपयोग जन्म के बाद और जन्म के 5 मिनट बाद नवजात शिशु की समग्र स्वास्थ्य स्थिति का आकलन करने के लिए किया जाता है।

एक कम अपगार स्कोर बच्चे के साथ किसी भी महत्वपूर्ण समस्या को निर्धारित करता है जिस पर तत्काल ध्यान देने और कार्रवाई की आवश्यकता होती है।

- कुल 7 से 10 अंक आश्वस्त करने वाला स्कोर है।
- कुल 4 से 6 अंक सामान्य रूप से असामान्य हैं।
- कुल 0 से 3 अंक संबंधित हैं।

Apgar स्कोर में 5 विशेषताएं होती हैं और प्रत्येक विशेषता का मूल्यांकन बाल रोग विशेषज्ञ द्वारा किया जाता है और उन्हें 0 से 2 तक का स्कोर देने की आवश्यकता होती है।

अपगार स्कोर की 5 विशेषताएं हैं:

1. गतिविधि/मांसपेशी टोन

- 0 स्कोर: - फ्लॉपी टोन
- 1 अंक: - हाथ और पैर थोड़े हिलने-डुलने के साथ मुड़े
- 2 अंक: - सक्रिय / सहज आंदोलन

2. पल्स/हृदय गति

- 0 अंक: - अनुपस्थित (नाड़ी नहीं)
- 1 स्कोर: - प्रति मिनट 100 से कम बीट्स
- 2 स्कोर: - प्रति मिनट 100 से अधिक बीट्स

3. ग्रिमेस (उत्तेजना की प्रतिक्रिया)

- 0 अंक: - अनुपस्थित
- 1 अंक: - उत्तेजना के साथ चेहरे की गति
- 2 अंक: - उत्तेजना के लिए त्वरित प्रतिक्रिया

4. प्रकटन (त्वचा का रंग)

- 0 अंक: - नीला, नीला-ग्रे, या हर तरफ पीला
- 1 अंक: - शरीर गुलाबी लेकिन चरम नीला
- 2 अंक: - गुलाबी ऑल ओवर

5. श्वसन/श्वास

- 0 अंक: - अनुपस्थित
- 1 अंक: - अनियमित, कमजोर रोना
- 2 अंक: - अच्छा, मजबूत रोना

अत: विकल्प (C) सही है।

80. विकास भागफल (DQ): यह क्रियात्मक आयु का कालानुक्रमिक आयु से अनुपात है, DQ के रूप में गणना की जाती है = (प्राप्ति पर औसत आयु / प्राप्ति पर प्राप्त आयु) × 100

इसका उपयोग केवल विकास विलंब को व्यक्त करने के लिए किया जाता है।

शिशुओं में विकास भागफल

- यह सबसे व्यापक रूप से इस्तेमाल किया जाने वाला शिशु परीक्षण है।
- 1 से 42 महीने के शिशुओं के लिए उपयोग किया जाता है।
- मोटर स्केल - यह शिशु की किसी वस्तु को पकड़ने और गेंद फेंकने जैसी चीजों को करने की क्षमता को मापता है।
- मेन्टल स्केल - यह किसी वस्तु तक पहुँचने जैसे अनुकूली व्यवहारों को मापता है।
- बिहेवियर रेटिंग स्केल - यह लक्ष्य-निर्देशन, भावनात्मक विनियमन और सामाजिक जिम्मेदारी जैसे व्यवहारों को मापता है।

शिशु का विकास भागफल संक्षेप में बताता है कि आयु के समकक्ष शिशुओं के बड़े मानदंड समूह की तुलना में शिशु कैसा प्रदर्शन करता है।

अत: विकल्प (C) सही है।

81. एक निश्चित कोड भाषा में,

M	O	O	N
5	2	2	9

F	I	L	M
6	3	1	5

A	R	E
4	8	7

ऊपर से, 'INFORMER' के लिए कोड होगा:

I	N	F	O	R	M	E	R
3	9	6	2	8	5	7	8

इसलिए, INFORMER को '39628578' के रूप में कोडित किया गया है।

अत: विकल्प (D) सही है।

82. दिए गए कथनों के लिए न्यूनतम संभावित वेन आरेख इस प्रकार होगा:

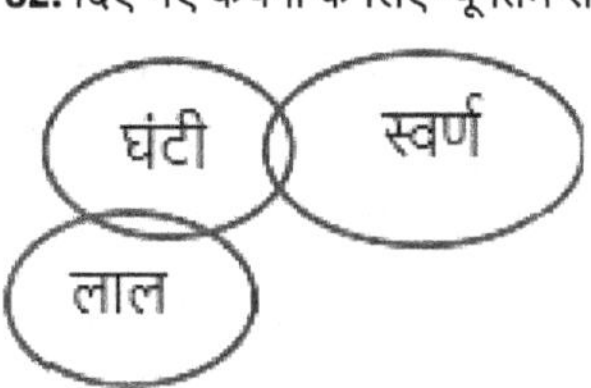

I. कुछ लाल सुनहरी हैं (असत्य, यह सत्य हो सकता है लेकिन निश्चित नहीं।)

II. कोई सुनहरी लाल नहीं है (असत्य, यह सत्य हो सकता है लेकिन निश्चित नहीं।)

इसलिए,या तो I. या II. अनुसरण करता है।

अत: विकल्प (D) सही है।

83. जिस प्रकार वकीलों का कार्यक्षेत्र न्यायालय है, उसी प्रकार रसायनज्ञों का कार्यक्षेत्र प्रयोगशाला है।

अत: विकल्प (A) सही है।

84. दिए गए कथन के अनुसार:

निष्कर्ष I: यह अनुसरण करता है, क्योंकि वातित पेय में अधिक चीनी होती है, जिससे वसा की मात्रा में वृद्धि होती है।

निष्कर्ष II: यह अनुसरण करता है, क्योंकि वातित पेय में अधिक चीनी होती है।

इसलिए, I और II दोनों अनुसरण करते हैं।

अत: विकल्प (D) सही है।

85. यहाँ अनुसरित तर्क इस प्रकार है:

नाम	साम्राज्य/वंश का नाम
अकबर	मुगल साम्राज्य
शाहजहाँ	मुगल साम्राज्य
जहांगीर	मुगल साम्राज्य
चंद्रगुप्त मौर्य-I	**मौर्य वंश**

मौर्य वंश के चंद्रगुप्त मौर्य-I को छोड़कर अकबर, शाहजहां और मुमताज महल मुगल साम्राज्य से संबंधित हैं।

अतः विकल्प (D) सही है।

86. ओपन प्लेटफॉर्म कम्युनिकेशन OPC का पूर्ण रूप है।

ओपन प्लेटफॉर्म कम्युनिकेशन (OPC):

- OPC एक सॉफ्टवेयर इंटरफेस इंटरऑपरेबिलिटी मानक है जो विंडोज प्रोग्राम और औद्योगिक हार्डवेयर उपकरणों के बीच डेटा के सुरक्षित और विश्वसनीय आदान-प्रदान की अनुमति देता है।
- यह प्लेटफॉर्म-स्वतंत्र होता है और कई विक्रेता उपकरणों में सूचना के निरंतर प्रवाह को सुनिश्चित करता है।

अतः विकल्प (D) सही है।

87. GUI आधारित ऑपरेटिंग सिस्टम में फ़ाइलों, फ़ोल्डरों, प्रोग्रामों या अन्य मदों के लघु चित्रमय प्रतिनिधित्व को एक आइकन कहा जाता है।

आइकन:

- GUI आधारित ऑपरेटिंग सिस्टम में फ़ाइलों, फ़ोल्डरों, प्रोग्रामों या अन्य मदों के लघु चित्रमय प्रतिनिधित्व को एक आइकन कहा जाता है।
- यह मूल रूप से एक कंप्यूटर स्क्रीन पर प्रदर्शित होने वाला एक चित्रलेख या आइडियोग्राम है जो उपयोगकर्ता को कंप्यूटर सिस्टम को नेविगेट करने में मदद करता है।
- आइकन अपने आप में एक सॉफ्टवेयर टूल, फ़ंक्शन या डेटा फ़ाइल का एक त्वरित समझने योग्य प्रतीक है, जो सिस्टम पर पहुंच योग्य है और वास्तविक इकाई का एक विस्तृत चित्रण है जो इसका प्रतिनिधित्व करता है।

अतः विकल्प (A) सही है।

88. डायल-अप इंटरनेट एक्सेस, इंटरनेट एक्सेस का एक रूप है जो पारंपरिक टेलीफोन लाइन पर एक टेलीफोन नंबर डायल करके इंटरनेट सेवा प्रदाता से कनेक्शन स्थापित करने के लिए सार्वजनिक स्विच्ड टेलीफोन नेटवर्क की सुविधाओं का उपयोग करता है।

स्लिप (SLIP) (सीरियल लाइन इंटरनेट प्रोटोकॉल) TCP/IP प्रोटोकॉल सूट से पहले मॉडेम प्रोटोकॉल के एकीकरण का परिणाम है।

पॉइंट-टू-पॉइंट प्रोटोकॉल (PPP) एक डेटा लिंक लेयर कम्युनिकेशन प्रोटोकॉल है जिसका उपयोग दो नोड्स के बीच सीधा संबंध स्थापित करने के लिए किया जाता है।

अतः विकल्प (D) सही है।

89. कीबोर्ड आज इस्तेमाल किया जाने वाला सबसे आम 'इनपुट डिवाइस' है।

एक इनपुट डिवाइस एक उपकरण का एक टुकड़ा है जिसका उपयोग सूचना प्रसंस्करण प्रणाली, जैसे कंप्यूटर या सूचना उपकरण को डेटा और निगंत्रण संकेत प्रदान करने के लिए किया जाता है। इनपुट डिवाइस के उदाहरणों में कीबोर्ड, माउस, स्कैनर, कैमरा, जॉयस्टिक और माइक्रोफोन शामिल हैं।

एक 'कीबोर्ड' एक मानव इंटरफ़ेस डिवाइस है जिसे बटनों के लेआउट के रूप में दर्शाया जाता है। प्रत्येक बटन, या कुंजी, का उपयोग या तो कंप्यूटर में एक अल्फ़ान्यूमेरिक वर्ण इनपुट करने के लिए किया जा सकता है, या कंप्यूटर के किसी विशेष फ़ंक्शन पर कॉल करने के लिए किया जा सकता है। यह अधिकांश उपयोगकर्ताओं के लिए मुख्य पाठ प्रविष्टि इंटरफ़ेस के रूप में कार्य करता है।

अतः विकल्प (C) सही है।

90. एक क्रिटिकल सेक्शन एक प्रोग्राम सेगमेंट है जहां शेयर्ड रिसोर्सेस का उपयोग किया जाता है। एक क्रिटिकल सेक्शन एक प्रक्रिया से संबंधित कोड का एक सेक्शन है। समवर्ती कार्यक्रम जो एक शेयर्ड रिसोर्सेस तक पहुँचता है,

उदाहरण के लिए, एक शेयर्ड वेरिएबल, शेयर्ड कम्युनिकेशन चैनल, शेयर्ड फ़ाइल, आदि और कार्यक्रम के सही व्यवहार के लिए, केवल एक प्रक्रिया ही एक्सेस कर सकती है।

अतः विकल्प (C) सही है।

91. सरकार ने 500 करोड़ रुपये की लागत से पुणे में एक इलेक्ट्रॉनिक्स विनिर्माण क्लस्टर (ईएमसी) को मंजूरी दी है।

इलेक्ट्रॉनिक्स और सूचना प्रौद्योगिकी मंत्रालय द्वारा अनुमोदित प्रस्ताव से 2,000 करोड़ रुपये तक के निवेश को आकर्षित करने की उम्मीद है। क्लस्टर 297 एकड़ के क्षेत्र में स्थापित किया जाएगा।

अतः विकल्प (B) सही है।

92. मटकी मध्य प्रदेश का एक लोकप्रिय लोक नृत्य है।

- मटकी नृत्य रूप मध्य प्रदेश में खानाबदोश जनजातियों द्वारा विकसित किया गया है।
- एक छोटे से घड़े का उपयोग करके किया जाने वाला एक लोक नृत्य है जो मध्य भारत से उत्पन्न हुआ जिसे "मटकी नृत्य" के रूप में जाना जाता है।
- यह "घड़ा नृत्य" मध्य प्रदेश राज्य से संबंधित है, और मुख्य रूप से मालवा क्षेत्र में किया जाता है।

अतः विकल्प (B) सही है।

93. भारत के संविधान में संशोधन (अनुच्छेद 368) देश के मौलिक कानून या सर्वोच्च कानून में परिवर्तन करने की प्रक्रिया है।

यह 2 प्रकार के संशोधन प्रदान करता है:

- संसद के एक विशेष बहुमत से, और
- संसद के एक विशेष बहुमत से और कम से कम आधे राज्यों द्वारा एक साधारण बहुमत से सहमति।

अतः विकल्प (D) सही है।

94. उत्तर प्रदेश का बाँदा जिला राज्य का एक प्रमुख बॉक्साइट रिजर्व है।

उत्तर प्रदेश में पाए जाने वाले खनिजों में शामिल हैं-

- चूना पत्थर जो मिर्जापुर जिले के गुरुमा-कनाच-बापुहारी और सोनभद्र जिले के कजरहाट में पाया जाता है;
- मिर्जापुर, सोनभद्र और बांदा में डोलोमाइट, इलाहाबाद जिले के करछना में कांच-रेत,
- बांदा जिले में करवी और मऊ जिले में; मिर्जापुर और सोनभद्र में संगमरमर;
- बांदा जिले के राजघेवां में बॉक्साइट;
- मिर्जापुर जिले के बंसी और मकरी-खोह क्षेत्र में गैर-प्लास्टिक फायरक्ले;
- ललितपुर जिले में यूरेनियम।
- इसके अलावा, मिर्जापुर और सोनभद्र जिलों में बैराइट्स और एडलुसाइट पाए जाते हैं।
- राज्य में बलुआ पत्थर, कंकड़, रेह, नमक पंटर, मौरंग, रेत और अन्य लघु खनिज भी पाए जाते हैं।

अतः विकल्प (A) सही है।

95. सातवाहन शासकों को दक्षिणापथ के स्वामी के रूप में जाना जाता था।

- गौतमीपुत्र श्री शातकर्णी और अन्य सातवाहन शासकों को दक्षिणापथ के स्वामी के रूप में जाना जाता था।
- दक्षिणापथ दक्षिण की ओर जाने वाला मार्ग था, जिसका उपयोग पूरे दक्षिणी क्षेत्र के लिए एक नाम के रूप में भी किया जाता था।

- तटों पर नियंत्रण करने के लिए उसने अपनी सेना को पूर्वी, पश्चिमी और दक्षिणी तटों पर भेजा।
- शुंग वंश का अंत लगभग 73 ईसा पूर्व हुआ जब उनके शासक देवभूति को वासुदेव कण्व ने मार डाला।
- कण्व वंश ने तब लगभग 45 वर्षों तक मगध पर शासन किया।
- इस समय के दौरान, एक और शक्तिशाली राजवंश, सातवाहन दक्कन क्षेत्र में सत्ता में आए।
- "सातवाहन" शब्द की उत्पत्ति प्राकृत से हुई है जिसका अर्थ है "सात द्वारा संचालित" जिसका आशय हिंदू पौराणिक कथाओं के अनुसार सात घोड़ों द्वारा चलने वाले सूर्य भगवान के रथ से है।
- सातवाहन (मूल निवासी) दक्कन और मध्य भारत में मौर्यों के उत्तराधिकारी बने।

अत: विकल्प (B) सही है।

96. दिया है:

निकिता को 18 मीटर दौड़ने में उतना ही समय लगता है जितना एक कार को 48 मीटर की दूरी तय करने में लगता है।

गणना:

निकिता द्वारा लिया गया समय = कार द्वारा लिया गया समय

समय = दूरी/चाल

$\Rightarrow d_1/S_{निकिता} = d_2/S_{कार}$

$\Rightarrow 18/S_{निकिता} = 48/S_{कार}$

$\Rightarrow S_{निकिता}/S_{कार} = \dfrac{18}{48} = \dfrac{d}{1600}$

$\Rightarrow$ दूरी = 600 मीटर

अतः विकल्प (C) सही है।

97. दिया है:

9, 21, और 123

अवधारणा:

यदि A : B :: C : D है, तो (B × C) = (A × D)

गणना:

माना चतुर्थानुपाती F है।

समानुपात बन जाता है = 9 : 21 :: 123 : F

अवधारणा के अनुसार,

21 × 123 = 9 × F

$\Rightarrow F = \dfrac{21 \times 123}{9}$

$\Rightarrow$ F = 287

∴ चतुर्थानुपाती 287 है।

अतः विकल्प (C) सही है।

98. दिया है:

450 का 18% = k का 30%

$\Rightarrow 0.18 \times 450 = 0.3 \times k$

$\Rightarrow 81 = 0.3k$

$\Rightarrow k = \dfrac{81}{0.3}$

$\Rightarrow$ k = 270

∴ k का मान 270 है।

अत: विकल्प (A) सही है।

99. दिया है:

सात व्यक्ति एक घर बना सकते हैं = 30 दिनों में

सूत्र:

कुल कार्य = व्यक्तियों की संख्या × दिनों की संख्या

गणना:

कुल कार्य = 30 × 7 = 210 इकाई

$\Rightarrow$ दिनों की संख्या $= \dfrac{210}{3} = 70$ दिन

∴ 70 दिन वे सभी समान दर से कार्य करते हैं।

अत: विकल्प (B) सही है।

100. दिया है:

$a^3 - b^3 = 253$

$a - b = 7$

सूत्र:

$(a - b)^3 = a^3 - b^3 - 3ab(a - b)$

गणना:

$\Rightarrow (7)^3 = 253 - 3ab(7)$

$\Rightarrow 343 = 253 - 21ab$

$\Rightarrow 21ab = -90$

$\Rightarrow ab = -\dfrac{30}{7}$

∴ ab का मान $-\dfrac{30}{7}$ है।

अत: विकल्प (D) सही है।

Discipline

Q.1 निम्नलिखित में से कौन गर्भावधि उच्च रक्तचाप की परिभाषा है?

A. 130/85 mmHg से अधिक रक्तचाप या 35 mmHg से अधिक सिस्टोलिक या 20 mmHg डायस्टोलिक से अधिक बेसलाइन का बढ़ना

B. 160/95 mmHg से अधिक रक्तचाप या 30 mmHg से अधिक सिस्टोलिक या 15 mmHg डायस्टोलिक से अधिक बेसलाइन का बढ़ना

C. 140/90 mmHg से अधिक रक्तचाप या 40 mmHg से अधिक सिस्टोलिक या 25 mmHg डायस्टोलिक से अधिक बेसलाइन की वृद्धि

D. 140/90 mmHg से अधिक रक्तचाप या 30 mmHg से अधिक सिस्टोलिक या 15 mmHg डायस्टोलिक से अधिक बेसलाइन का बढ़ना

Q.2 आरएच पॉजिटिव भ्रूण को ले जाने वाली आरएच नकारात्मक मां में आरएच-डी एंटीजन के प्रति संवेदनशीलता के विकास को कौन सा उपचार रोक सकता है?

A. चिकित्सीय गर्भपात

B. शॉर्ट-कोर्स इम्यूनोसप्रेसेन्ट उपचार

C. आरएचओ (डी) प्रतिरक्षा ग्लोब्युलिन

D. आरएचओ (डी) भ्रूण सीरम इंजेक्शन

Q.3 प्लेसेंटा प्रिविया शब्द निम्नलिखित में से किस स्थिति का वर्णन करता है?

A. प्लेसेंटा का पूरा या कुछ हिस्सा भ्रूण और गर्भाशय ग्रीवा के बीच स्थित होता है

B. भ्रूण प्लेसेंटा स्थिति से अवर है

C. प्लेसेंटा गर्भाशय की दीवार से अलग हो जाता है

D. गर्भाशय की परत के परिपक्व होने से पहले प्लेसेंटा विकसित हो जाता है

Q.4 गर्भावस्था के दौरान, निम्न में से किसकी कमी से न्यूरल ट्यूब दोष होता है?

A. फोलिक एसिड **B.** लोहा

C. कैल्शियम **D.** जस्ता

Q.5 प्रसव के किस चरण के दौरान प्लेसेंटा डिलीवर होता है?

A. चरण 1 **B.** चरण 2 **C.** चरण 3 **D.** चरण 4

Q.6 एक गर्भवती महिला के सिर के अवतरण का आकलन करने के लिए किस एब्डॉमिनल ग्रिप का उपयोग किया जाता है?

A. पृष्ठभूमि **B.** पार्श्व **C.** पेल्विक-1 **D.** पेल्विक-2

Q.7 W.H.O के अनुसार गर्भवती महिलाओं को कितनी अतिरिक्त कैलोरी लेनी चाहिए?

A. 300 K. कैलोरी **B.** 500 K. कैलोरी

C. 1000 K. कैलोरी **D.** 100 K. कैलोरी

Q.8 निम्नलिखित में से कौन सा टीका आमतौर पर गर्भवती माताओं को दिया जाता है?

A. खसरा **B.** बी.सी.जी **C.** टेटनस **D.** डी.पी.टी

Q.9 पहले 20 हफ्तों के दौरान प्रसवपूर्व माताओं का अपेक्षित वजन कितना है?

A. 0.5 से 1 किलोग्राम **B.** 2 से 3 किलोग्राम

C. 3 से 4 किलोग्राम **D.** 4 से 5 किलोग्राम

Q.10 मधुमेह मेलिटस के इतिहास वाला एक रोगी कोलेसिस्टेक्टोमी के बाद दूसरे पोस्टऑपरेटिव दिन होता है। उसे जी मचलने की शिकायत की है और ठोस खाद्य पदार्थ खाने में सक्षम नहीं है। रोगी को भ्रमित और कांपता हुआ देखने के लिए नर्स कमरे में प्रवेश करती है। निम्नलिखित में से कौन रोगी के लक्षणों के लिए सबसे अधिक संभावित स्पष्टीकरण है?

A. एनेस्थीसिया रिएक्शन **B.** हाइपरग्लेसेमिया

C. हाइपोग्लाइसीमिया **D.** मधुमेह केटोएसिडोसिस

Q.11 निम्नलिखित में से कौन सी जटिलता सबसे बड़ी चिंता का विषय है जब एक नर्स प्रीऑपरेटिव एब्डोमिनल एन्यूरिज्म वाले व्यक्ति की देखभाल करती है?

A. एचपीएन **B.** एन्यूरिज्म का टूटना

C. कार्डिएक एरिद्मिया **D.** कम पेडल पल्स

Q.12 कार्डियोमायोपैथी के उपचार में निम्नलिखित में से किस वर्ग की दवाओं का व्यापक रूप से उपयोग किया जाता है?

A. उच्चरक्तचापरोधी

B. बीटा-एड्रीनर्जिक ब्लॉकर्स

C. कैल्शियम चैनल अवरोधक

D. नाइट्रेट्स

Q.13 नर्स को पता है कि बेहोश व्यक्ति में हाइपोक्सिया का प्रारंभिक संकेतक __________ है।

A. सायनोसिस **B.** बढ़ी हुई सांसें

C. उच्च रक्तचाप **D.** बेचैनी

Q.14 पैर की अंगुली के गठिया वाले पुरुष रोगी का शारीरिक आंकलन करते समय, नर्स को अतिरिक्त टोफी (यूरेट जमा) के लिए __________ का आंकलन करना चाहिए।

A. नितंब **B.** कान **C.** चेहरा **D.** पेट

Q.15 एक ऑटोमोबाइल दुर्घटना में एक पुरुष रोगी के बाएं टिबिया में फ्रैक्वर हो गया और एक कास्ट लगाया गया है। टिबिया फ्रैक्वर से प्रमुख रक्त वाहिकाओं को हुए नुकसान का आकलन करने के लिए नर्स को रोगी की __________ की निगरानी करनी चाहिए।

A. बायीं जांघ की सूजन

B. पैर की त्वचा का बढ़ा हुआ तापमान

C. ब्लैंचिंग के बाद पैर की उंगलियों का लंबे समय तक रिपरफ्यूजन

D. रक्तचाप में वृद्धि

Q.16 निम्नलिखित में से कौन से लक्षण नर्स अपनी शिक्षण योजना में लारेंजियल कैंसर की प्रारंभिक अभिव्यक्ति के रूप में शामिल करेंगी?

A. स्टामाटाइटिस **B.** वायुमार्ग में अवरोध

C. कर्कशता **D.** निगलने में कठिनाई

Q.17 लिडिया वैकल्पिक स्प्लेनेक्टोमी के लिए निर्धारित है। रोगी के सर्जरी के लिए जाने से पहले, प्रभारी नर्स का अंतिम मूल्यांकन _____ होगा।

A. हस्ताक्षरित सहमति **B.** महत्वपूर्ण संकेत

C. नाम बैंड **D.** खाली ब्लैडर

Q.18 एक व्यक्ति को अप्लास्टिक एनीमिया है। नर्स को किस शारीरिक क्रिया में परिवर्तन की निगरानी करनी चाहिए?

A. आंत्र कार्य **B.** परिधीय संवेदना

C. रक्तस्राव की प्रवृत्ति **D.** सेवन और आउटपुट

Q.19 100 दिनों की खाँसी कथन किस बीमारी के लिए प्रयोगकिया जाता है?
[UPPSC Staff Nurse, 2021]

A. ट्यूबरकुलोसिस/तपेदिक
B. खसरा
C. डिप्थीरिया/गलघोंटू
D. परट्रूसिस/काली खाँसी

Q.20 एक रक्तस्राव विकार जो कारक VIII व IX की कमी के कारण होता है व उसे किस नाम से जाना जाता है?
[UPPSC Staff Nurse, 2021]

A. परप्पूरा
B. हीमोफिलिया
C. थ्राम्बोसाइटोपीनिया
D. ल्यूकीमिया

Q.21 एनाफाइलेक्टिक स्तब्धता के इलाज में कौन-सी दवा सबसे महत्वपूर्ण है?
[UPPSC Staff Nurse, 2021]

A. एट्रोपीन
B. एड्रीनेलीन
C. डेरीफाइलिन
D. एमिनोफाइलिन

Q.22 सामान्यतया स्पाइनल एनेस्थिसिया स्पाइनल कॉर्ड के किस लेवल पर दिया जाता है?
[UPPSC Staff Nurse, 2021]

A. एल$_2$ - एल$_4$
B. एल$_3$ - एल$_4$
C. एल$_5$ - एल$_6$
D. एल$_1$ - एल$_2$

Q.23 आर.एच. फैक्टर के बेमेल होने से हो सकता है:
[UPPSC Staff Nurse, 2021]

A. एड्स
B. सिकल सेल रक्ताल्पता
C. एरिथ्रोब्लास्टोसिस फीटेलिस
D. टर्नर का सिन्ड्रोम

Q.24 मुंह से दुर्गंध के सन्दर्भ में निम्न सभी कथन सही हैं, सिवाय:
[UPPSC Staff Nurse, 2021]

A. गंदा श्वास
B. गंध पैदा करने वाले जीवाणु
C. कार्बन यौगिक पैदा करने वाले जीवाणु
D. गंधक के यौगिक पैदा करने वाले जीवाणु

Q.25 किस स्वास्थ्य समस्या में प्रकाश चिकित्सा लाभदायक हो सकती है?
[UPPSC Staff Nurse, 2021]

A. एक्जीमा
B. सोरियासिस
C. नवजात पीलिया
D. शरीर का जला हुआ भाग (बर्न)

Q.26 मैकवेन्स साइन किस बीमारी में पाया जाता है?
[UPPSC Staff Nurse, 2021]

A. हाइड्रोसेफलस
B. मेनिनजाइटिस
C. अपेन्डीसाइटिस
D. सेरीब्रल पैल्सी

Q.27 सामान्यतया आँख की पुतली चौड़ी करने के लिए किस दवा का प्रयोग किया जाता है?
[UPPSC Staff Nurse, 2021]

A. जेन्टामाइसिन
B. ट्रापिकामाइड
C. सीमोपलवसासिन
D. बीटासी

Q.28 __________ सामुदायिक स्वास्थ्य का एक अनिवार्य उपकरण है।
A. स्वास्थ्य शिक्षा
B. दर्शन
C. मनोविज्ञान
D. इनमें से कोई नहीं

Q.29 स्वास्थ्य शिक्षा __________ में वांछनीय परिवर्तन में मदद करती है।
A. ज्ञान
B. दृष्टिकोण
C. अभ्यास परिवर्तन
D. ये सभी

Q.30 वेंटिलेटर पर निर्भर रोगियों के लिए संचार के वैकल्पिक तरीके निम्नलिखित में से कौन-से हैं?
A. सिग्नल सिस्टम
B. कलम और कागज
C. संचार बोर्ड
D. ये सभी

Q.31 एक मां ने अपने चार में से दो बच्चों को घर में लगी आग से बचाया. आपातकालीन विभाग में, वह रोती है, "मुझे उन्हें लेने के लिए वापस जाना चाहिए था। मुझे मर जाना चाहिए था, उन्हें नहीं।" नर्स की सबसे अच्छी प्रतिक्रिया क्या है?
A. "धुआँ बहुत घना था। आप वापस अंदर नहीं जा सकती थी।"
B. "आप दोषी महसूस कर रही हैं क्योंकि आप अपने बच्चों को बचाने में सक्षम नहीं थी।"
C. "इस तथ्य पर ध्यान दें कि आप अपने चारों बच्चों को खो सकती थी।"
D. "जो हुआ उसके बारे में न सोचने की कोशिश करें तो अच्छा है। आगे बढ़ने का प्रयास करें।"

Q.32 जुनूनी-बाध्यकारी विकार (ओसीडी) से पीड़ित एक नव भर्ती ग्राहक लगातार हाथ धोता है। यह व्यवहार इकाई गतिविधि उपस्थिति को रोकता है। कौन सा नर्सिंग स्टेटमेंट इस स्थिति का सबसे अच्छा समाधान करता है?
A. "ओसीडी से पीड़ित सभी लोगों को अपने कर्मकांडों के व्यवहार को नियंत्रित करने की आवश्यकता है।"
B. "आपके लिए इन कर्मकांडों के व्यवहार को बंद करना महत्वपूर्ण है।"
C. "यदि आप यूनिट थेरेपी में भाग नहीं लेंगे तो आप मदद क्यों मांग रहे हैं?"
D. "आइए आपके लिए यूनिट गतिविधियों में भाग लेने और फिर भी अपने हाथ धोने का एक तरीका खोजें।"

Q.33 नर्सिंग प्रक्रिया के नियोजन चरण में चिकित्सीय संचार कौशल का कौन सा उदाहरण प्रभावी होगा?
A. "हमने पिछले परछती कौशल पर चर्चा की है। देखते हैं कि ये परछती कौशल अब प्रभावी हो सकते हैं या नहीं।"
B. "कृपया मुझे अपने शब्दों में बताएं कि आपको अस्पताल में क्या लाया।"
C. "इस नए दृष्टिकोण ने आपके लिए काम किया। इसे जारी रखें।"
D. "मैंने देखा है कि आप उन आवाज़ों का जवाब दे रहे हैं जिन्हें मैं नहीं सुनता।"

Q.34 निम्नलिखित में से कौन सी स्वास्थ्य संचार शैली व्यक्ति के ज्ञान और अनुभव का उपयोग करती है?
A. डॉक्टर-केंद्रित संचार
B. रोगी-केंद्रित संचार
C. व्यवसायी-केंद्रित संचार
D. इनमें से कोई नहीं

Q.35 एक छात्र नर्स प्रशिक्षक से कहती है, "मुझे चिंता है कि जब कोई ग्राहक मुझसे सलाह मांगेगा तो मेरे पास कोई अच्छा समाधान नहीं होगा।" नर्सिंग प्रशिक्षक की सबसे अच्छी प्रतिक्रिया कौन सी होनी चाहिए?
A. "एक ग्राहक द्वारा मौके पर महसूस करना डरावना है। नर्सों के पास हमेशा जवाब नहीं होता है।"
B. "याद रखें, ग्राहक, नर्स नहीं, अपनी पसंद और फैसलों के लिए खुद जिम्मेदार हैं।"
C. "बस ग्राहक के सर्वोत्तम हितों को ध्यान में रखें और वह सर्वोत्तम करें जो आप कर सकते हैं।"
D. "अपने अभ्यास के इस पहलू पर काम करना जारी रखने के लिए एक लक्ष्य निर्धारित करें।"

Q.36 प्रोटीन की प्राथमिक संरचना का प्रतिनिधित्व करता है:

A. पेप्टाइड बॉन्ड से जुड़े अमीनो एसिड का रैखिक अनुक्रम
B. प्रोटीन की त्रि-आयामी संरचना
C. प्रोटीन की पेचदार संरचना
D. प्रोटीन की उपइकाई संरचना

Q.37 कौन सा कार्बोहाइड्रेट का स्रोत नहीं है?

A. ज्वार   B. चावल   C. चना   D. बाजरा

Q.38 किस प्रोटीन को संदेशवाहक प्रोटीन कहा जाता है?

A. एंजाइम   B. हार्मोनल   C. भंडारण   D. एंटीबॉडी

Q.39 मध्याह्न भोजन योजना में भोजन की खुराक कम से कम _____ प्रदान करनी चाहिए।

A. 8 से 12 ग्राम प्रोटीन के साथ 300 कैलोरी
B. 5 ग्राम प्रोटीन के साथ 300 कैलोरी
C. 8 से 12 ग्राम प्रोटीन के साथ 250 कैलोरी
D. 5 से 12 ग्राम प्रोटीन के साथ 250 कैलोरी

Q.40 कुपोषण में निम्नलिखित रूपों को छोड़कर शामिल हैं:

A. कुपोषण
B. अतिपोषण
C. असंतुलन
D. सूक्ष्म पोषण

Q.41 निम्नलिखित में से कौन सा "अमोनाइजिंग बैक्टीरिया" है?

A. नाइट्रोसोमोनस
B. बैसिलस मायकोइड्स
C. क्लोस्ट्रीडियम
D. राइजोबियम

Q.42 एक वयस्क हताहत के सीपीआर में उपयोग के लिए सांसों को बचाने के लिए छाती के संकुचन का सही अनुपात कौन सा है?

A. 2 संकुचन : 30 बचाव सांस
B. 5 संकुचन : 1 बचाव सांस
C. 15 संकुचन : 2 बचाव सांस
D. 30 संकुचन : 2 बचाव सांस

Q.43 जलने की तीन अलग-अलग गहराई को क्या नाम दिए गए हैं?

A. छोटा, मध्यम और बड़ा
B. पहली, दूसरी और तीसरी
C. मामूली, मध्यम और गंभीर
D. सतही, आंशिक मोटाई, पूर्ण मोटाई

Q.44 बेहोशी क्या है?

A. डर की प्रतिक्रिया
B. एक अप्रत्याशित पतन
C. थोड़े समय के लिए होश खो देना
D. फ्लू का संकेत

Q.45 मानव शरीर द्वारा उत्पादित कार्बन डाइऑक्साइड (CO_2) के साथ क्या होता है?

A. यह शरीर की कोशिकाओं में रहता है।
B. इसे हृदय की मांसपेशी में स्थानांतरित किया जाता है।
C. यह रक्त और श्वास प्रणाली के माध्यम से समाप्त हो जाता है।
D. इसे मस्तिष्क की मांसपेशी में स्थानांतरित किया जाता है।

Q.46 आपातकालीन पट्टी की पट्टियों के अंत में आप गाँठ कहाँ लगाते हैं?

A. हमेशा पट्टी के ऊपर
B. घाव के पार
C. स्पष्ट रूप से घाव से दूर
D. घाव के बीच

Q.47 छोटे कट के लिए आप क्या करते हैं?

A. साबुन और पानी से धोएं, एक बाँझ पट्टी के साथ कवर करें
B. केवल एक साफ पट्टी के साथ कवर करें

C. घाव को रूई से साफ करें
D. इनमें से कोई नहीं

Q.48 सीपीआर प्रक्रिया में क्या शामिल है?

A. केवल बचाव श्वास
B. केवल छाती का संपीड़न
C. दवाई देना
D. बचाव श्वास और छाती का संपीड़न

Q.49 सिनैप्सिस, अर्धसूत्रीविभाजन किस चरण में होता है?

A. लेप्टोटीन   B. पचीतेन   C. जाइगोटीन   D. मेटाफ़ेज़।

Q.50 समसूत्री विभाजन के किस चरण के दौरान तर्कु रेशे बनते हैं और गुणसूत्रों से जुड़ जाते हैं?

A. मध्यावस्था
B. पश्चावस्था
C. पूर्वावस्था
D. अंत्यावस्था

Q.51 इन-प्लांट टिश्यू _____ की कोशिका की दीवारें 'सुबरिन' द्वारा समन्वित होती हैं जो उन्हें गैस और पानी के अणुओं के लिए अभेद्य बनाती हैं।

A. उपत्वक
B. कॉर्क
C. रंध्र
D. फ्लोएम फाइबर

Q.52 पादप कोशिका के सबसे बाहरी आवरण का गठन _____ द्वारा किया जाता है।

A. सेल्यूलोज
B. लिगिनन
C. काइटिन
D. ग्लाइकोकेलिक्स

Q.53 निम्नलिखित कोशिकांग में से किसे एक कोशिका के 'आत्मघाती बैग' के रूप में जाना जाता है?

A. लाइसोसोम
B. प्लास्टिड
C. एंडोप्लाज्मिक रेटिकुलम
D. माइटोकॉन्ड्रिया

Q.54 राइबोसोम निम्नलिखित में से किसके लिए कार्यस्थल है?

A. प्रोटीन संश्लेषण
B. प्रकाश संश्लेषण
C. वसा संश्लेषण
D. श्वसन

Q.55 मूत्र का पीला रंग किसकी उपस्थिति के कारण होता है?

A. पित्त
B. लसीका
C. कोलेस्ट्रॉल
D. यूरोबिलिन या यूरोक्रोम

Q.56 कोर को प्रभावित करने वाले कारक हैं:

A. प्रेरणा
B. गतिशीलता
C. विकेंद्रीकरण
D. स्वायत्तता

Q.57 अस्पताल में विभिन्न प्रकार के वार्ड कौन से हैं?

A. कैजुअल्टी वार्ड
B. सामान्य वार्ड
C. आईसीसीयू
D. उपरोक्त सभी

Q.58 सीओपीपी ने निष्कर्ष निकाला था कि एक ओपीडी डॉक्टर जांच करता है:

A. प्रति दिन 10-20 रोगी
B. प्रति दिन 25-40 रोगी
C. प्रति दिन 50-75 रोगी
D. प्रति दिन 75-90 रोगी

Q.59 सीओपीपी ने ओपीडी में भीड़भाड़ के कारणों को छोड़कर निम्नलिखित की वकालत की थी:

A. प्रतिबंधित पंजीकरण समय
B. नियुक्ति प्रणाली का अभाव
C. मेडिकल स्टाफ की कमी

D. अप्रभावी जनसंपर्क

Q.60 ओटी कॉम्प्लेक्स में प्रभावी एयर कंडिशनिंग हवा से होने वाले संक्रमण की संभावना को कम करता है। HEPA फिल्टर हैं?

A. आयाम में 0.1 से 0.2 माइक्रोन

B. आयाम में 0.2 से 0.3 माइक्रोन

C. आयाम में 0.3 से 0.4 माइक्रोन

D. आयाम में 0.4 से 0.5 माइक्रोन

Q.61 HEPA एक ऐसा वातावरण प्रदान करता है जो है:

A. 70% कण मुक्त

B. 80% कण मुक्त

C. 90% कण मुक्त

D. 100% कण मुक्त

Q.62 ऑपरेशन थियेटर में प्रभावी वायु परिवर्तन के लिए निम्नलिखित में से सबसे अच्छा है:

A. उच्च अशांति विस्थापन वायु प्रवाह

B. कम अशांति विस्थापन वायु प्रवाह

C. वायु का यांत्रिक अर्क

D. निम्न से उच्च विस्थापन वायु प्रवाह

Q.63 आईसीयू में देखभाल का सबसे अधिक इस्तेमाल किया जाने वाला मॉडल:

A. कार्यात्मक नर्सिंग

B. टीम नर्सिंग

C. प्राथमिक नर्सिंग

D. संपूर्ण रोगी देखभाल

Q.64 सर्जरी शुरू करने से पहले कौन सा फॉर्म भरना होगा?

A. एसएफ 520

B. एसएफ 521

C. एसएफ 522

D. एसएफ 523

Q.65 एक महिला रोगी को सब्लिशिंग टैबलेट लेना सिखाते समय नर्स को रोगी को टेबलेट को निम्न पर रखने का निर्देश देना चाहिए:

A. जुबान के ऊपर

B. मुंह का ऊपरी हिस्सा

C. मुंह का तल

D. गाल के अंदर

Q.66 जैक्सन प्रैट घाव नाली के आसपास के क्षेत्र की सफाई करते समय नर्स प्रभारी द्वारा कौन सी कार्रवाई आवश्यक है?

A. केंद्र से बाहर की ओर गोलाकार गति में सफाई करें

B. त्वचा को साफ करने से पहले नाली को हटाना

C. शराब के साथ साइट के चारों ओर तेजी से सफाई करें

D. बाँझ दस्ताने और एक मुखौटा पहने हुए

Q.67 एक महिला रोगी को कुल उदर हिस्टेरेक्टॉमी से गुजरना पड़ता है। 10 घंटे बाद रोगी का आकलन करते समय, नर्स किस खोज को सदमे के शुरुआती संकेत के रूप में पहचानती है?

A. बेचैनी

B. पीली, गर्म, शुष्क त्वचा

C. 110 बीट/मिनट की हृदय गति

D. 30 मिली/घंटा का मूत्र उत्पादन

Q.68 एक बेहोश पुरुष वयस्क के तेजी से मूल्यांकन के दौरान नर्स को कौन सी नाड़ी को टटोलना चाहिए?

A. रेडियल

B. ब्रेकियल

C. ऊरु

D. गर्दन की नाड़ी

Q.69 एक रोगी को कोलोनोस्कोपी के लिए निर्धारित किया जाता है। नर्स रोगी को किस प्रकार के एनीमा के बारे में जानकारी देगी?

A. तेल प्रतिधारण

B. वापसी प्रवाह

C. उच्च बड़ी मात्रा

D. कम, छोटी मात्रा

Q.70 नर्स द्वारा एक स्थापित कोलोस्टॉमी वाले रोगी के लिए प्राथमिक देखभाल की कौन सी रिपोर्ट प्रदाता को रिपोर्ट करने की सबसे अधिक संभावना है?

A. रंध्र पेट से 1/2 इंच ऊपर तक फैला होता है

B. उपकरण को हटाने के बाद उपकरण के नीचे की त्वचा कुछ देर के लिए लाल दिखाई देती है

C. रंध्र का रंग गहरा लाल बैंगनी होता है

D. एक आरोही कोलोस्टॉमी सिर्फ तरल मल बचाता है

Q.71 एक नए रंध्र वाला एक रोगी, जिसने पिछले सप्ताह सर्जरी के बाद से मल त्याग नहीं किया है, मिचली आने की रिपोर्ट करता है। उपयुक्त नर्सिंग कार्रवाई क्या है?

A. बृहदांत्रसंमिलन को सींचने के लिए तैयार करें

B. रंध्र और आसपास की त्वचा का आकलन करने के बाद, सर्जन को सूचित करें

C. आंत्र ध्वनियों का आकलन करें और वमनरोधी दवा दें

D. एक बल्क फॉर्मिंग रेचक का प्रशासन करें, और बढ़े हुए तरल पदार्थ और व्यायाम को प्रोत्साहित करें

Q.72 पेट की सर्जरी के कई दिनों बाद नर्स रोगी के पेट का आकलन करती है। यह वृद्ध, फैला हुआ और तालु के लिए दर्दनाक है। रोगी "फूला हुआ" महसूस करने की रिपोर्ट करता है। नर्स सर्जन से सलाह लेती है, जो एनीमा का आदेश देता है। नर्स किस तरह का एनीमा देने की तैयारी करती है?

A. साबुन का झाग

B. अवधारण

C. वापसी प्रवाह

D. तेल प्रतिधारण

Q.73 एक गंभीर रूप से बीमार रोगी की देखभाल करते समय, नर्स के लिए रोगी की गरिमा को बनाए रखना महत्वपूर्ण है। इसे _______ द्वारा सुगम बनाया जा सकता है।

A. रोगी को अपने जीवन के अनुभव साझा करने देने के लिए समय व्यतीत करना

B. रोगी की उपस्थिति में भाग लेने पर जोर कम करना क्योंकि यह केवल उनकी थकान को बढ़ाता है

C. रोगी के लिए निर्णय लेना ताकि उन्हें उन्हें बनाने की आवश्यकता न हो

D. हर समय गोपनीयता प्रदान करने के लिए रोगी को एक निजी कमरे में रखना

Q.74 थैलेसीमिया से पीड़ित एक बच्चे को डिफेरोक्सामाइन (डेस्फेरल) दिया गया; निम्नलिखित में से किसे चिकित्सक को सूचित करने के लिए नर्स को सचेत करना चाहिए?

A. डिक्रीज़्ड हियरिंग

B. हाइपरटेंशन

C. रेड यूरिन

D. वोमेटिंग

Q.75 एक्ज़िमा से पीड़ित बच्चे को 1% हाइड्रोकोर्टिसोन क्रीम दी जाती है। नर्स माँ को किस तरह से क्रीम लगाने का निर्देश देती है?

A. क्रीम की एक पतली परत लगाएं और इसे अच्छी तरह से क्षेत्र में फैलाएं।

B. लगाने से पहले क्षेत्र को साफ करने से बचें।

C. क्रीम की एक मोटी परत केवल प्रभावित क्षेत्रों पर ही लगाएं।

D. घटना से बचने के लिए क्रीम को अन्य क्षेत्रों में लगाएं।

Q.76 जब कोई बच्चा एपीफिसियल प्लेट को फ्रैक्चर से घायल करता है, तो क्षति निम्नलिखित में से किसमें हो सकती है?

A. रूमेटाइड आर्थराइटिस

B. स्थायी तंत्रिका क्षति

C. ओस्टेओमयेलिटिस

D. हड्डी के विकास में व्यवधान

Q.77 इंसुलिन पर डिस्चार्ज होने वाले बच्चे के माता-पिता के लिए नर्स को इंसुलिन प्रशासन निर्देश में निम्नलिखित में से क्या शामिल करना चाहिए?

A. इंजेक्शन लगाने से पहले सुई और एस्पिरेट डालें

B. अवशोषण को बढ़ाने के लिए व्यायाम करने के लिए इंसुलिन को चरम पर इंजेक्ट करें

C. स्व-प्रशासन के लिए पेट और जांघ की मांसपेशियों का उपयोग करना सबसे आसान है

D. इंजेक्शन वाली जगह को साबुन और पानी से साफ करें और शराब से बचें

Q.78 नर्स डोरोथी श्रेणी A के नियर ड्रोनिंग वाले बच्चे की देखभाल कर रही है; उसे निम्न में से क्या करना चाहिए?

A. 12 से 24 घंटे में डिस्चार्ज की योजना बनाएं।

B. इलेक्ट्रोलाइट असंतुलन की जाँच करें।

C. आदेश के अनुसार ऑक्सीजन प्रदान करें।

D. ऊपर के सभी

Q.79 रेये के सिंड्रोम बच्चों और किशोरों को प्रभावित करने वाली एक दुर्लभ और गंभीर बीमारी है। इसका विकास एस्पिरिन और निम्नलिखित में से किसके उपयोग से जुड़ा हुआ है?

A. मैनिन्जाइटिस
B. इंसेफेलाइटिस
C. खराब गला
D. वैरीसेला

Q.80 निकलॉस हाइपोस्पेडिया के साथ पैदा हुआ था; बच्चे की ऐसी स्थिति होने पर निम्नलिखित में से किससे बचना चाहिए?

A. सर्जरी
B. परिशुद्ध करण
C. अंतःशिरा पाइलोग्राफी (IVP)
D. कैथीटेराइजेशन

General Aptitude / Reasoning / General Awareness / Basic Computer knowledge

Q.81 A अकेले एक काम को 12 दिनों में पूरा कर सकता है और B अकेले समान काम को 15 दिनों में पूरा कर सकता है। यदि दोनों साथ में काम पूरा करते हैं और 3600 रुपये प्राप्त करते हैं। A का हिस्सा ज्ञात कीजिये।

A. 1200 रुपये
B. 3000 रुपये
C. 1500 रुपये
D. 2000 रुपये

Q.82 अच्छी तरह से फेंटे गए ताश के पत्तों की एक गड्डी में से, एक साथ दो पत्ते बेतरतीब ढंग से निकाले जाते हैं। दोनों पत्तों के इक्के होने की प्रायिकता क्या है?

A. $\frac{1}{221}$
B. $\frac{2}{221}$
C. $\frac{2}{121}$
D. $\frac{1}{121}$

Q.83 दो लंब-वृत्तीय बेलनों की त्रिज्या का अनुपात $3:2$ है और उनके आयतन का अनुपात $27:16$ है। उनकी ऊंचाई का अनुपात क्या है?

[SSC CGL, 2020]

A. 4:3
B. 9:8
C. 3:4
D. 8:9

Q.84 एक चुनाव में, दो उम्मीदवार अरविंद और मनोज थे। यदि 20% मतों को अमान्य घोषित किया गया और अरविंद को मनोज से 20% अधिक मत मिले। यदि अरविंद 480 मतों से जीता तो मतदान करने वाले व्यक्तियों की कुल संख्या का ज्ञात कीजिये।

A. 3000
B. 30000
C. 2400
D. 9600

Q.85 यदि $a - b = 3$ और $a^3 - b^3 = 279$ है, तो $a^3 + b^3$ का मान ज्ञात करें?

A. 317
B. 407
C. 297
D. 502

Q.86 A, B के उत्तर में खड़ा है और B, C के पूर्व में खड़ा है। A, C से मिलने के लिए किस दिशा में आएगा?

A. उत्तर-पश्चिम
B. दक्षिण-पश्चिम
C. उत्तर-पूर्व
D. दक्षिण-पूर्व

Q.87 सानिया को याद है कि उसके दोस्त की शादी 19 नवंबर के बाद है। जबकि उनकी बहन को याद है कि शादी 21 नवंबर से पहले की है. सानिया की दोस्त की शादी नवंबर के किस दिन है?

A. 17
B. 20
C. 23
D. 24

Q.88 यदि दर्पण में देखने से पता चलता है कि घड़ी में समय 1 घंटा 30 मिनट है, तो वास्तविक घड़ी में सही समय क्या था?

[UPSSSC Forest Guard, 2015]

A. 6 घंटे 30 मिनट
B. 4 घंटे 30 मिनट
C. 2 घंटे 30 मिनट
D. 10 घंटे 30 मिनट

Q.89 निर्देश: प्रश्न के उत्तर देने के लिए दी गई श्रृंखला का अनुसरण कीजिये।

J U & 5 R 3 1 7 @ & M I 6 R 2 F S @ I M $ 9 L 7 1 6 A # 9 B Z $

उपर्युक्त व्यवस्था में ऐसे कितने प्रतीक हैं, जिनमें से प्रत्येक के ठीक पहले एक प्रतीक और ठीक बाद में एक अक्षर आता है?

A. 2
B. 1
C. 4
D. 0

Q.90 शादी की पार्टी में एक लड़की की ओर इशारा करते हुए, रामू ने शामु से कहा कि वह मेरे भाई के बेटे की पत्नी है।
रामू उस लड़की के पति से किस प्रकार संबंधित है?

A. चाची
B. दादी
C. चाचा
D. या तो चाचा या चाची

Q.91 उत्तर प्रदेश के किस जिले को 'पीतल नगरी' के नाम से भी जाना जाता है?

[UP Police Constable, 2019]

A. फतेहपुर
B. मुजफ्फरनगर
C. मिर्जापुर
D. मुरादाबाद

Q.92 13 दिसंबर 1946 को ______ ने भारत की संविधान सभा में उद्देश्य प्रस्ताव पेश किया।

A. सुचेता कृपलानी
B. सरोजिनी नायडू
C. डॉ. राजेंद्र प्रसाद
D. पंडित जवाहरलाल नेहरू

Q.93 भारत में प्रकाशित होने वाला पहला समाचार पत्र ______ था।

A. कलकत्ता गजट
B. कलकत्ता क्रॉनिकल
C. बॉम्बे हेराल्ड
D. द बंगाल गजट

Q.94 निम्नलिखित में से कौन सा दर्रा पीर पंजाल सीमा से होकर गुजरता है और मनाली और लेह को सड़क मार्ग से जोड़ता है?

A. बनिहाल दर्रा
B. बारालाचा दर्रा
C. रोहतांग दर्रा
D. नाथुला दर्रा

Q.95 निम्नलिखित में से किस मंत्रालय के पवेलियन को 41वें भारत अंतर्राष्ट्रीय व्यापार मेला 2022 में "सार्वजनिक संचार और पहुंच में उत्कृष्ट योगदान" के लिए सम्मानित किया गया है?

A. गृह मंत्रालय
B. स्वास्थ्य एवं परिवार कल्याण मंत्रालय
C. वाणिज्य मंत्रालय
D. शिक्षा मंत्रालय

Q.96 उस सॉफ्टवेयर का नाम बताइए जो कम्प्यूटर सिस्टम के सही रखरखाव तथा संरूपण के लिए उपयोग होता है।

A. डिवाइस ड्राइवर

B. सिस्टम यूटिलिटीज़

C. ऑपरेटिंग सिस्टम

D. जनरल पर्पस सॉफ्टवेयर

Q.97 स्क्रीन में सभी खुली विंडोज और डिस्प्ले को मिनिमाइज करने के लिए किस कुंजी संयोजन का उपयोग किया जाता है ?

[HTET PGT - Computer Science, 2020]

A. Alt+M

B. Shift + M

C. Windows Key + M

D. Ctrl + D

Q.98 एमएस वर्ड 2007 में A4 शीट की लंबाई और चौड़ाई क्या होती है?

A. 8.27 × 11.69

B. 8.27 × 12.69

C. 9.27 × 12.69

D. 9.27 × 11.69

Q.99 निम्नलिखित MS-एक्सेल फ़ंक्शन का आउटपुट क्या है?

=FLOOR(34, 5)

A. 40   **B.** 35   **C.** 30   **D.** 33

Q.100 पावर प्वाइंट में, एक खाली स्लाइड में बिंदीदार क्षेत्र को कहा जाता है-

A. टेम्पलेट

B. प्लैकार्ड

C. प्लेसहोल्डर

D. थीम

// स्मार्ट उत्तर पुस्तिका //

सही उत्तर — उन छात्रों के प्रतिशत को इंगित करता है जिन्होंने प्रश्नों का सही उत्तर दिया था।

छोड़ दिया — उन छात्रों के प्रतिशत को इंगित करता है जिन्होंने प्रश्नों को छोड़ दिया था।

प्रश्न संख्या	उत्तर	सही उत्तर / छोड़ दिया	प्रश्न संख्या	उत्तर	सही उत्तर / छोड़ दिया	प्रश्न संख्या	उत्तर	सही उत्तर / छोड़ दिया	प्रश्न संख्या	उत्तर	सही उत्तर / छोड़ दिया	प्रश्न संख्या	उत्तर	सही उत्तर / छोड़ दिया
1	D	58.9 % / 1.69 %	17	B	61.13 % / 1.99 %	33	A	84.0 % / 0.0 %	49	C	67.9 % / 1.16 %	65	C	86.19 % / 0.0 %
2	C	23.08 % / 3.48 %	18	C	79.03 % / 0.0 %	34	B	44.12 % / 1.42 %	50	A	69.64 % / 1.14 %	66	A	17.64 % / 3.19 %
3	A	63.75 % / 1.81 %	19	D	53.01 % / 1.48 %	35	B	63.79 % / 1.6 %	51	B	63.51 % / 1.21 %	67	A	61.8 % / 1.11 %
4	A	58.07 % / 1.16 %	20	B	40.7 % / 1.22 %	36	A	66.86 % / 1.65 %	52	A	44.41 % / 1.62 %	68	D	52.46 % / 1.33 %
5	C	52.29 % / 1.31 %	21	B	46.58 % / 1.21 %	37	C	62.42 % / 1.31 %	53	A	80.42 % / 0.0 %	69	D	61.2 % / 1.77 %
6	D	57.24 % / 1.08 %	22	B	81.01 % / 0.0 %	38	B	68.7 % / 1.83 %	54	A	44.32 % / 1.14 %	70	C	24.74 % / 4.43 %
7	A	51.59 % / 1.52 %	23	B	46.74 % / 1.99 %	39	A	62.33 % / 1.14 %	55	D	42.04 % / 1.83 %	71	B	69.53 % / 1.57 %
8	C	46.07 % / 1.21 %	24	C	86.18 % / 0.0 %	40	C	44.26 % / 1.49 %	56	B	46.86 % / 1.61 %	72	C	30.21 % / 4.27 %
9	B	42.97 % / 1.4 %	25	C	52.35 % / 1.06 %	41	B	46.81 % / 1.35 %	57	D	40.22 % / 1.65 %	73	A	63.67 % / 1.32 %
10	C	57.54 % / 1.54 %	26	A	61.52 % / 1.02 %	42	D	50.86 % / 1.72 %	58	B	46.99 % / 1.04 %	74	A	87.86 % / 0.0 %
11	B	16.2 % / 4.27 %	27	B	42.71 % / 1.36 %	43	D	65.23 % / 1.21 %	59	D	67.89 % / 1.0 %	75	A	60.39 % / 1.61 %
12	B	56.57 % / 1.39 %	28	A	67.92 % / 1.73 %	44	C	88.97 % / 0.0 %	60	C	68.35 % / 1.18 %	76	D	62.13 % / 1.94 %
13	D	85.73 % / 0.0 %	29	D	66.0 % / 1.81 %	45	C	45.31 % / 1.87 %	61	C	79.43 % / 0.0 %	77	D	49.33 % / 1.18 %
14	B	44.68 % / 1.29 %	30	D	54.72 % / 1.85 %	46	C	89.93 % / 0.0 %	62	B	13.41 % / 4.47 %	78	D	53.55 % / 1.56 %
15	C	45.09 % / 1.74 %	31	B	16.59 % / 3.82 %	47	A	52.76 % / 1.55 %	63	D	41.85 % / 1.34 %	79	D	59.16 % / 1.42 %
16	C	13.43 % / 3.29 %	32	D	80.81 % / 0.0 %	48	D	46.79 % / 1.21 %	64	C	62.56 % / 1.17 %	80	B	44.17 % / 1.89 %

प्रश्न संख्या	उत्तर	सही उत्तर / छोड़ दिया
81	D	56.58 %
		1.05 %
82	A	88.97 %
		0.0 %
83	C	78.31 %
		0.0 %
84	A	19.03 %
		3.64 %

प्रश्न संख्या	उत्तर	सही उत्तर / छोड़ दिया
85	B	46.16 %
		1.77 %
86	B	87.17 %
		0.0 %
87	B	88.84 %
		0.0 %
88	D	89.49 %
		0.0 %

प्रश्न संख्या	उत्तर	सही उत्तर / छोड़ दिया
89	B	85.01 %
		0.0 %
90	D	83.32 %
		0.0 %
91	D	76.19 %
		0.0 %
92	D	48.57 %
		1.89 %

प्रश्न संख्या	उत्तर	सही उत्तर / छोड़ दिया
93	D	45.46 %
		1.59 %
94	C	88.26 %
		0.0 %
95	B	54.99 %
		1.09 %
96	B	65.84 %
		1.89 %

प्रश्न संख्या	उत्तर	सही उत्तर / छोड़ दिया
97	C	88.46 %
		0.0 %
98	A	64.47 %
		1.81 %
99	C	45.94 %
		1.49 %
100	C	48.69 %
		1.32 %

कार्य विश्लेषण	
औसत अंक (%)	38.0%
टॉपर्स स्कोर (%)	60.0%
आपका स्कोर	

//संकेत और समाधान//

1. गर्भविधि उच्च रक्तचाप को 140/90 mmHg से अधिक रक्तचाप या 30 mmHg से अधिक सिस्टोलिक या 15 mmHg डायस्टोलिक से अधिक बेसलाइन के रूप में परिभाषित किया गया है। यह आमतौर पर गर्भावस्था के 20वें सप्ताह के बाद विकसित होता है और प्रसव के बाद सामान्य हो जाता है।

गर्भविधि उच्च रक्तचाप गर्भावस्था में उच्च रक्तचाप है। यह स्थिति क्रोनिक रक्तचाप से अलग है।

रक्तचाप को दो संख्याओं का उपयोग करके मापा जाता है: पहली संख्या, जिसे सिस्टोलिक रक्तचाप कहा जाता है, जब आपका दिल धड़कता है तो आपकी धमनियों में दबाव को मापता है। दूसरा नंबर, जिसे डायस्टोलिक ब्लड प्रेशर कहा जाता है, आपकी धमनियों में दबाव को मापता है जब आपका दिल धड़कनों के बीच आराम करता है।

अत: विकल्प (D) सही है।

2. आरएचओ (डी) प्रतिरक्षा ग्लोब्युलिन उपचार आरएच पॉजिटिव भ्रूण को ले जाने वाली आरएच नकारात्मक मां में आरएच-डी एंटीजन के प्रति संवेदनशीलता के विकास को रोक सकता है।

आरएच संवेदीकरण को आरएच नकारात्मक मां के 28 सप्ताह में आरएचओ (डी) इम्युनोग्लोबुलिन के साथ इलाज करके रोका जा सकता है, फिर प्रसव के 72 घंटों के भीतर।

आरएचओ (डी) प्रतिरक्षा ग्लोब्युलिन का उपयोग आरएच-पॉजिटिव रक्त वाले रोगियों में प्रतिरक्षा थ्रोम्बोसाइटोपेनिक पुरपुरा (आईटीपी) के इलाज के लिए किया जाता है।

अत: विकल्प (C) सही है।

3. प्लेसेंटा प्रीविया शब्द का वर्णन करता है कि प्लेसेंटा के सभी या हिस्से को भ्रूण और गर्भाशय ग्रीवा के बीच स्थित किया जाता है।

प्लेसेंटा प्रिविया में, प्लेसेंटा इस तरह विकसित होता है कि इसका पूरा या कुछ हिस्सा गर्भाशय के निचले एक-तिहाई हिस्से में स्थित होता है, इसे भ्रूण और गर्भाशय ग्रीवा के बीच रखता है। इससे प्लेसेंटा फट सकता है और खून बह सकता है। तीसरी तिमाही में (आमतौर पर सप्ताह 32 के बाद) दर्द रहित योनि से रक्तस्राव सबसे आम लक्षण है।

अत: विकल्प (A) सही है।

4. गर्भावस्था के दौरान फोलिक एसिड की कमी से न्यूरल ट्यूब दोष हो जाता है।

गर्भावस्था के दौरान फोलेट (विटामिन बी 9) और विटामिन बी 12 के अपर्याप्त स्तर से न्यूरल ट्यूब दोष का खतरा बढ़ जाता है। हालांकि दोनों एक ही बायोपाथवे का हिस्सा हैं, फोलेट की कमी बहुत अधिक आम है और इसलिए चिंता का विषय है।

अत: विकल्प (A) सही है।

5. प्रसव के चरण 3 के दौरान, प्लेसेंटा दिया जाता है।

प्रसव का तीसरा चरण तब शुरू होता है जब भ्रूण दिया जाता है और प्लेसेंटा की डिलीवरी के साथ समाप्त होता है। प्लेसेंटा को गर्भाशय के इंटरफेस से अलग करना तीन मुख्य संकेतों द्वारा पहचाना जाता है, जिसमें योनि में रक्त का एक झोंका, गर्भनाल का लंबा होना और पैल्पेशन पर एक गोलाकार आकार का गर्भाशय कोष शामिल है।

अत: विकल्प (C) सही है।

6. पेल्विक-2 एब्डोमिनल ग्रिप का उपयोग गर्भवती महिला में सिर के नीचे की ओर आने का आकलन करने के लिए किया जाता है।

दोनों हाथों की अंगुलियों का उपयोग पेल्विक आउटलेट की धुरी की दिशा में गर्भाशय के नीचे प्यूबिस की ओर गहरा दबाव डालने के लिए किया जाता है।

मस्तक की प्रमुखता उस तरफ स्थित होती है जहां सबसे बड़ा प्रतिरोध महसूस किया जाता है।

यदि प्रमुखता भ्रूण की पीठ से विपरीत दिशा में स्थित है, तो सिर को अच्छी तरह से मुड़ा हुआ कहा जाता है। यदि प्रमुखता पीठ के समान ही स्थित हो, तो सिर को बढ़ा हुआ (चेहरे की प्रस्तुति) कहा जाता है।

अत: विकल्प (D) सही है।

7. 300 K. कैलोरी अतिरिक्त कैलोरी की मात्रा जो गर्भवती महिलाओं को W.H.O के अनुसार लेनी चाहिए।

दो के लिए खाने का मतलब दो बार ज्यादा खाना नहीं है। गर्भवती महिलाओं को एक दिन में लगभग 300 अतिरिक्त कैलोरी की आवश्यकता होती है। लेकिन, ये कैलोरी मामलों से कहां से आती हैं। यदि आप मिठाई या जंक फूड खाते हैं, तो अतिरिक्त कैलोरी आपके बच्चे को आवश्यक पोषक तत्व प्रदान नहीं कर पाती है। नतीजतन, आपके बढ़ते बच्चे को आपके शरीर से आवश्यक विटामिन और खनिज मिलेंगे। आपका स्वास्थ्य खराब हो सकता है।

अत: विकल्प (A) सही है।

8. टेटनस का टीका आमतौर पर गर्भवती माताओं को दिया जाता है।

प्रसूति देखभाल प्रदाताओं को प्रत्येक गर्भावस्था के दौरान सभी गर्भवती रोगियों को टेटनस टॉक्सोइड, कम डिप्थीरिया टॉक्सोइड, और अकोशिकीय पर्टुसिस (टीडीएपी) वैक्सीन का प्रबंध करना चाहिए, जितनी जल्दी हो सके 27-36 सप्ताह की गर्भावस्था में।

टेटनस क्लोस्ट्रीडियम टेटानी नामक बैक्टीरिया के कारण होने वाला संक्रमण है। जब बैक्टीरिया शरीर पर आक्रमण करते हैं, तो वे एक जहर (विष) पैदा करते हैं जो दर्दनाक मांसपेशियों के संकुचन का कारण बनता है। टिटनेस का दूसरा नाम "लॉकजॉ" है। यह अक्सर किसी व्यक्ति की गर्दन और जबड़े की मांसपेशियों को लॉक कर देता है, जिससे मुंह खोलना या निगलना मुश्किल हो जाता है।

अत: विकल्प (C) सही है।

9. पहले 20 हफ्तों के दौरान प्रसवपूर्व माताओं का अपेक्षित वजन 2 से 3 किलोग्राम होता है।

जैसा कि आप अपनी पहली तिमाही के अंत के करीब हैं, और दूसरी शुरू करते हैं, वजन बढ़ने की उम्मीद है। कुछ प्रदाता गर्भावस्था से पहले 'स्वस्थ' बीएमआई वाली महिलाओं को देखना पसंद करते हैं, 20 सप्ताह तक 2 से 3 किलोग्राम वजन बढ़ाते हैं। दूसरी और तीसरी तिमाही के दौरान, दिशानिर्देश अक्सर प्रति सप्ताह 0.2 से 0.4 किलोग्राम वजन बढ़ाने का सुझाव देते हैं।

अत: विकल्प (B) सही है।

10. एक पोस्टऑपरेटिव मधुमेह रोगी जो खाने में असमर्थ है, उसके हाइपोग्लाइसीमिया से पीड़ित होने की संभावना है। भ्रम और अशक्तता सामान्य लक्षण हैं। सेरेब्रल ग्लूकोज की उपलब्धता में कमी (यानी, न्यूरोग्लाइकोपेनिया) भ्रम, एकाग्रता में कठिनाई, चिड़चिड़ापन, मतिभ्रम, फोकल हानि (जैसे, हेमिप्लेजिया), और, अंततः, कोमा और मृत्यु के रूप में प्रकट हो सकती है।

हाइपोग्लाइसीमिया एक ऐसी स्थिति है जिसमें आपके रक्त शर्करा (ग्लूकोज) का स्तर सामान्य से कम होता है। ग्लूकोज शरीर का मुख्य ऊर्जा स्रोत है। हाइपोग्लाइसीमिया अक्सर मधुमेह के उपचार से संबंधित होता है।

अत: विकल्प (C) सही है।

11. एन्युरिज्म का टूटना एक जीवन के लिए खतरा है और इस प्रकार के व्यक्ति की देखभाल करने वाली नर्स के लिए सबसे बड़ी चिंता का विषय है। महाधमनी की दीवार की परतें भी अलग हो सकती हैं। यह छाती, पीठ या पेट में गंभीर, फटने वाला दर्द पैदा करता है। महाधमनी धमनी एन्युरिज्म से जुड़ा सबसे गंभीर जोखिम टूटने की संभावना है। एक टूटा हुआ महाधमनी धमनी एन्युरिज्म जीवन के लिए खतरा आंतरिक रक्तस्राव और / या एक स्ट्रोक का कारण बन सकता है।

अतः विकल्प (B) सही है।

12. हृदय गति और सिकुड़न को कम करके, बीटा-एड्रीनर्जिक ब्लॉकर्स मायोकार्डियल फिलिंग और कार्डियक आउटपुट में सुधार करते हैं, जो कार्डियोमायोपैथी के उपचार में प्राथमिक लक्ष्य हैं। कार्डियोमायोपैथी हृदय की मांसपेशियों की एक बीमारी है जिससे आपके हृदय को आपके शरीर के बाकी हिस्सों में रक्त पंप करने में कठिनाई होती है। कार्डियोमायोपैथी दिल की विफलता का कारण बन सकती है। कार्डियोमायोपैथी के मुख्य प्रकारों में पतला, हाइपरट्रॉफिक और प्रतिबंधात्मक कार्डियोमायोपैथी शामिल हैं।

अतः विकल्प (B) सही है।

13. बेचैनी हाइपोक्सिया का एक प्रारंभिक संकेतक है। नर्स को एक बेहोश व्यक्ति में हाइपोक्सिया का संदेह होना चाहिए जो अचानक बेचैन हो जाता है। जब ऑक्सीजन की आपूर्ति गंभीर रूप से बाधित हो जाती है, तो अंग का कार्य बिगड़ना शुरू हो जाएगा। तंत्रिका संबंधी अभिव्यक्तियों में मध्यम हाइपोक्सिया के साथ बेचैनी, सिरदर्द और भ्रम शामिल हैं। गंभीर मामलों में, परिवर्तित मेन्टेशन और कोमा हो सकता है, और यदि इसे जल्दी ठीक नहीं किया गया तो मृत्यु हो सकती है।

अतः विकल्प (D) सही है।

14. पैर की अंगुली के गठिया वाले पुरुष रोगी का शारीरिक आंकलन करते समय, नर्स को अतिरिक्त टोफी (यूरेट जमा) के लिए कान का आंकलन करना चाहिए।

यूरिक एसिड में कम घुलनशीलता होती है, यह विभिन्न जगहों पर अवक्षेपित और जमा हो जाती है जहां रक्त प्रवाह कम से कम सक्रिय होता है जिसमें कार्टिलाजिनस ऊतक जैसे कान शामिल हैं। टोफी, जो यूरेट के चमड़े के नीचे के जमाव हैं जो नोड्यूल बनाते हैं, लगातार हाइपरयूरिसीमिया वाले रोगियों में भी पाए जा सकते हैं। टोफी आमतौर पर जोड़ों, कानों, फिंगर पैड्स, टेंडन और बर्सा में होता है।

अतः विकल्प (B) सही है।

15. रक्त वाहिकाओं को नुकसान पैर की उंगलियों के संचार छिड़काव को कम कर सकता है, यह चरम पर रक्त की आपूर्ति में कमी का संकेत देगा। यदि अंतर्गर्भाशयी दबाव धमनी दबाव से अधिक हो जाता है, तो धमनी प्रवाह में कमी भी होगी। शिरापरक बहिर्वाह और धमनी प्रवाह में कमी के परिणामस्वरूप ऊतकों के ऑक्सीजन में कमी आती है जिससे इस्किमिया होता है। यदि ऑक्सीजन की कमी काफी अधिक हो जाती है, तो अपरिवर्तनीय परिगलन हो सकता है।

अतः विकल्प (C) सही है।

16. स्वरयंत्र कैंसर के प्रारंभिक चेतावनी संकेत ट्यूमर के स्थान के आधार पर भिन्न हो सकते हैं। 2 सप्ताह तक चलने वाले कर्कशता का मूल्यांकन किया जाना चाहिए क्योंकि यह सबसे आम चेतावनी संकेतों में से एक है। रोगी आमतौर पर वर्तमान या पिछले तंबाकू धूम्रपान के इतिहास वाले पुरुष होते हैं। स्वरयंत्र की गतिहीनता या स्थिरीकरण के कारण कर्कशता अक्सर ग्लॉटिक कैंसर का एक प्रारंभिक लक्षण होता है, जिसमें निगलने के साथ दर्द और कान में दर्द होता है जो उन्नत बीमारी का संकेत देता है।

अतः विकल्प (C) सही है।

17. एक वैकल्पिक प्रक्रिया पहले से निर्धारित की जाती है ताकि सभी तैयारियां समय से पहले पूरी की जा सकें। महत्वपूर्ण संकेत अंतिम जांच है जिसे रोगी के कमरे से बाहर जाने से पहले पूरा किया जाना चाहिए ताकि देखभाल और मूल्यांकन की निरंतरता प्रदान की जा सके।

अतः विकल्प (B) सही है।

18. अप्लास्टिक एनीमिया आरबीसी, श्वेत रक्त कोशिकाओं और प्लेटलेट्स के अस्थि मज्जा उत्पादन को कम करता है। व्यक्ति को चोट लगने और रक्तस्राव की प्रवृत्ति का खतरा होता है। अप्लास्टिक एनीमिया चोट से पुरानी प्राथमिक हेमटोपोइएटिक विफलता के सिंड्रोम को संदर्भित करता है जिससे अस्थि मज्जा

और परिचारक पैन्टीटोपेनिया में कम या अनुपस्थित हेमटोपोइएटिक अग्रदूत होते हैं।

अतः विकल्प (C) सही है।

19. 100 दिनों की खाँसी कथन परटूसिस/काली खाँसी के लिए प्रयोग किया जाता है।

काली खाँसी:

* 100 दिनों की खाँसी एक अत्यधिक संक्रामक जीवाण्विक ऊपरी श्वसन पथ का संक्रमण है जो बोर्डेटेला परटूसिस के कारण होता है।

* इसे आमतौर पर कूकर खाँस के रूप में जाना जाता है।

* बोर्डेटेला परटूसिस एक ग्राम-ऋणात्मक, वायवीय और संपुटित कोको-बैसिली है।

* काली खाँसी रोग का वर्णन मुख्य रूप से 1578 में महामारी के बाद एक फ्रांसीसी चिकित्सक गिलाउम डी बैलौ द्वारा किया गया था और रोगज़नक़ को 1906 में जूल्स बोर्डेट और ऑक्टेव गेंगौ द्वारा अलग किया गया था।

* काली खाँसी एक हवा द्वारा प्रसारित होने वाला रोग है, जो संक्रमित व्यक्ति से खाँसी के दौरान निकलने वाली बूंदों से फैलता है।

* औसत उद्धवन काल लगभग 7-14 दिन है।

* साँस लेने के बाद, यह जीवाणु मुख्य रूप से नासाग्रसनी के पक्ष्माभी उपकला से चिपक जाते हैं और विषाक्त पदार्थों का उत्पादन करते हैं।

* श्वासनलीय कोशिका विष पक्ष्माभी उपकला कोशिकाओं को नष्ट कर देता है और श्लेष्मपक्ष्माभी कार्य (म्यूकोसिलरी) को रोकता है।

* काली खाँसी विष (PTx) एटीपी-शिविर मार्गों को प्रभावित करके कोशिकीय संकेतन तंत्र में गड़बड़ी का कारण बनता है जिसके परिणामस्वरूप प्रतिरक्षा में कमी होती है।

* इसके चिर परिचित लक्षणों में प्रवेगी खाँसी या "पैरॉक्सिस्मल कफ़" (अचानक पुनरावृत्ति और लक्षणों का तेज होना), सांस लेने में तकलीफ, बेहोशी या खाँसी के बाद उल्टी शामिल हैं।

अतः विकल्प (D) सही है।

20. एक रक्तस्राव विकार जो कारक VIII व IX की कमी के कारण होता है व उसे हीमोफिलिया के नाम से जाना जाता है।

* अधिकरक्तस्राव (हीमोफीलिया) एक विरासत में मिला आनुवंशिक विकार है जो स्कंदन को बाधित करता है।

* हीमोफीलिया मुख्यतः दो प्रकार का होता है।

* हीमोफीलिया A स्कंदन कारक 8 की कमी के परिणामस्वरूप और हीमोफीलिया B स्कंदन कारक 10 की कमी के परिणामस्वरूप होता है।

* कारक 8 को प्रति-स्कंदन कारक के रूप में जाना जाता है और कारक 10 को स्टुअर्ट–प्रोवर कारक के नाम से जाना जाता है।

* हीमोफीलिया B (IX की कमी) में, शरीर पर्याप्त कारक IX (कारक 9) नहीं बनाता है। यह शरीर में खून का थक्का बनाने के लिए आवश्यक पदार्थों में से एक है।

अतः विकल्प (B) सही है।

21. एनाफाइलेक्टिक स्तब्धता के इलाज में एड्रीनेलीन दवा सबसे महत्वपूर्ण है।

* एनाफाइलेक्टिक को तत्काल प्रकार की एलर्जी प्रतिक्रिया के लक्षणों के साथ एक तीव्र प्रणालीगत प्रतिक्रिया के रूप में वर्णित किया गया है जिसमें पूरे जीव शामिल हो सकते हैं और संभावित रूप से जीवनघाती हो सकते हैं।

- यह आमतौर पर स्थानित लक्षणों से अंग प्रणाली के लक्षणों का कारण बनता है।

एड्रीनेलीन:

- एनाफाइलेक्टिक की तीव्र चिकित्सा में सबसे महत्वपूर्ण दवा एड्रेनलिन (एपिनेफ्रिन) है।

- α- और β-एड्रिनलीनधर्मोत्तेजी ग्राही की सक्रियता के माध्यम से, एड्रेनलिन कार्यात्मक रूप से वाहिकासंकीर्णन, संवहनी पारगम्यता में कमी, श्वासनली का चौड़ा होना (ब्रोन्कोडायलेटेशन), एडिमा में कमी और हृदय में सकारात्मक इनोट्रॉपी द्वारा तीव्रग्राहिता के सभी महत्वपूर्ण पैथोमैकेनिज्म का विरोध करता है।

- इसलिए शिरा रूप से देने पर, यह सभी तीव्रग्राहिता दवाओं की क्रिया की सबसे तेज शुरुआत को दर्शाता है।

अत: विकल्प (D) सही है।

22. सामान्यतया स्पाइनल एनेस्थिसिया स्पाइनल कॉर्ड के एल₃ - एल₄ पर दिया जाता है।

- स्पाइनल एनेस्थीसिया एक प्रकार का न्यूरैक्सियल रीजनल एनेस्थीसिया है।

- स्पाइनल एनेस्थीसिया में सबराचनोइड स्पेस में स्थानीय एनेस्थेटिक या ओपिओइड का इंजेक्शन शामिल होता है।

- यह एक स्पाइनल सुई का उपयोग करके किया जाता है।

- यह सामान्य और अन्य प्रकार के एनेस्थीसिया की तुलना में सुरक्षित, आसान और प्रभावी है।

अत: विकल्प (B) सही है।

23. आर.एच. फैक्टर के बेमेल होने से सिकल सेल रक्ताल्पता हो सकता है।

- आरएच असंगति तब होती है जब एक गर्भवती महिला का रक्त आरएच-नकारात्मक होता है और भ्रूण में आरएच-पॉजिटिव रक्त होता है।

- Rh असंगतता भ्रूण की लाल रक्त कोशिकाओं को नष्ट कर सकती है, कभी-कभी एनीमिया का कारण बन सकती है जो गंभीर हो सकती है।

- एनीमिया के सबूत के लिए भ्रूण की समय-समय पर जांच की जाती है।

- सिकल सेल एनीमिया सिकल सेल रोग के रूप में जाने जाने वाले विकारों के समूह में से एक है।

- सिकल सेल एनीमिया एक विरासत में मिला लाल रक्त कोशिका विकार है जिसमें आपके पूरे शरीर में ऑक्सीजन ले जाने के लिए पर्याप्त स्वस्थ लाल रक्त कोशिकाएं नहीं होती हैं।

- आम तौर पर, लचीली, गोल लाल रक्त कोशिकाएं रक्त वाहिकाओं के माध्यम से आसानी से चलती हैं।

अत: विकल्प (B) सही है।

24. मुंह से दुर्गंध के सन्दर्भ में 'कार्बन यौगिक पैदा करने वाले जीवाणु के' सिवाय निम्न सभी कथन सही हैं।

- दुर्गन्धियुक्त श्वास (हैलीटोसिस) एक स्वास्थ्य समस्या है जिसकी विशेषता सांसों की दुर्गन्ध है।

- दुर्गन्धियुक्त श्वास (हैलीटोसिस) आमतौर पर सल्फर-उत्पादक जीवाणु के कारण होती है जो जीभ और गले में देखे जाते हैं।

- मौखिक गुहा में पाए जाने वाले जीवाणु प्रजातियों की संख्या लगभग 500 है और उनमें से अधिकतर गंधयुक्त यौगिकों का उत्पादन करने में सक्षम हैं जो दुर्गन्धियुक्त श्वास पैदा कर सकते हैं।

अत: विकल्प (C) सही है।

25. नवजात पीलिया में प्रकाश चिकित्सा लाभदायक हो सकती है।

- नवजात पीलिया (निओनेटल जॉन्डिस) त्वचा, और आंखों का एक पीले रंग का मलिनिकरण है जो नवजात अवधि में उच्च सीरम बिलीरुबिन के कारण होता है।

- अधिकांश नवजात शिशुओं में नवजात पीलिया (निओनेटल जॉन्डिस) एक हल्की और क्षणिक घटना है।

- नवजात पीलिया शारीरिक और रोग संबंधी कारणों से उत्पन्न हो सकता है

- शारीरिक पीलिया को गैर-रोगकारी पीलिया के रूप में भी जाना जाता है और यह हल्का होता है।

- शारीरिक पीलिया जन्म के 2 से 4 दिनों में होता है और आमतौर पर 2 दो सप्ताह में ठीक हो जाता है।

रोगकारी नवजात पीलिया (पैथोलॉजिक निओनेटल जॉन्डिस) के कारण हैं:

- बिलीरुबिन उत्पादन में वृद्धि

- बिलीरुबिन निकासी में कमी

- आंत्र यकृत परिसंचरण में वृद्धि

अत: विकल्प (C) सही है।

26. मैकवेन्स साइन हाइड्रोसेफलस बीमारी में पाया जाता है।

- जब एक शिशु हाइड्रोसेफलस से पीड़ित होता है, तो चिकित्सक शारीरिक परीक्षण के लिए उपकरण के रूप में टक्कर का उपयोग करते हैं और ललाट, लौकिक और पार्श्विका हड्डियों के बीच के जंक्शन पर खोपड़ी के क्षेत्र को लगाते हैं।

- यदि वह एक फटे हुए बर्तन की आवाज उत्पन्न करेगा जो कि बढ़े हुए इंट्राकैनायल दबाव और बढ़े हुए इंट्राकैनायल दबाव का संकेत देगा, तो हाइड्रोसेफलस की एक प्रमुख नैदानिक विशेषता है।

- इस सकारात्मक चिन्ह को मैकवेन्स का चिन्ह या फटा हुआ बर्तन ध्वनि के रूप में जाना जाता है।

अत: विकल्प (A) सही है।

27. सामान्यतया आँख की पुतली चौड़ी करने के लिए ट्रापिकामाइड दवा का प्रयोग किया जाता है।

- दवा का नाम- ट्रापिकामाइड

- जेनेरिक नाम: ट्रोपिकैमाइड ऑप्थ्ल्मिक

- ड्रग क्लास: मायड्रायटिक्स

- मायड्रायटिक्स, जैसे ट्रापिकामाइड , एक दवा है जिसका उपयोग पुतली को पतला करने और आंख की नेत्र जांच में मदद करने के लिए किया जाता है।

अत: विकल्प (B) सही है।

28. स्वास्थ्य शिक्षा सामुदायिक स्वास्थ्य का एक अनिवार्य उपकरण है।

स्वास्थ्य शिक्षा एक सामाजिक विज्ञान है जो शिक्षा-संचालित स्वैच्छिक व्यवहार परिवर्तन गतिविधियों के माध्यम से स्वास्थ्य को बढ़ावा देने और बीमारी, विकलांगता और अकाल मृत्यु को रोकने के लिए जैविक, पर्यावरण, मनोवैज्ञानिक, भौतिक और चिकित्सा विज्ञान से आकर्षित होता है।

अत: विकल्प (A) सही है।

29. स्वास्थ्य शिक्षा ज्ञान, दृष्टिकोण और अभ्यास परिवर्तन में वांछनीय परिवर्तन में मदद करती है।

स्वास्थ्य शिक्षा स्वास्थ्य के लिए अनुकूल स्वैच्छिक क्रियाओं को सुविधाजनक बनाने के लिए डिज़ाइन किए गए सीखने के अनुभवों का कोई भी संयोजन है। स्वास्थ्य संवर्धन स्वास्थ्य के लिए अनुकूल कार्यों और जीवन स्थितियों के लिए

शैक्षिक और पर्यावरणीय समर्थन का संयोजन है, जिससे स्वास्थ्य शिक्षा भी शामिल है।

अत: विकल्प (D) सही है।

30. सिग्नल सिस्टम, कलम और कागज और संचार बोर्ड वेंटिलेटर पर निर्भर मरीजों के लिए संचार के वैकल्पिक तरीके हैं।

श्वास नली के कारण यांत्रिक वेंटीलेशन के दौरान रोगी मुखर नहीं हो पाता है। इसके अलावा, हवादार रोगियों को बेहोश किया जा सकता है या चेतना में उतार-चढ़ाव हो सकता है; संचार को समझने या उसमें भाग लेने की उनकी क्षमता में भी उतार-चढ़ाव हो सकता है। मरीजों में अक्सर अन्य पहले से मौजूद संचार दोष होते हैं - कई सुनने में कठिन होंगे और लगभग 80% चश्मा पहनने वाले होंगे, हालांकि, अधिकांश के पास बिस्तर पर आसानी से उपलब्ध चश्मा या श्रवण यंत्र नहीं होंगे। हाथ/उंगलियों में सूजन, मांसपेशियों में कमजोरी या समन्वय की कमी के कारण लेखन बाधित हो सकता है।

अत: विकल्प (D) सही है।

31. नर्स द्वारा सबसे अच्छी प्रतिक्रिया है, "आप दोषी महसूस कर रही हैं क्योंकि आप अपने बच्चों को बचाने में सक्षम नहीं थी।" यह प्रतिक्रिया प्रतिबिंब की चिकित्सीय संचार तकनीक का उपयोग करती है जो रोगी की भावनात्मक प्रतिक्रिया की पहचान करती है और इन भावनाओं को रोगी को वापस दर्शाती है ताकि उन्हें पहचाना और स्वीकार किया जा सके।

अत: विकल्प (B) सही है।

32. नर्स का सबसे उपयुक्त कथन है, "आइए आपके लिए यूनिट गतिविधियों में भाग लेने और फिर भी अपने हाथ धोने का एक तरीका खोजें।" यह कथन कार्य योजना तैयार करने की चिकित्सीय संचार तकनीक को दर्शाता है। नर्स चिकित्सीय संबंध को नुकसान पहुंचाए बिना या ग्राहक की चिंता को बढ़ाए बिना एक योजना विकसित करने के लिए ग्राहक के साथ काम करने का प्रयास करती है।

अत: विकल्प (D) सही है।

33. "हमने पिछले परछती कौशल पर चर्चा की है। देखते हैं कि ये मुकाबला कौशल अब प्रभावी हो सकते हैं या नहीं।" नर्स का यह कथन कार्य योजना तैयार करने के चिकित्सीय संचार कौशल का एक उदाहरण है। इस कौशल के उपयोग से, नर्स एक तनावपूर्ण स्थिति से निपटने के लिए ग्राहक की योजना को अग्रिम रूप से मदद कर सकती है जो क्रोध और / या चिंता को असहनीय स्तर तक बढ़ने से रोक सकती है।

अत: विकल्प (A) सही है।

34. रोगी-केंद्रित संचार शैली व्यक्ति के ज्ञान और अनुभव का उपयोग करती है।

रोगी-केंद्रित संचार, जिसे व्यक्ति-केंद्रित संचार या क्लाइंट-केंद्रित संचार के रूप में भी जाना जाता है, को एक ऐसी प्रक्रिया के रूप में परिभाषित किया गया है जो रोगियों और उनके परिवारों को उनकी देखभाल की जरूरतों के बारे में निर्णय लेने में सक्रिय रूप से भाग लेने और बातचीत करने के लिए आमंत्रित और प्रोत्साहित करती है। रोगी-केंद्रित संचार रोगी-केंद्रित देखभाल को बढ़ावा देने में महत्वपूर्ण है और इसके लिए आवश्यक है कि रोगी और उनके देखभाल करने वाले देखभाल प्रक्रिया में संलग्न हों।

अत: विकल्प (B) सही है।

35. "याद रखें, ग्राहक, नर्स नहीं, अपनी पसंद और फैसलों के लिए खुद जिम्मेदार हैं।" नर्सिंग प्रशिक्षक की सर्वश्रेष्ठ प्रतिक्रिया होनी चाहिए।

सलाह देना ग्राहक को बताता है कि क्या करना है या कैसे व्यवहार करना है। इसका तात्पर्य यह है कि नर्स जानती है कि सबसे अच्छा क्या है और ग्राहक किसी भी आत्म-निर्देशन में असमर्थ है। यह स्वतंत्र सोच को हतोत्साहित करता है। इसका तात्पर्य है कि ग्राहक जीवन के निर्णयों को नहीं संभाल सकता है और केवल नर्स ही जानती है कि ग्राहक के लिए सबसे अच्छा क्या है।

अत: विकल्प (B) सही है।

36. प्रोटीन की प्राथमिक संरचना पेप्टाइड बॉन्ड से जुड़े अमीनो एसिड के रैखिक अनुक्रम का प्रतिनिधित्व करती है। अमीनो एसिड प्रोटीन की मोनोमेरिक इकाइयाँ हैं जो सहसंयोजक बंधों द्वारा एक साथ जुड़े होते हैं जिन्हें पेप्टाइड बॉन्ड के रूप में जाना जाता है जो एक प्रकार का एमाइड बॉन्ड होता है।

अत: विकल्प (A) सही है।

37. चना कार्बोहाइड्रेट का स्रोत नहीं है, यह प्रोटीन का स्रोत है। कार्बोहाइड्रेट हमारे शरीर के लिए ऊर्जा का मुख्य स्रोत हैं। कार्बोहाइड्रेट दो प्रकार के होते हैं - सरल और जटिल।

सरल कार्बोहाइड्रेट - ये त्वरित ऊर्जा वाले खाद्य पदार्थ हैं, जैसे चीनी। सरल कार्बोहाइड्रेट के स्रोत प्राकृतिक फल, दूध और दूध उत्पाद, और आलू और गाजर सहित सब्जियां हैं।

जटिल कार्बोहाइड्रेट - ये चीनी की तुलना में ऊर्जा के बेहतर स्रोत हैं क्योंकि ये धीरे-धीरे मुक्त होते हैं। जटिल कार्बोहाइड्रेट के स्रोत ब्रेड, अनाज (चावल, गेहूं, बाजरा, मक्का, जौ, रागी, ज्वार, बाजरा आदि) हैं।

अत: विकल्प (C) सही है।

38. हार्मोनल प्रोटीन संदेशवाहक प्रोटीन होते हैं जो विभिन्न कोशिकाओं, ऊतकों और अंगों के बीच जैविक प्रक्रियाओं के समन्वय के लिए संकेतों को प्रसारित करने में मदद करते हैं।

उदाहरण इंसुलिन, ऑक्सीटोसिन और सोमाटोट्रोपिन हैं।

अत: विकल्प (B) सही है।

39. मध्याह्न भोजन योजना में भोजन की खुराक को न्यूनतम 8 से 12 ग्राम प्रोटीन के साथ 300 कैलोरी प्रदान करना चाहिए। उच्च प्राथमिक समूह के बच्चों के लिए 25 से 30 ग्राम, दालों की मात्रा 65 से 75 ग्राम, तेल और वसा की मात्रा 10 ग्राम से 7.5 ग्राम तक घटाकर, संतुलित और पौष्टिक आहार सुनिश्चित करने के लिए खाद्य मानदंडों को संशोधित किया गया है।

अत: विकल्प (A) सही है।

40. असंतुलन को छोड़कर कुपोषण में अल्पपोषण, अतिपोषण और सूक्ष्म पोषण के रूप शामिल हैं। कुपोषण से तात्पर्य किसी व्यक्ति के ऊर्जा और/या पोषक तत्वों के सेवन में कमी, अधिकता या असंतुलन से है। कुपोषण शब्द में स्थितियों के 2 व्यापक समूह शामिल हैं।

अल्पपोषण कैलोरी या एक या अधिक आवश्यक पोषक तत्वों की कमी है। अल्पपोषण विकसित हो सकता है क्योंकि लोग भोजन प्राप्त या तैयार नहीं कर सकते हैं, एक विकार है जो खाने या भोजन को अवशोषित करना मुश्किल बनाता है, या कैलोरी की बहुत अधिक आवश्यकता होती है।

अतिपोषण कुपोषण का एक रूप है जिसमें पोषक तत्वों का सेवन अधिक आपूर्ति किया जाता है। पोषक तत्वों की मात्रा सामान्य वृद्धि, विकास और चयापचय के लिए आवश्यक मात्रा से अधिक है।

सूक्ष्म पोषण सूक्ष्म पोषक तत्व आपके शरीर को आवश्यक पोषक तत्वों के प्रमुख समूहों में से एक हैं। इनमें विटामिन और खनिज शामिल हैं। ऊर्जा उत्पादन, प्रतिरक्षा कार्य, रक्त के थक्के और अन्य कार्यों के लिए विटामिन आवश्यक हैं।

अत: विकल्प (C) सही है।

41. बैसिलस मायकोइड्स "अमोनाइजिंग बैक्टीरिया" है। अमोनाइजिंग बैक्टीरिया अमीनो एसिड को अमोनियम यौगिकों में परिवर्तित करते हैं। बैसिलस मायकोइड्स एक ग्राम-पॉजिटिव, गैर-प्रेरक, बीजाणु बनाने वाला बैक्टीरिया है जो राइज़ोइड कॉलोनियों का निर्माण करता है। यह दुनिया भर में मिट्टी में पाया जाता है।

अत: विकल्प (B) सही है।

42. एक वयस्क हताहत के सीपीआर में उपयोग के लिए बचाव सांसों के लिए छाती संकुचन का सही अनुपात 30 संकुचन : 2 बचाव सांस है।

अपनी हतेली को व्यक्ति की छाती के केंद्र पर रखें, फिर दूसरे हाथ को ऊपर रखें और 5 से 6 सेमी (2 से 2.5 इंच) तक 100 से 120 बार प्रति मिनट की स्थिर दर से दबाएं। प्रत्येक 30 छाती संकुचन के बाद, 2 बचाव सांस दें।

अत: विकल्प (D) सही है।

43. सतही, आंशिक मोटाई, पूर्ण मोटाई जलने की तीन अलग-अलग गहराई को दिए गए नाम हैं।

जलने को पहले-, दूसरे-, तीसरे-डिग्री या चौथे-डिग्री के रूप में वर्गीकृत किया जाता है, जो इस बात पर निर्भर करता है कि वे त्वचा की सतह में कितनी गहराई से और गंभीर रूप से प्रवेश करते हैं।

फर्स्ट-डिग्री (सतही) जलता है। फर्स्ट-डिग्री जलना केवल त्वचा की बाहरी परत, एपिडर्मिस को प्रभावित करता है। जली हुई जगह लाल, दर्दनाक, सूखी और बिना किसी फफोले के होती है। हल्की धूप की कालिमा इसका एक उदाहरण है। लंबे समय तक ऊतक क्षति दुर्लभ है और अक्सर त्वचा के रंग में वृद्धि या कमी होती है।

सेकेंड-डिग्री (आंशिक मोटाई) जलता है। सेकेंड-डिग्री जलने में एपिडर्मिस और त्वचा की निचली परत का हिस्सा, डर्मिस शामिल होता है। जली हुई जगह लाल, फफोलेदार दिखती है, और सूजन और दर्द हो सकता है।

थर्ड-डिग्री (पूर्ण मोटाई) जलता है। थर्ड-डिग्री बर्न एपिडर्मिस और डर्मिस को नष्ट कर देता है। वे त्वचा की अंतरतम परत, चमड़े के नीचे के ऊतक में जा सकते हैं। जली हुई जगह सफेद या काली और जली हुई दिख सकती है।

फोर्थ-डिग्री जलना त्वचा की दोनों परतों और अंतर्निहित ऊतक के साथ-साथ गहरे ऊतकों से होकर गुजरता है, संभवतः मांसपेशियों और हड्डी को शामिल करता है। तंत्रिका अंत नष्ट होने के बाद से क्षेत्र में कोई भावना नहीं होती है।

अत: विकल्प (D) सही है।

44. थोड़े समय के लिए होश खो देना बेहोशी होती है।

बेहोशी तब होती है जब आप थोड़े समय के लिए होश खो देते हैं क्योंकि आपके मस्तिष्क को पर्याप्त ऑक्सीजन नहीं मिल रही है। बेहोशी के लिए चिकित्सा शब्द सिंकोपे है, लेकिन इसे आमतौर पर ''पासिंग आउट'' के रूप में जाना जाता है। बेहोशी का असर आमतौर पर कुछ सेकंड से लेकर कुछ मिनटों तक रहता है। आपके बेहोश होने से पहले कभी-कभी चक्कर आना, कमजोर या मिचली महसूस होती है।

अत: विकल्प (C) सही है।

45. मानव शरीर द्वारा उत्पादित कार्बन डाइऑक्साइड (CO_2) रक्त और श्वास प्रणाली के माध्यम से समाप्त हो जाता है।

मानव शरीर में, कार्बन डाइऑक्साइड चयापचय के उपोत्पाद के रूप में इंट्रासेलुलर रूप से बनता है। CO_2 को रक्तप्रवाह में फेफड़ों तक पहुँचाया जाता है जहाँ इरो अंततः श्वास छोड़ने के माध्यम से शरीर से निकाल दिया जाता है।

अत: विकल्प (C) सही है।

46. एक आपातकालीन पट्टी की पट्टियों के अंत में गाँठ को घाव से स्पष्ट रूप से दूर रखा जाना चाहिए।

पट्टी को मजबूती से लगाएं, लेकिन कसकर नहीं, और अंत में इसे मोड़कर एक गाँठ बांधकर सुरक्षित करें। आप सेफ्टी पिन, टेप या बैंडेज क्लिप का भी इस्तेमाल कर सकते हैं। जैसे ही पट्टी बंद जाए तो पूछें कि क्या यह बहुत तंग हो रही है और परिसंचरण की जांच करें एक नाखून या त्वचा के टुकड़े पर तब तक दबाकर जब तक कि यह पीला न हो जाए।

अत: विकल्प (C) सही है।

47. साबुन और पानी से धोएं, एक छोटे से कट के लिए एक साफ पट्टी के साथ कवर करें।

ये दिशानिर्देश आपको मामूली कटौती और स्क्रैप की देखभाल करने में मदद कर सकते हैं:

- अपने हाथ धोएं।
- रक्तस्राव बंद करो।
- घाव को साफ करें।
- एंटीबायोटिक या पेट्रोलियम जेली लगाएं।
- घाव को ढकें।
- ड्रेसिंग बदलें।
- एक टेटनस शॉट प्राप्त करें।
- संक्रमण के लक्षणों के लिए देखें।

अत: विकल्प (A) सही है।

48. सीपीआर प्रक्रिया में बचाव श्वास और छाती का संपीड़न करना शामिल है।

बचाव श्वास एक प्रकार का प्राथमिक उपचार है जो उन लोगों को दिया जाता है जिन्होंने श्वास लेना बंद कर दिया है। बचाव श्वास के दौरान, आप किसी व्यक्ति के मुंह में हवा भरते हैं ताकि उन्हें महत्वपूर्ण ऑक्सीजन की आपूर्ति हो सके।

छाती के संपीड़न का मतलब है कि आप अपने हाथों का उपयोग व्यक्ति की छाती पर एक विशिष्ट तरीके से जोर से और तेजी से नीचे धकेलने के लिए करेंगे। सीपीआर में छाती का संकुचन सबसे महत्वपूर्ण कदम है।

अत: विकल्प (D) सही है।

49. सिनैप्सिस, अर्धसूत्रीविभाजन जाइगोटीन चरण में होता है। प्रोफ़ेज़ । ऑफ़ मीओसिस । के 5 उप-चरण हैं:

1. लेप्टोटीन
2. जाइगोटीन
3. पचेटीन
4. डिप्लोटीन
5. डायकिनेसिस

जाइगोटीन अवस्था को समरूप गुणसूत्रों की जोड़ी की विशेषता है जिसे 'सिनैप्सिस' कहा जाता है। सजातीय गुणसूत्रों के जोड़े को द्विसंयोजक कहा जाता है। वहाँ समरूप क्रोमोसोम के बीच एक संरचना विकसित करता है जिसे सिनैप्टोनामल कॉम्प्लेक्स कहा जाता है। यह एक त्रिपक्षीय संरचना है यानी यह डीएनए और प्रोटीन की 3 मोटी रेखाओं से बनी है।

अत: विकल्प (C) सही है।

50. समसूत्री विभाजन के मध्यावस्था के दौरान तर्कु रेशे बनते हैं और गुणसूत्रों से जुड़ जाते हैं। समसूत्री विभाजन को 4 उप-चरणों में विभाजित किया गया है:

1. पूर्वावस्था
2. मध्यावस्था
3. पश्चावस्था
4. अंत्यावस्था

मध्यावस्था की विशेषता है:

- केन्द्रकीय आवरण का पूर्ण विघटन, इसलिए गुणसूत्र पूरे साइटोप्लाज्म में फैले हुए होते हैं
- गुणसूत्रों के संघनन को पूरा करना, इसलिए गुणसूत्र स्पष्ट रूप से दिखाई देते हैं और उनकी आकृति विज्ञान का सर्वोत्तम अध्ययन किया गया है।
- तर्कु रेशे बनते हैं और गतिबिंदु डिस्क पर गुणसूत्रों से जुड़ जाते हैं।

अतः विकल्प (A) सही है।

51. इन-प्लांट टिश्यूज, 'कॉर्क' की कोशिका की दीवारें 'सुबरिन' द्वारा समन्वित होती हैं जो उन्हें पानी और गैस अणुओं के लिए अभेद्य बनाती हैं।

सुरक्षात्मक ऊतक:

- ये ऊतक पौधे को मजबूती प्रदान करते हैं।
- उनमें दो बुनियादी चीजें शामिल हैं जिन्हें 'एपिडर्मिस और कॉर्क' के रूप में जाना जाता है।

कॉर्क कोशिकाओं में अंतरकोशिकीय अंतराल और बेजान का अभाव है। कॉर्क की कोशिका भित्ति सुबरिन द्वारा समन्वित होती है जो उन्हें पानी के अणुओं और गैस अणुओं के लिए अभेद्य बनाती है।

अतः विकल्प (B) सही है।

52. पादप कोशिका के सबसे बाहरी आवरण का गठन सेल्यूलोज द्वारा किया जाता है। बाह्यत्वचा क्लोन से संबंधित कोशिकाओं की सुरक्षात्मक बाहरी परत है जो सभी पौधों के अंगों में रहती है। यह सेलूलोज, हेमिकेलूलोज और पेक्टिन से बनी होती है।

पौधे में कोशिका भित्ति के कार्य:

- कोशिका के विकास की दिशा को विनियमित और नियंत्रित करता है।
- शक्ति, संरचनात्मक सहायता प्रदान करना और कोशिका के आकार को बनाए रखना।
- यह स्वतंत्र रूप से गति करने वाले छोटे अणुओं के प्रवेश में सहायता करता है।

अतः विकल्प (A) सही है।

53. लाइसोसोम को कोशिका के आत्मघाती थैले के रूप में जाना जात है क्योंकि यह अपनी स्वयं की कोशिका को नष्ट करने में सक्षम है जिसमें यह मौजूद है। इसमें कई हाइड्रोलाइटिक एंजाइम होते हैं जो विनाश प्रक्रिया के लिए जिम्मेदार हीते है। यह तब होता है जब या तो कोशिका वृद्ध हो जाती है या किसी बैक्टीरिया या वायरस जैसे बाहरी एजेंटों से संक्रमित हो जाती है।

प्लास्टिड पौधा कोशिका में पाए जाने वाले दोहरी झिल्ली अंगक हैं और रंजक होते हैं जो पौधे को प्रकाश संश्लेषण में मदद करते हैं। वे भोजन के भंडारण और निर्माण के लिए जिम्मेदार होते हैं।

एंडोप्लाज्मिक रेटिकुलम में आमतौर पर राइबोसोम होते हैं जो लिपिड और प्रोटीन संश्लेषण में शामिल होते हैं।

माइटोकॉन्ड्रिया कोशिका के बिजलीघर के रूप में जाना जाता है।

अतः विकल्प (A) सही है।

54. राइबोसोम साइटोप्लाज्म में मौजूद झिल्लीदार दानेदार संरचनाएं हैं। उन्हें पहली बार एक इलेक्ट्रॉन माइक्रोस्कोप के तहत वर्ष 1953 में जॉर्ज पलाडे द्वारा घने कणों के रूप में देखा गया था। राइबोसोम "प्रोटीन संश्लेषण" के लिए साइट हैं, इसलिए उन्हें कोशिका का "प्रोटीन संश्लेषण" भी कहा जाता है।

राइबोसोम दो प्रकार के होते हैं:

- यूकेरियोटिक राइबोसोम - 80 के दशक - यूकेरियोटिक कोशिका के कोशिका द्रव्य में है।
- प्रोकैरियोटिक राइबोसोम - 70 के दशक - साइटोप्लाज्म में होते हैं और साथ ही प्रोकैरियोटिक कोशिका की कोशिका झिल्ली से जुड़े होते हैं।

अतः विकल्प (A) सही है।

55. मूत्र का पीला रंग वर्णक यूरोक्रोम की उपस्थिति के कारण होता है, जो कि बेकार RBC से हीमोग्लोबिन का विकृत उत्पाद है।

सामान्य मूत्र का रंग हल्के पीले से लेकर गहरे एम्बर तक होता है - मूत्र के रंगद्रव्य के परिणाम को यूरोक्रोम कहा जाता है और मूत्र कितना पतला या संकेन्द्रित होता है।

कुछ खाद्य पदार्थों और दवाओं में पिगमेंट और अन्य यौगिक आपके मूत्र के रंग को बदल सकते हैं। बीट, जामुन और फवा बीन्स उन खाद्य पदार्थों में से हैं, जो रंग को प्रभावित करते हैं।

अतः विकल्प (D) सही है।

56. कोर को प्रभावित करने वाले कारक गतिशीलता को छोड़कर सभी हैं।

आधुनिक दुनिया में गतिशीलता एक प्रवृत्ति के बजाय एक आवश्यकता में बदल गई है। मोबाइल ऐप ने विभिन्न क्षेत्रों में कारोबार बढ़ाया है और स्वास्थ्य देखभाल और अस्पताल प्रबंधन के क्षेत्र में यह आवश्यक हो गया है।

अत: सही विकल्प (B) है।

57. उपरोक्त सभी अस्पताल में विभिन्न प्रकार के वार्ड हैं।

कैजुअल्टी वार्ड अस्पताल का वह हिस्सा होता है जहां गंभीर चोट या अचानक बीमारी वाले लोगों को आपातकालीन उपचार के लिए ले जाया जाता है।

लोगों को गहन देखभाल इकाई से एक सामान्य वार्ड में स्थानांतरित कर दिया जाता है जब चिकित्सा कर्मचारी यह निर्णय लेते हैं कि उन्हें अब इस तरह के करीबी अवलोकन और एक-से-एक देखभाल की आवश्यकता नहीं है।

आईसीसीयू - इंटरमीडिएट कार्डिएक केयर यूनिट - यह इकाई उन रोगियों को विशेष कार्डियक देखभाल प्रदान करती है, जिन्हें गहन स्तर की देखभाल की आवश्यकता नहीं होती है, लेकिन जिन्हें कार्डियक मॉनिटरिंग और अधिकांश वार्ड क्षेत्रों में प्रदान की गई गहन नर्सिंग देखभाल की आवश्यकता होती है।

अत: विकल्प (D) सही है।

58. सीओपीपी ने निष्कर्ष निकाला था कि एक ओपीडी डॉक्टर प्रतिदिन 25-40 मरीजों की जांच करता है।

अधिक रोगियों को देखने के लिए, आमतौर पर प्रति दिन 25-40 या अधिक, उन्हें अब अस्पताल में रोगियों के पास नहीं जाना चाहिए और न ही अपने रोगियों को आपातकालीन कक्ष में देखना चाहिए। और उन्होंने अधिकांश यात्राओं को लगभग 15-20 मिनट तक छोटा कर दिया है जिसका अर्थ है "फेस टाइम" के 8-12 मिनट। कई पुरानी बीमारियों वाले किसी व्यक्ति के लिए 5-7 नुस्खे वाली दवाओं पर बहुत कम समय और संभवतः कम दृष्टि, श्रवण और स्मृति के साथ उम्र के कारण बिगड़ा हुआ है।

अत: विकल्प (B) सही है।

59. सीओपीपी ने अप्रभावी जनसंपर्क को छोड़कर ओपीडी में भीड़भाड़ के कारणों के रूप में निम्नलिखित की वकालत की थी।

अस्पतालों को प्रतिस्पर्धियों से अलग करने के लिए जनसंपर्क गतिविधियों की आवश्यकता होती है, समाज और अस्पताल के बीच द्विदिश संचार प्रदान करते हैं, और एक मजबूत अस्पताल छवि और संस्कृति बनाने में सहायता करते हैं।

अत: विकल्प (D) सही है।

60. ओटी कॉम्प्लेक्स में प्रभावी एयर कंडीशनिंग हवा से होने वाले संक्रमण की संभावना को कम करता है। HEPA फिल्टर 0.3 से 0.4 माइक्रोन आयाम में हैं।

माइक्रोन जितना छोटा होगा, हवा को छानना उतना ही मुश्किल होगा। इसे परिप्रेक्ष्य में रखने के लिए मानव आंख लगभग 10 माइक्रोन के कण का पता लगा सकती है। बैक्टीरिया 0.3 माइक्रोन जितना छोटा हो सकता है, यही वजह है कि फार्मा कंपनियों में 0.3 माइक्रोन औद्योगिक HEPA फिल्टर का उपयोग किया जाता है।

अत: विकल्प (C) सही है।

61. HEPA 90% कण मुक्त वातावरण प्रदान करता है।

HEPA एक प्रकार की प्लीटेड मैकेनिकल एयर फिल्टर है। यह "उच्च दक्षता वाले कण हवा के लिए एक संक्षिप्त शब्द है। जो कण बड़े या छोटे होते हैं वे और भी उच्च दक्षता के साथ फंस जाते हैं। इस प्रकार का वायु फ़िल्टर सैद्धांतिक रूप से कम से कम 99.97% धूल, पराग, मोल्ड, बैक्टीरिया और किसी भी हवाई कणों को हटा सकता है। 0.3 माइक्रोन (माइक्रोन) का आकार।

अत: विकल्प (C) सही है।

62. ऑपरेशन थियेटर में प्रभावी वायु परिवर्तन के लिए निम्न में से सबसे अच्छा निम्न अशांति विस्थापन वायु प्रवाह है।

उच्चतम डिग्री वायु शुद्धता की मांगों को पूरा करने के लिए, निम्न-अशांति विस्थापन प्रवाह (यूडीएएफ) के सिद्धांत का उपयोग कक्षा ए के स्वच्छ कमरों में किया जा रहा है। ऐसा करने में, आमतौर पर सीमांकित क्षेत्र के पूरे प्रोफाइल पर एक कम-अशांति यूनिडायरेक्शनल विस्थापन वायु प्रवाह (यूडीएएफ) उत्पन्न होता है। एयरफ्लो की गति एक समान है और समानांतर स्ट्रीमलाइन के करीब क्लीनरूम में डाली जाती है। माप विधियों का उपयोग करके प्रवाह वेग की परिमाण और प्रवाह की समरूपता को रिकॉर्ड करना हमारे अध्ययन का उद्देश्य है।

अत: विकल्प (B) सही है।

63. आईसीयू में देखभाल का सबसे अधिक इस्तेमाल किया जाने वाला मॉडल संपूर्ण रोगी देखभाल है।

संपूर्ण रोगी देखभाल एक विशिष्ट अवधि के दौरान एक रोगी की व्यक्तिगत देखभाल की देखरेख करने वाली एक पंजीकृत नर्स के इर्द-गिर्द तैयार की गई देखभाल का एक मॉडल है। RN स्वास्थ्य सेवाओं की निगरानी जैसी चिकित्सा, घरेलू देखभाल और देखभाल प्रबंधन आवश्यकताओं में सहायता कर सकते हैं।

अत: विकल्प (D) सही है।

64. एसएफ 522 का मतलब स्टैंडर्ड फॉर्म 522 है जिसे सर्जरी शुरू करने से पहले भरना होता है। यह फॉर्म एक रिकॉर्ड है जहां रोगी और परिवार को ऑपरेशन, प्रक्रिया, शामिल जोखिम आदि के बारे में पता होता है। वे सर्जरी, एनेस्थीसिया आदि के लिए सहमति देते हैं। सर्जरी से पहले रोगी के नब्ज का भी इस फॉर्म में उल्लेख किया गया है।

अत: विकल्प (C) सही है।

65. एक महिला रोगी को सबलिंगुअल टैबलेट लेना सिखाते समय, नर्स को रोगी को टैबलेट को मुंह के फर्श पर रखने का निर्देश देना चाहिए।

नर्स को रोगी को जीभ की नोक को मुंह की छत तक छूने का निर्देश देना चाहिए और फिर सबलिंगुअल टैबलेट को मुंह के तल पर रखना चाहिए। सब्लिंगिंग दवाएं जीआई और यकृत प्रणालियों को दरकिनार करते हुए सीधे मौखिक श्लेष्मा से रक्तप्रवाह में अवशोषित हो जाती हैं। जीभ के ऊपर या मुंह की छत पर कोई दवा नहीं दी जाती है।

अत: विकल्प (C) सही है।

66. जैक्सन-प्रैट घाव नाली के आसपास के क्षेत्र की सफाई करते समय नर्स प्रभारी द्वारा एक परिपत्र गति कार्रवाई में केंद्र से बाहर की ओर सफाई आवश्यक है।

नर्स को हमेशा घाव के नाले के चारों ओर साफ करना चाहिए, केंद्र से बाहर की ओर कभी-कभी बड़े घेरे में जाना चाहिए, क्योंकि नाली स्थल के पास की त्वचा साइट की तुलना में अधिक दूषित होती है। एक जैक्सन-प्रैट (जेपी) नाली का उपयोग सर्जरी के बाद शरीर के एक क्षेत्र में बनने वाले तरल पदार्थ को निकालने के लिए किया जाता है। जैक्सन-प्रैट नाली एक ट्यूब से जुड़ा एक बल्ब के आकार का उपकरण है। सर्जरी के दौरान ट्यूब का एक सिरा रोगी के अंदर रखा जाता है। दूसरा सिरा त्वचा में एक छोटे से कट के माध्यम से निकलता है। बल्ब इसी सिरे से जुड़ा हुआ है। ट्यूब को जगह पर रखने के लिए रोगी के पास एक सिलाई हो सकती है।

अत: विकल्प (A) सही है।

67. एक महिला रोगी को कुल उदर हिस्टेरेक्टॉमी से गुजरना पड़ता है। 10 घंटे बाद रोगी का आकलन करते समय, नर्स बेचैनी को सदमे के शुरुआती संकेत के रूप में पहचानती है।

सदमे की शुरुआत में, सहानुभूति तंत्रिका तंत्र की सक्रियता से एपिनेफ्रीन स्राव बढ़ जाता है, जो आमतौर पर रोगी को बेचैन, चिंतित, घबराहट और चिड़चिड़ा बना देता है। यह त्वचा में ऊतक के छिड़काव को भी कम करता है, जिससे पीली, ठंडी, चिपचिपी त्वचा हो जाती है। शॉक की विशेषता ऑक्सीजन वितरण में कमी और/या ऑक्सीजन की खपत में वृद्धि या अपर्याप्त ऑक्सीजन उपयोग से सेलुलर और ऊतक हाइपोक्सिया की ओर जाता है। यह परिसंचरण विफलता की एक जीवन-धमकी वाली स्थिति है और आमतौर पर हाइपोटेंशन (सिस्टोलिक रक्तचाप 90 मिमी एचजी से कम या एमएपी 65 मिमीएचएचजी से कम) के रूप में प्रकट होता है।

अत: विकल्प (A) सही है।

68. बेहोश पुरुष वयस्क के तेजी से मूल्यांकन के दौरान नर्स को गर्दन की नाड़ी को टटोलना चाहिए।

तेजी से मूल्यांकन के दौरान, नर्स की पहली प्राथमिकता उसके वायुमार्ग, श्वास और परिसंचरण का आकलन करके रोगी के महत्वपूर्ण कार्यों की जांच करना है। रोगी के परिसंचरण की जाँच करने के लिए, नर्स को उसके हृदय और संवहनी नेटवर्क के कार्य का आकलन करना चाहिए। यह उसकी त्वचा के रंग, तापमान, मानसिक स्थिति और सबसे महत्वपूर्ण उसकी नब्ज की जांच करके किया जाता है। रोगी के परिसंचरण की जांच के लिए नर्स को गर्दन की नाड़ी का उपयोग करना चाहिए।

अत: विकल्प (D) सही है।

69. एक रोगी को कोलोनोस्कोपी के लिए निर्धारित किया जाता है। नर्स रोगी को एनीमा के कम, छोटी मात्रा के प्रकार के बारे में जानकारी प्रदान करेगी।

इस प्रक्रिया के लिए रोगी को तैयार करने के लिए अन्य तैयारियों के साथ छोटी मात्रा के एनीमा का उपयोग किया जाता है। छोटी मात्रा वाले एनीमा का उपयोग बृहदान्त्र या सिग्मॉइड के निचले हिस्से को साफ करने के लिए किया जाता है। इस प्रकार की सफाई एनीमा का उपयोग अक्सर उस रोगी के लिए किया जाता है जिसे कब्ज होता है लेकिन उसे उच्च बृहदान्त्र की सफाई की आवश्यकता नहीं होती है। उपयोग की गई मात्रा 500 मिली से कम है और बैग को 12 इंच से अधिक नहीं उठाया गया है।

अत: विकल्प (D) सही है।

70. नर्स द्वारा यह रिपोर्ट करने की सबसे अधिक संभावना है कि एक स्थापित कोलोस्टॉमी वाले रोगी के लिए प्राथमिक देखभाल प्रदाता के लिए रंध्र का रंग गहरा लाल-बैंगनी है।

एक स्थापित रंध्र बुक्कल म्यूकोसा के रंग की तरह गहरा गुलाबी होना चाहिए और पेट से थोड़ा ऊपर उठा हुआ होना चाहिए। एक रंध्र पूर्वकाल पेट की दीवार से आंत्र के एक लूप का बाहरीकरण होता है, जो एक शल्य प्रक्रिया के दौरान किया जाता है। यह शेष आंत्र के मोड़ या विघटन के लिए किया जाता है। यह अस्थायी या स्थायी हो सकता है, यह उस संकेत पर निर्भर करता है जिसके लिए इसे किया गया था। अधिकांश रंध्र असंयम होते हैं, जिसका अर्थ है कि रंध्र से पेट और मल के पारित होने पर कोई स्वैच्छिक नियंत्रण नहीं है।

अत: विकल्प (C) सही है।

71. रंध्र और आसपास की त्वचा का आकलन करने के बाद, सर्जन को सूचित करें कि यह उपयुक्त नर्सिंग क्रिया है।

रोगी के पास सर्जरी की जटिलताओं के अनुरूप मूल्यांकन निष्कर्ष हैं। एक एकीकृत टीम दृष्टिकोण के रूप में कोलोस्टॉमी की कई जटिलताओं को देखने के लिए प्रदाताओं और नर्सों को नियमित अंतराल पर रंध्र की निगरानी करनी चाहिए। कुछ जटिलताएँ रोगियों के लिए अत्यंत कष्टदायक होती हैं, और वे इन प्रस्तुतियों के साथ अस्पताल आते हैं, लेकिन अन्य अधिक मनोगत हो सकते हैं और उनकी तलाश की जानी चाहिए।

अतः विकल्प (B) सही है।

72. नर्स एक वापसी प्रवाह प्रकार का एनीमा देने के लिए तैयार करती है।

यह पोस्टऑपरेटिव फ्लैटस से राहत प्रदान करता है, आंत्र गतिशीलता को उत्तेजित करता है। विकल्प एक, दो और चार कब्ज का प्रबंधन करते हैं और पेट फूलने से राहत नहीं देते हैं। एक वापसी-प्रवाह एनीमा, या हैरिस फ्लश, का उपयोग आंतों की गैस को हटाने और क्रमाकुंचन को उत्तेजित करने के लिए किया जाता है। बड़ी मात्रा में द्रव का उपयोग किया जाता है लेकिन द्रव को 100-200 मिलीलीटर की वृद्धि में डाला जाता है। फिर, कंटेनर को आंत्र के स्तर से नीचे करके द्रव को बाहर निकाला जाता है। यह द्रव के साथ फ्लैटस को बाहर लाता है।

अतः विकल्प (C) सही है।

73. एक गंभीर रूप से बीमार रोगी की देखभाल करते समय, नर्स के लिए रोगी की गरिमा को बनाए रखना महत्वपूर्ण है। रोगी को अपने जीवन के अनुभव साझा करने देने के लिए समय व्यतीत करके इसे सुगम बनाया जा सकता है।

रोगी को अपने जीवन के अनुभव साझा करने देने के लिए समय व्यतीत करना नर्स को रोगी को बेहतर तरीके से जानने में सक्षम बनाता है। रोगी को जानने के बाद रोगी के निर्णय लेने और स्वायत्तता को बढ़ावा देने वाले उपचारों की पसंद की सुविधा मिलती है, इस प्रकार रोगी के आत्म-सम्मान और गरिमा को बढ़ावा मिलता है। भावनात्मक जरूरतों के संबंध में, एक समीक्षा में पाया गया कि जीवन के अंत तक देखभाल प्रदान करने वाले स्वास्थ्य पेशेवरों के लिए महत्वपूर्ण कार्यों में संचार, सुनना, सहानुभूति व्यक्त करना और निर्णय लेने में रोगियों को शामिल करना शामिल है। इसके अलावा, रोगी और उनके साथी के बीच उनकी भावनाओं के बारे में अच्छे संचार को बढ़ावा दिया जाना चाहिए।

अतः विकल्प (A) सही है।

74. थैलेसीमिया से पीड़ित एक बच्चे को डिफेरोक्सामाइन (डेस्फेरल) दिया गया; डिक्रीज़्ड हियरिंग को चिकित्सक को सूचित करने के लिए नर्स को सचेत करना चाहिए।

डेफेरोक्सामाइन ओटोटॉक्सिक है। इस प्रकार, किसी भी हियरिंग की समस्या को तुरंत चिकित्सक को संबोधित किया जाना चाहिए। क्रोनिक डिफेरोक्सामाइन थेरेपी से सेंसरिनुरल हियरिंग लॉस और रेटिनोपैथी हो सकती है। यदि रोगी पाठ्यक्रम के प्रारंभ में ही डीएफओ को बंद कर देता है, तो श्रवण और दृष्टि हानि प्रतिवर्ती हो सकती है। क्लिनिक में हर छह महीने में एक स्क्रीनिंग हियरिंग एग्जाम और हर 12 महीने में एक औपचारिक ऑडियोग्राम किया जाना चाहिए।

अतः विकल्प (A) सही है।

75. एक्जिमा से पीड़ित बच्चे को 1% हाइड्रोकोर्टिसोन क्रीम दी जाती है। नर्स माँ को क्रीम की एक पतली परत लगाने और इसे क्षेत्र में अच्छी तरह से फैलाने का निर्देश देती है।

हाइड्रोकोर्टिसोन आमतौर पर एक्जिमा फ्लेयर-अप के इलाज के लिए प्रयोग किया जाता है। सामयिक हाइड्रोकोर्टिसोन सीधे चिड़चिड़ी त्वचा पर लगाया जाता है और लालिमा, सूजन और खुजली को कम कर सकता है। हाइड्रोकोर्टिसोन एक क्रीम, मलहम, लोशन या जेल के रूप में उपलब्ध है। सामयिक कॉर्टिकोस्टेरॉइड्स को संयम से प्रशासित किया जाता है और क्षेत्र में अच्छी तरह से रगड़ा जाता है। सामयिक स्टेरॉयड क्रीम और मलहम एक पतली परत में लागू किया जाना चाहिए और प्रभावित क्षेत्र में मालिश किया जाना चाहिए।

अतः विकल्प (A) सही है।

76. एपिफिसियल प्लेट हड्डी के विकास का एक महत्वपूर्ण क्षेत्र है। इसलिए, किसी भी व्यवधान के परिणामस्वरूप अंग छोटा हो सकता है। कभी-कभी, फ्रैक्चर से ग्रोथ प्लेट में बदलाव बाद में समस्या पैदा कर सकता है। उदाहरण के लिए, हड्डी थोड़ी टेढ़ी हो सकती है या अपेक्षा से थोड़ी लंबी या छोटी हो सकती है।

अतः विकल्प (D) सही है।

77. इंजेक्शन वाली जगह को साबुन और पानी से साफ करना चाहिए और अल्कोहल का इस्तेमाल नहीं करना चाहिए नर्स को इंसुलिन पर डिस्चार्ज होने वाले बच्चे के माता-पिता के लिए इंसुलिन प्रबंधन निर्देश में इसे शामिल करना चाहिए।

इंसुलिन इंजेक्शन से संक्रमण का जोखिम नगण्य है (कम से कम सामान्य वातावरण में - कुछ विशेषज्ञों का मानना है कि अस्पताल का वातावरण जोखिम भरा है), और पहली जगह में त्वचा को साफ करने के लिए अल्कोहल स्वाब एक खराब तरीका है। साबुन और गर्म पानी वास्तव में अधिक प्रभावी होते हैं।

अतः विकल्प (D) सही है।

78. नियर-ड्रोनिंग को ड्रोनिंग के घुटन से कम से कम 24 घंटे तक जीवित रहने के रूप में परिभाषित किया गया है। पानी की आकांक्षा के कारण प्लाज्मा फेफड़ों में खिंच जाता है, जिसके परिणामस्वरूप हाइपोक्सिमिया, एसिडोसिस और हाइपोवोलेमिया होता है। हाइपोक्सिमिया अवशोषित पानी के कारण पल्मोनरी सर्फैक्टेंट में कमी के परिणामस्वरूप होता है जो फुफ्फुसीय केशिका झिल्ली को नुकसान पहुंचाता है। श्रेणी A के पास डूबने वाले बच्चे कम से कम चोट के साथ जाग रहे हैं। देखभाल में इलेक्ट्रोलाइट की स्थिति की जाँच करना, ऑक्सीजन और वार्मिंग का प्रबंध करना और 12 से 24 घंटों में डिस्चार्ज की तैयारी करना शामिल है।

अतः विकल्प (D) सही है।

79. रेये के सिंड्रोम बच्चों और किशोरों को प्रभावित करने वाली एक दुर्लभ और गंभीर बीमारी है। इसका विकास एस्पिरिन और वैरीसेला के उपयोग से जुड़ा हुआ है।

रेये के सिंड्रोम एक दुर्लभ लेकिन गंभीर स्थिति है जो यकृत और मस्तिष्क में सूजन का कारण बनती है। रेये के सिंड्रोम अक्सर वायरल संक्रमण से उबरने वाले बच्चों और किशोरों को प्रभावित करता है, आमतौर पर फ्लू या चिकनपॉक्स। एस्पिरिन और वैरीसेला को रेये के सिंड्रोम से जोड़ा गया है, इसलिए बुखार या दर्द के लिए बच्चों या किशोरों को एस्पिरिन और वैरीसेला देते समय सावधानी बरतें। हालांकि एस्पिरिन और वैरीसेला को 3 वर्ष से अधिक उम्र के बच्चों में उपयोग के लिए अनुमोदित किया गया है, चिकनपॉक्स या फ्लू जैसे लक्षणों से उबरने वाले बच्चों और किशोरों को कभी भी एस्पिरिन और वैरीसेला नहीं लेना चाहिए।

बुखार या दर्द के इलाज के लिए, एस्पिरिन और वैरीसेला के सुरक्षित विकल्प के रूप में अपने बच्चे को शिशु या बच्चों के ओवर-द-काउंटर बुखार और दर्द की दवाएं जैसे एसिटामिनोफेन (टाइलेनॉल, अन्य) या इबुप्रोफेन (एडविल, मोट्रिन, अन्य) देने पर विचार करें।

अतः विकल्प (D) सही है।

80. हाइपोस्पेडिया एक ऐसी स्थिति को संदर्भित करता है जिसमें मूत्रमार्ग का उद्घाटन ग्लान्स लिंग के नीचे या पेनाइल शाफ्ट के उदर सतह (नीचे) के साथ कहीं भी स्थित होता है। उदर चमड़ी की कमी है, और बाहर का भाग एक हुड का आभास देता है। परिशुद्ध करण से बचने के लिए प्रारंभिक पहचान महत्वपूर्ण है; चमड़ी का उपयोग सर्जरी के लिए किया जाता है।

अतः विकल्प (B) सही है।

81. दिया हुआ,

A अकेले काम को पूरा कर सकता है = 12 दिनों में

B अकेले समान काम को पूरा कर सकता है = 15 दिनों में

जैसा कि हम जानते हैं,

वेतन को दक्षता के अनुपात में वितरित किया जाता है।

दक्षता समय के व्युत्क्रमानुपाती होती है।

A और B का समय अनुपात = 12 : 15 = 4 : 5

A और B का दक्षता अनुपात = 5 : 4

प्रश्नानुसार,

5 + 4 = 9 इकाई

⇒ 9 इकाई = 3600

⇒ 1 इकाई = 400

⇒ 5 इकाई = 5 × 400 = 2000 रुपये

∴ A का हिस्सा 2000 रुपये है।

अत: विकल्प (D) सही है।

82. हम जानते हैं कि,

प्रायिकता = अनुकूल परिणामों की संख्या / कुल परिणाम

एक बार में लिए गए r चीजों के सभी n संयोजनों की संख्या $^nC_r = \dfrac{n!}{(r)!(n-r)!}$ द्वारा दी जाती है।

प्रश्नानुसार,

कुल परिणाम $= {}^{52}C_2$

$= \dfrac{52!}{(2)!(50)!}$

$= \dfrac{52 \times 51}{2} = 1326$

अनुकूल परिणामों की संख्या $= {}^4C_2 = \dfrac{4!}{(2)!(2)!}$

$= \dfrac{4 \times 3 \times 2 \times 1}{2 \times 1 \times 2 \times 1} = 6$

∴ प्रायिकता $= \dfrac{6}{1326} = \dfrac{1}{221}$

अत: विकल्प (A) सही है।

83. दिया गया है:

दो लंब-वृत्तीय बेलनों की त्रिज्या का अनुपात $= 3:2$

उनके आयतन का अनुपात $= 27:16$

जैसा कि हम जानते है,

लंब-वृत्तीय बेलन का आयतन $= \pi r^2 h$

माना दोनों बेलनों की ऊंचाई h_1 और h_2 है।

$\Rightarrow \dfrac{\pi 3^2 h_1}{\pi 2^2 h_2} = 27:16$

$\Rightarrow \dfrac{9 h_1}{4 h_2} = 27:16$

$\Rightarrow 4h_1 = 3h_2$

$\Rightarrow h_1 : h_2 = 3 : 4$

∴ उनकी ऊँचाइयों का अनुपात 3 : 4 है।

अत: विकल्प (C) सही है।

84. दिया है:

अमान्य मत = कुल मतों का 20%

अरविंद 480 मतों से जीता।

और अरविंद को मनोज से 20% अधिक मत मिले।

माना कि कुल मत x है।

अमान्य मत $= x$ का 20% $= 0.2x$

मान्य मत $= x - 0.2x = 0.8x$

अरविंद और मनोज को $0.8x$ मत मिले।

अरविंद को मनोज से 20% अधिक मत मिले।

⇒ अरविन्द को मान्य मतों का 60% और मनोज को मान्य मतों का 40% मिलते हैं।

⇒ अरविंद को मिले मत $= 0.8x \times \dfrac{60}{100} = 0.48$

⇒ मनोज को मिले मत $= 0.8x - 0.48x = 0.32x$

अरविंद के मत $-$ मनोज के मत $= 480$

$\Rightarrow 0.48x - 0.32x = 480$

$\Rightarrow 0.16x = 480$

$\Rightarrow x = 3000$

∴ मतदान करने वाले व्यक्तियों की कुल संख्या 3000 है।

अत: विकल्प (A) सही है।

85. समरूपता से:

$(a - b)^3 = a^3 - b^3 - 3ab(a - b)$

$\Rightarrow 3^3 = 279 - 3ab \times 3$

$\Rightarrow 9ab = 279 - 27 = 252$

$\Rightarrow ab = 28$

अब,

$(a + b)^2 = (a - b)^2 + 4ab$

$\Rightarrow (a + b)^2 = 3^2 + 4 \times 28 = 121$

$\Rightarrow (a + b) = 11$

अब,

$(a + b)^3 = a^3 + b^3 + 3ab(a + b)$

$\Rightarrow 11^3 = a^3 + b^3 + 3 \times 28 \times 11$

$\Rightarrow 1331 = a^3 + b^3 + 924$

$\Rightarrow a^3 + b^3 = 407$

अत: विकल्प (B) सही है।

86. प्रश्न के अनुसार,

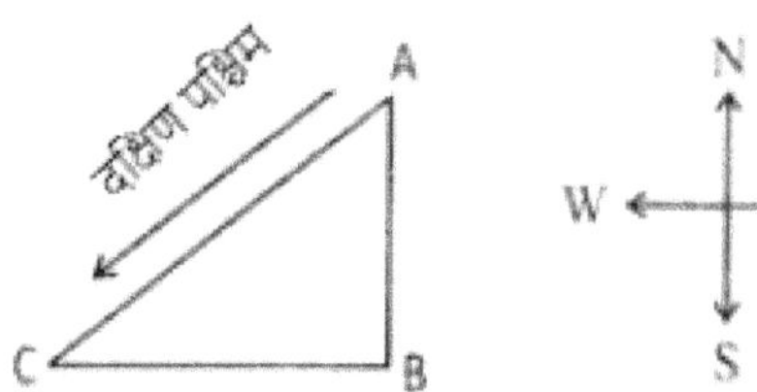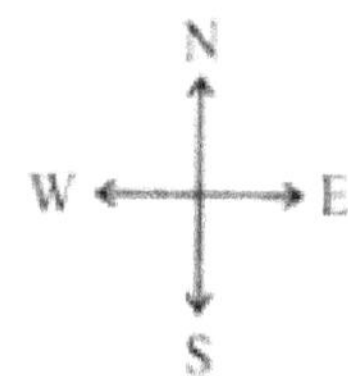

स्पष्ट रूप से, A, C से मिलने के लिए दक्षिण-पश्चिम दिशा में आएगा।

अत: विकल्प (B) सही है।

87. सानिया को याद है कि उसकी सहेली की शादी 19 नवंबर (यानी 20, 21, 22, 23 आदि) के बाद हुई है, जबकि उसकी बहन को याद है कि शादी 21 नवंबर (यानी 20, 19, 18, 17 आदि) से पहले हुई है।

दोनों कथनों को मिलाकर हमें केवल एक संभावित तारीख मिलती है जो 20 नवंबर है।

अत: विकल्प (B) सही है।

88. यहाँ दर्पण प्रतिबिम्ब 1:30 है, मिनट 00 से अधिक हैं,

इसलिए, हमें इसे 11:60 से घटाना होगा।

इस प्रकार, 11:60 - 1:30 = 10:30

वास्तविक समय घड़ी पर 10:30 दिखाता है।

अत: विकल्प (D) सही है।

89. J U & 5 R 3 1 7 @ & M I 6 R 2 F S @ I M $ 9 L 7 1 6 A # 9 B Z $

उपर्युक्त व्यवस्था में से ऐसे प्रतीक, जिनमें से प्रत्येक के ठीक पहले एक प्रतीक और ठीक बाद में एक अक्षर आता है, ज्ञात करने के बाद, हम प्राप्त करते हैं

J U & 5 R 3 1 7 @ & M I 6 R 2 F S @ I M $ 9 L 7 1 6 A # 9 B Z $

इस प्रकार, केवल 1 ऐसा प्रतीक है।

अत: विकल्प (B) सही है।

90. दी गई जानकारी के आधार पर, हम निम्न वंश वृक्ष बना सकते हैं:

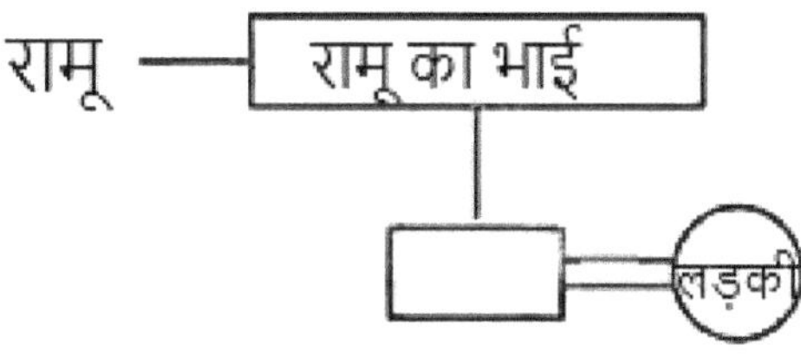

यहाँ, रामू का लिंग निश्चित नहीं है।

इसलिए, 'या तो चाचा या चाची' सही विकल्प है।

अत: विकल्प (D) सही है।

91. मुरादाबाद राष्ट्रीय राजधानी, नई दिल्ली से 167 किमी (104 मील) की दूरी पर और राज्य की राजधानी लखनऊ से 344 किमी उत्तर-पश्चिम में रामगंगा नदी के तट पर स्थित है। अपने प्रसिद्ध पीतल के हस्तशिल्प उद्योग के लिए शहर को पीतल नगरी ("पीतल का शहर") के रूप में जाना जाता है।

अत: विकल्प (D) सही है।

92. 13 दिसंबर 1946 को, पंडित जवाहरलाल नेहरू ने भारत की संविधान सभा में उद्देश्य प्रस्ताव पेश किया।

उद्देश्य प्रस्ताव में मूल विचारधारा और दर्शन निहित था जिस पर हमारा संविधान आधारित है। यह संविधान सभा के उद्देश्य को परिभाषित करता है। संकल्प 22 जनवरी 1947 को विधानसभा द्वारा सर्वसम्मति से अपनाया गया था।

अत: विकल्प (D) सही है।

93. भारत में प्रकाशित होने वाला पहला समाचार पत्र द बंगाल गजट था।

बंगाल गजट एक साप्ताहिक पत्रिका थी। इसकी शुरुआत जेम्स ऑगस्टस हिक्की ने 1780 में की थी। इसने खुद को एक वाणिज्यिक पत्र के रूप में वर्णित किया जो सभी के लिए खुला है, लेकिन किसी से प्रभावित नहीं है। बंगाल गजट के बाद कई अन्य साप्ताहिक पत्रिकाएँ प्रकाशित हुईं। यह भारतीय उपमहाद्वीप में प्रकाशित होने वाला पहला अंग्रेजी समाचार पत्र था।

अत: विकल्प (D) सही है।

94. रोहतांग दर्रा मनाली से लगभग 51 किमी दूर हिमालय के पीर पंजाल सीमा के पूर्वी छोर पर एक ऊंचा पहाड़ी दर्रा है। यह हिमाचल प्रदेश के लाहोल और स्पीति घाटियों के साथ कुल्लू घाटी को जोड़ता है। यह मनाली और लेह को सड़क मार्ग से जोड़ता है।

अतः विकल्प (C) सही है।

95. स्वास्थ्य एवं परिवार कल्याण मंत्रालय के पवेलियन को 41वें भारत अंतर्राष्ट्रीय व्यापार मेले 2022 में "सार्वजनिक संचार और पहुंच में उत्कृष्ट योगदान" के लिए सम्मानित किया गया। पवेलियन में 37,887 स्क्रीनिंग, जांच, परामर्श और प्रशिक्षण आयोजित किए गए। ब्लड प्रेशर और ब्लड शुगर की स्क्रीनिंग की संख्या सबसे अधिक क्रमशः 4990 और 4356 थी।

अत: विकल्प (B) सही है।

96. सिस्टम यूटिलिटीज सॉफ्टवेयर का नाम है जिसका उपयोग कंप्यूटर सिस्टम के रखरखाव और कॉन्फ़िगरेशन के लिए किया जाता है। यह एक कंप्यूटर का विश्लेषण, विन्यास, अनुकूलन या रखरखाव में मदद करने के लिए डिज़ाइन किया गया सॉफ्टवेयर है। कुछ सिस्टम यूटिलिटीज OS के साथ एम्बेडेड हो सकती हैं और अन्य को बाद में जोड़ा जा सकता है। सिस्टम यूटिलिटी प्रोग्राम का उपयोग डेटा सेट और वॉल्यूम से संबंधित जानकारी को सूचीबद्ध करने या बदलने के लिए किया जाता है, जैसे डेटा सेट नाम, कैटलॉग प्रविष्टियाँ और वॉल्यूम लेबल।

अत: विकल्प (B) सही है।

97. स्क्रीन में सभी खुली विंडोज और डिस्प्ले को मिनिमाइज करने के लिए कुंजी संयोजन Windows Key + M का उपयोग किया जाता है।

यह कुंजी दबाएं	ऐसा करने के लिए
Windows logo Key + Right arrow	Right arrow के स्क्रीन के दाई ओर app या desktop window बड़ा करें।
Windows logo Key + Home	active desktop window को छोड़कर सभी को छोटा करें (दूसरे स्ट्रोक पर सभी विंडो को पुनर्स्थापित करता है)।

अत: विकल्प (C) सही है।

98. एमएस वर्ड 2007 में A4 शीट की लंबाई और चौड़ाई 8.27 × 11.69 इंच होती है।

माइक्रोसॉफ्ट वर्ड एक माइक्रोसॉफ्ट कंप्यूटर सॉफ्टवेयर या एप्लिकेशन है जिसे दस्तावेज़ निर्माण के लिए डिज़ाइन किया गया है जो उपयोगकर्ताओं को आसानी से अनुबंध, पत्र, अनुबंध और अन्य प्रकार के दस्तावेज़ तैयार करने की अनुमति देता है। माइक्रोसॉफ्ट वर्ड 25 अक्टूबर 1983 को माइक्रोसॉफ्ट द्वारा जारी किया गया एक उपयोगकर्ता के अनुकूल वर्ड प्रोसेसिंग टूल है। इसे चार्ल्स

सिमोनी और रिचर्ड ब्रॉडी द्वारा विकसित किया गया था जो ज़ेरॉक्स के दोनों पूर्व प्रोग्रामर हैं।

अत: विकल्प (A) सही है।

99. MS-एक्सेल फ़ंक्शन =FLOOR(34, 5) का आउटपुट 30 है।

MS एक्सेल में फ्लोर कमांड हमेशा दो पैरामीटर पास करता है। एक को संख्या और दूसरे को सिग्नीफिकेन्स कहा जाता है। यहाँ सिग्नीफिकेन्स को एक कारक के रूप में संदर्भित किया गया है। यह कारक उस मान को निर्धारित करने में मदद करेगा जो संख्या के करीब है।

=FLOOR(34,5): इस आदेश में, 34 संख्या का प्रतिनिधित्व करता है और 5 सिग्नीफिकेन्स का प्रतिनिधित्व करता है। तो, परिणाम 34 के करीब और 5 का गुणक होना चाहिए। साथ ही, यह याद रखना चाहिए कि परिणाम हमेशा दी गई संख्या से कम होना चाहिए। तो, परिणाम 30 है। जो 5 का गुणज है और 34 के करीब है।

अतः विकल्प (C) सही है।

100. पावरपॉइंट में, एक खाली स्लाइड में बिंदीदार क्षेत्रों को प्लेसहोल्डर कहा जाता है।

लेआउट केवल एक या अधिक प्लेसहोल्डर्स का एक संग्रह है, जो जानकारी रखने के लिए स्लाइड के एक क्षेत्र को अलग रखता है।पावरपॉइंट में स्लाइड लेआउट की एक श्रृंखला शामिल है, जो प्लेसहोल्डर के साथ पूर्ण है जो आपको एक स्लाइड पर टेक्स्ट, शीर्षक और चित्र, और इसी तरह जल्दी और आसानी से सम्मिलित करने की अनुमति देता है।

अतः विकल्प (C) सही है।

Discipline

Q.1 कार्डियक कैथीटेराइजेशन के बाद क्लाइंट की देखभाल करते समय कौन सी नर्सिंग क्रिया सबसे महत्वपूर्ण है?

A. आराम प्रदान करना

B. पंचर साइट पर पल्स डिस्टल की जाँच करना

C. हर 15 मिनट में इलेक्ट्रोकार्डियोग्राम की निगरानी करना

D. ऑक्सीजन का प्रबंध करना

Q.2 यदि ग्लूकोमा का इलाज नहीं किया जाता है, तो यह होता है:

A. कंजंक्टिविटीज

B. ट्रेकोमा

C. रेट्रोलेंटल फाइब्रोप्लासिया

D. अंधापन

Q.3 हाइटल हर्निया का मुख्य नैदानिक लक्षण हैं:

A. उल्टी

B. दस्त

C. हार्टबर्न

D. पेट के निचले हिस्से में दर्द

Q.4 पहले 24 घंटों में जलने की चोट के प्रबंधन का सबसे महत्वपूर्ण पहलू है:

A. ड्रेसिंग

B. एंटीबायोटिक चिकिसा

C. तरल पदार्थ का पुनर्जीवन

D. प्लास्टिक सर्जरी

Q.5 नेफ्रोटिक सिंड्रोम निम्न में से किसके कारण हो सकता है?

A. ग्लोमेरुलोनेफ्राइटिस

B. डाइबिटीज मेलीटस

C. गुर्दे की नलिकाओं में रुधिर का थक्का जमना

D. उपरोक्त सभी

Q.6 एपेंडिसाइटिस के रोगी के उपचार में शामिल हैं:

A. खून की कमी को बदलने के लिए आधान

B. सफाई के लिए आंत्र तैयारी

C. अपेंडिक्स का सर्जिकल निष्कासन

D. पेट के भीतर PH कम करने के लिए दवाएं

Q.7 जोन को ऑस्टियोपोरोसिस है। उसके लिए एक बढ़ा खतरा है:

A. हड्डी में संक्रमण

B. परिधीय रक्त का थक्का बनना

C. फ्रैक्चर होने

D. दर्दनाक जोड़ सूजन

Q.8 रीढ़ की कौन सी विकृति वक्षीय वक्र की बढ़ी हुई गोलाई के रूप में दिखाई देती है?

A. अग्रकुब्जता (लॉर्डोसिस)

B. कुब्जता (काइफोसिस)

C. पार्श्वकुब्जता (स्कोलिओसिस)

D. अस्थिमज्जाशोथ (ओस्टियोमायलिटिस)

Q.9 आपके शारीरिक मूल्यांकन क्रम में पहली तकनीक है:

A. पैल्पेशन   B. श्रवण   C. निरीक्षण   D. टकराव

Q.10 ऐल्कोहॉल आधारित हाथ धोने के लिए हाथ रगड़ने का समय __________ होता है।

A. 10 से 15 सेकेंड

B. 15 से 30 सेकेंड

C. 30 से 45 सेकेंड

D. 60 सेकेंड

Q.11 निम्नलिखित में से कौन-सा/से सिद्धांत स्वास्थ्य संचार की रोगी-केंद्रित शैली का हिस्सा है/हैं?

A. रोग और अनुभव दोनों की खोज

B. पूरे अनुभव को समझना

C. रोकथाम और स्वास्थ्य संवर्धन को शामिल करना

D. उपरोक्त सभी

Q.12 डराने-धमकाने की संस्कृति, जो डराने-धमकाने वाले या कृपालु व्यवहार करने वाली हो सकती है, प्रभावित करती है:

A. नर्स

B. मरीजों

C. चिकित्सकों

D. उपरोक्त सभी

Q.13 _____ में ध्वनिक रूप से संप्रेषित ध्वनि प्रतिरूप के विपरीत अर्थ को व्यक्त करने के लिए मैनुअल संचार और बॉडी लैंग्वेज का उपयोग शामिल है।

A. होंठ पढ़ना

B. सांकेतिक भाषा

C. मानव सहायता

D. तकनीकी सहायता

Q.14 सूचित सहमति है:

A. स्वैच्छिक अनुमति जो रोगी या रोगी का कानूनी प्रतिनिधि चिकिसक या अधिकृत स्वास्थ्य सेवा प्रदाता को प्रस्तावित परीक्षण, दवा या उपचार के जोखिमों, लाभों और विकल्पों से अवगत होने के बाद उस रोगी को या उसके लिए कुछ करने के लिए देता है।

B. सूचनाओं, विचारों या विचारों का आदान-प्रदान।

C. प्रभावी संचार के लिए एक बाधा।

D. एक एचआईपीएए उल्लंघन।

Q.15 संचार में ब्रेकडाउन निम्नलिखित को छोड़कर सभी का कारण बन सकता है:

A. उपकरण विफलता

B. चिकित्सा त्रुटियां

C. कदाचार के मुकदमे

D. एचआईपीएए उल्लंघन

Q.16 स्वास्थ्य शिक्षा किसके द्वारा की जाती है?

A. व्यक्तिगत दृष्टिकोण

B. समूह दृष्टिकोण

C. जन दृष्टिकोण

D. उपरोक्त सभी

Q.17 इलेक्ट्रॉनिक मेडिकल रिकॉर्ड में HIPAA अनुपालन सुनिश्चित करना महत्वपूर्ण है क्योंकि:

A. विभिन्न तकनीकों के माध्यम से रोगी की जानकारी को इलेक्ट्रॉनिक रूप से संग्रहीत और आदान-प्रदान किया जाता है

B. सुरक्षा उल्लंघन होते हैं

C. संवेदनशील रोगी जानकारी सहित ई-मेल पते का अनजाने में वितरण हो सकता है

D. उपर्युक्त सभी

Q.18 जब सेवाएं प्रदान की जाती हैं तो किस प्रकार का प्राधिकरण उत्पन्न होता है?

A. समवर्ती

B. प्रत्याशित

C. पूर्वव्यापी

D. उप-प्राधिकरण

Q.19 अधिकांश प्रयोगशाला संवर्धन में, मानव रोगजनक ________ तापमान पर अच्छी तरह से विकसित होते है।

A. 30 से 37°C
B. 15 से 20°C
C. 38 से 50°C
D. 20 से 30°C

Q.20 घुटने की रिप्लेसमेंट सर्जरी के बाद अस्पताल से छुट्टी मिलने पर, सीमित वित्तीय साधनों के साथ मेडिकेयर द्वारा कवर किए गए रोगी को IV एंटीबायोटिक चिकित्सा के छह सप्ताह की आवश्यकता होगी। मरीज घर जाना चाहता है। मूल्यांकन के दौरान, नर्सिंग केस मैनेजर को पता चलता है कि रोगी अकेला रहता है, उसके पास घर पर कोई सहारा नहीं है, और जलसेक करने के लिए निपुणता का अभाव है। नर्स का अगला कदम क्या है?

A. रोगी को छह सप्ताह रहने की अनुमति देने के लिए बीमा कंपनी के साथ सहयोग करें।
B. रोगी को घर जाने में आने वाली बाधाओं के बारे में समझाएं और अन्य विकल्पों पर चर्चा करें।
C. एक घरेलू आसव रेफरल बनाएं क्योंकि रोगी ने यही अनुरोध किया है।
D. स्व-प्रशासन के लिए व्यावसायिक चिकित्सा निपुणता प्रशिक्षण का आदेश दें।

Q.21 नर्स प्रबंधक आमतौर पर ऐसे निर्णयों पर पहुंचने के लिए चरणबद्ध तरीके का उपयोग करता है जो तार्किक होते हैं और जिनका उपयोग वांछित उद्देश्य की उपलब्धि को अधिकतम करने के लिए किया जाता है। यह प्रबंधक किस निर्णय लेने वाले मॉडल का उपयोग करता है?

A. राजनीतिक निर्णय लेने का मॉडल
B. प्रयोग प्रक्रिया
C. तर्कसंगत निर्णय लेने वाला मॉडल
D. परीक्षण और त्रुटि विधि

Q.22 एक नए नर्सिंग पेशेवर विकास व्यवसायी के रूप में, किस कौशल की महारत सबसे महत्वपूर्ण है?

A. प्रभावी ढंग से संचार करना
B. संसाधनों का प्रबंधन
C. समन्वय कार्यक्रम
D. सूत्रधार के रूप में कार्य करना

Q.23 छात्र नर्स से स्टाफ नर्स के रूप में आपकी पहली स्थिति में आपके संक्रमण के दौरान, आपकी सामान्य इकाई अभिविन्यास संक्रमण का एक प्रमुख घटक है। अभिविन्यास के बारे में पूछने के लिए निम्नलिखित में से कौन सा प्रश्न आपके लिए सबसे उपयुक्त होगा?

A. उन्मुखीकरण में मेरे समय के लिए मुझे भुगतान कैसे किया जाएगा?
B. क्या मुझे प्रत्येक अभिविन्यास सत्र में भाग लेना है?
C. क्या मुझे अभिविन्यास के दौरान वर्गीकृत किया जाएगा?
D. मुझे कब तक अभिविन्यास में रहने की उम्मीद करनी चाहिए?

Q.24 CNA (प्रमाणित नर्स सहयोगी) द्वारा प्रदान किए गए कार्यों के लिए लाइसेंस प्राप्त नर्स द्वारा मार्गदर्शन, दिशा, मूल्यांकन और अनुवर्ती कार्रवाई का प्रावधान है:

A. प्रतिनिधि-मंडल
B. जवाबदेही
C. पर्यवेक्षण
D. प्राधिकरण

Q.25 एक छात्र नर्स प्रबंधक से पूछता है कि उन्हें SWOT विश्लेषण का उपयोग क्यों करना चाहिए। नर्स प्रबंधक बताते हैं कि एक SWOT विश्लेषण है:

A. एक मानव संसाधन प्रक्रिया
B. रणनीतिक योजना में उपयोगी
C. एक वित्तीय प्रबंधन शब्द
D. एक प्रकार की गुणवत्ता सुधार तकनीक का संक्षिप्त नाम

Q.26 नर्स ने शिफ्ट-ऑफ-शिफ्ट रिपोर्ट अभी-अभी समाप्त की है। नर्स को पहले किस रोगी का आकलन करना चाहिए?

A. एक बुजुर्ग रोगी जिसने दर्द के लिए दवा का अनुरोध किया है
B. एक रोगी जिसे आज छुट्टी दी जा रही है
C. जिस रोगी को बिस्तर से व्हीलचेयर पर स्थानांतरित करने में सहायता की आवश्यकता होती है
D. COPD वाले रोगी जिसको सांस लेने में कठिनाई हो रही है

Q.27 एक नर्स यह निर्धारित करती है कि ________ वाले रोगी के लिए एक फ्रैक्चर बेडपैन का उपयोग किया जाना चाहिए।

A. रीढ़ की हड्डी की चोट
B. बेडरेस्ट
C. मनोभ्रंश
D. मोटा

Q.28 ________ टेपिड स्पंजिंग के लिए तापमान है:

A. 15-18 डिग्री सेल्सियस
B. 18-25 डिग्री सेल्सियस
C. 27-37 डिग्री सेल्सियस
D. 40-45 डिग्री सेल्सियस

Q.29 निम्नलिखित में से सभी सामुदायिक स्वास्थ्य नर्स के प्रबंधकीय कार्य हैं, एक को छोड़कर:

[UPPSC Staff Nurse, 2017]

A. नर्सिंग एवं स्वास्थ्य कर्मियों के प्रशिक्षण में सहयोग करना
B. योजना बनाना
C. परिवेक्षण
D. आकलन

Q.30 एक चिकित्सक पेट फूलने वाले वयस्क रोगी के लिए वापसी प्रवाह एनीमा (हैरिस फ्लश ड्रिप) का आदेश देता है। इस एनीमा को प्रशासित करने की तैयारी करते समय नर्स वापसी प्रवाह एनीमा के चरणों की तुलना सफाई एनीमा से करती है। नर्स को क्या करना चाहिए जो वापसी प्रवाह एनीमा के लिए अद्वितीय है?

A. रेक्टल ट्यूब के अंतिम 2 इंच को लुब्रिकेट करें।
B. मलद्वार में लगभग 4 इंच की मलाशय की नली डालें।
C. घोल के पात्र को मलद्वार से लगभग 12 इंच ऊपर उठाएँ।
D. लगभग 150 मिली घोल डालने के बाद घोल कंटेनर को नीचे करें।

Q.31 एक मरीज जिसके पास "डू नॉट रिससिटेट" ऑर्डर था, का निधन हो गया। यह सत्यापित करने के बाद कि कोई नाड़ी या श्वसन नहीं है, नर्स को ________ करना चाहिए।

A. परिवार के सदस्यों ने मृतक को अलविदा कह दिया
B. महत्वपूर्ण अंगों को पुनः प्राप्त करने के लिए प्रत्यारोपण टीम को बुलाएं
C. सभी नलियों और उपकरणों को हटा दें (जब तक कि अंगदान न हो), शरीर को साफ करें और उचित स्थिति में रखें
D. अंत्येष्टि निदेशक को बुलाकर शव ले जाने को कहना

Q.32 एक नर्स एक रोगी की देखभाल कर रही है जो घर पर फेकल मनोगत रक्त परीक्षण करेगा। रोगी को प्रक्रिया समझाते समय नर्स को निम्नलिखित में से कौन सी जानकारी शामिल करनी चाहिए?

A. परीक्षण से पहले अधिक प्रोटीन खाना इष्टतम है
B. एक मल नमूना परीक्षण के लिए पर्याप्त है
C. लाल रंग का परिवर्तन एक सकारात्मक परीक्षण का संकेत देता है
D. नमूना मूत्र से दूषित नहीं हो सकता है

Q.33 एक नर्स एक क्लाइंट से बात कर रही है जो कब्ज की रिपोर्ट करता है। जब नर्स आहार परिवर्तन पर चर्चा करती है जो कब्ज को रोकने में मदद कर सकता है, तो नर्स को निम्नलिखित में से किस खाद्य पदार्थ की सिफारिश करनी चाहिए?

A. मेकरोनी और चीज
B. ताजा भोजन और साबुत गेहूं का टोस्ट
C. चावल का हलवा और पके केले

D. रोस्ट चिकन और सफेद चावल

Q.34 जब एक नर्स एक सफाई एनीमा दे रही है, तो रोगी पेट में ऐंठन की रिपोर्ट करता है। निम्नलिखित में से कौन सा उचित हस्तक्षेप है?

A. ग्राहक को कुछ देर के लिए सांस रोकने के लिए कहें

B. द्रव स्थापना बंद करें

C. क्लाइंट को याद दिलाएं कि इस समय ऐंठन होना आम बात है

D. एनीमा द्रव कंटेनर कम करें

Q.35 क्रोनिक पल्मोनरी डिजीज से पीड़ित रोगी के होठों के चारों ओर नीला रंग होता है। नर्स चार्ट करती है कि रोगी की स्थिति का सबसे सटीक वर्णन करने के लिए कौन सा शब्द है?

A. हाइपोक्सिया   **B.** हाइपोजेमिया

C. डिस्पनिया   **D.** सायनोसिस

Q.36 पौधे ____ से पोषक तत्व प्राप्त करते हैं।

A. वायुमंडल   **B.** पर्णहरित   **C.** मृदा   **D.** प्रकाश

Q.37 निम्नलिखित पोषक तत्वों में से किसकी कमी से पौधों में मंद वृद्धि होती है?

A. लोहा   **B.** कैल्शियम   **C.** मैग्निशियम   **D.** तांबा

Q.38 किस खाद्य घटक का सकल ऊष्मीय मान सबसे अधिक है?

A. कार्बोहाइड्रेट   **B.** वसा

C. विटामिन   **D.** प्रोटीन

Q.39 निम्न में से एक ऊर्जा उपज भोजन नहीं है:

A. कार्बोहाइड्रेट   **B.** वसा

C. विटामिन और खनिज   **D.** प्रोटीन

Q.40 यूग्लिना में उसके शरीर चक्र को बनाए रखने के लिए किस प्रकार का पोषण होता है?

A. स्वयंपोषी पोषण

B. परपोषी पोषण

C. (A) और (B) दोनों

D. न तो (A) और न ही (B)

Q.41 पादपहार्मोन ____________ है।

A. वे नियामक हैं जो शारीरिक प्रक्रियाओं को प्रभावित करने वाले पौधों द्वारा संश्लेषित होते हैं

B. पदार्थों को नियंत्रित करने वाली बीमारियाँ

C. प्रकाश संश्लेषण के लिए उपयोग किए जाने वाले पदार्थ

D. छिलने के लिए प्रयुक्त रसायन

Q.42 आयोडीन की कमी से होने वाला रोग है :

A. एनीमिया   **B.** घेंघा

C. चिकन पॉक्स   **D.** स्वाइन फ्लू

Q.43 .... हमारे शरीर में शरीर के तापमान को स्थिर बनाए रखने में मदद करता है।

A. चारा

B. विटामिन

C. ऊर्जा प्रदान करने वाला भोजन

D. पानी

Q.44 .... मानव शरीर में कार्बोहाइड्रेट या प्रोटीन द्वारा प्रदान की जाने वाली ऊर्जा से दोगुने से अधिक प्रदान करते हैं।

A. विटामिन   **B.** वसा

C. खनिज पदार्थ   **D.** स्टार्च

Q.45 एनजाइना का कारण क्या है?

A. फेफड़ों तक अपर्याप्त रक्त पहुँचना

B. मस्तिष्क तक अपर्याप्त रक्त पहुँचना

C. हृदय की मांसपेशियों तक अपर्याप्त रक्त पहुँचना

D. पैर की मांसपेशियों तक अपर्याप्त रक्त पहुँचना

Q.46 रोगी की स्थिति की जांच करते समय आपकी पहली कार्रवाई क्या होती है?

A. सांस लेने की जाँच करें

B. बीमा के लिए जाँच करें

C. पीड़ित से बात करें और उसके कंधे हिलाएं

D. बाहरी चोटों की जाँच करें

Q.47 आप सांस लेने की जांच कैसे करते हैं?

A. सुनना

B. बढ़ती छाती की तलाश करें

C. गाल से महसूस करो

D. देखो, सुनो और महसूस करो

Q.48 एक कवर बैंडेज के लिए क्या आवश्यकताएं हैं?

A. यह किसी भी तरल पदार्थ को अवशोषित नहीं कर सकता

B. यह 1 वर्ष से अधिक पुराना नहीं हो सकता

C. यह साफ होना चाहिए

D. इनमें से कोई नहीं

Q.49 एक यात्री को मधुमक्खी ने काट लिया है। डंक अभी भी त्वचा के नीचे है और एनाफिलेक्टिक सदमे को रोकने के लिए इसे हटाने की जरूरत है। इसके बाद क्या करेंगे?

A. साफ चिमटी की एक जोड़ी का उपयोग करके दंश निकालें

B. पिन की सहायता से डंक निकालें

C. इसे निकालने के लिए चाकू का इस्तेमाल करें

D. ये सभी

Q.50 निम्नलिखित में से किस जले हुए पीड़ितों के लिए आपको तुरंत अपने स्थानीय आपातकालीन फोन नंबर पर कॉल करना चाहिए?

A. गर्म कॉफी से हाथ जला चुका 40 साल का शख्स

B. एक 68 वर्षीय महिला जिसके हाथों और बाहों पर छाले पड़ गए हैं

C. एक 26 वर्षीय महिला जिसके कंधों पर सनबर्न है

D. ऊपर के सभी

Q.51 जब किसी पीड़ित के सिर और रीढ़ की हड्डी में चोट लगती है तो आपको क्या संदेह करना चाहिए:

A. बिजली गिरने से जुड़ी एक घटना

B. अज्ञात कारणों से बेहोश मिला व्यक्ति

C. पीड़ित की ऊंचाई से अधिक ऊंचाई से गिरना

D. ऊपर के सभी

Q.52 कुत्ते के काटने के बाद घाव को साफ करना चाहिए:

[UPPSC Staff Nurse, 2017]

A. हाइड्रोजन पेरॉक्साइड   **B.** टिंचर आयोडीन

C. साबुन एवं पानी   **D.** क्लोरहेक्सिडीन

Q.53 श्वास संबंधी आपात स्थिति निम्न कारणों से हो सकती है:

A. अस्थमा या एलर्जी की प्रतिक्रिया

B. हाइपरवेंटिलेशन

C. छाती में मांसपेशियों या हड्डी में चोट लगना

D. ऊपर के सभी

Q.54 निम्नलिखित में से मनुष्य की कौन सी ग्रंथि 3 से अधिक हार्मोन स्रावित करती है?

[CTET Paper-II (Science & Mathematics), 2021]

A. अग्न्याशय
B. थायरॉइड
C. अधिवृक्क
D. पीयूष ग्रंथि

Q.55 वृक्काणु_____ से जुड़े होते हैं।
A. श्वसन प्रणाली
B. तंत्रिका तंत्र
C. परिसंचरण तन्त्र
D. उत्सर्जन तंत्र

Q.56 मूत्र त्याग करने से पहले वह मानव शरीर के उत्सर्जन तंत्र के किस भाग में संग्रहित होता है?
A. मूत्राशय
B. मूत्रवाहिनी
C. बोमेन्स कैप्सूल
D. मूत्रमार्ग

Q.57 किसी रक्तवाहिका दीवार के कमजोर हिस्से में उभार आने पर एक थैली-सा बन जाता है, उसे क्या कहते हैं?

[UPPSC Staff Nurse, 2017]

A. एथिरोस्क्लेरोसिस
B. एन्यूरिज्म
C. एनास्टोमोसिस
D. आर्टिरियोस्केलेरोसिस

Q.58 श्वसन के दौरान गैसीय विनिमय _____ में होता है।
A. फेफड़े और एल्वियोली
B. ट्रेकिआ और स्वरयंत्र
C. एल्वियोली और गले
D. गले और फेफड़े

Q.59 गर्मी, स्पर्श, ठंड और दबाव का केंद्र किसमें होता हैं:
A. ललाट भाग
B. पश्चकपाल भाग
C. पार्श्विक भाग
D. ललाट के साथ साथ पश्चकपाल भाग दोनों

Q.60 केंद्रीय तंत्रिका तंत्र में निम्न शामिल हैं:
A. मस्तिष्क और रीढ़ की हड्डी
B. हृदय और फेफड़े
C. मस्तिष्क और हृदय
D. हृदय और रीढ़ की हड्डी

Q.61 कोशिका विभाजन में चरण जिसमें G1 प्रावस्था, S प्रावस्था, G2 प्रावस्था शामिल हैं:
A. मध्यावस्था
B. पूर्वावस्था
C. पश्चावस्था
D. अंतरावस्था

Q.62 जिन जन्तुओं में कोशिकाएं तीन भ्रूणिक परतों में व्यवस्थित होती हैं उन्हें _____ कहा जाता है।
A. डिप्लोब्लास्टिक
B. एक्टोडर्म
C. त्रिपोब्लास्टिक
D. एंडोडर्म

Q.63 नर्स प्रसव में महिला का आकलन कर रही है। वह जानता है कि भ्रूण की मंदनाड़ी तब होती है जब हृदय गति _____ से कम हो जाती है।
A. 100 बीट प्रति मिनट
B. 120 बीट प्रति मिनट
C. 110 बीट प्रति मिनट
D. 130 बीट प्रति मिनट

Q.64 नर्स गर्भवती रोगी में भ्रूण की हृदय गति का आकलन कर रही है। नर्स प्रति मिनट 82 बीट की नाड़ी रिकॉर्ड करती है। नर्स को _____ चाहिए।
A. एक और डॉप्लर डिवाइस आज़माएं
B. डॉप्लर की सतह पर सेहक जोड़ें
C. तुरंत चिकित्सक को बुलाओ
D. डॉप्लर डिवाइस ले जाएँ

Q.65 नर्स अपने श्रमिक रोगी पर एक ग्रीवा परीक्षा पूरी करती है। वह निर्धारित करती है कि उसके रोगी के गर्भाशय ग्रीवा की लंबाई 1 सेमी है। नर्स इस लंबाई का वर्णन कैसे करेगी?

A. 30% मिटा दिया
B. 25% मिटा दिया
C. 50% मिटा दिया
D. 100% मिटा दिया

Q.66 नर्स एक स्वस्थ बच्ची को जन्म देने में स्वास्थ्य सेवा टीम की मदद करती है। प्लेसेंटा की डिलीवरी पर, नर्स ने नोटिस किया कि यह 100% बरकरार नहीं है। नर्स की पहली चिंता क्या है?
A. फुफ्फुसीय अंतःशल्यता
B. गहरी नस घनास्रता
C. रक्तस्राव
D. ऊतक छिड़काव

Q.67 निम्नलिखित में से कौन एंडोमेट्रियोसिस के जोखिम को बढ़ाता है?
A. व्यायाम की कमी
B. अंतर्गर्भाशयी डिवाइस (आईयूडी) की उपस्थिति
C. एंडोमेट्रियोसिस का पारिवारिक इतिहास
D. ये सभी

Q.68 एक लेबर और डिलीवरी नर्स एक गर्भवती क्लाइंट की देखभाल कर रही है जो संकुचन का अनुभव कर रही है और भ्रूण के दिल की टोन के साथ-साथ गर्भाशय के संकुचन को मापने के लिए बाहरी टोकोडाइनमोमीटर पर है। नर्स ने नोट किया कि संकुचन के अलग-अलग समय में भ्रूण की हृदय गति में कमी होती है।
A. श्रम का तीसरा चरण
B. संकुचन के दौरान भ्रूण के सिर का संपीड़न
C. घटी हुई पिटोसिन जलसेक के प्रभाव
D. एक प्रोलैप्सड गर्भनाल या नूकल कॉर्ड

Q.69 निम्नलिखित में से कौन सा नैदानिक लक्षण रोगी की मृत्यु की स्थिति की पुष्टि करने से संबंधित नहीं है?
A. नाड़ी का कोई सबूत नहीं
B. अंगों की हलचल
C. (A) और (B) दोनों
D. इनमें से कोई नहीं

Q.70 एक समुदाय में एक बच्चा है जिसके पैर में चोट है और वह हिल नहीं सकता। उस सामुदायिक क्षेत्र में चल रहे स्वास्थ्य देखभाल कार्यक्रम की सहायता करने वाली नर्स को निचले प्रभावित पैर में सूजन दिखाई देती है। निम्नलिखित में से किस पर नर्स को संदेह है कि यह बच्चे के लक्षणों का कारण है?
A. टिबिया का संभावित फ्रैक्चर
B. जठराग्रि की मांसपेशी का उखड़ना
C. पैर की त्रिज्या का संभावित फ्रैक्चर
D. इनमें से कोई नहीं

Q.71 एनआरएचएम के तहत एक आशा निम्न जनसंख्या को कवर करती है:
A. 500
B. 1000
C. 2000
D. 4000

Q.72 समुदाय में बीमारी के ऐसे कई मामलों का होना जो असामान्य रूप से बड़े या अप्रत्याशित हों:
A. स्थानिक
B. महामारी
C. वैश्विक महामारी
D. संक्रमण

Q.73 एक प्रभावी सार्वजनिक स्वास्थ्य अभियान को क्या प्रभावी बनाता है?
A. संदेशों को समूहीकृत करना
B. एकल व्यापक संचार उद्देश्य के आसपास की गतिविधियाँ
C. अच्छी तरह से परिभाषित लक्षित दर्शक
D. उपरोक्त सभी

Q.74 भारतवर्ष में मां की मृत्यु का मुख्य कारण है:

[UPPSC Staff Nurse, 2017]

A. बाधित जन्म प्रक्रिया
B. रक्ताल्पता
C. रक्तस्राव
D. इनमें से कोई नहीं

Q.75 विश्व स्वास्थ्य संगठन के अनुसार निम्नतम जन्म भार का आशय होता है:

A. 2.8 किग्रा से कम
B. 2.7 किग्रा से कम
C. 2.5 किग्रा से कम
D. 2.3 किग्रा से कम

Q.76 बच्चे में सबसे पहले दांत विकसित होते है:

A. अग्रचर्वणक
B. कृन्तक
C. रदनक
D. तीसरा दाढ़

Q.77 एक बच्चा कॉपी कर सकता है:

A. 2 वर्ष
B. 1.5 वर्ष
C. 4 वर्ष
D. 3 वर्ष

Q.78 एक बच्चे को ब्रांज बेबी सिंड्रोम के लिए देखना चाहिए, जब उसे मिल रही हो:

[UPPSC Staff Nurse, 2017]

A. इम्यून थेरेपी
B. केमो थेरेपी
C. फोटो थेरेपी
D. रेडिएशन थेरेपी

Q.79 बच्चों में विल्म्स ट्यूमर किस अंग को प्रभावित करता है?

[UPPSC Staff Nurse, 2017]

A. फेफड़े
B. वृक्क
C. मस्तिष्क
D. आंत

Q.80 'दस का नियम' लागू होता है:

[UPPSC Staff Nurse, 2017]

A. कटे होंठ
B. एम्परफोरेट एनस
C. टी.ई.एफ
D. सी.एच.डी.

General Aptitude / Reasoning / General Awareness / Basic Computer knowledge

Q.81 एक वर्ग का परिमाप $24\sqrt{2}$ सेमी है। इसका विकर्ण है:

[HTET TGT Mathematics, 2020]

A. $6\sqrt{2}$ सेमी
B. $8\sqrt{2}$ सेमी
C. 8 सेमी
D. 12 सेमी

Q.82 एक कक्षा में छात्रों द्वारा प्राप्त किए गए औसत अंक 43 हैं। यदि 25 लड़कों द्वारा प्राप्त किए गए औसत अंक 40 हैं और लड़कियों द्वारा प्राप्त औसत अंक 48 हैं, तो कक्षा में लड़कियों की संख्या क्या है?

[Territorial Army Officer, 2019]

A. 20
B. 25
C. 15
D. 10

Q.83 46 रुपये में वस्तु बेचने पर दुकानदार को 8% की हानि होती है। 6% लाभ प्राप्त करने के लिए, वस्तु का विक्रय मूल्य क्या होना चाहिए?

A. 65 रुपये
B. 56 रुपये
C. 53 रुपये
D. 85 रुपये

Q.84 निर्देश: निम्न प्रश्न में प्रश्नवाचक चिह्न '?' के स्थान पर क्या आएगा?

$$\sqrt{324} + 9^2 - 7^2 = 2 \times (?)^2$$

A. 25
B. 5
C. 10
D. 125

Q.85 दो धनात्मक संख्याओं का योग 240 है और उनका महत्तम समापवर्तक 15 है। दी गई स्थिति को संतुष्ट करने वाली संख्याओं के जोड़ों की संख्या ज्ञात कीजिए।

A. 8
B. 2
C. 4
D. 5

Q.86 एक निश्चित कोड भाषा में, "CARRYCOT" को "EYTPAAQR" लिखा जाता है। इसी कोड भाषा में "CALAMITY" को किस प्रकार लिखा जायेगा?

A. EYNYOGWV
B. EYNYOGRW
C. EYNYORWG
D. EYNYOGVW

Q.87 निर्देश: दिए गए कथन (कथनों) और निष्कर्षों को ध्यानपूर्वक पढ़िये और चयन कीजिए कि कौन से निष्कर्ष दिए गये कथनों का तार्किक रूप से अनुसरण करता है।

कथन:

सभी पेंट दीवार हैं।

कोई दीवार लम्बी नहीं है।

निष्कर्ष:

I. कोई पेंट लम्बा नहीं है।

II. कुछ पेंट लम्बे हैं।

A. केवल I अनुसरण करता है
B. केवल II अनुसरण करता है
C. दोनों I और II अनुसरण करते हैं
D. न तो I और न ही II अनुसरण करता है

Q.88 'कंगन' का संबंध 'आभूषण' से उसी प्रकार है जैसे 'लौंग' का संबंध '______' से है।

[SSC CHSL (Combined Higher Secondary Level), 2021]

A. स्वाद
B. मसाले
C. खाना बनाना
D. रसोईघर

Q.89 निर्देश: निम्नलिखित प्रश्न में, एक कथन और उसके बाद I और II से अंकित दो निष्कर्ष दिए गये हैं। आपको दिए गये कथनों को सत्य मानना है, भले ही वे ज्ञात तथ्यों से अलग प्रतीत होते हों। निर्णय कीजिए कि दिये गये निष्कर्षों में से कौन-सा निष्कर्ष कथन का तार्किक रूप से अनुसरण करता है।

कथन: पौष्टिक भोजन का सेवन डॉक्टर को दूर रखने का एकमात्र तरीका है।

निष्कर्ष:

I. डॉक्टर जल्द ही नौकरी से बाहर हो जाएंगे।

II. पौष्टिक भोजन डॉक्टर को दूर नहीं रखता है।

A. केवल निष्कर्ष I अनुसरण करता है।
B. I और II दोनों अनुसरण करते हैं
C. न तो I और न ही II अनुसरण करता है
D. केवल निष्कर्ष II अनुसरण करता है

Q.90 निर्देश: निम्नलिखित चार अक्षर-समूहों में से तीन एक निश्चित तरीके से एक समान हैं और एक अलग है। विषम को चुनिए।

A. SUWY
B. HJLN
C. CEGI
D. PRSU

Q.91 काजीरंगा राष्ट्रीय उद्यान ______ के लिए प्रसिद्ध है।

A. एक सींग वाला गैंडा
B. शेर
C. दलदल हिरण (बरसिंघा)
D. हाथी

Q.92 रसायन विज्ञान में 2022 का नोबेल पुरस्कार संयुक्त रूप से कैरोलिन बर्टोज़ी, मॉर्टन मेल्डाल, बैरी शार्पलेस को क्लिपिंग अणुओं पर उनके काम के लिए दिया गया है। इनमें से किसने पहले भी 2001 में रसायन विज्ञान में नोबल पुरस्कार जीता है?

A. कैरोलिन बर्टोज़ी
B. मॉर्टन मेल्डाल
C. बैरी शार्पलेस
D. इनमें से कोई नहीं

Q.93 निम्नलिखित में से किस खेल में, 'क्रॉल', 'ब्रेस्टस्ट्रोक' और 'बटरफ्लाई' शब्द का इस्तेमाल किया जाता है?

A. तैराकी
B. शूटिंग
C. टेनिस
D. बैडमिंटन

Q.94 किस केंद्रीय मंत्री ने 24 जुलाई 2022 को अखिल भारतीय आयुर्वेद संस्थान (एआईआईए) में 'बाल रक्षा' मोबाइल ऐप लॉन्च किया?

A. सर्बानंद सोनोवाल　　　　**B.** अनुराग ठाकुर
C. अमित शाह　　　　　　　**D.** राजनाथ सिंह

Q.95 झोरा लोक नृत्य किस राज्य का है?

A. उत्तराखंड　　**B.** कर्नाटक　　**C.** असम　　**D.** राजस्थान

Q.96 विंडोज़ XP में, XP का क्या अर्थ है?

A. एक्स्ट्रा-पावरफुल　　　　**B.** एक्सपीरियंस
C. एक्सटेंडेड प्लेटफार्म　　　**D.** एक्सपीरियंस प्लेटफार्म

Q.97 _______ एक सॉफ्टवेयर प्रोग्राम है जो हमें इंटरनेट का उपयोग करने और हमारे कंप्यूटर पर वेब पेज देखने की अनुमति देता है।

A. कंप्यूटर प्रोग्राम　　　　**B.** इंटरनेट प्रोटोकॉल
C. वेब ब्राउज़र　　　　　　**D.** वेबसाइट

Q.98 जब भी उपयोगकर्ता कोई वेबसाइट खोलता है तो मेन पेज कहलाता है:

A. बैकएंड पेज　　　　　　**B.** डेड एंड
C. होम पेज　　　　　　　**D.** इनमें से कोई नहीं

Q.99 _______ को सहायक मेमोरी भी कहा जाता है।

A. सेकेंडरी मेमोरी　　　　**B.** तृतीयक मेमोरी
C. प्राइमरी मेमोरी　　　　**D.** कैश मेमोरी

Q.100 _______ ऐसे कंप्यूटर प्रोग्राम हैं जो हमलावरों द्वारा आपके कंप्यूटर पर रूट या एडमिनिस्ट्रेटिव एक्सेस प्राप्त करने के लिए डिज़ाइन किए गए हैं।

A. बैकडोर　　**B.** रूटकिट　　**C.** मैलवेयर　　**D.** एंटीवेयर

// स्मार्ट उत्तर पुस्तिका //

सही उत्तर   उन छात्रों के प्रतिशत को इंगित करता है जिन्होंने प्रश्नों का सही उत्तर दिया था।

छोड़ दिया   उन छात्रों के प्रतिशत को इंगित करता है जिन्होंने प्रश्नों को छोड़ दिया था।

प्रश्न संख्या	उत्तर	सही उत्तर / छोड़ दिया	प्रश्न संख्या	उत्तर	सही उत्तर / छोड़ दिया	प्रश्न संख्या	उत्तर	सही उत्तर / छोड़ दिया	प्रश्न संख्या	उत्तर	सही उत्तर / छोड़ दिया	प्रश्न संख्या	उत्तर	सही उत्तर / छोड़ दिया
1	B	51.33 % / 1.66 %	17	D	43.66 % / 1.84 %	33	B	40.05 % / 1.85 %	49	A	57.75 % / 1.14 %	65	C	40.18 % / 1.64 %
2	D	82.52 % / 0.0 %	18	A	60.17 % / 1.3 %	34	D	67.52 % / 1.21 %	50	B	32.68 % / 4.98 %	66	C	79.37 % / 0.0 %
3	C	62.39 % / 1.45 %	19	A	78.95 % / 0.0 %	35	D	29.21 % / 4.48 %	51	D	61.28 % / 1.47 %	67	D	54.56 % / 1.41 %
4	C	53.99 % / 1.18 %	20	B	55.71 % / 1.42 %	36	C	60.41 % / 1.77 %	52	C	55.89 % / 1.79 %	68	D	13.45 % / 3.11 %
5	D	31.41 % / 3.88 %	21	C	28.85 % / 4.93 %	37	B	57.01 % / 1.06 %	53	D	84.48 % / 0.0 %	69	B	87.04 % / 0.0 %
6	C	50.84 % / 1.19 %	22	A	53.48 % / 1.42 %	38	A	67.1 % / 1.59 %	54	D	50.63 % / 1.24 %	70	A	68.73 % / 1.91 %
7	C	59.97 % / 1.7 %	23	D	47.27 % / 1.93 %	39	C	54.31 % / 1.24 %	55	D	69.36 % / 1.58 %	71	B	41.37 % / 1.18 %
8	B	58.76 % / 1.22 %	24	C	21.49 % / 3.66 %	40	A	21.96 % / 3.28 %	56	A	23.43 % / 4.73 %	72	B	51.75 % / 1.84 %
9	C	66.72 % / 1.04 %	25	B	20.67 % / 4.5 %	41	C	78.15 % / 0.0 %	57	B	54.38 % / 1.2 %	73	D	58.72 % / 1.77 %
10	B	79.35 % / 0.0 %	26	D	59.7 % / 1.65 %	42	B	55.96 % / 1.72 %	58	A	43.32 % / 1.83 %	74	C	77.09 % / 0.0 %
11	D	45.36 % / 1.7 %	27	A	45.24 % / 1.24 %	43	D	47.78 % / 1.75 %	59	C	49.98 % / 1.27 %	75	C	62.84 % / 1.39 %
12	D	68.35 % / 1.84 %	28	C	48.32 % / 1.94 %	44	B	42.64 % / 1.97 %	60	A	55.12 % / 1.21 %	76	B	65.79 % / 1.48 %
13	B	47.39 % / 1.06 %	29	C	69.34 % / 1.91 %	45	C	89.26 % / 0.0 %	61	D	65.68 % / 1.24 %	77	D	45.52 % / 1.87 %
14	A	51.67 % / 1.77 %	30	D	68.07 % / 1.76 %	46	C	55.89 % / 1.43 %	62	C	63.2 % / 1.93 %	78	C	86.0 % / 0.0 %
15	A	50.83 % / 1.99 %	31	C	61.03 % / 1.91 %	47	D	79.68 % / 0.0 %	63	C	59.88 % / 1.45 %	79	B	44.47 % / 1.84 %
16	—	67.36 % / 1.89 %	32	D	47.48 % / 1.66 %	48	C	76.12 % / 0.0 %	64	D	53.77 % / 1.86 %	80	A	45.63 % / 1.86 %

प्रश्न संख्या	उत्तर	सही उत्तर / छोड़ दिया
81	D	88.76 % / 0.0 %
82	C	80.79 % / 0.0 %
83	C	83.01 % / 0.0 %
84	B	82.26 % / 0.0 %

प्रश्न संख्या	उत्तर	सही उत्तर / छोड़ दिया
85	C	77.51 % / 0.0 %
86	D	83.68 % / 0.0 %
87	A	83.48 % / 0.0 %
88	B	76.75 % / 0.0 %

प्रश्न संख्या	उत्तर	सही उत्तर / छोड़ दिया
89	C	82.94 % / 0.0 %
90	D	86.64 % / 0.0 %
91	A	89.48 % / 0.0 %
92	C	81.28 % / 0.0 %

प्रश्न संख्या	उत्तर	सही उत्तर / छोड़ दिया
93	A	66.63 % / 1.38 %
94	A	54.46 % / 1.07 %
95	A	60.15 % / 1.37 %
96	B	76.33 % / 0.0 %

प्रश्न संख्या	उत्तर	सही उत्तर / छोड़ दिया
97	C	84.94 % / 0.0 %
98	C	69.42 % / 1.91 %
99	A	64.96 % / 1.93 %
100	B	88.01 % / 0.0 %

कार्य विश्लेषण

औसत अंक (%)	36.0%
टॉपर्स स्कोर (%)	69.0%
आपका स्कोर	

//संकेत और समाधान//

1. 'पंचर साइट पर पल्स डिस्टल की जाँच करना' कार्डियक कैथीटेराइजेशन के बाद क्लाइंट की देखभाल करते समय नर्सिंग क्रिया सबसे महत्वपूर्ण है।

- कार्डियक कैथीटेराइजेशन एक इनवेसिव प्रक्रिया है जिसका उपयोग कोरोनरी धमनियों की असामान्यताओं से संबंधित बीमारी के निदान और उपचार के लिए हृदय कक्षों, दीवारों और महान वाहिकाओं की कल्पना करने के लिए किया जाता है।
- इस प्रक्रिया में पेरीफेरल शिरा/धमनी में एक लंबा, लचीला, रेडियो-अपारदर्शी कैथेटर डालना और इसे फ्लोरोस्कोपी या एंजियोग्राफी के तहत निर्देशित करना शामिल है।
- संकेत ऑक्सीजन संतृप्ति, इंट्रा-कार्डियक प्रेशर; वेंट्रिकुलर फंक्शन, वाल्वुलर इंसफ्फीसिएन्सी और स्टेनोसिस, सेप्टल डिफेक्ट, कंजेनिटल अब्नोर्मलिटीज़, और मायोकार्डियल फंक्शन का आकलन करने के लिए हैं।

अतः विकल्प (B) सही है।

2. यदि ग्लूकोमा का उपचार नहीं किया जाता है तो यह अंधेपन की ओर ले जाता है। ग्लूकोमा आंखों की स्थिति का एक समूह है जो ऑप्टिक तंत्रिका को नुकसान पहुंचाता है। यह क्षति अक्सर आपकी आंख में असामान्य रूप से उच्च दबाव के कारण होती है। ग्लूकोमा 60 वर्ष से अधिक उम्र के लोगों के लिए अंधेपन के प्रमुख कारणों में से एक है।

अतः विकल्प (D) सही है।

3. हार्टबर्न एक हाइटल हर्निया का मुख्य नैदानिक लक्षण है। हाइटल हर्निया एक ऐसी स्थिति है जिसमें आपके पेट का ऊपरी हिस्सा आपके डायफ्राम में एक उद्घाटन के माध्यम से उभरता है। यह किसी भी उम्र और किसी भी लिंग के लोगों को हो सकता है। एक हाइटल हर्निया में हमेशा लक्षण नहीं होते हैं, लेकिन जब ऐसा होता है तो वे गर्ड के लक्षणों के समान होते हैं।

अतः विकल्प (C) सही है।

4. पहले 24 घंटों में जलने की चोट के प्रबंधन का सबसे महत्वपूर्ण पहलू तरल पदार्थ का पुनर्जीवन है। तरल पदार्थ का पुनर्जीवन के लक्ष्यों में रक्तस्राव को नियंत्रित करना, खोए हुए रक्त की मात्रा को, ऊतक द्रवनिवेशन और अंग कार्य को पुनः प्राप्त करना शामिल है।

अतः विकल्प (C) सही है।

5. नेफ्रोटिक सिंड्रोम: यह प्रोटीनूरिया, हाइपोप्रोटीनेमिया एडिमा और हाइपरकोलेस्ट्रोलेमिया द्वारा विशेषित एक प्राथमिक ग्लोमेरुलर रोग है।

नेफ्रोटिक सिंड्रोम के कारण:

- मेम्ब्रेनस नेफ्रोपैथी
- ग्लोमेरुलोनेफ्राइटिस
- एमिलॉयडोसिस
- गुर्दे की नलिकाओं में रुधिर का थक्का जमना
- डाइबिटिक किडनी डिजीज

लक्षण:

- वजन बढ़ना
- थका हुआ महसूस करना
- एपनिया
- पैरों में सूजन

अतः विकल्प (D) सही है।

6. एपेंडिसाइटिस के रोगी के उपचार में अपेंडिक्स का सर्जिकल निष्कासन शामिल है। और इस प्रक्रिया को एपेंडेक्टोमी कहा जाता है। लगभग 2 से 4 इंच

(5 से 10 सेंटीमीटर) लंबे (लैपरोटॉमी) पेट के एक चीरे का उपयोग करके एपेंडेक्टोमी को खुली सर्जरी के रूप में किया जा सकता है। या सर्जरी कुछ छोटे पेट चीरों (लैप्रोस्कोपिक सर्जरी) के माध्यम से की जा सकती है। लैप्रोस्कोपिक एपेंडेक्टोमी के दौरान, सर्जन आपके अपेंडिक्स को हटाने के लिए आपके पेट में विशेष सर्जिकल उपकरण और एक वीडियो कैमरे का उपयोग किया जाता है।

अतः विकल्प (C) सही है।

7. जोन को ऑस्टियोपोरोसिस है। उसे फ्रैक्चर होने का खतरा बढ़ जाता है। 'ऑस्टियोपोरोसिस' शब्द का अर्थ है 'छिद्रपूर्ण हड्डी।' यह एक ऐसी बीमारी है जो हड्डियों को कमजोर कर देती है, और यदि आपको यह है, तो आपको अचानक और अप्रत्याशित अस्थि फ्रैक्चर होने का अधिक खतरा होता है। ऑस्टियोपोरोसिस का मतलब है कि आपके पास हड्डियों का द्रव्यमान और ताकत कम है।

अतः विकल्प (C) सही है।

8. कुब्जता वक्षीय गुहा का एक असामान्य वक्रता या गोलाई है।

- रीढ़ की हड्डी उलटी C-आकार की होती है।
- पीठ मुड़ी हुई प्रतीत होती है।
- कुब्जता के लक्षण:
- पीठ दर्द
- पीठ के ऊपरी हिस्से में अकड़न
- ध्यान देने योग्य वक्र

अतः विकल्प (B) सही है।

9. प्रत्येक शरीर प्रणाली का मूल्यांकन निरीक्षण से शुरू होता है। यह सबसे अधिक इस्तेमाल की जाने वाली तकनीक है और यह किसी भी अन्य तकनीक की तुलना में अधिक प्रकट कर सकती है। निरीक्षण दृश्य परीक्षा है, अर्थात दृष्टि की भावना का उपयोग करके मूल्यांकन करना। शरीर की सतहों की नमी, रंग और बनावट के साथ-साथ शरीर के आकार, स्थिति, आकार, रंग और समरूपता का आकलन करने के लिए नर्सें अक्सर दृश्य निरीक्षण का उपयोग करती हैं।

आपके शारीरिक मूल्यांकन की अन्य तकनीकें हैं:

- पैल्पेशन
- श्रवण
- टकराव

अतः विकल्प (C) सही है।

10. ऐल्कोहॉल आधारित हाथ धोने के लिए हाथ रगड़ने का समय 15 से 30 सेकेंड होता है।

- हाथ धोना एक मूलभूत प्रक्रिया है जो सभी स्वास्थ्य देखभाल कर्मियों द्वारा की जाती है।
- संक्रमण से बचाव के लिए हमें 15 से 30 सेकेंड तक हाथों को रगड़ना चाहिए।
- यह चिकित्सक और शल्य चिकित्सा रगड़ से अलग है।
- शल्य चिकित्सा हाथ प्रतिपूर्ति में 2 से 6 मिनट लगते हैं।
- ऐल्कोहॉल के साथ चिकित्सक रगड़ 15 से 30 सेकंड के लिए की जाती है।

अतः विकल्प (B) सही है।

11. दुर्लभ रोगों की अत्यधिक विशिष्ट उपचार प्रक्रिया में स्वास्थ्य सेवा प्रदाताओं की अपर्याप्त विशेषज्ञता एक बड़ी समस्या साबित हुई। यहां अक्सर मरीज अपनी बीमारी का विशेषज्ञ बन जाता है। इसलिए, हमने दुर्लभ बीमारियों वाले

रोगियों के बीच व्यापक रूप से अनुभवी संचार पैटर्न के रूप में रोगी-निर्देशित बातचीत की पहचान की।

संचार के लिए एक रोगी-केंद्रित दृष्टिकोण समस्या की एक साझा समझ, उपचार के लक्ष्यों और उस उपचार और कल्याण के लिए बाधाओं को विकसित करने के लिए पूरे व्यक्ति, उनके व्यक्तित्व, जीवन इतिहास और सामाजिक संरचना को स्वीकार करना है।

अत: विकल्प (D) सही है।

12. डराने-धमकाने की संस्कृति, जो डराने-धमकाने वाली या कृपालु व्यवहार करने वाली हो सकती है, नर्सों, मरीजों और चिकित्सकों को प्रभावित करती है।

डराना या प्रताड़ना असामाजिक व्यवहार का एक व्यक्तिगत रूप है, विशेष रूप से विशेष व्यक्तियों के उद्देश्य से। लोग दिन-ब-दिन बार-बार होने वाली घटनाओं और डराने-धमकाने और उत्पीड़न की समस्याओं का अनुभव करते हैं।

अत: विकल्प (D) सही है।

13. सांकेतिक भाषा एक ऐसी भाषा है जो ध्वनिक रूप से प्रसारित ध्वनि प्रतिरूप के विपरीत, अर्थ व्यक्त करने के लिए मैनुअल संचार और शरीर के हाव भाव का उपयोग करती है।

- इसमें वक्ता के विचारों को स्पष्ट रूप से व्यक्त करने के लिए हाथों, बाहों या शरीर के आकार, अभिविन्यास और गति, और चेहरे के भावों को एक साथ शामिल करना हो सकता है। जबकि वे बोली जाने वाली भाषाएँ मुख्य रूप से ध्वनि पर निर्भर करती हैं।

- इस भाषा के प्रयोग से व्यक्ति बिना शब्दों के अपनी भावनाओं को व्यक्त कर पाता है।

- सांकेतिक भाषा का उपयोग करने के लिए, व्यक्ति हाथों, उंगलियों, इशारों या चेहरे के भावों की मदद से अपनी बात समझाता है।

- इस भाषा का प्रयोग ज्यादातर वे लोग करते हैं जो मुंह से गूंगे हैं। बधिर बच्चों को अलग तरह से प्रशिक्षित किया जाता है ताकि वे बेहतर भविष्य के निर्माण के लिए इस भाषा का उपयोग कर सकें।

- सांकेतिक भाषाओं में, एक ही हावभाव के कई अर्थ होते हैं।

अत: विकल्प (B) सही है।

14. सूचित सहमति स्वैच्छिक अनुमति है जो एक रोगी या रोगी का कानूनी प्रतिनिधि चिकित्सक या अधिकृत स्वास्थ्य सेवा प्रदाता को प्रस्तावित परीक्षण, दवा या उपचार के जोखिमों, लाभों और विकल्पों से अवगत होने के बाद उस रोगी को या उसके लिए कुछ करने के लिए देता है। .

सूचित सहमति आपके और आपके स्वास्थ्य देखभाल प्रदाता के बीच संचार की एक प्रक्रिया है जो अक्सर देखभाल, उपचार या सेवाओं के लिए सहमति या अनुमति की ओर ले जाती है। प्रत्येक रोगी को प्रक्रियाओं और उपचारों से पहले जानकारी प्राप्त करने और प्रश्न पूछने का अधिकार है।

अत: विकल्प (A) सही है।

15. संचार में ब्रेकडाउन चिकित्सा त्रुटियां, कदाचार के मुकदमे और एचआईपीएए उल्लंघन का कारण बन सकता है।

एक उपकरण की विफलता मशीनरी के एक टुकड़े को कवर करती है जब यह आंतरिक खराबी या टूटे हुए हिस्से के कारण काम करना बंद कर देता है, उस उपकरण की मरम्मत या प्रतिस्थापन की आवश्यकता होती है।

अत: विकल्प (A) सही है।

16. स्वास्थ्य शिक्षा व्यक्तिगत दृष्टिकोण, समूह दृष्टिकोण और जन दृष्टिकोण द्वारा की जाती है।

- व्यक्तियों को सिखाने के लिए, हमें कौशल विकसित करना चाहिए और लोगों (शिक्षार्थियों) का विश्वास हासिल करने के लिए पर्याप्त ज्ञान होना चाहिए। सबसे पहले नर्स को स्वस्थ जीवन के सिद्धांतों

का अभ्यास करके एक अच्छा उदाहरण स्थापित करना चाहिए। उदाहरण शिक्षण का एक अच्छा तरीका है।

- समूह स्वास्थ्य शिक्षा समुदाय को शिक्षित करने का एक प्रभावी तरीका है। विषय का चुनाव बहुत महत्वपूर्ण है, इसका सीधा संबंध समूह स्वास्थ्य के हित से होना चाहिए।

- आम जनता की शिक्षा के लिए, हम "संचार के जन दृष्टिकोण - पोस्टर, स्वास्थ्य पत्रिकाएं, फिल्म, रेडियो, टेलीविजन, स्वास्थ्य प्रदर्शनियों और स्वास्थ्य संग्रहालयों को नियोजित करते हैं।

अत: विकल्प (D) सही है।

17. इलेक्ट्रॉनिक मेडिकल रिकॉर्ड में HIPAA अनुपालन सुनिश्चित करना महत्वपूर्ण है क्योंकि रोगी की जानकारी विभिन्न तकनीकों के माध्यम से इलेक्ट्रॉनिक रूप से संग्रहीत और आदान-प्रदान की जाती है, सुरक्षा उल्लंघन होते हैं, और संवेदनशील रोगी जानकारी सहित ई-मेल पते का अनजाने में वितरण हो सकता है।

HIPAA आज्ञाकारी रोगी संचार-

- मेल: डाक द्वारा पीएचआई भेजते समय, आपको या तो प्रमाणित मेल या ऐसी ही किसी अन्य सेवा का उपयोग करना चाहिए जिसमें हस्ताक्षर की आवश्यकता हो।

- फ़ोन: ईमेल के समान, फ़ोन पर PHI को संप्रेषित करने से पहले आपके पास रोगी से लिखित सहमति होनी चाहिए।

अत: विकल्प (D) सही है।

18. जब सेवाएं प्रदान की जाती हैं तो समवर्ती प्रकार का प्राधिकरण उत्पन्न होता है।

मेडिकेयर के दृष्टिकोण से, समवर्ती देखभाल मौजूद है "जहां एक से अधिक चिकित्सक समय की अवधि के दौरान परामर्श सेवाओं की तुलना में अधिक व्यापक सेवाएं प्रदान करते हैं।"

अत: विकल्प (A) सही है।

19. अधिकांश प्रयोगशाला संवर्धन में, मानव रोगजनक 30 से 37°C तापमान पर अच्छी तरह से विकसित होते हैं।

- तापमान एक प्रमुख भौतिक-रासायनिक कारक है जो जीवाणु के वातावरण को प्रभावित करता है, जिससे नैदानिक प्रयोगशालाओं में इन्क्यूबेटरों को अपरिहार्य बना दिया जाता है। मानव रोगजनक आमतौर पर मानव परपोषी अर्थात 350C से 370C के समान तापमान पर अधिक अच्छा प्रजनन करते हैं।

- कई रोगजनक मेसोफाइल (मध्यम तापरागी) होते हैं क्योंकि उनका चयनित तापमान शरीर का तापमान (370C) होता है।

अत: विकल्प (A) सही है।

20. मूल्यांकन के दौरान, नर्सिंग केस मैनेजर को पता चलता है कि रोगी अकेला रहता है, उसके पास घर पर कोई सहारा नहीं है, और जलसेक करने के लिए निपुणता का अभाव है। नर्स का अगला कदम रोगी को घर जाने में आने वाली बाधाओं के बारे में बताना चाहिए और अन्य विकल्पों पर चर्चा करनी चाहिए। घर में अकेले रहना मरीज के लिए खतरनाक हो सकता है। इसलिए नर्स का कर्तव्य रोगी को घर पर अकेले रहने के फायदे और नुकसान के बारे में बताना है।

अत: विकल्प (B) सही है।

21. नर्स प्रबंधक आमतौर पर ऐसे निर्णयों पर पहुंचने के लिए चरणबद्ध तरीके का उपयोग करता है जो तार्किक होते हैं और जिनका उपयोग वांछित उद्देश्य की उपलब्धि को अधिकतम करने के लिए किया जाता है। तर्कसंगत निर्णय लेने वाला मॉडल यह प्रबंधक उपयोग करता है।

सहज निर्णय लेने के विपरीत होने के कारण, निर्णय लेने का तर्कसंगत मॉडल एक ऐसा मॉडल है जहां व्यक्ति निर्णय लेने के लिए तथ्यों और सूचनाओं,

विश्लेषण और चरण-दर-चरण प्रक्रिया का उपयोग करते हैं। निर्णय लेने का तर्कसंगत मॉडल एक अधिक उन्नत प्रकार का निर्णय लेने वाला मॉडल है।

अत: विकल्प (C) सही है।

22. एक नए नर्सिंग पेशेवर विकास व्यवसायी के रूप में, प्रभावी ढंग से कौशल का संचार करने की महारत सबसे महत्वपूर्ण है।

संचार सटीक, सुसंगत और आसान नर्सिंग कार्य के प्रदर्शन में सहायता करता है, रोगी की संतुष्टि और स्वास्थ्य पेशेवर की सुरक्षा दोनों को सुनिश्चित करता है।

अत: विकल्प (A) सही है।

23. मुझे कब तक अभिविन्यास में रहने की उम्मीद करनी चाहिए? आपके लिए अभिविन्यास के बारे में पूछने के लिए प्रश्न सबसे उपयुक्त होगा। अभिविन्यास चेकलिस्ट कर्मचारियों के पहले दिनों को व्यवस्थित रखते हैं और सुनिश्चित करते हैं कि नए कर्मचारी सफल उन्मुखीकरण दिनों का अनुभव करें। इन चेकलिस्ट को कंपनी के बारे में महत्वपूर्ण तैयारी और ज्ञान की आवश्यकता होती है। ये चेकलिस्ट नए कर्मचारियों को नए परिवेश में शीघ्रता से समायोजित करने में सहायता करती हैं।

अत: विकल्प (D) सही है।

24. CNA (प्रमाणित नर्स की सहयोगी) द्वारा प्रदान किए गए कार्यों के लिए लाइसेंस प्राप्त नर्स द्वारा मार्गदर्शन, दिशा, मूल्यांकन और अनुवर्ती कार्रवाई का प्रावधान पर्यवेक्षण है।

हालांकि, पर्यवेक्षण का एक मुख्य उद्देश्य प्रदान की जा रही सेवा की गुणवत्ता को आश्वस्त करना और सेवाओं का उपयोग करने वाले लोगों को संगठन से प्राप्त होने वाली चीज़ों के बारे में कैसा महसूस होता है, इसके बारे में जागरूक होने के कुछ साधन हैं।

अत: विकल्प (C) सही है।

25. एक छात्र नर्स प्रबंधक से पूछता है कि उन्हें SWOT विश्लेषण का उपयोग क्यों करना चाहिए। नर्स प्रबंधक बताते हैं कि रणनीतिक योजना में एक SWOT विश्लेषण उपयोगी है।

एक SWOT विश्लेषण आपको अवसरों को जब्त करने और प्रभावी रणनीति तैयार करने के लिए स्थिति देगा। अपने आंतरिक वातावरण के बारे में एक स्पष्ट और यथार्थवादी दृष्टिकोण प्राप्त करने से आपको ग्राहकों को बेहतर ढंग से संतुष्ट करने, अपने उद्देश्यों को प्राप्त करने और कमजोर क्षेत्रों को मजबूत करने के तरीकों की पहचान करने में मदद मिलेगी जो आपके प्रदर्शन को प्रभावित करते हैं।

अत: विकल्प (B) सही है।

26. COPD वाले रोगी को सांस लेने में कठिनाई हो रही है, तो पहले नर्स को इसका आकलन करना चाहिए।

COPD के व्यापक प्रबंधन के 3 प्रमुख लक्ष्य निम्नलिखित हैं: वायु प्रवाह की सीमा को कम करें। माध्यमिक चिकित्सा जटिलताओं को रोकें और उनका इलाज करें (जैसे, हाइपोक्सिमिया, संक्रमण) श्वसन लक्षणों को कम करें और जीवन की गुणवत्ता में सुधार करें।

अत: विकल्प (D) सही है।

27. एक नर्स यह निर्धारित करती है कि रीढ़ की हड्डी की चोट वाले रोगी के लिए फ्रैक्चर बेडपैन का उपयोग किया जाना चाहिए।

एक फ्रैक्चर बेडपैन में कम बैक होता है जो बेडपैन पर रोगी की पीठ के निचले हिस्से के कार्य को बढ़ावा देता है। विशिष्ट रोगी आबादी के साथ उपयोग में आसानी के लिए फ्रैक्चर पैन का एक सपाट अंत होता है: यानी कूल्हे का फ्रैक्चर, कूल्हे का प्रतिस्थापन, या निचले छोर का फ्रैक्चर। शौचालय का उपयोग करना सभी लिंगों के बीच परेशानी और शर्मिंदगी का स्रोत हो सकता है। अर्ध-निजी कमरे या साझा वार्ड और अस्पताल में भीड़भाड़ रोगी की गोपनीयता के संबंध में एक चुनौती है।

अत: विकल्प (A) सही है।

28. 27-37 डिग्री सेल्सियस टेपिड स्पंजिंग के लिए तापमान है।

- टेपिड स्पंजिंग से तात्पर्य शरीर के ठंडे स्पंजिंग से है जो वाष्पीकरण द्वारा तापमान को कम करने के लिए नल के पानी से किया जाता है।
- टेपिड स्पंज के लिए उपयोग किए जाने वाले पानी का तापमान 80 से 90°F/ या 27 से 37°C होता है।

अत: विकल्प (C) सही है।

29. परिवेक्षण सामुदायिक स्वास्थ्य नर्स का प्रबंधकीय कार्य नही हैं।

- स्वास्थ्य, विकास सहायता और प्राकृतिक संसाधनों के बेहतर प्रबंधन जैसी सामाजिक सेवाओं की जवाबदेही और गुणवत्ता बढ़ाने के लिए समुदाय आधारित निगरानी की जाती है।
- यह PHC निगरानी समिति द्वारा किया जाता है।

प्रबंधकीय स्तर पर सामुदायिक स्वास्थ्य नर्स की भूमिका:

- पर्यावरण का समन्वय और प्रबंधन करना
- नर्सिंग इकाइयों और कर्मचारियों के लिए जिम्मेदार
- जरूरतों का आकलन
- योजना बनाना और लागू करना
- नर्सिंग एवं स्वास्थ्य कर्मियों के प्रशिक्षण में सहयोग करना

अत: विकल्प (C) सही है।

30. लगभग 150 मिली घोल डालने के बाद नर्स को घोल कंटेनर को नीचे करना चाहिए, यह एक वापसी प्रवाह एनीमा के लिए अद्वितीय है।

घोल के कंटेनर को नीचे करने से साइफन प्रभाव पैदा होता है जो कि डाले गए द्रव को रेक्टल ट्यूब के माध्यम से वापस सॉल्यूशन कंटेनर में खींच लेता है। वापसी प्रवाह आंतों से गैस की निकासी को बढ़ावा देता है। इस तकनीक का उपयोग केवल वापसी प्रवाह एनीमा के साथ किया जाता है। यह क्रिया सभी प्रकार के एनीमा के लिए उपयुक्त है।

अत: विकल्प (D) सही है।

31. एक मरीज जिसके पास "डू नॉट रिससिटेट" ऑर्डर था, का निधन हो गया। यह सत्यापित करने के बाद कि कोई नाड़ी या श्वसन नहीं है, नर्स को सभी नलियों और उपकरणों को हटा देना चाहिए (जब तक कि अंग दान नहीं करना है), शरीर को साफ करें और उचित स्थिति में रखें।

परिवार के सामने आने और उन्हें अलविदा कहने से पहले मृतक के शरीर को तैयार किया जाना चाहिए। इसमें प्रोटोकॉल के अनुसार सभी उपकरण, ट्यूब, आपूर्ति और गंदे लिनेन को हटाना, क्लाइंट को नहलाना, साफ चादरें लगाना और कमरे से कचरा निकालना शामिल है। एक घरेलू देखभाल में, नर्स परिवार से पूछती थी कि क्या रोगी से कोई ट्यूब या कैथेटर निकालना ठीक है, और क्या वे रोगी को अंतिम संस्कार गृह में परिवहन के लिए स्नान/तैयार करने में सहायता करना चाहते हैं। नर्स मरीज से कोई भी गहने या अन्य सामान निकालने में परिवार की सहायता करेगी।

अत: विकल्प (C) सही है।

32. एक नर्स एक रोगी की देखभाल कर रही है जो घर पर मलीय गुप्त रक्त परीक्षण करेगा। नमूना मूत्र से दूषित नहीं हो सकता है यह वह जानकारी है जिसे नर्स को रोगी को प्रक्रिया समझाते समय शामिल करना चाहिए।

घर पर मल के गुप्त रक्त परीक्षण के लिए, मल के नमूनों को पानी या मूत्र से दूषित नहीं किया जा सकता है। मल में गुप्त रक्त का आकलन करने के लिए फेकल मनोगत रक्त परीक्षण (एफओबीटी) एक नैदानिक परीक्षण है। इस परीक्षण का उपयोग आमतौर पर कोलोरेक्टल कैंसर स्क्रीनिंग के लिए किया जाता है, खासकर विकसित देशों में। जब स्क्रीनिंग के लिए सही तरीके से उपयोग किया जाता है, तो इस परीक्षण पद्धति ने रुग्णता और मृत्यु दर में कमी

के साथ जुड़ाव स्थापित किया है। घर पर प्रदर्शन करते समय, मल को सूखे, साफ कंटेनर में एकत्र किया जाना चाहिए।

अतः विकल्प (D) सही है।

33. जब नर्स आहार परिवर्तन पर चर्चा करती है जो कब्ज को रोकने में मदद कर सकता है, तो नर्स को ताजा भोजन और साबुत गेहूं के टोस्ट की सिफारिश करनी चाहिए।

एक उच्च फाइबर आहार सामान्य आंत्र उन्मूलन को बढ़ावा देता है। फल और टोस्ट का चुनाव सबसे ज्यादा फाइबर वाला विकल्प है। अधिकांश अमेरिकी प्रति दिन अनुशंसित फाइबर के केवल आधे स्तर का उपभोग करते हैं, जो प्रति दिन लगभग 15 ग्राम है। सभी मौजूदा परिभाषाएं फाइबर को "कार्बोहाइड्रेट या लिग्निन के रूप में पहचानती हैं जो छोटी आंत में पाचन को छोड़ देती है और आंशिक रूप से या पूरी तरह से बड़ी आंत या कोलन में किण्वित होती है।"

अतः विकल्प (B) सही है।

34. जब एक नर्स एक सफाई एनीमा दे रही है, तो रोगी पेट में ऐंठन की रिपोर्ट करता है। एनीमा द्रव कंटेनर को कम करना उचित हस्तक्षेप है।

रोगी की परेशानी को दूर करने के लिए, नर्स को एनीमा सॉल्यूशन कंटेनर की ऊंचाई कम करके इंस्टॉलेशन की दर को धीमा करना चाहिए। मल बनने या मल त्याग करने में समस्या होने पर एनीमा मददगार हो सकता है। बृहदान्त्र, जिसे बड़ी आंत या बड़ी आंत भी कहा जाता है, पेट में एक लंबा, खोखला अंग है। यह पचे हुए पदार्थ से पानी निकालकर और मल (मल) बनाकर पाचन में महत्वपूर्ण भूमिका निभाता है। कुछ परिस्थितियों में, आहार, चिकित्सा स्थिति, या दवा के कारण, अन्य संभावित कारणों के साथ, आंत्र मल का निर्माण कर सकता है जिसे आसानी से पारित करना मुश्किल होता है जिसके परिणामस्वरूप कब्ज होता है।

अतः विकल्प (D) सही है।

35. क्रोनिक पल्मोनरी डिजीज से पीड़ित रोगी के होठों के चारों ओर नीला रंग होता है। नर्स रोगी की स्थिति का सबसे सटीक वर्णन करने के लिए सायनोसिस शब्द का चार्ट बनाती है।

श्लेष्मा झिल्ली पर नीले रंग का रंग सायनोसिस कहलाता है। यह सबसे सटीक है क्योंकि नर्स यही देखती है। सायनोसिस त्वचा और श्लेष्मा झिल्ली के लिए एक नीले रंग की डाली को संदर्भित करता है। पेरिफेरल सायनोसिस तब होता है जब हाथों या पैरों का रंग नीला पड़ जाता है। यह आमतौर पर लाल रक्त कोशिकाओं में कम ऑक्सीजन के स्तर या शरीर को ऑक्सीजन युक्त रक्त प्राप्त करने में समस्या के कारण होता है।

अतः विकल्प (D) सही है।

36. पौधे मृदा से पोषक तत्व प्राप्त करते हैं। मृदा पौधों के लिए पोषक तत्वों का मुख्य स्रोत है। नाइट्रोजन, फस्फोरस एवं पोटैशियम को पौधे मिट्टी से प्राप्त करते है। इनकी पौधों को काफी मात्रा में जरूरत रहती है। इन्हें प्रमुख पोषक तत्व कहते है। कैल्शियम, मैग्नीशियम एवं गन्धक को पौधे कम मात्रा में ग्रहण करते है।

अतः विकल्प (C) सही है।

37. कैल्शियम की कमी से पौधों में मंद वृद्धि होता है। पौधों में कैल्शियम की कमी होने के चलते प्राथमिक पत्तियां देर से निकलती हैं। शीर्ष की कलियां खराब होने के अलावा मक्के की नोक चिपक जाती है। पानी में घुलनशील कैल्शियम का अनूठा स्रोत पौधों के भीतर नाइट्रेट नाइट्रोजन के वाहक के रूप में कार्य करता है। पौधों की कैल्शियम की कमी को कम करता है और फसलों के बढ़ने और शक्ति में सहायता करता है।

अतः विकल्प (B) सही है।

38. वसा का सकल उष्मीय मान सबसे अधिक होता है। वसा का पाचन छोटी आंत से शुरू होता है। यकृत से पित्त स्थिति को क्षारीय बनाता है और बड़े वसा ग्लोब्यूल्स को छोटे में तोड़ देता है। अग्न्याशय से लाइपेज छोटी आंत में वसा को और तोड़ देता है। आंत्र रस वसा के पाचन की प्रक्रिया को पूरा करता है और

अवशोषित होता है। वसा वनस्पति तेलों, जीवों, वसा और अन्य खाद्य पदार्थों जैसे नट्स में पाए जाते हैं।

अतः विकल्प (A) सही है।

39. विटामिन और खनिज एक ऊर्जा उपज भोजन नहीं है। कार्बोहाइड्रेड (सैकेराइड्स), प्रोटीन, विटामिन्स, वसा, खनिज, फाइबर, जल संतुलित आहार के अलग-अलग भाग है। जिनका शारीरिक निर्माण में महत्वपूर्ण भूमिका है। कार्बोहाइड्रेट्स, वसा, प्रोटीन शरीर के दीर्घ पोषक तत्व है, जो लगभग 90 % शरीर की वृद्धि एवं ऊर्जा में भाग लेते हैं। कार्बोहाइड्रेट एवं वसा मुख्य रूप से शरीर को ऊर्जा देते हैं, प्रोटीन शरीर की वृद्धि, मरम्मत एवं ऊर्जा निर्माण में सहायक होती है। विटामिन एवं खनिज शरीर की अन्य कमी जैसे हड्डियों के निर्माण, रोग प्रतिरोधक क्षमता को बढ़ाना आदि कार्यों में सहायक होते हैं।

अतः विकल्प (C) सही है।

40. यूग्लिना में उसके शरीर चक्र को बनाए रखने के लिए स्वयंपोषी पोषण होता है। इसे ऑटोट्रोफिक पोषण के रूप में भी जाना जाता है। यह जीव द्वारा अकार्बनिक सामग्री से कार्बनिक भोजन की निर्मिती है, उदा. सभी हरे पौधे, कुछ एककोशिकीय जीव, जैसे यूजलैना, क्लैमाइडोमोनस और वॉल्वॉक्स।

अतः विकल्प (A) सही है।

41. पादपहार्मोन प्रकाश संश्लेषण के लिए उपयोग किए जाने वाले पदार्थ है। पादपहार्मोन वे कार्बनिक पदार्थ हैं जो पौधों में उत्पन्न होते हैं। उन्हें पौधों का हार्मोन भी कहा जाता है। ये हार्मोन पौधों के विकास नियामक हैं। ऑक्सिन, जिबरेलिन, साइटोकिनिन, एथिलीन और एब्सिसिक एसिड पादपहार्मोन के उदाहरण हैं।

अतः विकल्प (C) सही है।

42. आयोडीन की कमी से होने वाला रोग घेंघा है। आयोडीन की कमी दुनिया में घेंघा का सबसे आम कारण है। घेंघा शुरू में फैला हुआ होता है, लेकिन अंत में यह गांठदार हो जाता है। कुछ नोड्यूल स्वायत्त हो सकते हैं और टीएसएच स्तर की परवाह किए बिना थायराइड हार्मोन का स्राव कर सकते हैं।

अतः विकल्प (B) सही है।

43. पानी हमारे शरीर में शरीर के तापमान को स्थिर बनाए रखने में मदद करता है। पानी में ज्यादा ऊष्मीय क्षमता होती है जो गर्म या ठंडे वातावरण में शरीर के तापमान में बदलाव को सीमित करने में मदद करती है। थर्मोरेगुलेटर के रूप में शरीर के पानी की एक महत्वपूर्ण भूमिका होती है, जो गर्मी को खत्म करने में मदद करके शरीर के समग्र तापमान को नियंत्रित करता है। यदि शरीर बहुत अधिक गर्म हो जाता है, तो पसीने के माध्यम से पानी की कमी हो जाती है और त्वचा की सतह से इस पसीने का वाष्पीकरण शरीर से गर्मी को दूर कर देता है।

अतः विकल्प (D) सही है।

44. वसा में कार्बोहाइड्रेट और प्रोटीन की तुलना में प्रति ग्राम दोगुनी कैलोरी होती है। एक ग्राम वसा में लगभग 9 कैलोरी होती है, जबकि एक ग्राम कार्बोहाइड्रेट या प्रोटीन में लगभग 4 कैलोरी होती है। दूसरे शब्दों में, आप उतनी ही कैलोरी के लिए वसा से दोगुना कार्बोहाइड्रेट या प्रोटीन खा सकते हैं।

अतः विकल्प (B) सही है।

45. एनजाइना का कारण हृदय की मांसपेशियों तक अपर्याप्त रक्त पहुंचना है।

एनजाइना आमतौर पर हृदय की मांसपेशियों को रक्त की आपूर्ति करने वाली धमनियों के कारण होता है जो वसायुक्त पदार्थों के निर्माण से संकुचित हो जाती हैं। इसे एथेरोस्क्लेरोसिस कहते हैं।

अतः विकल्प (C) सही है।

46. रोगी की स्थिति की जांच करते समय रोगी से बात करें और उसके कंधों को हिलाएं आपकी पहली कार्रवाई होनी चाहिए।

यहां प्रस्तुत ढांचे में चरणों के निम्नलिखित अनुक्रम शामिल हैं: मूल्यांकन के उद्देश्य की पहचान करना; एक स्वास्थ्य इतिहास लेना; एक व्यापक या केंद्रित दृष्टिकोण चुनना; और निरीक्षण, तालमेल, टक्कर और गुदाभ्रंश के अनुक्रम का उपयोग करके रोगी की जांच करना।

अत: विकल्प (C) सही है।

47. सांस लेने की जांच के लिए आपको देखना, सुनना और महसूस करना चाहिए।

यह जांचने के लिए कि क्या कोई व्यक्ति अभी भी सांस ले रहा है:

- देखें कि क्या उनकी छाती उठ रही है और गिर रही है।
- सांस लेने की आवाज़ के लिए उनके मुंह और नाक पर सुनें।
- 10 सेकंड के लिए अपनी सांस को अपने गाल पर महसूस करें।

अत: विकल्प (D) सही है।

48. एक कवर पट्टी के लिए आवश्यकता यह है कि यह बाँझ होना चाहिए।

एक ड्रेसिंग का उपयोग घाव की रक्षा और संक्रमण को रोकने के लिए किया जाता है, लेकिन उपचार की अनुमति देने के लिए भी किया जाता है। एक ड्रेसिंग घाव को पूरी तरह से ढकने के लिए पर्याप्त बड़ी होनी चाहिए, घाव से परे सभी तरफ लगभग 2.5 सेमी की सुरक्षा मार्जिन के साथ। एक बड़े घाव से रक्तस्राव को नियंत्रित करने या मामूली घाव से किसी भी निर्वहन को अवशोषित करने के लिए एक बाँझ ड्रेसिंग का उपयोग किया जा सकता है।

अत: विकल्प (C) सही है।

49. एक यात्री को मधुमक्खी ने काट लिया है। डंक अभी भी त्वचा के नीचे है और एनाफिलेक्टिक सदमे को रोकने के लिए इसे हटाने की जरूरत है। आपको साफ चिमटी की एक जोड़ी का उपयोग करके डंक को हटा देना चाहिए।

चिमटी छोटे उपकरण होते हैं जिनका उपयोग बहुत छोटी वस्तुओं को उठाने के लिए किया जाता है जिन्हें आसानी से मानव उंगलियों से नियंत्रित किया जा सकता है। उपकरण सबसे अधिक संभावना चिमटे, चिमटी, या कैंची जैसे सरौता से प्राप्त होता है जिसका उपयोग गर्म वस्तुओं को पकड़ने या पकड़ने के लिए किया जाता है।

अत: विकल्प (A) सही है।

50. एक 68 वर्षीय महिला के लिए, जिसके हाथों और बाहों पर ब्लिस्टर ग्रीस जल गया है, आपको तुरंत अपने स्थानीय आपातकालीन फोन नंबर पर कॉल करना चाहिए।

एक बड़ी जलन के इलाज में पहला कदम 911 पर कॉल करना या आपातकालीन चिकित्सा देखभाल प्राप्त करना है। आपात स्थिति आने तक उठाए जाने वाले कदमों में शामिल हैं: सुनिश्चित करें कि आप और जला हुआ व्यक्ति सुरक्षित हैं और नुकसान से बाहर हैं। उन्हें जलने के स्रोत से दूर ले जाएं।

अत: विकल्प (B) सही है।

51. आपको संदेह होना चाहिए कि बिजली गिरने से हुई घटना, अज्ञात कारणों से बेहोश पाया गया व्यक्ति, और पीड़ित की ऊंचाई से अधिक ऊंचाई से गिरने के कारण पीड़ित के सिर और रीढ़ की हड्डी में चोट लगी है।

रीढ़ की हड्डी में चोट का संदेह होना चाहिए यदि रोगी को: चोट के स्थान पर या नीचे दर्द हो। सनसनी का नुकसान, या असामान्य सनसनी जैसे हाथ या पैर में झुनझुनी। चोट की साइट के नीचे आंदोलन या बिगड़ा हुआ आंदोलन का नुकसान।

अत: विकल्प (D) सही है।

52. कुत्ते के काटने के बाद घाव को साबुन एवं पानी से साफ करना चाहिए।

- काटने के घाव को साबुन और पानी से बहुत धीरे से धोएं और सुखाएं।

- कीटाणुओं को मारने में मदद करने के लिए घाव को दबाने के लिए हाइड्रोजन पेरोक्साइड, क्लोरहेक्सिडिन या बीटाडीन का उपयोग करें।
- घाव को सुखाने के लिए एक साफ सूखे गौज पैड का उपयोग करें और फिर एक एंटीबायोटिक मरहम जैसे कि नियोस्पोरिन लगाएं।

अत: विकल्प (C) सही है।

53. श्वास संबंधी आपात स्थिति अस्थमा या एलर्जी की प्रतिक्रिया, हाइपरवेंटिलेशन और छाती की मांसपेशियों या हड्डी में चोट के कारण हो सकती है।

अस्थमा के दौरे के दौरान मांसपेशियों की दीवार सिकुड़ जाती है और वायुमार्ग की परत सूज जाती है और सूजन हो जाती है।

हाइपरवेंटिलेशन सांस लेना है जो सामान्य से अधिक गहरा और तेज है। यह रक्त में गैस की मात्रा में कमी का कारण बनता है (जिसे कार्बन डाइऑक्साइड या CO_2 कहा जाता है)।

छाती की हड्डी या मांसपेशियों की किसी भी परत में चोट लगने से दर्द और सांस लेने में कठिनाई हो सकती है। मांसपेशियों में चोट सीने में दर्द का एक आम कारण है।

अत: विकल्प (D) सही है।

54. पीयूष ग्रंथि: यह एक छोटी मटर के आकार की ग्रंथि होती है। इसे अक्सर प्रमुख ग्रंथि कहा जाता है क्योंकि यह हमारे शरीर में कई अन्य हार्मोन ग्रंथियों को नियंत्रित करता है। यह हाइपोथैलेमस और पीनियल ग्रंथि के बीच मस्तिष्क में स्थित होता है।

पीयूष ग्रंथि द्वारा स्रावित हार्मोन:

- एड्रिनोकोर्टिकोट्रोफिक हार्मोन (ACTH)
- थायराइड-उत्तेजक हार्मोन (TSH)
- ल्यूटिनाइजिंग हार्मोन (LH)
- कूप-उत्तेजक हार्मोन (FSH)
- प्रोलैक्टिन (PRL)
- वृद्धि हार्मोन (GH)
- मेलानोसाइट-उत्तेजक हार्मोन (MSH)

अत: विकल्प (D) सही है।

55. वृक्काणु उत्सर्जन तंत्र से जुड़े होते हैं। एक नेफ्रॉन वृक्क में संरचना की मूल इकाई है। नेफ्रॉन अति-निस्यंदन के माध्यम से कार्य करता है।

उत्सर्जन तंत्र: शारीरिक प्रक्रिया जिसके द्वारा एक जीव अपने नाइट्रोजनिक उप-उत्पादों का निपटान करता है, उत्सर्जन कहलाता है। इस प्रक्रिया के लिए तंत्र उत्सर्जन प्रणाली का गठन करते हैं।

अत: विकल्प (D) सही है।

56. मूत्र त्याग करने से पहले वह मानव शरीर के उत्सर्जन तंत्र के मूत्राशय में संग्रहित होता है।

मूत्रमार्ग एक ट्यूब है जो मूत्र मूत्राशय को मूत्रमार्ग के मांस से जोड़ता है। मूत्र के 91-96% पानी में प्रोटीन, हार्मोन और लवण शामिल होते हैं। मूत्र एक रंगद्रव्य के परिणाम के कारण पीला पीला होता है जिसे यूरोक्रोम कहा जाता है। मूत्रवाहिनी गुर्दे से मूत्राशय तक मूत्र ले जाती है। बोमन कैप्सूल मूत्र बनाने के लिए रक्त को छानने में मदद करता है।

अत: विकल्प (A) सही है।

57. किसी रक्तवाहिका दीवार के कमजोर हिस्से में उभार आने पर एक थैली-सा बन जाता है, उसे एन्यूरिज्म कहते हैं।

- एन्यूरिज्म, एक धमनी का चौड़ा होना जो रक्त वाहिका की औसत दर्ज की परत की कमजोरी या नष्ट होने से विकसित होता है।

- धमनी के भीतर परिसंचारी रक्त के निरंतर दबाव से धमनी की दीवार का कमजोर हिस्सा बड़ा हो जाता है।

- वृद्धि अंततः आसपास की संरचनाओं के संपीड़न या टूटने और रक्तस्राव से गंभीर और यहां तक कि घातक जटिलताओं की ओर ले जाता है।

- एन्यूरिज्म महाधमनी या प्रमुख धमनियों के किसी भी हिस्से में हो सकता है।

- एथरोस्क्लेरोसिस, जिसे कभी-कभी "धमनियों का सख्त होना" कहा जाता है, तब होता है जब धमनियों की दीवारों में वसा, कोलेस्ट्रॉल और अन्य पदार्थ जमा हो जाते हैं।

अत: विकल्प (B) सही है।

58. श्वसन प्रक्रिया में, गैसों का विनिमय फेफड़ों और एल्वियोली में होता है। सांस छोड़ने के परिणामस्वरूप, हवा फेफड़ों के विभिन्न एल्वियोलीयों तक पहुँचती है। रक्त कोशिकाओं का एक घना तंत्र वाहिका के आसपास मौजूद होता है।

ऑक्सीजन का परिवहन मुख्य रूप से रक्त में पाए जाने वाले लाल वर्णक हीमोग्लोबिन द्वारा होता है। फेफड़ों में गैसीय विनिमय को बाहरी श्वसन कहा जाता है। श्वासनली श्वसन प्रणाली का एक महत्वपूर्ण भाग है, जो नाक और मुंह को फेफड़ों से जोड़ती है। स्वरयंत्र मनुष्यों और अन्य स्तनधारी जीवों के गले में मौजूद एक श्वसन अंग है जो बोलने में मदद करता है।

ऑक्सीजन और कार्बन डाइऑक्साइड को फेफड़ों से शरीर की कोशिकाओं और फेफड़ों में वापस ले जाने के कार्य को गैसों का परिवहन कहा जाता है।

अत: विकल्प (A) सही है।

59. मानव मस्तिष्क के चार भाग होते हैं।

- ललाट भाग।
- पार्श्विक भाग।
- पश्चकपाल भाग।
- अस्थायी भाग।

पार्श्विक भाग:

- ललाट भाग के पीछे स्थित होता है।

- शरीर और त्वचा से संवेदी जानकारी प्राप्त करता है और संचारित करता है। मस्तिष्क के अन्य भागों से भी जुड़ा हुआ होता है।

- स्पर्श, दबाव, दर्द, गर्मी, सर्दी, आदि सहित कई संवेदनाओं से संबंधित है।

अत: विकल्प (C) सही है।

60. तंत्रिका तंत्र:

- मानव तंत्रिका तंत्र सभी जीवित प्राणियों का सबसे जटिल और सबसे विकसित है।

- हालाँकि तंत्रिका तंत्र संपूर्ण रूप से कार्य करता है, अध्ययन की आसानी के लिए, हम इसके स्थान या कार्यों के आधार पर इसे कई भागों में विभाजित कर सकते हैं।

- स्थान के आधार पर, तंत्रिका तंत्र को दो भागों में विभाजित किया जा सकता है: केंद्रीय तंत्रिका तंत्र (CNS) और परिधीय तंत्रिका तंत्र (PNS)।

केंद्रीय तंत्रिका तंत्र (CNS):

- केंद्रीय तंत्रिका तंत्र (CNS) सभी तंत्रिका गतिविधि का केंद्र है।

- यह सभी आने वाली संवेदी सूचनाओं को एकीकृत करता है, सभी प्रकार की संज्ञानात्मक गतिविधियों को करता है, और मांसपेशियों और ग्रंथियों को मोटर कमांड जारी करता है।

- CNS में (a) मस्तिष्क और (b) रीढ़ की हड्डी शामिल है।

अतः विकल्प (A) सही है।

61. कोशिका विभाजन में अंतरावस्था में G1 प्रावस्था, S प्रावस्था, G2 प्रावस्था शामिल हैं। अंतरावस्था एक कोशिका विभाजन के अंत के बीच की अवधि है जो अगले कोशिका विभाजन की शुरुआत है। अंतरावस्था कोशिका चक्र के कुल समय का लगभग 95% लेता है।

अंतरावस्था के दौरान कोशिका अगले विभाजन के लिए खुद को तैयार करता है, आकार में बढ़ता है। इसलिए अंतरावस्था में सेल सबसे अधिक सक्रिय रूप से चयापचय करता है।

अंतरावस्था 3 चरणों में विभाजित है:

1. G1 प्रावस्था
2. S-प्रावस्था
3. G2-प्रावस्था

अतः विकल्प (D) सही है।

62. जिन जन्तुओं में कोशिकाएं तीन भ्रूणिक परतों में व्यवस्थित होती हैं उन्हें त्रिपोब्लास्टिक कहा जाता है।

त्रिपलोब्लास्टिक: जानवरों के ट्रिप्लोब्लास्टिक रूप में है कि भ्रूण को तीन-स्तरीय संरचना में व्यवस्थित किया जाता है। ये परतें एक्टोडर्म, मेसोडर्म और एंडोडर्म हैं। ज्यादातर बहुकोशिकीय जानवर ट्रिप्लोब्लास्टिक होते हैं सिवाय स्पंज और कोइलेंट्रेट के।

अतः विकल्प (C) सही है।

63. नर्स प्रसव में महिला का आकलन कर रही है। वह जानता है कि भ्रूण की मंदनाड़ी तब होती है जब हृदय गति 110 बीट प्रति मिनट से कम हो जाती है।

भ्रूण ब्रैडीकार्डिया तब पहचाना जाता है जब भ्रूण की हृदय गति 10 मिनट या उससे अधिक समय तक 110 बीट प्रति मिनट से कम हो जाती है। सामान्य भ्रूण की हृदय गति 120 बीट प्रति मिनट और 160 बीट प्रति मिनट के बीच होती है। भ्रूण तचीकार्डिया 160 बीट प्रति मिनट से ऊपर की हृदय गति है।

अत: विकल्प (C) सही है।

64. नर्स गर्भवती रोगी में भ्रूण की हृदय गति का आकलन कर रही है। नर्स प्रति मिनट 82 बीट की नाड़ी रिकॉर्ड करती है। नर्स को डॉप्लर डिवाइस को हिलाना चाहिए।

82 बीट प्रति मिनट की रीडिंग मां की हृदय गति हो सकती है, यह दर्शाता है कि नर्स के पास सही स्थिति में डॉपलर नहीं। एक सामान्य भ्रूण की हृदय गति 120 से 160 बीट प्रति मिनट के बीच होती है। भ्रूण की हृदय गति का आकलन करने से पहले नर्स को हमेशा मां की नब्ज लेना याद रखना चाहिए। चिकित्सक को बुलाने से पहले, गह निश्चित करना महत्वपूर्ण है कि डेटा सटीक है। भ्रूण को ऑक्सीजन का छिड़काव बढ़ाने के लिए, माँ को अपनी बाईं ओर लेटने के लिए कहें।

अत: विकल्प (D) सही है।

65. सामान्य ग्रीवा नहर की लंबाई 2 सेमी है। प्रयास गर्भाशय ग्रीवा का पतला होना है क्योंकि शरीर प्रसव के लिए तैयार होता है। इस प्रकार, 2 सेमी गर्भाशय ग्रीवा 0% मिट जाती है और 0 सेमी गर्भाशय ग्रीवा 100% मिट जाती है। इस प्रकार रोगी का गर्भाशय ग्रीवा 1 सेमी लंबा होता है और 50% मिट जाता है।

अत: विकल्प (C) सही है।

66. रक्तस्राव नर्स की पहली चिंता है।

यदि प्रसव के समय प्लेसेंटा पूर्ण नहीं है, तब भी गर्भाशय में एक टुकड़ा मौजूद हो सकता है। यह गर्भाशय के आकार में सिकुड़ने की क्षमता को रोकता है और रक्तस्राव का कारण बन सकता है। लापता टुकड़े का तुरंत पता लगाने की जरूरत है।

अतः विकल्प (C) सही है।

67. व्यायाम की कमी, अंतर्गर्भाशयी डिवाइस (आईयूडी) की उपस्थिति, और एंडोमेट्रियोसिस के पारिवारिक इतिहास से एंडोमेट्रियोसिस का खतरा बढ़ जाता है।

स्थिति के पारिवारिक इतिहास वाले व्यक्तियों में एंडोमेट्रियोसिस की घटना काफी बढ़ जाती है। अन्य योगदान कारक गतिहीन जीवन शैली (व्यायाम की कमी), अंतर्गर्भाशयी उपकरण की उपस्थिति, वसा में उच्च आहार, एस्ट्रोजन प्रभुत्व की उपस्थिति और यकृत की शिथिलता (एस्ट्रोजन चयापचय में कमी के कारण) हैं।

अतः विकल्प (D) सही है।

68. संकुचन के दौरान या संकुचन के बिना किसी भी समय परिवर्तनशील मंदी हो सकती है। वे गर्भनाल के कारण होते हैं जो भ्रूण की गर्दन के चारों ओर फैला हुआ या लिपटा होता है जिसे नूकल कॉर्ड भी कहा जाता है। गर्भनाल के संपीडन से अंततः भ्रूण हाइपोक्सिया हो सकता है और इसलिए संपीड़न को कम करने के लिए एक हस्तक्षेप की आवश्यकता होगी।

नूकल कॉर्ड एक जटिलता है जो तब होती है जब गर्भनाल एक या अधिक बार बच्चे की गर्दन के चारों ओर लपेटती है। यह सामान्य है और लगभग 15 से 35 प्रतिशत गर्भधारण में होता है। अक्सर, नूकल कॉर्ड के तार गर्भावस्था के परिणामों को प्रभावित नहीं करते हैं। हालांकि, कुछ खास तरह के नूकल कॉर्ड बच्चे के लिए एक महत्वपूर्ण जोखिम पैदा कर सकते हैं।

अतः विकल्प (D) सही है।

69. अंगों की हलचल नैदानिक लक्षण रोगी की मृत्यु की स्थिति की पुष्टि करने से संबंधित नहीं है।

रोगी की मृत्यु की स्थिति की पुष्टि करने से संबंधित नैदानिक लक्षण:

- नाड़ी का कोई सबूत नहीं
- पुतलियाँ स्थिर और फैली हुई
- श्वसन या रक्तचाप का कोई सबूत नहीं

अतः विकल्प (B) सही है।

70. उस सामुदायिक क्षेत्र में चल रहे स्वास्थ्य देखभाल कार्यक्रम की सहायता करने वाली नर्स को उस बच्चे के पैर के टिबिया के संभावित फ्रैक्चर का संदेह होगा।

बच्चे के चलने से इन्कार, अंग की सूजन के साथ, फ्रैक्चर के लिए संदिग्ध है। फ्रैक्चर की गंभीरता आमतौर पर उस बल पर निर्भर करती है जो ब्रेक का कारण बना। यदि हड्डी के टूटने का बिंदु पार हो गया है, तो हड्डी टूट सकती है। टिबिया फ्रैक्चर के बाद चलने से चोट और खराब हो सकती है और आसपास की मांसपेशियों, स्नायुबंधन और त्वचा को और नुकसान हो सकता है। टिबिया फ्रैक्चर की स्थिति में पर चलना भी बेहद दर्दनाक होता है।

अतः विकल्प (A) सही है।

71. 1000 की आबादी वाले प्रत्येक गांव के लिए एक सामुदायिक स्वास्थ्य स्वयंसेवी यानी आशा (मान्यता प्राप्त सामाजिक स्वास्थ्य कार्यकर्ता) है। आदिवासी, पहाड़ी, रेगिस्तानी इलाकों में काम के बोझ आदि के आधार पर प्रति बस्ती एक आशा के मानदंड में छूट दी जा सकती है।

आशा समुदाय को स्वास्थ्य के निर्धारकों जैसे पोषण, बुनियादी स्वच्छता और स्वच्छ प्रथाओं, स्वस्थ रहने और काम करने की स्थिति, मौजूदा स्वास्थ्य सेवाओं की जानकारी और स्वास्थ्य और परिवार कल्याण सेवाओं के समय पर उपयोग की आवश्यकता पर जानकारी प्रदान करेगी।

अतः विकल्प (B) सही है।

72. समुदाय में बीमारी के ऐसे अनेक मामलों का होना जो असामान्य रूप से बड़े या अप्रत्याशित महामारी हो।

महामारी किसी दी गई आबादी में कम समय में बड़ी संख्या में लोगों में बीमारी का तेजी से फैलना है। उदाहरण के लिए, मेनिंगोकोकल संक्रमणों में, लगातार दो हफ्तों तक प्रति 100,000 लोगों पर 15 से अधिक मामलों में हमले की दर को एक महामारी माना जाता है।

अतः विकल्प (B) सही है।

73. एक प्रभावी सार्वजनिक स्वास्थ्य अभियान में एकल व्यापक संचार उद्देश्य (SOCO) के इर्द-गिर्द संदेशों और गतिविधियों को समूहीकृत करना शामिल है, जो उस परिवर्तन की पहचान करता है जिसे आप कार्रवाई योग्य और मापने योग्य लक्ष्यों के विरुद्ध हासिल करना चाहते हैं। इसमें एक अच्छी तरह से परिभाषित लक्षित दर्शक होते हैं, जो आपके द्वारा बताए गए संदेशों पर कार्य करने के लिए तैनात होते हैं।

अतः विकल्प (D) सही है।

74. भारतवर्ष में मां की मृत्यु का रक्तस्राव मुख्य कारण है।

- हर 7 मिनट में एक भारतीय महिला बच्चे के जन्म से मर जाती है।
- भारत में मातृ मृत्यु अनुपात लगभग 200 प्रति 100000 जीवित जन्म है।
- एक महिला की मृत्यु जो गर्भवती है या गर्भावस्था की समाप्ति के 42 दिनों के भीतर।
- यह गर्भावस्था की अवधि के निरपेक्ष है।

मां की मृत्यु दर के 4 प्रमुख कारण:

- रक्तस्राव
- संक्रमण
- गर्भक्षेप
- अवरुद्ध प्रसव

अतः विकल्प (C) सही है।

75. विश्व स्वास्थ्य संगठन के अनुसार निम्नतम जन्म भार का आशय 2.5 किग्रा से कम होता है।

जन्म के समय वजन	ग्रेड
>3500g	मोटा
3500-2500 ग्राम	सामान्य जन्म के वजन के बच्चे
2500-2000 ग्राम	जन्म के समय कम वजन का बच्चा
2000-1000 ग्राम	जन्म के समय बहुत कम वजन का बच्चा
<1000 ग्राम	जन्म के समय बहुत ज्यादा कम वजन के बच्चे

अतः विकल्प (C) सही है।

76. निचले कृन्तक पहले दांत होते हैं जो 6-8 महीने की उम्र में बच्चों में निकलते हैं।

दांतों का प्रकार	विवरण
कृन्तक	स्थायी दांतों में ऊपरी जबड़े पर चार कृन्तक और निचले जबड़े पर चार कृन्तक होते हैं। आठ कृन्तकों का प्राथमिक कार्य अपने तीखेपन के कारण भोजन को काटने का होता है।
रदनक दांत	वे दांत रदनक दांत की तुलना में तेज होते हैं और भोजन को चीरने और फाड़ने के लिए होते हैं। ऊपरी जबड़े पर दो रदनक दांत और निचले जबड़े में दो रदनक दांत होते हैं।
अग्रचर्वणक	ऊपरी जबड़े पर दो अग्रचर्वणक होते हैं और मुंह के दोनों

	तरफ निचले जबड़े पर भी दो अग्रचर्वणक होते हैं। अग्रचर्वणक भोजन को चबाने और पीसने के लिए प्रयोग होते हैं।
दाढ़	एक वर्ष और 1.5 वर्ष के बीच दूध के दांतों के हिस्से के रूप में एक बच्चे में दाढ़ विकसित होती है।

अतः विकल्प (B) सही है।

77. एक बच्चा 3 वर्ष की उम्र में कॉपी कर सकता है।

इस उम्र में चित्रों में निम्नलिखित आकृतियाँ शामिल हैं, जिन्हें विभिन्न तरीकों से संयोजित किया गया है:

- सर्कल और वर्ग
- पार
- डॉट्स
- अक्षर टी, वी और एच समान आकार

अतः विकल्प (D) सही है।

78. एक बच्चे को ब्रांज बेबी सिंड्रोम के लिए देखना चाहिए, जब उसे फोटो थेरेपी मिल रही हो।

- " ब्रांज बेबी" सिंड्रोम नवजात पीलिया के लिए फोटोथेरेपी की एक दुर्लभ जटिलता है, जो संशोधित यकृत कार्य, विशेष रूप से विभिन्न मूल के कोलेस्टेसिस के कारण होता है।
- फोटोथेरेपी एक प्रकार का चिकित्सा उपचार है जिसमें कुछ चिकित्सीय स्थितियों का इलाज करने के लिए फ्लोरोसेंट लाइट बल्ब या प्रकाश के अन्य स्रोतों जैसे हलोजन रोशनी, सूरज की रोशनी और प्रकाश उत्सर्जक डायोड (एल ई डी) के संपर्क में आना शामिल है।

अतः विकल्प (C) सही है।

79. विल्म्स ट्यूमर एक दुर्लभ वृक्क कैंसर है जो मुख्य रूप से बच्चों को प्रभावित करता है।

- विल्म्स ट्यूमर जिसे नेफ्रोब्लास्टोमा कहा जाता है, यह बच्चों में वृक्क का सबसे आम कैंसर है।
- विल्म्स ट्यूमर अक्सर 3 से 4 वर्ष की आयु के बच्चों को प्रभावित करता है और 5 की आयु के बाद कम आम हो जाता है।
- विल्म्स ट्यूमर ज्यादातर केवल एक वृक्क में होता है, लेकिन कभी-कभी यह एक ही समय में दोनों वृक्क में हो सकता है।
- विल्म्स ट्यूमर उदर और फेफड़ों में और कभी-कभी यकृत में लिम्फ नोड्स में फैल सकता है, लेकिन अस्थियों, अस्थि मज्जा या मस्तिष्क तक नहीं फैलता है।

अतः विकल्प (B) सही है।

80. 'दस का नियम' कटे होंठ पर लागू होता है।

कटे होंठ/खंड ओष्ठ एक जन्म दोष है जिसके परिणामस्वरूप मुख और नाक के बीच ऊपरी होंठ में एकपक्षीय या द्विपक्षीय मुख होता है।

कटे होंठ का विकास:

- मध्य अनुनासिक प्रक्रिया और ऊर्ध्वहनु प्रक्रिया के बीच संलयन की विफलता।
- मध्यजन स्तर प्रवास की विफलता।
- एक पुटी का टूटना

10 का नियम:

- 10 सप्ताह पुराना
- 10 पाउंड का भार

- 10 ग्राम हीमोग्लोबिन

अतः विकल्प (A) सही है।

81. दिया गया है,

एक वर्ग का परिमाप $24\sqrt{2}$ सेमी है।

जैसा कि हम जानते हैं,

वर्ग का विकर्ण $= \sqrt{2} \times$ भुजा

वर्ग का परिमाप $= 4 \times$ भुजा

$\Rightarrow 24\sqrt{2}$ सेमी $= 4 \times$ भुजा

$\Rightarrow$ भुजा $= 6\sqrt{2}$ सेमी

वर्ग की विकर्ण $= \sqrt{2} \times$ भुजा

$= \sqrt{2} \times 6\sqrt{2}$ सेमी

$= 12$ सेमी

$\therefore$ वर्ग का विकर्ण 12 सेमी है।

अतः विकल्प (D) सही है।

82. दिया गया है,

कक्षा के कुल औसत अंक $= 43$

लड़कों की संख्या $= 25$

लड़कों के औसत अंक $= 40$

लड़कियों के औसत अंक $= 48$

जैसा कि हम जानते है,

अंकों का औसत $=$ (कुल अंक /छात्रों की संख्या)

माना, लड़कियों की संख्या $= x$

$\Rightarrow (25 \times 40) + (48 \times x) = 43 \times (25 + x)$

$\Rightarrow 1000 + 48x = 1075 + 43x$

$\Rightarrow 5x = 75$

$\Rightarrow x = 15$

$\therefore$ लड़कियों की संख्या 15 है।

अतः विकल्प (C) सही है।

83. दिया गया है:

46 रुपये में वस्तु बेचने पर दुकानदार को 8% की हानि होती है।

हम जानते हैं कि,

विक्रय मूल्य = क्रय मूल्य – हानि

विक्रय मूल्य = क्रय मूल्य + लाभ

माना कि वस्तु का क्रय मूल्य 100% है।

हानि 8% है।

विक्रय मूल्य $(100 - 8) = 92\%$

तदनुसार,

$92\% = 46$

$\Rightarrow 100\% = \dfrac{46}{92} \times 100$

$\Rightarrow 100\% = 50$

वस्तु का क्रय मूल्य 50 है।

उसे 6% लाभ प्राप्त करना है।

विक्रय मूल्य $(100 + 6) = 106\%$ होना चाहिए

$100\% = 50$

$\Rightarrow 106\% = \dfrac{50}{100} \times 106$

$\Rightarrow 106\% = 53$

∴ 6% लाभ प्राप्त करने के लिए, वस्तु का विक्रय मूल्य 53 रुपये होना चाहिए।

अत: विकल्प (C) सही है।

84. दिया गया है,

$\sqrt{324} + 9^2 - 7^2 = 2 \times (?)^2$

$\Rightarrow 18 + 81 - 49 = 2 \times (?)^2$

$\Rightarrow 50 = 2 \times (?)^2$

$\Rightarrow \dfrac{50}{2} = (?)^2$

$\Rightarrow 25 = (?)^2$

$\Rightarrow ? = \sqrt{25}$

$\Rightarrow ? = 5$

∴ (?) का मान 5 है।

अत: विकल्प (B) सही है।

85. दिया गया है:

दो धनात्मक संख्याओं का योग 240 है और उनका महत्तम समापवर्तक 15 है।

अब,

मान लीजिए दो धनात्मक संख्याएँ $15x$ और $15y$ हैं। जहाँ x और y को अभाज्य होना चाहिए अर्थात x और y का महत्तम समापवर्तक 1 होना चाहिए।

प्रश्न के अनुसार:

संख्या का योग इस प्रकार है,

$15x + 15y = 240$

$\Rightarrow x + y = 16$

अब, हमें उन जोड़ियों की संख्या ज्ञात करनी है जिनमें दो संख्याओं का योग 16 है लेकिन उनके बीच कोई भी समापवर्त्य नहीं है, ऐसे जोड़े हैं,

$\Rightarrow (1,15)(3,13)(5,11)(7,9)$

∴ कुल संभावित जोड़े 4 हैं।

अत: विकल्प (C) सही है।

86. यहाँ अनुसरित स्वरुप निम्न प्रकार है:

3	1	18	18	25	3	15	20
C	A	R	R	Y	C	O	T
+2	-2	+2	-2	+2	-2	+2	-2
E	Y	T	P	A	A	Q	R
5	25	20	16	1	1	17	18

"CALAMITY" के लिए भी समान स्वरूप का पालन कया जाएगा:

3	1	12	1	13	9	20	25
C	A	L	A	M	I	T	Y
+2	-2	+2	-2	+2	-2	+2	-2
E	Y	N	Y	O	G	V	W
5	25	14	25	15	7	22	23

इसलिए उत्तर 'EYNYOGVW' है।

अत: विकल्प (D) सही है।

87. दिए गए कथनों के लिए न्यूनतम संभावित वेन आरेख इस प्रकार होगा:

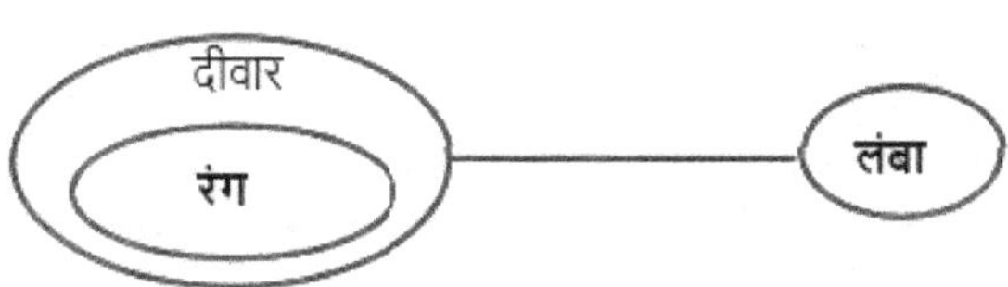

I. कोई पेंट लम्बा नहीं है → सत्य (चूंकि सभी पेंट दीवार हैं और कोई भी दीवार लंबी नहीं है। इस प्रकार, कोई भी पेंट लंबा नहीं है।)

II. कुछ पेंट लम्बे हैं। → असत्य (यह निश्चित रूप से सत्य नहीं है)

इसलिए, केवल I अनुसरण करता है।

अत: विकल्प (A) सही है।

88. यहाँ अनुसरण किया गया तर्क है:

दिया गया:

'कंगन' का संबंध 'आभूषण' से है = कंगन एक प्रकार का आभूषण है।

इसी तरह,

'लौंग' 'मसाले' से संबंधित है = लौंग मसालों का प्रकार है।

इसलिए, 'मसाले' सही उत्तर है।

अत: विकल्प (B) सही है।

89. दिए गए कथन इस प्रकार हैं:

पौष्टिक भोजन खाने से व्यक्ति स्वस्थ रहेगा, इसलिए स्वास्थ्य संबंधी कोई समस्या नहीं होगी ताकि वह डॉक्टर को दूर रख सकता है।

I. डॉक्टर जल्द ही नौकरी से बाहर हो जाएंगे → असत्य (इस बात का कोई निश्चित संबंध नहीं है कि पौष्टिक भोजन खाने से डॉक्टर दूर रहते हैं लेकिन इस बात की कोई जानकारी नहीं है कि डॉक्टर जल्द ही नौकरी से बाहर हो जाएंगे)।

II. पौष्टिक भोजन डॉक्टर को दूर नहीं रखता है → असत्य (यह कथन से स्पष्ट है कि पौष्टिक भोजन खाने से डॉक्टर दूर रहते हैं लेकिन इस निष्कर्ष से पौष्टिक भोजन खाने से डॉक्टर दूर नहीं रहते हैं)।

इसलिए, निष्कर्ष 1 और 2 दोनों पूरक युग्म हैं।

इस प्रकार, न तो I और न ही II अनुसरण करता है।

अतः विकल्प (C) सही है।

90. यहाँ अनुसरण किया गया स्वरूप इस प्रकार है:

$$S \xrightarrow{+2} U \xrightarrow{+2} W \xrightarrow{+2} Y$$

$$H \xrightarrow{+2} J \xrightarrow{+2} L \xrightarrow{+2} N$$

$$C \xrightarrow{+2} E \xrightarrow{+2} G \xrightarrow{+2} I$$

$$P \xrightarrow{+2} R \xrightarrow{+1} S \xrightarrow{+2} U$$

इसलिए, 'PRSU' सभी विकल्पों में विषम है।

अतः विकल्प (D) सही है।

91. काजीरंगा राष्ट्रीय उद्यान असम, भारत में स्थित है। 1968 में राष्ट्रीय उद्यान का दर्जा दिया गया था। 1985 में यूनेस्को द्वारा विश्व धरोहर स्थल घोषित किया गया था। काजीरंगा राष्ट्रीय उद्यान में दुनिया के दो-तिहाई एक सींग वाले गैंडेहैं।

- मध्यप्रदेश में कान्हा राष्ट्रीय उद्यान दलदली भूमि (बरसिंघा) के लिए प्रसिद्ध है।
- केरल में पेरियार राष्ट्रीय उद्यान हाथियों के लिए प्रसिद्ध है।
- पश्चिम बंगाल में सुंदरबन राष्ट्रीय उद्यान रॉयल बंगाल टाइगर के लिए प्रसिद्ध है।
- गुजरात में गिर राष्ट्रीय उद्यान शेरों के लिए प्रसिद्ध है।
- गुजरात में कच्छ घुड़खर अभयारण्य रण 'खर', 'गधेरा' या 'घुड़खर' (जंगली गधा) के लिए प्रसिद्ध है।

अतः विकल्प (A) सही है।

92. रसायन विज्ञान में 2022 का नोबेल पुरस्कार संयुक्त रूप से कैरोलिन बर्टोज़ी, मॉर्टन मेल्डल, बैरी शार्पलेस को अणुओं को एक साथ स्निपिंग पर उनके काम के लिए दिया गया है, जिसे 'क्लिक केमिस्ट्री' के रूप में जाना जाता है। उनके काम का उपयोग कोशिकाओं का पता लगाने के लिए जैविक प्रक्रियाओं को ट्रैक करने के लिए किया जाता है और कैंसर उपचार दवाओं में लागू किया जा सकता है। बैरी शार्पलेस ने चिरली उत्प्रेरित ऑक्सीकरण प्रतिक्रियाओं पर अपने काम के लिए 2001 में नोबेल पुरस्कार भी जीता।

अतः विकल्प (C) सही है।

93. क्रॉल, ब्रेस्टस्ट्रोक और बटरफ्लाई शब्द तैराकी के खेल से जुड़े हैं।

इस खेल में, व्यक्ति के पूरे शरीर को पानी के माध्यम से स्थानांतरित किया जाता है। पूल या खुले पानी में, खेल होते हैं। इवेंट बटरफ्लाई, ब्रेस्टस्ट्रोक, फ्रीस्टाइल और व्यक्तिगत मेडली तैराकी से जुड़े हैं। तैराकी द्वारा विशिष्ट तकनीकों का एक सेट आवश्यक है।

अतः विकल्प (A) सही है।

94. केंद्रीय आयुष मंत्री, सर्बानंद सोनोवाल ने 24 जुलाई 2022 को अखिल भारतीय आयुर्वेद संस्थान (एआईआईए) में बाल रक्षा मोबाइल ऐप लॉन्च किया।

ऐप का उद्देश्य आयुर्वेदिक हस्तक्षेप के माध्यम से बाल रोग निवारक स्वास्थ्य देखभाल के बारे में माता-पिता की जागरूकता बढ़ाना है। श्री सोनोवाल ने एआईआईए में 'बच्चों के लिए टीकाकरण केंद्र' का भी उद्घाटन किया।

अतः विकल्प (A) सही है।

95. झोरा नृत्य की उत्पत्ति उत्तराखंड के कुमाऊं क्षेत्र में हुई थी। यह एक जादुई लोक नृत्य है जो सभी जातियों के लोगों को बांधता है। झोरा नृत्य आमतौर पर वसंत के मौसम में किया जाता है। झोरा नृत्य आमतौर पर शाम को शादियों या मेलों में देखा जाता है। पुरुष और महिलाएं हाथ मिलाते हैं और गोलाकार रूप में चलते हैं। वे अपने शरीर को सुचारू रूप से मोड़ते हैं।

अतः विकल्प (A) सही है।

96. विंडोज़ XP में, XP का अर्थ एक्सपीरियंस है।

विंडोज़ XP एक ऑपरेटिंग सिस्टम (OS) है जिसे विशेष रूप से माइक्रोसॉफ्ट कॉर्पोरेशन द्वारा विकसित और वितरित किया गया है और यह व्यक्तिगत कंप्यूटर, लैपटॉप और मीडिया केंद्रों के मालिकों के लिए लक्षित है। "XP" का अर्थ एक्सपीरियंस है।

अतः विकल्प (B) सही है।

97. एक वेब ब्राउज़र एक सॉफ्टवेयर प्रोग्राम है जो हमें इंटरनेट का उपयोग करने और हमारे कंप्यूटर पर वेब पेज देखने की अनुमति देता है।

- एक वेब ब्राउज़र, या केवल "ब्राउज़र," वेबसाइटों तक पहुँचने और देखने के लिए उपयोग किया जाने वाला एक एप्लिकेशन है।
- सामान्य वेब ब्राउज़र में माइक्रोसॉफ्ट इंटरनेट एक्सप्लोरर, गूगल क्रोम, मोजिला फायरफॉक्स, और एप्पल सफारी शामिल हैं।
- वेब ब्राउज़र का प्राथमिक कार्य एचटीएमएल को रेंडर करना है, जो वेब पेजों को डिजाइन करने या "मार्क अप" करने के लिए उपयोग किया जाने वाला कोड है।

अतः विकल्प (C) सही है।

98. जब भी उपयोगकर्ता किसी वेबसाइट को खोलता है तो मेन पेज को होम पेज कहा जाता है।

एक होम पेज एक वेबसाइट का मेन वेब पेज होता है। जब एप्लिकेशन पहली बार खुलता है तो यह शब्द वेब ब्राउजर में दिखाए जाने वाले स्टार्ट पेज को भी संदर्भित कर सकता है।

अतः विकल्प (C) सही है।

99. सेकेंडरी मेमोरी जो हमें बड़ी मात्रा में डेटा स्टोर करने की अनुमति देती है उसे अक्सर सहायक मेमोरी के रूप में जाना जाता है। यह आम तौर पर स्थायी आधार पर बड़ी मात्रा में डेटा संग्रहीत करता है।

अतः विकल्प (A) सही है।

100. रूटकिट ऐसे कंप्यूटर प्रोग्राम हैं जो हमलावरों द्वारा आपके कंप्यूटर पर रूट या एडमिनिस्ट्रेटिव एक्सेस प्राप्त करने के लिए डिज़ाइन किए गए हैं। एक बार जब कोई हमलावर व्यवस्थापकीय विशेषाधिकार प्राप्त कर लेता है, तो उसके लिए आपके सिस्टम का फायदा उठाना आसान हो जाता है।

अधिकांश वायरस के विपरीत, यह विनाशकारी नहीं है और वर्म के विपरीत, इसका उद्देश्य जितना संभव हो सके संक्रमण फैलाना नहीं है।

अतः विकल्प (B) सही है।

Discipline

Q.1 नर्स जानती है कि एक अक्षम गर्भाशय ग्रीवा के लिए की जाने वाली प्रक्रिया को ________ कहा जाता है।

A. डाइलेशन और क्यूरेटेज
B. योनिभित्तिसीवन
C. ट्यूबल लिगेशन
D. शिरोडकर प्रक्रिया

Q.2 21-24 वर्ष की आयु की महिलाओं में अनिर्धारित महत्व (एएससी-यूएस) या निम्न-श्रेणी के इंट्रापीथेलियल घाव (एलएसआईएल) के एटिपिकल स्क्वैमस कोशिकाओं का उचित प्रबंधन क्या है?

A. 6 महीने में दोहरायें कोशिका विज्ञान
B. सरवाइकल कनाइजेशन
C. 1 साल में रिपीट साइटोलॉजी
D. एलईईपी (लूप इलेक्ट्रोसर्जिकल एक्सिशन प्रक्रिया)

Q.3 सामान्य गर्भावस्था के दौरान ग्लोमेरुलर निस्पंदन दर (जीएफआर) कैसे प्रभावित होती है?

A. कोई परिवर्तन नहीं होता है
B. 50% की वृद्धि
C. 15% की कमी
D. 15% की वृद्धि

Q.4 निम्नलिखित में से कौन सा आकलन प्रसवोत्तर मूल्यांकन का केंद्र बिंदु नहीं है?

A. स्थिरता और रंग सहित मल का आकलन
B. संबंध, मातृ/भ्रूण और परिवार की गतिशीलता सहित
C. रक्तचाप और नाड़ी सहित महत्वपूर्ण संकेत
D. फंडस, ऊंचाई, स्थान और स्थिरता सहित

Q.5 ओवेरियन फॉलिकल्स की वृद्धि में कौन सा हार्मोन सहायक होता है?

A. एफ.एस.एच
B. एल.एच
C. एस्ट्रोजन
D. प्रोजेस्टेरोन

Q.6 प्रसव के दौरान भ्रूण की सबसे सामान्य प्रस्तुति क्या है?

A. मुख
B. कन्धा
C. शिखर
D. नितम्ब

Q.7 गर्भाशय सामान्य रूप से xiphisternum के स्तर तक कब पहुंचेगा?

A. 32 सप्ताह
B. 36 सप्ताह
C. 40 सप्ताह
D. 42 सप्ताह

Q.8 भ्रूण मैक्रोसोमिया से आप क्या समझते हैं?

A. जन्म का वजन 1.5 किलो से कम
B. नवजात शिशु का बड़ा आकार का सिर
C. भ्रूण संकट
D. जन्म वजन 4.5 किलो से अधिक

Q.9 प्रसव पीड़ा में बहुत तेजी से प्रसव से जुड़ी सबसे आम जटिलता क्या है?

A. बच्चे के सिर की त्वचा में सूजन आ जाना
B. भ्रूण के मस्तिष्क के ऊतकों में ड्यूरल या सबड्यूरल टियर
C. प्लेसेंटा का समय से पहले अलग होना
D. नाल का लंबे समय तक प्रतिधारण

Q.10 मेडिकल टर्मिनेशन ऑफ प्रेग्नेंसी को गर्भावस्था के कितने सप्ताह तक सुरक्षित माना जाता है?

A. 6 सप्ताह
B. 8 सप्ताह
C. 12 सप्ताह
D. 18 सप्ताह

Q.11 एंडोमेट्रियल चक्र में, ____________ का चरण वह चरण है, जो इस्किमिया के लिए सर्पिल धमनियों के टूटने के रूप में शुरू होता है, गर्भाशय में रक्त छोड़ता है और एंडोमेट्रियल अस्तर का धीमा होना शुरू करता है।

A. इस्केमिक चरण
B. प्रोलिफ़ेरेटिव चरण
C. स्रावी चरण
D. मासिक धर्म चरण

Q.12 स्वास्थ्य कर्मी जो एएनएम और आंगनवाड़ी कार्यकर्ता के बीच एक कड़ी का काम करते हैं?

A. एलएचवी
B. आशा
C. पीएचएन
D. स्वास्थ्य गाइड

Q.13 ग्लूकोमा से पीड़ित व्यक्ति के दोनों आंखों में मिओटिक आई ड्रॉप्स डालने पड़ते हैं। नर्स को पता है कि आंखों में मिओटिक आई ड्रॉप डालने का उद्देश्य ________ है।

A. कॉर्निया का एनेस्थेटाइजेशन
B. आँखों की पुतलियों को चौड़ा करना
C. आँखों की पुतलियों को संकुचित करना
D. आंखों की मांसपेशियों को निर्बल बनाना

Q.14 एक संक्रमित व्यक्ति के एक अतिसंवेदनशील व्यक्ति के संपर्क में आने की संभावना कम होती है जब समूह के सदस्यों का एक बड़ा हिस्सा प्रतिरक्षित होता है, उसे ____ कहा जाता है।

A. सक्रिय इम्युनिटी
B. पैसिव इम्युनिटी
C. हर्ड इम्युनिटी
D. विशिष्ट इम्युनिटी

Q.15 एक निर्दिष्ट बीमारी या स्थिति के मामलों का अनुपात जो एक निर्दिष्ट समय के भीतर घातक हैं?

A. रुग्णता दर
B. केस मृत्यु दर
C. आनुपातिक मृत्यु दर
D. मृत्यु दर

Q.16 भारत में सार्वभौमिक टीकाकरण कार्यक्रम कब शुरू किया गया था?

A. 1974
B. 1963
C. 1984
D. 1985

Q.17 राष्ट्रीय वेक्टर जनित रोग नियंत्रण कार्यक्रम (एनवीबीडीसीपी) ________ को छोड़कर सभी बीमारियों को कवर करता है।

A. मलेरिया
B. एच1एन1 (स्वाइन फ्लू)
C. डेंगू बुखार
D. उपरोक्त में से कोई नहीं

Q.18 निम्नलिखित में से सभी एक यादृच्छिक नैदानिक परीक्षण के संभावित लाभ हैं, सिवाय:

A. अध्ययन समूहों के तुलनीय होने की संभावना बढ़ जाती है
B. किसी विशेष उपचार के लिए स्व-चयन समाप्त हो गया है
C. अध्ययन की बाहरी वैधता बढ़ जाती है
D. अगले विषय के असाइनमेंट का अनुमान नहीं लगाया जा सकता

Q.19 सूची - I को सूची - II से सुमेलित कीजिये तथा सूचियों के नीचे दिये गये कूट से सही उत्तर चुनिये:

	सूची - I		सूची - II
A.	साफ्ट टिक	1.	रिलैप्सिंग फीवर
B.	हार्ड टिक	2.	ओरियंटल सोर
C.	लाउस	3.	टूलेरिमिया
D.	सैण्ड फ्लाई	4.	इपिडिमिक टाइफस

[UPPSC Staff Nurse, 2022]

A. A - 3, B - 4, C - 2, D - 1
B. A - 4, B - 2, C - 1, D - 3
C. A - 2, B - 1, C - 3, D - 4
D. A - 1, B - 3, C - 4, D - 2

Q.20 सूची - I को सूची - II से सुमेलित कीजिये तथा सूचियों के नीचे दिये गये कूट से सही उत्तर चुनिये:

	सूची - I		सूची - II
	(शरीर अंग)		(पट्टी की चौड़ाई)
A.	छाती	1.	5 सेंटी मीटर
B.	जांघ	2.	8 – 9 सेंटी मीटर
C.	सिर	3.	10 – 15 सेंटी मीटर
D.	कलाई	4.	6 – 8 सेंटी मीटर

[UPPSC Staff Nurse, 2022]

A. A - 3, B - 2, C - 4, D - 1
B. A - 1, B - 3, C - 2, D - 4
C. A - 2, B - 4, C - 1, D - 3
D. A - 4, B - 1, C - 3, D - 2

Q.21 कार्डियक आउटपुट गणना करने का फार्मुला होता है:
[UPPSC Staff Nurse, 2022]

A. स्ट्रोक वाल्यूम × श्वसन दर
B. श्वसन दर × रिसर्व वाल्यूम
C. स्ट्रोक की मात्रा × रक्त चाप
D. स्ट्रोक की मात्रा × हृदय दर

Q.22 पेल्पेबल पाइलोरिक ट्यूमर और प्रक्षेप्य उलटी किसमें पाई जाती हैं?
[UPPSC Staff Nurse, 2022]

A. पाइलोरिक स्टीनोसिस
B. मेगाकोलन
C. दस्त
D. ओम्फेलोसील

Q.23 सूची - I को सूची - II से सुमेलित कीजिये तथा दिये गये कूट से सही उत्तर चुनिये:

	सूची - I		सूची - II
A.	हेलिटोसिस	1.	होंटों का फटना
B.	ग्लोसाइटिस	2.	मसूड़ों में सूजन
C.	जिंजीवाइटिस	3.	जीभ में सूजन
D.	चिलोसिस	4.	मुँह से दुर्गंध

[UPPSC Staff Nurse, 2022]

A. A - 1, B - 3, C - 4, D - 2
B. A - 2, B - 1, C - 3, D - 4
C. A - 3, B - 4, C - 1, D - 2
D. A - 4, B - 3, C - 2, D - 1

Q.24 नर्स नीता को एक हेपेटाइटिस B संक्रमित सुई की छड़ी से चोट लगी थी, निम्न में से नर्स की प्राथमिक क्रिया क्या है?

A. छेद स्थान को साबुन और पानी से धोना चाहिए
B. PEP उपचार तुरंत शुरू करना चाहिए
C. डॉक्टर से नियुक्ति लेनी चाहिए
D. प्रयोगशाला जाँच के लिए सुई लेनी चाहिए

Q.25 'हिमेटोमेलिया' कहाँ के रक्त स्राव को दर्शाता है?
[UPPSC Staff Nurse, 2022]

A. मल में खून आना
B. मेरुरज्जु का रक्त स्राव
C. योनि का रक्त स्राव
D. नाक से रक्त स्राव

Q.26 एक रोगी को हाल ही में एक प्रत्यारोपण के बाद, प्रत्यारोपण निराकरण के लक्षणों के साथ अस्पताल में भर्ती कराया गया है। रोगी के आकलन से निम्न में से किसके पता चलने की संभावना होगी:

A. 1 दिन में 2 पाउंड वज़न घटना
B. सीरम क्रिएटिनिन 1.25 mg/dl
C. 50 ml/hr का मूत्र उत्पादन
D. रक्तचाप में वृद्धि

Q.27 कम उम्र में प्लूरल इफ्युजन का साधारणतः कारण कौन है ?
[UPPSC Staff Nurse, 2022]

A. फेफड़ों के कैंसर
B. S.L.E.
C. क्षय रोग (ट्यूबरकुलोसिस)
D. आमवाती संधिशोथ (रूमेटोयाड आर्थाइटिस)

Q.28 निम्नलिखित में से किसके अंतर्ग्रहण को बढ़ावा देने के लिए परिचारिका को निम्न सोडियम वाले आहार के लिए रोगी को प्रेरित करना चाहिए?

A. ब्रेड **B.** सब्जियाँ **C.** दूध **D.** फल

Q.29 सिस्टोसील के रोगी को नर्स कौन सा सबसे अच्छा व्यायाम सिखा सकती है?

A. पेट का व्यायाम
B. गहरी साँस लेने का व्यायाम
C. पैर का व्यायाम
D. केगेल व्यायाम

Q.30 नर्स स्वास्थ्य मध्यम आयु वर्ग की महिलाओं के समूह को सर्वाइकल कैंसर की जाँच के लिए निम्नलिखित में से किस परीक्षण से गुजरने के लिए शिक्षित करता है?

A. मोंटेक्स परीक्षण
B. अल्ट्रासोनोग्राफी
C. फाइन नीडल एस्पिरेशन साइटोलॉजी
D. पैप स्मीयर

Q.31 नर्स को समुदाय को सिखाना चाहिए कि मामूली जलने की चोट किस सामान्य घटना के कारण लग सकती है?

A. हर साल चिमनी की सफाई
B. माइक्रोवेव ओवन से खाना बनाना
C. सनस्क्रीन कारकों का उपयोग
D. स्पेस हीटर का उपयोग

Q.32 आहार संबंधी नवजात सलाह में निम्नलिखित में से क्या शामिल है?

A. आहार हल्का और पौष्टिक होना चाहिए
B. आहार में हरी सब्जियां और फल भरपूर मात्रा में होने चाहिए
C. सभी गर्भवती महिलाओं के लिए पूरक आयरन चिकित्सा की आवश्यकता होती है
D. उपरोक्त सभी

Q.33 सर्जिकल हैंडवाश के लिए हाथ को आपस में रगड़ने का न्यूनतम समय कितना है?

A. 1 मिनट **B.** 2 मिनट **C.** 3 मिनट **D.** 5 मिनट

Q.34 निम्नलिखित में से किसे अस्पतालों में हैंड ऑफ पॉइंट माना जाएगा?

A. लंच टाइम
B. नर्सिंग शिफ्ट में बदलाव के दौरान रोगी की जानकारी और ज्ञान का हस्तांतरण
C. आपातकालीन विभाग से एक रोगी सेटिंग में स्थानांतरण
D. उपर्युक्त सभी

Q.35 एक मरीज का कहना है कि उसे बिल्कुल भी दर्द नहीं होता है, लेकिन जब भी आप उसकी बांह को छूते हैं तो वह मुस्कुराता है। आप जो देखते हैं उसकी सटीकता को कौन सी तकनीक मान्य कर सकती है?

A. अवलोकन बताते हुए
B. दवा की पेशकश
C. सवाल पूछ रहे हैं
D. सिर से पैर तक आकलन करना

Q.36 भोजन का वह घटक जो हमारे शरीर को संक्रमणों से लड़ने में मदद करता है वह है:

A. प्रोटीन
B. वसा
C. कार्बोहाइड्रेट
D. स्टार्च

Q.37 शिशुओं में प्रोटीन और कार्बोहाइड्रेट की कमी के कारण होता है:

A. मरास्मस
B. घेंघा
C. मोटापा
D. इनमें से कोई नहीं

Q.38 आमाशय में कौन से पोषक तत्व सबसे अधिक समय तक रहते हैं?

A. लिपिड
B. प्रोटीन
C. कार्बोहाइड्रेट
D. वसा

Q.39 निम्नलिखित में से कौन से सूक्ष्म पोषक तत्व हैं?

A. विटामिन और खनिज
B. प्रोटीन और विटामिन
C. कार्बोहाइड्रेट और वसा
D. प्रोटीन और खनिज

Q.40 निम्नलिखित में से कौन सा पोषक तत्व ऊर्जा उत्पादक है?

A. कार्बोहाइड्रेट और प्रोटीन
B. प्रोटीन और वसा
C. कार्बोहाइड्रेट और वसा
D. प्रोटीन और विटामिन

Q.41 निम्नलिखित में से कौन प्रकाश संश्लेषण के प्राथमिक उत्पाद हैं?

A. प्रोटीन
B. कार्बोहाइड्रेट
C. खनिज पदार्थ
D. पानी

Q.42 बेहोश हताहत के वायुमार्ग को कैसे खोलना चाहिए?

A. सिर झुकाना और ठुड्डी उठाना
B. जबड़ा धकेलना
C. सिर का झुकाव और जबड़ा धकेलना
D. ठुड्डी को ऊपर उठाएं

Q.43 गंभीर एलर्जी से पीड़ित व्यक्ति को हर समय क्या रखना चाहिए?

A. इन्सुलिन
B. एसिटामिनोफेन / पैरासिटामोल
C. एड्रेनालाईन (एपिपेन)
D. एस्पिरीन

Q.44 एक व्यक्ति बेसुध की एक छोटी अवधि 'बेहोशी' का अनुभव करे तो इससे बचने के लिए आप क्या कर सकते हैं ?

A. पीड़ित से बात करें और एक दर्द स्ट्रोक का प्रबंध करें
B. पीड़ित को उनकी कुर्सी पर रहने दें
C. ताजी हवा देना , पीड़ित को लेटने दें और पीड़ित को आश्वस्त करें
D. पीड़ित को CPR दें

Q.45 कम चेतना वाले पीड़ित पर क्या लागू होता है?

A. पीड़ित अभी भी बोलने में सक्षम है
B. सदमे में है पीड़ित
C. पीड़ित बोलने और कांपने पर प्रतिक्रिया नहीं करती
D. पीड़ित अब भी सतर्क

Q.46 रक्त परिसंचरण रुकने का क्या कारण हो सकता है?

A. दिल का दौरा
B. छोटी नसों में रक्तस्राव
C. सिर में घाव
D. एक नस में रक्तस्राव

Q.47 सेकेंड डिग्री बर्न का सबसे अच्छा इलाज क्या है?

A. उस पर एलोवेरा लोशन लगाएं
B. पानी
C. जले पर बर्फ लगाएं
D. इनमें से कोई नहीं

Q.48 एक वयस्क पर छाती को संकुचित करते समय हम छाती को दबाते हैं:

A. 2 - 3 सेमी
B. 2.5 - 3.5 सेमी
C. 4 - 5 सेमी
D. 1 - 2 सेमी

Q.49 स्तन्यस्त्रवण हार्मोन _____ है।

A. एस्ट्रोजन
B. प्रोजेस्टेरोन
C. ऑक्सीटोसिन
D. प्रोलैक्टिन

Q.50 स्तनधारियों में हार्मोन द्वारा महिला माध्यमिक यौन पात्रों का विकास किया जाता है?

A. एस्ट्रोजन
B. रिलैक्सिन
C. प्रोजेस्टेरोन
D. गोनैडोट्रॉपिंस

Q.51 निम्नलिखित में से कौन सा हार्मोन मानव में दूध निकालने के दौरान एक प्रमुख भूमिका निभाता है?

A. एस्ट्रोजन
B. प्रोलैक्टिन
C. ऑक्सीटोसिन
D. प्रोजेस्टेरोन

Q.52 एड्रिनलिन हार्मोन से बढ़ता है:

A. दिल की धड़कन
B. रक्तचाप
C. (A) और (B) दोनों
D. इनमें से कोई नहीं

Q.53 शरीर की सबसे लंबी पेशी कौन सी है?

A. सोलूस
B. ग्रासिलिस
C. ट्रपेजियस
D. सार्टोरियस

Q.54 गुर्दे निम्नलिखित में से किसके द्वारा pH संतुलन बनाए रखने में मदद कर रहे हैं?

A. छानने के लिए हाइड्रोजन आयनों को जोड़ना
B. रक्त से हाइड्रोजन आयनों को निकालना
C. रक्त में कैल्शियम और सोडियम आयनों को भंग करना
D. रक्त से कार्बोनेट आयनों को निकालना

Q.55 एस्केरिस के उत्सर्जन अंग हैं:

A. गुर्दा
B. फ्लेम सेल
C. रेनेट ग्रंथियां
D. नेफ्रिडिया

Q.56 किसको रोग है यह पहचानने की क्षमता को मापने के द्वारा किया जाता है:

A. वैधता
B. संवेदनशीलता
C. विशेषता
D. पुनरावर्तनीयता

Q.57 _____ को छोड़कर सभी अस्पताल प्रणाली का आउटपुट संकेतक है।

A. रोगी संतुष्टि
B. जन संपर्क
C. देखभाल की गुणवत्ता
D. मशीनों

Q.58 अस्पताल की सहायक सेवाओं में निम्नलिखित को छोड़कर सभी शामिल हैं:

A. फार्मेसी सेवाएं
B. प्रयोगशाला सेवाएं
C. हाउस कीपिंग सेवाएं
D. धुलाई सेवाएं

Q.59 निःशक्तता की देखभाल में निम्नलिखित को छोड़कर सभी शामिल हैं:

A. विकलांगता निवारण **B.** विकलांगता सीमा

C. पुनर्वास **D.** फ्रैक्चर का इलाज

Q.60 बाह्य रोगी विभाग के कार्यों में शामिल हैं:

A. स्वास्थ्य को बढ़ावा

B. चिकित्सा और नर्सिंग कर्मियों का प्रशिक्षण

C. सामाजिक खोज

D. उपयुक्त सभी

Q.61 डे केयर सर्जिकल यूनिट के प्रकार में निम्नलिखित को छोड़कर सभी शामिल हैं:

A. अस्पताल एकीकृत यूनिट

B. अस्पताल स्वायत्त यूनिट

C. अस्पताल सैटेलाइट यूनिट

D. अस्पताल गैलेक्सी यूनिट

Q.62 कार्डिएक अरेस्ट से पीड़ित व्यक्ति के लिए किस रंग के कोड का प्रयोग किया जाता है?

A. लाल **B.** नीला **C.** काला **D.** हरा

Q.63 अस्पताल के उपकरणों के लिए आईएसओ मानक क्या हैं?

A. 9001 - उत्पाद डिजाइन, विकास, स्थापना और सर्विसिंग, 9002 - उत्पादन और स्थापना शुल्क पर गुणवत्ता आश्वासन, 9003 - परीक्षण और निरीक्षण

B. 9001 - अस्पतालों में बाँझपन, 9002 - सर्जरी से पहले पालन करने के लिए नियम, 9003 - ऑपरेशन के बाद के नियम

C. 9001 - अस्पतालों की डिजाइनिंग, 9002 - अस्पतालों का रखरखाव, 9003 - अस्पताल प्रक्रियाएं

D. 9001 - अस्पताल प्रयोगशालाओं की स्थापना, 9002 - प्रयोगशालाओं में बाँझपन का रखरखाव, 9003 - अस्पताल के उपकरणों का रखरखाव

Q.64 एएमसी क्या है?

A. वार्षिक मशीन अंशांकन

B. वार्षिक रखरखाव अनुबंध

C. परमाणु द्रव्यमान अंशांकन

D. स्वायत्त मशीन अंशांकन

Q.65 इंसुलिन को इंजेक्ट करने का उचित तरीका निम्नलिखित में से कौन सा है?

[UPPSC Staff Nurse, 2017]

A. अंत: पेशीय **B.** त्वचा के अंदर

C. त्वचा के नीचे **D.** नसों में

Q.66 एक जले हुए रोगी के लिए नर्स को आरंभिक चरण में निम्नलिखित में से आकलन करना चाहिए:

[UPPSC Staff Nurse, 2017]

A. पोटैशियम की अधिकता

B. सोडियम की कमी

C. सोडियम की अधिकता

D. मेटाबॉलिक एल्केलोसिस

Q.67 निर्देश: निम्नलिखित कथनों पर विचार कीजिए।

कथन (A): पोषण स्तर जानने के लिए बायोकेमिकल जांच पोषण संबंधी बीमारी को शुरुआत में जानने में उपयोगी होता है।

कारण (R) : लेबोरेटरी जांच द्वारा अप्रत्यक्ष स्थिति में बीमारी पकड़ी जा सकती है।

[UPPSC Staff Nurse, 2017]

A. (A) तथा (R) दोनों सही हैं तथा (R), (A) का सहीस्पष्टीकरण है।

B. A) सही है, पर (R) गलत है।

C. (A) गलत है, पर (R) सही है।

D. (A) और (R) दोनों सही नहीं हैं।

Q.68 मिर्गी दौरे से पीड़ित व्यक्ति की देखभाल करते समय आपक्या करेंगे?

[UPPSC Staff Nurse, 2017]

A. आस-पास जो भी चोट पहुंचाने वाली वस्तु है, उसे दूरकरेंगे।

B. कपड़े का गोला बनाकर पीड़ित के दांतों के बीच रखेंगे।

C. व्यक्ति को पकड़कर रखेंगे जिससे वह हिले नहीं।

D. उपरोक्त सभी

Q.69 मॉर्फिन किस बीमारी में नहीं देनी चाहिए?

[UPPSC Staff Nurse, 2017]

A. एन्जाइना

B. श्वसनी दमा

C. अग्न्याशयकोप

D. मायोकार्डियल इन्फार्कशन

Q.70 हाइपोनेट्रेमिया वाले मरीज की देखभाल करते समय महत्वपूर्ण नर्सिंग हस्तक्षेप में शामिल है:

[UPPSC Staff Nurse, 2017]

A. द्रव प्रतिबंध

B. आइसोटोनिक सेलाइन प्रदान करना

C. चिकित्सक द्वारा आदेश के अनुसार पोटैशियम देना

D. एन.जी. फीड प्रदान करना

Q.71 निम्नलिखित में से कौन-सा लक्षण लू (हीट स्ट्रोक) लगने परनहीं पाया जाता?

[UPPSC Staff Nurse, 2017]

A. 106° फा. शरीर तापक्रम

B. नब्ज तेज चलना

C. गर्म एवं शुष्क चमड़ी

D. अत्यधिक पसीना आना

Q.72 ब्रिट्यू सूचकांक प्रायः किसके वाहक के घनत्व को मापने के लिए किया जाता हैं?

[UPPSC Staff Nurse, 2017]

A. पीत ज्वर **B.** डेंगू

C. चिकनगुनिया **D.** काला अजार

Q.73 इंटरनेशनल काउंसिल आफ नर्सेज (आई.सी.एन.) ने कोड आफ एथिक्स को किस वर्ष में अपनाया था?

[UPPSC Staff Nurse, 2022]

A. 1953 **B.** 1971 **C.** 1951 **D.** 1942

Q.74 निम्नलिखित में से कौनसे आकार का सक्शन कैथेटर नवजात शिशु में मुंह और नाक के सक्शन के लिए उपयोग किया जाता है?

A. 12 नंबर **B.** 10 नंबर **C.** 6 नंबर **D.** 20 नंबर

Q.75 शिशु का अपने सिर पर नियंत्रण किस माह तक संभव होता है?

A. 1 **B.** 2 **C.** 3 **D.** 6

Q.76 एक 1 महीने का लड़का विकास में विफलता को दर्शाता है। जाँच करने पर, वह रक्ताधिक्य हृदपात के लक्षण दर्शाता है। ऊर्विका स्पंदन, बाहु स्पंदन की तुलना में कमजोर हैं। सबसे संभावित नैदानिक निदान क्या है?

A. जन्मजात महाधमनी संकीर्णता

B. महाधमनी निकुंचन

C. विवृत धमनी वाहिनी
D. जन्मजात महाधमनी रोग

Q.77 नर्स इस बात से अवगत है कि अल्सरेटिव कोलाइटिस वाले बच्चे में सबसे आम आकलन _______ है।

A. इंटेंस एब्डोमिनल क्रैम्स
B. प्रोफ्यूज डायरिया
C. अनल फ़िस्सुरेस
D. एब्डोमिनल डिस्टेंशन

Q.78 ऑप्थेल्मिया नियोनेटरम का सबसे आम कारण कौन सा है?

[UPPSC Staff Nurse, 2021]

A. क्लैमाइडिया ट्रैकोमैटिस
B. कैंडिडा ऐल्बीकैंस
C. स्ट्रेप्टोकोकस
D. स्टेफिलोकोकस

Q.79 गैलेक्टोसीमिया में नवजात शिशु को निम्न में से क्या प्रदान नहीं करना चाहिए?

A. दूध
B. स्टार्च
C. ग्लूटिन
D. ग्लाइकोजन

Q.80 अस्थमा से पीड़ित 10 साल के बच्चे को वार्ड में भर्ती कराया गया है। निम्नलिखित में से किस अवलोकन के लिए नर्स द्वारा तत्काल क्रिया की आवश्यकता है?

A. श्वसन दर 20/मिनट
B. सीधे बैठना और लेटने से मना करना
C. खाना खाने से मना करना
D. ऑक्सीजन संतृप्ति 96%

General Aptitude / Reasoning / General Awareness / Basic Computer knowledge

Q.81 अजीत 12 दिन में और भरनी 16 दिन में काम पूरा कर सकते हैं। यदि वे दोनों काम पूरा करने के लिए मिलकर काम करते हैं और रु. 2100 प्राप्त करते हैं, तो भरनी का हिस्सा बताएं।

A. रु. 850
B. रु. 900
C. रु. 1000
D. रु. 1100

Q.82 अजय, एलेक्स और अद्युत तीन मित्र हैं जो एक साक्षात्कार के लिए उपस्थित होते हैं। उनके चयन की प्रायिकताएँ क्रमशः $\frac{7}{10}, \frac{5}{6}$ और $\frac{3}{5}$ हैं। उनमें से अधिकतम दो चयनों की प्रायिकता ज्ञात कीजिए।

A. $\frac{7}{20}$
B. $\frac{13}{20}$
C. $\frac{9}{20}$
D. $\frac{11}{20}$

Q.83 एक कार्यालय में पूरे स्टाफ का औसत वेतन 120 रुपए प्रति माह है। अधिकारियों का औसत वेतन 460 रुपए है और गैर-अधिकारियों का औसत वेतन 110 रुपए है। यदि अधिकारियों की संख्या 15 है तो कार्यालय में गैर-अधिकारियों की संख्या ज्ञात कीजिए।

A. 610
B. 510
C. 410
D. निर्धारित नहीं किया जा सकता

Q.84 त्रिभुज की भुजाओं का अनुपात $3:4:5$ हो और उसका परिमाप 144 सेमी हो तो उसका क्षेत्रफल क्या होगा?

[Joint Entrance Examination (Polytechnic), 2019]

A. 764 सेमी²
B. 684 सेमी²
C. 864 सेमी²
D. 664 सेमी²

Q.85 नवनीत ने 5% की छूट पर 45,000 रुपये की अंकित मूल्य के साथ एक मोटरसाइकिल खरीदी। यदि 10% बिक्री कर लिया जाता है, तो मोटरसाइकिल खरीदने के लिए कितनी राशि नवनीत को भुगतान करनी होगी।

A. 47035 रुपये
B. 47000 रुपये
C. 47025 रुपये
D. 47020 रुपये

Q.86 अनन्या पूर्व की ओर 3 किमी चलती है, फिर दाईं ओर मुड़ती है और 1 किमी चलती है। अब वह अपने प्रारंभिक स्थान से किस दिशा में है?

A. दक्षिण-पूर्व
B. उत्तर-पूर्व
C. दक्षिण-पश्चिम
D. उत्तर-पश्चिम

Q.87 यदि घड़ी की पानी की छवि 10:20 दिखाती है तो वास्तविक समय क्या है?

A. 08:00
B. 08:10
C. 08:50
D. 09:30

Q.88 5 जनवरी 2018 को शुक्रवार था। निम्नलिखित में से किस वर्ष में 5 जनवरी शुक्रवार को ही होगी?

[RRB/RRC Group D, 2018]

A. 2022
B. 2020
C. 2024
D. 2023

Q.89 निर्देश: दिए गए विकल्पों में से अक्षरांकीय समूह को चुनिए जो निम्नलिखित श्रृंखला में प्रश्नवाचक चिन्ह (?) को प्रतिस्थापित कर सकता है।

KI12, JH11, IG10, ?

A. HG9
B. HF9
C. HM12
D. GF11

Q.90 किट्टी, रमन की पत्नी है। देव, किट्टी का इकलौता भाई है। यदि डॉली, किट्टी की बेटी है, तो देव, डॉली से कैसे संबंधित है?

A. पिता
B. मामा
C. पैटर्नल अंकल
D. ग्रैंड फ़ादर

Q.91 वर्ष 1905 में वाराणसी में संपन्न हुए भारतीय राष्ट्रीय कांग्रेस के अधिवेशन की अध्यक्षता किसने की थी?

A. आचार्य जे.बी. कृपलानी ने
B. पं.जवाहरलाल नेहरू ने
C. गोपालकृष्ण गोखले ने
D. रोमेश चंद्र दत्त ने

Q.92 किसने कहा, "संविधान के बिना सरकार अधिकार बिना शक्ति के समान है"?

A. थॉमस पाइन
B. कार्ल ड्यूश
C. डेविड ऐप्टर
D. वाल्टर बेगहॉट

Q.93 प्लासी का युद्ध किस वर्ष लड़ा गया था?

A. 1757
B. 1782
C. 1748
D. 1764

Q.94 विवर्तनिक प्लेटों के अलग होने से _____ का निर्माण होता है।

A. मध्य सागर रिज
B. भ्रंश घाटी
C. समुद्री पर्वत
D. समुद्र की खाई

Q.95 संभावित लिथियम निक्षेप का आकलन करने के लिए भारत ने निम्नलिखित में से किस देश में एक टीम भेजी है?

A. ऑस्ट्रेलिया
B. ब्राज़ील
C. अर्जेंटीना
D. मिस्र

Q.96 यदि आप अपने कंप्यूटर पर "माय कंप्यूटर" ओपन करना चाहते हैं, तो आप _______ दबायेंगे।

A. (विंडोज) + R
B. (विंडोज) + E
C. (विंडोज) + K
D. (विंडोज) + C

Q.97 माइक्रोसॉफ्ट पॉवरपॉइंट कि प्रस्तुति में पृष्ठ को कहा जाता है।

A. स्लाइड
B. E-स्लाइड
C. E-पेज
D. पेज

Q.98 सबसे धीमी इंटरनेट कनेक्शन सेवा कौन सी है?

A. लैंडलाइन

B. डाइल अप सर्विस

C. डिजिटल सब्सक्राइबर लाइन

D. केबल मॉडम

Q.99 विंडोज़ कंट्रोल पैनल से क्या नहीं किया जा सकता है?

A. रन अप्लिकेशन

B. प्रिंटर कॉन्फ़िग्रेशन

C. ऐड फोंट्स

D. इंस्टॉल अप्लिकेशन

Q.100 निम्नलिखित में से कौन एक प्रकार का नॉन -इम्पैक्ट प्रिंटर नहीं है?

A. LED प्रिंटर

B. इंकजेट

C. लेज़र

D. डॉट मैट्रिक्स

// स्मार्ट उत्तर पुस्तिका //

सही उत्तर — उन छात्रों के प्रतिशत को इंगित करता है जिन्होंने प्रश्नों का सही उत्तर दिया था।

छोड़ दिया — उन छात्रों के प्रतिशत को इंगित करता है जिन्होंने प्रश्नों को छोड़ दिया था।

प्रश्न संख्या	उत्तर	सही उत्तर / छोड़ दिया	प्रश्न संख्या	उत्तर	सही उत्तर / छोड़ दिया	प्रश्न संख्या	उत्तर	सही उत्तर / छोड़ दिया	प्रश्न संख्या	उत्तर	सही उत्तर / छोड़ दिया	प्रश्न संख्या	उत्तर	सही उत्तर / छोड़ दिया
1	D	47.89 % / 1.97 %	17	C	41.14 % / 1.87 %	33	D	79.74 % / 0.0 %	49	C	68.69 % / 1.35 %	65	C	44.68 % / 1.46 %
2	C	19.1 % / 3.55 %	18	C	40.42 % / 1.75 %	34	B	22.16 % / 4.57 %	50	A	68.45 % / 1.54 %	66	B	59.97 % / 1.77 %
3	B	63.45 % / 1.49 %	19	D	49.17 % / 1.75 %	35	A	50.8 % / 1.75 %	51	C	47.02 % / 1.36 %	67	A	87.99 % / 0.0 %
4	A	52.11 % / 1.25 %	20	C	86.07 % / 0.0 %	36	A	47.21 % / 1.22 %	52	C	44.52 % / 1.24 %	68	D	50.6 % / 1.25 %
5	A	64.05 % / 1.26 %	21	D	59.78 % / 1.62 %	37	A	63.18 % / 1.05 %	53	D	56.17 % / 1.63 %	69	B	60.73 % / 1.26 %
6	C	48.25 % / 1.6 %	22	A	41.64 % / 1.84 %	38	D	56.52 % / 1.21 %	54	B	66.55 % / 1.15 %	70	B	55.96 % / 1.21 %
7	B	48.75 % / 1.26 %	23	D	26.26 % / 4.99 %	39	A	62.73 % / 1.94 %	55	C	54.76 % / 1.5 %	71	D	41.87 % / 1.84 %
8	D	45.3 % / 1.18 %	24	A	60.22 % / 1.07 %	40	C	52.22 % / 1.44 %	56	B	80.53 % / 0.0 %	72	B	42.95 % / 1.78 %
9	B	40.82 % / 1.02 %	25	B	76.12 % / 0.0 %	41	B	40.9 % / 1.01 %	57	C	41.78 % / 1.91 %	73	A	87.09 % / 0.0 %
10	C	45.98 % / 1.48 %	26	D	49.54 % / 1.57 %	42	A	58.89 % / 1.32 %	58	C	58.84 % / 1.9 %	74	C	51.08 % / 1.3 %
11	D	46.42 % / 1.85 %	27	A	82.99 % / 0.0 %	43	C	43.76 % / 1.3 %	59	D	59.38 % / 1.33 %	75	C	53.8 % / 1.76 %
12	B	51.78 % / 1.58 %	28	D	69.75 % / 1.64 %	44	C	83.02 % / 0.0 %	60	D	43.18 % / 1.13 %	76	B	65.02 % / 1.48 %
13	C	64.67 % / 1.67 %	29	D	52.52 % / 1.99 %	45	A	63.92 % / 1.47 %	61	D	67.17 % / 1.04 %	77	B	66.2 % / 1.88 %
14	C	49.63 % / 1.89 %	30	D	65.42 % / 1.35 %	46	A	49.66 % / 1.08 %	62	B	59.43 % / 1.74 %	78	A	61.67 % / 1.76 %
15	B	58.05 % / 1.99 %	31	D	85.2 % / 0.0 %	47	B	45.09 % / 1.18 %	63	A	54.63 % / 1.47 %	79	A	40.5 % / 1.48 %
16	A	40.04 % / 1.79 %	32	D	56.09 % / 1.69 %	48	C	59.61 % / 1.02 %	64	B	61.46 % / 1.47 %	80	B	57.95 % / 1.02 %

प्रश्न संख्या	उत्तर	सही उत्तर / छोड़ दिया
81	B	89.69 % / 0.0 %
82	B	76.42 % / 0.0 %
83	B	76.11 % / 0.0 %
84	C	76.19 % / 0.0 %

प्रश्न संख्या	उत्तर	सही उत्तर / छोड़ दिया
85	C	79.76 % / 0.0 %
86	A	83.21 % / 0.0 %
87	B	85.18 % / 0.0 %
88	C	81.58 % / 0.0 %

प्रश्न संख्या	उत्तर	सही उत्तर / छोड़ दिया
89	B	85.2 % / 0.0 %
90	B	88.97 % / 0.0 %
91	C	77.22 % / 0.0 %
92	A	59.04 % / 1.1 %

प्रश्न संख्या	उत्तर	सही उत्तर / छोड़ दिया
93	A	51.24 % / 1.23 %
94	B	40.53 % / 1.6 %
95	C	86.4 % / 0.0 %
96	B	86.2 % / 0.0 %

प्रश्न संख्या	उत्तर	सही उत्तर / छोड़ दिया
97	A	86.29 % / 0.0 %
98	B	50.26 % / 1.18 %
99	A	59.25 % / 1.17 %
100	D	63.19 % / 1.4 %

कार्य विश्लेषण

औसत अंक (%)	41.0%
टॉपर्स स्कोर (%)	62.0%
आपका स्कोर	

//संकेत और समाधान//

1. नर्स जानती है कि एक अक्षम गर्भाशय ग्रीवा के लिए की जाने वाली प्रक्रिया को शिरोडकर कहा जाता है।

शिरोडकर प्रक्रिया में गर्भाशय ग्रीवा को बंद रखने के लिए और उसके चारों ओर एक सीवन सिलाई करना शामिल है। यह आमतौर पर पहली तिमाही के भीतर किया जाता है और बाद में गर्भपात का खतरा कम होने पर हटा दिया जाता है।

अत: विकल्प (D) सही है।

2. 21-24 वर्ष की आयु की महिलाओं में अनिर्धारित महत्व (एएससी-यूएस) या निम्न-श्रेणी के इंट्रापीथेलियल घाव (एलएसआईएल) के एटिपिकल स्कैमस कोशिकाओं का उचित प्रबंधन 1 वर्ष में दोहराना साइटोलॉजी है।

21-24 वर्ष की आयु की महिलाओं में एएससी-यूएस या एलएसआईएल का प्रबंधन एक वर्ष में रिपीट साइटोलॉजी द्वारा किया जाना चाहिए।

साइटोलॉजी एकल कोशिका प्रकार की परीक्षा है, जैसा कि अक्सर द्रव नमूनों में पाया जाता है। इसका उपयोग मुख्य रूप से कैंसर के निदान या जांच के लिए किया जाता है। इसका उपयोग भ्रूण की असामान्यताओं के लिए, पैप स्मीयर के लिए, संक्रामक जीवों के निदान के लिए, और अन्य स्क्रीनिंग और नैदानिक क्षेत्रों में भी किया जाता है।

अत: विकल्प (C) सही है।

3. सामान्य गर्भावस्था के दौरान ग्लोमेरुलर निस्पंदन दर (जीएफआर) 50% बढ़ जाती है।

औसत सामान्य गर्भावस्था में, जीएफआर 50% से ऊपर बढ़ जाता है। यह रक्त प्लाज्मा की मात्रा में कुल 50% वृद्धि के साथ संबंध रखता है।

अत: विकल्प (B) सही है।

4. स्थिरता और रंग सहित मल मूल्यांकन, प्रसवोत्तर मूल्यांकन का केंद्र बिंदु नहीं है।

प्रसवोत्तर मूल्यांकन में महत्वपूर्ण संकेत (रक्तचाप, नाड़ी), फंडस (स्थान, ऊंचाई, स्थिरता), लोचिया (रंग, मात्रा), मूत्र उत्पादन (माप पहले शून्य), और मां और शिशु के बीच संबंध शामिल हैं। प्रसवोत्तर मूल्यांकन मूल्यवान है क्योंकि यह संक्रमण, रक्तस्राव और गर्भाशय के दर्द सहित प्रसवोत्तर जटिलताओं के चेतावनी संकेतों पर नर्सिंग हस्तक्षेप की अनुमति देता है। मल मूल्यांकन प्रसवोत्तर मूल्यांकन का एक महत्वपूर्ण हिस्सा नहीं है क्योंकि यह संभावित खतरे के संकेतों के आकलन के लिए जानकारी नहीं देता है।

अत: विकल्प (A) सही है।

5. एफ.एस.एच हार्मोन ओवेरियन फॉलिकल्स की वृद्धि में सहायक होता है।

कूप-उत्तेजक हार्मोन यौवन की वृद्धि और महिलाओं के अंडाशय और पुरुषों के वृषण के कार्य के लिए आवश्यक हार्मोन में से एक है। महिलाओं में, यह हार्मोन ओव्यूलेशन के समय एक कूप से अंडे के निकलने से पहले अंडाशय में डिम्बग्रंथि के रोम की वृद्धि को उत्तेजित करता है।

अत: विकल्प (A) सही है।

6. भ्रूण प्रस्तुति भ्रूण के शरीर के उस हिस्से को संदर्भित करती है जो जन्म नाल के माध्यम से बाहर निकलता है जिसे प्रस्तुत भाग के रूप में भी जाना जाता है।

सामान्य प्रसव में, सिर पहले निकलता है, लेकिन कभी-कभी नितंब या कंधा भी पहले निकल सकता है। शिखर या मस्तक प्रस्तुति सबसे सामान्य भ्रूण प्रस्तुति है जिसमें सिर प्रसव में पहले निकलता है।

भ्रूण प्रस्तुति भ्रूण के उस हिस्से को संदर्भित करती है जो मातृ श्रेणि के ऊपर स्थित होती है।

भ्रूण माँ के अनुदैर्ध्य अक्ष (अनुदैर्ध्य स्थिति, अनुप्रस्थ स्थिति, तिरछी स्थिति) के संबंध में भ्रूण के अनुदैर्ध्य अक्ष के बीच संबंध को संदर्भित करता है।

सामान्य भ्रूण प्रस्तुतियां:

- सिर पहले (जिसे शिखर या मस्तक प्रस्तुति कहा जाता है)
- पीछे की ओर मुख करना
- दाएँ या बाएँ कोण पर चेहरा और शरीर
- गर्दन आगे झुकी हुई
- ठुड्डी सिकुड़ी हुई
- बाहें छाती के आर-पार मुड़ी हुई

अत: विकल्प (C) सही है।

7. गर्भाशय सामान्य रूप से 36 सप्ताह में xiphisternum के स्तर तक पहुंच जाता है।

गर्भावस्था के 12 सप्ताह के बाद, गर्भाशय का फंडस सिम्फिसिस प्यूबिस के ऊपर स्पष्ट होता है। यह 20-22 सप्ताह में नाभि तक पहुंच जाता है। अंत में 36वें से 38वें सप्ताह में (गर्भाशय के फण्डस xiphisternum के स्तर पर) पहुंचना लगभग बंद हो जाता है।

अत: विकल्प (B) सही है।

8. भ्रूण मैक्रोसोमिया का अर्थ है जन्म का वजन 4.5 किलोग्राम से अधिक।

(37 से 40 सप्ताह) समय पर जन्म लेने वाले 10 में से 9 से अधिक बच्चों का वजन 2.5 किग्रा और 4.5 किग्रा के बीच होता है। यदि आपके बच्चे का वजन जन्म के समय 4.5 किग्रा या उससे अधिक है, तो उन्हें सामान्य से बड़ा माना जाता है। इसे भ्रूण मैक्रोसोमिया के रूप में भी जाना जाता है और गर्भकालीन आयु (एलजीए) के लिए बड़ा है।

अत: विकल्प (D) सही है।

9. प्रसव पीड़ा में बहुत तेजी से प्रसव से जुड़ी सबसे आम जटिलता भ्रूण के मस्तिष्क के ऊतकों में ड्यूरल या सबड्यूरल टियर हैं।

तेजी से निष्कासन के दौरान भ्रूण के सिर पर दबाव में अचानक बदलाव के परिणामस्वरूप प्रीसिपिटेट डिलीवरी से इंट्राकैनायल रक्तस्राव हो सकता है। यदि प्रसव के समय या तुरंत बाद में ध्यान न दिया जाए तो यह एमनियोटिक द्रव की स्पृहा का कारण बन सकता है।

अत: विकल्प (B) सही है।

10. मेडिकल टर्मिनेशन ऑफ प्रेग्नेंसी को गर्भावस्था के 12 सप्ताह की अवधि तक सुरक्षित माना जाता है।

मेडिकल टर्मिनेशन ऑफ प्रेग्नेंसी को एमटीपी भी कहा जाता है। एमटीपी का उपयोग अवांछित गर्भधारण और गर्भधारण से छुटकारा पाने के लिए किया जाता है जो मां या भ्रूण दोनों के लिए हानिकारक या घातक हो सकता है। एमटीपी 12 सप्ताह यानी पहली तिमाही या गर्भावस्था तक सुरक्षित हैं। भारत सरकार ने 1971 में एमटीपी को वैध बनाया।

अत: विकल्प (C) सही है।

11. एंडोमेट्रियल चक्र में मासिक धर्म का चरण वह चरण है जो इस्किमिया के लिए सर्पिल धमनियों के टूटने के रूप में शुरू होता है, गर्भाशय में रक्त छोड़ता है, और एंडोमेट्रियल अस्तर का धीमा होना शुरू करता है।

मासिक धर्म योनि के माध्यम से शरीर से गर्भाशय (एंडोमेट्रियम) की मोटी परत का उन्मूलन है। मासिक धर्म के तरल पदार्थ में रक्त, गर्भाशय की परत (एंडोमेट्रियल कोशिकाएं) और बलगम की कोशिकाएं होती हैं। अवधि की औसत अवधि तीन दिन और एक सप्ताह के बीच होती है।

अत: विकल्प (D) सही है।

12. आशा एएनएम और आंगनबाडी कार्यकर्ता के बीच एक कड़ी का काम करती है। राष्ट्रीय ग्रामीण स्वास्थ्य मिशन/एनएचएम के प्रमुख घटकों में से एक देश के प्रत्येक गांव को एक प्रशिक्षित महिला सामुदायिक स्वास्थ्य कार्यकर्ता आशा या मान्यता प्राप्त सामाजिक स्वास्थ्य कार्यकर्ता प्रदान करना है।

अतः विकल्प (B) सही है।

13. नर्स को पता है कि आंखों में मिओटिक आई ड्रॉप डालने का उद्देश्य आँखों की पुतलियों को संकुचित करना है। मिओटिक आई ड्रॉप पुतली को संकुचित कर देता है और जलीय पदार्थ को श्लेम के कोने से बाहर निकलने देता है। पिलोकार्पिन एक मस्कैरेनिक एसिटाइलकोलाइन एगोनिस्ट है जो एक्यूट एंगल-क्लोजर ग्लूकोमा और रेडिएशन-प्रेरित ज़ेरोस्टोमिया के उपचार और प्रबंधन में प्रभावी है। यह नेत्र बूंदों के रूप में एक सहायक दवा के रूप में उपयोगी है।

अतः विकल्प (D) सही है।

14. एक संक्रमित व्यक्ति के एक अतिसंवेदनशील व्यक्ति के संपर्क में आने की संभावना कम होती है जब समूह के सदस्यों का एक बड़ा हिस्सा प्रतिरक्षित होता है जिसे हर्ड इम्युनिटी कहा जाता है।

हर्ड इम्युनिटी संक्रामक बीमारी से अप्रत्यक्ष सुरक्षा का एक रूप है जो कुछ बीमारियों के साथ हो सकता है जब आबादी का पर्याप्त प्रतिशत संक्रमण से प्रतिरक्षित हो गया हो, चाहे पिछले संक्रमण या टीकाकरण के माध्यम से, जिससे उन व्यक्तियों के लिए संक्रमण की संभावना कम हो जाती है जिनमें प्रतिरक्षा की कमी होती है।

अतः विकल्प (C) सही है।

15. एक निर्दिष्ट बीमारी या स्थिति के मामलों का अनुपात जो एक निर्दिष्ट समय के भीतर घातक होते हैं, मामला मृत्यु दर है।

मामले की मृत्यु दर, जिसे महामारी विज्ञान में केस घातक जोखिम भी कहा जाता है, एक निश्चित अवधि में बीमारी से पीड़ित सभी व्यक्तियों में एक निर्दिष्ट बीमारी से मरने वाले लोगों का अनुपात। मामले की मृत्यु दर आमतौर पर रोग की गंभीरता के एक उपाय के रूप में उपयोग की जाती है और अक्सर रोग का निदान (बीमारी के पाठ्यक्रम या परिणाम की भविष्यवाणी) के लिए उपयोग किया जाता है, जहां तुलनात्मक रूप से उच्च दर अपेक्षाकृत खराब परिणामों का संकेत है। इसका उपयोग नए उपचारों के प्रभाव का मूल्यांकन करने के लिए भी किया जा सकता है, जैसे-जैसे उपचार में सुधार होता है, उपाय कम होते जाते हैं। मामले की मृत्यु दर स्थिर नहीं है; वे आबादी और समय के साथ भिन्न हो सकते हैं, जो रोग के प्रेरक एजेंट, मेजबान और पर्यावरण के साथ-साथ उपलब्ध उपचार और रोगी देखभाल की गुणवत्ता के बीच परस्पर क्रिया पर निर्भर करता है।

अतः विकल्प (B) सही है।

16. सार्वभौमिक प्रतिरक्षण कार्यक्रम (यूआईपी) 1985 में भारत सरकार द्वारा शुरू किया गया एक टीकाकरण कार्यक्रम है। यह 1992 में बाल जीवन रक्षा और सुरक्षित मातृत्व कार्यक्रम का एक हिस्सा बन गया और वर्तमान में 2005 से राष्ट्रीय ग्रामीण स्वास्थ्य मिशन के तहत प्रमुख क्षेत्रों में से एक है।

अतः विकल्प (A) सही है।

17. राष्ट्रीय मलेरिया रोधी नियंत्रण कार्यक्रम, राष्ट्रीय फाइलेरिया नियंत्रण कार्यक्रम और कालाजार नियंत्रण कार्यक्रमों को मिलाकर 2003-04 में राष्ट्रीय वेक्टर जनित रोग नियंत्रण कार्यक्रम (एनवीबीडीसीपी) शुरू किया गया था। इस कार्यक्रम में जापानी बी इंसेफेलाइटिस और डेंगू/डीएचएफ को भी शामिल किया गया। निदेशालय एनएमएपी प्रमुख वेक्टर जनित रोगों की रोकथाम और नियंत्रण के लिए नोडल एजेंसी है। इस कार्यक्रम में काला-अजार, मलेरिया, फाइलेरिया, जैपनीज इंसेफिलाइटिस, डेंगू आदि रोग शामिल हैं। H1N1 इस कार्यक्रम में शामिल नहीं है। H1N1 (स्वाइन फ्लू) एक इन्फ्लूएंजा वायरस है जो लोगों में बीमारी पैदा करता है। यह वायरस पहली बार अप्रैल 2009 में संयुक्त राज्य अमेरिका में लोगों में पाया गया था।

अतः विकल्प (C) सही है।

18. यादृच्छिक नैदानिक परीक्षण के सभी संभावित लाभ हैं, सिवाय इसके की अध्ययन की बाहरी वैधता बढ़ जाती है।

नैदानिक परीक्षण यादृच्छिकरण रोगियों को विभिन्न उपचार प्राप्त करने वाले समूहों को सौंपने की प्रक्रिया है। सरलतम परीक्षण डिजाइन में, जांच समूह को नया उपचार प्राप्त होता है और नियंत्रण समूह को मानक चिकित्सा प्राप्त होती है। यादृच्छिकीकरण पूर्वाग्रह को रोकने में मदद करता है। नैदानिक परीक्षण किसी अध्ययन या शोध की बाह्य वैधता को नहीं बढ़ाते हैं।

अतः विकल्प (C) सही है।

19. सही मिलान A - 1, B - 3, C - 4, D - 2 है।

	सूची - I		सूची - II
A.	साफ्ट टिक	1.	रिलैप्सिंग फीवर
B.	हार्ड टिक	3.	ट्लेरिमिया
C.	लाउस	4.	इपिडिमिक टाइफस
D.	सैण्ड फ्लाई	4.	ओरियंटल सोर

रिलैप्सिंग फीवर:

- आवर्तक बुखार आमतौर पर मलेरिया जैसी बीमारियों को संदर्भित करता है, जो आवर्तक बुखार, ठंड लगना और अस्वस्थता की विशेषता है।
- यह बोरेलिया प्रजाति से संबंधित विभिन्न स्पाइरोकेट्स के कारण होता है।

ओरियंटल सोर:

- त्वचीय लीशमैनियासिस (ओरिएंटल सोर) को धीरे-धीरे विकसित होने वाले सूजन घावों की विशेषता है जो गांठदार, गांठदार, या अल्सरेटिव होते हैं और जो 3 से 12 महीनों में निशान के साथ अनायास ठीक हो जाते हैं।

ट्लेरिमिया:

- तुलारेमिया मनुष्यों, जंगली और घरेलू पशुओं में एक जीवाणु रोग है।
- ज़ूनोटिक रोग टुलारेमिया का प्रेरक एजेंट, फ्रांसिसेला टुलारेन्सिस, मनुष्यों सहित 190 से अधिक विभिन्न स्तनधारी प्रजातियों में उच्च रुग्णता और मृत्यु दर की विशेषता है।

इपिडिमिक टाइफस:

- लाउस जनित टाइफस (महामारी टाइफस या एक्सेंथेमेटिक टाइफस) एक वेक्टर-जनित रोग है जो रिकेट्सिया प्रोवाज़ेकी के कारण होता है और शरीर के लाउस पेडिकुलस ह्यूमनस मनुष्यों के संक्रमित मल के माध्यम से फैलता है।

अतः विकल्प (D) सही है।

20. सही उत्तर है: A - 2, B - 4, C - 1, D - 3

	सूची - I		सूची - II
	(शरीर अंग)		(पट्टी की चौड़ाई)
A.	छाती	1.	8 – 9 सेंटी मीटर
B.	जांघ	2.	6 – 8 सेंटी मीटर
C.	सिर	3.	5 सेंटी मीटर
D.	कलाई	4.	10 – 15 सेंटी मीटर

पट्टी बाँधना: यह घाव या घायल हिस्से को ढकने की प्रक्रिया है।

- घाव को दूषित होने से बचाने के लिए उस स्थान पर पट्टी बाँधना।
- घायल, मोच, या विस्थापित संधियों वाले हिस्से को सहारा देना।
- घायल हिस्से को आराम प्रदान करना।
- रक्तस्राव को रोकना और नियंत्रित करना।

पट्टियों के प्रकार:

1- त्रिकोणीय पट्टी: इसका उपयोग शरीर के कई हिस्सों को सहारा देने और स्थिर करने के लिए किया जा सकता है।

2- क्रेप पट्टी: बुने हुए धुंध का प्रकार जिसमें स्ट्रेचिंग का गुण होता है।

3- धुंध / कपास पट्टी: हल्के से बुने हुए, सूती सामग्री। अक्सर उंगलियों, हाथ, पैर की उंगलियों, पैर, कान, आंख, सिर के घावों पर ड्रेसिंग बनाए रखने के लिए उपयोग किया जाता है।

4- चिपकने वाली पट्टी: ड्रेसिंग को बनाए रखने के लिए उपयोग करें और इसका उपयोग उस क्षेत्र में भी किया जाता है जहां किसी क्षेत्र पर दबाव डालने की आवश्यकता होती है।

अत: विकल्प (C) सही है।

21. कार्डियक आउटपुट कार्डियक फिजियोलॉजी शब्द है जो मानव हृदय के कामकाज का वर्णन करता है, और हर मिनट पंप किए जाने वाले रक्त की कुल मात्रा (5 से 6 लीटर) के बारे में भी बताता है। सामान्य कार्डियक आउटपुट तब कहा जाता है जब कोई व्यक्ति आराम कर रहा होता है।

- कार्डिएक आउटपुट: बाएं और दाएं निलय से प्रति मिनट पंप किए गए रक्त की मात्रा।
- विराम की स्थिति में औसत वयस्क के लिए, कार्डियक आउटपुट शरीर के सतह क्षेत्र के लगभग 3.0 लीटर प्रति वर्ग मीटर या कुल 5 लीटर प्रति मिनट होता है।
- कार्डिएक आउटपुट का निर्धारण स्ट्रोक वॉल्यूम को हृदय गति से गुणा करके किया जाता है।
- कार्डिएक आउटपुट = स्ट्रोक वॉल्यूम × हृदय गति
- कार्डियक आउटपुट = 70 × 72 = 5 लीटर

अत: विकल्प (D) सही है।

22. पेल्पेबल पाइलोरिक ट्यूमर और प्रक्षेप्य उलटी पाइलोरिक स्टीनोसिस में पाई जाती हैं।

- पाइलोरिक स्टेनोसिस शिशुओं में एक असामान्य स्थिति है जो भोजन को छोटी आंत में प्रवेश करने से रोकती है।
- आम तौर पर, पेट और छोटी आंत के बीच एक पेशीय वाल्व (पाइलोरस) पेट में भोजन रखता है जब तक कि यह पाचन प्रक्रिया में अगले चरण के लिए तैयार नहीं हो जाता। पाइलोरिक स्टेनोसिस में, पाइलोरस की मांसपेशियां मोटी हो जाती हैं और असामान्य रूप से बड़ी हो जाती हैं, जिससे भोजन छोटी आंत तक नहीं पहुंच पाता है।
- पाइलोरिक स्टेनोसिस से जोरदार उल्टी, निर्जलीकरण और वजन कम हो सकता है। पाइलोरिक स्टेनोसिस वाले शिशुओं को हर समय भूख लग सकती है।

अत: विकल्प (A) सही है।

23. सही मिलान है:

	सूची - I		सूची - II
A.	हेलिटोसिस	1.	मुँह से दुर्गंध
B.	ग्लोसाइटिस	2.	जीभ में सूजन
C.	जिंजीवाइटिस	3.	मसूड़ों में सूजन
D.	चिलोसिस	4.	होठों का फटना

A. हेलिटोसिस: जीभ की सूक्ष्म असमान सतह बैक्टीरिया को फंसा सकती है जो गंध पैदा करते हैं, जिससे सांसों की दुर्गंध आती है। सांसों की दुर्गंध, जिसे मुंह से दुर्गंध भी कहा जाता है, शर्मनाक हो सकती है और कुछ मामलों में चिंता भी पैदा कर सकती है।

B. ग्लोसाइटिस जीभ की सूजन को संदर्भित करता है। यह स्थिति जीभ के आकार में सूजन, रंग में परिवर्तन और सतह पर एक अलग रूप विकसित करने का कारण बनती है। जीभ मुंह में छोटा, पेशीय अंग है जो आपको भोजन को चबाने और निगलने में मदद करता है।

C. जिंजीवाइटिस मसूड़े की बीमारी (पीरियडॉंटल बीमारी) का एक सामान्य और हल्का रूप है जो आपके मसूड़े की जलन, लालिमा और सूजन (सूजन) का कारण बनता है, आपके दांतों के आधार के आसपास आपके मसूड़े का हिस्सा। मसूड़े की सूजन को गंभीरता से लेना और तुरंत इसका इलाज करना महत्वपूर्ण है।

D. चीलोसिस होठों की सूजन और विदर है। यह दर्दनाक है और इसके परिणामस्वरूप रक्तस्राव होता है। कोणीय स्टामाटाइटिस मुंह के कोणों पर विदर और अल्सरेशन है। अन्य लक्षणों में जिल्द की सूजन और अंडकोश या योनी पर दाने शामिल हैं।

अत: विकल्प (D) सही है।

24. किसी भी प्रक्रिया को करते समय एक नर्स की मूलभूत जिम्मेदारी होती है कि वह अपनी सुरक्षा स्वयं करे।

कुछ स्थितियों में नर्स को सुई चुभने की संभावना हो सकती है, उस समय नर्स को उसे साबुन और पानी से धोना चाहिए। छेद स्थान को सुखाया जाना चाहिए और फिर कर्मचारी को उसके स्वास्थ्य का स्व-आंकलन करना चाहिए। सभी चिकित्सीय जाँच की जानी चाहिए और उसके आधार पर नर्स को हेपेटाइटिस-B के संपर्क के बाद रोगनिरोधी प्रक्रिया करनी चाहिए।

अत: विकल्प (A) सही है।

25. 'हिमेटोमेलिया' मेरुरज्जु का रक्त स्राव के रक्त स्राव को दर्शाता है।

यह मेरूरज्जु में रक्तस्राव है जो आघात के कारण होता है। यह गंभीर पीठ या गर्दन में दर्द और कभी-कभी मेरूनाडीय दर्द का कारण बनता है।

मेरूरज्जु का रक्त स्राव:

- यह आघात, संवहनी विकृतियों या रक्तस्रावी डायथेसिस के कारण होता है।
- यह दर्द, कमजोरी, सुन्नता, चलने में कठिनाई आदि का कारण बन सकता है।
- प्रारंभिक निदान के लिए एमआरआई एक अच्छा विकल्प है।
- इसका इलाज दवाइयाँ (फाइटोनैडियोन) देकर या सर्जरी द्वारा किया जा सकता है।

अत: विकल्प (B) सही है।

26. प्रत्यारोपण निराकरण वह प्रक्रिया है जिसमें एक प्रत्यारोपण प्राप्तकर्ता का प्रतिरक्षा तंत्र प्रत्यारोपित अंग या ऊतक पर हमला करता है। बेमेल अंग, या अंग जो पर्याप्त रूप से मेल नहीं खाते हैं, रक्त आधान प्रतिक्रिया या प्रत्यारोपण निराकरण को उत्तेजित कर सकते हैं।

उच्च रक्तचाप रोगियों में तीव्र निराकरण के जोखिम का पूर्वानुमान करता है। यह तब होता है जब पोषी प्रतिरक्षा तंत्र प्रत्यारोपण के बाद प्रतिक्रिया देना शुरू कर देता है। यह प्रत्यारोपण निराकरण का निदान करने में मदद करता है। यह स्वास्थ्य देखभाल प्रदाता को प्रत्यारोपण निराकरण के संकेत का आकलन करने में मदद करता है। जब किसी व्यक्ति को प्रत्यारोपण शल्यक्रिया के दौरान किसी और से अंग प्राप्त होता है, तो उस व्यक्ति का प्रतिरक्षा तंत्र यह पहचान सकता है कि यह बाहरी है और यह प्रत्यारोपण निराकरण का कारण बनता है।

अत: विकल्प (D) सही है।

27. कम उम्र में प्लूरल इफ्युजन का साधारणतः कारण फेफड़ों के कैंसर है।

प्लूरल इफ्युजन (परिफुप्फुस निःसरण) फेफड़े के चारों ओर अतिरिक्त तरल पदार्थ के संचय की स्थिति है। यह अंगों से तरल पदार्थ के रिसाव, फेफड़ों के

कैंसर, निमोनिया और क्षय रोग (ट्यूबरकुलोसिस) जैसे संक्रमण आदि के कारण होता है।

इसके कारण निम्नलिखित समस्याएं हो सकती हैं:

- श्वास लेने में कठिनाई
- सीने में दर्द, खासकर जब गहरी श्वास लेते हैं (इसे परिफुप्फुस शोथ या फुप्फुसीय दर्द कहा जाता है)
- बुखार
- खांसी

अत: विकल्प (A) सही है।

28. फलों में सब्जियों की तुलना में सोडियम की मात्रा कम होती है। सेब, अमरूद, एवोकाडो, पपीता, आम, कैरम्बोला, अनानास, केला, खरबूजे और नाशपाती में प्राकृतिक सोडियम 1-8 मिलीग्राम प्रति 100 ग्राम के बीच होता है। इसलिए निम्न सोडियम वाले आहार को बनाए रखने के लिए फलों के सेवन की सलाह दी जाती है।

अत: विकल्प (D) सही है।

29. यह तब होता है जब स्नायुबंधन जो आपके मूत्राशय को स्थिति में रखते हैं, और योनि और मूत्राशय के बीच के ऊतक कमजोर या खिंचाव करते हैं, जिससे मूत्राशय योनि में उभार जाता है। उम्र के साथ सिस्टोसेले होने की संभावना बढ़ जाती है क्योंकि मांसपेशियां और ऊतक कमजोर हो जाते हैं।

केगल व्यायाम:

- जब मूत्राशय पेशाब से भर रहा होता है तब मूत्राशय नियंत्रण एक साथ काम करने वाली मांसपेशियों पर निर्भर करता है।
- मूत्राशय की मांसपेशियों को शिथिल किया जाना चाहिए और मूत्रमार्ग (जिस नली से मूत्र गुजरता है) के आसपास की मांसपेशियां, जिन्हें पेल्विक फ्लोर मांसपेशियां कहा जाता है, कसी हुई होनी चाहिए।
- पेल्विक फ्लोर की मांसपेशियों को मजबूत करने वाले व्यायाम मूत्राशय के अंदर मूत्र को रोकने में मदद कर सकते हैं, रिसाव को रोक सकते हैं। इन पेल्विक फ्लोर मांसपेशियों के व्यायाम को आमतौर पर "केगल" व्यायाम कहा जाता है, जिसका नाम उन्हें विकसित करने वाले डॉक्टर के नाम पर रखा गया है

अत: विकल्प (D) सही है।

30. सर्वाइकल कैंसर (गर्भाशय ग्रीवा का कैंसर) एक ऐसी बीमारी है जिसमें शरीर में कोशिकाएं गर्भाशय ग्रीवा के भीतर नियंत्रण से बाहर हो जाती हैं।

सर्वाइकल कैंसर का जोखिम सभी महिलाओं में होता है। यह ज्यादातर 30 वर्ष से अधिक आयु की महिलाओं में होता है। प्रवरण परीक्षण और HPV वैक्सीन सर्वाइकल कैंसर को रोकने में सहायता कर सकते हैं। जब सर्वाइकल कैंसर का जल्दी पता चल जाता है, तो यह अत्यधिक उपचार योग्य होता है और लंबे समय तक जीवित रहने और जीवन की अच्छी गुणवत्ता से जुड़ा होता है।

अत: विकल्प (D) सही है।

31. मामूली जलने की चोट एक सामान्य घटना है। यदि स्पेस हीटर के पास कपड़े, बिस्तर और अन्य ज्वलनशील वस्तुएं हैं तो उसका उपयोग करने से आग लग सकती है। ऊष्मा प्रदान करने वाले ज्वलनशील पदार्थों या उपकरणों से किसी भी वस्तु को कम से कम 3 फीट की दूरी पर रखना सुनिश्चित करें।

अधिकांश जलने की चोटें मामूली होती हैं और रोगियों का उपचार बाह्य रोगी विभाग या स्थानीय अस्पतालों में किया जा सकता है। सनबर्न से बचाव के लिए सनस्क्रीन कारकों की सलाह दी जाती है। कम से कम 30 SPF वाला विस्तृत-स्पेक्ट्रम सनस्क्रीन सूरज के प्रकाश के संपर्क में आने से 30 मिनट पहले और उसके बाद हर 90 मिनट में लगाया जाना चाहिए।

अत: विकल्प (D) सही है।

32. नवजात देखभाल: गर्भावस्था के दौरान एक महिला की दैहिक देखरेख को नवजात देखभाल कहा जाता है।

आहार संबंधी नवजात सलाह:

- आहार हल्का और पौष्टिक होना चाहिए।
- आहार में हरी सब्जियां और फल भरपूर मात्रा में होने चाहिए।
- सभी गर्भवती महिलाओं के लिए पूरक आयरन चिकित्सा की आवश्यकता होती है।
- प्रतिदिन लगभग 300 अतिरिक्त कैलोरी की आवश्यकता होती है।
- कैलोरी प्रोटीन, फलों, सब्जियों और साबुत अनाज के संतुलित आहार से आती है।
- मिठाई और वसा को कम से कम खाना चाहिए।

अत: विकल्प (D) सही है।

33. सर्जिकल हैंड वाश -> यह एक हाथ धोने की प्रक्रिया है जिसमें पूर्ण कीटाणुशोधन शामिल है, जिसे एसेप्टिक हैंडवाशिंग भी कहा जाता है। इसका उपयोग खासकर शल्य क्रिया के दौरान ऑपरेशन कक्ष में किया जाता है। यह 5 - 8 मिनट तक किया जा सकता है।

मेडिकल हैंड वाशिंग में हाथों को आपस में रगड़ना, हाथों का पृष्ठीय भाग, इंटरलेसिंग, अन्तः बंधन, अंगूठे का क्रमावर्तन, उंगलियों का क्रमावर्तन आदि शामिल हैं। शल्य क्रिया में भी ऐसा ही होता है लेकिन इसमें समय अलग होता है। इससे एक व्यक्ति से दूसरे व्यक्ति में संक्रमण को फैलने से रोका जा सकता है।

अत: विकल्प (D) सही है।

34. अस्पतालों में, हैंडऑफ़ पॉइंट ऐसे एपिसोड होते हैं जिनमें एक रोगी का नियंत्रण, या जिम्मेदारी, एक स्वास्थ्य पेशेवर से दूसरे में जाता है, और जिसमें रोगी के बारे में महत्वपूर्ण जानकारी का आदान-प्रदान भी होता है।

एक हैंडऑफ़ को निरंतरता के दौरान देखभाल के संक्रमण के दौरान एक चिकित्सक या चिकित्सकों की टीम से दूसरे चिकित्सक या चिकित्सकों की टीम को अधिकार और जिम्मेदारी के साथ रोगी की जानकारी और ज्ञान के हस्तांतरण के रूप में वर्णित किया जा सकता है।

अत: विकल्प (B) सही है।

35. अवलोकन तकनीक बताते हुए आप जो देखते हैं उसकी सटीकता को सत्यापित कर सकते हैं।

अवलोकन अनुसंधान एक गुणात्मक शोध तकनीक है जहां शोधकर्ता प्राकृतिक स्थिति में प्रतिभागियों के चल रहे व्यवहार का निरीक्षण करते हैं। दूसरे शब्दों में, शोधकर्ता डेटा पर कब्जा कर सकता है कि प्रतिभागी क्या कहते हैं, इसके विपरीत वे क्या करते हैं।

अत: विकल्प (A) सही है।

36. भोजन का वह घटक जो हमारे शरीर को संक्रमणों से लड़ने में मदद करता है, प्रोटीन है। प्रोटीन विटामिन और खनिज होते हैं, जो कीटाणुओं से लड़ते हैं। प्रोटीन शरीर के ऊतकों के निर्माण और मरम्मत और वायरल और बैक्टीरियल संक्रमणों से लड़ने के लिए महत्वपूर्ण है। प्रतिरक्षा प्रणाली पावरहाउस जैसे एंटीबॉडी और प्रतिरक्षा प्रणाली कोशिकाएं प्रोटीन पर निर्भर करती हैं। आहार में बहुत कम प्रोटीन कमजोरी, थकान, उदासीनता और खराब प्रतिरक्षा के लक्षण पैदा कर सकता है।

अत: विकल्प (A) सही है।

37. शिशुओं में प्रोटीन और कार्बोहाइड्रेट की कमी से मरास्मस होता है। मरास्मस एक प्रकार का प्रोटीन-ऊर्जा कुपोषण है जो किसी को भी प्रभावित कर सकता है लेकिन मुख्य रूप से बच्चों में देखा जाता है। यदि आपके पास कैलोरी, प्रोटीन, कार्बोहाइड्रेट, विटामिन और खनिजों जैसे पोषक तत्वों की गंभीर कमी है तो आपको मरास्मस हो सकता हैं।

अत: विकल्प (A) सही है।

38. आमाशय ग्रसिका और छोटी आंत के बीच आहार नाल का एक फैला हुआ हिस्सा है।आमाशय एक जलाशय और पाचन अंग दोनों के रूप में कार्य करता है। यह छोटी आंत में जारी रखने के लिए अपनी सामग्री को छोटे भागों में खाली कर देता है। कार्बोहाइड्रेट आमाशय में कम से कम समय व्यतीत करते हैं, जबकि प्रोटीन आमाशय में अधिक समय तक रहता है, और वसा सबसे लंबे समय तक रहता है।

वसा: सूक्ष्म पोषक तत्व जो हमारे शरीर के लिए केंद्रित ऊर्जा स्रोत प्रदान करते हैं। वसा हमारे वसा ऊतकों में रक्त और शरीर की कोशिकाओं में पाए जाते हैं जो ऊर्जा का भंडारण करते हैं। उनमें मौजूद प्रोटीन और वसा जटिल अणु होते हैं जो आपके शरीर के ऊतक को क्षतिग्रस्त होने में अधिक समय लेते हैं। इसके विपरीत, फल और सब्जियां, जिनमें फाइबर की मात्रा अधिक होती है, एक दिन से भी कम समय में आपके तंत्र में घूम सकती हैं।

अत: विकल्प (D) सही है।

39. विटामिन और खनिजों को सूक्ष्म पोषक या भोजन के सुरक्षात्मक सिद्धांत कहा जाता है। सूक्ष्म पोषक तत्व आपके शरीर के आवश्यक पोषक तत्वों के प्रमुख समूहों में से एक हैं। इनमें विटामिन और खनिज शामिल हैं। ऊर्जा उत्पादन, प्रतिरक्षा कार्य, रक्त के थक्के और अन्य कार्यों के लिए विटामिन आवश्यक हैं। जबकि, खनिज विकास, हड्डियों के स्वास्थ्य, द्रव संतुलन और कई अन्य प्रक्रियाओं में महत्वपूर्ण भूमिका निभाते हैं।

अत: विकल्प (A) सही है।

40. कार्बोहाइड्रेट और वसा ऊर्जा उत्पादक हैं। कार्बोहाइड्रेट सबसे अधिक बार ऊर्जा स्रोत के रूप में उपयोग किए जाने वाले पोषक तत्व होते हैं (जिसमें प्रति ग्राम 4 किलो कैलोरी होता है), क्योंकि वे तेजी से अभिनय कर रहे हैं और जैसे ही वे निगले जाते हैं, ऊर्जा में बदल जाते हैं। वसा का उपयोग वसा अम्लों में टूटने के बाद ऊर्जा के लिए किया जाता है। प्रोटीन का उपयोग ऊर्जा के लिए भी किया जा सकता है, लेकिन पहला काम हार्मोन, मांसपेशियों और अन्य प्रोटीन बनाने में मदद करना है।

अत: विकल्प (C) सही है।

41. प्रकाश संश्लेषण के प्राथमिक उत्पाद कार्बोहाइड्रेट हैं। प्रकाश संश्लेषण का मुख्य उत्पाद ग्लूकोज है, जो कार्बोहाइड्रेट अणु है जो कोशिका की प्रक्रियाओं को चलाने के लिए ऊर्जा पैदा करता है। ऑक्सीजन मुख्य रूप से प्रकाश संश्लेषण की प्रक्रिया का एक उपोत्पाद है। ग्लूकोज के एक अणु के उत्पादन के लिए कार्बन डाइऑक्साइड के छह अणुओं और पानी के छह अणुओं की आवश्यकता होती है।

अत: विकल्प (B) सही है।

42. सिर झुकाकर और ठुड्डी को ऊपर उठाकर आपको बेहोश हताहत के वायुमार्ग को खोलना चाहिए।

वायुमार्ग को खोलने के लिए, 1 हाथ पीड़ित के माथे पर रखें और धीरे से उनके सिर को पीछे की ओर झुकाएं, 2 अंगुलियों का उपयोग करके ठुड्डी के सिरे को ऊपर उठाएं। यह जीभ को गले के पिछले हिस्से से दूर ले जाता है। मुंह के फर्श पर धक्का न दें, क्योंकि यह जीभ को ऊपर की ओर धकेलेगा और वायुमार्ग को बाधित करेगा।

अत: विकल्प (A) सही है।

43. गंभीर एलर्जी से पीड़ित व्यक्ति को हर समय एड्रेनालीन (एपिपेन) ले जाना चाहिए। यदि आपका डॉक्टर कहता है कि आपको एक गंभीर एलर्जी प्रतिक्रिया का खतरा है, तो एड्रेनालीन (जैसे कि एपिपेन) को इंजेक्ट करने के लिए एक उपकरण और मदद के लिए एक मोबाइल फोन ले जाना सुनिश्चित करें।

एड्रेनालीन (एपिपेन) दवा का उपयोग आपात स्थिति में कीड़े के डंक / काटने, खाद्य पदार्थ, दवाओं या अन्य पदार्थों से बहुत गंभीर एलर्जी के इलाज के लिए किया जाता है। एपिनेफ्रीन श्वास में सुधार करने, हृदय को उत्तेजित करने, गिरते

रक्तचाप को बढ़ाने, पित्ती को उलटने और चेहरे, होंठ और गले की सूजन को कम करने के लिए तेजी से कार्य करता है।

अत: विकल्प (C) सही है।

44. आप पीड़ित को ताजी हवा दे सकते हैं, पीड़ित को लेटने दे सकते हैं और पीड़ित को आश्वस्त कर सकते हैं कि कोई व्यक्ति बेहोशी की एक छोटी अवधि 'बेहोशी' का अनुभव न करे।

ताजी हवा मदद कर सकती है, खासकर अगर आप गर्म महसूस कर रहे हैं। यदि लेटना संभव न हो तो अपने सिर को जितना हो सके नीचे करें। यदि आप बेहोश हो जाते हैं, तो दस मिनट तक लेटे रहें। जब आपको उठने की आवश्यकता हो तो धीरे-धीरे बैठें।

अत: विकल्प (C) सही है।

45. पीड़ित अभी भी बोलने में सक्षम है कम चेतना वाले पीड़ित पर लागू होता है।

मस्तिष्क के रासायनिक वातावरण में परिवर्तन (जैसे जहर या नशीले पदार्थों के संपर्क में), मस्तिष्क में अपर्याप्त ऑक्सीजन या रक्त प्रवाह, और खोपड़ी के भीतर अत्यधिक दबाव सहित विभिन्न कारकों के परिणामस्वरूप चेतना का एक परिवर्तित स्तर हो सकता है।

अत: विकल्प (A) सही है।

46. दिल का दौरा पड़ने से रक्त परिसंचरण रुक सकता है।

दिल के दौरे के दौरान, पट्टिका टूट सकती है और कोलेस्ट्रॉल और अन्य पदार्थों को रक्तप्रवाह में फैला सकती है। फटने की जगह पर खून का थक्का बन जाता है। यदि थक्का बड़ा है, तो यह कोरोनरी धमनी के माध्यम से रक्त के प्रवाह को अवरुद्ध कर सकता है, जिससे हृदय ऑक्सीजन और पोषक तत्वों (इस्किमिया) को भूखा कर सकता है।

अत: विकल्प (A) सही है।

47. सेकेंड डिग्री बर्न का सबसे अच्छा इलाज पानी है।

जली हुई त्वचा को ठंडे पानी से तब तक धोएं जब तक दर्द बंद न हो जाए। आमतौर पर 15 से 30 मिनट में दर्द बंद हो जाएगा।

अत: विकल्प (B) सही है।

48. एक वयस्क की छाती को संकुचित करते समय हम छाती को 4-5 सेमी दबाते हैं। अपनी हथेली को व्यक्ति की छाती के केंद्र पर रखें, फिर दूसरे हाथ को ऊपर रखें और 4 से 5 सेमी (2 से 2.5 इंच) तक 100 से 120 बार प्रति मिनट की स्थिर दर से दबाएं। प्रत्येक 30 छाती संपीड़न के बाद, 2 बचाव श्वास दें।

अत: विकल्प (C) सही है।

49. स्तन्यस्त्रवण हार्मोन ऑक्सीटोसिन है।

स्तन्यस्त्रवण का अर्थ है मां के दूध का स्तन के वायुकोश से स्तन की नलिकाओं में और निप्पल से बाहर निकलना। जब निप्पल को चूसा जाता है तो दूध बनाने वाले ऊतकों पर प्रोलैक्टिन कार्य करता है। ऑक्सीटोसिन हार्मोन स्तन को बाहर धकेलने या दूध को 'स्तन्यस्त्रवण' करने का कारण बनता है।

अतः विकल्प (C) सही है।

50. स्तनधारियों में, महिला के माध्यमिक यौन चरित्र एस्ट्रोजन हार्मोन द्वारा विकसित किए जाते हैं।

एस्ट्रोजन और प्रोजेस्टेरोन स्टेरॉयड हार्मोन के दो समूह हैं। यह अंडाशय द्वारा निर्मित होता है।

एस्ट्रोजन को मुख्य रूप से बढ़ते डिम्बग्रंथि रोम द्वारा संश्लेषित और स्रावित किया जाता है।

अतः विकल्प (A) सही है।

51. ऑक्सीटोसिन: यह हाइपोथैलेमस द्वारा संश्लेषित किया जाता है और इसे एक्सोनॉली रूप से न्यूरोहाइपोफिसिस में ले जाया जाता है।

इसके निम्नलिखित शारीरिक कार्य हैं:

- यह हमारे शरीर की सुचारित मांसपेशियों पर कार्य करता है और उनके संकुचन को उत्तेजित करता है। महिलाओं में, यह बच्चे के जन्म के समय गर्भाशय के एक जोरदार संकुचन को उत्तेजित करता है।
- यह स्तन ग्रंथि से दूध के स्राव को उत्तेजित करता है।

अतः विकल्प (C) सही है।

52. एड्रिनलिन हार्मोन अधिवृक्क ग्रंथि द्वारा स्रावित होता है।

किसी भी तरह के तनाव के दौरान और आपातकालीन स्थितियों में तनाव के जवाब में एड्रिनलिन हार्मोन तेजी से स्रावित होता है और इसे आपातकालीन हार्मोन या फाइट या फ्लाइट के हार्मोन कहा जाता है।

जब हम क्रोधित होते हैं या किसी तनावपूर्ण स्थिति में होते हैं, तो हमारे दिल की धड़कनें तेज हो जाती हैं, इससे रक्तचाप बढ़ जाता है, यह एड्रिनलिन की वजह से रक्तप्रवाह में बढ़ जाता है।

एड्रिनलिन हमारे शरीर को इस तरह के संकट का सामना करने के लिए तैयार करता है।

अतः विकल्प (C) सही है।

53.

मांसपेशी	उपयोग
सार्टोरियस	मानव शरीर में सबसे लंबी मांसपेशी। कूल्हे को घुमाने, जोड़ने, और घुमाने में मदद करता है।
ट्रेपेजियस	सिर और गर्दन को मोड़ने, मोड़ने, कंधों को स्थिर करने और बाहों को मोड़ने के लिए प्रयोग किया जाता है।
ग्रासिलिस	घुटने के फ्लेक्सियन और कूल्हे की लत के लिए जिम्मेदार है।
सोलयूस	वे पैर और पैर के बीच के कोण को बढ़ाते हैं। चलने, दौड़ने और संतुलन रखने में महत्वपूर्ण है

नोट: ग्लूटस मैक्सिमस मानव शरीर में सबसे बड़ी मांसपेशी है।

अतः विकल्प (D) सही है।

54. गुर्दे रक्त से हाइड्रोजन आयनों को निकालना के द्वारा pH संतुलन बनाए रखने में मदद कर रहे हैं।

ये हमारी मूत्र-प्रणाली का एक आवश्यक भाग हैं और ये इलेक्ट्रोलाइट नियंत्रण, अम्ल-क्षार संतुलन, व रक्तचाप नियंत्रण आदि जैसे समस्थिति कार्य भी करते है। गुर्दे इन होमियोस्टैटिक कार्यों को स्वतंत्र रूप से व अंतःस्रावी तंत्र के अंगों, के साथ मिलकर, दोनों ही प्रकार से पूर्ण करते हैं।

अतः विकल्प (B) सही है।

55. एस्केरिस के उत्सर्जी अंग रेनेट ग्रंथियां हैं। माना जाता है कि रेनेट ग्रंथियों का कार्य एक उत्सर्जन प्रणाली की तरह होता है। रेनेट प्रजातियों के बीच भिन्न होता है। कई समुद्री नेमाटोड में वे ग्रसनी के करीब, जानवर के नीचे एक छिद्र के माध्यम से नमक का उत्सर्जन करते हैं।

अतः विकल्प (C) सही है।

56. संवेदनशीलता को मापने के द्वारा यह पहचानने की क्षमता की जाती है कि किसे रोग है।

एक नैदानिक परीक्षण की संवेदनशीलता रोग के साथ उन रोगियों की सही पहचान करने के लिए परीक्षण की क्षमता को संदर्भित करती है। 100% संवेदनशीलता के साथ एक परीक्षण रोग के सभी रोगियों की सही पहचान करता है।

अतः विकल्प (B) सही है।

57. देखभाल की गुणवत्ता को छोड़कर सभी अस्पताल प्रणाली का आउटपुट संकेतक हैं।

देखभाल की गुणवत्ता वह डिग्री है जिससे व्यक्तियों और आबादी के लिए स्वास्थ्य सेवाएं वांछित स्वास्थ्य परिणामों की संभावना को बढ़ाती हैं। यह साक्ष्य-आधारित पेशेवर ज्ञान पर आधारित है और सार्वभौमिक स्वास्थ्य कवरेज प्राप्त करने के लिए महत्वपूर्ण है।

अत: विकल्प (C) सही है।

58. अस्पताल की सहायक सेवाओं में हाउस कीपिंग सेवाओं को छोड़कर सभी शामिल हैं।

सहायता सेवाएँ स्वास्थ्य देखभाल में एक महत्वपूर्ण क्षेत्र है, और इस क्षेत्र में करियर रोगियों और जनता के लिए एक स्वागत योग्य और सुरक्षित वातावरण प्रदान करने में मदद करता है। सपोर्ट सर्विसेज पाथवे में तकनीकी और पेशेवर दोनों तरह के करियर शामिल हैं।

सामान्य अस्पताल हाउसकीपिंग कर्तव्यों में शामिल हैं पोछा लगाना, वैक्यूम करना और फर्श की सफाई करना; खिड़कियों की सफाई और फर्नीचर को झाड़ना; मरीजों के बिस्तर पर लिनेन धोना और बदलना; और यह सुनिश्चित करना कि सभी कचरे का ठीक से निपटान किया जाता है।

अत: विकल्प (C) सही है।

59. विकलांगता की देखभाल में फ्रैक्चर के उपचार को छोड़कर सभी शामिल हैं।

विकलांगता देखभाल घर के कामकाज और स्नान जैसे रोजमर्रा के कामों से लेकर निरंतरता जैसी जटिल जरूरतों में मदद करने के लिए व्यावहारिक मदद है। विकलांग लोगों के साथ काम करने में अनुभवी विशेष रूप से प्रशिक्षित देखभालकर्ताओं को घर में आने और हाथ उधार देने के लिए नियोजित किया जा सकता है।

उपचार में अक्सर हड्डी को ठीक करने के लिए समय देने के लिए उसे कास्ट या स्प्लिंट में स्थिर करना और उसे स्थिर करना शामिल होता है। कभी-कभी, छड़, प्लेट और स्क्रू के साथ सर्जरी की आवश्यकता हो सकती है, इसलिए इसके विशेषज्ञ की आवश्यकता होती है।

अत: विकल्प (D) सही है।

60. बाह्य रोगी विभाग के कार्यों में स्वास्थ्य को बढ़ावा देना, चिकित्सा और नर्सिंग कर्मियों का प्रशिक्षण, और सामाजिक खोज शामिल है।

बाह्य रोगी विभाग प्रारंभिक निदान प्रदान करता है। अस्पताल की ओपीडी में इलाज के लिए मरीज आते हैं। मरीज को इलाज के लिए अस्पताल में भर्ती होने की जरूरत नहीं है। आमतौर पर ओपीडी मामूली मामलों को इलाज के लिए लेती है।

स्वास्थ्य संवर्धन लोगों को अपने स्वास्थ्य पर नियंत्रण बढ़ाने और उसमें सुधार करने में सक्षम बनाने की प्रक्रिया है।

चिकित्सा प्रशिक्षण एक चिकित्सा व्यवसायी होने के अभ्यास से संबंधित शिक्षा है, जिसमें एक चिकित्सक बनने के लिए प्रारंभिक प्रशिक्षण (यानी, मेडिकल स्कूल और इंटर्नशिप) और उसके बाद अतिरिक्त प्रशिक्षण (जैसे, निवास, फेलोशिप और निरंतर चिकित्सा शिक्षा) शामिल है।

नर्सिंग कर्मियों में पेशेवर नर्स, सहायक नर्स, नामांकित नर्स और संबंधित व्यवसाय जैसे दंत चिकित्सा नर्स और प्राथमिक देखभाल नर्स शामिल हैं।

अत: विकल्प (D) सही है।

61. डे केयर सर्जिकल यूनिट के प्रकार में हॉस्पिटल गैलेक्सी यूनिट को छोड़कर सभी शामिल हैं।

डे केयर सर्जरी को एक ऐसी प्रक्रिया के रूप में परिभाषित किया जाता है जिसमें मरीज अपने प्रवेश के दिन वैकल्पिक ऑपरेशन से गुजरते हैं और सर्जरी के 24 घंटे के भीतर छुट्टी दे दी जाती है। ऐसे मरीज जिन्होंने डे केयर सर्जरी के

मानदंडों को पूरा किया और सर्जरी के बाद तीसरे और सातवें दिन नियमित रूप से फॉलो-अप किया।

अत: विकल्प (D) सही है।

62. कार्डियक अरेस्ट से पीड़ित व्यक्ति के लिए नीले रंग के कोड का उपयोग किया जाता है।

अस्पताल जैसे स्थान सूचना को शीघ्रता से संप्रेषित करने के लिए विभिन्न रंग कोडों का उपयोग करते हैं। चूंकि इन कोडों का मतलब सभी अस्पतालों में एक ही होता है, इसलिए डॉक्टर, नर्स या मेडिकल स्टाफ जल्दी से स्थिति को समझने और आवश्यक कार्रवाई करने में सक्षम होते हैं। नीला कार्डिएक अरेस्ट के लिए है, लाल आग के लिए है, काला बम के खतरे के लिए है और हरा निकासी के लिए है।

अत: विकल्प (B) सही है।

63. अस्पताल के उपकरणों के लिए आईएसओ मानक 9001 हैं - उत्पाद डिजाइन, विकास, स्थापना और सर्विसिंग, 9002 - उत्पादन और स्थापना शुल्क पर गुणवत्ता आश्वासन, 9003 - परीक्षण और निरीक्षण।

मानक नियमों के समूह हैं जिन्हें एक निश्चित स्थान, संगठन, मशीन, प्रौद्योगिकी आदि के नियमन और रखरखाव के लिए सभी जगह स्वीकार किया गया है। यह एकरूपता प्रदान करने में मदद करता है। आईएसओ 9000 उत्पादों के संबंध में गुणवत्ता प्रबंधन से संबंधित मानकों की एक सूची है, इसलिए उत्पाद से संबंधित मानक 9001, 9002, 9003 समाधान हैं।

अत: विकल्प (A) सही है।

64. एएमसी का मतलब वार्षिक रखरखाव अनुबंध है।

यह वह अनुबंध है जो अस्पतालों और कंपनी के बीच हस्ताक्षरित होता है जब अस्पताल उनकी मशीन खरीदता है। अनुबंध बताता है कि कंपनी रखरखाव इंजीनियरों को कैसे और कब भेजेगी, अगले रखरखाव का समय निर्धारित करेगी, अनुबंध की अवधि आदि।

अत: विकल्प (B) सही है।

65. त्वचा के नीचे इंसुलिन को इंजेक्ट करने का उचित तरीका है।

- इंसुलिन को आपकी त्वचा के ठीक नीचे फैटी टिश्यू में इंजेक्ट किया जाना चाहिए।
- यदि आप इंसुलिन को अपनी मांसपेशियों में गहराई से इंजेक्ट करते हैं, तो आपका शरीर इसे बहुत जल्दी अवशोषित कर लेगा, यह लंबे समय तक नहीं चल सकता है, और इंजेक्शन आमतौर पर अधिक दर्दनाक होता है।

अत: विकल्प (C) सही है।

66. एक जले हुए रोगी के लिए नर्स को आरंभिक चरण में सोडियम की कमी का आकलन करना चाहिए।

बर्न (जलना) ऊर्जा का एक स्रोत से दूसरे स्रोत में स्थानांतरण है जिससे ऊतक क्षति, विनाश, प्रोटीन का प्राकृतिककरण और निहित वस्तु का आयनीकरण होता है।

- जले हुए रोगी में सोडियम की कमी हो जाती है इसलिए हाइपोनेट्रेमिया अक्सर होता है, हाइपरकेलेमिया भी इस अवधि में बड़े पैमाने पर ऊतक परिगलन के कारण होता है।
- जलने की चोट के बाद, वृक्क में सोडियम और जल अवरोधन होता है, और मूत्र में पोटेशियम खो जाता है।
- इन मामलों में हाइपोनेट्रेमिया शायद ही कभी सोडियम की कमी के परिणामस्वरूप होता है, लेकिन आमतौर पर अतिरिक्त पानी प्रतिधारण और कोशिकाओं में सोडियम के प्रवेश से होता है।

अत: विकल्प (B) सही है।

67. किसी व्यक्ति की पोषण संबंधी स्थिति यह दर्शाती है कि किसी विशेष जीवन स्तर पर उनकी पोषक तत्वों की शारीरिक जरूरतों को किस हद तक पूरा किया गया है।

- आहार संबंधी मूल्यांकन और पोषण की स्थिति को पारंपरिक रूप से आहार सेवन डेटा के माध्यम से मापा जाता है, जैसे कि 24-एच आहार पैटर्न।
- आहार सेवन की तुलना में जैव रसायन पोषक तत्व की स्थिति का अधिक समीपस्थ माप प्रदान करते हैं। तो, सामान्यतया, एक पोषण संबंधी बायोमार्कर एक विशेषता है जिसे विभिन्न जैविक नमूनों में निष्पक्ष रूप से मापा जा सकता है और आहार घटकों के सेवन या चयापचय के संबंध में पोषण की स्थिति के संकेतक के रूप में उपयोग किया जा सकता है।

अत: विकल्प (A) सही है।

68. दौरे मस्तिष्क की सामान्य विद्युत गतिविधि में अचानक व्यवधान है जिसमें परिवर्तित चेतना और/या अन्य न्यूरोलॉजिकल और व्यवहारिक अभिव्यक्तियाँ होती हैं। मिर्गी एक ऐसी स्थिति है जो बार-बार होने वाले दौरे की विशेषता होती है जिसमें बार-बार पेशियों में मरोड़ शामिल हो सकता है जिसे ऐंठन कहा जाता है।

मिर्गी दौरे से पीड़ित व्यक्ति की देखभाल:

- कपड़े का गोला बनाकर पीड़ित के दांतों के बीच रखेंगे।
- दौरे के दौरान जीभ फलक से जबरदस्ती न करें (यह दांत को आहत कर सकता है)।
- दौरे पड़ने के बाद रोगपूर्व लक्षण और शुरुआत के समय पर ध्यान देना।
- आस-पास जो भी चोट लगेगी उसे हटा दिया जाएगा।

अत: विकल्प (D) सही है।

69. यदि किसी व्यक्ति को दमा, सीओपीडी, लिवर रोग जैसी कोई समस्या है, तो उसे मॉर्फिन दवा नहीं लेनी चाहिए।

दमा फेफड़ों में आक्सीजन की कमी के कारण साँस लेने में परेशानी को कहते हैं। यह हवा के रास्ते सिकुड़ जाने के कारण होता है। दमा की पहचान काफी आसानी से हो जाती है। रोगी काफी कोशिश से ज़ोर-ज़ोर से साँस लेता है। अक्सर साँस लेने के साथ आवाज़ भी आती है, जो दूर से सुनी जा सकती है।

अत: विकल्प (B) सही है।

70. हाइपोनेट्रेमिया वाले मरीज की देखभाल करते समय महत्वपूर्ण नर्सिंग हस्तक्षेप में "आइसोटोनिक सेलाइन प्रदान करना" शामिल है।

- हाइपानेट्रेमिया एक ऐसी स्थिति है जहां रक्त में सोडियम का स्तर असामान्य रूप से कम होता है।
- यह मतली, उल्टी, थकान, सिरदर्द, या भ्रम का कारण बनता है।
- समपरासारी एक प्रकार का विलयन है जिसमें कोशिकाओं और रक्त के समान लवण सांद्रता होती है।
- एक मानक मापक घटक सोडियम क्लोराइड होता है, सोडियम क्लोराइड का 0.9% विलयन रक्त के साथ समपरासारी माना जाता है, हालांकि, वास्तव में, इसका परासरणी दाब वास्तव में थोड़ा अधिक होता है।

अत: विकल्प (B) सही है।

71. अत्यधिक पसीना आना लक्षण लू (हीट स्ट्रोक) लगने पर नहीं पाया जाता।

- लू (हीट स्ट्रोक) एक ऐसी स्थिति है जिसमें शरीर की गर्मी तेजी से बढ़ती है।
- शरीर ठंडा होने की क्षमता खो देता है।

- 10 से 15 मिनट में शरीर का तापमान 106°F या इससे अधिक हो जाता है।
- शरीर का पसीना निकलने का तंत्र विफल हो जाता है।

लू (हीट स्ट्रोक) के लक्षण हैं:

- मानसिक स्थिति में बदलाव; दौरे
- चेतना की हानि (कोमा)
- गर्म, शुष्क त्वचा
- शरीर का बहुत अधिक तापमान

अत: विकल्प (D) सही है।

72. ब्रिट्यू सूचकांक प्रायः डेंगू वाहक के घनत्व को मापने के लिए किया जाता है।

- ब्रिट्यू सूचकांक डेंगू संचरण के जोखिम का पता लगाने में मदद करता है।
- यह एडीज एजिप्टी द्वारा फैले डेंगू के प्रसार को नियंत्रित करने में मदद करता है।
- यह निगरानी और नियंत्रण गतिविधियों के लिए महत्वपूर्ण है।
- इसमें निरीक्षण किए गए प्रति 100 घरों में सकारात्मक धारकों की संख्या शामिल है।
- ये निगरानी प्रसार को रोकने के लिए पर्यावरण का प्रबंधन करने में मदद करती हैं।

अत: विकल्प (B) सही है।

73. इंटरनेशनल काउंसिल आफ नर्सेज (आई.सी.एन.) ने कोड आफ एथिक्स को 1953 में अपनाया था।

टरनेशनल काउंसिल ऑफ नर्स (आई.सी.एन.) 130 से अधिक राष्ट्रीय नर्स संघों का एक संघ है। यह 1899 में स्थापित किया गया था और स्वास्थ्य देखभाल पेशेवरों के लिए पहला अंतरराष्ट्रीय संगठन था। इसका मुख्यालय जिनेवा, स्विट्जरलैंड में है।

संगठन का लक्ष्य दुनिया भर में नर्सों के संगठनों को एक साथ लाना, नर्सों की सामाजिक-आर्थिक स्थिति और दुनिया भर में नर्सिंग के पेशे को आगे बढ़ाना और वैश्विक और घरेलू स्वास्थ्य नीति को प्रभावित करना है।

अत: विकल्प (C) सही है।

74. पहले मुंह से सक्शन करें, फिर सक्शन कैथेटर आकार 6 नंबर का उपयोग करके शिशु की नाक से सक्शन करें। बल्ब सीरिंज से गहरी सक्शनिंग नहीं करनी चाहिए क्योंकि इससे ब्रैडीकार्डिया हो सकता है। बल्ब सीरिंज से गहरी सक्शनिंग नहीं करनी चाहिए क्योंकि इससे ब्रैडीकार्डिया हो सकता है।

उपयुक्त आकार के कैथेटर को निर्धारित करने के लिए निम्नलिखित सूत्र का उपयोग किया जा सकता है:

- सक्शन कैथेटर का आकार (फ्रेंच में) = 2x (ट्रेकोस्टोमी नलिका का आकार -2)
- सक्शन करने के लिए, श्वसनमार्ग को अनिर्जीवाणुक हाथ के अंगूठे के साथ अंगूठे के शीर्ष से अवरुद्ध किया जाता है और फिर कैथेटर को वापस निकाल दिया जाता है।
- 5 से 10 सेकंड से अधिक समय तक सक्शन न करें।
- फिर से सक्शन करने से पहले शिशु को 15 से 20 सेकेंड तक आराम करने दें।
- यदि श्लेष्मा गाढ़ा है, तो सक्शन से पहले साधारण लवण की 3 से 5 बूंदों को नाक में डालें।

अत: विकल्प (C) सही है।

75. विकासात्मक उपलब्धियां कार्यात्मक कौशल या आयु-विशिष्ट कार्यों का एक समूह है जो अधिकांश बच्चे एक निश्चित आयु सीमा में प्राप्त कर सकते हैं।

लगभग चार से 12 सप्ताह तक, जब वे अपने पेट के बल लेटे होते हैं, तो वे अपने सिर को ऊपर उठाने में सक्षम हो सकते हैं, जैसे कि वे एक छोटा पुश-अप कर रहे हों।

सिर और गर्दन पर नियंत्रण कई अन्य महत्वपूर्ण विकास के लिए पूर्वापेक्षित होता है, जैसे उठना बैठना और अंततः चलना। लगभग 3 महीने की आयु में, जब अधिकांश बच्चे अपने सिर को आंशिक रूप से सीधा रखने के लिए अपनी गर्दन में पर्याप्त क्षमता विकसित करते हैं।

अत: विकल्प (C) सही है।

76. बच्चे का कम वज़न या दुर्लभ वज़न होने पर और बच्चे का अपेक्षित विकास न होने पर विकास में विफलता का निदान किया जाता है। बच्चा पर्याप्त भोजन ग्रहण कर सकता है, लेकिन पर्याप्त पोषक तत्वों और कैलोरी को अवशोषित करने में सक्षम नहीं होता है। विकास में विफलता का कारण कम ऊंचाई, व्यवहारात्मक समस्या और विकासात्मक विलंब।

हृदय का निकुंचन हृदय से निकलने वाली बड़ी रक्त वाहिका का संकुचन है।निकुंचन का सटीक कारण अज्ञात है। यह जन्म से पहले महाधमनी के विकास में असामान्यताओं के परिणामस्वरूप होता है। इसका निदान इलेक्ट्रोकार्डियोग्राम, सीटी, एंजियोग्राफी द्वारा किया जाता है। कुछ आनुवंशिक विकारों वाले लोगों में महाधमनी निकुंचन अधिक सामान्य है।

अत: विकल्प (B) सही है।

77. नर्स इस बात से अवगत है कि अल्सरेटिव कोलाइटिस वाले बच्चे में सबसे आम आकलन प्रोफ्यूज डायरिया है।

अल्सरेटिव बृहदांत्रशोथ वाले बच्चे में पाया जाने वाला सबसे आम मूल्यांकन प्रोफ्यूज डायरिया है। अल्सरेटिव कोलाइटिस का मुख्य लक्षण बलगम के साथ या बिना ब्लडली डायरिया है। अन्य लक्षणों में शौचालय में, टॉयलेट पेपर पर या मल में रक्त शामिल है। विशेष रूप से, इसमें बृहदान्त के म्यूकोसा और सबम्यूकोसा तक सीमित सूजन शामिल है। आमतौर पर, रोग मलाशय में शुरू होता है और लगभग निरंतर तरीके से फैलता है।

अतः विकल्प (B) सही है।

78. ओप्थाल्मिया नियोनेटरम (ON) नवजात शिशुओं में होने वाले किसी भी कंजक्टिवाइटिस को संदर्भित करता है, जो गोनोकोकी के कारण होता है। इलाज के लिए 0.5% एरिथ्रोमाइसिन या 1% सिल्वर नाइट्रेट मरहम का उपयोग किया जाता है।

- कैंडिडा ऐल्बीकेंस:- यह एक अवसरवादी रोगज़नक्र है जो मनुष्यों के जठरांत्र संबंधी मार्ग में पाया जाता है। यह एक बीमारी का कारण बन सकता है जिसे कैंडिडिआसिस (मौखिक और जननांग) के रूप में जाना जाता है।
- स्ट्रैप्टोकोकस:- यह ग्राम-पॉजिटिव बेसिली है जो गलसनीशोथ, निमोनिया, घाव और त्वचा के संक्रमण, सेप्सिस, एंडोकार्डिटिस आदि जैसे कई विकार पैदा कर सकता है।
- स्टेफिलोकोकस:- यह ग्राम पॉजिटिव बेसिली है जो त्वचा संक्रमण, निमोनिया, एंडोकार्डिटिस और ऑस्टियोमाइलाइटिस का कारण बन सकता है। यह एब्सेस गठन के लिए ज्यादातर जिम्मेदार है।

अत: विकल्प (A) सही है।

79. गैलेक्टोसिमिया एक ऐसी स्थिति है जिसमें शरीर गैलेक्टोज (साधारण शर्करा) को पचाने में असमर्थ होता है। इसलिए, गैलेक्टोसेमिया में नवजात शिशु को दूध प्रदान नहीं किया जाना चाहिए।

यदि गैलेक्टोसिमिया वाले बच्चे को दूध दिया जाता है, तो बच्चे के सिस्टम में गैलेक्टोज से बने पदार्थ जमा हो जाते हैं। ये पदार्थ नवजात शिशु के मस्तिष्क, लीवर, किडनी और आंखों को नुकसान पहुंचाते हैं। गैलेक्टोसेमिया वाले लोग किसी भी प्रकार के दूध (मानव या पशु) को पचा नहीं सकते हैं।

अत: विकल्प (A) सही है।

80. बच्चों में, अस्थमा अटैक मापक्रम का उपयोग रोग की गंभीरता को निर्धारित करने के लिए किया जाता है और इसके चार स्तर होते हैं अर्थात।

1. हल्का (विश्राम के समय श्वास की तकलीफ नहीं, चलने के साथ हल्की श्वास की तकलीफ, सामान्य रूप से बात कर सकता है, सामान्य रूप से लेट सकता है, श्वास की घरघराहट सुनाई नहीं देती या हल्की सुनाई देती है)

2. मध्यम (विश्राम के समय श्वास की तकलीफ, वाक्यांश में बोलता है, सीधे बैठना और लेटने से इनकार करना, श्वास की घरघराहट सुनाई दे सकती है)

3. गंभीर ((विश्राम के समय गंभीर श्वास की तकलीफ, एक शब्द में बात कर सकते हैं, श्वास की घरघराहट जोर से हो सकती है)

4. अधिकतम प्रवाह दर बताता है कि कोई व्यक्ति फुप्फुस से वायु को कितनी अच्छी तरह बाहर निकाल सकता है।

उपरोक्त परिदृश्य में, नर्सों को तत्काल क्रिया करने की आवश्यकता है क्योंकि बच्चे को मध्यम प्रकार का अस्थमा का दौरा पड़ता है।

अत: विकल्प (B) सही है।

81. दिया गया है:

अजीत काम पूरा कर सकता है $= 12$ दिनों में

भरनी कम पूरा कर सकता है $= 16$ दिनों में

हम जानते है कि,

$W = E \times T$ (जहाँ, $W =$ काम, $E =$ दक्षता और $T =$ समय)

माना भरनी का हिस्सा X है।

प्रश्नानुसार,

अजीत का एक दिन का काम $= \dfrac{1}{12}$

भरनी का एक दिन का काम $= \dfrac{1}{16}$

दोनों का एक दिन का काम $= \dfrac{1}{12} + \dfrac{1}{16}$

$= \dfrac{4+3}{48}$

$= \dfrac{7}{48}$

भरनी का हिस्सा $= \dfrac{3}{7} \times 2100$

$= 3 \times 300$

$= 900$

∴ अभीष्ट परिणाम 900 होगा।

अत: विकल्प (B) सही है।

82. दिया गया है:

अजय के उत्तीर्ण होने की प्रायिकता $= \dfrac{7}{10}$

एलेक्स के उत्तीर्ण होने की प्रायिकता $= \dfrac{5}{6}$

अद्युत के उत्तीर्ण होने की प्रायिकता $= \dfrac{3}{5}$

हम जानते है कि,

अधिकतम दो चयनों की प्रायिकता $= 1 -$ तीनों चयनों की प्रायिकता

तीनों के चयन की प्रायिकता $= \dfrac{7}{10} \times \dfrac{5}{6} \times \dfrac{3}{5} = \dfrac{7}{20}$

अधिकतम दो चयन की प्रायिकता $= 1 - \dfrac{7}{20} = \dfrac{13}{20}$

अत: विकल्प (B) सही है।

83. माना गैर-अधिकारियों की संख्या $= a$

अधिकारियों की संख्या $= 15$

अधिकारियों का औसत वेतन 460 रुपए है

तो, अधिकारियों की कुल वेतन $= 15 \times 460 = 6900$

इसी तरह, गैर-अधिकारियों का कुल वेतन $= a \times 110$

अब हम सभी कर्मचारियों का कुल वेतन इस रूप में प्राप्त कर सकते हैं:

$\Rightarrow 120 \times (15 + a) = 6900 + 110a$

$\Rightarrow 1800 + 120a = 6900 + 110a$

$\Rightarrow 120a - 110a = 6900 - 1800$

$\Rightarrow 10a = 5100$

$\Rightarrow a = 510$

∴ कार्यालय में गैर-अधिकारियों की संख्या 510 है।

अत: विकल्प (B) सही है।

84. भुजाएँ $= 3x, 4x$ और $5x$ ले

तब, $3x + 4x + 5x = 144$ सेमी

$12x = 144$

$\Rightarrow x = 12$

त्रिभुज का क्षेत्रफल

$= \dfrac{1}{2} \times 4x \times 3x$

$= \dfrac{1}{2} \times 12x^2$

$= \dfrac{1}{2} \times 12 \times 12 \times 12$

$= 144 \times 6$

$= 864$ सेमी ^{2}

अत: विकल्प (C) सही है।

85. प्रश्नानुसार,

मोटरसाइकिल का अंकित मूल्य = 45000 रु

छूट = 45000 का 5%

$\dfrac{5}{100} \times 45000$

= 2250 रु

अब, मूल्य = 45000 - 2250

= 42750 रु

बिक्री कर = 42750 का 10%

$\dfrac{10}{100} \times 42750$

= 4275 रु

शुद्ध राशि उसे देनी होगी = 42750 + 4275

= 47025 रु

अतः विकल्प (C) सही है।

86. दी गई जानकारी के अनुसार, हम निम्नलिखित आरेख बना सकते हैं:

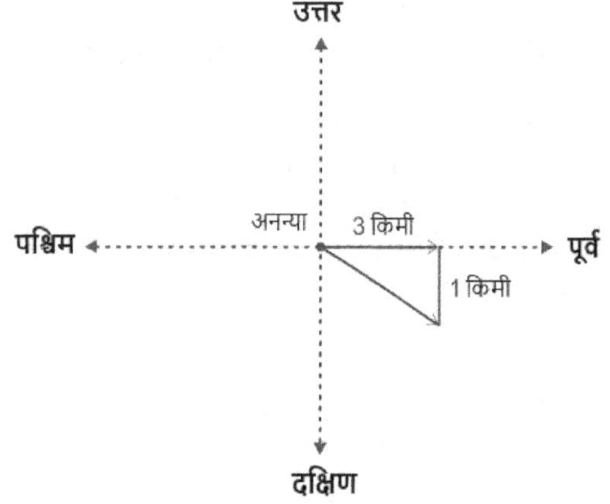

इस प्रकार, अनन्या अपनी प्रारंभिक स्थिति के दक्षिण-पूर्व में है।

अतः विकल्प (A) सही है।

87. यहाँ पानी का चित्र 10:20 है, मिनट 30 से कम हैं,

इसलिए हमें इसे 18:30 से घटाना होगा।

इस प्रकार, 18:30 - 10:20 = 08:10

वास्तविक समय घड़ी पर 08:10 दिखाता है।

अतः विकल्प (B) सही है।

88. 5 जनवरी 2018 से 5 जनवरी 2019 तक विषम दिनों की संख्या = 1

5 जनवरी 2019 से 5 जनवरी 2020 तक विषम दिनों की संख्या = 1

5 जनवरी 2020 से 5 जनवरी 2021 तक विषम दिनों की संख्या = 2

5 जनवरी 2021 से 5 जनवरी 2022 तक विषम दिनों की संख्या = 1

5 जनवरी 2022 से 5 जनवरी 2023 तक विषम दिनों की संख्या = 1

5 जनवरी 2023 से 5 जनवरी 2024 तक विषम दिनों की संख्या = 1

कुल विषम दिन = 1 + 1 + 2 + 1 + 1 + 1 = 7 = 0 विषम दिन

5 जनवरी 2024 को शुक्रवार है।

अतः विकल्प (C) सही है।

89. यहां अनुसरित स्वरुप है:

(संख्या = दूसरे अक्षर का संख्यात्मक मान + 3)

KI12 → K = 11, K – 2 = I, I = 9, 9 + 3 = 12

JH11 → J = 10, J – 2, H, H = 8, 8 + 3 = 11

IG10 → I = 9, I – 2 = G, G = 7, 7 + 3 = 10

अब, अगले पद का पहला अक्षर = पिछले पद का पहला अक्षर (जोकि, I है) – 1 = H

H – 2 = F, F = 6, 6 + 3 = 9

इसलिए, 'HF9' लुप्त पद है।

अतः विकल्प (B) सही है।

90. निम्नलिखित चिह्नों का प्रयोग कर वंश-वृक्ष बनाने पर:

आरेख में प्रतीक	अर्थ
◯	महिला
□	पुरुष
=	शादीशुदा जोड़ा
—	सहोदर
|	एक पीढ़ी का अंतर

संभावित वंश-वृक्ष निम्न होगा:

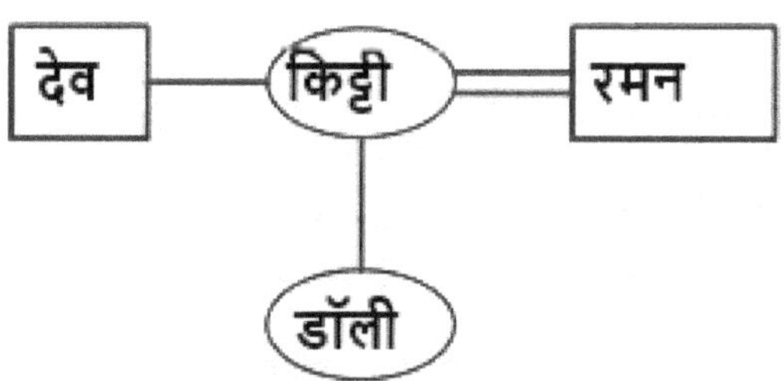

इसलिए, देव, डॉली का मामा है।

अतः विकल्प (B) सही है।

91. वर्ष 1905 में वाराणसी में संपन्न हुए भारतीय राष्ट्रीय कांग्रेस के अधिवेशन की अध्यक्षता गोपालकृष्ण गोखले ने की थी

इसके पूर्व बनारस के 1905 के अधिवेशन में ब्रिटिश माल के बहिष्कार का प्रस्ताव रखा गया (समर्थित)। 1905 में, कांग्रेस के बनारस अधिवेशन में, गोपाल कृष्ण गोखले ने स्वदेशी और बंगाल के बहिष्कार आंदोलनों का ही समर्थन किया।

स्वदेशी का प्रस्ताव भारतीय राष्ट्रीय कांग्रेस के 1906 के कलकत्ता अधिवेशन में अपनाया गया था। इस अधिवेशन की अध्यक्षता दादा भाई नौरोजी ने की थी। इससे पहले बनारस के 1905 के अधिवेशन में ब्रिटिश माल के बहिष्कार का प्रस्ताव रखा गया था। हालाँकि, यह कलकत्ता में 1906 का सत्र था जिसमें कांग्रेस द्वारा स्वशासन, बहिष्कार आंदोलन, स्वदेशी और राष्ट्रीय शिक्षा पर चार प्रस्ताव पारित किए गए थे।

अतः विकल्प (C) सही है।

92. थॉमस पाइन ने कहा, "संविधान के बिना सरकार अधिकार के बिना एक शक्ति है।"

थॉमस पाइन एक विवादा, पत्रिका लिखनेवाले और अंतरराष्ट्रीय क्रांतिकारी थे। उनकी कृति कॉमन सेंस (1776) यूनाइटेड किंगडम के खिलाफ अमेरिकी स्वतंत्रता सेनानी को संघटित करने का एक महत्वपूर्ण पाठ था। राइट्स ऑफ मैन (1791-2) ब्रिटेन में 1790 के दशक में और उन्नीसवीं सदी के पहले दशकों में सुधार के आंदोलन में सबसे व्यापक रूप से पढ़ा जाने वाला पर्चा था।

वह राज्य की जिम्मेदारियों के दावों के उद्भव में एक प्रमुख व्यक्ति थे। उन्होंने अपने पर्चे राइट ऑफ मैन में यह स्पष्ट किया है कि "संविधान सरकार का कार्य नहीं है, बल्कि सरकार बनाने वाले लोगों का है, और बिना संविधान के सरकार अधिकार के बिना शक्ति है।"

अतः विकल्प (A) सही है।

93. प्लासी का युद्ध, 23 जून 1757 को मुर्शिदाबाद के दक्षिण में 22 मील दूर नदिया जिले में गंगा नदी के किनारे 'प्लासी' नामक स्थान में हुआ था। इस युद्ध में एक ओर ब्रिटिश ईस्ट इंडिया कंपनी की सेना थी तो दूसरी ओर थी। रॉबर्ट क्लाइव के नेतृत्व में नवाब सिराज-उद-दौला को कंपनी की सेना ने हरा दिया।

अतः विकल्प (A) सही है।

94. विवर्तनिक प्लेटों के अलग होने से भ्रंश घाटी का निर्माण होता है।

भ्रंश घाटी एक तराई का क्षेत्र है जो बनता है जहां पृथ्वी की विवर्तनिक प्लेट्स अलग हो जाती हैं, या टूट जाती हैं। भ्रंश घाटियाँ भूमि और समुद्र के तल दोनों पर पाई जाती हैं, जहाँ वे समुद्र तल के फैलने की प्रक्रिया द्वारा निर्मित होती हैं।

अतः विकल्प (B) सही है।

95. 20 नवंबर, 2022 को भारत ने देश में संभावित लिथियम निक्षेप और संभावित अर्जित पदार्थ के अवसरों का आकलन करने के लिए अर्जेंटीना में तीन भूवैज्ञानिकों की एक टीम भेजी है।

टीम में मिनरल एक्सप्लोरेशन कॉर्पोरेशन लिमिटेड (MECL), KABIL (खनिज बिदेश इंडिया लिमिटेड) और भारतीय भूवैज्ञानिक सर्वेक्षण (GSI) के एक-एक भूविज्ञानी शामिल हैं। भारत के पास कोई लिथियम संसाधन नहीं है और खनिज मुख्य रूप से आयात किया जाता है। लिथियम ईवीएस में प्रयुक्त रिचार्जेबल बैटरी का प्रमुख घटक है।

अतः विकल्प (C) सही है।

96. यदि आप अपने कंप्यूटर पर "माय कंप्यूटर" ओपन करना चाहते हैं, तो आप (विंडोज) + E दबायेंगे।

विंडोज के सभी संस्करणों में, (विंडोज) + E दबाने पर माइ कंप्यूटर खुलता है। आपके कंप्यूटर की ड्राइव को "माय पीसी" के बाईं ओर सूचीबद्ध किया गया है।
अतः विकल्प (B) सही है।

97. माइक्रोसॉफ्ट पॉवरपॉइंट कि प्रस्तुति में पृष्ठ को स्लाइड कहा जाता है।

एक स्लाइड एक प्रस्तुति का एक पृष्ठ है। सामूहिक रूप से, स्लाइडों के समूह को स्लाइड डेक के रूप में जाना जा सकता है। डिजिटल युग में, एक स्लाइड सबसे आम तौर पर एमएस पावरपॉइंट, ऐप्पल कीनोट, गूगल स्लाइड्स, अपाचे ओपनऑफिस या लिब्रे ऑफिस जैसे प्रेजेंटेशन प्रोग्राम का उपयोग करके विकसित एकल पृष्ठ को संदर्भित करती है।

अतः विकल्प (A) सही है।

98. डायल-अप अब तक उपलब्ध सभी इंटरनेट कनेक्शनों में सबसे धीमा है। डायल-अप के उपयोग के लिए एक अलग फोन लाइन की आवश्यकता होती है, क्योंकि उपयोगकर्ताओं को टेलीफोन के माध्यम से अपने इंटरनेट सेवा प्रदाता से कनेक्ट होना चाहिए। स्पीड लगभग 56Kbps है, जो कि सबसे धीमी ब्रॉडबैंड कनेक्शन की गति का दसवां हिस्सा है।

अतः विकल्प (B) सही है।

99. एप्लिकेशन रन विधि (Excel) एक मैक्रो चलाता है या फ़ंक्शन को कॉल करता है। इसका उपयोग Visual Basic या Microsoft Excel मैक्रो भाषा में लिखे मैक्रो को चलाने के लिए या DLL या XLL में फ़ंक्शन को चलाने के लिए किया जा सकता है। एक चर जो किसी अनुप्रयोग ऑब्जेक्ट का प्रतिनिधित्व करता है।

अतः विकल्प (A) सही है।

100. डॉट मैट्रिक्स एक प्रकार का नॉन-इम्पैक्ट प्रिंटर नहीं है।

- यह प्रत्येक वर्ण को डॉट्स के संयोजन के रूप में प्रिंट करता है।
- उसके प्रिंटर के प्रिंट हेड पर पिंस का एक मैट्रिक्स होता है जो वर्ण का
- बना होता है।
- पिन पर कार्बन से टकराते ही शब्द कागज पर छप जाते हैं।

अतः विकल्प (D) सही है।

General Aptitude / Reasoning / General Awareness / Basic Computer knowledge

Q.1 पांच लड़के A, B, C, D और E एक पंक्ति में खड़े हैं। D, E के दायीं ओर है। B, E के बायीं ओर है लेकिन A के दायीं ओर है। D, C के बायीं ओर है, जो एकदम दायें खड़ा है। बीच में कौन खड़ा है?

A. B   **B.** C   **C.** D   **D.** E

Q.2 यदि 'T' का अर्थ (x), 'U' का अर्थ (-), 'X' का अर्थ (÷) और W का अर्थ (+) है, तो निम्नलिखित व्यंजक का मान होगा। (50 X 2) W (28 T 4)

A. 142   **B.** 158   **C.** 137   **D.** 163

Q.3 बरुन, संजय से लंबा है। बिपुल, बरुन से लंबा है। कृष्णा भी बिपुल जितना लंबा नहीं है लेकिन बरुन से लंबा हैं। सबसे लंबा कौन है?

A. बरुन   **B.** बिपुल   **C.** कृष्णा   **D.** संजय

Q.4 एक निश्चित कोड भाषा में 'MADRAS' को 'DAMSAR' लिखा जाता है, तो उसी कोड भाषा में 'MUMBAI' को किस प्रकार लिखा जा सकता है?

A. BAIUMM   **B.** MUMIAB
C. IABMUM   **D.** MBIAUM

Q.5 यदि एक निश्चित कोड भाषा में 'RAMESH' को 'HSEMAR' के रूप में लिखा जाता है, तो उस कोड भाषा में 'CREATE' को किस प्रकार लिखा जाएगा?

A. TEACRE   **B.** ETAECR
C. ETAERC   **D.** ETACRE

Q.6 निम्नलिखित शब्दों को अंग्रेजी शब्दकोश के अनुसार व्यवस्थित करें।

1. Episode 2. Epistle 3. Episcope 4. Epigraph

A. 1, 2, 3, 4   **B.** 4, 2, 1, 3   **C.** 3, 2, 1, 4   **D.** 4, 3, 1, 2

Q.7 एक महिला ने एक पुरुष से कहा, "आपकी इकलौती बहन की बेटी मेरे पति की बहन है।" पुरुष की बहन का महिला से क्या संबंध है?

A. माता   **B.** सास
C. डाटा अपर्याप्त   **D.** इनमें से कोई नहीं

Q.8 एक व्यक्ति 6 km दक्षिण की ओर चलता है, वह बाएँ मुड़ता है और 4 km चलता है, फिर बाएं मुड़ता है और 5 km चलता है। अब वह किस दिशा के सम्मुख है?

A. दक्षिण   **B.** उत्तर   **C.** पूर्व   **D.** पश्चिम

Q.9 वह विषम शब्द ज्ञात कीजिए जो समूह से संबंधित नहीं है?

A. I   **B.** J   **C.** K   **D.** L

Q.10 निम्नलिखित में से समान संबंध रखने वाले सही उत्तर का चयन करें:

ऑस्ट्रिया : वियना

A. पाकिस्तान : लाहौर   **B.** इजिप्ट : काइरो
C. अमेरिका : ऑरलैंडो   **D.** जर्मनी : लंदन

Q.11 'कान्स पुरस्कार' किस क्षेत्र में उत्कृष्टता के लिए दिया जाता है?

A. फ़िल्में   **B.** पत्रकारिता   **C.** साहित्य   **D.** अर्थशास्त

Q.12 निम्न क्षेत्र में से किस उत्कृष्ट कार्य हेतु पुलिजर पुरस्कार से सम्मानित किया जाता है?

A. विज्ञान एवं प्रौद्योगिकी   **B.** पर्यावरण अध्ययन
C. साहित्य एवं पत्रकारिता   **D.** अंतर्राष्ट्रीय समाज

Q.13 निम्नलिखित में से कौन सा मानव गुणसूत्र सबसे छोटा है?

A. गुणसूत्र 10   **B.** गुणसूत्र 16   **C.** गुणसूत्र 20   **D.** गुणसूत्र 21

Q.14 अंतर्राष्ट्रीय श्रम संगठन (आईएलओ) का मुख्यालय _____ में स्थित है।

A. पेरिस   **B.** फ्रैंकफर्ट   **C.** जिनेवा   **D.** न्यूयॉर्क

Q.15 कोशिकीय और आणविक जीव विज्ञान केंद्र स्थित है:

A. पटना   **B.** नई दिल्ली   **C.** हैदराबाद   **D.** मुंबई

Q.16 चमेरा बांध किस राज्य/केन्द्र शासित प्रदेश में स्थित है?

A. पुदुचेरी   **B.** उत्तर प्रदेश
C. हिमाचल प्रदेश   **D.** झारखंड

Q.17 किस बंदरगाह को अरब सागर की रानी के रूप में जाना जाता है?

A. वाईज़ैग बंदरगाह   **B.** पारादीप बंदरगाह
C. कोच्चि बंदरगाह   **D.** मुंबई बंदरगाह

Q.18 निम्नलिखित में से किसने एक्स-रे की खोज की है?

A. मैरी क्यूरी   **B.** जे.जे. थॉमसन
C. डब्ल्यू.सी. रोएंटगेन   **D.** जेम्स चैडविक

Q.19 निम्नलिखित में से "नेशनल हेराल्ड" की स्थापना किसने की?

A. बाल गंगाधर तिलक   **B.** महात्मा गांधी
C. जवाहरलाल नेहरू   **D.** इंदिरा गांधी

Q.20 इनमें से किसे 2020 एशिया गेम चेंजर पुरस्कार से सम्मानित किया गया है?

A. सोनू सूद   **B.** विराट कोहली
C. विकास खन्ना   **D.** नरेंद्र मोदी

Q.21 पुस्कस पुरस्कार निम्न खेल से जुड़ा है:

A. फुटबॉल   **B.** क्रिकेट   **C.** बैडमिंटन   **D.** टेनिस

Q.22 चेतन चौहान जिनका निधन हाल ही में हुआ, वह किस खेल के पूर्व खिलाड़ी थे?

A. फुटबॉल   **B.** क्रिकेट   **C.** गोल्फ   **D.** हॉकी

Q.23 किस संस्थान ने पहली आईसीएमआर- अनुमोदित मोबाइल आरटी-पीसीआर प्रयोगशाला विकसित की है?

A. एम्स   **B.** आईआईटी-गुवाहाट
C. आईआईटी-दिल्ली   **D.** आईआईएससी-बेंगलुरु

Q.24 ऑपरेशन समुद्र सेतु किसने प्रारम्भ किया था?

A. भारतीय सेना   **B.** भारतीय नौसेना
C. भारतीय वायु सेना   **D.** नीति आयोग

Q.25 हाल ही में किस संगठन द्वारा 'अनंदा' नामक एक डिजिटल एप्लीकेशन प्रारम्भ किया गया है?

A. एलआईसी   **B.** आरबीआई   **C.** सेबी   **D.** एसबीआई

Q.26 किस देश ने वैश्विक आर्थिक स्वतंत्रता सूचकांक 2020 में शीर्ष स्थान प्राप्त किया है?

A. सिंगापुर   **B.** हॉंगकॉंग   **C.** जर्मनी   **D.** फिनलैंड

Q.27 हाल ही में आईएमएफ के 190वें सदस्य के रूप में कौन सा देश शामिल हुआ है?

A. एंडोरा
B. आर्मीनिया
C. ईरान
D. मेडागास्कर

Q.28 किस देश ने 2020 में 12वां ब्रिक्स सम्मेलन आयोजित किया था?

A. रूस
B. भारत
C. दक्षिण अफ्रीका
D. नेपाल

Q.29 आवास एवं शहरी मामलों के मंत्रालय (एमओएचयूए) ने स्ट्रीट फूड विक्रेताओं को ऑनलाइन लाने के लिए किस फूडटेक कंपनी के साथ साझेदारी की है?

A. स्विगी
B. जोमाटो
C. उबेर इट्स
D. फूड पांडा

Q.30 भारत के पहले चंदन संग्रहालय का अनावरण किस शहर में किया गया है?

A. मैसूर
B. हैदराबाद
C. चेन्नई
D. भुवनेश्वर

Discipline

Q.31 अंतःप्रसव भ्रूण की निगरानी की विभिन्न विधियों में निम्नलिखित में से किसे छोड़कर अन्य सभी शामिल हैं?

A. भ्रूण की खोपड़ी का उद्दीपन परीक्षण
B. भ्रूण स्पंदन ऑक्सीमेट्री
C. भ्रूण के रक्त का नमूनाकरण
D. ब्रेक्सटन हिक्स संकुचन

Q.32 प्रसव पीड़ा इंजेक्शन के सक्रिय प्रबंधन के दौरान एर्गोमेट्रिन निम्नलिखित में से किस स्थिति में प्रतिदिष्ट है?

A. प्रथमगर्भा (प्रिमिग्रेविडा)
B. गंभीर प्रसवाक्षेप (एक्लेम्पसिया)
C. लम्बे समय तक प्रसव पीड़ा
D. उपरोक्त में से कोई नहीं

Q.33 माँ द्वारा महसूस की जाने वाली भ्रूण की हलचल को _______ कहा जाता है।

A. ब्रेक्सटन हिक्स संकुचन
B. क्विकनिंग
C. गुडेल का संकेत
D. हेगर का संकेत

Q.34 भ्रूण क्षिप्रहृदयता निम्नलिखित सभी कारकों के कारण होता है सिवाय:

A. मातृ या भ्रूण रक्ताल्पता
B. मातृ या भ्रूण संक्रमण
C. गंभीर भ्रूण अल्प-ऑक्सीयता
D. भ्रूण कोम्प्रोमाईज़

Q.35 भ्रूण का रक्त नमूनाकरण निम्नलिखित में से किस स्थितियों में प्रतिदिष्ट होता है?

A. एचआईवी संक्रमित महिला
B. मोटी जातविष्ठा (मेकोनियम) अभिरंजित तरल
C. इलेक्ट्रॉनिक भ्रूण निगरानी पर विशिष्ट और असाधारण अनुरेखण
D. उपरोक्त सभी

Q.36 डायफ्राम या डच कैप का उपयोग करने के परिवार नियोजन के उपाय को _____ कहा जाता है।

A. प्राकृतिक विधि
B. बैरियर विधि
C. अंतरा गर्भाशय गर्भनिरोधक उपकरण
D. कैलेंडर विधि

Q.37 जीवनक्षमता की अवधि के बाद लेकिन बच्चे के जन्म से पहले जननांग पथ से या उसके अंदर होने वाले किसी भी रक्तस्राव को _____ कहा जाता है।

A. प्रसवपूर्व रक्तस्राव (एंटीपार्टम हैमरेज)
B. अंतःप्रसव रक्तस्राव (इंट्रापार्टम हैमरेज)
C. प्रसवोत्तर रक्तस्राव (पोस्टपार्टम हैमरेज)
D. उपरोक्त सभी

Q.38 श्रम के पहले चरण की नैदानिक विशेषताओं में सभी शामिल हैं सिवाय:

A. गर्भाशय ग्रीवा का विलोपन
B. हर तीन से पांच मिनट में संकुचन
C. उपस्थित भाग का न्यूनतम अवरोहण
D. योनि रक्तस्राव का तेज बहाव

Q.39 क्रौनिंग _______ में होता है।

A. प्रसव का पहला चरण
B. प्रसव का दूसरा चरण
C. प्रसव का तीसरा चरण
D. प्रसव का चौथा चरण

Q.40 संक्रमण प्राप्त करने के बाद एक व्यक्ति में प्रतिरक्षा विकसित होती है उसे ________ कहा जाता है।

A. सक्रिय प्रतिरक्षा
B. निष्क्रिय प्रतिरक्षा
C. सामूहिक प्रतिरक्षा
D. उपरोक्त सभी

Q.41 बाहरी कार्यक्रम हेतु छोटी मात्रा में टीकों को ले जाने के लिए उपयोग किए जाने वाले उपकरण को _______ कहा जाता है।

A. वाक इन फ्रीजर
B. वाक इन कूलर
C. वैक्सीन कैरियर
D. आइस पैक

Q.42 1 - 3 वर्ष की आयु के बीच के बच्चों में पोषण-संबंधी अंधापन के प्रमुख कारण को कहा जाता है:

A. ज़ीरोफ्थैल्मिया
B. रतौंधी
C. दृष्टिहीनता
D. उपरोक्त में से कोई नहीं

Q.43 जीवित जीवाणुओं द्वारा संदूषित खाद्य पदार्थों के अंतर्ग्रहण के कारण होने वाली विषाक्तता सभी है, सिवाय:

A. साल्मोनेला विषाक्तता
B. स्टेफिलोकोकल विषाक्तता
C. बोटुलिज़्म
D. रासायनिक विषाक्तता

Q.44 वैरीसेला टीका एक _______ है।

A. मृत टीका
B. जीव क्षीणित टीका
C. प्रतिरक्षाग्लोबुलिन
D. उपरोक्त में से कोई नहीं

Q.45 खसरे के टीके के प्रशासन का मार्ग _______ है।

A. अंतर्त्वचीय
B. अवत्वचीय
C. अंतर्पेशीय
D. मौखिक

Q.46 मम्प्स की ऊष्मायन अवधि _______ है।

A. 0 से 1 सप्ताह
B. 1 से 2 सप्ताह
C. 2 से 4 सप्ताह
D. 5 से 8 सप्ताह

Q.47 इन्फ्लूएंजा के उपचार हेतु उपयोग की जाने वाली विषाणु रोधी दवा _______ है।

A. एसिक्लोविर
B. ओसेल्टामिविर
C. इम्यूनोविर
D. ज़िडोवूडीन

Q.48 टीका-रोकथाम योग्य रोग जो ड्रॉपलेट इन्फेक्शन के कारण होते हैं, ये सभी है, सिवाय:

A. मेनिंगोकोकल मेनिंजाइटिस

B. काली खाँसी

C. डिप्थीरिया

D. पोलियो

Q.49 निम्न में से कौनसा एक रक्त-जनित रोग है?

A. हेपेटाइटिस A **B.** हेपेटाइटिस C

C. हेपेटाइटिस E **D.** उपरोक्त सभी

Q.50 दस्त से ग्रस्त बच्चों में ओआरएस थेरेपी का मुख्य उद्देश्य ______ है।

A. निर्जलीकरण को रोकना

B. मृत्यु दर को कम करना

C. पानी और इलेक्ट्रोलाइट की कमी को ठीक करना

D. उपरोक्त सभी

Q.51 हैजा से ग्रसित एक व्यक्ति में, छोटी आंत में विषाणु के वृद्धि से उत्पन्न विष के कारण अतिसार होता है। विब्रियो कॉलेरी द्वारा उत्पन्न विष ______ है।

A. एंडोटॉक्सीन **B.** एन्टोरोटॉक्सीन

C. हेपेटोटॉक्सीन **D.** उपरोक्त में से कोई नहीं

Q.52 मेसोडर्मल कोशिकाओं से उत्पन्न होने वाला कैंसर जो विभिन्न संयोजी ऊतकों का निर्माण करता है, ______ कहलाता है।

A. कार्सिनोमा **B.** सार्कोमास

C. लिंफोमास **D.** ल्यूकेमियास

Q.53 गर्भावस्था के दौरान होने वाले रक्त शर्करा के मान सामान्य से ऊपर लेकिन उन नैदानिक मधुमेह से नीचे होते हैं, ______ कहलाता हैं।

A. टाइप 1 मधुमेह

B. टाइप 2 मधुमेह

C. गर्भकालीन मधुमेह

D. इंसुलिन प्रतिरोध सिंड्रोम

Q.54 परिनेमिया एनीमिया ग्रस्त रोगी में स्किलिंग परीक्षण का प्राथमिक उद्देश्य निम्न निर्धारित करना है:

A. विटामिन B12 का सेवन

B. विटामिन B12 का अवशोषण

C. विटामिन B12 का उत्सर्जन

D. उपरोक्त में से कोई नहीं

Q.55 एक प्रकार का फ्रैक्चर जिसमें हड्डी का एक टुकड़ा दूसरे में चला जाता है, उसे ______ कहा जाता है।

A. स्पाइरल फ्रैक्चर **B.** ट्रान्सवर्स फ्रैक्चर

C. ओब्लिक फ्रैक्चर **D.** इम्पेक्टेड फ्रैक्चर

Q.56 अस्थमा के संकेतों और लक्षणों में सभी शामिल हैं, सिवाय:

A. सांस लेने में कठिनाई **B.** बुखार

C. घरघराहट **D.** छाती में दर्द

Q.57 पार्किंसंस रोग के संकेत और लक्षण ______ हैं।

A. कंपन

B. बिगड़ा हुआ आसन एवं संतुलन

C. बोलने में परिवर्तन

D. उपरोक्त सभी

Q.58 एशेरिकिया कोलाई, जठरांत्र पथ में आमतौर पर पाए जाने वाले जीवाणुओं का एक प्रकार, जिसके कारण मूत्राशय में संक्रमण होता है, उसे ______ कहा जाता है।

A. पायलोनेफ्राइटिस **B.** सिस्टाइटिस

C. यूरेथ्राइटिस **D.** नेफ्रोटिक सिंड्रोम

Q.59 सबसे आवश्यक वसीय अम्ल जो अन्य वसीय अम्ल के उत्पादन के लिए एक आधार के रूप में कार्य करता है, वह ______ है।

A. लिनेलोइक अम्ल **B.** ट्रांस-वसीय अम्ल

C. ब्यूटिरिक अम्ल **D.** कैप्रोइक अम्ल

Q.60 विटामिन D मुख्य रूप से शरीर में ______ में संग्रहित होता है।

A. मांसपेशियों **B.** वसा ऊतक

C. त्वचा **D.** पित्ताशय

Q.61 वसा में घुलनशील विटामिन सभी हैं, सिवाय:

A. विटामिन A **B.** विटामिन C

C. विटामिन E **D.** विटामिन K

Q.62 राइबोफ्लेविन की कमी का नैदानिक संकेत ______ है।

A. एंगुलर स्टामाटाइटिस

B. केराटाइटिस (कनीनिकाशोथ)

C. पैलाग्रा

D. रिकेट्स (सूखा रोग)

Q.63 विटामिन सी का सबसे समृद्ध स्रोत ______ है।

A. निम्बू **B.** संतरा **C.** आंवला **D.** टमाटर

Q.64 थियामिन की कमी के परिणामस्वरूप ______ होता है।

A. कार्डिएक बेरीबेरी **B.** शिशु-संबंधी बेरीबेरी

C. परिधीय न्यूरैटिस **D.** उपरोक्त में से कोई नहीं

Q.65 एक रोगी द्वारा प्राप्त समग्र नर्सिंग देखभाल का मूल्यांकन करने हेतु की गई गहन जांच को ______ कहा जाता है।

A. नर्सिंग प्रक्रिया **B.** नर्सिंग ऑडिट

C. चिकित्सीय ऑडिट **D.** नर्सिंग मूल्यांकन

Q.66 आईसीयू में प्रतिबंधों के अनुचित अनुप्रयोग के कारण रोगी गिरता है, यह ______ का कृत्य है।

A. आक्रमण **B.** बैटरी **C.** लापरवाही **D.** धोखाधड़ी

Q.67 अपरिपक्व शिशु को पुनर्जीवित करते समय ऑक्सीजन के ___ सांद्रता के साथ पॉजिटिव प्रेशर वेंटिलेशन शुरू किया जाना चाहिए।

A. 21% **B.** 40% **C.** 75% **D.** 80%

Q.68 दुनिया भर में अंतर्राष्ट्रीय नर्स दिवस ______ को मनाया जाता है।

A. 12 मई **B.** 16 मई **C.** 18 मई **D.** 20 मई

Q.69 एक वर्ष से अधिक उम्र के बच्चों में नाड़ी की जांच करने के लिए सबसे केंद्रीय और सुलभ धमनी ______ है।

A. ब्रैकियल **B.** कैरोटिड

C. डोसेलिस पेडिस **D.** पॉप्लिटेल

Q.70 एक रोगी को अनिद्रा होने का निदान किया जाता है। अनिद्रा शब्द का अर्थ है:

A. सोचने में असमर्थता **B.** चलने में असमर्थता

C. खाने में असमर्थता **D.** सोने में असमर्थता

Q.71 एक बेहोश रोगी के लिए मुंह की देखभाल प्रदान करने के लिए आदर्श स्थिति कौन-सी है?

A. फाउलर स्थिति **B.** पार्श्व स्थिति

C. चित्त स्थिति **D.** घुटना-छाती स्थिति

Q.72 एक वर्ष से कम उम्र के बच्चों में अंतर्पेशीय इंजेक्शन के प्रशासन का सबसे पसंदीदा जगह है:

A. डोरसो ग्लूटाइल साइट **B.** वेस्टस लेटरलिस

C. वेन्ट्रो ग्लूटियल साइट **D.** डेल्टॉइड साइट

Q.73 एक व्यक्ति के रक्तचाप को प्रभावित करने वाले प्रमुख कारक सभी हैं, सिवाय

A. आघात की मात्रा
B. शिरापरक वापसी
C. हृदय दर
D. शरीर का सामान्य वजन

Q.74 गर्भाशय के संकुचन को बढ़ावा देने के लिए प्रशासित दवाएं हैं:

A. ऑक्सीटोसिन
B. एर्गोमेट्रिन
C. मिसोप्रोस्टोल
D. डुवाडिलन

Q.75 एक तीव्र एन्जाइनल हमले के उपचार हेतु उपयुक्त दवा है:

A. प्रोप्रानोलोल
B. नाडोलोल
C. एटेनोलोल
D. नाइट्रोग्लिसरीन

Q.76 निम्नलिखित हार्मोनों में से किस के संश्लेषण के लिए सूक्ष्म पोषक तत्व आयोडीन की आवश्यकता होती है?

A. घेंघा, क्रेटिनिज्म
B. थायरोक्सिन, ट्राईआयोडोथायरोनिन
C. टायरोसिन, थायरोक्सिन
D. ट्रिप्सिन, थायरोक्सिन

Q.77 हाइपरकेलेमिया के उपचार हेतु उपयोग की जाने वाली औषधि कौन-सी है?

A. एटेनोलोल
B. प्रेडिनोसोलोन
C. नाइट्रोग्लिसरीन
D. कैल्शियम ग्लूकोनेट

Q.78 मतली और उल्टी का उपचार करने हेतु उपयोग की जाने वाली औषधि सभी हैं, सिवाय कि

A. डोपामाइन एंटागोनिस्ट
B. सेरोटोनिन रिसेप्टर एंटागोनिस्ट
C. कैनाबिनोइड
D. कैल्शियम चैनल ब्लॉकर्स

Q.79 राज्य नर्सिंग परिषद का कार्य सभी है, सिवाय

A. संस्थानों में उचित प्रशिक्षण दिए जाने को सुनिश्चित करना
B. प्रशिक्षण संस्थानों को अनुमोदित करना
C. सभी प्रशिक्षित नर्सों को पंजीकृत करना और प्रेक्टिस के लिए लाइसेंस प्रदान करना
D. सभी प्रशिक्षित नर्सों को रोजगार प्रदान करना

Q.80 निम्नलिखित सभी कारकों के कारण हाइपोक्सिया हो सकता है, सिवाय

A. घटा हुआ हीमोग्लोबिन
B. सांस की समस्या
C. एक क्षेत्र में रक्त की आपूर्ति में कमी
D. हीमोग्लोबिन में वृद्धि

Q.81 आक्रामक एजेंट को बेअसर करने, नियंत्रित करने या समाप्त करने तथा ठीक करने हेतु साइट तैयार करने के उद्दिष्ट रक्षात्मक प्रतिक्रिया को कहा जाता है:

A. संक्रमण
B. सूजन
C. कठोरीकरण
D. अपमान

Q.82 शरीर की मध्य रेखा की ओर हाथों की गतिविधि को क्या कहा जाता है?

A. अपावर्तन (एब्डक्शन)
B. अभिवर्तन (एडक्शन)
C. अन्तर्वर्तन (इनवर्शन)
D. उद्वर्ती बहिर्वर्तन (एवर्शन)

Q.83 एपिस्टेक्सिस के कारण होते रक्तस्राव को रोकने के लिए प्राथमिक चिकित्सा उपाय है:

A. व्यक्ति को बिठाएं, पीछे की ओर झुकाएं और नाक के नरम हिस्से को दबाएं
B. व्यक्ति को बिठाएं, आगे की ओर झुकाएं और नाक के नरम हिस्से को दबाएं
C. व्यक्ति को लिटाएं और नाक के नरम हिस्से को दबाएं
D. व्यक्ति को लिटाएं और नाक के ऊपरी हिस्से को दबाएं

Q.84 एमटीपी अधिनियम के अनुसार, जीवन क्षमता के पूर्व गर्भावस्था को समाप्त करने के संकेत निम्नलिखित में से किसे छोड़कर अन्य सभी हैं?

A. गंभीर हृदय रोग
B. गुणसूत्री असामान्यता
C. बलात्कार के कारण गर्भावस्था
D. अनियोजित गर्भावस्था

Q.85 रसायन, जो दर्द के संचरण या अनुभूति को कम करते हैं या रोकते हैं, वे _________ हैं।

A. प्रोस्टाग्लैंडीनींस
B. ल्यूकोट्राइनेस
C. एंडोर्फिन
D. सेरोटोनिन्स

Q.86 निम्नलिखित में से किसे छोड़कर, अन्य सभी सीरम परासरणीयता (ऑस्मोलैलिटी) में वृद्धि के कारक हैं?

A. डायबिटीज इन्सिपिडस
B. यूरीमिया
C. हाइपरग्लाइसेमिया
D. वृक्कीय विफलता

Q.87 तरल पदार्थ की मात्रा में कमी की विशेषताओं में सभी शामिल हैं, सिवाय:

A. त्वचा स्फीति में कमी
B. आसनीय हाइपोटेंशन
C. तापमान में वृद्धि
D. केंद्रीय शिरापरक दाब में वृद्धि

Q.88 अंतःशिरा चिकित्सा की प्रणालीगत जटिलताओं में सभी शामिल हैं, सिवाय

A. द्रव अधिभार
B. वायु अंतःशल्यता
C. संक्रमण
D. अंतःनिस्यंदन

Q.89 एक 30 वर्षीय व्यक्ति को दुर्घटना के इतिहास के साथ आपातकालीन कक्ष में लाया जाता है। निम्न में से कौनसा संकेत खोपड़ी के अस्थिभंग को इंगित करता है?

A. कान या नाक से तरल पदार्थ का निकलना, पेरिऑर्बिटल एकिमोसिस
B. नाक से रक्त आना, माथे से रक्त आना
C. बैटल संकेत, कर्निंग संकेत
D. उपरोक्त में से कोई नहीं

Q.90 एक प्रकार की प्रस्तुति जिसमें भ्रूण के नितंब श्रोणि इनलेट में उपस्थित होते हैं और भाजक को त्रिकास्थि होता, उसे कहा जाता है:

A. वर्टेक्स प्रेज़ेंटेशन
B. ब्रीच प्रेज़ेंटेशन
C. नी प्रेज़ेंटेशन
D. फुटलिंग प्रेज़ेंटेशन

Q.91 निम्नलिखित में से कौन सी सबसे महत्वपूर्ण नर्सिंग क्रिया है जिसे कार्डियक कैथीटेराइजेशन से गुजरे रोगी के लिए करना पड़ता है?

A. स्पंद की कमी हेतु जाँच करना
B. बिस्तर के छोर के सिरे को ऊपर उठाना
C. रक्तस्राव के लिए कैथेटेराइज़ेशन स्थान का आंकलन करना
D. बेड क्रेडल प्रदान करना

Q.92 एक नर्स को बहुसृत काठिन्य (मल्टीपल स्क्लेरोसिस) वाले रोगी की देखभाल का कार्य सौंपा जाता है। रोगी के लिए प्राथमिक नर्सिंग निदान क्या होगा?

A. दोषपूर्ण मूत्र उत्सर्जन

B. शरीर के तापमान में परिवर्तन

C. दोषपूर्ण ज्ञान

D. दोषपूर्ण गतिशीलता

Q.93 एक नवजात शिशु को जन्म के तुरंत बाद सकारात्मक दबाव वेंटिलेशन दिए जाने का संकेत है, जब:

A. हृदय की दर < 100 बीट/मिनट

B. शिशु में सायनोसिस

C. 95% से नीचे एसपीओ2

D. जन्म के समय शिशु नहीं रो रहा है

Q.94 रेस्तरां में एक व्यक्ति खाना खाते समय अचानक गिर जाता है, दम घुटता है। निम्नलिखित में से किस विधि का उपयोग वायुमार्ग को साफ़ करने की आदर्श विधि है:

A. जबड़े पर जोर देना

B. सिर को झुकाना ठोड़ी को ऊँचा उठाना

C. हीमलिच मनुवर

D. वलसल्वा मनुवर

Q.95 माध्य धमनी दाब की गणना का सूत्र है:

A. डायस्टोलिक बीपी + सिस्टोलिक बीपी /3

B. डायस्टोलिक बीपी + 2(सिस्टोलिक बीपी) /4

C. डायस्टोलिक बीपी + डायस्टोलिक बीपी /2

D. सिस्टोलिक बीपी + 2(डायस्टोलिक बीपी) / 3

Q.96 सदमे के प्रतिपूरक चरण में, रोगी का रक्तचाप सामान्य सीमा के भीतर रहता है। पर्याप्त हृदय आउटपुट को बनाए रखने में योगदान करने वाले कारक हैं:

A. हृदय की बढ़ी हुई संकुचनशीलता

B. वाहिकासंकीर्णन

C. हृदय दर में वृद्धि

D. हाथ-पैर की बढ़ी हुई गतिविधि

Q.97 आघात के प्रतिपूरक चरण में एक रोगी के उपचार में एक नर्स की भूमिका सभी है, सिवाय:

A. रोगी की हेमोडायनामिक स्थिति की निगरानी करना

B. रोगी की सुरक्षा को बढ़ावा देना

C. निर्धारित IV तरल और दवाओं का प्रशासन करना

D. स्वास्थ्य शिक्षा प्रदान करना

Q.98 निम्न में से किस प्रकार के आघात में आगे चलकर अपरिवर्तित अल्पआयतनरक्तता (हाइपोवोलेमिक) आघात होता है?

A. एनाफिलेक्टिक (तीव्रग्राही) आघात

B. कार्डियोजेनिक (हृदयजनित) आघात

C. सेप्टिक (पूति) आघात

D. न्यूरोजेनिक (तंत्रिकाजन्य) आघात

Q.99 टीका जिसे अनावरण के बाद दिया जाता है:

A. खसरा　　**B.** टाइफाइड　　**C.** मम्प्स　　**D.** रेबीज़

Q.100 नवजात शिशु में जन्म के बाद के जीवन में निर्बल पोषण और विकास प्रतिबंध से जुड़ी जटिलताओं में शामिल हैं:

A. स्टंटिंग

B. वेस्टिंग

C. प्रतिकूल तंत्रिका-विकासात्मक परिणाम

D. उपरोक्त सभी

// स्मार्ट उत्तर पुस्तिका //

सही उत्तर — उन छात्रों के प्रतिशत को इंगित करता है जिन्होंने प्रश्नों का सही उत्तर दिया था।

छोड़ दिया — उन छात्रों के प्रतिशत को इंगित करता है जिन्होंने प्रश्नों को छोड़ दिया था।

प्रश्न संख्या	उत्तर	सही उत्तर / छोड़ दिया	प्रश्न संख्या	उत्तर	सही उत्तर / छोड़ दिया	प्रश्न संख्या	उत्तर	सही उत्तर / छोड़ दिया	प्रश्न संख्या	उत्तर	सही उत्तर / छोड़ दिया	प्रश्न संख्या	उत्तर	सही उत्तर / छोड़ दिया
1	D	59.59 % / 1.49 %	17	C	41.56 % / 1.41 %	33	B	45.05 % / 1.05 %	49	B	81.41 % / 0.0 %	65	B	54.94 % / 1.72 %
2	C	48.96 % / 1.52 %	18	C	54.74 % / 1.29 %	34	C	69.05 % / 1.81 %	50	D	51.11 % / 1.13 %	66	C	59.96 % / 1.97 %
3	B	47.99 % / 1.95 %	19	C	30.54 % / 4.98 %	35	A	23.81 % / 3.49 %	51	B	52.41 % / 1.08 %	67	A	12.95 % / 4.79 %
4	B	79.92 % / 0.0 %	20	C	11.42 % / 3.48 %	36	B	53.74 % / 1.5 %	52	B	16.98 % / 4.62 %	68	A	88.3 % / 0.0 %
5	C	81.1 % / 0.0 %	21	A	62.01 % / 1.72 %	37	A	22.6 % / 4.95 %	53	C	30.26 % / 4.2 %	69	B	42.65 % / 1.51 %
6	D	50.84 % / 1.14 %	22	B	64.64 % / 1.9 %	38	D	87.18 % / 0.0 %	54	B	61.93 % / 1.36 %	70	D	63.46 % / 1.0 %
7	B	27.53 % / 3.97 %	23	D	57.97 % / 1.92 %	39	B	64.49 % / 1.65 %	55	D	68.48 % / 1.92 %	71	B	14.77 % / 4.94 %
8	B	64.11 % / 1.18 %	24	B	54.55 % / 1.19 %	40	A	83.8 % / 0.0 %	56	B	79.41 % / 0.0 %	72	B	30.97 % / 4.93 %
9	A	68.66 % / 1.7 %	25	A	87.72 % / 0.0 %	41	C	41.91 % / 1.91 %	57	D	45.71 % / 1.42 %	73	D	50.62 % / 1.81 %
10	B	18.14 % / 3.65 %	26	B	49.45 % / 1.41 %	42	A	64.6 % / 1.23 %	58	B	11.24 % / 4.66 %	74	A	48.94 % / 1.37 %
11	A	55.45 % / 1.84 %	27	A	25.39 % / 4.57 %	43	D	87.66 % / 0.0 %	59	A	42.07 % / 1.9 %	75	D	69.06 % / 1.0 %
12	C	20.46 % / 4.36 %	28	A	56.49 % / 1.59 %	44	B	64.82 % / 1.53 %	60	B	63.45 % / 1.17 %	76	B	49.66 % / 1.95 %
13	D	58.69 % / 1.27 %	29	A	60.0 % / 1.24 %	45	B	76.95 % / 0.0 %	61	B	78.67 % / 0.0 %	77	D	40.55 % / 1.08 %
14	C	55.18 % / 1.63 %	30	A	67.62 % / 1.24 %	46	C	54.43 % / 1.85 %	62	A	43.53 % / 1.6 %	78	D	47.97 % / 1.06 %
15	C	23.86 % / 4.19 %	31	D	52.28 % / 1.15 %	47	B	82.58 % / 0.0 %	63	C	82.76 % / 0.0 %	79	D	43.86 % / 1.71 %
16	C	17.05 % / 3.75 %	32	B	12.68 % / 4.3 %	48	D	50.63 % / 1.82 %	64	A	64.36 % / 1.54 %	80	D	22.34 % / 3.62 %

प्रश्न संख्या	उत्तर	सही उत्तर / छोड़ दिया
81	B	53.73 %
		1.57 %
82	B	10.52 %
		3.08 %
83	B	59.02 %
		1.0 %
84	D	45.01 %
		1.98 %

प्रश्न संख्या	उत्तर	सही उत्तर / छोड़ दिया
85	C	68.97 %
		1.5 %
86	D	57.07 %
		1.77 %
87	D	16.98 %
		4.74 %
88	D	15.31 %
		3.47 %

प्रश्न संख्या	उत्तर	सही उत्तर / छोड़ दिया
89	A	20.76 %
		4.97 %
90	B	64.41 %
		1.46 %
91	C	44.43 %
		1.11 %
92	A	61.89 %
		1.28 %

प्रश्न संख्या	उत्तर	सही उत्तर / छोड़ दिया
93	A	63.1 %
		1.38 %
94	C	12.84 %
		4.77 %
95	D	54.7 %
		1.11 %
96	D	65.28 %
		1.45 %

प्रश्न संख्या	उत्तर	सही उत्तर / छोड़ दिया
97	D	77.58 %
		0.0 %
98	B	49.9 %
		1.52 %
99	D	80.63 %
		0.0 %
100	D	49.42 %
		1.78 %

कार्य विश्लेषण

औसत अंक (%)	39.0%
टॉपर्स स्कोर (%)	57.0%
आपका स्कोर	

//संकेत और समाधान//

1. प्रश्नानुसार,

C एकदम दायीं ओर खड़ा है।

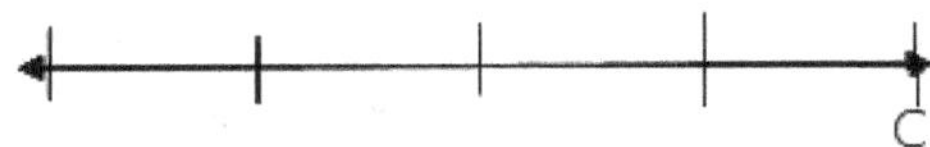

D, C के बायें है

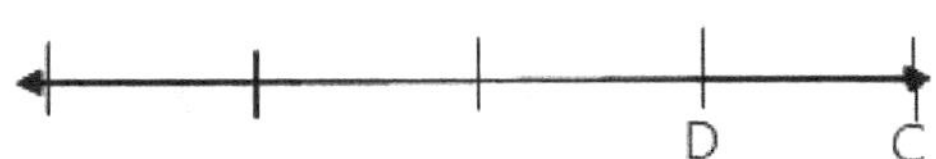

D, E के दायें है

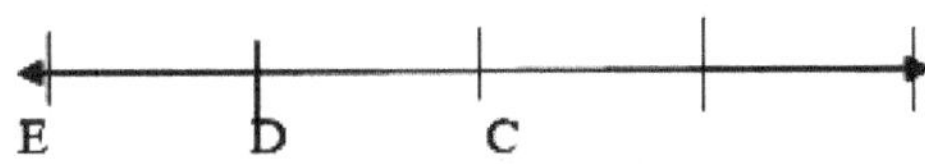

B, E के बायें लेकिन A के दायें है

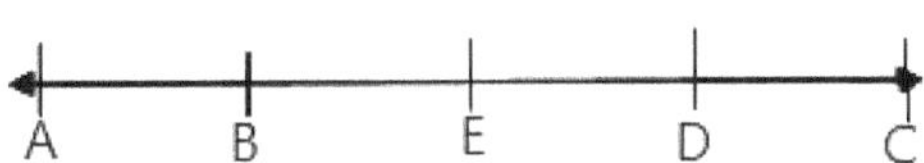

E बीच में खड़ा है।

अतः विकल्प (D) सही है।

2. T को 'x' (गुणा) से बदल दिया जाता है

U को '-' (घटाना) से बदल दिया गया है

X को '÷' (भाग) से बदल दिया गया है

W को '+' (जोड़) से बदल दिया गया है

$\Rightarrow$ (50 X 2) W (28 T 4)

$\Rightarrow$ (50 ÷ 2) + (28 x 4)

BODMAS नियम को लागू करने पर

$\Rightarrow$ (25) + (112) = 137

अतः विकल्प (C) सही है।

3. प्रश्न में दी गई जानकारी को निम्नानुसार व्यवस्थित किया जा सकता है

- बरुन, संजय से लंबा है।
- बरुन > संजय
- कृष्णा भी बिपुल जितना लंबा नहीं है लेकिन बरुन से लंबा हैं।
- बिपुल > कृष्णा > बरुन

इसलिए उपरोक्त व्याख्या के अनुसार, अंतिम व्यवस्था है

- बिपुल > कृष्णा > बरुन > संजय

इसलिए, बिपुल सबसे लंबा व्यक्ति है।

अतः विकल्प (B) सही है।

4. दी गई छवि दिखाती है कि 'MADRAS' को 'DAMSAR' कैसे लिखा जाता है।

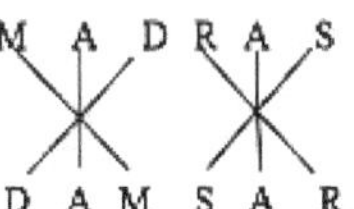

इसी प्रकार,

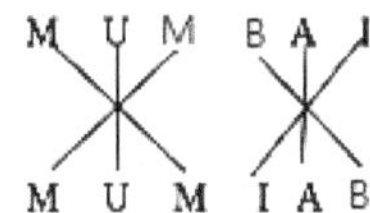

अतः विकल्प (B) सही है।

5. दी गई आकृति दिखाती है कि 'RAMESH' को 'HSEMAR' कैसे लिखा जाता है।

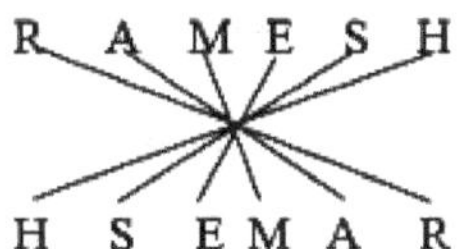

इसी प्रकार,

अतः विकल्प (C) सही है।

6. अंग्रेजी शब्दकोश के अनुसार,

1. Episode 2. Epistle 3. Episcope 4. Epigraph

इन सभी 4 शब्दों में पहले तीन अक्षर (EPI) समान हैं।

चौथा अक्षर S, S, S और G है तो G, S से पहले आता है इसलिए अंग्रेजी शब्दकोश के अनुसार चौथा शब्द पहले स्थान पर आएगा।

शेष शब्दों में तीनों शब्दों की तुलना 5वें अक्षर के अनुसार करेंगे।

शेष शब्दों में पाँचवाँ अक्षर O, T और C है।

रखने के क्रम में अक्षर C पहले आएगा, फिर O और फिर T आएगा।

अतः तीसरा शब्द दूसरे स्थान पर रखा जायेगा

पहला शब्द तीसरे स्थान पर रखा जाएगा और फिर दूसरा शब्द अंतिम स्थान पर रखा जाएगा इसलिए क्रम अंग्रेजी शब्दकोश के अनुसार होगा जो कि 4,3,1,2 है।

अतः विकल्प (D) सही है।

7. दिए गए प्रश्न का उत्तर इस प्रकार है:

- निम्नलिखित कथन, "महिला ने पुरुष से कहा कि आपकी इकलौती बहन की बेटी मेरे पति की बहन है" इंगित करता है कि पुरुष की बहन महिला की सास है।

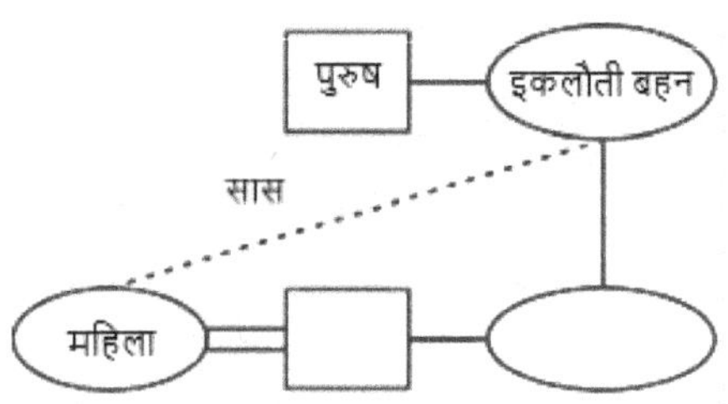

अतः विकल्प (B) सही है।

8. प्रश्न में गए गए निर्देश के अनुसार दिशा आरेख बनाने के बाद यह स्पष्ट है कि व्यक्ति उत्तर दिशा के सम्मुख है।

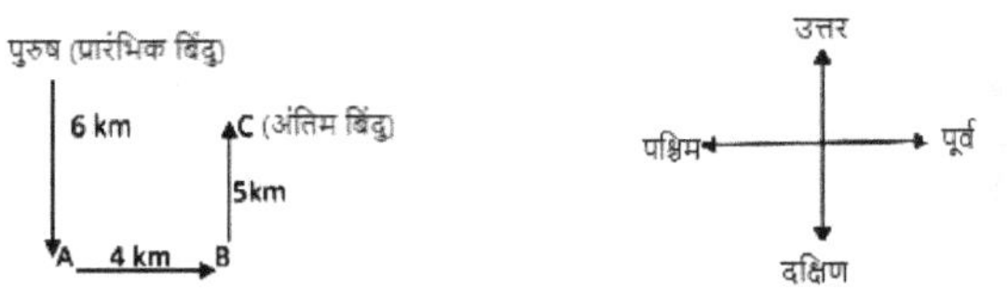

अतः विकल्प (B) सही है।

9. विषम शब्द वह शब्द है जो समूह के अन्य शब्दों से मेल नहीं खाता है।

21 व्यंजन हैं: B, C, D, F, G, H, J, K, L, M, N, P, Q, R, S, T, V, W, X, Y और Z।

J, K, और L व्यंजन हैं और 'I' एक स्वर है। तो 'I' समूह से संबंधित नहीं है।

अतः विकल्प (A) सही है।

10. दिए गए प्रश्न में देश और पूंजी का संबंध है।

चूंकि ऑस्ट्रिया की राजधानी वियना है,

इसी प्रकार,

इजिप्ट की राजधानी काइरो है।

अतः विकल्प (B) सही है।

11. फिल्म के क्षेत्र में उत्कृष्टता के लिए 'कान्स पुरस्कार' दिया जाता है।

- कान्स फिल्म पुरस्कार एक अंतरराष्ट्रीय फिल्म समारोह है, जिसमें फिल्म उद्योग के सबसे लोकप्रिय शहर, कान्स में फिल्म वितरकों के लिए लाइव स्क्रीनिंग की जाती है।
- कान्स के पहले विजेता घाना के निर्देशक एंथोनी नटी की लघु फिल्म DA YIE थी, जिसकी फिल्म अकादमी पुरस्कार ऑस्कर में शॉर्टलिस्ट की गई थी।

अतः विकल्प (A) सही है।

12. पुलित्जर पुरस्कार संयुक्त राज्य अमेरिका के भीतर समाचार पत्र, पत्रिका, ऑनलाइन पत्रकारिता, साहित्य और संगीत रचना में उपलब्धियों के लिए दिया जाने वाला पुरस्कार है।

- इसकी स्थापना 1917 में जोसेफ पुलित्जर की वसीयत में प्रावधानों द्वारा की गई थी।
- पुरस्कार इक्कीस श्रेणियों में प्रतिवर्ष प्रदान किए जाते हैं।
- बीस श्रेणियों में, प्रत्येक विजेता को एक प्रमाण पत्र और अमेरिका $15,000 नकद पुरस्कार (2017 में $10,000 से उठाया गया) प्राप्त होता है।
- सार्वजनिक सेवा श्रेणी में विजेता को स्वर्ण पदक से सम्मानित किया जाता है।

अतः विकल्प (C) सही है।

13. गुणसूत्र सभी पादपों और जंतुओं की कोशिकाओं में पाए जाने वाले तंतुमय काय हैं, जो आनुवंशिक गुणों को निर्धारित करने और प्रसारित करने के लिए जाने जाते हैं। गुणसूत्र कोशिका के केंद्रक में सूक्ष्म धागे जैसा भाग होता है जो वंशागति के लिए आवश्यक होता है।

- मनुष्यों में गुणसूत्र संख्या 13, 15, 21 और 22 समान होती हैं।
- गुणसूत्र 21 सबसे छोटा मानव गुणसूत्र है, जो लगभग 48 मिलियन क्षारक युग्म (DNA के निर्माण खंड) में विस्तरित है और ये कोशिकाओं में DNA डीएनए का 1.5 से 2 प्रतिशत का प्रतिनिधित्व करता है।

अतः विकल्प (D) सही है।

14. अंतर्राष्ट्रीय श्रम संगठन (आईएलओ) का मुख्यालय जेनेवा में स्थित है।

- अंतर्राष्ट्रीय श्रम संगठन का मुख्यालय अक्टूबर 1919 में राष्ट्रों की लीग के तहत स्थापित किया गया था, यह संयुक्त राष्ट्र की पहली और सबसे पुरानी विशेष एजेंसी होती है।
- अंतर्राष्ट्रीय श्रम संगठन के मुख्यालय में 187 सदस्य देश हैं: संयुक्त राष्ट्र के 193 सदस्य देशों में से 186 और कुक-द्वीपसमूह।
- अंतर्राष्ट्रीय श्रम संगठन का मुख्यालय जिनेवा, स्विट्जरलैंड में है, दुनिया भर में लगभग 40 क्षेत्रीय कार्यालय हैं और 107 देशों में लगभग 3381 कर्मचारी कार्यरत होता हैं।

अतः विकल्प (C) सही है।

15. कोशिकीय और आणविक जीव विज्ञान केंद्र हैदराबाद, तेलंगाना, भारत में स्थित है।

आणविक जीव विज्ञान जीव विज्ञान का क्षेत्र है जो कोशिकीय अणुओं की संरचना और परस्पर क्रियाओं का अध्ययन करता है - जैसे न्यूक्लिक एसिड और प्रोटीन - जो कोशिका के कार्य और रखरखाव के लिए आवश्यक जैविक प्रक्रियाओं को पूरा करते हैं।

अतः विकल्प (C) सही है।

16. चमेरा बांध रावी नदी पर बना है और इस क्षेत्र में जलविद्युत परियोजना का समर्थन करता है। यह हिमाचल प्रदेश राज्य के चंबा जिले में डलहौजी शहर के पास स्थित है। बांध का जलाशय चमेरा झील है। इसके जलाशय का एक बड़ा हिस्सा चंबा के सलूनी अनुमंडल में है।

अतः विकल्प (C) सही है।

17. कोच्चि बंदरगाह को अरब सागर की रानी के रूप में जाना जाता है।

- यह भारत के सबसे बड़े बंदरगाहों में से एक है। यह भारत का पहला पोतांतरण बंदरगाह भी है।
- यह कोचीन पोर्ट अथॉरिटी और पोर्ट्स वर्ल्ड द्वारा संचालित होता है।
- इसकी स्थापना 1928 में हुई थी और इसने 90 वर्षों से अधिक की सक्रिय सेवा पूरी कर ली है।
- 14वीं शताब्दी से कोच्चि भारत के पश्चिमी तट पर एक महत्वपूर्ण मसाला व्यापार केंद्र था और पूर्व-इस्लामी युग से अरब व्यापारियों के साथ एक व्यापार नेटवर्क बनाए रखता था। 1503 में पुर्तगालियों द्वारा कब्जा कर लिया गया, कोच्चि औपनिवेशिक भारत में यूरोपीय उपनिवेशों में से पहला था।

अतः विकल्प (C) सही है।

18. डब्ल्यू.सी. रोएंटगेन ने 8 नवंबर 1895 को एक्स-रे नामक तरंग दैर्घ्य रेंज में विद्युत चुम्बकीय विकिरण का उत्पादन और पता लगाया।

- एक एक्स-रे एक त्वरित, दर्द रहित परीक्षण है जो आपके शरीर के अंदर की संरचनाओं, विशेष रूप से हड्डियों की छवियों का निर्माण करता है।

- एक्स-रे किरण आपके शरीर से होकर गुजरते हैं, और वे जिस सामग्री से गुजरते हैं, उसके घनत्व के आधार पर वे अलग-अलग मात्रा में अवशोषित होते हैं।
- उन्हें 1901 में एक्स-रे उत्पादन के लिए भौतिकी में नोबेल पुरस्कार मिला।

अतः विकल्प (C) सही है।

19. नेशनल हेराल्ड की स्थापना भारत के पहले प्रधान मंत्री जवाहरलाल नेहरू ने 1938 में स्वतंत्रता हासिल करने के एक साधन के रूप में की थी। नेशनल हेराल्ड एसोसिएटेड जर्नल्स लिमिटेड द्वारा प्रकाशित एक भारतीय समाचार पत्र है।

1942 में भारत छोड़ो आंदोलन के दौरान ब्रिटिश सरकार ने इसे प्रतिबंधित कर दिया था। समाचार पत्र को भारतीय राष्ट्रीय कांग्रेस के राजनीतिक दल के सदस्यों से जोड़ा और नियंत्रित किया गया है।

अतः विकल्प (C) सही है।

20. विकास खन्ना को 2020 एशिया गेम चेंजर पुरस्कार से सम्मानित किया गया है।

- यह पुरस्कार उन्हें कोविड-19 महामारी के दौरान अपने व्यापक खाद्य वितरण अभियान 'फीडइंडिया' के माध्यम से पूरे भारत में लाखों लोगों को भोजन कराने के लिए दिया जाएगा।
- प्रमुख संगठन द्वारा चुने गए छह सम्मानों में वह एकमात्र भारतीय हैं।
- उन्होंने भारत से हजारों मील दूर न्यूयॉर्क में अपने मैनहट्टन घर से अपना विशाल भोजन वितरण अभियान सफलतापूर्वक चलाया।

अतः विकल्प (C) सही है।

21. पुस्कस पुरस्कार फुटबॉल के खेल से जुड़ा है।

- फीफा पुस्कस पुरस्कार 2009 में एक फुटबॉल खिलाड़ी को सम्मान देने के लिए बनाया गया एक पुरस्कार था जिसने सबसे सुंदर या सौंदर्य की दृष्टि से मनभावन गोल किया।
- इस पुरस्कार का नाम हंगरी के स्ट्राइकर फेरेंक पुस्कस के सम्मान में रखा गया है, जो 1950s और 1960s के दशक के सबसे शानदार स्ट्राइकरों में से एक थे।

अतः विकल्प (A) सही है।

22. पूर्व भारतीय क्रिकेटर चेतन चौहान का अगस्त 2020 में निधन हो गया। वह कोरोनावायरस से संक्रमित थे।

- उनके निधन की जानकारी उनके छोटे भाई पुष्पेंद्र चौहान ने दी।
- चेतन चौहान ने गुरुग्राम के मेदांता अस्पताल में अंतिम सांस ली।
- चेतन उत्तर प्रदेश सरकार में मंत्री भी थे।

अतः विकल्प (B) सही है।

23. भारत की पहली मोबाइल आरटी-पीसीआर परीक्षण प्रयोगशाला का उद्घाटन बेंगलुरु में किया गया। प्रयोगशाला को भारतीय विज्ञान संस्थान (आईआईएससी-बेंगलुरु) द्वारा विकसित किया गया है और इसमें एक दिन में 9000 परीक्षण करने की क्षमता होती है।

- कर्नाटक की राजधानी में देश की पहली मोबाइल आरटी-पीसीआर (रिवर्स ट्रांसक्रिप्शन-पोलीमरेज़ चेन रिएक्शन) टेस्टिंग लैब का उद्घाटन किया।
- कर्नाटक के चिकित्सा शिक्षा मंत्री डॉ. सुधाकर ने बुधवार को इस प्रयोगशाला का उद्घाटन किया, जो अपनी तरह की पहली प्रयोगशाला है। इस लैब को भारतीय आयुर्विज्ञान अनुसंधान परिषद या आईसीएमआर द्वारा अनुमोदित देश की एकमात्र मोबाइल आरटी-पीसीआर मोबाइल लैब कहा जाता है।

अतः विकल्प (D) सही है।

24. भारतीय नौसेना ने ऑपरेशन समुद्र सेतु प्रारम्भ किया था।

COVID-19 के खिलाफ देश की लड़ाई के समर्थन में और ऑपरेशन समुद्र सेतु के हिस्से के रूप में, कोलकाता, कोच्चि, तलवार, ताबोर, त्रिकंद, जलाश्व और ऐरावत नामक सात भारतीय नौसेना के जहाजों को विभिन्न देशों से तरल चिकित्सा ऑक्सीजन से भरे क्रायोजेनिक कंटेनरों में भेजा गया था और संबंधित चिकित्सा उपकरणों को शिपमेंट के लिए तैनात किया गया है।

अतः विकल्प (B) सही है।

25. हाल ही में एलआईसी द्वारा 'अनंदा' नामक एक डिजिटल एप्लीकेशन प्रारम्भ किया गया है।

- अनंदा का अर्थ आत्म निर्भर एजेंट्स न्यू बिजनेस डिजिटल एप्लीकेशन होता है। अनंदा नई व्यावसायिक प्रक्रियाओं के लिए एक कागज रहित समाधान होता है।
- यह डिजिटल एप्लिकेशन किसी एजेंट या मध्यस्थ की सहायता से कागज रहित मॉड्यूल के माध्यम से बीमा पॉलिसी प्राप्त करने की प्रक्रिया में सहायता करेगा।

अतः विकल्प (A) सही है।

26. होंगकोंग ने वैश्विक आर्थिक स्वतंत्रता सूचकांक 2020 में शीर्ष स्थान प्राप्त किया है।

- कनाडा के एक संगठन द्वारा देशों में कारोबारी माहौल के खुलेपन के बारे में प्रकाशित वार्षिक तुलनात्मक रिपोर्ट 'ग्लोबल इकोनॉमिक फ्रीडम इंडेक्स' (वैश्विक आर्थिक स्वतंत्रता सूचकांक) 2020 में भारत 26 स्थान फिसलकर 105वें स्थान पर आ गया है।
- 2019 में देश 79वें स्थान पर था। इस सूची में पहले और दूसरे स्थान पर हाँग काँग और सिंगापुर हैं और चीन 124वें स्थान पर है।

अतः विकल्प (B) सही है।

27. हाल ही में एंडोरा ने औपचारिक रूप से अंतर्राष्ट्रीय मुद्रा कोष (आईएमएफ) की सदस्यता प्राप्त की और ये अंतर्राष्ट्रीय मुद्रा कोष का सदस्य बनने वाला 190वां देश बन गया है। एंडोरा फ्रांस और स्पेन के बीच स्थित एक छोटा राज्य है। हालाँकि, यह यूरोप का सबसे बड़ा राज्य है।

आईएमएफ ने कहा कि व्यापार और पर्यटन में एंडोरा के आर्थिक उत्पादन का लगभग 40% शामिल था, और 2019 में इसके स्की ढलानों और पहाड़ी मार्गों पर लगभग 8 मिलियन आगंतुक थे।

अतः विकल्प (A) सही है।

28. रूस द्वारा आयोजित 12वां ब्रिक्स (BRICS) शिखर सम्मेलन 17 नवंबर, 2020 को वीडियो कॉन्फ्रेंस के माध्यम से आयोजित किया गया था। सम्मेलन रूसी राष्ट्रपति व्लादिमीर पुतिन की अध्यक्षता में आयोजित किया गया था। इस शिखर सम्मेलन का केंद्रीय विषय "वैश्विक स्थिरता, साझा सुरक्षा और अभिनव वृद्धि" था।

अतः विकल्प (A) सही है।

29. आवास एवं शहरी मामलों के मंत्रालय (एमओएचयूए) ने ई-कॉमर्स प्लेटफॉर्म पर बड़ी संख्या में ऑनलाइन ग्राहकों के साथ स्ट्रीट फूड विक्रेताओं को जोड़ने के लिए प्रमुख खाद्य वितरण मंच "स्विगी" के साथ एक समझौता ज्ञापन पर हस्ताक्षर किए हैं।

- इस समझौता ज्ञापन का उद्देश्य स्ट्रीट फूड विक्रेताओं को हजारों उपभोक्ताओं तक ऑनलाइन पहुंच प्रदान करना और उन्हें अपना कारोबार बढ़ाने में मदद करना है।
- यह समझौता प्रधानमंत्री स्ट्रीट वेंडर आत्मनिर्भर निधि पीएम स्वनिधि योजना के तहत किया गया है।

अतः विकल्प (A) सही है।

30. भारत का पहला चंदन संग्रहालय कर्नाटक के मैसूर के अशोकपुरम में अरण्य भवन में अनावरण किया गया है।

- चंदन की खेती के महत्व के बारे में किसानों को शिक्षित करने के लिए क्षेत्रीय वन विभाग द्वारा संग्रहालय की स्थापना की गई है।

- यह तकनीकी सहायता, पौधों की उपलब्धता, विपणन सुविधाओं, कीट नियंत्रण उपायों, प्रोत्साहनों और चंदन उत्पादकों के लिए सरकार द्वारा प्रदान की जाने वाली योजनाओं के बारे में भी जानकारी प्रदान करेगा।

अतः विकल्प (A) सही है।

31. अंतःप्रसव भ्रूण की निगरानी की विभिन्न विधियों में ब्रेक्सटन हिक्स संकुचन को छोड़कर अन्य सभी शामिल हैं।

अन्य सभी विधियों का उपयोग अंतःप्रसव भ्रूण की निगरानी के लिए किया जाता है।

ये विधियां इस प्रकार हैं:-

- भ्रूण की खोपड़ी का उद्दीपन परीक्षण

- भ्रूण स्पंदन ऑक्सीमेट्री

- भ्रूण के रक्त का नमूनाकरण

अतः विकल्प (D) सही है।

32. प्रसव पीड़ा इंजेक्शन के सक्रिय प्रबंधन के दौरान, गंभीर प्रसवाक्षेप (एक्लेम्पसिया) स्थितियों के लिए एर्गोमेट्रिन प्रतिदिष्ट है।

एर्गोमेट्रिन एक एगोपेप्टिन है, जो एल्कलॉइड के एगोनाइट कुल का सदस्य है। यह संरचनात्मक और जैव रासायनिक रूप से 20102 से संबंधित है, कई न्यूरोट्रांसमिशन में मीटर की संरचनात्मक समानता है और जैविक कार्यों के लिए वाहिकासंकीर्णक है।

अतः विकल्प (B) सही है।

33. माँ द्वारा महसूस की जाने वाली पहली भ्रूण की हलचल को (क्विकनिंग) कहा जाता है। इन हलचलों का एक कार्य गर्भवती महिला को सचेत करना है कि उसके गर्भाशय में भ्रूण बढ़ रहा है।

गर्भावस्था के 16वें और 22वें सप्ताह के बीच अक्सर प्रथम क्विकनिंग होता है। इसे गर्भावस्था का एक पूर्वानुमेय संकेत कहा जाता है क्योंकि महिला के शरीर की अन्य हलचलें भ्रूण के प्रारंभिक हलचलों जैसे फ्लैटस (आंत्रवायु), पेरिस्टलसिस (क्रमाकुंचन) और उदरीय पेशियों के अनुसार हो सकती हैं।

अतः विकल्प (B) सही है।

34. गंभीर भ्रूण अल्प-ऑक्सीयता को छोड़कर दिए गए सभी कारकों के कारण भ्रूण क्षिप्रहृदयता होता है।

एक भ्रूण क्षिप्रहृदयता कई मातृ संबंधी, साथ ही भ्रूण की स्थितियों से जुड़ी हो सकती है, जिनमें निम्न शामिल हैं:

मातृ संबंधी:

- मातृ हाइपरथाइरॉयडिज़्म (अवटु अतिक्रियता)

- मातृ चिकित्सा

- मातृ रक्ताल्पता

- मातृ क्षिप्रहृदयता (जैसे दैहिक संक्रमण)

भ्रूण:

- गर्भाशय में संक्रमण

- गर्भाशय में अल्प-ऑक्सीयता

- भ्रूण रक्ताल्पता

- गुणसूत्र संबंधी विसंगतियां

अतः विकल्प (C) सही है।

35. भ्रूण का रक्त नमूनाकरण एचआईवी संक्रमित महिला स्थिति में प्रतिदिष्ट होता है।

- भ्रूण का रक्त नमूनाकरण गर्भावस्था के दौरान भ्रूण से थोड़ी मात्रा में रक्त निकालने की एक प्रक्रिया है।

- यदि महिला 'एचआईवी संक्रमित' है, तो उस स्थिति में भ्रूण के रक्त का नमूना लिया जाता है।

- एचआईवी, एक विषाणु जो एड्स का कारण बनता है, गर्भाशय में भ्रूण को संक्रमित करने के 66% जोखिम के साथ संचरित होता है और अंतर्गर्भाशयी वृद्धि मंदता का कारण बन सकता है।

- एचआईवी संक्रमित महिलाओं में प्रतिरक्षा दमन (इम्यूनोसप्रेस्ड) हो सकता है, इसलिए उन्हें गर्भावस्था को समाप्त करने की सलाह दी जानी चाहिए।

अतः विकल्प (A) सही है।

36. डायफ्राम या डच कैप का उपयोग करने के परिवार नियोजन के उपाय को बैरियर विधि कहा जाता है।

- डायफ्राम और कैप, गर्भनिरोधक की रोधक विधियां हैं। इन्हें योनि के भीतर लगाया जाता है और ये शुक्राणु को गर्भाशय के प्रवेश द्वार (गर्भाशय ग्रीवा) से प्रवेश करने से रोकते हैं।

- डायफ्राम नरम, पतले गुंबददार और लेटेक्स (रबर) या सिलिकॉन से बने होते हैं। कैप छोटे होते हैं और लेटेक्स या सिलिकॉन से भी बने हो सकते हैं। ये विभिन्न आकृतियों और आकारों में आते हैं।

- गर्भावस्था को रोकने में प्रभावी होने के लिए, उन्हें शुक्राणुनाशक, एक रसायन जो शुक्राणु को नष्ट कर देता है, के साथ संयोजन में उपयोग करने की आवश्यकता होती है।

अतः विकल्प (B) सही है।

37. जीवनक्षमता की अवधि के बाद लेकिन बच्चे के जन्म से पहले जननांग पथ से या उसके अंदर होने वाले किसी भी रक्तस्राव को प्रसवपूर्व रक्तस्राव (एंटीपार्टम हैमरेज) कहा जाता है।

- प्रसवपूर्व रक्तस्राव (एंटीपार्टम हैमरेज या एपीएच) को आमतौर पर गर्भावस्था के 24वें सप्ताह के बाद जननांग पथ से रक्तस्राव के रूप में परिभाषित किया जाता है।

- प्रसवपूर्व रक्तस्राव (एंटीपार्टम हैमरेज) किसी भी समय हो सकता है जब तक कि प्रसव का दूसरा चरण पूरा नहीं हो जाता है और प्रसव के बाद प्रसवोत्तर रक्तस्राव होता है।

अतः विकल्प (A) सही है।

38. श्रम के पहले चरण की नैदानिक विशेषताओं में सभी शामिल हैं सिवाय योनि रक्तस्राव के तेज बहाव के।

पहला चरण: प्रसव का पहला चरण आमतौर पर प्रसव का सबसे लंबा भाग होता है। यह वह चरण है जिसमें माताओं के गर्भाशय में संकुनन होता है और उनकी गर्भाशय ग्रीवा फैलती है। प्रसव के पहले चरण के दौरान, गर्भाशय ग्रीवा फैलती है और बच्चे को जनन मार्ग में जाने की अनुमति के लिए विलोपित होती है।

इस चरण को तीन चरणों में विभाजित किया गया है:

- प्रारंभिक चरण

- सक्रिय प्रावस्था

- संक्रमण चरण

अतः विकल्प (D) सही है।

39. क्रौनिंग तब होता है जब योनि के छिद्र के माध्यम से बच्चे के सिर के शीर्ष भाग को देखा जा सकता है। क्रौनिंग, प्रसव के दूसरे चरण के दौरान होता है जब नवजात शिशु आगे की ओर बढ़कर जन्म लेते हैं।

इसके दो चरण होते हैं-

- प्रणोदक चरण
- निष्कासन का चरण

अतः विकल्प (B) सही है।

40. संक्रमण प्राप्त करने के बाद एक व्यक्ति में प्रतिरक्षा विकसित होती है उसे सक्रिय प्रतिरक्षा कहा जाता है।

सक्रिय प्रतिरक्षा:

- सक्रिय प्रतिरक्षा तब होती है जब किसी रोग जीव के संपर्क में आने से उस रोग के प्रति प्रतिरक्षी का उत्पादन करने के लिए प्रतिरक्षा तंत्र सक्रिय होता है।
- सक्रिय प्रतिरक्षा को प्राकृतिक प्रतिरक्षा या वैक्सीन-प्रेरित प्रतिरक्षा के माध्यम से प्राप्त किया जा सकता है।

अतः विकल्प (A) सही है।

41. बाहरी कार्यक्रम हेतु छोटी मात्रा में टीकों को ले जाने के लिए उपयोग किए जाने वाले उपकरण को वैक्सीन कैरियर कहा जाता है।

- वैक्सीन कैरियर कंटेनर होते हैं जिनका उपयोग परिवहन के दौरान किया जा सकता है।
- कंटेनर के तापमान में टीकों और मंदकों को ठंडा रखने के लिए शीतलक पैक लगे होते हैं। ताकि वैक्सीन खराब ना हो।

अतः विकल्प (C) सही है।

42. 1 - 3 वर्ष की आयु के बीच के बच्चों में पोषण-संबंधी अंधापन के प्रमुख कारण को ज़ीरोफ्थैल्मिया कहा जाता है।

- ज़ीरोफ्थैल्मिया एक नेत्र रोग है जो विटामिन A की कमी से होता है।
- शरीर में विटामिन A की कमी से धब्बे दिखाई देने लगते हैं और आँखों के सामने के हिस्से में मौजूद झिल्लियां सूखने लगती हैं। ये गाढ़ा और सुगठित हो जाती हैं। इस कारण, कम प्रकाश में यह दिखाई नहीं देता है।

अतः विकल्प (A) सही है।

43. जीवित जीवाणुओं द्वारा संदूषित खाद्य पदार्थों के अंतर्ग्रहण के कारण होने वाली विषाक्तता सभी है, सिवाय रासायनिक विषाक्तता के।

अन्य सभी प्रकार के विषाक्तता जीवित जीवाणुओं द्वारा संदूषित भोजन के अंतर्ग्रहण के कारण होते हैं जो इस प्रकार हैं:-

- साल्मोनेला विषाक्तता
- स्टेफिलोकोकल विषाक्तता
- बोटुलिज़्म

रासायनिक विषाक्तता रासायनिक पदार्थों के कारण होती है।

अतः विकल्प (D) सही है।

44. वैरीसेला टीका एक जीव क्षीणित टीका है।

- वैरीसेला टीका चिकनपॉक्स से सुरक्षा प्रदान करने के लिए बनाई गई एक टीका है।
- वैरीसेला टीका एक कमज़ोर, लेकिन जीवित विषाणु है, जो शरीर के प्रतिरक्षा तंत्र से प्रतिक्रिया को उत्तेजित करता है जो बदले में वैरीसेला संक्रमण के विरुद्ध आजीवन सुरक्षा प्रदान करता है। यद्यपि वैरीसेला टीका रोग को रोकने में 95% प्रभावी है, स्वास्थ्य

पेशेवरों का तर्क है कि बीमारी से पूर्ण सुरक्षा के लिए दो खुराक एक से बेहतर हैं।

अतः विकल्प (B) सही है।

45. खसरे के टीके के प्रशासन का मार्ग अवत्वचीय है।

- खसरा एक संक्रामक रोग है जो एक संक्रामक विषाणु के कारण होता है। यह एक व्यक्ति से दूसरे व्यक्ति में आसानी से फैल सकता है।
- खसरे में, पूरे शरीर पर लाल चकत्ते पड़ जाते हैं। ये लाल चकत्ते शुरुआत में सिर पर होते हैं और फिर धीरे-धीरे पूरे शरीर में फैल जाते हैं। खसरा रोग को रूबेला भी कहा जाता है।
- खसरा पैरामाइक्सोवायरस कुल के एक विषाणु के संक्रमण के कारण होता है। ये विषाणु छोटे परजीवी रोगाणु होते हैं।

अतः विकल्प (B) सही है।

46. मम्प्स की ऊष्मायन अवधि 2 से 4 सप्ताह है।

- मम्प्स एक रोग है जो रूबेला वायरस के वंश के कारण होता है। यह संक्रमण एक व्यक्ति से दूसरे व्यक्ति में संपर्क के माध्यम से फैलता है।
- मम्प्स मुख्य रूप से कर्णपूर्व ग्रंथि (पैरोटिड ग्लैंड) को प्रभावित करता है। ये ग्रंथियां लार बनाती हैं। मुंह के तीनों तरफ कानों के पीछे और नीचे ग्रंथियों के तीन समूह होते हैं।
- मम्प्स के लक्षण आमतौर पर विषाणु के संपर्क में आने के 12 से 25 दिनों के भीतर दिखाई देते हैं (इस देरी को ऊष्मायन अवधि के रूप में जाना जाता है)।

अतः विकल्प (C) सही है।

47. इन्फ्लुएंजा के उपचार हेतु उपयोग की जाने वाली विषाणु रोधी दवा ओसेल्टामिविर है।

इन्फ्लुएंजा एक विषाणु-जनित संक्रमण है जो हमारे श्वसन तंत्र को प्रभावित करता है। ओसेल्टामिविर दवाएं आपकी बीमारी को कम कर सकती हैं और गंभीर जटिलताओं को रोकने में भी मददगार होती हैं। ओसेल्टामिविर एक मौखिक दवा है।

अतः विकल्प (B) सही है।

48. टीका-रोकथाम योग्य रोग जो ड्रॉपलेट इन्फेक्शन के कारण होते हैं, ये सभी है, सिवाय पोलियो के।

पोलियो वायरस अक्सर मल के द्वारा अस्वच्छ और भीड़-भाड़ वाली परिस्थितियों में रहने वाले व्यक्तियों में फैलता है। तीव्र संक्रमण पोलियो वायरस के तीन सेरोटाइप में से किसी एक के कारण होता है जो शुरू में जठरांत्र संबंधी मार्ग में प्रतिकृति करते हैं।

अतः विकल्प (D) सही है।

49. हेपेटाइटिस C एक रक्त-जनित रोग है।

हेपेटाइटिस विभिन्न प्रकार के संक्रामक विषाणुओं और असंक्रामक कर्मकों के कारण यकृत की सूजन है, जिससे कई तरह की स्वास्थ्य समस्याएं होती हैं, जिनमें से कुछ घातक हो सकती हैं।

अतः विकल्प (B) सही है।

50. दस्त अक्सर ढीली या पानी जैसी मल त्याग होती है जो बच्चे के सामान्य पैटर्न से अलग हो जाती है। ओआरएस एक सरल, सिद्ध उपाय है जिसका उपयोग दस्त (डायरिया) से होने वाली निर्जलीकरण को रोकने और उसका उपचार करने के लिए किया जा सकता है और समुदाय और सुविधा स्तरों पर दस्त से होने वाली मृत्यु दर को कम किया जा सकता है।

दस्त से ग्रस्त बच्चों में ओआरएस चिकित्सा का उद्देश्य सभी के लिए उपयुक्त है:

- निर्जलीकरण को रोकना
- मृत्यु दर में कमी लाना
- जल और इलेक्ट्रोलाइट की कमी को ठीक करना
- कमजोरी को कम करना

अतः विकल्प (D) सही है।

51. हैजा से ग्रसित एक व्यक्ति में, छोटी आंत में विषाणु के वृद्धि से उत्पन्न विष के कारण अतिसार होता है। विब्रियो कॉलेरी द्वारा उत्पन्न विष एन्टोरोटॉक्सीन है।

- कॉलेरा विष (CT) विब्रियो कोलेरा द्वारा निर्मित एक आंत्र जीवविष (एंटरोटॉक्सिन) है और रोग की अभिव्यक्तियों के लिए जिम्मेदार है।
- विब्रियो कॉलेरी नामक जीवाणु हैजा के संक्रमण का कारण बनता है। रोग के घातक प्रभाव एक विष के परिणामस्वरूप होते हैं जिसे जीवाणु छोटी आंत में उत्पन्न करते हैं।
- विष के कारण शरीर बड़ी मात्रा में जल का स्राव करता है, जिससे अतिसार और तरल पदार्थ और लवण (इलेक्ट्रोलाइट्स) की तेजी से हानि होती है।

अतः विकल्प (B) सही है।

52. मेसोडर्मल कोशिकाओं से उत्पन्न होने वाला कैंसर जो विभिन्न संयोजी ऊतकों का निर्माण करता है, सार्कोमास कहलाता है।

सार्कोमास नरम ऊतकों और संयोजी ऊतकों से उत्पन्न होते हैं जो उपास्थि, हड्डी, या प्रावरणी, चिकनी या कंकाल पेशी, रक्त वाहिकाओं, लसीका वाहिकाओं और मध्यकला जैसे अंगों को ढकती हैं, जो सामान्य रूप से, सार्कोमा में बहुत बड़ी फुफ्फुसीय तर्कु के आकार की कोशिकाएं बनती हैं।

अतः विकल्प (B) सही है।

53. गर्भावस्था के दौरान होने वाले रक्त शर्करा के मान सामान्य से ऊपर लेकिन उन नैदानिक मधुमेह से नीचे होते हैं, गर्भकालीन मधुमेह कहलाता हैं।

गर्भकालीन मधुमेह कभी-कभी गर्भवती महिलाओं में होता है। गर्भावधि मधुमेह होने से आपके बच्चे के लिए स्वास्थ्य समस्याओं का खतरा बढ़ जाता है। ज्यादातर मामलों में, बच्चे के जन्म के बाद गर्भकालीन मधुमेह समाप्त हो जाता है। हालाँकि, आपको जीवन में बाद में प्रकार 2 मधुमेह होने का खतरा भी बढ़ जाता है।

अतः विकल्प (C) सही है।

54. पेरिनेमिया एनीमिया ग्रस्त रोगी में स्किलिंग परीक्षण का प्राथमिक उद्देश्य विटामिन B12 का अवशोषण निर्धारित करना है।

- एनीमिया एक चिकित्सा स्थिति है जिसमें सामान्य लाल रक्त कोशिकाओं में रक्त कम होता है। पेरिनेमिया एनीमिया विटामिन B-12 की कमी से होने वाले एनीमिया में से एक है।
- यह पर्याप्त स्वस्थ लाल रक्त कोशिकाओं को बनाने के लिए आवश्यक विटामिन B-12 को अवशोषित करने में शरीर की अक्षमता के कारण होता है।
- इस प्रकार के एनीमिया को "पेरिनेमिया" कहा जाता है क्योंकि इसे कभी एक घातक बीमारी माना जाता था। यह उपलब्ध उपचार की कमी के कारण था।
- स्किलिंग परीक्षण को विटामिन B12 अवशोषण टेस्ट के रूप में भी जाना जाता है। इसका उपयोग पहले यह निर्धारित करने के लिए किया जाता था कि एक व्यक्ति सामान्य रूप से विटामिन B12 को अवशोषित कर रहा है या नहीं। यदि नहीं, तो यह टेस्ट विटामिन B12 की कमी के कारण का पता लगा सकता है।

अतः विकल्प (B) सही है।

55. एक प्रकार का फ्रैक्चर जिसमें हड्डी का एक टुकड़ा दूसरे में चला जाता है, उसे इम्पेक्टेड फ्रैक्चर कहा जाता है।

इम्पेक्टेड फ्रैक्चर एक फ्रैक्चर को संदर्भित करता है जिसमें हड्डी के टुकड़े एक दूसरे में चले गए हैं। एक कंप्रेशन फ्रैक्चर एक इम्पैक्शन फ्रैक्चर के समान होता है, लेकिन यह शब्द एक फ्रैक्चर का वर्णन करने के लिए लागू होता है जिसमें जालीदार हड्डी सिकुड़ जाती है और अपने आप संकुचित हो जाती है।

अतः विकल्प (D) सही है।

56. अस्थमा के संकेतों और लक्षणों में सभी शामिल हैं, सिवाय बुखार के।

अस्थमा के संकेतों और लक्षणों में शामिल हैं:

- सांस लेने में कठिनाई।
- छाती में जकड़न या दर्द।
- साँस छोड़ते समय घरघराहट, जो बच्चों में अस्थमा का एक सामान्य लक्षण है।
- सांस लेने में तकलीफ, खांसी या घरघराहट के कारण सोने में परेशानी।
- खांसी या घरघराहट के आक्रमण जो श्वसन वायरस जैसे सर्दी या फ्लू से खराब हो जाते हैं।

अतः विकल्प (B) सही है।

57. पार्किंसंस रोग में निग्रा की कोशिकाएं मरने लगती हैं, जबकि उन्हें किसी अन्य कोशिका द्वारा बदला नहीं जा सकता, परिणामस्वरूप डोपामाइन का स्तर गिरने लगता है और यह हमारे मस्तिष्क तक ठीक से संदेश नहीं पहुंचा पाता है। शरीर के अंगों से हमारे शरीर का नियंत्रण समाप्त हो जाता है।

पार्किंसंस के संकेतों और लक्षणों में शामिल हो सकते हैं:

- कंपन
- गति का धीमा होना (ब्रैडीकिनेसिया)
- कठोर मांसपेशियां
- बिगड़ा हुआ आसन एवं संतुलन
- स्वचालित आंदोलनों का अभाव
- बोलने में परिवर्तन
- लेखन परिवर्तन

अतः विकल्प (D) सही है।

58. एशेरिकिया कोलाई, जठरांत्र पथ में आमतौर पर पाए जाने वाले जीवाणुओं का एक प्रकार, जिसके कारण मूत्राशय में संक्रमण होता है, उसे सिस्टाइटिस कहा जाता है।

- इससे मूत्राशय में सूजन आ जाती है और लालिमा और जलन भी होती है।
- मूत्राशय का संक्रमण एक पीड़ायुक्त और कष्टप्रद स्थिति है और यदि संक्रमण मूत्राशय से वृक्क तक फैल जाए तो यह एक गंभीर समस्या बन सकती है।

अतः विकल्प (B) सही है।

59. सबसे आवश्यक वसीय अम्ल जो अन्य वसीय अम्ल के उत्पादन के लिए एक आधार के रूप में कार्य करता है, वह लिनोलेइक अम्ल है।

आवश्यक वसीय अम्ल:

- वसीय अम्ल जिन्हें शरीर संश्लेषित नहीं कर सकता है उन्हें आवश्यक वसीय अम्ल कहा जाता है।
- वसीय अम्ल कार्बोक्जिलिक अम्ल (या कार्बनिक अम्ल) होते हैं, जो प्रायः या तो संतृप्त या असंतृप्त होते हैं, जिनमें दीर्घ स्निग्ध पूंछ (लंबी श्रृंखला) होती है। उस विशेष जंतु के लिए, वसीय अम्ल जिन्हें शरीर

में संश्लेषित नहीं किया जा सकता है, उन्हें आवश्यक वसीय अम्ल कहा जाता है।

- जंतु के शरीर में संश्लेषित तीन वसीय अम्ल लिनोलिक, लिनोलेनिक और एराकिडोनिक अम्ल होते हैं और आवश्यक वसीय अम्ल के उदाहरण हैं।

अतः विकल्प (A) सही है।

60. विटामिन D मुख्य रूप से शरीर में वसा ऊतक में संग्रहित होता है।

- विटामिन D हमारे शरीर को स्वस्थ रखता है और हड्डियों को मजबूत बनाता है। शरीर की रोग प्रतिरोधक क्षमता को मजबूत करता है। कैंसर जैसे रोगों से लड़ने में मदद करता है।
- जब विटामिन D त्वचा के माध्यम से अवशोषित होता है या भोजन या अनुपूरक से प्राप्त होता है, तो यह शरीर के वसायुक्त ऊतकों में संग्रहित हो जाता है। यहां यह तब तक निष्क्रिय रहता है जब तक इसकी आवश्यकता नहीं होती है।

अतः विकल्प (B) सही है।

61. वसा में घुलनशील विटामिन, विटामिन C के सिवाय सभी हैं।

- विटामिन दो प्रकार के होते हैं: पानी में घुलनशील और वसा में घुलनशील विटामिन। विटामिन B और C पानी में घुलनशील विटामिन हैं।
- विटामिन A, D, E और K वसा में घुलनशील विटामिन हैं। ये वसा युक्त खाद्य पदार्थों में मौजूद होते हैं।
- शरीर इन विटामिनों को अवशोषित करता है क्योंकि इसमें आहार संबंधी वसा होते हैं।
- ये पानी में नहीं घुलते हैं।

अतः विकल्प (B) सही है।

62. राइबोफ्लेविन की कमी का नैदानिक संकेत एंगुलर स्टामाटाइटिस है।

राइबोफ्लेविन की कमी (जिसे एरिबोफ्लेविनोसिस भी कहा जाता है) के संकेत और लक्षणों में त्वचा विकार, हाइपरमिया (अतिरिक्त रक्त), एंगुलर स्टामाटाइटिस, बालों का झड़ना, प्रजनन संबंधी समस्याएं, गले में खराश आदि शामिल हैं।

अतः विकल्प (A) सही है।

63. विटामिन सी का सबसे समृद्ध स्रोत आंवला है।

- विटामिन C को एस्कॉर्बिक अम्ल भी कहा जाता है। यह जल - विलेय विटामिन है।
- विटामिन C की कमी से स्कर्वी रोग होता है।
- विटामिन C संक्रमण को नियंत्रित करने और घावों को भरने में एक भूमिका निभाता है और ये एक प्रभावशाली प्रतिऑक्सीकारक है जो हानिकारक मुक्त कणों को बेअसर कर सकता है।

अतः विकल्प (C) सही है।

64. थियामिन की कमी के परिणामस्वरूप कार्डिएक बेरीबेरी होता है।

- कार्डिएक बेरीबेरी रोग बाधित कोशिकीय उपापचय से हृदय कार्य में कमी के परिणामस्वरूप होता है।
- थियामिन की कमी से एडेनोसिन ट्राइफॉस्फेट (ATP) का उत्पादन बाधित होता है, जिससे एडेनोसाइन का संचय होता है।
- वेट बेरीबेरी रोग दाहिनी ओर हृदय विफलता और वाहिकाविस्फार के कारण उच्च हृदय उत्पादन के साथ फुफ्फुसीय उच्च रक्तदाब का कारण बनता है।
- थियामिन की कमी के सबसे सामान्य लक्षण भूख में कमी, थकान, चिड़चिड़ापन, तंत्रिका क्षति, धुंधली दृष्टि आदि हैं।

अतः विकल्प (A) सही है।

65. एक रोगी द्वारा प्राप्त समग्र नर्सिंग देखभाल का मूल्यांकन करने हेतु की गई गहन जांच को नर्सिंग ऑडिट कहा जाता है।

नर्सिंग ऑडिट का उद्देश्य दी गई नर्सिंग देखभाल का मूल्यांकन करना और नर्सिंग देखभाल की योग्य और व्यवहार्य गुणवत्ता प्राप्त करना है।

नर्सिंग ऑडिट के प्रकार:

- आंतरिक
- बाहरी

अतः विकल्प (B) सही है।

66. आईसीयू में प्रतिबंधों के अनुचित अनुप्रयोग के कारण रोगी गिरता है, यह लापरवाही का कृत्य है।

- प्रतिबंध का उपयोग किसी व्यक्ति को उचित स्थिति में रखने और शल्य चिकित्सा के दौरान या स्ट्रेचर पर चलने या गिरने से रोकने के लिए किया जा सकता है।
- प्रतिबंधों का उपयोग हानिकारक व्यवहार को नियंत्रित करने या रोकने के लिए भी किया जा सकता है।
- प्रतिबंध तीन प्रकार के हैं: भौतिक, रासायनिक और पर्यावरणीय

अतः विकल्प (C) सही है।

67. अपरिपक्व शिशु को पुनर्जीवित करते समय ऑक्सीजन के 21% सांद्रता के साथ पॉजिटिव प्रेशर वेंटिलेशन शुरू किया जाना चाहिए।

नवजात या नवजात शिशु पुनर्जीवन उन शिशुओं की सहायता के लिए शिशु के जन्म के तुरंत बाद नियोजित आपातकालीन चिकित्सा हस्तक्षेप तकनीकों को संदर्भित करता है जो जन्म के बाद स्वतंत्र रूप से सांस लेने में सक्षम नहीं हैं।

समय से पहले शिशु का जन्म (जिसे अपरिपक्व के रूप में भी जाना जाता है) तब होता है जब गर्भावस्था के 37 सप्ताह पूरे होने से पहले बच्चे का जन्म बहुत जल्दी हो जाता है। नवजात शिशुओं को कम से कम 35 सप्ताह का गर्भ, PPV (पॉजिटिव प्रेशर वेंटिलेशन) 21% ऑक्सीजन पर शुरू किया जाना चाहिए।

अतः विकल्प (A) सही है।

68. फ्लोरेंस नाइटिंगेल के जन्मदिन की वर्षगांठ के उपलक्ष्य में 12 मई को अंतर्राष्ट्रीय नर्स दिवस मनाया जाता है।

- यह दिन दुनिया भर के समाज में नर्सों द्वारा किए गए योगदान का भी जश्न मनाता है।
- फ्लोरेंस नाइटिंगेल, (12 मई 1820 - 13 अगस्त 1910) आधुनिक नर्सिंग की संस्थापक थीं।

अतः विकल्प (A) सही है।

69. एक वर्ष से अधिक उम्र के बच्चों में नाड़ी की जांच करने के लिए सबसे केंद्रीय और सुलभ धमनी कैरोटिड है।

- बच्चे में स्पंद को महसूस करने के लिए सबसे अच्छी जगह कलाई है, जिसे रेडियल स्पंद कहा जाता है, लेकिन अगर कलाई पर स्पंद आसानी से नहीं मिल पाती है, तो गर्दन पर भी कोशिश कर सकते हैं, जिसमें कैरोटिड स्पंद हो।
- बच्चे में स्पंद दर निम्न कारणों से प्रभावित होती है: रोना, गतिविधि, शारीरिक ताप (बुखार), निर्जलीकरण, बीमारी, एनीमिया (रक्ताल्पता), तनाव और जन्मजात हृदय रोग (CHD)

अतः विकल्प (B) सही है।

70. एक रोगी को अनिद्रा होने का निदान किया जाता है। अनिद्रा शब्द का अर्थ है: सोने में असमर्थता।

- अनिद्रा एक सामान्य नींद विकार है जिसमें व्यक्ति को सोने में मुश्किल हो सकती है, सोना मुश्किल हो सकता है, या व्यक्ति बहुत जल्दी जाग सकता है और फिर से सोने में सक्षम नहीं हो सकता है।
- अनिद्रा के सामान्य कारणों में तनाव, अनियमित नींद नियत समय, खराब नींद की प्रवृति, मानसिक स्वास्थ्य विकार जैसे दुश्चिंता और अवसाद, शारीरिक बीमारियां और दर्द, और विशिष्ट नींद विकार शामिल हैं।

अतः विकल्प (D) सही है।

71. एक बेहोश रोगी के लिए मुंह की देखभाल प्रदान करने के लिए पार्श्व स्थिति आदर्श है।

- बेहोशी की स्थिति तब होती है जब कोई व्यक्ति लोगों और गतिविधियों के प्रति प्रतिक्रिया करने में असमर्थ होता है।
- मुंह की देखभाल संक्रमण, प्लाक, मसूड़ों से रक्त आना, मुंह के छालों और गुहा से बचाती है।
- यह स्थिति मुख गुहा के पीछे स्राव को संग्रहित होने से रोकती है, जिससे एस्पिरेशन का जोखिम कम हो जाता है।

अतः विकल्प (B) सही है।

72. एक वर्ष से कम उम्र के बच्चों में अंतर्पेशीय इंजेक्शन के प्रशासन का सबसे पसंदीदा जगह वेस्टस लेटरलिस है।

- अंतरापेशी इंजेक्शन एक पेशी में औषधि पहुंचाता है।
- IM इंजेक्शन देने का कोण 90 डिग्री है।
- एक वर्ष से कम आयु के बच्चों में जांघ, या वास्टस लेटरलिस पेशी का अग्रपार्श्विक स्थान अंतरापेशी इंजेक्शन देने के लिए चयनित IM साइट है।

अतः विकल्प (B) सही है।

73. एक व्यक्ति के रक्तचाप को प्रभावित करने वाले प्रमुख कारक सभी हैं, सिवाय शरीर का सामान्य वजन।

- उच्च रक्तदाब (उच्च रक्तचाप) एक सामान्य स्थिति है जिसमें धमनी की भित्तियों के प्रति रक्त की लंबी अवधि का बल होता है।
- प्रकुंचन रक्तदाब (SBP) की सामान्य सीमा 90-140mmHg है।
- अनुशिथिलन रक्तदाब की सामान्य सीमा (DBP) 60-90mmHg है।
- रक्तदाब को प्रभावित करने वाले कारक स्ट्राइक वॉल्यूम, शिरापरक वापसी, हृदय दर, रक्तदाब प्रतिरोध, रक्त श्यानता, रक्त वाहिका व्यास आदि हैं।

अतः विकल्प (D) सही है।

74. गर्भाशय के संकुचन को बढ़ावा देने के लिए प्रशासित दवाएं ऑक्सीटोसिन हैं।

गर्भाशय संकुचन: गर्भाशय की पेशियों का कसना और छोटा होना।

ऑक्सीटोसिन सबसे व्यापक रूप से उपयोग की जाने वाली यूटेरोटोनिक औषधि है। हार्मोन ऑक्सीटोसिन को गर्भाशय के संकुचन और सामान्य रूप से प्रसव को प्रेरित करने के रूप में निर्धारित किया गया है।

ऑक्सीटोसिन के दो मुख्य शारीरिक कार्य प्रसव और शिशु के जन्म में गर्भाशय के संकुचन को प्रेरित करना और शिशु के जन्म के बाद स्तनपान में सहायता के लिए स्तन ऊतक के संकुचन को प्रेरित करना है।

अतः विकल्प (A) सही है।

75. एक तीव्र एंजाइनल हमले के उपचार के लिए उपयुक्त दवा नाइट्रोग्लिसरीन है।

- गण्डमाला अथवा एन्जाइनल, अक्सर कोरोनरी हृदय रोग (सीएचडी) सम्बंधी लक्षण होता है।
- इसमें दर्द अक्सर गर्दन, जबड़े, हाथ, कंधे, गले, पीठ या दांतों तक फैल जाता है।
- नाइट्रोग्लिसरीन एक वाहिकाविस्फारक औषधि है जिसका उपयोग मुख्य रूप से एंजाइनल सीने में दर्द से राहत प्रदान करने के लिए किया जाता है।

अतः विकल्प (D) सही है।

76. थायराइड हार्मोन के संश्लेषण और कार्य के लिए सूक्ष्म पोषक तत्व, अधिकतर आयोडीन और सेलेनियम की आवश्यकता होती है।

आयोडीन थायराइड हार्मोन का एक आवश्यक घटक है और इसकी कमी मस्तिष्क क्षति का सबसे सामान्य कारण माना जाता है।

ट्राईआयोडोथायरोनिन (T3) और टेट्राआयोडोथायरोनिन (T4) या थायरॉक्सिन को थायराइड ग्रंथि में संश्लेषण के लिए आयोडीन की आवश्यकता होती है। गर्दन के सामने सूजन आयोडीन की कमी का सबसे सामान्य लक्षण है।

अतः विकल्प (B) सही है।

77. हाइपरकेलेमिया के उपचार हेतु उपयोग की जाने वाली औषधि कैल्शियम ग्लूकोनेट है।

- उच्च पोटेशियम (जिसे "हाइपरकेलेमिया" कहा जाता है) एक चिकित्सा समस्या है जिसमें रक्त में बहुत अधिक पोटेशियम होता है।
- कार्डियोमायोसाइट की रक्षा के लिए ECG परिवर्तन या गंभीर हाइपरकेलेमिया से ग्रसित रोगियों में कैल्शियम ग्लूकोनेट का उपयोग पहली पंक्ति के कर्मक के रूप में किया जाना चाहिए।
- इंसुलिन और ग्लूकोज का संयोजन सबसे तेजी से कार्य करने वाली औषधि है जो पोटेशियम को कोशिकाओं में स्थानांतरित करती है। प्लाज्मा पोटेशियम के स्तर को कम करने के लिए इंसुलिन के अलावा B-एगोनिस्ट का उपयोग किया जा सकता है।

अतः विकल्प (D) सही है।

78. कैल्शियम चैनल ब्लॉकर्स को छोड़कर मतली और उल्टी के उपचार के लिए उपयोग की जाने वाली सभी दवाएं दी जाती हैं।

मतली और उल्टी के उपचार के लिए उपयोग की जाने वाली औषधियां हैं:

- डोपामाइन एंटागोनिस्ट (डोपामाइन विरोधक), जिसे एंटी-डोपामिनर्जिक के रूप में भी जाना जाता है, एक प्रकार की औषधि है जो ग्राही विरोध द्वारा डोपामाइन ग्राही को अवरुद्ध करती है। डोपामाइन विरोधक मतली और उल्टी के उपचार में उपयोग की जाने वाली प्रतिवमनकरी हैं।
- सेरोटोनिन रिसेप्टर एंटागोनिस्ट (विरोधक) मतली और उल्टी के उपचार के लिए अत्यधिक प्रभावी हैं।
- कैनाबिनोइड रसायनोपचार-प्रेरित मतली और उल्टी वाले लोगों के लिए एक उपयोगी चिकित्सीय विकल्प हो सकता है जो आमतौर पर उपयोग किए जाने वाले एंटी-इमेटिक कर्मकों के प्रति खराब प्रतिक्रिया देते हैं।

कैल्शियम चैनल ब्लॉकर रक्तदाब को कम करने के लिए उपयोग की जाने वाली औषधियां हैं। ये औषधियां कैल्शियम को हृदय और धमनियों की कोशिकाओं में प्रवेश करने से रोककर कार्य करती हैं।

अतः विकल्प (D) सही है।

79. राज्य नर्सिंग परिषद का कार्य सभी है, सिवाय सभी प्रशिक्षित नर्सों को रोजगार प्रदान करना।

राज्य नर्सिंग परिषद के मुख्य कार्य इस प्रकार हैं:

- डिप्लोमा, स्नातक और स्नातकोत्तर पाठ्यक्रमों के प्रशिक्षण कार्यक्रम का विनियमन।
- अपने सदस्यों द्वारा पेशे के अभ्यास का पर्यवेक्षण करना।
- प्रशिक्षण संस्थानों को मान्यता प्रदान करना।
- विभिन्न नर्सिंग पाठ्यक्रमों के लिए पाठ्य विवरण और पाठ्यचर्या का निर्धारण और योग्यता परीक्षा आयोजित करना।
- अपने पेशे का अभ्यास करने के लिए योग्य व्यक्तियों को पंजीकरण और प्रमाण पत्र प्रदान करना।

अतः विकल्प (D) सही है।

80. हाइपोक्सिया हीमोग्लोबिन में वृद्धि को छोड़कर दिए गए सभी कारकों के कारण हो सकता है।

- हाइपोक्सिया तब होता है जब शरीर के ऊतकों में पर्याप्त ऑक्सीजन नहीं होती है।
- हाइपोक्सिया के कारणों में एनीमिया (रक्ताल्पता), यकृत रोग जैसे चिरकारी अवरोधी फुप्फुस रोग (COPD), वातस्फीति, ब्रोंकाइटिस, निमोनिया, फुप्फुसीय एडिमा (यकृत में तरल पदार्थ) आदि शामिल हैं।

अतः विकल्प (D) सही है।

81. आक्रामक एजेंट को बेअसर करने, नियंत्रित करने या समाप्त करने तथा ठीक करने हेतु साइट तैयार करने के उद्दिष्ट रक्षात्मक प्रतिक्रिया को सूजन कहा जाता है।

- सूजन एक आक्रामक प्रतिक्रिया है जिसका उद्देश्य त्रासक कारक को बेअसर करना, नियंत्रित करना या समाप्त करना और ठीक करने हेतु स्थिति तैयार करना है।
- जन्मजात प्रतिरक्षा तंत्र शरीर में प्रवेश करने वाले कीटाणुओं के विरुद्ध शरीर की रक्षा की पहली पंक्ति है।

अतः विकल्प (B) सही है।

82. शरीर की मध्य रेखा की ओर हाथों की गतिविधि को अभिवर्तन (एडक्शन) कहा जाता है।

साइनोवियल (श्लेषक) जोड़ शरीर को गतिविधि करने की एक अद्भुत श्रृंखला की अनुमति देते हैं। साइनोवियल (श्लेषक) जोड़ में प्रत्येक गति, जोड़ के दोनों ओर की हड्डियों से जुड़ी पेशियों के संकुचन या शिथिलन के परिणामस्वरूप होती है। ये क्रियाएं जोड़ के माध्यम से एक अग्रपश्चस्थ दिशा में व्यवस्थित अक्ष में संभव होती हैं।

अतः विकल्प (B) सही है।

83. एपिस्टेक्सिस के कारण होने वाले रक्तस्राव को रोकने के लिए प्राथमिक चिकित्सा उपाय है- व्यक्ति को बिठाएं, आगे की ओर झुकाएं और नाक के नरम हिस्से को दबाएं।

एपिस्टेक्सिस ऊतक से रक्त की हानि है जो आपकी नाक का अंतःस्तर बनाती है। एपिस्टेक्सिस (जिसे एपिस्टेक्सिस भी कहा जाता है) सामान्य हैं। एपिस्टेक्सिस का सबसे सामान्य कारण शुष्क हवा, नाक में ऊँगली डालना आदि हैं।

अतः विकल्प (B) सही है।

84. एमटीपी अधिनियम के अनुसार, जीवन क्षमता के पूर्व गर्भावस्था को समाप्त करने के संकेत निम्नलिखित में से अनियोजित गर्भावस्था को छोड़कर अन्य सभी हैं।

- एमटीपी अधिनियम (गर्भ का चिकित्सीय समापन) भ्रूण की जीवन क्षमता से पहले चिकित्सा और शल्य चिकित्सा पद्धति से गर्भावस्था की सुविचारित समाप्ति को गर्भपात का प्रवर्तन कहा जाता है।

- गर्भपात कानून, गर्भ का चिकित्सीय समापन (एमटीपी) अधिनियम के तहत आते हैं जिसे भारतीय संसद द्वारा वर्ष 1971 में अधिनियमित किया गया था।
- एमटीपी अधिनियम 1 अप्रैल, 1972 को लागू हुआ और इसे 1975 और 2002 में संशोधित किया गया।

अतः विकल्प (D) सही है।

85. रसायन, जो दर्द के संचरण या अनुभूति को कम करते हैं या रोकते हैं, वे एंडोर्फिन हैं।

- दर्द में रीढ़ की हड्डी में दर्द आवेगों के संचरण को बदलना या रोकना शामिल है।
- अवरोही अवरोध में अवरोधक तंत्रिकासंचारक का निकलना शामिल है जो दर्द आवेगों के संचरण को अवरुद्ध या आंशिक रूप से अवरुद्ध करते हैं।
- दर्द या तनाव की प्रतिक्रिया में अधःश्चेतक (हाइपोथैलेमस) और पीयूष ग्रंथि द्वारा एंडोर्फिन स्रावित किया जाता है, पेप्टाइड हार्मोन का यह समूह दर्द से राहत प्रदान करता है और स्वास्थ्य की सामान्य भावना उत्पन्न करता है।

अतः विकल्प (C) सही है।

86. निम्नलिखित में से वृक्कीय विफलता को छोड़कर, अन्य सभी सीरम परासरणीयता (ऑस्मोलैलिटी) में वृद्धि के कारक हैं।

परासरणीयता (ऑस्मोलैलिटी) परीक्षण रक्त, मूत्र या मल में कुछ पदार्थों की संख्या को मापते हैं। एक सीरम परासरणीयता (ऑस्मोलैलिटी) परीक्षण रक्त में रासायनिक असंतुलन की जाँच करता है।

वे स्थितियां जो परासरणीयता को बढ़ाती हैं:

- डायबिटीज मेलिटस (हाइपरग्लाइसेमिया)
- डायबिटीज इन्सिपिडस (उदकमेह)
- यूरीमिया
- हाइपरमैट्रीमिया

अतः विकल्प (D) सही है।

87. तरल पदार्थ की मात्रा में कमी की विशेषताओं में सभी शामिल हैं, सिवाय केंद्रीय शिरापरक दाब में वृद्धि।

- फ्लूइड वॉल्यूम डेफिसिट (FVD) जिसे हाइपोवोल्मिया के रूप में भी जाना जाता है, एक ऐसी अवस्था या स्थिति है जिसमें तरल पदार्थ का उत्पादन तरल पदार्थ के सेवन से अधिक होता है।
- यह तब होता है जब शरीर में जल और विद्युत अपघट्य दोनों की समान अनुपात में हानि होती है।
- तरल पदार्थ की हानि के सामान्य स्रोत जठरांत्र पथ (गैस्ट्रोइंटेस्टाइनल ट्रैक्ट), बहुमूत्रता (पॉल्यूरिया) और अधिक पसीना हैं।

अतः विकल्प (D) सही है।

88. अंतःशिरा चिकित्सा की प्रणालीगत जटिलताओं में सभी शामिल हैं, सिवाय अंतःनिस्यंदन।

- द्रव अधिभार: यदि बहुत अधिक तरल पदार्थ बहुत जल्दी दिया जाता है, तो आप सिरदर्द, उच्च रक्तचाप और सांस लेने में कठिनाई का अनुभव कर सकते हैं।
- वायु अंतःशल्यता: एक वायु अंतःशल्यता या गैस अंतःशल्यता तब होती है जब एक IV बहुत अधिक वायु को शिरा में धकेलता है।
- संक्रमण: यदि औषधि देने के लिए सुई डालने का स्थान साफ नहीं है तो संक्रमण की संभावना होती है।

IV या अंतःशिरा चिकित्सा एक शिरा के माध्यम से सीधे रक्तप्रवाह में तरल पदार्थ, औषधि, पोषण या रक्त देने का एक तरीका है। IV चिकित्सा के 2 मुख्य प्रकार हैं जिन्हें IV पुश और IV ड्रिप के नाम से जाना जाता है।

अतः विकल्प (D) सही है।

89. एक 30 वर्षीय व्यक्ति को दुर्घटना के इतिहास के साथ आपातकालीन कक्ष में लाया जाता है।कान या नाक से तरल पदार्थ का निकलना, पेरिऑर्बिटल एकिमोसिस संकेत खोपड़ी के अस्थिभंग को इंगित करता है।

- खोपड़ी का अस्थिभंग TBI के साथ खोपड़ी में रैखिक अस्थिभंग या साधारण खंड या "दरारें" हो सकती हैं। खोपड़ी के अस्थिभंग का कारण बनने वाले संभावित बल अंतर्निहित मस्तिष्क को क्षति पहुंचा सकते हैं।
- पेरिऑर्बिटल एकिमोसिस (रेकून आई या पांडा संकेत) आकस्मिक चोटों के परिणामस्वरूप खोपड़ी के आधार की चोट का एक सामान्य नैदानिक संकेत है।

अतः विकल्प (A) सही है।

90. एक प्रकार की प्रस्तुति जिसमें भ्रूण के नितंब श्रोणि इनलेट में उपस्थित होते हैं और भाजक को त्रिकास्थि होता, उसे ब्रीच प्रेज़ेंटेशन कहा जाता है।

ब्रीच प्रेज़ेंटेशन तब होती है जब शिशु अपने नितंब या पैरों को नीचे करके लेटा हो। यह सबसे सामान्य प्रकार की कुप्रस्तुति है। कुप्रस्तुति प्लेसेंटा का नीचे होना, बहुत अधिक या बहुत कम एमनियोटिक तरल होना, और असामान्य आकार का गर्भाशय कारणों से हो सकती है।

अतः विकल्प (B) सही है।

91. रक्तस्राव के लिए कैथेटेराइज़ेशन स्थान का आंकलन करना सबसे महत्वपूर्ण नर्सिंग क्रिया है जिसे कार्डियक कैथीटेराइजेशन से गुजरे रोगी के लिए करना पड़ता है।

कार्डिएक कैथेटेराइज़ेशन एक ऐसी प्रक्रिया है जिसमें एक पतली, लचीली नली (कैथेटर) को रक्त वाहिका के माध्यम से हृदय तक कुछ हृदय स्थितियों जैसे उपरोधित धमनियाँ या अनियमित हृदय स्पंदन का निदान या उपचार करने के लिए डाला जाता है।

अतः विकल्प (C) सही है।

92. एक नर्स को बहुसृत काठिन्य (मल्टीपल स्केलेरोसिस) वाले रोगी की देखभाल का कार्य सौंपा जाता है। रोगी के लिए प्राथमिक नर्सिंग निदान दोषपूर्ण मूत्र उत्सर्जन होगा।

बहुसृत काठिन्य (मल्टीपल स्केलेरोसिस या MS) स्वप्रतिरक्षी हेतुविज्ञान की एक विमाइलिनी (डिमाइलेटिंग) रोग है और युवा वयस्कों में गैर-अभिघातजन्य तंत्रिका संबंधी दिव्यांगता के प्रमुख कारणों में से एक है।

अतः विकल्प (A) सही है।

93. एक नवजात शिशु को जन्म के तुरंत बाद सकारात्मक दबाव वेंटिलेशन दिए जाने का संकेत है, जब हृदय की दर < 100 बीट/मिनट हो।

नवशाव पुनर्जीवन उन बच्चों की सहायता के लिए उनके जन्म के तुरंत बाद नियोजित आपातकालीन चिकित्सा हस्तक्षेप तकनीकों को संदर्भित करता है जो जन्म के बाद स्वतंत्र रूप से सांस लेने में सक्षम नहीं हैं।

अतः विकल्प (A) सही है।

94. रेस्तरां में एक व्यक्ति खाना खाते समय अचानक गिर जाता है, दम घुटता है। हीमलिच मनुवर विधि का उपयोग वायुमार्ग को साफ़ करने की आदर्श विधि है।

- घुटन तब होती है जब कोई बाहरी वस्तु गले या श्वासनली में फँस जाती है, जिससे वायु का प्रवाह अवरुद्ध हो जाता है।
- घुटन मस्तिष्क में ऑक्सीजन जाने से रोक देता है।

- हीमलिच मनुवर एक प्राथमिक चिकित्सा प्रक्रिया है जिसका उपयोग बाहरी वस्तुओं द्वारा ऊपरी श्वसनमार्ग अवरोधों के उपचार के लिए किया जाता है।

अतः विकल्प (C) सही है।

95. माध्य धमनी दाब की गणना का सूत्र सिस्टोलिक बीपी + 2(डायस्टोलिक बीपी) / 3 है।

- धमनी दाब को एक हृदय चक्र के दौरान रोगी की धमनियों में औसत दाब के रूप में परिभाषित किया जाता है।
- इसे प्रकुंचन रक्तचाप (SBP) की तुलना में महत्वपूर्ण अंगों में रक्त निवेशन का बेहतर संकेतक माना जाता है।
- रक्तचाप को मरकरी के मिलीमीटर (mm Hg) में मापा जाता है।

अतः विकल्प (D) सही है।

96. सदमे के प्रतिपूरक चरण में, रोगी का रक्तचाप सामान्य सीमा के भीतर रहता है। पर्याप्त हृदय आउटपुट को बनाए रखने में योगदान करने वाले कारक हाथ-पैर की बढ़ी हुई गतिविधि हैं।

- प्रतिपूरक सदमा, शरीर कम रक्त मात्रा की स्थिति का अनुभव कर रहा है लेकिन फिर भी हृदय गति को बढ़ाकर और रक्त वाहिकाओं को संकुचित करके रक्तचाप और अंग छिड़काव को बनाए रखने में सक्षम है।
- प्रतिपूरक चरण तब शुरू होता है जब शरीर की होमियोस्टैटिक तंत्र सीओ, रक्तचाप और ऊतक छिड़काव को बनाए रखने का प्रयास करता है।

अतः विकल्प (D) सही है।

97. आघात के प्रतिपूरक चरण में एक रोगी के उपचार में एक नर्स की भूमिका सभी है, सिवाय स्वास्थ्य शिक्षा प्रदान करना।

- क्षतिपूरित आघात, आघात का वह चरण है जिसमें शरीर अभी भी पूर्ण या सापेक्ष द्रव हानि की क्षतिपूर्ति करने में सक्षम होता है।
- इस चरण के दौरान, रोगी अभी भी पर्याप्त रक्तचाप के साथ-साथ मस्तिष्क के द्रव निवेशन को बनाए रखने में सक्षम होता है।

अतः विकल्प (D) सही है।

98. कार्डियोजेनिक (हृदयजनित) आघात में आगे चलकर अपरिवर्तित अल्पआयतनरक्तता (हाइपोवोलेमिक) आघात होता है।

- हाइपोवोलेमिक आघात का सबसे सामान्य कारण रक्त की कमी है जब एक प्रमुख रक्तवाहिका फट जाती है या गंभीर रूप से क्षतिग्रस्त हो जाती है।
- हृदजन्य आघात एक गंभीर स्थिति है जो तब होती है जब हृदय पर्याप्त ऑक्सीजन युक्त रक्त की आपूर्ति नहीं कर पाता है।

अतः विकल्प (B) सही है।

99. टीका जिसे अनावरण के बाद दिया जाता है वह रेबीज है।

- रेबीज़ एक रोकथाम योग्य विषाण-जनित बीमारी है, जो अक्सर एक पागल जंतु के काटने से फैलती है।
- रेबीज़ संक्रमण स्तनधारियों के केंद्रीय तंत्रिका तंत्र को संक्रमित करता है, जो अंततः मस्तिष्क में बीमारी और मृत्यु का कारण बनता है।

अतः विकल्प (D) सही है।

100. नवजात शिशु में निर्बल पोषण और प्रसवोत्तर जीवन में विकास प्रतिबंध से जुड़ी जटिलताओं में स्टंटिंग, वेस्टिंग और प्रतिकूल तंत्रिका-विकासात्मक परिणाम शामिल हैं।

- स्टंटिंग दोषपूर्ण वृद्धि और विकास है जिसमें बच्चों को खराब पोषण, बार-बार संक्रमण और अपर्याप्त मनोसामाजिक उत्तेजना का अनुभव होता है। बच्चों को अविकसित के रूप में परिभाषित किया जाता है यदि उनकी लंबाई-आयु WHO बाल विकास मानकों के माध्यिका से दो मानक विचलन से अधिक है।

- वेस्टिंग कुपोषण का सबसे तात्कालिक, दृश्यमान और प्राणघातक रूप है। यह सबसे कमज़ोर बच्चों में कुपोषण को रोकने में विफलता के परिणामस्वरूप होता है। कृशता से ग्रस्त बच्चे बहुत पतले होते हैं और उनका प्रतिरक्षा तंत्र कमज़ोर होता है, जिससे वे विकास में देरी, बीमारी और मृत्यु की चपेट में आ जाते हैं।

- तंत्रिका-विकासात्मक परिणामों में प्रमस्तिष्क घात, संवेदी हानि, और अनुभूति, साथ ही व्यवहार संबंधी कठिनाइयां और विकासात्मक समन्वय विकार शामिल हैं।

अतः विकल्प (D) सही है।

General Aptitude / Reasoning / General Awareness / Basic Computer knowledge

Q.1 एक व्यक्ति ने पश्चिम दिशा में चलना शुरू किया। वह दाएँ मुड़ा, फिर से दाएँ मुड़ा और अंत में बाएँ मुड़ा। अब वह किस दिशा में चल रहा था?

A. उत्तर   **B.** दक्षिण   **C.** पश्चिम   **D.** पूर्व

Q.2 P, Q, R, S और T, पाँच घर हैं। P, Q के दाई ओर है और T, R के बाईं ओर है और P के दाई ओर है। Q, S के दाई ओर है। कौन सा घर मध्य में है?

A. P   **B.** Q   **C.** T   **D.** R

Q.3 यदि A का अर्थ '÷' है, B का अर्थ '-' है, C का अर्थ '×' है, तो निम्नलिखित समीकरण का मान ज्ञात कीजिये।

46 A 2 B 3 C 4 = ?

A. 34   **B.** 23   **C.** 17   **D.** 11

Q.4 सीमा का छोटा भाई सोहन, सीता से बड़ा है। श्वेता, दीप्ति से छोटी है परंतु सीमा से बड़ी है, सबसे बड़ा कौन है?

A. सीमा   **B.** श्वेता   **C.** सीता   **D.** दीप्ति

Q.5 यदि 'MEAT' को 'TEAM' लिखा जाता है, तो 'BALE' को निम्न रूप में लिखा जायेगा:

A. ELAB   **B.** EABL   **C.** EBLA   **D.** EALB

Q.6 यदि एक निश्चित कोड भाषा में 'SECTOR' को 'ESCTOR' लिखा जाता है, तो उस कोड भाषा में 'MOTHER' को कैसे लिखा जाएगा?

A. MOHTER   **B.** OMHTER

C. OMHTRE   **D.** OMTHER

Q.7 निम्नलिखित शब्दों को अंग्रेजी शब्दकोश के अनुसार व्यवस्थित कीजिए।

1. Hepatitis 2. Cholera 3. Peptidoglycan 4. Chitin

A. 2, 3, 1, 4   **B.** 4, 2, 1, 3   **C.** 4, 1, 3, 2   **D.** 3, 1, 4, 2

Q.8 अल्का को मेहमानों से परिचय करवाते हुए, राकेश ने कहा, "इसके पिता, मेरे पिता के एकमात्र पुत्र हैं"। अल्का, राकेश से कैसे संबंधित है?

A. पुत्री   **B.** माता   **C.** बहन   **D.** भतीजी

Q.9 अर्जुन पुरस्कार निम्न हेतु दिया जाता है:

A. आपातकालीन में विशेष सेवा

B. युद्ध मैदान में साहस

C. खेल में उत्कृष्ट प्रदर्शन

D. मलिन बस्तियों में असाधारण सेवा

Q.10 साहित्य में नोबल पुरस्कार पाने वाले पहले भारतीय थे:

A. मदर टेरेसा   **B.** सी.वी. रमन

C. रवींद्रनाथ टैगोर   **D.** सरोजिनी नायडू

Q.11 निम्नलिखित में से कौन सा रोग जीवाणु से नहीं होता है?

A. काली खाँसी   **B.** टाइफाइड

C. मलेरिया   **D.** उपरोक्त में से कोई नहीं

Q.12 प्रसिद्ध दिलवाड़ा मंदिर किस जगह स्थित हैं?

A. राजस्थान   **B.** उत्तर प्रदेश

C. मध्य प्रदेश   **D.** असम

Q.13 बी.सी. रॉय पुरस्कार को निम्न क्षेत्र में दिया जाता है:

A. संगीत   **B.** पत्रकारिता

C. आयुर्विज्ञान   **D.** खेल

Q.14 हीराकुंड बांध किस नदी पर स्थित है?

A. यमुना   **B.** कावेरी   **C.** महानदी   **D.** भार्गवी

Q.15 भौगोलिक क्षेत्र की दृष्टि से निम्नलिखित में से कौन सा देश भारत से बड़ा नहीं है?

A. ऑस्ट्रेलिया   **B.** ब्राजील

C. कनाडा   **D.** इंडोनेशिया

Q.16 वनस्पति विज्ञान के जनक कौन हैं?

A. एडम स्मिथ   **B.** ग्रीको-रोमन

C. थियोफ्रेस्टस   **D.** कार्ल लिनॉरियर

Q.17 निम्नलिखित में से कौन सी भौतिक विज्ञान शाखा परमाणु नाभिक के अध्ययन से संबंधित है?

A. नाभिकीय भौतिकी   **B.** जैव भौतिकी

C. परमाणु भौतिकी   **D.** उपरोक्त में से कोई नहीं

Q.18 निम्नलिखित पुस्तकों में से किसे महात्मा गांधी द्वारा लिखा गया था?

A. हिन्दू व्यू ऑफ़ लाइफ   **B.** हिंद स्वराज

C. डिस्कवरी ऑफ़ इंडिया   **D.** माई ट्रूथ

Q.19 थॉमस कप और उबेर कप निम्न की प्रतिष्ठित ट्राफियां हैं:

A. बैडमिंटन   **B.** लॉन टेनिस

C. टेबल टेनिस   **D.** गोल्फ

Q.20 भारत की सुनीता लकड़ा ने संन्यास की घोषणा की, वह किस खेल से संबंधित हैं?

A. फुटबॉल   **B.** बैडमिंटन   **C.** क्रिकेट   **D.** हॉकी

Q.21 दिग्गज फुटबालर डिएगो अरमांडो माराडोना जिनका निधन हो चुका है, वे किस देश के लिए खेलते थे?

A. पुर्तगाल   **B.** अर्जेंटीना   **C.** स्पेन   **D.** न्यूजीलैंड

Q.22 किस भारतीय राज्य में सबसे अधिक नर्सिंग कॉलेज हैं?

A. उत्तर प्रदेश   **B.** मध्य प्रदेश

C. आंध्र प्रदेश   **D.** कर्नाटक

Q.23 किस निकाय ने मेडिकल काउंसिल ऑफ इंडिया का स्थान लिया है?

A. मेडिकल बॉडी ऑफ इंडिया

B. भारतीय चिकित्सा समिति

C. राष्ट्रीय चिकित्सा आयोग

D. भारत का चिकित्सा परिसंघ

Q.24 हर वर्ष विश्व हृदय दिवस किस तारीख को मनाया जाता है?

A. 23 सितंबर   **B.** 25 सितंबर

C. 27 सितंबर   **D.** 29 सितंबर

Q.25 कौन सा मोबाइल एप्लिकेशन केवल 13 दिनों में 50 मिलियन डाउनलोड तक पहुंचने वाला दुनिया का सबसे तेज ऐप बन गया?

A. प्रज्ञाम   **B.** आरोग्य सेतु

C. कोविडज्ञान   **D.** सारकोव

Q.26 किस मंत्रालय द्वारा ई-गवर्नेंस प्लेटफॉर्म, SAMARTH का प्रारंभ किया गया है?

A. मानव संसाधन विकास   **B.** विज्ञान एवं प्रौद्योगिकी

C. पर्यटन   **D.** संस्कृति

Q.27 भारत के सबसे स्वच्छ शहर के लिए स्वच्छ सर्वेक्षण 2020 रैंकिंग में किस शहर ने शीर्ष स्थान प्राप्त किया है?

A. सूरत   **B.** चेन्नई   **C.** इंदौर   **D.** नवी मुंबई

Q.28 किस मंत्रालय ने हाल ही में कुपोषण को नियंत्रित करने के लिए आयुष मंत्रालय के साथ एक समझौता किया है?

A. कृषि और किसान कल्याण
B. स्वास्थ्य एवं परिवार कल्याण
C. शिक्षा
D. महिला एवं बाल विकास

Q.29 दिए गए विकल्यों में से विषम को खोजे जो दूसरों से भिन्न है।

A. 144   **B.** 169   **C.** 196   **D.** 210

Q.30 निम्नलिखित से समान संबंध वाले सही उत्तर को चुनिए:
आगरा : ताजमहल

A. दिल्ली : हवा महल   **B.** पटना : लाल किला
C. गया : गोलघर   **D.** अमृतसर : स्वर्ण मंदिर

Discipline

Q.31 गलत प्रसवपीड़ा के लक्षण निम्नलिखित सभी हैं, सिवाय कि:
A. संकुचन के बीच का अंतराल लंबे समय तक रहता है
B. सिर मुक्त रहता है
C. मल त्यागने से लक्षणों में राहत मिल सकती है
D. नियमित अंतराल पर पीड़ा होती है

Q.32 प्रसवपीड़ा में पीड़ा का कारण निम्नलिखित सभी कारक है, सिवाय:
A. संकुचन के दौरान मायोमेट्रियल इस्किमिया
B. अप्रभावी सिडेशन
C. फैलाव के दौरान सरवाइकल स्ट्रेचिंग
D. फंडस के ऊपर पेरिटोनियल स्ट्रेचिंग

Q.33 प्रसव के दौरान गर्भाशय ग्रीवा के गायब होने को कहा जाता है:
A. डाइलेटेशन   **B.** राइपनिंग
C. एफेसमेंट   **D.** लेटिंग डाउन

Q.34 प्रसवपीड़ा की प्रगति की आलेखी प्रस्तुति जिसमें ग्रीवा फैलाव और भ्रूण के सिर अवरोहण को समय के सामने आलेखित किया जाता है, उसे कहा जाता है:
A. इलेक्ट्रोकार्डियोग्राम   **B.** पार्टोग्राम
C. वाइटल ग्राफ   **D.** प्रसवपीड़ा ग्राफ

Q.35 प्रसवपीड़ा के सक्रिय चरण के दौरान सिर द्वारा प्रसूत किया जाता है:
A. फ्लैक्सिओन   **B.** एक्सटेंशन
C. अब्डेक्शन   **D.** इनमें से कोई नहीं

Q.36 प्रसव की अनुमानित तिथि की गणना निम्न का उपयोग करके की जाती है:
A. मैक डोनाल्ड का नियम   **B.** नैजेल का नियम
C. नौ का नियम   **D.** डॉन का सूत्र

Q.37 मतली और उल्टी जो आमतौर पर गर्भावस्था के 4 से 6 सप्ताह के आसपास शुरू होती है उसे कहा जाता है:

A. एमेनोरिया   **B.** मॉर्निंग सिकनेस
C. गैलेक्टोपोइज़िस   **D.** प्रारंभिक लक्षण

Q.38 माता द्वारा महसूस की जाती भ्रूण की प्रथम हलनचलन को कहा जाता है:
A. लाइटनिंग   **B.** क्विकनिंग
C. क्लोस्मा   **D.** लीनिया नाइग्रा

Q.39 गर्भाशय में भ्रूण की हृदय गति की सामान्य औसतसीमा है:
A. 80-120 बीट्स/मिनट   **B.** 100-200 बीट्स/मिनट
C. 110-160 बीट्स/मिनट   **D.** 180-200 बीट्स/मिनट

Q.40 एक महिला जिसने एक बार एक भ्रूण को जन्म दिया है जो जीवन क्षमता के चरण तक पहुंच गई है, उसे कहा जाता है:
A. ग्रॉविडा   **B.** पेरिटी   **C.** नल्लीपारा   **D.** प्रिमीपारा

Q.41 प्रारंभिक गर्भावस्था में निर्देशित किये जाते पोषण सप्लीमेंट है:
A. विटामिन A   **B.** कैल्शियम
C. प्रोटीन   **D.** फोलिक एसिड

Q.42 लोकिया रूब्रा का रंग होता है:
A. भूरा   **B.** लाल   **C.** पीला   **D.** सफ़ेद

Q.43 प्रसव के बाद के कितने सप्ताह को प्रसवोत्तरकाल कहा जाता है?
A. 4 सप्ताह   **B.** 6 सप्ताह   **C.** 8 सप्ताह   **D.** 10 सप्ताह

Q.44 प्रसव के बाद 24 से 48 घंटों के दौरान स्तन से स्रावित होने वाले पतले सीरस द्रव को कहा जाता है:
A. फॉर मिल्क   **B.** हिंद मिल्क
C. कोलोस्ट्रम   **D.** मैच्योर मिल्क

Q.45 स्तन्यस्रवण के दमन के लिए निम्नलिखित में से किस दवा का उपयोग किया जा सकता है?
A. मेथरजिन इंजेक्शन   **B.** ऑक्सीटोसिन इंजेक्शन
C. केबरगोलिन टेबलेट   **D.** प्रोजेस्टेरोन टेबलेट

Q.46 खाट में माता के साथ बच्चे को रखना को कहा जाता है:
A. देखभाल   **B.** कंगारू देखभाल
C. कक्षपालन   **D.** नवजात देखभाल

Q.47 मेकोनियम अभिरंजित लिकर में एमनियोटिक द्रव का रंग है:
A. थोड़ा हरे रंग सा   **B.** पानी जैसा रंग
C. सफ़ेद   **D.** लाल रंग

Q.48 प्रसवपीड़ा के तीसरे चरण के सक्रिय प्रबंधन के घटकों में सभी शामिल है, सिवाय कि:
A. ऑक्सीटोसिन का उपयोग
B. गर्भाशय मसाज
C. प्लेसेंटा की डिलीवरी
D. कक्षपालन

Q.49 प्रसव पीड़ा के दौरान निम्नलिखित में से किस तरीके से ऑक्सीटोसिन इंजेक्शन को अंतःशिरा रूप से प्रशासित किया जाना है?
A. बोलस   **B.** इंट्रावेनस इन्फ्यूशन
C. फास्ट पुश   **D.** अंतर्पेशीय

Q.50 यदि शिशु के प्रसव के 30 मिनट के भीतर प्लेसेंटा का प्रसव नहीं होता है, तो उसे क्या कहा जाता है?
A. प्लेसेंटा प्रिविया   **B.** पोस्टपार्टम हेमरेज
C. रिटेंड प्लेसेंटा   **D.** प्लेसेंटा इस्किमिया

Q.51 यदि प्रसव के 30 मिनट के भीतर नाल को प्रस्तुत नहीं किया जाता है, तो इसे निम्न द्वारा हटाया जा सकता है:

A. नियंत्रित कर्षण

B. मैनुअल विधि

C. सर्जरी

D. उपरोक्त में से कोई नहीं

Q.52 एपीसीओटमी को निम्न के दौरान किया जाना है:

A. प्रसवपीड़ा की शुरुआत

B. प्रसवपीड़ा का पहला चरण

C. प्रसवपीड़ा का दूसरा चरण

D. प्रसवपीड़ा का तीसरा चरण

Q.53 भारत में नवजात शिशु का सामान्य जन्म वजन होता है:

A. 1.5 से 2.5 किलोग्राम

B. 2.5 से 3.5 किलोग्राम

C. 1.5 से 3 किलोग्राम

D. 4.5 से 5 किलोग्राम

Q.54 एम्नियोटिक को पोंछने से और शिशु को शुष्क करने से नवजात में से हीट लॉस रोका जाता है क्योंकि पहले आधे घंटे में हीट लॉस काफी हद तक एमनियोटिक द्रव के __________ के कारण होता है।

A. प्रवाहकत्त्व

B. संवहन

C. वाष्पीकरण

D. विकिरण

Q.55 एक नवजात शिशु की प्रसूति होती है और इसमें स्राव दिखाई देता है, इसमें निम्न सक्शन की विधि का अनुसरण किया जाता है:

A. पहले नाक उसके बाद मुंह

B. पहले मुंह उसके बाद नाक

C. मुंह के अंदर गहरा गले तक

D. बच्चे को उल्टा पकड़ें और साफ करें

Q.56 जन्म के समय मौजूद नवजात शिशु की त्वचा पर सफेद चीज़ जैसे पदार्थ को कहा जाता है:

A. लानुगो

B. वर्निक्स केसोसा

C. एमनियोटिक द्रव

D. ब्राउन वसा

Q.57 जन्म के समय दिया जाने वाला टीका है:

A. बीसीजी, हेपेटाइटिस बी, डीपीटी

B. बीसीजी, ओपीवी, हेपेटाइटिस बी

C. बीसीजी, डीपीटी, एमएमआर

D. डीपीटी, एमएमआर, हेपेटाइटिस बी

Q.58 केवल निम्नलिखित लक्षणों द्वारा स्तनपान की पर्याप्तता का आकलन किया जा सकता है, सिवाय कि:

A. प्रति दिन 6-8 बार मूत्र करता है

B. फीड के बाद 2-3 घंटे सोता है

C. वजन पर्याप्त रूप से बढ़ता है

D. 3 दिनों में जन्म के समय के वजन को पार करता है

Q.59 नवजात शिशु का सामान्य शरीर का तापमान है:

A. 36-36.8 डिग्री सेल्सियरा

B. 36.5-37.4 डिग्री सेल्सियस

C. 37-38 डिग्री सेल्सियस

D. 37-40 डिग्री सेल्सियस

Q.60 नवजात पुनर्जीवन की तैयारी करते समय, बैग और मास्क को निम्नलिखित सभी के लिए जांचना चाहिए, सिवाय कि:

A. फेस मास्क का उपयुक्त आकार

B. पुन: मुद्रास्फीति के लिए बैग

C. पर्याप्त दाब

D. सक्शन कैथेटर

Q.61 समय पूर्व नवजात, एक शिशु है जो निम्न पर जन्म लेता है:

A. 37 सप्ताह से कम पूर्ण किये हुए गर्भधारण

B. 38 सप्ताह से कम पूर्ण किये हुए गर्भधारण

C. 39 सप्ताह से कम पूर्ण किये हुए गर्भधारण

D. 40 सप्ताह से कम पूर्ण किये हुए गर्भधारण

Q.62 नवजात शिशुओं में जन्म के समय एक या दोनों वृषण में उत्पति की विफलता को कहा जाता है:

A. ओर्किडोपेक्सी

B. फाइमोसिस

C. क्रिप्टोऑर्किडिज्म

D. हाइड्रोसील

Q.63 एपिनेफ्रीन की उपलब्ध संख्या है:

A. 1 : 100

B. 1 : 500

C. 1 : 1000

D. 1 : 10,000

Q.64 जन्म के पांच मिनट बाद ऐपीजीएआर के लिए एक नवजात शिशु का मूल्यांकन किया जाता है। स्कोर 8 है। यह क्या दर्शाता है:

A. कोई डिप्रेशन नहीं हैं

B. हल्का डिप्रेशन

C. मध्यम डिप्रेशन

D. गंभीर डिप्रेशन

Q.65 नवजात शिशु के जीवन के पहले दिन में, मिर्गी के संभावित कारण सभी हैं, सिवाय कि:

A. हाइपोग्लाइसीमिया

B. टेटनस

C. एस्फिक्सिया

D. इंट्रावेंट्रिकुलर रक्तस्राव

Q.66 प्राथमिक चिकित्सा प्रदान करते समय, निम्नलिखित सभी व्यक्तियों को खाने या पीने के लिए कुछ भी प्रदान न करें, सिवाय कि:

A. गंभीर रूप से घायल व्यक्ति

B. निद्राग्रस्त व्यक्ति

C. बेहोश हुआ व्यक्ति

D. दस्त और बुखार जिसकी वजह से निर्जलीकरण है

Q.67 जब पीड़ित 8 वर्ष का लड़का है तो सीपीआर प्रदान करने के लिए उपयुक्त विधि है:

A. अंगूठा तकनीक

B. दो ऊँगली की तकनीक

C. एक हाथ की तकनीक

D. दो हाथ की तकनीक

Q.68 एक वयस्क पीड़ित के लिए सीपीआर प्रदान करने के लिए संपीड़न वेंटिलेशन का अनुपात है:

A. 10 : 2

B. 15 : 2

C. 20 : 2

D. 30 : 2

Q.69 शरीर के सभी भागों में रक्त पंप करने में हृदय को क्या मदद करता है?

A. विश्राम

B. संकुचन

C. स्खलन

D. विस्तारण

Q.70 एक अंग जो अपशिष्ट पदार्थों को शरीर के विभिन्न हिस्सों से गुर्दे तक पहुंचाता है, वह है:

A. हृदय

B. फेफड़े

C. रक्त

D. अस्थि

Q.71 शरीर की सभी संवेदनाओं के लिए उत्तरदायी तंत्र को क्या कहा जाता है?

A. कंकाल तंत्र

B. जठर-आंत्रीय तंत्र

C. तंत्रिका तंत्र

D. उत्सर्जन तंत्र

Q.72 निम्नलिखित में से क्या मानव शरीर को आकार और सहारा प्रदान करती है?

A. पेशियां

B. अस्थि

C. हृदय

D. त्वचा

Q.73 मानव शरीर का सबसे बड़ा संवेदक अंग कौनसा है?

A. हृदय

B. फेफड़े

C. त्वचा

D. हाथ

Q.74 कोविड 19 संक्रमण के प्रसार को रोकने के लिए स्वास्थ्यकर उपाय __________ है।

A. अच्छी तरह से भोजन करना

B. दिन में दो बार ब्रश करना

C. हाथ धोना

D. सोना

Q.75 दाई (मिडवाइफ) का अंतर्राष्ट्रीय दिवस निम्न पर मनाया जाता है:

A. 5 मई   **B.** 7 अप्रैल   **C.** 1 मई   **D.** 12 मई

Q.76 बेहोश रोगी के लिए मुंह से अतिरिक्त स्राव को हटाने की पद्धति है:

A. सक्शन   **B.** शय्या स्नान

C. प्रारंभिक गतिशीलता   **D.** आइसोलेशन

Q.77 चिंता विकार ग्रस्त व्यक्ति में सभी निम्नलिखित लक्षण होंगे, सिवाय कि:

A. बढ़ी हुई हृदय गति   **B.** तेजी से सांस लेना

C. नींद में वृद्धि   **D.** बेचैनी

Q.78 एक अवस्था जिसमें व्यक्ति की प्रबल भावनाएं होती हैं और अनियंत्रित तरीके से व्यवहार करता है, उसे कहा जाता है:

A. तनाव   **B.** हिस्टीरिया

C. कोरिया   **D.** उपरोक्त सभी

Q.79 बंद जगहों के भय को निम्न कहा जाता है:

A. एक्रोफोबिया   **B.** क्लौस्ट्रोफोबिया

C. अरैक्नोफोबिया   **D.** ऑटोफोबिया

Q.80 हिस्टीरिया के संकेतों और लक्षणों में निम्नलिखित सभी शामिल हैं, सिवाय कि:

A. चिंता

B. बेहोशी

C. जब्ती जैसी हलनचलन

D. उचित विचार और निर्णय लेना

Q.81 प्राथमिक स्वास्थ्य देखभाल की अनिवार्यताओं निम्नलिखित सभी शामिल हैं, सिवाय कि:

A. प्रमुख संक्रामक रोगों के लिए टीकाकरण

B. खाद्य आपूर्ति और उचित पोषण को बढ़ावा देना

C. साफ पानी की पर्याप्त आपूर्ति

D. सभी के लिए उच्च शिक्षा प्रदान करना

Q.82 प्राथमिक स्वास्थ्य देखभाल में स्वयं के स्वास्थ्य और कल्याण को बढ़ावा देने में व्यक्तियों और समुदाय की भागीदारी को कहा जाता है:

A. समान वितरण   **B.** सामुदायिक भागीदारी

C. उपयुक्त प्रौद्योगिकी   **D.** उपरोक्त सभी

Q.83 भारतीय सार्वजनिक स्वास्थ्य मानकों के अनुसार प्रथम प्रसवपूर्व भेंट की जानी चाहिए:

A. 2 सप्ताह का गर्भधारण

B. गर्भधारण के 12 सप्ताह के भीतर

C. गर्भधारण के 14 सप्ताह के भीतर

D. गर्भधारण के 20 सप्ताह के भीतर

Q.84 प्राथमिक स्वास्थ्य केंद्र में प्रसवपूर्व देखभाल में निम्नलिखित सभी शामिल हैं, सिवाय कि:

A. प्रयोगशाला जांच जैसे हीमोग्लोबिन और ब्लड ग्रुपिंग

B. पोषण और स्वास्थ्य परामर्श

C. गर्भावस्था के दौरान उच्च जोखिम और खतरनाक संकेतों की पहचान और प्रबंधन

D. उच्च जोखिम भरी प्रसव का संचालन

Q.85 पारिभाषिक शब्द जल्दी स्तनपान कराने की शुरूआत अर्थ है:

A. प्रसव के बाद एक मिनट के भीतर स्तनपान कराने की शुरूआत करना

B. प्रसव के एक घंटे के भीतर स्तनपान कराने की शुरूआत करना

C. प्रसव के दो घंटे के भीतर स्तनपान कराने की शुरूआत करना

D. प्रसव के एक दिन के भीतर स्तनपान कराने की शुरूआत करना

Q.86 पीएचसी में बीमार बच्चों की आपातकालीन देखभाल हेतु पालन की जाने वाली रणनीति है:

A. पीएएलएस दिशा-निर्देश

B. एनएएलएस दिशा-निर्देश

C. आईएमएनसीआई दिशा-निर्देश

D. एपीए दिशा-निर्देश

Q.87 सामुदायिक स्तर पर स्वच्छता बनाए रखने के लिए निम्नलिखित उपाय करने होंगे, सिवाय कि:

A. कचरे का उचित निस्तारण

B. जल संसाधन के नुकसान से बचें

C. उच्च शोर से बचें

D. अनुचित आवास सुविधाओं

Q.88 असुरक्षित जल से फैलने वाली बीमारियाँ निम्नलिखित सभी हैं, सिवाय कि:

A. हैजा   **B.** पेचिश   **C.** टाइफाइड   **D.** चेचक

Q.89 बच्चों को दस्त से बचाने के लिए टिका जिसका प्रशासन किया जाता है, वह है:

A. पोलियो टीका   **B.** हैपेटाइटिस बी

C. रोटा वायरस   **D.** न्यूमोकोकल

Q.90 बीसीजी टीके के प्रशासन का मार्ग है:

A. मौखिक   **B.** अंतर्त्वचीय   **C.** अवत्वचीय   **D.** अंतर्पेशीय

Q.91 विटामिन ए की कमी के कारण निम्न होता है:

A. बेरीबेरी   **B.** एनीमिया   **C.** रतौंधी   **D.** सूखा रोग

Q.92 मौखिक पोलियो टीका है:

A. मृत टीका   **B.** इम्युनोग्लोबुलिन

C. एंटीवायरल   **D.** A और B दोनों

Q.93 निम्नलिखित विटामिन में से किसकी कमी के कारण स्कर्वी होता है?

A. विटामिन ए   **B.** विटामिन बी

C. विटामिन सी   **D.** विटामिन डी

Q.94 एक कार्यक्रम जिसने मातृ मृत्यु दर को कम करने के लिए विशिष्ट आपातकालीन स्थितियों के किस्सों में एएनएम द्वारा दवाओं का उपयोग करने की अनुमति दी है, वह है:

A. जननी सुरक्षा योजना

B. जननी शिशु सुरक्षा कार्यकम

C. आरसीएच चरण I

D. आरसीएच चरण II

Q.95 पहली रेफरल इकाई के रूप में सुविधा की घोषणा करने के लिए तीन महत्वपूर्ण निर्धारकों में 24 घंटे की उपलब्धता वाली निम्नलिखित सभी सुविधाएं शामिल है, सिवाय कि:

A. शल्यचिकित्सक हस्तक्षेप

B. नवजात देखभाल

C. रक्त भंडारण सुविधा

D. टीकाकरण सुविधा

Q.96 शैय्याग्रस्त रोगी को भोजन प्रदान करते समय, रोगी को स्थित करने की आदर्श स्थिति है:

A. सुपाइन स्थिति   **B.** प्रोन स्थिति

C. फाउलर स्थिति   **D.** साइड लाइंग स्थिति

Q.97 एक शिशु सिर नियंत्रण निम्न तक प्राप्त कर लेता है:

A. 15 दिन   **B.** 3-4 महीने   **C.** 6 महीने   **D.** 8 महीने

Q.98 हेपेटाइटिस सी के संचरण का तरीका है:

A. मल मौखिक मार्ग   **B.** छोटी बूंद नाभिक

C. दूषित रक्त   **D.** इनमें से कोई नहीं

Q.99 कौन सा प्राणी जापानी इंसेफेलाइटिस का एम्पलीफायर है?

A. गाय   **B.** बंदर   **C.** सुअर   **D.** बिल्ली

Q.100 स्तनपान सप्ताह निम्न में मनाया जाता है:

A. जुलाई का प्रथम सप्ताह   **B.** अगस्त का प्रथम सप्ताह

C. सितंबर का प्रथम सप्ताह   **D.** नवंबर का प्रथम सप्ताह

// स्मार्ट उत्तर पुस्तिका //

सही उत्तर — उन छात्रों के प्रतिशत को इंगित करता है जिन्होंने प्रश्नों का सही उत्तर दिया था।

छोड़ दिया — उन छात्रों के प्रतिशत को इंगित करता है जिन्होंने प्रश्नों को छोड़ दिया था।

प्रश्न संख्या	उत्तर	सही उत्तर / छोड़ दिया	प्रश्न संख्या	उत्तर	सही उत्तर / छोड़ दिया	प्रश्न संख्या	उत्तर	सही उत्तर / छोड़ दिया	प्रश्न संख्या	उत्तर	सही उत्तर / छोड़ दिया	प्रश्न संख्या	उत्तर	सही उत्तर / छोड़ दिया
1	A	64.84 % / 1.26 %	17	A	89.9 % / 0.0 %	33	C	44.87 % / 1.29 %	49	B	12.38 % / 3.48 %	65	B	77.58 % / 0.0 %
2	A	55.05 % / 1.79 %	18	B	62.32 % / 1.32 %	34	B	30.76 % / 3.37 %	50	C	60.21 % / 1.93 %	66	D	55.51 % / 1.58 %
3	D	86.96 % / 0.0 %	19	A	46.85 % / 1.61 %	35	B	18.47 % / 3.93 %	51	B	66.76 % / 1.37 %	67	A	85.55 % / 0.0 %
4	D	56.04 % / 1.91 %	20	D	11.14 % / 3.33 %	36	B	51.22 % / 1.81 %	52	C	82.09 % / 0.0 %	68	D	61.66 % / 1.02 %
5	D	85.28 % / 0.0 %	21	B	40.86 % / 1.28 %	37	B	68.96 % / 1.72 %	53	B	54.89 % / 1.86 %	69	B	45.42 % / 1.84 %
6	D	60.31 % / 1.22 %	22	D	55.17 % / 1.63 %	38	B	51.77 % / 1.79 %	54	C	47.22 % / 1.98 %	70	C	43.64 % / 1.2 %
7	B	78.37 % / 0.0 %	23	C	57.31 % / 1.06 %	39	C	49.7 % / 1.16 %	55	B	54.79 % / 1.07 %	71	C	48.63 % / 1.24 %
8	A	31.38 % / 3.03 %	24	D	51.68 % / 1.41 %	40	D	47.77 % / 1.36 %	56	B	32.28 % / 4.65 %	72	B	45.4 % / 1.1 %
9	C	54.57 % / 1.39 %	25	B	51.26 % / 1.46 %	41	D	56.09 % / 1.97 %	57	B	55.29 % / 1.79 %	73	C	80.46 % / 0.0 %
10	C	54.23 % / 1.29 %	26	A	69.62 % / 1.92 %	42	B	52.45 % / 1.37 %	58	D	42.8 % / 1.88 %	74	C	89.9 % / 0.0 %
11	C	79.43 % / 0.0 %	27	C	49.15 % / 1.8 %	43	B	40.87 % / 1.16 %	59	B	55.21 % / 1.97 %	75	A	77.35 % / 0.0 %
12	A	62.17 % / 1.19 %	28	D	16.38 % / 3.74 %	44	C	27.9 % / 3.71 %	60	D	83.56 % / 0.0 %	76	A	68.5 % / 1.86 %
13	C	24.26 % / 4.89 %	29	D	58.0 % / 1.84 %	45	C	64.13 % / 1.23 %	61	A	57.8 % / 1.12 %	77	C	45.54 % / 1.45 %
14	C	45.74 % / 1.88 %	30	D	69.04 % / 1.95 %	46	C	79.97 % / 0.0 %	62	C	67.8 % / 1.47 %	78	B	20.12 % / 4.21 %
15	D	51.72 % / 1.54 %	31	D	50.2 % / 1.31 %	47	A	63.09 % / 1.82 %	63	C	84.38 % / 0.0 %	79	B	50.06 % / 1.84 %
16	C	61.07 % / 1.12 %	32	B	42.23 % / 1.81 %	48	D	23.37 % / 3.8 %	64	A	53.33 % / 1.27 %	80	D	68.41 % / 1.38 %

प्रश्न संख्या	उत्तर	सही उत्तर / छोड़ दिया
81	D	77.86 % / 0.0 %
82	B	43.91 % / 1.81 %
83	B	84.21 % / 0.0 %
84	D	42.79 % / 1.05 %

प्रश्न संख्या	उत्तर	सही उत्तर / छोड़ दिया
85	B	86.45 % / 0.0 %
86	C	13.64 % / 4.1 %
87	D	59.96 % / 1.02 %
88	D	54.39 % / 1.35 %

प्रश्न संख्या	उत्तर	सही उत्तर / छोड़ दिया
89	C	19.03 % / 4.16 %
90	B	59.41 % / 1.94 %
91	C	89.83 % / 0.0 %
92	C	80.69 % / 0.0 %

प्रश्न संख्या	उत्तर	सही उत्तर / छोड़ दिया
93	C	45.92 % / 1.31 %
94	D	57.24 % / 1.79 %
95	D	58.59 % / 1.41 %
96	C	19.32 % / 3.7 %

प्रश्न संख्या	उत्तर	सही उत्तर / छोड़ दिया
97	B	59.59 % / 1.37 %
98	C	69.72 % / 1.71 %
99	C	52.43 % / 1.92 %
100	B	41.58 % / 1.93 %

कार्य विश्लेषण

औसत अंक (%)	54.0%
टॉपर्स स्कोर (%)	73.0%
आपका स्कोर	

//संकेत और समाधान//

1. आदमी पश्चिम की ओर बढ़ने लगा, फिर उत्तर की ओर मुंह करके अपने दाहिने ओर मुड़ गया।वह दायीं ओर मुड़ता है और फिर वह दाई ओर मुड़ता है और फिर वह अंत में बाईं ओर मुड़ता है।

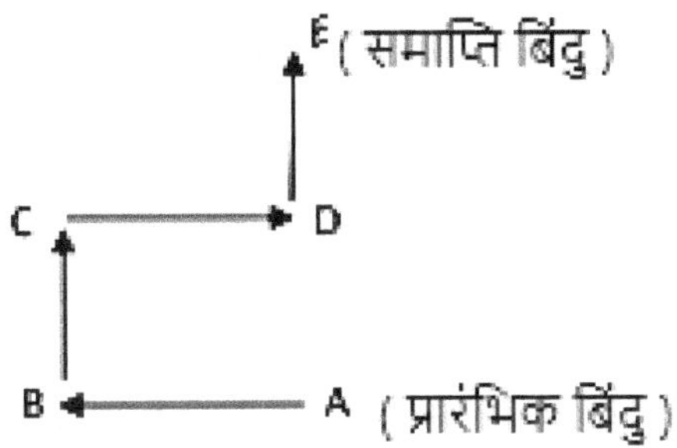

समाप्ति बिंदु पर आदमी उत्तर दिशा की ओर चल रहा था।

अतः विकल्प (A) सही है।

2. दिया गया है कि,

- P, Q के दाईं ओर है। ------ (1)
- T, R के बाईं ओर है और P के दाईं ओर है। ------ (2)
- (1) और (2) से, हमें QPTR प्राप्त होता है।
- Q, S के दाईं ओर है। ---------- (3)
- इन्हें संयोजित करने पर, हम प्राप्त करते हैं S Q P T R

P मध्य में है।

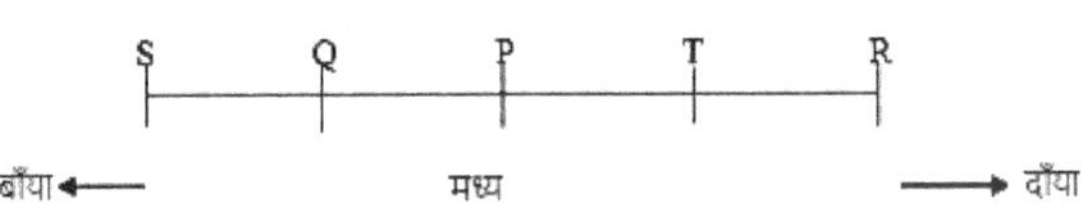

अतः विकल्प (A) सही है।

3. दिया गया है, कि 46 A 2 B 3 C 4=?

प्रश्न के अनुसार,

⇒ 46 ÷ 2 3 × 4 = ?

⇒ 23 - 3 × 4 = 23 - 12 = 11

अतः विकल्प (D) सही है।

4. प्रश्न के अनुसार,

सभी व्यक्तियों को आयु के अवरोही क्रम में व्यवस्थित करना।

आयु का अवरोही क्रम है:

- दीप्ति > श्वेता > सीमा > सोहन > सीता
- इसलिए, उन सभी में सबसे बड़ी दीप्ति है।

अतः विकल्प (D) सही है।

5. जैसा कि 'MEAT' को 'TEAM' के रूप में लिखा गया है।

इसी प्रकार,

"BALE" को "EALB" लिखा जाता है।

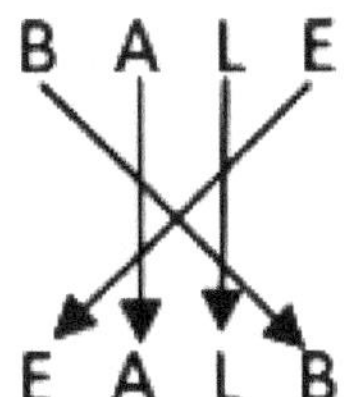

अतः विकल्प (D) सही है।

6. जैसा कि 'SECTOR ' को 'ESCTOR' के रूप में लिखा गया है।

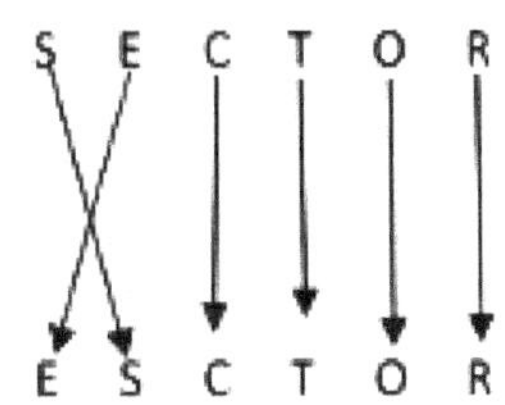

इसी तरह

'MOTHER ' को 'OMTHER' लिखा जाता है।

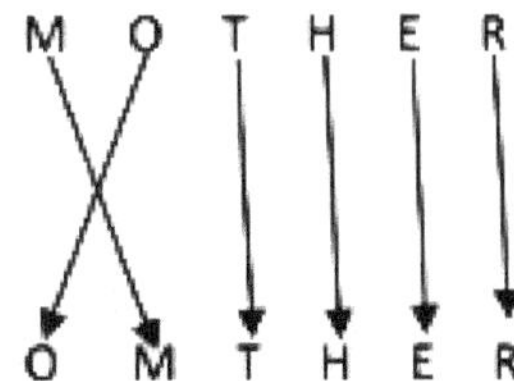

अतः विकल्प (D) सही है।

7. अंग्रेजी शब्दकोश के अनुसार, chitin पहले आता है, उसके बाद cholera, उसके बाद hepatitis, और सबसे बाद में peptidoglycan आता है।

इसलिए, शब्दों का सही अनुक्रमिक क्रम 4, 2, 1, 3 अर्थात्, Chitin, Cholera, Hepatitis, Peptidoglycan है।

अतः विकल्प (B) सही है।

8. राकेश कहता है कि अल्का के पिता, मेरे पिता के इकलौते पुत्र हैं। राकेश अपने पिता के लिए कहता है। इसलिए, अल्का और राकेश क्रमशः पुत्री और पिता हैं।

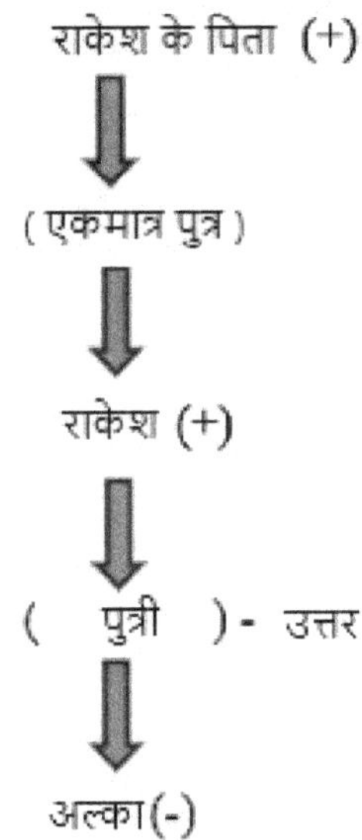

अतः विकल्प (A) सही है।

9. अर्जुन पुरस्कार खेलों में उत्कृष्ट प्रदर्शन के लिए दिया जाता है।

वर्ष के सर्वश्रेष्ठ खिलाड़ियों को 'अर्जुन पुरस्कार' प्रदान करने की प्रणाली 1961 में भारत सरकार द्वारा शुरू की गई थी और यह उन लोगों को सम्मानित किया जाता है जिन्होंने पिछले तीन वर्षों में अंतरराष्ट्रीय स्तर पर लगातार अच्छा प्रदर्शन किया है और नेतृत्व, खेल भावना और अनुशासन जैसे गुणों का प्रदर्शन करने वाले खिलाड़ियों को दिया जाता है।

इन पुरस्कारों का उद्देश्य खिलाड़ियों को पुरस्कृत करना और उन्हें खेलों के प्रति और अधिक उत्साहित करना था।

अतः विकल्प (C) सही है।

10. साहित्य में नोबेल पुरस्कार प्राप्त करने वाले पहले भारतीय रवींद्रनाथ टैगोर थे।

उन्हें उनकी कविताओं की पुस्तक गीतांजलि के लिए 1913 में साहित्य का नोबेल पुरस्कार दिया गया था। टैगोर ने कई प्रेम गीत भी लिखे हैं। गीतांजलि और साधना उनकी महत्वपूर्ण रचनाएँ हैं।

अतः विकल्प (C) सही है।

11. मलेरिया जीवाणु के कारण नहीं होता है।

जीवाणु एककोशिकीय जीव होते हैं जो प्रोकैरियोटिक समूह से संबंधित होते हैं जहां जीव में कुछ कोशिकांग होते हैं और एक वास्तविक केंद्रक का अभाव होता है।

मलेरिया रोग एक प्लाज्मोडियम परजीवी के कारण होता है, जो संक्रमित मच्छरों के काटने से फैलता है। रोग की गंभीरता भिन्न होती है और यह इससे संक्रमित प्लाज्मोडियम की प्रजातियों पर आधारित होता है।

अतः विकल्प (C) सही है।

12. दिलवाड़ा जैन मंदिर राजस्थान की अरावली पहाड़ियों के बीच स्थित जैनियों का सबसे सुंदर तीर्थ स्थल है।

इस मंदिर का निर्माण 11वीं और 13वीं शताब्दी के बीच वास्तुपाल तेजपाल ने करवाया था। यह मंदिर अपनी जटिल नक्काशी के लिए प्रसिद्ध है और इसके हर कोने को संगमरमर से सजाया गया है।

अतः विकल्प (A) सही है।

13. बीसी रॉय पुरस्कार चिकित्सा के क्षेत्र में दिया जाता है।

बी.सी रॉय पुरस्कार या विधान चंद्र रॉय राष्ट्रीय पुरस्कार 1962 में भारतीय चिकित्सा परिषद द्वारा स्थापित किया गया था।

यह पुरस्कार राष्ट्रपति द्वारा प्रत्येक वर्ष 1 जुलाई को राष्ट्रीय चिकित्सक दिवस के अवसर पर चिकित्सक और स्वतंत्रता सेनानी विधान चंद्र रॉय के नाम पर दिया जाता है।

अतः विकल्प (C) सही है।

14. हीराकुंड बांध भारत की नदी घाटी परियोजनाओं में से एक है। हीराकुंड बांध महानदी पर बना है।

हीराकुंड बांध का निर्माण 1948 में शुरू हुआ था और यह 1953 में बनकर तैयार हुआ था। यह बांध वर्ष 1957 में पूरी तरह कार्यात्मक था।

यह बांध विश्व के सबसे लंबे बांधों में से एक है। इस बांध की लंबाई 4.8 किलो मीटर है। और तटबंध सहित इसकी कुल लंबाई 25.8 किलो मीटर है।

अतः विकल्प (C) सही है।

15. भौगोलिक क्षेत्रफल के मामले में इंडोनेशिया भारत से बड़ा नहीं है।

1,904,569 वर्ग किलोमीटर (735,358 वर्ग मील) में इंडोनेशिया दुनिया का सबसे बड़ा द्वीपसमूह राज्य और क्षेत्रफल के हिसाब से 14वां सबसे बड़ा देश है। 275 मिलियन से अधिक लोगों के साथ, इंडोनेशिया दुनिया का चौथा सबसे अधिक आबादी वाला देश है। भौगोलिक रूप से और जनसंख्या के मामले में भारत दुनिया का सातवां सबसे बड़ा देश है। यह चीन के बाद दूसरा देश है।

अतः विकल्प (D) सही है।

16. थियोफ्रेस्टस वनस्पति विज्ञान के जनक है। वनस्पति विज्ञान में पादपों का अध्ययन किया जाता है।

वह एक विद्वान, वनस्पतिविज्ञानी, जीवविज्ञानी और भौतिक विज्ञानी थे। उनकी पुस्तकों में से सबसे महत्वपूर्ण दो बड़े वनस्पति ग्रंथ हैं, पौधों में पूछताछ, और पौधों के कारणों पर, जो वनस्पति दुनिया के पहले व्यवस्थितकरण का गठन करते हैं और पुरातनता और मध्य युग के दौरान वनस्पति ज्ञान के प्रमुख स्रोत थे।

अतः विकल्प (C) सही है।

17. नाभिकीय भौतिकी परमाणु नाभिक के अध्ययन से संबंधित है।

भौतिकी की यह शाखा परमाणु नाभिक की संरचना और अस्थिर नाभिक से निकलने वाले विकिरण से संबंधित है।

परमाणु भौतिकी एक परमाणु के केंद्र में प्रोटॉन और न्यूट्रॉन का अध्ययन है और उन परस्पर क्रियाओं का अध्ययन है जो उन्हें एक जगह में एक साथ कुछ फेम्टोमीटर (10-15 मीटर) की दूरी पर रखते हैं।

अतः विकल्प (A) सही है।

18. "हिंद स्वराज" महात्मा गांधी द्वारा लिखी गई थी।

हिंद स्वराज या इंडियन होम रूल गांधीजी द्वारा 1909 में लंदन से दक्षिण अफ्रीका की यात्रा के दौरान अपनी मूल भाषा गुजराती में लिखी गई एक पुस्तक है। वर्ष 1910 में, इसे राजद्रोही पाठ के आधार पर अंग्रेजों द्वारा प्रतिबंधित कर दिया गया था।

इसमें स्वराज, आधुनिक सभ्यता, मशीनीकरण आदि पर उनके विचार शामिल थे।

अतः विकल्प (B) सही है।

19. थॉमस कप और उबेर कप बैडमिंटन की प्रतिष्ठित ट्राफियां हैं।

थॉमस और उबेर कप 2022, थॉमस कप का 32वां संस्करण था और उबेर कप का 29वां संस्करण द्विवार्षिक अंतरराष्ट्रीय बैडमिंटन चैम्पियनशिप संस्करण था, जिसमें बैडमिंटन वर्ल्ड फेडरेशन के सदस्य संघों की पुरुष और महिला राष्ट्रीय टीमों ने भाग लिया था।

अतः विकल्प (A) सही है।

20. सुनीता लाकड़ा हॉकी से संबंधित हैं।

भारतीय महिला हॉकी टीम की डिफेंडर सुनीता लाकड़ा ने घुटने की चोट के कारण अंतरराष्ट्रीय हॉकी से संन्यास की घोषणा की। वह 2018 एशियाई खेलों में रजत पदक जीतने वाली टीम का हिस्सा थीं।

अतः विकल्प (D) सही है।

21. विश्व प्रसिद्ध अर्जेंटीना फुटबॉल खिलाड़ी डिएगो माराडोना का 25 नवंबर, 2020 को दिल का दौरा पड़ने से निधन हो गया। वह 60 वर्ष की आयु के थे।

माराडोना ने एक खिलाड़ी के रूप में बोका जूनियर्स, नेपोली, बार्सिलोना और नेवेल्स ओल्ड बॉयज़ का प्रतिनिधित्व किया। उन्हें 1986 में अर्जेंटीना को देश का दूसरा विश्व कप खिताब दिलाने में मदद करने वाला एक प्रमुख खिलाड़ी भी माना जाता था।

अतः विकल्प (B) सही है।

22. कर्नाटक भारतीय राज्य में सबसे अधिक नर्सिंग कॉलेज हैं।

इसमें कुल 314 कॉलेज हैं जिनमें से 13 सरकारी कॉलेज हैं और 301 निजी कॉलेज हैं। स्वास्थ्य राज्य का विषय है, इसलिए नए नर्सिंग कॉलेज खोलना संबंधित राज्य सरकार के दायरे में आता है।

अतः विकल्प (D) सही है।

23. राष्ट्रीय चिकित्सा आयोग ने मेडिकल काउंसिल ऑफ इंडिया की जगह ले ली है।

नीति आयोग ने भारतीय चिकित्सा परिषद (MCI) को राष्ट्रीय चिकित्सा आयोग (NMC) से बदलने की सिफारिश की।

राष्ट्रीय चिकित्सा आयोग विधेयक को 22 जुलाई, 2019 को लोकसभा में फिर से पेश किया गया।

अतः विकल्प (C) सही है।

24. विश्व हृदय दिवस हर वर्ष 29 सितंबर को मनाया जाता है।

विश्व हृदय दिवस हृदय रोग के खिलाफ लड़ाई में एकजुट होने और वैश्विक बीमारी के बोझ को कम करने के लिए हृदय रोग समुदाय के लिए एक आदर्श मंच है।

विश्व हृदय दिवस एक वैश्विक अभियान है, जिसके दौरान दुनिया भर के व्यक्ति, परिवार, समुदाय और सरकारें अपने और दूसरों के हृदय स्वास्थ्य की जिम्मेदारी लेने के लिए गतिविधियों में भाग लेते हैं।

अतः विकल्प (D) सही है।

25. आरोग्य सेतु, कोविड-19 से लड़ने के लिए भारत का ऐप है जो केवल 13 दिनों में 50 मिलियन उपयोगकर्ताओं तक पहुंच गया है-जो एक ऐप के लिए विश्व स्तर पर सबसे तेज़ है। गर्वित विकास की पुष्टि नीति आयोग के मुख्य कार्यकारी अधिकारी अमिताभ कांत ने की है।

अतः विकल्प (B) सही है।

26. मानव संसाधन विकास मंत्रालय (HRD) ने सूचना और संचार प्रौद्योगिकी योजना (NMEICT) में शिक्षा के राष्ट्रीय मिशन के तहत एक ई-गवर्नेंस प्लेटफॉर्म 'SAMARTH एंटरप्राइज रिसोर्स प्लानिंग (ERP)' विकसित किया है।

यह विश्वविद्यालयों और उच्च शैक्षणिक संस्थानों के लिए एक खुला मानक, मुक्त स्रोत वास्तुकला, सुरक्षित, मापनीय और विकासवादी प्रक्रिया स्वचालन इंजन है।

अतः विकल्प (A) सही है।

27. इंदौर ने भारत के सबसे स्वच्छ शहर होने के लिए स्वच्छ सर्वेक्षण 2020 रैंकिंग में शीर्ष स्थान हासिल किया है।

2020 के सर्वेक्षण के अनुसार, 2020 में स्वच्छ सर्वेक्षण परिणाम: स्वच्छ सर्वेक्षण 2020 सर्वेक्षण परिणामों के अनुसार, मध्य प्रदेश के इंदौर ने लगातार चौथे वर्ष भारत के सबसे स्वच्छ शहर के रूप में अपना स्थान बरकरार रखा है।

अतः विकल्प (C) सही है।

28. महिला एवं बाल विकास ने हाल ही में कुपोषण को नियंत्रित करने के लिए आयुष मंत्रालय के साथ एक समझौता किया है।

पोषण अभियान के तहत कुपोषण को नियंत्रित करने के लिए नई दिल्ली में आयुष मंत्रालय और महिला एवं बाल विकास मंत्रालय के बीच एक समझौता ज्ञापन पर हस्ताक्षर किए गए। इसके तहत कुपोषण को नियंत्रित करने के लिए समय पर और वैज्ञानिक रूप से प्रमाणित आयुष आधारित समाधानों पर काम किया जाएगा।

अतः विकल्प (D) सही है।

29. इस प्रश्न में से 210 विषम है क्योंकि अन्य सभी संख्याएँ क्रमशः 12, 13 और 14 के वर्ग हैं।

- $(12)^2 = 144$
- $(14)^2 = 196$
- $(13)^2 = 169$
- 210 एक वर्ग संख्या नहीं है।

अतः विकल्प (D) सही है।

30. ताजमहल उत्तर प्रदेश राज्य के आगरा में स्थित है।

इसी प्रकार,

स्वर्ण मंदिर भारत के पंजाब राज्य के अमृतसर में स्थित एक गुरुद्वारा है। यह सिख धर्म का केंद्रीय आध्यात्मिक स्थान है।

अतः विकल्प (D) सही है।

31. गलत प्रसवपीड़ा के लक्षण दिए गए सभी विकल्प हैं, सिवाय कि नियमित अंतराल पर पीड़ा होती है।

प्रसव का अर्थ बच्चे को जन्म देना है। गर्भावस्था की निर्धारित अवधि पूरी होने के बाद बिना किसी रुकावट के बच्चे का जन्म साधारण जन्म कहलाता है।

गलत प्रसवपीड़ा के लक्षण:

- संकुचन के बीच का अंतराल लंबे समय तक रहता है।
- सिर मुक्त रहता है
- मल त्यागने से लक्षणों में राहत मिल सकती है।

अतः विकल्प (D) सही है।

32. प्रसवपीड़ा में पीड़ा का कारण निम्नलिखित सभी कारक है, सिवाय अप्रभावी सिडेशन के।

प्रसव पीड़ा के कारण-

- प्रसव के दौरान दर्द गर्भाशय की पेशियों के संकुचन और गर्भाशय ग्रीवा पर दाब के कारण होता है।
- इस दर्द को पेट, कमर और पीठ में तेज ऐंठन के साथ दर्द की अनुभूति के रूप में महसूस किया जा सकता है। कुछ महिलाओं को बाहों या जांघों में भी दर्द का अनुभव होता है।
- प्रसव के दौरान दर्द के अन्य कारणों में बच्चे के सिर द्वारा मूत्राशय और आंतों पर दाब और फैलाव के दौरान ग्रीवा नाल और योनि का खिंचाव होता है।

अतः विकल्प (B) सही है।

33. प्रसव के दौरान गर्भाशय ग्रीवा के गायब होने को एफेसमेंट कहा जाता है।

- एफेसमेंट प्रसव के दौरान गर्भाशय ग्रीवा के पतले होने को संदर्भित करता है।
- प्रसव के दौरान, गर्भाशय ग्रीवा छोटी हो जाती है, फैलती है, और बच्चे के जन्म की तैयारी में गर्भाशय की ओर लगभग गायब हो जाती है।

अतः विकल्प (C) सही है।

34. प्रसवपीड़ा की प्रगति की आलेखी प्रस्तुति जिसमें ग्रीवा फैलाव और भ्रूण के सिर अवरोहण को समय के सामने आलेखित किया जाता है, उसे पार्टोग्राम कहा जाता है।

एक पार्टोग्राम या पार्टोग्राफ कागज की एक शीट पर समय के खिलाफ दर्ज किए गए प्रसव के दौरान प्रमुख डेटा (मातृ और भ्रूण) का एक समग्र ग्राफिकल रिकॉर्ड है। प्रासंगिक मापों में गर्भाशय ग्रीवा का फैलाव, भ्रूण की हृदय गति, प्रसव की अवधि और महत्वपूर्ण संकेत जैसे आँकड़े शामिल हो सकते हैं।

अतः विकल्प (B) सही है।

35. प्रसवपीड़ा के सक्रिय चरण के दौरान सिर एक्सटेंशन द्वारा प्रसूत किया जाता है

एक्सटेंशन- भ्रूण के सिर के प्रसव के समय, यह मुख्य गति गर्भाशय के संकुचन और श्रोणि तल के संयुक्त प्रभाव के परिणामस्वरूप होती है।

अतः विकल्प (B) सही है।

36. प्रसव की अनुमानित तिथि की गणना नैजेल का नियम का उपयोग करके की जाती है

नैजेल का नियम-

गर्भावस्था के लिए नियत तारीख की गणना करने के लिए नैजेल का नियम एक मानक तरीका है। इसका नाम जर्मन प्रसूति रोग विशेषज्ञ फ्रांज कार्ल नैजेल (1778-1851) के नाम पर रखा गया है, जिन्होंने नियम तैयार किया था।

नेगेले के नियम का उपयोग करके अपनी अनुमानित नियत तारीख की गणना करने का सूत्र: पिछले आर्तव चक्र की तारीख + 7 दिन + 9 कैलेंडर महीने = प्रसव की अनुमानित तारीख की तिथि

अतः विकल्प (B) सही है।

37. मतली और उल्टी जो आमतौर पर गर्भावस्था के 4 से 6 सप्ताह के आसपास शुरू होती है उसे मॉर्निंग सिकनेस कहा जाता है।

मॉर्निंग सिकनेस गर्भावस्था का एक सामान्य लक्षण है और इसमें कभी-कभी मितली या उल्टी होती है।

गर्भावस्था में मॉर्निंग सिकनेस पहले तीन महीनों के दौरान सामान्य है और आमतौर पर ये गर्भधान के लगभग नौ सप्ताह बाद शुरू होती है।

अतः विकल्प (B) सही है।

38. गर्भावस्था के पांचवें महीने के आसपास, महिलाओं को पहली बार अपने बच्चे की हलचल महसूस होने लगती है, इसे क्विकनिंग कहते हैं।

जो माताएं पहले गर्भवती हो चुकी हैं, वे इसे 16 सप्ताह की शुरुआत में महसूस कर सकती हैं।

भ्रूण की हलनचलन माँ के गर्भ के अंदर विकासशील बच्चे की पेशियों की हलचल को संदर्भित करती हैं।

अतः विकल्प (B) सही है।

39. गर्भाशय में भ्रूण की हृदय गति की सामान्य औसतसीमा 110-160 बीट्स/मिनट है।

भ्रूण के हृदय की निगरानी आमतौर पर अक्सर माँ के पेट की त्वचा पर इलेक्ट्रोड लगाकर बाहर से की जाती है।

सामान्य रूप से विकसित होने वाले भ्रूण की हृदय दर 120 से 180 बीपीएम के बीच कहीं भी होती है।

अतः विकल्प (C) सही है।

40. एक महिला जिसने एक बार एक भ्रूण को जन्म दिया है जो जीवन क्षमता के चरण तक पहुंच गई है, उसे प्रिमीपारा कहा जाता है।

भ्रूण की व्यवहार्यता एक मानव भ्रूण की गर्भाशय के बाहर जीवित रहने की क्षमता है। चिकित्सा व्यवहार्यता को आमतौर पर सगर्भता आयु के 23 से 24 सप्ताह के बीच माना जाता है।

अतः विकल्प (D) सही है।

41. प्रारंभिक गर्भावस्था में निर्देशित किये जाते पोषण सप्लीमेंट फोलिक एसिड है।

फोलिक अम्ल एक B विटामिन है जो स्वस्थ वृद्धि और विकास के लिए शरीर में प्रत्येक कोशिका द्वारा आवश्यक होता है।

पोषण सप्लीमेंट वे पदार्थ हैं जिनका उपयोग आप अपने आहार में पोषण तत्वों को बढ़ाने या स्वास्थ्य समस्याओं के जोखिम को कम करने के लिए कर सकते हैं।

अतः विकल्प (D) सही है।

42. लोकिया रूब्रा का रंग लाल होता है

लोकिया को प्रसवोत्तर रक्तस्राव भी कहा जाता है। इसे बच्चे के जन्म के बाद योनि स्राव के रूप में जाना जाता है जिसमें रक्त, श्लेष्मा, गर्भाशय के ऊतक, एमनियोटिक द्रव और अपरा (प्लेसेंटा) के अवशेष होते हैं।

लोकिया रूब्रा:

- गहरा या चमकीला लाल रक्त।
- यह 3 से 4 दिनों तक रहता है।
- इसमें रक्तस्राव भारी आर्तव चक्र की तरह होता है।
- छोटे स्कंद सामान्य हैं।
- हल्का, आर्तव चक्र जैसी ऐंठन।

अतः विकल्प (B) सही है।

43. प्रसव के बाद के 6 सप्ताह को प्रसवोत्तरकाल कहा जाता है।

प्रसव के छह महीने बाद के समय को प्रसवोत्तरकाल कहा जाता है। इस बीच महिला का शरीर पुनः ठीक होता है, ऐसे में शरीर की विशेष देखभाल की आवश्यकता होती है।

इस दौरान महिला को अधिक देखभाल की आवश्यकता होती है क्योंकि इसी बीच उसका शरीर पुनः ठीक होता है।

अतः विकल्प (B) सही है।

44. प्रसव के बाद 24 से 48 घंटों के दौरान स्तन से स्रावित होने वाले पतले सीरस द्रव को कोलोस्ट्म कहा जाता है।

- कोलोस्ट्म पहला दूध है जो प्रसव के बाद एक नई माँ के स्तन में आता है।
- यह नवजात शिशु के लिए बहुत फायदेमंद होता है। यह पीले या थोड़े नारंगी रंग का होता है और आमतौर पर ये गाढ़ा होता है लेकिन कभी-कभी यह साफ और पतला भी हो सकता है।

अतः विकल्प (C) सही है।

45. स्तन्यस्रवण के दमन के लिए केबरगोलिन टेबलेट का उपयोग किया जा सकता है।

स्तन्यस्रवण मानव दूध बनाने की प्रक्रिया है। मानव दूध स्तन ग्रंथियों के माध्यम से स्रावित होता है, जो महिला के स्तनों में स्थित होती हैं।

केबरगोलीन उन विकारों के उपचार में मदद करता है जो शरीर में हार्मोन प्रोलैक्टिन के बहुत उच्च स्तर के परिणामस्वरूप होते हैं।

अतः विकल्प (C) सही है।

46. खाट में माता के साथ बच्चे को रखना को कक्षपालन कहा जाता है।

परिवार-केंद्रित देखभाल के हिस्से के रूप में कक्षपालन प्रदान किया जाता है ताकि माता को आराम करने और नवजात शिशु की देखभाल करने में मदद मिल सके। कक्षपालन माता को अपने नए शिशु के साथ घर जाने के लिए तैयार करने में मदद करता है।

अतः विकल्प (C) सही है।

47. मेकोनियम अभिरंजित लिकर में एमनियोटिक द्रव का रंग थोड़ा हरे रंग सा है।

मेकोनियम एक चिकित्सा शब्द है जिसका उपयोग शिशु के जन्म के बाद होने वाले पहले मल का वर्णन करने के लिए किया जाता है।

मेकोनियम एमनियोटिक द्रव को हरा रंग देता है। इसे मेकोनियम अभिरंजन कहा जाता है। यदि मेकोनियम लंबे समय से एमनियोटिक द्रव में है, तो शिशु की त्वचा और नाखून पीले हो सकते हैं, जिससे यह पीले-हरे रंग का दिखाई दे सकता है।

अतः विकल्प (A) सही है।

48. प्रसवपीड़ा के तीसरे चरण के सक्रिय प्रबंधन के घटकों में सभी शामिल है, सिवाय कि कक्षपालन।

प्रसव के तीसरे चरण का सक्रिय प्रबंधन:

- गर्भाशय बहुत तेजी से संकुचित होती है और प्लेसेंटा खुद को गर्भाशय की भीतरी भित्ति से अलग कर लेता है।
- माँ खुद प्लेसेंटा को बाहर धकेल सकती है, या जन माँ ऐसा नहीं कर सकती है, तब नर्स गर्भाशय की रक्षा के लिए पेट पर एक हाथ रखकर और गर्भाशय की मसाज करके प्लेसेंटा को बाहर निकालने में मदद करती है, जबकि प्लेसेंटा एक तंग स्थिति में होता है।
- प्लेसेंटा के निकलने के साथ, इससे जुड़ी रक्त वाहिकाएं बंद हो जाती हैं और रक्त के प्रवाह (हालाँकि कुछ रक्तस्राव सामान्य है) को रोक देती हैं।
- शिशु को दूध पिलाने या बस शिशु को स्तन के निकट ही पकड़कर रखने की क्रिया से ऑक्सीटोसिन हार्मोन निकलता है। यह आपके गर्भाशय पर कार्य करता है जो तब प्लेसेंटा और झिल्लियों को संकुचित और बाहर निकालता है। प्लेसेंटा तब काटा जाता है जब यह स्पंदन करना बंद कर देता है और आमतौर पर जब प्लेसेंटा बाहर आता है।

अतः विकल्प (D) सही है।

49. प्रसव पीड़ा के दौरान इंट्रावेनस इन्फ्यूशन से ऑक्सीटोसिन इंजेक्शन को अंतःशिरा रूप से प्रशासित किया जाना है।

अंतःशिरा एक शब्द है जिसका अर्थ एक शिरा के भीतर है। अंतःशिरा इंजेक्शन एक सुई का उपयोग करके शिरा में एक पदार्थ को देना है।

प्रसव को प्रेरित करने और प्रसवोत्तर रक्तस्राव को नियंत्रित करने के लिए गर्भावस्था के दौरान ऑक्सीटोसिन को बाहर से शिरा में दिया जाता है।

अतः विकल्प (B) सही है।

50. यदि प्लेसेंटा बच्चे के प्रसव के 30 मिनट के भीतर प्रसव नहीं किया जाता है, तो इसे रिटेन्ड प्लेसेंटा कहा जाता है।

रिटेन्ड प्लेसेंटा:

- एक रिटेन्ड प्लेसेंटा तब होता है जब बच्चे के जन्म के 30 मिनट के भीतर प्लेसेंटा का प्रसव नहीं होता है।

- रिटेंड प्लेसेंटा का तात्पर्य प्लेसेंटा के बाहर आने में असमर्थता है।
- जब एक महिला प्रसव के दौरान जोर लगाती है, तो बच्चे के बाद प्लेसेंटा भी बाहर आता है।
- जब प्रसव के बाद भी महिला के शरीर में प्लेसेंटा रहता है तो थोड़े मात्रा में रक्तस्राव हो सकता है।

अतः विकल्प (C) सही है।

51. यदि प्रसव के 30 मिनट के भीतर नाल को प्रस्तुत नहीं किया जाता है, तो इसे मैनुअल विधि द्वारा हटाया जा सकता है।

अपरा को हाथ से बाहर निकालना एक अक्षत अपरा के उपचार का एक विकल्प है, लेकिन जननांग पथ में रक्तस्राव, संक्रमण और आघात के जोखिम उत्पन्न हो सकते है।

प्लेसेंटा को मैन्युअल रूप से हटाने से बचने के प्रयास में, ऑक्सीटोसिन के अपरा को हाथ से बाहर निकालने से बचने के प्रयास में, इंट्राम्बिलिकल वेन इंजेक्शन (लवण विलयन के 20 मिलीलीटर में ऑक्सीटोसिन की 10-20 यूनिट) को अनिर्गत अपरा के प्रबंधन के विकल्प के रूप में प्रस्तावित किया गया है।

अतः विकल्प (B) सही है।

52. एपिसीओटॉमी प्रसव के दूसरे चरण के दौरान किया जाना चाहिए।

एपिसीओटॉमी:

- प्रसव के दौरान एपिसीओटॉमी की आवश्यकता होती है जबकि बच्चे का सिर बाहर निकाला जाता है।
- एपिसीओटमी प्रसव के दौरान की जाने वाली एक प्रक्रिया है जिसमें योनि और गुदा के बीच के ऊतक में एक चीरा लगाया जाता है।

अतः विकल्प (C) सही है।

53. भारतीय नवजात शिशु में नर शिशु का वज़न 2.5 - 3.5 किलोग्राम होता है, जबकि मादा शिशु का वज़न 2.7 - 3.1 किलोग्राम रहता है।

माँ के अच्छे वज़न के कारण शिशु का वज़न भी अच्छा रहता है। 3.1 और 3.2 किलोग्राम के शिशु स्वस्थ शिशु माने जाते हैं।

अतः विकल्प (B) सही है।

54. एमनियोटिक को पोंछना और बच्चे को सूखा बनाना शिशु से गर्मी के नुकसान को रोकता है क्योंकि पहले आधे घंटे में गर्मी की हानि काफी हद तक एमनियोटिक द्रव के वाष्पीकरण के कारण होती है।

वाष्पीकरण:

- वाष्पीकरण तब होता है जब गीली सतहें हवा के संपर्क में आती हैं। जब सतह सूख जाती है तब ऊष्मा क्षयित हो जाती है।
- जन्म के समय, नवजात को एमनियोटिक द्रव से स्नान कराया जाता है। जैसे ही एमनियोटिक द्रव बच्चे की त्वचा।

अतः विकल्प (C) सही है।

55. एक नवजात शिशु का जन्म होता है और उसका स्राव दिखाई देता है, सक्शन की विधि, पहले मुंह से और फिर नाक से अपनाई जाती है।

सक्शनिंग से पहले और बाद में शिशु के महत्वपूर्ण लक्षणों की निगरानी करें, क्योंकि कोई भी प्रक्रिया जोखिम के बिना संभव नहीं होती है। श्वसनमार्ग आघात, हाइपोक्सिया, संक्रमण, और बढ़ा हुआ अंतःकपाल दाब नवजात शिशुओं के लिए विशेष रूप से हानिकारक है, इसलिए आगे बढ़ने से पहले जोखिमों और लाभों का वजन करें और बच्चे के स्वास्थ्य इतिहास को जानें।

एक साफ, सूखे कपड़े से मुंह और नाक से दिखाई देने वाले स्राव को पोंछ लें।

अतः विकल्प (B) सही है।

56. जन्म के समय मौजूद नवजात शिशु की त्वचा पर सफेद चीज़ जैसे पदार्थ को वर्निक्स केसोसा कहा जाता है।

मूल रूप से, वर्निक्स केसोसा शिशु की त्वचा पर एक सुरक्षात्मक परत है। यह सफेद रंग के पदार्थ के रूप में दिखाई देता है।

यह लेप गर्भ में ही शिशु की त्वचा पर विकसित हो जाता है। इस पदार्थ के अवशेष जन्म के बाद त्वचा पर दिखाई दे सकते हैं।

अतः विकल्प (B) सही है।

57. जन्म के समय दिए जाने वाले टीके बीसीजी, ओपीवी, हेपेटाइटिस बी हैं।

राष्ट्रीय प्रतिरक्षण अनुसूची के अनुसार, नवजात शिशुओं को तीन टीकों, ओपीवी, बीसीजी और हेपेटाइटिस बी में से प्रत्येक की एक-एक खुराक दी जाती है, भले ही प्रसव का स्थान कुछ भी हो।

अतः विकल्प (B) सही है।

58. स्तनपान की पर्याप्तता का मूल्यांकन निम्नलिखित सभी संकेतों द्वारा किया जा सकता है सिवाय इसके कि जन्म के समय वजन 3 दिन से अधिक हो गया है।

स्तनपान पर्याप्तता के संकेत:

- एक नवजात को कम से कम हर 2 से 3 घंटे या हर दिन 8 से 12 बार स्तनपान कराया जाता है और एक बार में यह स्तनपान की पर्याप्तता का आंकलन है।

- जीवन के पांचवें दिन के बाद, बच्चा दिन में कम से कम 6 से 8 बार मूत्र करता है और गीले डायपर को बदलना चाहिए।

- स्तनपान के दौरान बच्चे को निगलते हुए सुन सकते हैं, और उसके मुंह में स्तन का दूध देख सकते हैं।

- बच्चे को दूध पिलाने के बाद स्तन नरम महसूस होते हैं और दूध पिलाने से पहले की तरह भरे हुए महसूस नहीं होते हैं।

- दूध पिलाने के बाद बच्चा संतुष्ट और संतुष्ट दिखाई देता है और वे दूध पीने के बाद वह 2-3 घंटे तक सोता है।

अतः विकल्प (D) सही है।

59. नवजात शिशु के शरीर का सामान्य तापमान 36.5 - 37.4 डिग्री सेल्सियस होता है।

सामान्य तौर पर, शारीरिक तापमान बढ़ता और घटता रहता है, इसलिए तापमान में 99 डिग्री फ़ारेनहाइट तक की वृद्धि को बुखार नहीं माना जा सकता है। लेकिन जब तापमान 100.4°F (अर्थात 38°C) होता है, तो बुखार की स्थिति उत्पन्न हो जाती है। इस स्थिति में, व्यक्ति को शरीर में कमजोरी महसूस होने लगती है और उसे बेड रेस्ट (शय्या विश्राम) की आवश्यकता होती है।

अतः विकल्प (B) सही है।

60. नवजात पुनर्जीवन की तैयारी करते समय, बैग और मास्क को सक्शन कैथेटर को छोड़कर निम्नलिखित सभी के लिए जांच की जानी चाहिए।

नवजात शिशुओं में PPV के लिए उपलब्ध उपकरण:

स्वयं फुलाते बैग: जैसे ही आप बैग पर अपनी पकड़ छोड़ते हैं, सेल्फ-इनफ्लैटिंग बैग को स्वचालित रूप से भरे जाने के लिए डिज़ाइन किया गया है। इसे भरने के लिए संपीड़ित गैस स्रोत की आवश्यकता नहीं होती है। आपको सेल्फ-इनफ्लैटिंग बैग के विभिन्न हिस्सों की पहचान करने में सक्षम होना चाहिए।

पुनर्जीवन मास्क: मास्क विभिन्न आकृति, आकार और सामग्री में आते हैं। चेहरे पर चोट को रोकने के लिए पुनर्जीवन मास्क में एक लचीला रिम होना चाहिए।

अतः विकल्प (D) सही है।

61. समय पूर्व नवजात, एक शिशु है जो 37 सप्ताह से कम पूर्ण किये हुए गर्भधारण पर जन्म लेता है।

अपरिपक्व गर्भधारण 40 सप्ताह तक चलते हैं। लेकिन अगर शिशु का जन्म 37वें सप्ताह से पहले हो जाता है, तो उसे समय से पहले जन्मे शिशु या अपरिपक्व शिशु कहा जाता है।

अतः विकल्प (A) सही है।

62. नवजात शिशुओं में जन्म के समय एक या दोनों वृषण के वंश की विफलता को क्रिप्टोऑर्किडिज्म कहा जाता है।

क्रिप्टोऑर्किडिज्म मूल रूप से उस स्थिति को संदर्भित करता है जहां एक वृषण बच्चे के जन्म से पहले वृषणकोष में नहीं होता है। यह स्थिति अधिकतर दुर्लभ होती है जब गर्भावस्था की पूर्ण अवधि के शिशु की बात आती है और ये स्थिति अक्सर मुख्य रूप से ये समय से पहले जन्म लेने वाले शिशुओं में होती है।

अतः विकल्प (C) सही है।

63. एपिनेफ्रीन की उपलब्ध संख्या 1 : 1000 है।

एपिनेफ्रीन एक स्पष्ट, रंगहीन, रोगाणुरहित विलयन है जिसमें एपिनेफ्रीन का 1 mg/mL (1:1000) होता है, जिसे एकल-उपयोग वाली स्पष्ट कांच की शीशी या बहु-खुराक एम्बर ग्लास में 1 mL विलयन के रूप में पैक किया जाता है।

शीशी को 30 mL विलयन में पैक किया जाता है। 1 mL शीशी में, एड्रेनालाईन विलयन के प्रत्येक 1 mL में 1 मिलीग्राम एपिनेफ्राइन, 9.0 मिलीग्राम सोडियम क्लोराइड, 1.0 मिलीग्राम सोडियम मेटाबाइसल्फाइट, pH को समायोजित करने के लिए हाइड्रोक्लोरिक अम्ल और इंजेक्शन के लिए जल होता है।

अतः विकल्प (C) सही है।

64. जन्म के पांच मिनट बाद एपीजीएआर के लिए एक नवजात शिशु का मूल्यांकन किया जाता है। स्कोर 8 है। यह कोई डिप्रेशन का संकेत नहीं देता है।

- ऐपीजीएआर स्कोर परीक्षण शिशु के जन्म के एक मिनट से पांच मिनट बाद तक लिया जाता है।

- इस परीक्षण का उद्देश्य बच्चे के हृदय स्पंद की जाँच करना है ताकि उसकी गति की जांच की जा सके।

- यदि बच्चे के अंदर सभी क्रियाएं ठीक चल रही हैं, तो चिकित्सक ऐपीजीएआर स्कोर परीक्षण बंद कर देते हैं। यदि बच्चा अच्छी प्रतिक्रिया नहीं दे रहा है तो ऐपीजीएआर स्कोर परीक्षण कई बार किया जा सकता है।

अतः विकल्प (A) सही है।

65. नवजात शिशु के जीवन के पहले दिन में, मिर्गी के संभावित कारण टेटनस को छोड़कर सभी हैं।

नवजात शिशु आमतौर पर जन्म से लेकर लगभग 2 महीने की आयु तक के बच्चे को संदर्भित करता है। मिर्गी एक ऐसी स्थिति है जिसमें मस्तिष्क के सामान्य कार्य में अचानक असंतुलन हो जाता है। इससे मस्तिष्क से शरीर की तंत्रिकाओं तक गलत संदेश जाता है, जिससे शरीर असामान्य व्यवहार करता है।

अतः विकल्प (B) सही है।

66. प्राथमिक चिकित्सा प्रदान करते समय, दस्त और बुखार के कारण निर्जलीकरण के अलावा निम्नलिखित सभी व्यक्तियों को खाने या पीने के लिए कुछ भी प्रदान न करें।

गंभीर रूप से घायल व्यक्ति और बेहोश व्यक्ति को प्राथमिक उपचार देते समय कुछ भी खाने या पीने को नहीं देना चाहिए।

वहीं अतिसार और बुखार से पीड़ित व्यक्ति जिसकी ऊर्जा सामान्य से काफी कम होती है और निर्जलीकरण को सामान्य करने के लिए बहुत ही हल्की चीजें खाई या पीनी चाहिए।

अतः विकल्प (D) सही है।

67. जब पीड़ित 8 वर्ष का लड़का है तो सीपीआर प्रदान करने के लिए उपयुक्त विधि अंगूठा तकनीक है।

सीपीआर (हृत्फुप्फुसीय पुनर्वसन या कार्डियोपल्मोनरी रिससिटेशन) प्राथमिक उपचार की एक विधि है, जब किसी व्यक्ति को सांस लेने में कठिनाई होती है या किसी व्यक्ति को दिल का दौरा पड़ता है या दुर्घटना के कारण कोई व्यक्ति बेहोश हो जाता है, तो उस समय सीपीआर देकर उसकी जान बचाई जा सकती है।

बच्चों के लिए सीपीआर :

- चरण 1: सबसे पहले बच्चे के पास घुटनों के बल बैठ जाएं।
- चरण 2: यदि नवजात शिशु में सीपीआर करने की जल्दी है, तो हाथों की हथेलियों के बजाय अंगूठे की तकनीक का उपयोग करें।
- चरण 3: छाती पर दबाव डालते समय केवल 1/2 से 2 इंच का ही दबाव डालें।
- अब इस चरण को दोहराएं और बच्चे को जल्द से जल्द अस्पताल ले जाएं और चिकित्सक को बताएं कि आपने बच्चे को सीपीआर दिया है।

अतः विकल्प (A) सही है।

68. एक वयस्क पीड़ित के लिए सीपीआर प्रदान करने के लिए संपीड़न वेंटिलेशन का अनुपात 30 : 2 है।

कृत्रिम श्वसन करते समय छाती को 30 बार दबाएं, फिर कृत्रिम श्वसन 2(30:2) करें।

यदि नवजात शिशु में CPR करने की जल्दी है, तो हाथों की हथेलियों के बजाय अंगूठे की तकनीक का उपयोग करें।

अतः विकल्प (D) सही है।

69. संकुचन हृदय को शरीर के सभी हिस्सों में रक्त पंप करने में मदद करता है।

आपके परिसंचरण तंत्र के केंद्र में पेशी का संकुचन हृदय के स्पंदन करते ही शरीर के चारों ओर रक्त पंप करता है। यह रक्त शरीर के सभी भागों में ऑक्सीजन और पोषक तत्व भेजता है और अवांछित कार्बन डाइऑक्साइड और अपशिष्ट उत्पादों को बाहर निकालता है।

अतः विकल्प (B) सही है।

70. वृक्क धमनियां हृदय से वृक्क तक अधिक मात्रा में रक्त ले जाती हैं।वृक्क रक्त से अपशिष्ट और अतिरिक्त तरल पदार्थ को निस्यंदित करते हैं।

मानवों में दो वृक्क धमनियां होती हैं। दाएं वृक्क की धमनी दाएं वृक्क को रक्त की आपूर्ति करती है, जबकि बाईं धमनी बाएं वृक्क को रक्त भेजती है।

अतः विकल्प (C) सही है।

71. शरीर की सभी संवेदनाओं के लिए उत्तरदायी तंत्र को तंत्रिका तंत्र कहा जाता है।

तंत्रिका तंत्र शरीर का कमांड केंद्र है। यह मस्तिष्क से उत्पन्न होता है, और यह गतिविधियों, विचारों और स्वचालित अनुक्रियाओं को नियंत्रित करता है। तंत्रिका तंत्र में मस्तिष्क, मेरुदंड और तंत्रिकाओं का एक जटिल जाल होता है।

अतः विकल्प (C) सही है।

72. हड्डियां मानव शरीर को आकार और सहारा प्रदान करती है।

अस्थि एक कठोर अंग है जो कंकाल तंत्र का एक घटक है। अस्थियां शरीर के अन्य अंगों की रक्षा करती हैं, लाल और श्वेत रक्त कोशिकाओं का निर्माण करती हैं, खनिजों को संग्रहित करती हैं, शरीर की संरचना और सहारा प्रदान करती हैं, और गति में सहायता करती हैं।

अतः विकल्प (B) सही है।

73. त्वचा मानव शरीर का सबसे बड़ा अंग है क्योंकि यह शरीर के अधिकतम क्षेत्र को ढकती है।

- त्वचा शारीरिक तापमान को बनाए रखने और अन्य अंगों को जीवाणु से बचाने में मदद करती है।
- एक औसत वयस्क की त्वचा का क्षेत्रफल 21 वर्ग फुट से अधिक होता है।
- यह शरीर की मूलभूत कार्यप्रणाली के लिए महत्वपूर्ण अनेक कार्यों का संचालन करती है।
- त्वचा हमें चीजों को छूने से चीजों को महसूस करने में मदद करती है, जो गर्म या ठंडी, चिकनी या खुरदरी, सूखी या गीली, सख्त या मुलायम होती है।

अतः विकल्प (C) सही है।

74. कोविड-19 संक्रमण को फैलने से रोकने के लिए एक स्वास्थ्यकर उपाय हाथ धोना है।

हाथ धोना संक्रमण के प्रसार को रोकने के लिए हमेशा सबसे प्रभावी तरीकों में से एक रहा है।

हाथ धोने से नोवेल कोरोनावायरस संक्रमण सहित कई जठर-आंत्रीय रोगों और श्वसन संक्रमणों को रोका जा सकता है।

साबुन और पानी से हाथ धोने या हैंड सैनिटाइज़र का उपयोग करने से एक व्यक्ति से दूसरे व्यक्ति में संक्रमण फैलाने वाले कीटाणु मर जाते हैं।

अतः विकल्प (C) सही है।

75. अंतर्राष्ट्रीय मिडवाइफ दिवस पहली बार 5 मई, 1991 को मनाया गया था और तब से प्रत्येक वर्ष 5 मई को अंतर्राष्ट्रीय मिडवाइफ दिवस मनाया जाता है।

दाई (मिडवाइफ) गर्भावस्था और जन्म के दौरान महिलाओं की देखभाल करती है, और कुछ दाइयां प्रजनन स्वास्थ्य से संबंधित प्राथमिक देखभाल भी प्रदान कर सकती हैं, जिसमें स्त्री रोग संबंधी जाँच और परिवार नियोजन शामिल हैं।

यह दिवस नवजात शिशुओं, महिलाओं और उनके परिवारों को दाइयों द्वारा प्रदान की जाने वाली देखभाल की गुणवत्ता सुनिश्चित करता है।

अतः विकल्प (A) सही है।

76. बेहोश रोगी के लिए मुंह से अतिरिक्त स्राव को हटाने की पद्धति सक्शन है।

सक्शनिंग 'एक कृत्रिम श्वसनमार्ग (अंतःश्वासनली नलिका) वाले रोगी से फुफ्फुसीय स्राव का यांत्रिक एस्पिरेशन है।

यह बेहोश रोगियों पर किया जाता है या यह तब किया जाता है जब रोगी श्वसन मार्ग से स्राव को प्रभावी रूप से स्थानांतरित करने में असमर्थ होता है।

अतः विकल्प (A) सही है।

77. चिंता विकार ग्रस्त व्यक्ति में सभी निम्नलिखित लक्षण होंगे, सिवाय कि नींद में वृद्धि।

चिंता विकार एक मानसिक स्वास्थ्य निदान है जिससे अत्यधिक घबराहट, भय, डर और परेशानी उत्पन्न होती है।

चिंता के सटीक कारण अज्ञात हैं लेकिन कुछ कारक हैं जो चिंता का कारण बन सकते हैं जैसे कि पर्यावरण, तनाव, आनुवंशिक कारक आदि।

अतः विकल्प (C) सही है।

78. एक अवस्था जिसमें व्यक्ति की प्रबल भावनाएं होती हैं और अनियंत्रित तरीके से व्यवहार करता है, उसे हिस्टीरिया कहा जाता है।

हिस्टीरिया एक ऐसी स्थिति है जिसमें एक व्यक्ति या लोगों का समूह अपनी भावनाओं को नियंत्रित नहीं कर सकता है, उदाहरण वे हँसना, रोना, चिल्लाना आदि बंद नहीं कर सकते हैं। हिस्टीरिया महिलाओं में सबसे ज्यादा होता है।

हिस्टीरिया के लक्षण:

- अंधापन
- भावात्मक उद्रेक
- मतिभ्रम
- हिस्टीरियोनिक व्यवहार (अत्यधिक नाटकीय या उत्तेजित होना)
- बढ़ी हुई सुबोधता
- चेतना की हानि

अतः विकल्प (B) सही है।

79. बंद जगहों के भय को क्लौस्ट्रोफोबिया कहा जाता है।

क्लौस्ट्रोफोबिया को बंद स्थानों के भय के रूप में परिभाषित किया गया है। क्लौस्ट्रोफोबिया की गंभीरता एक व्यक्ति से दूसरे व्यक्ति में भिन्न हो सकती है। क्लौस्ट्रोफोबिया से संबंधित कोई विशिष्ट कारण नहीं है लेकिन इसे एक रक्षा क्रियाविधि तकनीक माना जाता है।

अतः विकल्प (B) सही है।

80. हिस्टीरिया के संकेतों और लक्षणों में निम्नलिखित सभी शामिल हैं, सिवाय कि उचित विचार और निर्णय लेना।

हिस्टीरिया को भावनात्मक रूप से आवेशित व्यवहार के रूप में वर्णित किया जाता है जो अत्यधिक और नियंत्रण से बाहर लगता है। हिस्टीरिया एक विघटनकारी विकार है जो अतीत में किसी भी आघात या घटना के कारण होता है।

हिस्टीरिया के सामान्य लक्षण हैं:

- चिंता
- बेहोशी
- मिर्गी जैसे दौरे पड़ना
- बढ़ी हुई दर्द संवेदनाएं
- कठोर या ऐंठन वाली मांसपेशियां (जब्ती जैसी हलनचलन)

अतः विकल्प (D) सही है।

81. प्राथमिक स्वास्थ्य देखभाल की अनिवार्यताओं निम्नलिखित सभी शामिल हैं, सिवाय कि सभी के लिए उच्च शिक्षा प्रदान करना।

प्राथमिक स्वास्थ्य देखभाल (PHC) 1970 के दशक के दौरान विकसित हुई और यह स्वास्थ्य प्रणाली का "सामने का द्वार" है। यह सभी आवश्यक सेवाएं प्रदान करता है और व्यक्तियों, परिवारों और समुदाय के लिए स्वास्थ्य देखभाल के बीच पहला संपर्क है।

PHC के निम्न आठ आवश्यक घटक हैं:

- सामान्य स्वास्थ्य समस्याओं के बारे में शिक्षा
- परिवार नियोजन सहित मातृ एवं शिशु स्वास्थ्य देखभाल
- उचित पोषण को बढ़ावा देना
- प्रमुख संक्रामक रोगों के लिए प्रतिरक्षण
- स्वच्छ जल की पर्याप्त आपूर्ति
- मूलभूत स्वच्छता
- स्थानीय स्तर पर स्थानिक रोगों की रोकथाम और नियंत्रण
- सामान्य रोगों और चोटों के लिए उपयुक्त उपचार

अतः विकल्प (D) सही है।

82. प्राथमिक स्वास्थ्य देखभाल में स्वयं के स्वास्थ्य और कल्याण को बढ़ावा देने में व्यक्तियों और समुदाय की भागीदारी को सामुदायिक भागीदारी कहा जाता है।

सामुदायिक भागीदारी प्राथमिक स्वास्थ्य सेवाएं प्रदान करने में सबसे महत्वपूर्ण सिद्धांतों में से एक है। स्वास्थ्य सेवाओं के नियोजन, क्रियान्वयन और रखरखाव में समुदाय की भागीदारी होनी चाहिए।

अतः विकल्प (B) सही है।

83. प्रसवपूर्व भेंट गर्भाधान के तुरंत बाद शुरू होना चाहिए और पूर्ण गर्भावस्था के दौरान जारी रहना चाहिए। पहला भेंट गर्भधारण के 12 सप्ताह के भीतर या पहली तिमाही में होना चाहिए।

अतः विकल्प (B) सही है।

84. प्राथमिक स्वास्थ्य केंद्र में प्रसवपूर्व देखभाल में निम्नलिखित सभी शामिल हैं, सिवाय कि उच्च जोखिम भरी प्रसव का संचालन।

- प्राथमिक स्वास्थ्य देखभाल में, सभी मातृ एवं शिशु स्वास्थ्य सेवाएं समाज के व्यक्ति को दी जाती हैं।
- PHC प्रसवपूर्व पंजीकरण में उच्च जोखिम वाली गर्भावस्था की जांच, प्रयोगशाला जांच, टीकाकरण, पोषण परामर्श, IFA और प्रदान की जाने वाली कैल्शियम संपूरकता शामिल हैं।
- गर्भावस्था के दौरान सगर्भताजन्य मधुमेह और सिफिलिस (सूजाक) के मामलों में परामर्श और अनुवर्ती देखभाल।
- उच्च जोखिम वाली प्रसूति के लिए एक परामर्श प्रणाली प्रदान करना।

अतः विकल्प (D) सही है।

85. पारिभाषिक शब्द जल्दी स्तनपान कराने की शुरूआत अर्थ प्रसव के एक घंटे के भीतर स्तनपान कराने की शुरुआत करना है।

विशिष्ट स्तनपान का अर्थ है कि प्रसव के तुरंत बाद से 6 महीने की आयु तक शिशु को माँ का दूध पिलाना।

प्रसव के एक घंटे के भीतर स्तनपान शुरू कर देना चाहिए क्योंकि माँ का कोलोस्ट्रम, दूध निकलने से पहले पोषक तत्वों से भरा तरल पदार्थ उत्पन्न होता है। यह नवजात को संक्रमण से बचाने में मदद करता है और नवजात मृत्यु दर को कम करता है।

अतः विकल्प (B) सही है।

86. पीएचसी में बीमार बच्चों की आपातकालीन देखभाल हेतु पालन की जाने वाली रणनीति है

नवजातों शिशुओं और बचपन में होने वाली बीमारियों का समन्वित प्रबंधन (आईएमएनसीआई) राष्ट्रीय प्रजनन बाल स्वास्थ्य कार्यक्रम ॥ और राष्ट्रीय ग्रामीण स्वास्थ्य मिशन में एक मुख्य बाल स्वास्थ्य रणनीति है।

आईएमएनसीआई का लक्ष्य मृत्यु, बीमारी और दिव्यांगता को कम करना और 5 वर्ष से कम आयु के बच्चों के बीच वृद्धि और विकास में सुधार करना है। आईएमएनसीआई 0-2 महीने के बच्चों के दो समूहों को और 2 महीने से 5 वर्ष के बच्चों को शामिल करता है।

अतः विकल्प (C) सही है।

87. सामुदायिक स्तर पर स्वच्छता बनाए रखने के लिए निम्नलिखित उपाय करने होंगे, सिवाय कि अनुचित आवास सुविधाओं।

स्वच्छता से संबंधित स्वच्छ पेयजल और मानव मल और मल के उपचार और निपटान। मानव अपशिष्ट के सुरक्षित निपटान के लिए सुविधाओं तक पहुंच होना।

अच्छी स्वच्छता बनाए रखने के लिए समुदाय को उचित अपशिष्ट निपटान और जल संसाधनों का उचित उपयोग करना होगा। उचित स्वच्छता स्वास्थ्य को बढ़ावा देती है, और पर्यावरण की गुणवत्ता में सुधार करती है और इस प्रकार, एक समुदाय में जीवन की गुणवत्ता में सुधार करती है।

अतः विकल्प (D) सही है।

88. असुरक्षित जल से फैलने वाली बीमारियाँ निम्नलिखित सभी हैं, सिवाय कि चेचक।

चेचक एक गंभीर, जीवन-घातक रोग है जो वैरिओला विषाणु के कारण होता है। यह एक श्वसन रोग की स्थिति थी और यह बूंदों (खांसी और छींक) के माध्यम से एक व्यक्ति से दूसरे व्यक्ति में फैल सकती है।

इससे त्वचा पर पस से भरे फफोले (फुन्सी) विकसित होते है। वैरिओला विषाणु के संपर्क में आने के बाद इसकी इन्क्यूबेशन अवधि 7 से 14 दिन की होती है। लक्षणों में तेज बुखार, पेशियों में दर्द, पीठ दर्द, सिरदर्द और उल्टी शामिल हैं।

अतः विकल्प (D) सही है।

89. बच्चों को दस्त से बचाने के लिए टिका जिसका प्रशासन किया जाता है, वह रोटा वायरस है।

रोटा वायरस टीका रोटावायरस रोग को रोक सकता है। रोटा वायरस आमतौर पर ज्यादातर शिशुओं और छोटे बच्चों में गंभीर, जलीय अतिसार को उत्पन्न करता है। रोटा वायरस वाले शिशुओं में उल्टी और बुखार भी सामान्य है।

किसी भी टीके की पहली खुराक बच्चे को 15 सप्ताह की आयु से पहले दी जानी चाहिए। बच्चों को 8 महीने का होने से पहले रोटावायरस टीके की सभी खुराक मिलनी चाहिए।

अतः विकल्प (C) सही है।

90. बीसीजी टीके के प्रशासन का मार्ग अंतर्वचीय है।

बीसीजी टीका (जिसका अर्थ बेसिलस कैलमेट-गुएरिन टीका है)। बीसीजी टीका क्षय रोग से बचाता है, जिसे TB के रूप में भी जाना जाता है, और TB के सबसे गंभीर रूपों, जैसे कि बच्चों में TB मेनिन्जाइटिस से बचाता है। बीसीजी का टीका जीवन में केवल एक बार ही दिया जाना चाहिए।

अत: विकल्प (B) सही है।

91. विटामिन ए की कमी से रतौंधी हो जाती है।

रोशनी के पूर्ण स्पेक्ट्रम को देखने के लिए विटामिन ए दृष्टि में एक महत्वपूर्ण भूमिका निभाता है, जिसमें आंख को रेटिना के लिए कुछ वर्णक उत्पन्न करने की आवश्यकता होती है। विटामिन ए की कमी से वर्णक का उत्पादन रुक जाता है, जिससे रतौंधी हो जाती है। विटामिन ए के बिना आंखें स्नेहन के लिए पर्याप्त नमी उत्पन्न नहीं कर पाती हैं।

अतः विकल्प (C) सही है।

92. मौखिक पोलियो टीका (OPV) एक एंटीवायरल टीका है क्योंकि यह पोलियो वायरस को रोकता है जो पोलियोमेलाइटिस का कारण बनता है।

OPV तीनों प्रकार के पोलियोवायरस के लिए रक्त में प्रतिरक्षी ('तरल' या सीरम प्रतिरक्षा) उत्पन्न करता है। यह तंत्रिका तंत्र में पोलियो वायरस के संचरण को रोककर व्यक्ति को पोलियो पक्षाघात से बचाता है।

अत: विकल्प (C) सही है।

93. स्कर्वी एक ऐसी स्थिति है जो आहार में विटामिन सी (एस्कॉर्बिक अम्ल) की लंबे समय तक कमी के कारण होती है और इसमें सामान्य कमजोरी, एनीमिया (रक्ताल्पता), मसूड़े की सूजन (मसूड़े की बीमारी) और त्वचा के रक्तस्राव जैसे लक्षण होते हैं।

कोलेजन का उत्पादन करने, घावों को भरने और प्रतिरक्षा तंत्र की सहायता करने के लिए मानव शरीर को विटामिन सी की आवश्यकता होती है। स्कर्वी के पहले लक्षण आमतौर पर कम से कम तीन महीने में विटामिन सी के अधिक कम स्तर के बाद विकसित होते है।

अतः विकल्प (C) सही है।

94. एक कार्यक्रम जिसने मातृ मृत्यु दर को कम करने के लिए विशिष्ट आपातकालीन स्थितियों के किस्सों में एएनएम द्वारा दवाओं का उपयोग करने की अनुमति दी है, वह आरसीएच चरण II है।

- आरसीएच II का अर्थ प्रजनन और बाल स्वास्थ्य है। आरसीएच को पहली बार भारत में अप्रैल 2005 में शुरू किया गया था।

- आरसीएच कार्यक्रम के छह मुख्य घटक मातृ स्वास्थ्य, बाल स्वास्थ्य, पोषण, परिवार नियोजन, किशोर स्वास्थ्य (एएच) और PC-PNDT हैं।

- आरसीएच II के तहत एएनएम को अपरिपक्व प्रसव में गर्भवती महिलाओं को पूर्व-परामर्श खुराक (डेक्सामेथासोन) देने का अधिकार है।

अतः विकल्प (D) सही है।

95. पहली रेफरल इकाई के रूप में सुविधा की घोषणा करने के लिए तीन महत्वपूर्ण निर्धारकों में 24 घंटे की उपलब्धता वाली निम्नलिखित सभी सुविधाएं शामिल है, सिवाय कि टीकाकरण सुविधा।

पहली रेफरल इकाई (फर्स्ट रेफरल यूनिट) राष्ट्रीय ग्रामीण स्वास्थ्य मिशन के अंतर्गत आती है। पहली रेफरल इकाई या "FRU" का अर्थ आपातकालीन प्रसूति और नवजात देखभाल के लिए चौबीसों घंटे सेवाएं प्रदान करने के लिए सुसज्जित नैदानिक सुविधा है।

अतः विकल्प (D) सही है।

96. शैय्याग्रस्त रोगी को भोजन प्रदान करते समय, रोगी को स्थित करने की आदर्श स्थिति फाउलर स्थिति है।

- रोगी को आहार देने के लिए रोगी को सिर और कंधों के नीचे तकिया लगाकर 30 से 45 डिग्री (फाउलर स्थिति) पर बैठना चाहिए।

- सेमी-फाउलर या फुल-फाउलर स्थिति एस्पिरेशन निमोनिया और फुफ्फुसीय जटिलताओं के कारण संभावित मृत्यु को रोकती है।

- फाउलर स्थिति से सही छाती का विस्तार होता है, और साथ ही यह स्थिति ऑक्सीजन की सुविधा के द्वारा सांस लेने में सुधार करती है।

अतः विकल्प (C) सही है।

97. एक शिशु सिर नियंत्रण 3-4 महीने तक प्राप्त कर लेता है।

जन्म के पहले कुछ महीनों के दौरान शिशु के सिर को अधिक सहारे की आवयशकता होती है जब तक कि उसकी गर्दन की पेशियां मजबूत नहीं हो जातीं। 3 महीने की आयु तक, बच्चा अपने सिर की गतिविधियों को नियंत्रित कर सकता है। 6 महीने की आयु में, शिशुओं की गर्दन की पेशियां इतनी मजबूत होती हैं कि वे अपने सिर को ऊपर उठा सकते हैं और उसे एक तरफ से दूसरी तरफ घुमा सकते हैं।

अत: विकल्प (B) सही है।

98. हेपेटाइटिस सी के संचरण का तरीका दूषित रक्त है।

हेपेटाइटिस सी एक यकृत संक्रमण है जो हेपेटाइटिस सी विषाणु (HCV) के कारण होता है। हेपेटाइटिस सी तब फैलता है जब किसी संक्रमित व्यक्ति का रक्त किसी ऐसे व्यक्ति के शरीर में प्रवेश करता है जो संक्रमित नहीं है।

HCV यकृत प्रतिरोपण और यकृत कैंसर का एक मुख्य कारण है। HCV के संचरण के दो सबसे सामान्य तरीके रक्त आधान और इंजेक्शन औषधि का उपयोग हैं।

अत: विकल्प (C) सही है।

99. सुअर जापानी इंसेफेलाइटिस का एम्पलीफायर है।

जापानी इंसेफेलाइटिस (JEV) एक विषाणुजनित मस्तिष्क संक्रमण है जो मच्छर के काटने से फ्लेविवायरस के कारण फैलता है। JEV एक व्यक्ति से दूसरे

व्यक्ति में संचारित नहीं हो सकता है। इसकी इन्क्यूबेशन अवधि संक्रमित होने के 5 से 15 दिन बाद तक होती है।

अतः विकल्प (C) सही है।

100. विश्व स्तनपान सप्ताह हर वर्ष 1 अगस्त से 7 अगस्त तक विश्व भर में मनाया जाता है।

इसे पहली बार 1992 में माँ और बच्चे दोनों के लिए स्तनपान के लाभों को बढ़ावा देने के लिए शुरू किया गया था। इस वैश्विक अभियान का उद्देश्य स्तनपान और इसके लाभों के बारे में जागरूकता बढ़ाना है।

अत: विकल्प (B) सही है।

// टिप्पणियाँ //

// टिप्पणियाँ //

www.ingramcontent.com/pod-product-compliance
Lightning Source LLC
Chambersburg PA
CBHW060154120726

48003CB00010B/3151